J. A. Seuffert's

Archiv

für

Entscheidungen der obersten Gerichte

in den deutschen Staaten.

Systematisches und alphabetisches

General-Register

über Band I—XX.

Angefertigt von

J. Bremer.

München 1870.
R. Oldenbourg.

Uebersicht des Inhalts.

Systematisches Register.

Erster Theil. Civilrecht.

Erster Abschnitt. Allgemeine Lehren.

Zweiter Abschnitt. Dingliche Rechte.

Dritter Abschnitt. Recht der Obligationen.

Vierter Abschnitt. Von den Familienrechten.

Fünfter Abschnitt. Das Erbrecht.

Siebenter Abſchnitt. Handels- und Wechſelrecht. Gewerbsrecht. Buchhandel. Lotterie. Verſicherung. Papiere auf Inhaber.

Zweiter Theil. Civilproceß.

Seite

Systematisches Register.

Die römischen Zahlen bezeichnen den Band, die arabischen die Nummern der Artikel.

Erster Theil.

C i v i l r e c h t.

Erster Abschnitt.

Allgemeine Lehren.

Hauptstück 1.

Rechtsquellen, deren Gültigkeit, Auslegung und Anwendung.

I. Absolutes und vermittelndes Recht.

1) Zwingende (absolute) Rechtsvorschriften. Voraussetzung. XVIII. 129. S. 207. — 2) Nichtanwendung des Grundsatzes locus regit actum bei zwingenden Gesetzen. Verlöbnißform. V. 186. XIX. 108. — 3) Unwirksamkeit eines Verzichts auf Anfechtbarkeit, wenn diese auf einem absolut gebietenden Gesetze beruht. VIII. 31. — 4) Die Form der Rechtsgeschäfte gehört dem jus publicum in dem römischen Sinne des Worts an. XV. 224. S. 394. — 5) Die Frage über Nationalität eines Schiffes gehört dem jus publicum an XI. 109. S. 260. — 6) Absolutes Recht in Beziehung auf eheliche Güterverhältnisse. XIV. 198. — 7) Civilrechtliche Folgen der Uebertretung von Prohibitivgesetzen. III. 258. — 8) Die Uebertretung einer Prohibitivvorschrift begründet für sich schon eine zum Schadensersatze verpflichtende Culpa. XVII. 41. — 9) Nichtanwendung fremder Gesetze bei entgegenstehenden einheimischen Prohibitivgesetzen. VIII. 1. — 10) Immemorialverjährung gegen Prohibitivgesetze. VII. 146. X. 131. — 11) Vertragsmäßiger Vorbehalt eines an sich gesetzlichen Rechts der Aufhebung dieses Rechts durch spätere Gesetzgebung gegenüber. XIV. 192.

II. Prüfung der Gültigkeit eines Gesetzes.

1) Zuständigkeit der Gerichte in Ansehung der Frage, ob die Staatsregierung zur Erlassung einer Verordnung, um deren Anwendung es sich handelt, befugt war. IV. 250. V. 225. — 2) Einrede der Erschleichung gegen Acte der Gesetzgebung. VIII. 108. IX. 245. — 3) Landesherrliches Rescript. Einrede der Erschleichung. XIII. 4. — 4) Geltung der Landesgesetzgebung in Bezug auf Rechte, welche Auswärtigen durch Staatsverträge eingeräumt sind. X. 1. XIV. 1. — 5) Die Landesgerichte sind an die landesgesetzlichen Normen auch in Beziehung auf die bundesgesetzlich gewährleisteten Rechte der Standesherren gebunden. XV. 74. — 6) Gesetzliche Kraft der Bundestagsbeschlüsse. XVIII. 103. — 7) Un-

wirksamkeit der von der Reichsversammlung zu Frankfurt beschlossenen, von dem Reichsverweser verkündeten sogenannten Reichsgesetze, wenn sie nicht in dem einzelnen deutschen Staate durch einen verfassungsmäßigen Act der gesetzgebenden Gewalt recipirt worden. IV. 1. — 8) Ungültigkeit der s. g. deutschen Grundrechte. VI. 6. — 9) Publication eines Gesetzes. XI. 1. — 10) Neuere Gesetzvorschriften. Beziehung zu den Modificationen der älteren Regel. X. 219. — 11) Neuere landesgesetzliche Bestimmungen, inwieferne derogiren sie älteren ortsstatutarischen Bestimmungen? V. 246. 12) Ueber Geltung des mosaischen Rechts unter Juden. XI. 112. — 13) Nichtanwendbarkeit des mosaischen Rechts bei Fragen des Erbrechts. XI. 254. XIV. 109.

III. Gesetzeskunde.

1) Der Richter muß alle in den einzelnen Theilen des Staates geltenden Gesetze kennen. VIII. 226. — 2) Unzulässigkeit einer Beweisanlage hinsichtlich angeblicher Localstatuten. X. 3. — 3) Zweifel über Publication eines Gesetzes. Nachforschung von Amtswegen. XI. 1. — 4) Erprobung von Normen des jüdischen Rechts. I. 127. — 5) Beweis des ausländischen Rechts. II. 218. IV. 92. X. 123. XII. 79. XIII. 178. 179. XIV. 107. XV. 183 Note 4. XVIII. 101. — 6) Zulässigkeit der Eideszuschiebung über fremde Gesetze und Gewohnheiten. XVIII. 102. — 7) Berufung auf fremdes Recht, als zerstörliche Einrede (exceptio facti) zu behandeln. VIII. 85. IX. 210. 248. XI. 208. — 8) Abweichung des griechischen von dem lateinischen Texte der Novellen. XIX. 103.

IV. Anwendung und Auslegung der Gesetze.

1) Nichtanwendung statutarischer Bestimmungen auf Gebietserweiterungen. XIX. 209. — 2) Verzicht auf Anfechtbarkeit, wenn diese auf einem absolut verbietenden Gesetze beruht. VIII. 31. — 3) Nichtanwendbarkeit fremder Gesetze bei entgegenstehenden einheimischen Prohibitivgesetzen. VIII. 1. — 4) Beachtung ausländischen Rechtes; ist sie durch Bezugnahme einer Parthei bedingt? IX. 248. Vgl. auch IX. 210 u. VIII. 85. — 5) Anwendung von Vorschriften, welche auf Beobachtung von Solennitäten bei Rechtsgeschäften gehen. I. 342. (S. 369.) — 6) Anwendung von Auslegungsregeln einer neuen Gesetzgebung auf Geschäfte aus früherer Zeit. I. 151. — 7) Rücksichtnahme auf die in neuerer Zeit eingeführte Gesetzgebung zur Lösung der sich aus Stellen der früheren ergebenden Zweifel. IV. 2. — 8) Benutzung der Landtagsverhandlungen bei der Gesetzauslegung. III. 136. XIV. 2. — 9) Rücksichtnahme auf Landtagsverhandlungen bei der Gesetzauslegung. Aeußerungen der Regierungscommissäre. XIII. 203. Vgl. XIV. 109. S. 171. Note. — 10) Die Vorschrift der const. 5 de legibus bloße Auslegungsregel. XIII. 242. — 11) Regel: kein Wort als bedeutungslos zu nehmen. III. 301. — 12) Was zum Vortheile Einiger verordnet ist, soll nicht so in Anwendung kommen, daß es denselben zum Nachtheile gereicht.

VIII. 8. — 13) Deutung einer unbestimmten Mehrzahl. Gesetzesanalogie. XVII. 209. — 14) Auslegung der Bundestagsbeschlüsse vom 1. Juni 1815 und 6. November 1856. XVIII. 103. — 15) Gegenwärtiger Besitzstand als Ausdruck einer Interpretativ-Observanz. V. 100. — 16) Usualinterpretation. XVII. 113. XVIII. 203.

V. Hergebrachtes Recht. Gewohnheit, Herkommen, Observanz, Gerichtsgebrauch.

A. Begriff, Entstehung, verschiedene Arten des hergebrachten Rechts. 1) Wesen des Gewohnheitsrechts. X. 190. (Ziff. 4). XI. 2. XIII. 1. 201. — 2) Gewohnheitsrecht unterschieden von Herkommen und Verjährung. XIX. 1. — 3) Unterschied zwischen Gewohnheitsrecht und Verjährung. IX. 116. — 4) Gewohnheitsrecht und unvordenkliche Verjährung als Entstehungsquellen subjectiven Rechts. XIX. 104. — 5) Unterschied zwischen Herkommen und Verjährung I. 3. XIV. 193. — 6) Observanz. Verjährung. IX. 243. — 7) Observanz. Notorietät. Gewichtskundigkeit. XVI. 259. — 8) Praxis, Gerichtsgebrauch, Usualinterpretation. XVII. 112. 113. XVIII. 203. — 9) Der Gerichtsgebrauch als Quelle und Erkenntnißmittel des Gewohnheitsrechts. XV. 217. Vgl. XIII. 204. XIV. 109. XV. 200. 237. — 10) Rechtsfortbildung durch Doctrin und Uebung im Verhältnisse zu den constitutionellen Vorschriften über Gesetzgebung. X. 91. — 11) Familienobservanz. XIV. 3. — 12) Rechtliche Handelsusance verschieden von bloßer Geschäftspraxis. XX. 155. — 13) Gerichtspraxis, die Verschollenheit betreffend. XV. 200. — 14) Herkommen in Bezug auf ein gewerbliches Verbietungsrecht III. 1. — 15) Herkommen über Contractsverhältnisse, insbesondere bei Bemeierungen. IV. 94. — 16) Gewohnheit, die Gemeinweide betreffend. X. 190. — 17) Handelsbrauch, Nichtannahme von Waaren betreffend. IV. 78. — 18) Gewohnheitsrechtliche Gültigkeit der von Privatpersonen ausgestellten Inhaberpapiere. XV. 237. — 19) Die Behauptung eines Gewohnheitsrechts bedarf nach Umständen näherer Begründung. XIII. 205. — 20) Substantiirung der Behauptung einer Observanz. XX. 100.

B. Erfordernisse. 1) Publicität, als Erforderniß von Handlungen, aus welchen eine Gewohnheit erkannt werden soll. I. 306. — 2) Unvernünftige, unlautere Gewohnheit (Praxis). I. 307. X. 2. — 3) Opinio necessitatis. Beanstandung der Rechtmäßigkeit von Seiten Einzelner. VII. 279. — 4) Irrthum, als Hinderniß der Bildung eines Gewohnheitsrechts. I. 309. — 5) Zahl der Fälle. Beweis III. 291. — 6) Actus contrarii, einem einmal entstandenen Gewohnheitsrecht gegenüber. XIII. 3. — 7) Zeitraum der Uebung. Beweis. III. 292. XIX. 211. — 8) Dazwischenkunft einer neuen Gesetzgebung während des Uebungszeitraums. III. 293. — 9) Observanz (Herkommen), Erfordernisse II. 122. III. 255. — 10) Herkommen, Voraussetzungen der Annahme eines solchen. IV. 94. — 11) Erforderniße des derogirenden Herkommens. Beweissatz. III. 256. — 12) Der auf bloß irrthümlicher Auslegung beruhende Gerichtsgebrauch nicht zu beachten. XII. 91. a. E.

C. Anwendbarkeit und verbindende Kraft. Desuetudo. 1) Anwendbarkeit des Gewohnheitsrechts auf neu hinzugekommene Bezirke. XIV. 89. — 2) Nichtigkeit eines Erkenntnisses wegen Nichtbeachtung eines Gewohnheitsrechts. XIII. 75. — 3) Wirksamkeit des Gerichtsgebrauchs. I. 210. — 4) Derogirende Kraft des Gewohnheitsrechts, namentlich in Bezug auf die Vorschriften über die Förmlichkeiten eines letzten Willens. IX. 3. — 5) Derogirendes Herkommen. III. 256. — 6) Aufhebung eines Herkommens durch desuetudo. III. 255. — 7) Beseitigung eines Privilegiums (der Juden) durch Gewohnheitsrecht (Gerichtsgebrauch). XIV. 109.

D. Beweis. 1) Beweis des Gewohnheitsrechts. X. 124. XVIII. 102. 105. 275. — 2) Stellung des Richters bei dem Beweise des Gewohnheitsrechts. Beschaffenheit der Erkenntnißmittel. XIII. 204. XVII. 110. XIX. 211. — 3) Recht und Pflicht des Richters, über eine behauptete Gewohnheit von Amtswegen Nachforschung zu pflegen. VI. 130. — 4) Bezugnahme auf Präjudicien zum Gewohnheitsbeweise. II. 1. V. 99. — 5) Allgemeine Zeugnisse über das Dasein eines Gewohnheitsrechts. I. 310. XIII. 2. XIX. 105. — 6) Gegenwärtiger Besitzstand als Ausdruck einer Interpretativ-Observanz. V. 100. — 7) Eideszuschiebung zum Beweise eines Gewohnheitsrechts. X. 4. VII. 139. — 8) Beweis von Handelsusancen. IX. 202. X. 197. XVI. 183. — 9) Beweis eines Handelsgebrauchs durch „sachkundige Zeugen". VII. 345. — 10) Beweis eines Landesgebrauchs, daß ein gewisser Anspruch nicht gemacht werden dürfe. I. 308. — 11) Beweis einer Ortsgewohnheit, Reallasten betreffend. II. 251. — 12) Gemeindeherkommen; Ergänzung der desfälligen Beweisführung von Amtswegen. XIX. 2. — 13) Beweis einer Leibgedingsgewohnheit. II. 226.

VI. Autonomie.

1) Familienverträge. Familienautonomie. Familienobservanz. XIV. 3. — 2) Familienverträge des hohen Adels. Wirksamkeit gegen Dritte. I. 76. — 3) Von Autonomie des niederen Adels. IX. 194. — 4) Vgl. Apanage am Stammgut. Bindende Kraft einer Bestimmung des Besitzers für die Nachfolger im Stammgut. XVI. 134.

VII. Zeitliche Grenzen der Wirksamkeit eines Gesetzes.

1) Rückanwendung eines Gesetzes. Auslegung der const. 7. de legibus. XII. 119. — 2) Rückwirkende Kraft der Gesetze. Aufhebung der Moratorien. IV. 199. — 3) Rückwirkung eines Gesetzes. Condictio sine causa. IV. 200. — 4) Jus quaesitum. Neues Gesetz. XV. 275.

Vgl. XII. 193. XV. 72. — 5) Aufhebung von Prohibitivgesetzen. III. 258 a. E. — 6) Collision älterer und neuerer Gesetze in Beziehung auf Auflösung einer Rhederei. XVIII. 104. — 7) Wirkung neuer Gesetze über Handlungsfähigkeit. XIX. 210. — 8) Collision des älteren und neueren Gesetzes bei dem Dienstvertrage. XIX. 3. — 9) Zeitliche Grenzen eines neuen Gesetzes über subsidiare Verbindlichkeit der Aeltern des außerehelichen Schwängerers. XX. 99. — 10) Nach welchem Gesetze bestimmt sich die Haftung der Erben eines Verwalters für eine von diesem gemachte Capitalanlage, wenn die Vorschriften, welche darüber zur Zeit der fraglichen Capitalanlage galten, vor der Erbschaftsantretung durch eine andere abweichende Gesetzgebung verdrängt worden sind? IV. 93. — 11) Collision zwischen älteren und neueren Proceßgesetzen. IV. 248. XII. 193. XV. 72. XVII. 284.

VIII. Statutencollision.

A. Allgemeine Lehren. 1) Statutencollision über Statutencollision. XIV. 107. — 2) Verhältniß des römischen Rechts zum gemeinen Sachsenrecht. XVII. 7. — 3) Anwendung ausländischer Gesetze. II. 218. 322. IV. 92. — 4) Ist Beachtung ausländischen Rechts durch Bezugnahme einer Partei bedingt? IX. 248. Vgl. VIII. 85. IX. 210. — 5) Nachweis des fremden Rechts. X. 123. XVIII. 101. — 6) Nachweis von Normen des jüdischen Rechts. I. 127. — 7) Nichtanwendung fremder Gesetze bei entgegenstehenden einheimischen Prohibitiv-Gesetzen. VIII. 1. — 8) Locus regit actum. II. 119. VIII. 85. IX. 210. X. 122. — 9) Beurtheilung der Form eines im Auslande abgeschlossenen Rechtsgeschäfts nach dem einheimischen milderen Rechte. XVI. 89. XIX. 4. — 10) Klagenverjährung. II. 120. VIII. 7. IX. 246. XII. 334. XIII. 5. XIV. 108. XVI. 90. — 11) Klagen- und Einredenverjährung. XIX. 106. — 12) Verjährungsfrist. XVI. 184. — 13) Beweise für den Tod einer Person. VIII. 219. — 14) Bloße Todes- oder auch Lebenspräsumtion bei Verschollenen? XV. 199. — 15) Rechtliche Wirkung einer Eigenschaft der Person. XIII. 79. XV. 199. Note 3. — 16) Minderjährigkeit. XVI. 185. — 17) Fähigkeit zur Eingehung eines bestimmten Geschäfts. XII. 243. — 18) Handlungsfähigkeit der Frauen. XIV. 4. XIII. 181. XV. 94. — 19) Dispositionsunfähigkeit in Folge Concurseröffnung. XIV. 194.

B. Statutencollision bei dinglichen Rechten. 1) Nachbarrecht. VII. 1. — 2) Fähigkeit zum Eigenthumserwerb. V. 1. — 3) Eigenthumserwerb an Grundstücken. Const. 2 und 3 de quadriennii praescriptione. XIV. 207. — 4) Uebergang des Eigenthums an verkauften Waaren. VI. 128. — 5) Veräußerung von Immobilien Minderjähriger. II. 2. — 6) Pfandrecht an Mobilien. XVI. 1. — 7) Lex commissoria bei Verpfändungen. XIX. 107. — 8) Verpfändung eines Seeschiffes. XVII. 111.

C. Statutencollision im Obligationenrecht. 1) Zinsenanspruch des auswärtigen Commissionärs. XV. 222. — 2) Maß der Verzugszinsen. VI. 1. — 3) Zahlung in Banknoten oder Metall. VIII. 3. — 4) Form der Cession nach den Gesetzen des Orts, an welchem sie vorgenommen wird, zu beurtheilen. X. 220. — 5) Verbot der Cession litigioser Forderungen. XI. 110. — 6) Legitimation des Cessionars. XI. 111. — 7) Einwand aus der lex Anastasiana. I. 402. — 8) Obligationen aus Verträgen. IX. 210. XIV. 195. XV. 183. 222. — 9) Verträge zwischen Juden und Christen. I. 35. — 10) Vorschrift gerichtlicher Vertragsausfertigung als Statut der gelegenen Sache zur Anwendung gebracht. VIII. 2. Vgl. VIII. 31. — 11) St. C. bei einem an zwei verschiedenen Orten unterzeichneten schriftlichen Bilateralvertrage. XIX. 5. — 12) Der Confirmationsort ist nicht Contractsort. I. 154. — 13) Ist der Absendungs- oder der Empfangsort als Erfüllungsort anzusehen? Gefahr bei Waarensendungen. IV. 91. — 14) Einrede des nicht gezahlten Geldes. VIII. 5. — 15) St. C. in Bezug auf Haftung eines socius. II. 253. — 16) Einrede der Theilung. VIII. 4. — 17) Obligationen aus unerlaubten Handlungen. IX. 1. XI. 3. XIV. 197. XIX. 212. — 18) Delictsobligationen. Briefliche Injurien. III. 295. — 19) Beurtheilung der Erfordernisse einer Besitzklage nach dem für das angegangene Gericht geltenden Proceßrechte. IV. 143. — 20) St. C. in Bezug auf die Ansprüche aus dem außerehelichen Beischlafe. I. 153. II. 4. 118. III. 135. 254. XII. 333. XIV. 196. XIX. 212. Vgl. XIII. 182. — 21) Alimentationsansprüche des unehelichen Kindes IX. 247. Vgl. VIII. 7.

D. Statutencollision bei Familienrechten. 1) Form der Verlöbnisse. V. 136. XIX. 108. XX. 1. — 2) Ansprüche aus einem aufgelösten Verlöbnisse. VI. 306. — 3) Locus regit actum bezüglich einer von Inländern auswärts nach dortigem Gebrauche eingegangenen Ehe. (Gretna-Green-Heirath.) X. 122. — 4) Rechtsbeständigkeit der von Inländern im Auslande geschlossenen Ehe. II. 5. — 5) Beurtheilung der Vermögensrechte der Ehegatten nach den Gesetzen an dem Orte des Vollzuges der Ehe. X. 221. — 6) Wirksamkeit des an dem Wohnorte geltenden Güterrechts auf die auswärts gelegenen Immobilien. I. 152. — 7) Einfluß der Veränderung des Wohnorts auf das eheliche Güterrecht. I. 152. VII. 137. IX. 302. XIV. 4. 106. 198. XV. 95. XVIII. 1. XX. 2. — 8) Nutznießung des überlebenden Ehegatten, im Ehevertrage an anderswo (unter anderen Gesetzen) gelegenen Immobilien bestellt. VII. 138. — 9) Anwendung der gemeinrechtlichen Vorschriften über die sog. poenae secundarum nuptiarum bei einer unter Herrschaft des gemeinen Rechts geschlossenen Ehe, wenn der Tod des ersten Ehegatten unter der Herrschaft eines anderen Gesetzes erfolgt war. VIII. 6. — 10) Beurtheilung der Rechte der väterlichen Gewalt nach dem Rechte des Heimathsortes, nicht des Wohnsitzes. XX. 3. — 11) Nach welchen

Gesetzen bestimmt sich das Erbrecht eines per rescriptum principis Legitimirten? VI. 308. VII. 332. — 12) Klagerecht des Vaters auf Herausgabe seiner Kinder. XVI. 57. — 13) Nach welchem Rechte ist die Befugniß des an dem Wohnorte eines furiosus demselben bestellten Curators zum Erwerbe einer dem Curanden im Auslande angefallenen Erbschaft zu beurtheilen? VI. 307. — 14) Statutencollision in Beziehung auf Geschlechtscuratel. IV. 236. XIII. 181. XVII. 1. — 15) Ehemännische Curatel. XV. 94.

E. Statutencollision im Erbrecht. 1) Nichtanwendbarkeit des jüdischen Rechts bei Fragen des Erbrechts von Seiten der Landesgerichte. XI. 254. XIV. 109. Vgl. XI. 112. — 2) Erbfähigkeit eines Verschollenen. XV. 199. — 3) Testamentsform. XVIII. 204. XIX. 6. — 4) Zuziehung eines Geschlechtscurators bei der Testamentserrichtung. XVII. 1. — 5) Gesetze, nach welchen der Inhalt einer letztwilligen Verfügung zu beurtheilen. I. 92. — 6) Intestaterbfolge; Erblasser ohne Wohnsitz. II. 354. — 7) Nach welchen Gesetzen bestimmt sich das Erbrecht eines per rescriptum principis Legitimirten. VI. 308. VII. 332. — 8) Intestaterbrecht des überlebenden Ehegatten. XV. 95. — 9) Erbrechte der Ehegatten nach den Gesetzen des Wohnorts zur Zeit der geschlossenen Ehe zu beurtheilen. I. 152. — 10) Sachlegitimation durch Erbrecht. Beweisauflage über den Inhalt des fremden Rechts. IV. 92. — 11) Befugniß des am Wohnorte eines furiosus demselben bestellten Curators zum Erwerbe einer dem Curanden im Auslande angefallenen Erbschaft. VI. 307. — 12) Errichtung einer Fideicommißstiftung. XX. 4. — 13) Pflichttheilsrecht, bezw. Erbfolge. XIV. 107.

F. Statutencollision bei besonderen deutschrechtlichen Güterverhältnissen. 1) Förmlichkeiten der Verzichtleistung auf ein Lehen. XIII. 121. — 2) Wirksamkeit der gesetzlichen Aufhebung des Mühlenbannrechts für die außerhalb des Staatsgebiets wohnenden Zwangspflichtigen. XX. 5.

G. Statutencollision im Handels- und Wechselrecht. 1) Beschädigung an Frachtgütern. IV. 3. — 2) Haftung für Frachtgüter, welche durch die Hand mehrerer Transportunternehmer gehen. VII. 136. — 3) Anspruch des Schiffers auf Frachtgeld im Falle des Verkaufs eines Theils der Güter in einem Nothhafen. Frachtversicherung. XV. 183. — 4) Ansegelung auf offener See. XIV. 197. — 5) Uebersegelung auf offener See. IV. 4. — 6) Beweis durch Handelsbücher I. 132. — 7) „Ausland" im Sinne des Art. 85 und 86 der d. W.O. XIII. 178. — 8) Ausländische Wechsel ohne Bezeichnung mit einem dem Wort „Wechsel" entsprechenden Ausdruck. XIV. 164. 165. (Amerikanische Promissory note — Wechselhaft.) XV. 71. — 9) Wechseleigenschaft. II. 121. — 10) Wirksamkeit von Tratten. VI. 1. — 11) Annahme eines Wechsels. XVII. 62. — 12) Wechselfähigkeit der Ehefrauen.

XVIII. 154. — 13) Wechselregreßnahme. II. 252. — 14) Stillschweigende Unterwerfung unter die Gesetze des Zahlungsortes. Respittage. III. 294. — 15) Präsentation und Protesterhebung. Stillschweigende Unterwerfung unter ein auswärtiges Gesetz. II. 3. — 16) Collision der Wechselgesetze in Beziehung auf die Zeit der Protesterhebung, Benachrichtigung des Vormannes, Protesterhebung gegen Nothadressen. XII. 299. — 17) Folgen unterlassener rechtszeitiger Protesterhebung. VI. 129. XIV. 166. — 18) Klage aus einem im Auslande ausgestellten Wechsel. IX. 2. Vgl. VIII. 85. — 19) Wechselverjährung. VI. 1. XIII. 5; XIV. 108.

Hauptstück 2.

Allgemeine Grundsätze von den Rechten und deren Verfolgung.

I. Allgemeine Rechtsregeln.

1) Ueber den Satz: qui jure suo utitur, neminem laedit. VI. 13. X. 164. XI. 14. 114. XII. 123. 124. XIV. 113. 208. XV. 2. 104. Vgl. auch XIII. 235. — 2) Civilrechtliche Folgen der Uebertretung von Prohibitivgesetzen. III. 258. — 3) Jus ad finem dat jus ad media. XVII. 9. — 4) Unstatthaftigkeit der Rechtsausübung aus Chikane. Beweis. X. 222. — 5) Anwendung der Rechtsregel: in omnibus causis pro facto accipitur id, in quo per alium mora fit, quominus fiat. III. 136. — 6) Der ohne gerechten Grund erfolgte Rechtsverlust eines Anderen darf dem Urheber nicht zum Vortheil gereichen. XVI. 93. — 7) Es thut dem wirklich begründeten Rechte keinen Eintrag, wenn der Berechtigte dessen vollen Inhalt nicht kennt. Unterlassung von Cautelen unschädlich. IV. 95. — 8) Verkennung eines Rechts ist nicht Aufgebung. VII. 140. — 9) Vermuthung für das Gewöhnliche und Regelmäßige. VII. 31. — 10) Das commodum zieht das incommodum nach sich. VI. 13. — 11) Clausula rebus sic stantibus. VI. 137. X. 7. — 12) Zu der Rechtsregel: utile per inutile non vitiatur. XII. 3. — 13) Einforderung des sofort Zurückzugebenden ist Ungebühr. VIII. 139. — 14) Jus quaesitum. IX. 244. — 15) Was zum Vortheil Einiger verordnet ist, soll nicht so zur Anwendung kommen, daß es denselben zum Nachtheil gereicht. VIII. 8.

II. Privilegien und jura singularia.

1) Ueber Anwendung des Rechtssatzes: privilegiatus contra aeque privilegiatum jure suo non utitur. I. 155. V. 101. 106. XX. 6. — 2) Ertheilung von Zunftprivilegien durch städtische Obrigkeiten. XI. 180. — 3) Landesherrliches Rescript. Einrede der Erschleichung. XIII. 4. — 4) Einrede der Erschleichung gegen Acte der Gesetzgebung (Privi-

legien). VIII. 108. IX. 245. — 5) Ausschließendes Privilegium. Geltung desselben in neu erworbenen Landestheilen. XII. 120. — 6) Rechtskraft gegenüber einem neueren Privilegium. IX. 244. — 7) Ausschließliches Gewerbsprivilegium. Rechtsfolgen, wenn selbiges durch Concurrenzgestattung verletzt worden. I. 311. XVI. 186. — 8) Entschädigung für aufgehobene Privilegien. II. 123. — 9) Unzulässigkeit einer Contractsklage auf Entschädigung wegen Aufhebung eines Privilegiums. XIX. 213. — 10) Mühlenconcession, ob Gegenstand der Hülfsvollstreckung? XVIII. 198. — 12) Privilegium der Frauen bei der condictio indebiti. XVIII. 254. — 13) Verjährungserwerb gegen Privilegien. V. 246. XI. 181. — 14) Privilegium der Juden. Beseitigung durch Gewohnheit und Gerichtsgebrauch. XIV. 109.

III. Präjudicialklagen.

1) Die zu erhebende Eigenthumsklage präjudiciell für die erhobene Klage auf Früchte. XIX. 109. — 2) Unstatthaftigkeit der Klage auf bloße Anerkennung eines obligatorischen Rechts. XIX. 110. — 3) Verhältniß der Anerkennungsklage zu der Klage auf Erfüllung. XX. 7. — 4) Klage auf Anerkennung des Obligationsverhältnisses, wenn die weitere Zahlung einer zugesicherten jährlichen Entschädigungssumme verweigert wurde. XIV. 5. — 5) Klagerecht auf Anerkennung einer Cession. XIII. 19. — 6) Rechtsstreit zwischen mehreren Forderungsprätendenten. XIII. 19. (S. 30). XIV. 223. XV. 77. — 7) Klagerecht der von ihrem Ehemanne getrennten Mutter auf Ersatz des zukünftigen Alimentenaufwandes auf die in ihrer Pflege befindlichen Kinder XIV. 145. — 8) Querela nullitatis testamenti, querela inofficiosi testamenti. XV. 114. — 9) Klage auf Anerkennung der Kirchenbaupflicht, bezw. Kirchenbaufrohnpflicht, bevor ein bestimmtes Bauwesen in Aussicht steht. XV. 80. Note 1. — 10) Klage auf Anerkennung einer dem Kläger obliegenden Besoldungsverbindlichkeit, als einer ausschließlich auf dem klägerischen Zehenten haftenden Last. XV. 79. a. E.

IV. Klagübergang auf die Erben.

1) Alimentationsklage aus außerehelichem Beischlaf. XIX. 47. — 2) Klage auf Abfindung oder Dotation wegen Schwängerung und Verlöbnißklage auf Ehevollziehung. XIX. 111. — 3) Defloration. Uebergang des Entschädigungsanspruchs auf die Erben. XIII. 316. — 4) Haftpflicht der Erben des außerehelichen Erzeugers. XI. 42. — 5) Leibzucht des überlebenden Ehegatten; Anspruch eines Kindes auf Ausstattung; Vererblichkeit desselben. XIII. 317. — 6) Querela inofficiosi testamenti, resp. inofficiosae donationis. XIX. 248. — 7) Regreßklage gegen die Erben eines Anwalts. XIV. 202. Vgl. XIII. 22.

V. Verjährung von Klagen und Rechten.

A. **Allgemeines. Begriff und Voraussetzung.** 1) Statutencollision. II. 120. VIII. 7. IX. 246. XII. 334. XIII. 5. XIV. 108. XVI. 90. XIX. 106. — 2) Gewohnheitsrecht unterschieden vom Herkommen und Verjährung. XIX. 1. — 3) Res merae facultatis. II. 6. VI. 143. VII. 142. — 4) Das offene Meer kein Gegenstand der Besitzergreifung und Verjährung. VII, 144. — 5) Erwerbende Verjährung in gewissen Obligationsverhältnissen zwischen juristischen Personen. XVI. 5. — 6) Acquisitivverjährung im Verhältnisse zur persönlichen Klage. VII. 3. — 7) Verjährbarkeit der Erbtheilungsklage. XV. 127. — 8) Verjährbarkeit der Reunionsklage. XV. 42. — 9) Verjährbarkeit der actio feudi revocatoria des Lehensherrn. XV. 197. Ziff. 2. — 10) Klagenverjährung bei staatsrechtlichen Verhältnissen? XI. 5. a. E. — 11) Keine Verjährbarkeit der Klage wegen Belästigung durch den Staub des Nachbars. XVIII. 11. — 12) Ingrossirtes Pfand an Immobilien. XVI. 201. — 13) Erlöschende Verjährung von Reallasten; usucapio libertatis nicht erforderlich. III. 3. — 14) Verringerung einer Rente durch Verjährung. II. 126. 128. — 15) Verjährung bei terminlichen Leistungen (Renten). IX. 117. — 16) Beschränkung des Zehentrechts durch Verjährung. I. 22. — 17) Die durch langjährige Zahlung geringerer als der stipulirten Zinsen begründete gesetzliche Vermuthung für Erlassung der höheren findet bei dem Rentekauf keine Anwendung. IX. 118. — 18) Erlöschung durch Nichtgebrauch ist nicht anzunehmen, wenn das Recht wenigstens in einem gewissen Maße geltend gemacht worden. II. 128. — 19) Klagenverjährung gegen Minderjährige. VII. 143. X. 224. — 20) Verjährung gegen Wahnsinnige. XII. 121.

B. **Beginn der Verjährungszeit.** 1) Erfordernisse bezüglich des Beginns der Verjährung bei Eigenthumsklagen. IX. 250. — 2) Verjährung der Theilungsklagen. XVI. 188. — 3) Wiederkehrende (terminliche) Leistungen. Renten. I. 156. III. 188. VI. 4. IX. 117. XI. 6. — 4) Darlehnsklagen. V. 272. VI. 325. XIV. 201. XVII. 203. XIX. 7. Vgl. XVIII. 233. — 5) Kündbare Forderungen. XIII. 122. — 6) Verjährung kündbarer und verzinslicher Darlehnsforderungen. I. 312. IV. 201. VI. 3. XIII. 6. 122. XVI. 3. XVIII. 2. XX. 196. — 7) Vertragszinsen; Einfluß der Verjährung auf den Hauptstamm. XIV. 110. — 8) Klage auf Ersatz eines Rechnungsguthabens. IV. 202. — 9) Klage auf Rechnungsablage. XIV. 233. — 10) Actio negotiorum gestorum directa auf Herausgabe von vereinnahmten Geldern. XIII. 23. — 11) Nativität der Klage wegen geschmälerten Diensteinkommens eines Beamten. XVI. 2. — 12) Verjährung der Klagen in Ansehung des dem väterlichen Nießbrauch unterworfenen Vermögens der Kinder. II. 196. — 13) Erbtheilungsklage. XV. 127. — 14) Verjährung der Forderungen, welche zu einem Fideicommiß gehören. II. 212. — 15) Verjährung des Rechts des

Fideicommißanwärters. XVIII. 264. — 16) Vindication des Lehnsherrn gegen besitzende Nichtvasallen. XV. 197. 150. — 17) Retractsrecht. XI. 274. Ziff. 3. — 18) Anfangspunkt der Verjährung des Paulianischen Rechtsmittels. XIX. 290. 291.

C. Ablauf der Verjährungszeit. 1) Statutencollision hinsichtlich der Verjährungsfrist. XVI. 184. — 2) Beweislast hinsichtlich des Ablaufs der Verjährungsfrist bei wiederkehrenden Leistungen. I. 157. VI. 132. — 3) Begründung der Verjährungseinrede hinsichtlich des Ablaufs der Verjährungsfrist. Beweislast. XVII. 204. — 4) Rechnung nach ganzen Tagen. XV. 243. — 5) Klagen des Landesherrn. Verjährung von 40 Jahren. XIV. 274. Vgl. XV. 206. — 6) Verjährungszeit der fiscalischen Klagen. III. 296. XVII. 112. — 7) Erwerbende Verjährung eines Rechts dem Rechtsnachfolger einer privilegirten Person gegenüber. Verjährungslauf gegen den Fiscus während der Unmündigkeit des Landesherrn. VI. 131. — 8) Ungenutzter Ablauf des quinquennium bei Veräußerung von Mündelgütern. XI. 160. XVI. 121. — 9) Klagen der Städte, Verjährung von 30 Jahren. XIII. 7. — 10) Verjährung gegen Stadt- und Dorfgemeinden. III. 137. 297. — 11) Verjährung gegen Dorfgemeinden. IX. 119. XVI. 187. — 12) Verjährung der Klagen milder Stiftungen, als Rechtsnachfolger nicht privilegirter Personen. II. 7. — 13) Verjährung von Klagen auswärtiger Armenanstalten. Klagen aus cedirten Forderungen. VIII. 227. — 14) Verjährung gegen eine Universität. VI. 134. — 15) Verjährungszeit des possessorium ordinarium. VII. 270. — 16) Verjährungszeit der possessorischen Interdicte. XIX. 233. — 17) Verjährungsfrist der possessorischen Klage auf Fortentrichtung von Abgaben, für welche eine Gegenleistung erfolgt. XIX. 151. — 18) Erlöschende Verjährung der Reallasten. XX. 154. — 19) Retractsrecht. Verjährung von Jahr und Tag. XI. 274. Ziff. 3. — 20) Verjährung bei indossirten Lotterielosen. XI. 176. — 21) Verjährungsfrist bei der actio Pauliana. XVIII. 288. — 22) Erfordernisse der Prozeßverjährung. II. 127. — 23) Die Proceßverjährung von 40 Jahren ist nicht auf Personalklagen beschränkt. III. 2. — 24) Die vierzigjährige Proceßverjährung findet nicht Statt nach erfolgter res judicata. VI. 5.

D. Guter Glaube. 1) Streitfrage über das Erforderniß der bona fides bei der Klagenverjährung. I. 210. 403. — 2) Begriff des guten Glaubens, falls solcher erfordert wird. Rechtsirrthum. Controverse über den Sinn der fraglichen Gesetzbestimmung. Beweislast. XV. 3. 197. — 3) Erforderniß des guten Glaubens zur Verjährung nur bei solchen persönlichen Klagen, welche auf Herausgabe einer unrechtmäßig besessenen Sache gerichtet sind. VI. 3. VII. 4. XI. 6. — 4) Guter Glaube erforderlich, wenn die Klagenverjährung zum Schutze eines Besitzverhältnisses geltend gemacht wird. XI. 266. — 5) Guter Glaube bei der Klagenverjährung überhaupt nicht erforderlich. I. 6. XII. 245. XIII. 80. XIV. 203. XVIII. 205. — 6) Unanwendbarkeit des Erfordernisses guten Glaubens bei der unvordenklichen Verjährung. VII. 6.

E. Hinderungen der Verjährung. 1) Beweislast hinsichtlich der Unterbrechung der Verjährung. I. 157. VI. 132. XIV. 204. — 2) Keine Unterbrechung einer durch Vertrag festgesetzten Verjährungsfrist durch eine Protestation. XIX. 112. — 3) Replik des Dolus, begründet auf ungerechtfertigter Verweigerung vorgängiger Documentenedition gegen die Einrede der verstrichenen vertragsmäßigen Klaganstellungsfrist. XVI. 93. — 4) Lauf der Verjährung auch gegen Wahnsinnige. XII. 121. — 5) Die Verjährung einer auf die Sache zustehenden persönlichen Klage wird dadurch, daß der Kläger die fragliche Sache dem Gegner mit der Eigenthumsklage abfordert, nicht unterbrochen. I. 7. — 6) Verjährung der persönlichen Klage trotz Anstellung der hypothekarischen Klage. XVIII. 106. — 7) Unterbricht die Anstellung einer Klage die Verjährung einer eventuell concurrirenden? V. 137. 8) Keine Unterbrechung der Verjährung durch Klagerhebung bei einem der Summe nach unzuständigen Gericht. XI. 7. — 9) Erforderniß der Mittheilung der Klage oder der Ladung des Beklagten zur Unterbrechung der Verjährung. VIII. 228. 233. XIII. 231. — 10) Unterbrechung durch bloßes Anbringen der Klage. VIII. 228. XIII. 231. Not. 1. XV. 96. — 11) Unterbrechung durch eine angebrachtermaßen abgewiesene Klage. Agere non valenti non currit praescriptio. VI. 133. IX. 250. 251. XX. 101. — 12) Streit über das Eigenthum einer Forderung keine Unterbrechung der Verjährung der Schuldklage. VI. 3. — 13) Unterbrechung der Klagenverjährung durch eine im Vorprocesse vorgeschützte Einrede der Compensation. XVIII. 107. — 14) Ausschluß der Verjährung durch Vertrag. XV. 157. — 15) Wird die Klagenverjährung durch Kündigung unterbrochen? IX. 249. — 16) Anerkennung eines verbliebenen Schuldverhältnisses. Bitte um Zahlungsfrist. X. 223. — 17) Thatsächliche Begründung der Replik der unterbrochenen Klagenverjährung durch Anerkennung der Schuld. XX. 188. — 18) Unterbrechung durch constitutum debiti proprii. XIX. 113. — 19) Unterbrechung durch Feststellung eines Saldo. Anrechnung verjährter Forderungen. XVI. 92. — 20) Unterbrechung durch Abtragszahlung. XX. 197. — 21) Unterbrechung durch Zinszahlung. I. 158. XIV. 204. — 22) Unterbrechung der erlöschenden Verjährung der Reallasten durch Leistung an einen Nichtberechtigten. XIX. 53. — 23) Unterbrechung der Klagenverjährung erfolgt nicht durch Leistungen, welche zwar dem einzuklagenden Rechte entsprechen, aber als widerrufliches precarium bezeichnet sind. VIII. 9. — 24) Unterbrechung dem Hauptschuldner gegenüber wirkt auch gegen den Bürgen. XIV. 31. — 25) Wirkung der Unterbrechung der Verjährung einem Correalschuldner gegenüber auf die übrigen Correalschuldner. XVI. 4.

F. Wirkungen der Verjährung. 1) Durch die Extinctivverjährung erlischt nicht bloß die Klage, sondern auch das Recht dergestalt, daß es auch nicht mehr durch Exception und Compensation geltend gemacht werden kann. IX. 253. — 2) Geltendmachung einer verjährten Forderung durch Compensation. II. 163. XIII. 8. XIV. 19. XV. 118.

G. Wiederaufhebung der Verjährung. 1) Wiederaufhebung der Klagenverjährung durch ein nach Ablauf der Verjährungsfrist gegebenes Zahlungsversprechen. XVI. 91. 92. — 2) Restitution gegen Restitutionsverjährung. XVII. 114.

H. Geltendmachung der Verjährung. 1) Darf die Einrede der Klagenverjährung von dem Richter supplirt werden? VIII. 302. XIX. 8. Vgl. XIII. 172. — 2) Restitutions- und Klagenverjährung darf von dem Richter nicht supplirt werden. XVIII. 56.

J. Wechselverjährung s. unten Abschn. VII. Hauptst. 2. XIII.

K. Verjährung der Klagen und Einreden aus dem ädilitischen Edicte s. unten Abschn. III. Hauptst. 1. IV. A. h. *B.* a. E.

VI. Retentionsrecht.

1) Statutencollision. V. 1. — 2) Exceptio retentionis in sensu latiori. VI. 290. — 3) Retentionsrecht nicht durch Liquidität bedingt. IX. 279. XVI. 94. — 4) Die Detention, welche ein Retentionsrecht begründen soll, muß eine ausschließliche und berechtigte sein. V. 105. — 5) Aufhebung des Retentionsrechts durch Cautionsleistung. XVI. 94. XVII. 2. — 6) Verzicht auf Compensation durch Verzicht auf Retention. XIV. 222. — 7) Retention wegen Impensen der Eigenthumsklage gegenüber. XII. 199. XVI. 195. — 8) Retentionseinrede gegen die hereditatis petitio. Zeitpunct ihrer Geltendmachung. XII. 49. — 9) Retentionseinrede des dritten Pfandbesitzers gegen die Pfandklage wegen Verwendung XI. 127. — 10) Das Retentionsrecht der const. un. etiam ob chir. pec. (8. 27) steht dem Pfandgläubiger wegen cedirter Forderungen nicht zu. XIX. 128. — 11) Retention des Cessionspreises wegen Bestreitung der cedirten Forderung I. 50. — 12) Einrede der Retention wegen drohender Ansprüche Dritter. XVIII. 229. — 13) Retention des Kaufpreises wegen drohender Eviction. I. 49. XIII. 15. 88. 137. — 14) Kaufobject mit Hypotheken belastet; Retention des Kaufgeldes. IX. 142. XI. 34. XIV. 128. — 15) Retentionsrecht des Käufers wegen Eintrages von Rechten Dritter. VII. 164. — 16) Einrede des nicht erfüllten Contracts im Sinne einer Einrede der Retention. XVIII. 230. — 17) Retentionsrecht des Pächters; Connexität der Gegenforderung. VI. 28. — 18) Retention wegen Forderung aus einem Pacht-

contract gegen die Eigenthumsklage geltend gemacht. VI. 149. — 19) Verbindlichkeit des Mandatars zur Vorlage der geführten Privatacten. Einrede der Retention. XI. 150. — 20) Retentionsrecht wegen Cautionsleistung bei fideicommiss. pactit. IX. 319. — 21) Kaufmännisches Retentionsrecht. Unzulässigkeit der Retention der auf Probe empfangenen Waare. XX. 162. — 22) Retentionsrecht des Frachtführers. III. 196. — 23) Retentionsrecht des Spediteurs. V. 57. XVII. 152. — 24) Das Retentionsrecht als Mittel, ein forum arresti zu begründen. I. 109. — 25) Aufhören des Retentionsrechts im Concurse. IV. 197. Vgl. IX. 142. — 26) Retentionsrecht des Faustpfandgläubigers im Concurse. VIII. 212. XIII. 304. XV. 181.

VII. Cautionen.

1) Voraussetzung der Pflicht zur Cautionsleistung. XVI. 189. — 2) Aufhebung des Retentionsrechts durch Cautionsleistung. XVI. 94. XVII. 2. — 3) Cautionsleistung zur Sicherung bedingter und betagter Ansprüche. XVI. 190. — 4) Pflicht zur Cautionsleistung bei dem usufructus nominis. XIX. 126. — 5) Anspruch auf Sicherheitsbestellung wegen einer Darlehnsschuld. VI. 137. — 6) Cautionsforderung nach Beendigung des Vertragsverhältnisses. IX. 122. — 7) Anspruch auf Sicherheitsleistung wegen creditirter Gegenleistungen. XX. 266. — 8) Cautio defensum iri. VIII. 77. XIV. 23. a. E. XVIII. 49. 268. — 9) Sicherheitsleistungen eines Ehemannes wegen zu besorgender Mißhandlung seiner Ehefrau. XVI. 54. — 10) Cautionsleistung des parens superstes bei der Einkindschaft. XIX. 238. — 11) Cautionsleistung für Befreiung aus der Untersuchungshaft. Erledigung derselben durch Wiederverhaftung. IX. 123. — 12) Cautionsleistung für Stellung vor Gericht in Strafsachen. X. 7. — 13) Abtretbarkeit der Caution eines Beamten. XIV. 223. — 14) In wie fern steht an der einer Behörde geleisteten Caution Dritten ein Anspruch zu? X. 6.

VIII. Selbsthülfe.

1) Heutige Anwendbarkeit des decretum Divi Marci. XVI. 191. XX. 8. — 2) Unanwendbarkeit des decretum Divi Marci, wenn die geübte Gewalt oder Drohung in Beziehung auf den beabsichtigten Zweck erfolglos geblieben ist. XII. 4. XV. 97. — 3) Unanwendbarkeit des decretum Divi Marci, wenn Miterben Erbschaftsgegenstände eigenmächtig an sich nehmen. XVI. 95. — 4) Die Klage wegen unerlaubter Selbsthülfe setzt nicht Gewaltthätigkeit voraus. V. 248. — 5) Unzulässigkeit der Selbsthülfe zum Schutze im Besitze von Prädialservituten. V. 258. — 6) Strafen der unerlaubten Selbsthülfe. Voraussetzungen derselben, wenn es sich um die eigenmächtige Besitznahme einer als Eigenthum beanspruchten (unbeweglichen) Sache handelt. IX. 158. —

7) Anwendbarkeit der römischen Vorschriften der Selbsthülfe bezüglich der Bestimmungen eines Miethvertrages. X. 5. — 8) Verkaufsselbsthülfe des Verkaufscommissionärs. XIV. 195.

IX. Restitution.

A. Allgemeine Grundsätze. 1) Erforderniß der Verletzung bei der Restitution. V. 247. — 2) Erheblichkeit der Verletzung. XIV. 206. — 3) Verletzung durch Veräußerung einer Sache, für welche erhebliche Preissteigerung in Aussicht steht, (lucrum cessans) als Restitutionsgrund. IX. 4. — 4) Restitution einredeweise nachgesucht gegen einen primär geläugneten Vertrag. Sofortige Gewährung derselben. XIII. 186. — 5) Keine Restitution gegen den Nachtheil eines begangenen Verzugs. II. 156. — 6) Restitution unstatthaft in dem Falle eidlicher Bekräftigung des fraglichen Geschäfts. XI. 209. (Vgl. XIII. 13.) — 7) Subsidiarität der Restitution. XVII. 205. — 8) Keine Restitution der Kinder gegen ihre Aeltern. I. 269. — 9) Nach welchem Zeitpuncte ist bei Restitutionsgesuchen die Läsion zu berechnen? VII. 61. — 10) Verjährungsfrist für die excipiendo nachgesuchte Restitution. XI. 8. — 11) Anfangspunkt der Restitutionsfrist. I. 270. III. 191. VIII. 10. XI. 204. XIV. 191. — 12) Restitutionsverjährung nicht von Amtswegen zu berücksichtigen. XVIII. 56. — 13) Restitution gegen Restitutionsverjährung. XVII. 114.

B. Restitutionsgründe. 1) Minderjährigkeit. II. 197. III. 189. V. 138. XI. 43. 199. — 2) Minderjährigkeit als Restitutionsgrund gegen ein Verlöbniß. IX. 39. XVI. 172. — 3) Restitution des Minderjährigen gegen den Minderjährigen. VII. 141. — 4) Restitution minderjähriger Mitinteressenten, in wie fern kommt sie auch großjährigen Theilhabern zu gut? IX. 5. — 5) Restitutionsnachsuchung durch den nachlässigen Vormund. IX. 6. Vgl. VI. 104. — 6) Anfangspunct der Restitutionsfrist für Minderjährige. I. 270. VIII. 10. XI. 204. XIV. 191. — 7) Restitution der Blödsinnigen. Lauf des Quadrienniums. V. 103. — 8) Restitution der Verschwender III. 190. XIII. 9. 186. — 9) Restitution des Fiscus, der Kirchen und milden Stiftungen. Anfang der Restitutionsfrist. III. 191. — 10) Gleichstellung des Fiscus mit den Minderjährigen. XI. 8. XIV. 191. XVII. 113. — 11) Restitution auswärtiger milder Stiftungen. I. 359. — 12) Anfang der Restitutionsfrist für Kirchen und Stiftungen. XI. 204. — 13) Restitution der Gemeinden in allen Gemeindesachen. I. 404. — 14) Restitution einer Dorfgemeinde einer anderen gegenüber. Läsion. V. 249. — 15) Ob Restitution Gewerkschaften und Actienvereinen zustehe? VI. 138. — 16) Clausula generalis; Umfang derselben. XV. 173. — 17) Restitution wegen Irrthums gegen ein gerichtliches Zugeständniß. VII. 293. — 18) Unerheblichkeit des factischen Irrthums über den

Inhalt genehmigter Verhandlungen. III. 141. — 19) Rechtsirrthum als Restitutionsgrund. XI. 203. XV. 173. XIX. 91. — 20) Restitution gegen den Ablauf der für die transmissio Justinianea bestimmten Frist. Rechtsirrthum. XVII. 205. — 21) Rusticitas als Restitutionsgrund. III. 142. X. 268. XI. 203. XV. 173. XIX. 91. — 22) Schwäche des weiblichen Geschlechts. VI. 297. — 23) Restitution wegen Abwesenheit. V. 104. — 24) Restitution gegen Klagenverjährung (gegen Verjährung der Wechselklage). XV. 244. — 25) Verschulden des Mandatars als Restitutionsgrund III. 188. — 26) Verschulden des Rechtsbeistandes bei Abschließung eines Vergleichs als Restitutionsgrund. XIX. 286. — 27) Restitution wegen Versehen eines Anwalts. VI. 296. 28) Restitution der Concursgläubiger ex clausula generali. V. 98. Vgl. X. 116. 327.

Restitution im Proceß s. unten „Civilproceß" Hauptst. 9. II.

Hauptstück 3.

Von den Personen.

I. Von den natürlichen Personen.

A. Geburt. Eheliche und uneheliche Abstammung. Nativitätstermine. 1) Zweifelhaftes Leben eines neugebornen Kindes. II. 124. — 2) Vermuthung für die Legitimität. I. 161. — 3) Vermuthung ehelicher Kindschaft. III. 299. — 4) Beweis ehelicher Abstammung. Possessio status. XII. 244. — 5) Pater est, quem nuptiae demonstrant. I. 161. VIII. 229. 263. X. 267. — 6) Anerkenntniß des vor dem 182. Tage der Ehe gebornen Kindes durch den Ehemann (insbesondere durch Taufenlassen auf seinen Namen). Wirksamkeit desselben. XI. 10. XIII. 232. — 7) Gegenbeweis gegen die Rechtsvermuthung. Pater est, quem nuptiae demonstrant. I. 162. XIX. 9. XX. 198. — 8) Illegitimitätserklärung gegen ein vor dem siebenten Monate der Ehe gebornes Kind. I. 163. — 9) Anfechtung der ehelichen Geburt eines Kindes durch den dem abwesenden Ehemann bestellten Curator. I. 164. — 10) Ausschließende Wirksamkeit der Nativitätstermine. II. 254. — 11) Berechnung des 182. Ehetages von der Trauung an. XII. 36. — 12) Wirksamkeit der Nativitätstermine, auch bei unehelichen Geburten. IV. 148. X. 170. XI. 11. XII. 161. XIII. 121. XV. 98. XVIII. 108. — 13) Berechnung der 182 Tage von Zeit des Beischlafes. V. 175. — 14) Rechtmäßige Spätgeburt. IX. 124. — 15) Wirksamkeit der Nativitätstermine bei ehelichen Geburten ohne Rücksicht auf die Beschaffenheit des partus. VIII. 229. — 16) Wirksamkeit der Nativitätsgeburten auch bei unehelichen Kindern, ob mit Rücksichtsnahme auf den Reifegrad des Kindes? XI. 11. Note 1. XII. 161. XIII. 123. XV. 98. XVII. 115. XVIII. 109. XX. 9. 10. — 17) Kann sich ein in der Ehe vor dem

182. Tage nach dessen Eingehung geborenes Kind durch den bloßen Beweis, daß ein Dritter innerhalb der kritischen Zeit mit der Mutter den Beischlaf vollzogen habe, die Rechte eines unehelichen von jenem Dritten erzeugten Kindes verschaffen? VIII. 344.

B. Beweis des Todes. Verschollenheit. 1) Statutencollision. Nach welchen Gesetzen sind die Beweise für den Tod einer Person zu beurtheilen? VIII. 219. XV. 199. — 2) Anwendung der Vermuthung für den früheren Tod einer von mehreren Personen. II. 125. — 3) Eintritt der Vermuthung für den Tod. Erbschaftsanfall an Verschollene. I. 160. V. 31. — 4) Präsumtive Todeszeit eines Verschollenen. Bedenken gegen die Annahme des Fortlebens bis zum 70. Jahre seines Alters. VII. 356. — 5) Statutencollision in Betreff der Frage über die Vermuthung des Lebens eines Verschollenen. XV. 199. — 6) Annahme des fortdauernden Lebens eines Verschollenen bis zur Zurücklegung des 70. Lebensjahres. III. 298. IX. 310. XI. 257. — 7) Keine Vermuthung für das Fortleben eines Verschollenen bis zum Ablauf seines 70. Lebensjahres. IX. 254. XI. 257. XII. 1. XIV. 149. (S. 250). XV. 200. — 8) Ueber die Modalitäten der bei Verschollenen vorkommenden Edictalladungen. I. 86.

C. Recht auf einen Familiennamen. 1) Recht, einen bestimmten Familiennamen zu führen. Zuständigkeit der Gerichte in dieser Beziehung. XVIII. 41. — 2) Gerichtlicher Schutz, betr. die Führung eines Familiennamens. XIX. 114. — 3) Unzulässige Annahme eines fremden Familiennamens. XVII. 3. — 4) Bestreitung des Rechts, Namen und Wappen einer adeligen Familie zu führen. Präjudizialklage deshalb. Ungültigkeit der s. g. deutschen Grundrechte. VI. 6. — 5) In wie weit ist eine schuldig erkannte geschiedene Ehefrau befugt, den Familiennamen ihres früheren Ehemannes gegen dessen Willen zu führen. XVII. 58.

D. Unmündigkeit und Minderjährigkeit. 1) Unmündigkeit im Sinne des deutschen Rechts. XV. 224 (S. 392). — 2) Minderjährigkeit. Statutencollision. XVI. 185. — 3) Unterschied zwischen Minderjährigen und Unmündigen hinsichtlich des quinquennium bei Veräußerung von Mündelgütern. XVI. 121. — 4) Privilegien Minderjähriger gegenüber Minderjährigen. I. 155. V. 102. — 5) Privilegien Minderjähriger gegenüber intercedirenden Frauen. XV. 224 (S. 392). — 6) Zinsenprivilegien der Minderjährigen. VII. 13. — 7) Verheirathung einer Minderjährigen. Fortdauer der Vormundschaft. VII. 276. 8) Ehemännliches Mundium über minderjährige Ehefrauen. I. 245. — 9) Wiedereintritt der Minderjährigkeit einer Wittwe. XVI. 96. — 10) Haftung der Unmündigen ex lege Aquilia. XVIII. 247.

E. Geistige und körperliche Mängel in Beziehung auf die Handlungsfähigkeit. Entmündigung. 1) Wirkung neuer

Gesetze über die Handlungsfähigkeit. XIX. 210. — 2) Geisteskrankheit. Hypochondrie. III. 139. — 3) Minderjähriger, welcher in Wahnsinn verfallen ist. Möglichkeit definitiven Erbschaftserwerbs. XV. 233. — 4) Entmündigung wegen Geistesschwäche, zufolge hohen Alters beantragt. VIII. 230. — 5) Einfluß der Trunkenheit. III. 4. 140. XIII. 243. XVII. 181. — 6) Ueber den rechtlichen Begriff des Verschwenders XII. 2. XIII. 9. 81. — 7) Anfangspunkt der rechtlichen Wirksamkeit der Prodigalitätserklärung. XVII. 147. 206. XVIII. 206. XIX. 10. 115. — 8) Unwirksamkeit freiwilliger Endmündigung. XV. 136. XVIII. 125. — 9) Injurienklage gegen einen unter Curatel gesetzten Verschwender. XVI. 230. — 10) Wechsel der Blinden. XVI. 67. — 11) Eideszuschiebung an einen Taubstummen und Eidesleistung durch denselben. XVI. 160. — 12) Eid einem taubstummen Analphabeten angetragen. VI. 83.

F. Verwandtschaft. Begriff der Agnaten im Lehnrecht. XV. 148. XVIII. 289.

G. Bürgerliche Ehre. 1) Keine infamia juris oder facti wegen Eheversprechens in stehender Ehe und Beischlafs während des Trauerjahrs. V. 301. — 2) Oeffentliche Buhldirne mit infamia juris behaftet. Reinigung von diesem Flecken. VII. 340. — 3) Verurtheilung zu peinlicher Strafe. Amnestiegesetz. Wirkung desselben in civilprozessualischer Beziehung. XIII. 294.

H. Standesverhältnisse. 1) Lehnsfähigkeit der Bauern. XV. 147. — 2) Familienfideicommisse im Bürgerstande und Familienfideicommisse des Adels. Bei Ersteren ein Vorzugsrecht des Mannsstammes vor dem Weiberstamme nicht anzunehmen. X. 71. — 3) Anspruch der Mediatisirten auf die Rechte des Fiscus, insbesondre auf den Anfall herrenlosen Guts. XI. 13. — 4) Jagd- und Forstrecht der Mediatisirten. Jagdrecht auf fremdem Gebietstheil, ob als Privatrecht oder Staatsrechtsdienstbarkeit anzusehen. II. 78. — 5) Frohnrecht der Mediatisirten. Landesherrliche und gutsherrliche Frohnen. I. 186. — 6) Die Landesgerichte sind an die landesgesetzlichen Normen auch in Beziehung auf die bundesgesetzlich gewährleisteten Rechte der Standesherren gebunden. XV. 74. — 7) Vertretung der Standesherren durch ihre Rentekammern oder Domänenkanzleien in Bezug auf Besitzerwerb. VIII. 231. — 8) Beweiskraft standesherrlicher Verwaltungsacten und Rechnungen für den Standesherrn. XX. 191. — 9) Attestationen standesherrlicher Archivare sind Privatzeugnisse. IX. 97. — 10) Rechtsverhältniß standesherrlicher Diener. XI. 146. — 11) Rechtsverhältniß des von einem Standesherrn durch Decret bestellten Haus- oder Leibarztes. XIV. 135.

II. Von den juristischen Personen.

A. Rechtsverhältnisse der juristischen Personen im Allgemeinen. 1) Quasibesitz und erwerbende Verjährung in gewissen Obligationsverhältnissen zwischen juristischen Personen. VII. 269. XVI. 5.

— 2) Dienstbarkeiten zu Gunsten einer juristischen Person. Ersitzung derselben. XV. 205. XVI. 176. — 3) Aquilische Klage gegen eine juristische Person. XIV. 36. XV. 26. — 4) Restitutionsfrist für juristische Personen. XI. 204. XIV. 191. — 5) Unzulässigkeit einer Verfügung der juristischen Person über ihr Vermögen für den Fall der Aufhebung ihres Bestandes. X. 225.

B. Corporationen. Genossenschaften. 1) Erforderniß der Anerkennung Seitens der Staatsgewalt. I. 314 (S. 329). XIII. 57. 206. — 2) Nachweis landesherrlicher Genehmigung. XIV. 199. — 3) Von deutschrechtlichen Genossenschaften im Gegensatze bloßer Rechtsgemeinschaft. Rechtsverfolgung gegen Genossenschaftsmitglieder. I. 314. 316. — 4) Deutschrechtliche Genossenschaften, insbesondere die s. g. Knappschaftskassen. XX. 201. — 5) Deutschrechtliche Weidegenossenschaft. Wirksamkeit der Beschlüsse den einzelnen Interessenten gegenüber. XVIII. 3. — 6) Sogenannte Erholungsgesellschaften; sind sie juristische Personen? Fähigkeit derselben, vor Gericht aufzutreten. VI. 2. — 7) Rechtsverhältnisse einer Privatpensionsstiftung. Rechte der jeweiligen Interessenten, Statute zu errichten. IX. 7. — 8) Erfordernisse einer Actiengesellschaft als einer juristischen Person. Umfang der Haftpflicht der Mitglieder einer von dem Staate nicht genehmigten Actiengesellschaft. XII. 58. — 9) Actiengesellschaft als juristische Person. XVIII. 267. — 10) Städtische Sparkassen und Leihanstalten als selbstständige juristische Personen. IV. 5. VI. 135. — 11) Corporativer Verein zu gemeinnützigem Zwecke. Auflösung desselben. Befugniß der Staatsgewalt, über das Vereinsvermögen zu verfügen. XIII. 207. — 12) Befugniß der nach Aufhebung des Jagdrechts auf fremden Grundstücken in Folge Gesetzes gebildeten Jagdinteressentschaften, als solcher, ihr Nutzungsrecht durch Besitzklagen zu schützen. XIX. 11. — 13) Uebergang der Rechte und Verbindlichkeiten einer Genossenschaft bei deren Trennung auf die an ihre Stelle tretenden genossenschaftlichen Verbände. XIX. 12. — 14) Mit Aufhebung einer Handelsinnung durch einen Act der gesetzgebenden Gewalt erlöschen die wider sie obschwebenden Prozesse. XIX. 13. — 15) Genossenschaften. Haftbarkeit der jeweiligen Mitglieder für Namens der Gesellschaft contrahirten Schulden. XX. 200. — 16) Verhältniß der Majoritätsbeschlüsse einer Corporation zu den den einzelnen Mitgliedern an dem Corporationsvermögen zustehenden Nutzungsrechten. XIII. 124. — 17) Servitutrechte der Corporationen, Gemeinden oder einzelnen Einwohnerklassen. XV. 205. — 18) Klagerecht einer einzelnen Klasse von Innungsgenossen zur Verfolgung eines der Innung zustehenden Rechts. XII. 229. — 19) Befugnisse einer israelitischen Cultusgemeinde. X. 226.

C. Insbesondere von den Gemeinden. 1) Gemeinde. Jura singulorum. I. 313. XV. 1. — 2) Gemeindesachen, bei welchen die Gemeindeglieder als solche oder als Besitzer von Grundstücken gleichmäßig oder verhältnißmäßig betheiligt sind. Rechte der Gemeinde im Gegensatze der jura singulorum. I. 1. mit Nachtrag S. 151. — 3) Verschiedenartige Rechtsverhältnisse der Gemeinden. Gemeindesachen im engeren und weiteren Sinne. I. 315. II. 258. (Vgl. II. 133). IX. 125. XIV. 6. XVI. 97. — 4) Rechtswohlthat der Restitution für Gemeinden. Umfang derselben. I. 404. V. 249. — 5) Grund des Nutzungsrechts der Gemeindeglieder an dem Gemeindevermögen. VII. 147. — 6) Art der Benutzung ungetheilter Gemeindegrundstücke von Seiten einzelner Gemeindeglieder. VII. 148. — 7) Klagrecht einzelner Gemeindeglieder zur Geltendmachung der den Mitgliedern der Gemeinde insgesammt zustehenden Rechte. X. 125. XVI. 97. Vgl. VI. 309. VIII. 113. — 8) Gräsereirecht als Ausfluß des Flurrechts für die Gemeindeglieder beansprucht. XI. 125. — 9) Schäfereirecht der Gemeinden; Berechtigung zur Theilnahme an solchem. XIX. 116. — 10) Communweiderechte. XIV. 63. — 11) Wegegerechtigkeit einer Gemeinde. Klagrecht der einzelnen Gemeindeglieder. XVII. 4. — 12) Absicht der Rechtsausübung bei Ersitzung einer Wegegerechtigkeit Namens der Gemeinde. XX. 212. — 13) Gemeindeweg. Servitut, deren Subject die Gemeinde. VIII. 113. — 14) Umfang der einer Gemeinde verliehenen Holzberechtigung, wenn die Mitglieder der Gemeinde sich vermehrt haben. III. 300. — 15) Anspruch der Gemeindeeinwohner ohne Grundbesitz auf Antheil an der Gemeinweide. Realgemeinde. Politische Gemeinde. X. 190. — 16) Gemeindesache. Verzicht der Gemeindebehörde auf Gemeinderechte, welche den einzelnen Gemeindebürgern vermöge dieser politischen Eigenschaft zustehen. IX. 125. — 17) Leseholzgerechtigkeit, von einzelnen Personen geübt, als Gemeinderecht. Erwerb durch Verjährung. XI. 124. — 18) Klage auf Anerkennung des Rechts zu Gemeindenutzungen. IX. 257. Vgl. VI. 309. VII. 298. VIII. 247. — 19) Störung des Wasserlaufs durch Anlagen von Gemeindewegen. XVI. 116. — 20) Besitzstörung in Ansehung gemeiner Wege. IX. 255. — 21) Begründung der Verpflichtung einer Gemeinde zu fortwährenden Leistungen durch Zeitablauf. VII. 269. — 22) Abgaben aus dem schutzherrlichen Verhältnisse, für welche eine Gegenleistung erfolgt, als Gemeinde-Reallasten. Possessorische Klage. XVI. 175. XIX. 151. — 23) Weiderecht an einer Gemeindemarkung. Berechtigung der Gemeindeglieder zur Mithut. I. 9. — 24) Gemeindelasten. Befreiung von der Beitragspflicht durch Verjährung. II. 132. — 25) Ortsstatute über Gemeindeumlagen. Personengrenze ihrer Geltung. VII. 149. — 26) Zur Fassung eines gültigen Gemeindebeschlusses ist die Anwesenheit von $^2/_3$ sämmtlicher Mitglieder nicht nothwendig. XIV. 200. — 27) Eigenthum an denjenigen Gütern in dem Flurbezirk einer Gemeinde, welche nicht in dem Eigenthum Einzelner stehen. II. 259. — 28) Beweis des Eigenthums einer Gemeinde an einem zu der Gemarkung gehörigen Grundstücke. XX. 199. — 29)

Vermuthung für das Eigenthum der Gemeinde an den in ihren Gemarkungen befindlichen unbebauten Liegenschaften. XII. 214. — 30) Theilung der Gemeindegüter. II. 256. — 31) Theilung des Eigenthums einer deutschrechtlichen Realgemeinde. VIII. 11. — 32) Erwerbende Verjährung der res universitatis. I. 165. II. 133. — 33) Verjährung gegen Stadt- und Dorfgemeinden. III. 137. 297. — 34) Verjährung gegen Stadtgemeinden. XIII. 7. — 35) Verjährung gegen Dorfgemeinden. IX. 119. XVI. 187. — 36) Haftung einer Gemeinde in Bezug auf das gemeindliche Bauwesen. VII. 150. — 37) Haftung der Gemeinde für die einzelnen Gemeindeglieder. XVI. 192. — 38) Haftung einer Stadtgemeinde für die Handlungen einzelner Rathsglieder. IV. 203. — 39) Actio mutui gegen eine Stadtgemeinde. XII. 147. — 40) Haftung der Stadtgemeinde für Verschuldungen städtischer Gerichtsbeamten. I. 166. — 41) Haftbarkeit der Gemeinden für die Handlungen ihrer Vorsteher. III. 257. — 42) Vertretungsbefugniß, der Gemeinde in Sachen ihrer Glieder zustehend, ohne Haftung für deren Rechtswidrigkeiten. VII. 2. — 43) Die Gemeinde als Vertreterin der Gemeindeglieder in Schäfereiprocessen. IX. 256. — 44) Legitimation der Gemeinde zur Proceßführung über Rechte und Verbindlichkeiten, welche den Gemeindegliedern, als solchen, oder einer bestimmten Klasse derselben, zustehen oder angeblich obliegen. XI. 126. XIV. 6. — 45) Proceßführung für die Gemeinde von Seiten der Minderheit der Gemeindeglieder gegen die Mehrheit, insbesondere wenn zu der Letzteren die Vorsteher gehören. I. 315. — 46) Rechtsverfolgung gegen die Glieder einer Gemeinde als Einzelne. I. 316. — 47) Proceßkosten in Gemeindesachen. II. 257. — 48) Gemeindegenossen als Zeugen für die Gemeinde. XVII. 164. XX. 192. — 49) Gemeindeglieder von der Gegenpartei der Gemeinde als Zeugen vorgeschlagen. XI. 193. XII. 207. — 50) Eidesleistung für die Gemeinde. Wahl der Schwurmänner. XII. 100. 101. XIII. 294. XV. 86. — 51) Schwurdeputirte. Widerruf ihrer Ernennung. XVII. 182. — 52) Eidesleistung für die Gemeinde durch Mitglieder der Gemeinde, nicht des Gemeinderaths. XVIII. 277. — 53) Restitution in Gemeindesachen. I. 401. V. 249.

D. Der Fiscus. 1) Vertretung des Fiscus durch Centralbehörden. XVIII. 110. — 2) Legitimation des Fiscus zur Rückforderung der von einer revolutionären Gewalt ausgeliehenen Staatsgelder. XII. 117. — 3) Der Staatsfiscus als Verpächter, durch eine Verfügung der Regiminalbehörde an Erfüllung des Pachtcontracts gehindert. VI. 188. — 4) Ueber die Anwendbarkeit der Bestimmung des römischen Rechts in const. 2. 3. de quadr. praescr. wegen Unanfechtbarkeit der von dem Fiscus vorgenommenen Veräußerungen. V. 108. 109. IX. 263. XIV. 207. — 5) Privilegien des Fiscus in Bezug auf Zahlungen seiner Schuldner an Dritte. XVIII. 27. — 6) Restitution des Fiscus gleich den

Minderjährigen. XI. 8. XIV. 191. XVII. 113. — 7) Ersitzung an Gütern des Fiscus. XVIII. 14. — 8) Zinsenprivilegien des Fiscus. VIII. 241. XVII. 221. XVIII. 22. 23. 24. XX. 22. — 9) Verbindlichkeit des Fiscus zur Urkundenedition. XVII. 297. — 10) Anspruch der Mediatisirten auf die Rechte des Fiscus, insbesondere auf den Anfall des herrenlosen Guts. XI. 13.

E. Milde Stiftungen. Kirchen. Universitäten. 1) Errichtung einer milden Stiftung durch letztwillige Verfügung. I. 97. XI. 9. XIV. 103. Note 2. XVI. 232. — 2) Begriff und passive Erbfähigkeit der pia corpora. XVIII. 4. — 3) Milde Privatstiftungen. Erforderniß der Anerkennung durch die Staatsbehörden in Beziehung auf juristische Persönlichkeit. I. 359. — 4) Mehrere Vorsteher einer Stiftung bei ungetheilter Verwaltung. XVII. 259. — 5) Zuständigkeit der Gerichte in Streitigkeiten über das Recht zur Vertretung einer Stiftung. IV. 251. XX. 181. — 6) Domicil der Stiftungen. V. 139. — 7) Restitution der Kirchen und milden Stiftungen. I. 359. III. 191. — 8) Jahrtagsstiftungen. V. 48. 49. — 9) Stiftungen für Seelenmessen bei aufgehobenen Klöstern fallen nicht unter die Vorschrift des § 65 des Reichsdeputationshauptschlusses. VIII. 161. — 10) Kirchliche Stiftung mit eventuellen Rechten der Familie des Stifters. Klage der Familienglieder wegen Incamerirung des Stiftungsguts. Justizsache X. 208. — 11) Klage auf den Genuß von Stiftungsfonds. I. 106. — 12) Armenfonds von dem Kirchenvermögen unterschieden. Berechtigung an denselben. II. 131. — 13) Stipendiensachen. II. 205. — 14) Wer ist Eigenthümer der Kirchengüter? Vindicationsrecht des Bischofs. Die Schule kein annexum der Kirche. VIII. 13. — 15) Besitzklage in Bezug auf ein Kirchenamt. VIII. 14. — 16) Verwaltung der Kirchengüter. II. 130. — 17) Veräußerung von Kirchengütern. II. 129. — 18) Erwerb eines von dem Fiscus veräußerten Kirchenguts. V. 108. — 19) Besoldungsanweisung von Seiten der Staatsregierung auf katholische Kirchenfonds. X. 8. — 20) Schäfereigerechtigkeit auf Kirchengut. XIX. 117. — 21) Klage eines landesherrlich angestellten Universitätsbeamten gegen die Universität wegen Verkürzung durch spätere Verfügungen der Staatsregierung. Der Landesherr als Repräsentant einer Universität als juristischen Person? XI. 181. — 22) Verjährung der Sachen einer Universität. VI. 134.

Hauptstück 4.

Von den Sachen.

I. Res divini juris.

1) Kirchenstuhl; Recht auf ausschließliche Benützung eines solchen. Quasibesitz dieses Rechts VI. 240. — 2) Ein Kirchenstuhl (Synagogen-

stand) gehört nicht zu den res sacrae. Möglichkeit des Besitzes und der Ersitzung. XI. 272. — 3) Ein Synagogenstand kein zulässiges Executionsobject. XIII. 301. — 4) Veräußerung von Kirchengütern. II. 129. — 5) Jahrtagsstiftungen. V. 48. 49. — 6) In Anspruch genommene Ueberfahrt über einen Kirchhof. VI. 140.

II. Res communes.

1) Das offene Meer kein Gegenstand der Besitzergreifung. VII. 144. — 2) Verfügungen des Quelleneigenthümers über das Quellwasser. X. 227. — 3) Befugniß des Eigenthümers eines Grundstücks, über das sich auf diesem sammelnde Quell- und Regenwasser zu verfügen. Verjährung gegen diese Befugniß. X. 261. XIX. 118. — 4) Vom Rechte auf das abfließende Quellwasser. II. 8. — 5) Wasserlauf; unvordenkliche Verjährung. I. 5. — 6) Bewässerung aus Privatflüssen. Bestimmung des Ortes, wo das abgeleitete Wasser wieder zurückzuleiten ist. X. 9. — 7) Privatflüsse, Gräben und Kanäle. Verbindlichkeit zur Unterhaltung und Reinigung. I. 167. — 8) Das Recht auf ausschließliche Benützung eines Wasserlaufs kann nur durch qualificirte Verjährung erworben werden. XII. 246. — 9) Sicherpfahl. Vermuthung für dessen Integrität. X. 126. XII. 320. — 10) Nutzungsbefugnisse in Beziehung auf gemeinschaftliche Gewässer. IX. 259.

III. Res publicae.

1) Res patrimoniales fisci. XVII. 112. — 2) Staatseigenthum. Competenz der bürgerlichen Gerichte über solches. XVI. 142. — 3 Oeffentliche Wege, deren Begrenzung. Privatbesitz. XVIII. 6. 4) Oeffentliche Wege. Negatorienklage. III. 148. VII. 9. XIII. 130. 5) Gemeindewege, Dorfstraßen. Anspruch von Schadensersatz wegen ruinirender Benutzung derselben. V. 3. — 6) Entscheidung der Verwaltungsbehörde darüber, ob ein Weg ein öffentlicher sei. XVII. 285. 7) Begriff der Nachbarschaft mit Beziehung auf einen öffentlichen Weg. XVII. 81. — 8) Aufhebung eines öffentlichen Weges kein Grund zu Entschädigungsansprüchen. XVII. 121. — 9) Ersitzung eines öffentlichen Weges. XVII. 5. — 10) Besitzstörung durch öffentliche Straßenbauten. XIX. 267. -- 11) Interdictum ne quid in itinere publico angewandt auf Gemeindewege. XIX. 235. — 12) Begriff von öffentlichen Gewässern. XIV. 201. 247. Note. 1. XVIII. 7. — 13) Begriff eines öffentlichen Flusses. IX. 258. XIX. 118. — 14) Rechtliche Eigenschaft des aus einem öffentlichen Flusse abgeleiteten Wassers. XX. 202. — 15) Competenz der Gerichte über die Wasserbenutzung aus öffentlichen Flüssen, wenn die Verwaltungsbehörde diese Benutzung untersagt hat. XVII. 99. — 16) Benutzungsrecht an fließendem öffentlichen Gewässer. Wasserschöpfgerechtigkeit. XVIII. 5. — 17) Ueber

Verpflichtung zur Unterhaltung der Ufer eines öffentlichen Flusses. Verpflichtung zum Uferschutz. I. 2. IV. 6. IX. 260. — 18) Eine im öffentlichen Interesse nothwendige Flußcorrection vermag durch etwaige Entschädigungsansprüche von Privaten nicht gehemmt zu werden. VI. 252. — 19) Polizeiliche Bestimmungen bezüglich neuer Anlagen in einem öffentlichen Flusse im Verhältnisse zu den Privatrechten der Anlieger. XI. 296. — 20) Reichswasser-Gerichts-Protokoll von 1697. X. 244. — 21) Eigenthum an schiffbaren Flüssen als Regal. Wiener Congreßacte vom 9. Juni 1815. Art. 113. Unterhaltung der Leinpfade. I. 2. — 22) Interdicte zum Schutz der Flußwassernutzung. Rechtsmittel der Müller. IX. 161. — 23) Klage eines Müllers wegen Entziehung des Wassers eines öffentlichen Flusses durch Stauungen. Einrede der Verjährung zum Beweis ausgesetzt. In Betreff der Replik des precarium bedarf es keines speciellen Gegenbeweisvorbehalts. VIII. 110. — 24) Klage des Müllers gegen die Angrenzer des öffentlichen Baches wegen Ableitung des Wassers. XVI. 7. — 25) Besitzstörungsklage als interdictum ne quid in flumine publico fiat. XVII. 246. — 26) Interdictum possessorium des Müllers auf Grund der ihm ertheilten Concession zum Gebrauche des Wassers an einem öffentlichen Flusse wegen Veränderungen des Wasserlaufes. XX. 203. — 27) Entschädigungsanspruch des Pächters einer Fischerei in einem öffentlichen Flusse wegen Tödtung der Fische. Interdicte zum Schutze in der Flußbenutzung. XVII. 224. — 28) Rechtliche Bedeutung des Leinpfades, als einer öffentlichen Last der Ufergrundstücke in Folge des Flußregals. II. 260. — 29) Interdictum ne quid in loco publico wegen Veränderungen am Leinpfade. V. 27.

Ueber Benutzung von Privatgewässern s. namentlich unten Abschn. VI. Hauptst. 2 III. D. Ferner Abschn. III. Hauptst. 2. II. II.

IV. Körperliche und unkörperliche Sachen.

1) Der Titel einer Zeitung als Gegenstand des privatrechtlichen Verkehrs. XV. 43. — 2) Rechtsgeschäft über eine Gewerbsconcession. XV. 271. — 3) Zerrissener und restaurirter Wechsel. XV. 238.

V. Bewegliche und unbewegliche Sachen.

1) Forderungen gehören zu den beweglichen Sachen. VIII. 12. — 2) Verkauf eines Gebäudes auf Abbruch ist Verkauf beweglicher Sachen. XVIII. 207. — 3) Tradition beweglicher mit einer unbeweglichen noch verbundenen Sache. XVIII. 209. — 4) Tradition stehender Bäume einer Waldung. XIX. 123.

VI. Einzelne Sachen und Sachgemeinheiten.

1) Gebäude. Identität eines abgebrochenen Gebäudes mit dem auf dessen Stelle neu aufgeführten? XIV. 7. — 2) Unstatthaftigkeit einer

Universalklage in Bezug auf die Zurückforderung einer in die Ehe eingebrachten Waarenhandlung III. 329. — 3) Unstatthaftigkeit einer Universalklage in Bezug auf das sog. peculium adventitium. III. 340. — 4) Vorbehalt des Eigenthums an einem verkauften Waarenlager. Vindication der später hinzugekommenen Waaren. XIII. 308. — 5) Vindication einer Heerde, auf die nachgeschafften Stücke sich erstreckend. VII. 283. — 6) Pfandrecht an einer Sachgesammtheit (Theaterinventar). XV. 187. — 7) Verkauf eines Gutsinventars. Particularrechtliche Formvorschrift bezüglich der Viehverkäufe; ist selbige wegen der in dem Inventar enthaltenen Stücke Vieh zu beobachten? XII. 140. — 8) Der Nachlaß einer Person als solcher kein Gegenstand eines Besitzes. XIV. 102. — 9) Das hinterlassene Vermögen einer Person als Gegenstand des Nießbrauchs. XV. 18. — 10) Die Rechtsregel: Surrogatum sapit naturam ejus, in cujus locum surrogatum est, ist in dieser Allgemeinheit falsch. I. 23.

VII. Vertretbare Sachen.

1) Restitutionspflicht, betreffend vertretbare Sachen. Anspruch auf Zurückgabe derselben Stücke. X. 127. XIII. 233. — 2) Kauf einer Mehrheit vertretbarer Gegenstände. Genuskauf? XVI. 43. — 3) Vertretbarkeit von Papieren auf den Inhaber. XVI. 66. — 4) Darlehen in Werthpapieren. XIV. 133.

VIII. Haupt- und Nebensachen.

1) Pertinenzqualität. Vindication der Pertinenzen. XVII. 207. — 2) Pertinenzqualität von Gegenständen, welche der Miether eines Hauses zum Gebrauche in demselben angeschafft hat. XVIII. 8. — 3) Bedingungen der Haus-Pertinenz-Qualität eines Apothekerprivilegiums. IV. 7. — 4) Pertinenzen. Eine Wasserleitung mit Pumpwerk, und Utensilien einer Brennerei und Hefenfabrik. VII. 286. — 5) Pertinenzen einer Kirche. XII. 301. XIV. 48.

Hauptstück. 5.

Von den Handlungen.

I. Mängel der Willensbestimmung.

A. Zwang. 1) Zwang zu einer Erklärung vor Gericht XII. 136. — 2) Actio quod metus causa auf Grund einer Bedrohung mit Denunciation wegen Betruges. XVIII. 112. — 3) Vertragsanfechtung wegen Bedrohung mit einer Criminalanklage. XX. 219. — 4) Bedrohung mit einem Schwängerungsprocesse. VIII. 27. — 5) Gerichtliche

Bürgschaftsleistung einer Ehefrau angefochten wegen eines von dem Ehemanne geübten Zwanges. XII. 136. — 6) Anwendung von Zwang bei Testamenten. V. 195. — 7) Einwand des von einem Dritten erlittenen Zwangs der Wechselklage entgegengesetzt. XI. 172.

B. Betrug. 1) Einwand des Dolus wegen unterlassener Mahnung. IX. 32. — 2) Betrug durch Belassen des Andern im Irrthum. XI. 26. 221. — 3) Täuschung der Braut durch den Bräutigam über sein Alter bei dem Verlöbnisse. XVIII. 143. — 4) Täuschung über Vermögensverhältnisse kein Grund der Ehenichtigkeit. XVI. 51. — 5) Betrüglich veranlaßte Ausstellung einer Quittung. V. 275. — 6) Betrug durch Abläugnen im Proceß? XV. 128.

C. Irrthum. 1) Irrthum in der Subsumtion unter das Gesetz, kein Rechtsirrthum. VI. 141. — 2) Anerkennung einer Verbindlichkeit aus Rechtsirrthum. VI. 206. — 3) Rechtsirrthum bei der außerordentlichen Ersitzung. XI. 17a. XV. 3. 197. — 4) Von dem Widerrufe gerichtlicher Erklärungen wegen Irrthums. IX. 261. — 5) Unerheblichkeit des Irrthums über den Inhalt genehmigter Verhandlungen. III. 141. — 6) Rusticität als Grund zur Abwendung von Rechtsnachtheilen III. 142. — 7) Tradition aus Irrthum. X. 231. — 8) Irrthum über die Virginität als Ehenichtigkeitsgrund. XVII. 219. XVIII. 144. — 9) Vermächtnißanfechtung wegen Irrthums des Erblassers. VII. 73. — 10) Die Berufung auf Irrthum ist thatsächlich zu begründen. XVII. 75. — Irrthum bei der condictio indebiti s. unten Abschn. III. Hptst. 2. III. D. b.

S. auch unten Abschn. III. Hauptst. 1. IV. A. e. Mängel der Willensbestimmung bei Verträgen.

II. Willenserklärung.

1) Schriftlichkeit einer Willenserklärung durch Telegramme. XVI 29. — 2) Willenserklärung durch concludente Handlungen. XI. 161. XIV. 33. 144. 146. 219. 221. XV. 251. Vgl. III. 260. — 3) Billigung eines Baues durch Einziehen und Bewohnen. XVIII. 34. — 4) Theilnahme der Miterben an einer verbotenen Trauermahlzeit keine Anerkennung, sich die Kosten des Mahls anrechnen zu lassen. IV. 8. — 5) Kauf durch stillschweigendes Behalten unbestellt zugesandter Waaren. VIII. 36. XIII. 218. — 6) Billigung des geforderten Preises für bestellte und erhaltene Waaren durch Stillschweigen. XII. 19. — 7) Unterlassene Beantwortung eines Briefes bei kaufmännischer Correspondenz. XI. 80. XIV. 125. — 8) Mandatseingehung durch stillschweigenden Consens des Mandatars. VIII. 254. — 9) Stillschweigender Widerruf einer Verkaufsvollmacht. X. 158. — 10) Haftung wegen unterlassener Beantwortung eines einem Frachtführer brieflich ertheilten Speditionsauftrages. XIV. 230. — 11) Stillschweigende Anerkennung

von Portoauslagen. XV. 122. — 12) Stillschweigende Zinsherabsetzung. VI. 164. — 13) Einwilligung durch bloßes Stillschweigen, nicht beschränkt auf die im Corpus juris aufgeführten einzelnen Fälle. V. 117.

III. Stellvertretung bei Rechtsgeschäften.

1) Tradition an den Mandatar; wiefern dadurch dem Mandanten Besitz und Eigenthum erworben wird. XI. 149. XII. 122. — 2) Vertragseingehung durch Boten. V. 116. — 3) Abschließung eines Schuldvertrages durch einen Mandatar; wieferne gilt der Mandant als Contrahent? XI. 149. XIII. 93. 313. XIV. 231. XV. 111. — 4) Vertragsabschluß durch Stellvertreter ohne Nennung des Mandanten. XVIII. 241. — 5) Vollmachtsbeschränkungen dem dritten Contrahenten gegenüber. XVIII. 134. — 6) Einwand, in fremdem Namen contrahirt zu haben. I. 193. VIII. 103. XII. 27. XV. 272. — 7) Vertrag zu Gunsten eines Dritten. Wiefern ist Vertretung des Dritten durch den Stipulator anzunehmen? III. 31. VIII. 29. XI. 43. 133. XII. 279. XIV. 131. (S. 210 fg.) XIX. 33. — 8) Widerruflichkeit des mit einem Stellvertreter ohne Auftrag geschlossenen Vertrages vor erfolgter Genehmigung. VII. 273. — 9) Geschäftsführung gegen das Verbot des Geschäftsherrn. XIV. 94. — 10) Wirksamkeit der von einem Stellvertreter vor dem eigentlichen Contractsabschlusse gepflogenen Verhandlungen in ihrer interpretativen Bedeutung auch dann, wenn der Vertretene selbst den Vertrag nachher abschloß. XIX. 23. — 11) Legitimation des Stellvertreters in Contrahirung einer Schuld durch Anerkennung der Schuld Seitens des Mandanten. XIX. 229. — 12) Gebundensein desjenigen, der mit dem negotiorum gestor eines Dritten ein Rechtsgeschäft abgeschlossen hat. XV. 223. — 13) Kann der negotiorum gestor vor der Ratihabition des Principals dem Promittenten die übernommene Verbindlichkeit erlassen? XIV. 131. (S. 210—211.) Vgl. XI. 133. XII. 281. Note 1. — 14) Erbschaftsantretung durch Bevollmächtigte. XV. 232.

IV. Form der Rechtsgeschäfte.

1) Die Form der Rechtsgeschäfte gehört dem jus publicum im römischen Sinne des Worts an. XV. 224. — 2) Statutencollision über die Form der Verträge. XIII. 121. — 3) Beurtheilung der Form eines im Auslande geschlossenen Rechtsgeschäfts nach dem milderen einheimischen Recht. XVI. 89. XIX. 4. — 4) Gebrauch des Notariatssiegels. XVII. 102. — 5) Ein der Form nach mangelhaftes Geschäft als Rechtstitel zur Ersitzung. I. 405. — 6) Sollenitätszeugen. Zeugenzuziehung als Vorzugsrechtsbedingung. VIII. 175. — 7) Particularrechtliche Formvorschrift bezüglich der Viehverkäufe auf den Verkauf eines Gutsinventars als Gesammtheit nicht anzuwenden. XII. 140. — 8) Zweifel ob schriftliches oder mündliches Testament. XX. 144. — 9) Erforder-

niß vollständiger Beobachtung der für die Gültigkeit gewisser Rechtsgeschäfte vorgeschriebenen Förmlichkeiten. XVIII. 87. — 10) Testamentserrichtung im Auslande nach der Form des ausländischen Rechts. XIX. 6.

V. Nebenbestimmungen bei Rechtsgeschäften.

1) Bloßer Beweggrund oder Voraussetzung des Geschäfts? XII. 21. — 2) Bedingung und Voraussetzung. Wirkung des Eintritts derselben. XVI. 6. 103. — 3) Voraussetzung, Erwartung, Bedingung. XIX. 222. — 4) Verhinderte Erfüllung der Bedingung als Eintritt der Bedingung wirksam. IV. 97. X. 128. — 5) Clausula rebus sic stantibus. VI. 137. VIII. 253. — 6) Unverschuldete Nichterfüllung der Bedingung. III. 152. X. 150. 151. — 7) Versprechen unter negativer Potestativbedingung. Schweigegeld. X. 10. Vgl. VI. 167. VIII. 119. — 8) Resolutivbedingung bei dem Eigenthumserwerb. Wirkung des Eintritts. X. 133. — 9) Auslegung der Bedingung. Eintritt der Bedingung einer Conventionalstrafe, wenn der Verpflichtete seiner übernommenen Verbindlichkeit zuwiderhandelt. XV. 15. — 10) Kaufcontract mit behaupteter Verabredung eines bestimmten Lieferungstages. XVIII. 184. — 11) Kauf „auf Belieben" (auf Probe). Aufschiebende oder auflösende Bedingung? XVIII. 236. — 12) Zurückforderung bedingt geschenkter und vor erfüllter Bedingung übergebener Gegenstände wegen nicht erfüllter Bedingung. XI. 242. — 13) Eheversprechen unter der Bedingung des Beischlafes. XIII. 34. — 14) Letztwillige Zuwendung unter der Bedingung, daß der Honorirte seine Kinder in einer bestimmten Religion erziehen lasse. XII. 277. — 15) Testament; aufschiebende Bedingung oder Zweckbestimmung? XIX. 292. — 16) Versicherungsvertrag. Erweiternde Auslegung einer Bedingung nach ihrem Grunde und Zweck. XV. 152. — 17) Beweislast die Erfüllung der Voraussetzungen eines bedingten Rechtsgeschäfts betreffend. X. 129. Vgl. X. 10. — 18) Bedingung oder Befristung? XIII. 125. vgl. mit 216. — 19) Dies incertus an et quando, und doch keine Bedingung. XV. 190. 191. Vgl. XV. 7. 218. — 20) Dies certus an incertus quando, bei Vermächtnissen Bedingung. XV. 38. — 21) Dies cedens fideicommissi entscheidend bei fideicommissarischer Honorirung über die Eigenschaft eines nächsten Verwandten. XVII. 68. — 22) Berechnung einer nach Monaten bestimmten Frist. XIX. 119.

VI. Anfechtung und Nichtigkeit der Rechtsgeschäfte.

1) Anfechtung eigener Handlungen. VI. 142. IX. 6. 262. — 2) Vindication veräußerter Dotalgrundstücke durch den veräußernden Ehemann. XIX. 237. — 3) Anfechtung von Handlungen des Erblassers durch die Erben. VI. 8. XII. 172. 282 a. E. — 4) Verzicht auf Anfechtbarkeit, wenn diese auf einem absolut verbietenden Gesetze beruht. VIII. 31. — 5) Nichtigkeit verbotener Verträge. II. 162. — 6) Civil-

rechtliche Folgen der Uebertretung von Prohibitivgesetzen. III. 258. — 7) Unbefugter Gewerbebetrieb begründet keine Nichtigkeit der einschlagenden Rechtgeschäfte. XIII. 242. — 8) Anfechtung eines Geschäfts wegen Geisteskrankheit. III. 139. — 9) Anfechtung eines Vertrags wegen Trunkenheit. III. 140. XIII. 243. XVIII. 113. — 10) Nichtigkeit eines Vertrages in Folge von Mißverständnissen. II. 273. — 11) Gesetzwidrige Veräußerung von Mündelgut. Nichtigkeit auch zu Gunsten des Käufers. XIV. 101. — 12) Ungültigkeit der Bevormundung kann der Curand dem Dritten, welcher mit dem Curator contrahirt hat, nicht entgegensetzen. XX. 11. — 13) Unverbindlichkeit eines Adoptionsversprechens. XV. 134. — 14) Unstatthafte Veräußerung mit Rücksicht auf das Recht eines Dritten. Der Dritte Erbe des Veräußerers. XII. 172. — 15) Nichtigkeit des Vertrages zwischen dem Anwalt und dem mit dem Armenrecht versehenen Clienten wegen Deserviten und Auslagen. XIX. 270. — 16) Fall der Unanwendbarkeit des Satzes: Utile per inutile non vitiatur. XII. 3. — 17) Die begründete Anfechtung einzelner Pöste einer Abrechnung macht die Abrechnung im Ganzen nicht hinfällig. XIX. 25. — 18) Irrthümliche Anerkennung eines nichtigen Testaments schließt die spätere Anfechtung desselben nicht aus. XVII. 71. 151. — 19) Ueber Zulässigkeit der Klage auf Nichtigkeitserklärung eines ungültigen Rechtsgeschäfts. VI. 320. XVII. 208. — 20) Klage auf Nichtigkeitserklärung eines Kaufcontracts und Zurückgabe der verkauften und tradirten Sache. XVIII. 113. — 21) Querela nullitatis testamenti, ob als besondere Klage zulässig. XV. 144. — 22) Berücksichtigung der Nichtigkeit von Amtswegen. XI. 185. — 23) Convalescenz ungültiger Acte. IX. 262. Vgl. XI. 160.

Nichtigkeit wegen turpis causa s. unten Abschn. III. Hauptstück 1. IV. A. d.

VII. Auslegung der Rechtsgeschäfte.

1) Anwendung von Auslegungsregeln einer neuen Gesetzgebung auf Geschäfte aus früherer Zeit. I. 151. — 2) Regeln für Auslegung der Verträge. XVII. 126. — 3) Interpretative Bedeutung der vor dem Vertragsabschlusse gepflogenen Verhandlungen. XIX. 23. — 4) Interpretative Bedeutung von mündlichen Nebenverabredungen bei schriftlichem Contracte. XIII. 216. XV. 12. a. E. — 5) Interpretative Bedeutung der bisherigen Rechtsausübung. XV. 103. XVIII. 17. 30. — 6) Im Zweifel ist darauf zu achten, wie Geschäfte der fraglichen Art gewöhnlich abgeschlossen werden. XII. 236. — 7) Im Zweifel Vorzug derjenigen Deutung, durch welche das Geschäft als gültig erscheint. XV. 271. — 8) Auslegungsregel, daß kein Wort als bedeutungslos zu nehmen sei. III. 301. — 9) Gemeine und technische Bedeutung eines Wortes. XVIII. 227. — 10) Eine unbestimmte Mehrzahl wird im Zweifel durch die Zweizahl erschöpft. XVII. 209. — 11) Auslegung

zweiseitiger Geschäfte. Erweisliche Absicht der Paciscenten. VI. 324. — 12) Auslegung der Bedingung bei dem Versprechen einer Conventionalstrafe. XV. 15. — 13) Cassatorische Clausel in einem Pachtvertrage. Auslegung des gebrauchten Ausdrucks „alsbald" durch Benutzung gesetzlicher Analogie. (Cap. 3. 4. X. de locato.) XIV. 134. — 14) Auslegung eines Miethvertrages zum Nachtheil des Vermiethers. XIII. 299. Note. — 15) Auslegung einer auf die Aufkündigung der Miethe bezüglichen Verabredung. VII. 307. — 16) Beschränkende Auslegung einer Vollmacht nach deren Zweck. XV. 22. — 17) Auslegung gegen den Bürgen qui se obtulit. III. 324. — 18) Bei Lieferungsgeschäften über Staats- und Creditpapiere gehört die Festsetzung eines bestimmten Lieferungstages zu den Essentialien des Vertrages. Auslegung des Vertrages bei dem Mangel solcher Bestimmung. XVI. 65. — 19) Auslegung eines Verlagsvertrages. I. 347. — 20) Auslegung eines Erbzinsvertrages. XIX. 30. — 21) Auslegung des Ausdrucks „Erben" in Erbpachtsverträgen XIX. 251. — 22) Versicherungsvertrag. Auslegung einer Bedingung. XV. 152. — 23) Auslegung eines Testaments. Beweisauflage über die Absicht des Testators. (Fr. 25. §. 1. fr. 69. pr. de legatis III.) IV. 163. V. 106. VII. 67. IX. 182. XV. 31. XVII. 163. XVIII. 59. — 24) Auslegung eines Testaments. Ueber die Frage: Positus in conditione an sit positus in dispositione. XIX. 165. — 25) Auslegung einer alternativen Erbesansetzung. XVII. 150. — 26) Auslegung eines Testaments. Aufschiebende Bedingung oder Zweckbestimmung? XIX. 292 — 27) Bedeutung des Ausdrucks „Kinder" bei Verfügung zu Gunsten der Geschwisterkinder. Fr. 220 de V. S. IV. 133. IX. 183 mit Nachtrag S. 320. XIII. 103. XIV. 45. — 28) Bedeutung des Ausdrucks „Nächste Verwandte" bei einer directen oder fideicommissarischen Einsetzung. X. 269. XII. 242. XVII. 68. — 29) Bedeutung des Ausdrucks „Nächste Erben" in wechselseitigen Testamenten, Ehepacten und Erbverträgen. X. 275. XI. 133 (S. 198). — 30) Honorirung der „Intestaterben". XIII. 138. — 31) Auslegung eines Erbvergleichs. XVI. 103.

VIII. Beweis der Rechtsgeschäfte.

1) Vertragsunterschrift in blanco. XVIII. 226. — 2) Beweis einseitiger Contractsverbindlichkeiten durch eine von dem Promittenten ohne Erwähnung der Acceptation ausgestellte Urkunde. I. 52. — 3) Beweis, wenn die Bedingtheit eines Geschäfts behauptet wird. I. 370. II. 330. III. 222. IV. 32. X. 300. XII. 203. XIII. 189. XIV. 173. 252. XVIII. 57.

IX. Protestation und Reservation.

1) Es thut dem wirklich begründeten Rechte keinen Eintrag, wenn der Berechtigte dessen vollen Inhalt nicht kannte. Unterlassung von

Cautelen unschädlich. IV. 95. — 2) Protestatio facto contraria. III. 315. — 3) Keine Unterbrechung vertragsmäßiger Verjährung durch Protestation. XIX. 112. — 4) Handlung, welche an sich als Erklärung eines bestimmten Willens zu deuten; Einwand, gegen diese Deutung bei Vornahme der Handlung protestirt zu haben. XIV. 146. — 5) Wirkungslosigkeit des Vorbehalts künftiger Ausschlagung einer Erbschaft. VIII. 154.

X. Bestärkungseid.

1) Bestärkungseid bei Geschäften Minderjähriger. II. 261. XI. 209. — 2) Desgleichen. Handgelübde an Eidesstatt ungenügend. XIII. 13. — 3) Eidlicher Verzicht der Ehefrau auf Pfand- und Vorzugsrechte. III. 53. — 4) Gültigkeit eines an sich ungültigen Geschäftes zufolge hinzugetretenen Eides. Muß der Eid körperlich abgeleistet sein? XIII. 249.

XI. Ratihabition.

1) Genehmigung des von dem negotiorum gestor vorgenommenen Besitzerwerbes. Fr. 24. de negot. gest. XIV. 102 a. E. XV. 223. — 2) Genehmigung eines nichtigen Vertrages. XIII. 126. — 3) Genehmigung eines in der Trunkenheit geschlossenen Vertrages. IV. 17. — 4) Vertrag zu Gunsten Dritter. Ratihabition desselben. II. 213. XI. 133. XII. 142. 284 Note 1. XIV. 92 a. E. XVI. 38. — 5) Widerruflichkeit des mit einem Stellvertreter ohne Auftrag geschlossenen Vertrages vor erfolgter Genehmigung. VII. 273. — 6) Ueber die rechtlichen Folgen der Genehmigung eines ohne Auftrag besorgten Geschäfts Seitens des Geschäftsherrn. XI. 38. — 7) Vollmachtserweiterung durch Genehmigung von Ueberschreitungen. VI. 32.

XII. Verzichtleistung.

1) Erforderniß der Acceptation des Verzichts. XIII. 234. — 2) Bei einer urkundlichen Verzichtleistung bedarf es keines Beweises der Acceptation. I. 52. — 3) Erforderniß der Insinuation bei Erlaß einer Schuld. XVIII. 38. — 4) Stillschweigende Verzichtleistung. I. 335. II. 30. III. 315. IV. 45. X. 26. XIV. 33. 144. 219. 221. XV. 194. 212. XVI. 206. XVII. 36. 75. XVIII. 123. XIX. 137. — 5) Verzicht bei Auslegung der Verträge nicht zu vermuthen. XVII. 126. — 6) Irrthümliche Anerkennung kein Verzicht. XVII. 71. 151. — 7) Aus kaufmännischem Gutschreiben ist an und für sich Verzichtleistung auf eine Bedingung des Geschäfts nicht zu folgern. II. 90. — 8) Wirkung des generellen Verzichts auf Einreden. XI. 40. XV. 224 (S. 393). — 9) Genereller Verzicht auf Einreden; nachherige Einreden des Betrugs. XIII. 136. — 10) Einrede der Simulation nach generellem Verzicht auf Einreden XIV. 75. — 11) Unwirksamkeit des Verzichtes auf An-

fechtbarkeit eines Geschäfts, wenn diese auf einem absolut gebietenden Gesetze beruht. VIII. 31. — 12) Unwirksamkeit des Verzichts auf die exceptio non numeratae pecuniae. V. 276. — 13) Unwirksamkeit des Verzichts auf das Kündigungsrecht eines Socius bei einem auf unbestimmte Dauer eingegangenen Gesellschaftsvertrag. XVI. 45. — 14) Verzicht auf Retract dem Verkäufer gegenüber XX. 153.

XIII. Verschulden. Zufall.

A. Verschulden. 1) Uebertretung einer Prohibitivvorschrift begründet an sich schon eine zum Schadensersatze verpflichtende Culpa. Compensation der Culpa. XVII. 41. — 2) Qui jure suo utitur, neminem laedit. Tragweite dieses Satzes. X. 164. — 3) Quod quis ex sua culpa damnum sentit, non intelligitur damnum sentire. Lieferungsverspätung mit Schuld des Bestellers. IV. 109. — 4) Begriff des eigenen Verschuldens. XVI. 22. — 5) Schaden durch eigene Schuld. X. 258. XII. 150. 255. XIV. 25. XV. 209. — 6) Ablehnung eines angetragenen Pfarramts wegen religiöser Ueberzeugung als Verschulden in Frage. X. 11. — 7) Unterlassungen und Fehler bei Ausübung einer Kunst oder eines Gewerbes. XX. 204. — 8) Schadenszufügung durch Schießen im Walde. XIII. 30. — 9) Aquilische Culpa wegen culposer Unterlassung. III. 55. XV. 129. (Vgl. XIII. 28.) — 10) Verschulden durch Nichtanzeige des Inhalts bezüglich eines einem Boten übergebenen Fäßchens Schießpulver III. 166. — 11) Verschulden durch Nichthindern eines Andern an der Beschädigung. XVI. 220. — 12) Haftung wegen Verschuldung des Dienstpersonals auf der Eisenbahn. VIII. 52. XIII. 140. XVI. 22. — 13) Verpflichtung des Schiffsherrn aus Verschuldungen seiner Leute. XVII. 34. — 14) Haftverbindlichkeit des Beamten aus ertheilten Rathschlägen. XII. 26. — 15) Haftungsverbindlichkeit der Verwaltungsbeamten für einen in ihrem Dienste verursachten Schaden; Grad der zu prästirenden Culpa. XX. 38. — 16) Haftung der Frachtführer, wenn bestimmt wurde, daß jeder Wasser- und Feuerschaden als von unwiderstehlicher Gewalt herrührend angesehen werden solle. II. 180. IV. 18. — 17) Vertragsmäßige Beschränkung der Haftungspflicht eines Schiffers auf nachzuweisende schwere Verschuldung. XI. 86. — 18) Omissio diligentiae in concreto. Geldausleihen durch den Vormund. XI. 253. — 19) Causalzusammenhang zwischen Verschulden und Schäden, insbesondere bei nachlässig angelegten zu Verlust gehenden Capitalien IV. 100. — 20) Verschulden eines Verwalters bei Anlagen eines Capitals. IV. 36. — 21) Grobes Verschulden bei Capitalanlagen. Beweislast. IV. 98. 99. — 22) Culpa lata aequiparatur dolo. IX. 144. — 23) Verschulden in Vertragsverhältnissen. Beweislast. I. 338 (Nr. 3). II. 96. IV. 113. XI. 237. XIII. 251. XV. 45. 208. 221. XVIII. 58. — 24) Beweislast, wenn in Ansehung einer Verbindlichkeit omnis culpa zu prästiren war. I. 168. — 25) Beweis der culpa des Eigenthümers bei dem Einsturz eines Hauses und durch selbigen verursachter Beschädigung fremden Vermögens. I. 338 (Nr. 2).

B. Zufall. 1) Damnum fatale. XIII. 54. Vgl. XIII. 225. — 2) Gemischter Zufall. IV. 114. XIII. 28. 150. Vgl. XIII. 235. — 3) Zufälliger Schaden durch Brand in Folge Uebertretung einer Polizeivorschrift. IV. 48. — 4) Zufällige Verhinderung der rechtzeitigen Ausführung eines übernommenen opus. XVI. 109. — 5) Hinderniß der Benutzung des Dienstobjects bei der locatio operarum durch Zufall. XIX. 226. — 6) Einfluß des Zufalls auf den Militär-Stellvertretungsvertrag. XIX. 72.

Hauptstück 6.

Raum und Zeitverhältnisse.

I. Wohnort.

1) Begriff des Wohnorts. Ausdrückliche Erklärung des animus domicilii nicht erforderlich. XIV. 65. — 2) Wohnsitz ohne Heimaths- und Bürgerrecht und bei ermangelndem Staatsbürgerrecht. IV. 254. XI. 299. XV. 75. XVII. 116. Vgl. VII. 242. — 3) Wohnsitz eines Pächters. XI. 108. XX. 183. — 4) Wohnortsgerichtsstand eines Staatsdieners. XII. 302. — 5) Wohnsitz der Kinder, welche einen solchen noch nicht gewählt haben. XI. 299. XV. 184. — 6) Wohnsitz einer Actiengesellschaft III. 375. — 7) Domicil der Stiftungen. V. 139. — 8) Keine Veränderung des Domicils eines Geisteskranken durch dessen Verbringung in eine Irrenanstalt. X. 12. — 9) Begründung und Veränderung des Wohnsitzes; mehrfaches Domicil. XVI. 74.

II. Besitz.

A. Allgemeines. 1) Das offene Meer kein Gegenstand der Besitzergreifung. VII. 144. — 2) Privatbesitz an einem öffentlichen Platze in einer Stadt. IX. 159. — 3) Privatbesitz an öffentlichen Wegen. XVIII. 6. — 4) Besitz in Beziehung auf einen Nachlaß. XIV. 102. — 5) Besitz an Kirchstühlen. XI. 272. (Vgl. VI. 240). — 6) Waldbesitz. Besitzstörung. XIV. 138. — 7) Besitz an den Pertinenzen. XVII. 207. — 8) Bestellung eines Ackers und Fruchtgenuß, keine ausreichenden Kennzeichen des Besitzes. II. 134. — 9) Vereinigung zweier Grundstücke, Einfluß auf Ersitz und Ersitzung. XI. 210. — 10) Servituten- oder Eigenthumsbesitz? XVIII. 115. — 11) Fehlerhaftigkeit des Besitzes; für selbige kommt es lediglich auf den Erwerb an. XIX. 45. — 12) Heimlicher Besitz. II. 50. — 13) Vermuthung für die Fehlerlosigkeit des Besitzes. X. 73. — 14) Detention, welche ein Retentionsrecht begründen soll, muß eine ausschließliche und berechtigte sein. V. 105. — 15) Der Afterpächter detinirt nicht als Repräsentant des Afterverpächters. XX. 104.

B. Quasibesitz. 1) Quasibesitz in gewissen Obligationsverhältnissen zwischen juristischen Personen. VII. 269. XIII. 127. XVI. 5. — 2) Quasibesitz von Rechten; ob ein solcher anzunehmen, wenn das fragliche Recht keine Beziehung auf Grund und Boden hat. I. 317. — 3) Quasibesitz der Staats- und Kirchendiener am Diensteinkommen. I. 61. — 4) Quasibesitz auf lebenslängliche Privatdienstverhältnisse nicht anwendbar. III. 99. — 5) Ein gesellschaftliches Verhältniß (gemeinschaftliche Verbindlichkeit zur Erbauung eines Steges) begründet in Beziehung auf das Object der gegenseitigen Leistungen keinen Quasibesitz. I. 188. — 6) Quasibesitz des Rechts der Theilnahme an den Auskünften eines Kohlenbergwerks, so wie an den das letztere betreffenden Versammlungen, Berathungen und Beschlüssen. XV. 27. — 7) Quasibesitz von Rechten, deren Ausübung nur bei besonderen Gelegenheiten möglich ist. Servitutes discontinuae. XIII. 83. XV. 149. 206. XVI. 177. — 8) Fortdauer des Besitzes des Rechts auf Entrichtung eines Handlohns im Falle der Veräußerung eines Grundstücks. Jüngster Besitz aus Vorgängen des 17. und 18. Jahrhunderts. XIV. 8. — 9) Zur Erhaltung des Quasibesitzes einer Befugniß ist nicht nöthig, daß sie allemal im weitesten Umfange ausgeübt werde. II. 128. — 10) Quasibesitz des Rechts an einem Kirchenstuhle. VI. 240. XI. 272. — 11) Quasibesitz des Präsentationsrechts. VIII. 232. — 12) Quasibesitz bei Schulverbandsreichnissen. IX. 126. — 13) Unterschied zwischen Servituten- und Eigenthumsbesitz. XVIII. 115. — 14) Quasibesitz einer Servitut, begründet durch Handlungen, welche in der Meinung der Eigenthumsausübung vorgenommen sind. VII. 154. VIII. 220. 236. 292. XVII. 14. XX. 19. — 15) Animus possidendi bei dem Servitutenbesitz. V. 255. IX. 133. XIV. 14. 211. XV. 108. XVII. 14. XX. 19. — 16) Grenzbeziehung keine Besitzhandlung in Bezug auf eine Weideservitut. V. 254. — 17) Erforderniß des juristischen Besitzes in Beziehung auf das Hütungsrecht für die eigentliche und für die unvordenkliche Verjährung. V. 251. — 18) Besitz negativer Servituten. Gerechtigkeit zu Luft und Licht. XIV. 13. — 19) Ausübung der einer Mühle zustehenden Fußsteigsgerechtigkeit durch die Mahlgäste. XIV. 212. — 20) Besitz an einer Wasserleitungsgerechtigkeit. XVIII. 249. — 21) Besitz an einer Realabgabe. XVIII. 250. — 22) Besitz von Blutzehnten und Renten. XIX. 55. — 23) Besitz des Jagdrechts. X. 73. XIX. 11. — 24) Besitz des Jagdrechts durch Mittelspersonen. II. 135. — 25) Unzulässigkeit der Selbsthülfe zum Schutze im Besitze von Prädialservituten. I. 222. V. 258. — 25) Befugniß des Servitutenbesitzers zur Selbstvertheidigung. IX. 157.

C. Erwerb und Verlust des Besitzes. 1) Ob durch Uebersendung des Connossements Uebertragung des Besitzes bewirkt werde. I. 8. II. 86. VI. 241. — 2) Kein Besitzübergang durch Uebergabe der Factura. VII. 8. XVII. 117. — 3) Besitzerwerb an einer zusammenhängenden Waarenmasse durch Abholen eines Theiles. XVIII. 13. — 4) Besitzerwerb an beweglichen mit unbeweglichen verbundenen Sachen. XVIII. 209. — 5) Traditio longa manu. XII. 5. — 6) Grundstücksverkauf. Ertheilung der Befugniß, das Grundstück in Besitz zu nehmen, macht den Käufer noch nicht zum Besitzer. XIII. 296. — 7) Besitzerwerb an den auf Bestellung zugesendeten Waaren. XIII. 82. — 8) Empfang der von auswärts bestellten Waare in der Absicht, nicht für sich zu erwerben, sondern einem Gläubiger des Absenders ein Arrestobject zu verschaffen. XV. 100. — 9) Besitzerwerb durch Stellvertreter, namentlich durch Beamte. X. 130. — 10) Besitzerwerb durch Administratoren. II. 135. — 11) Besitzerwerb durch einen procurator omnium bonorum. V. 106. — 12) Besitzerwerb durch einen procurator omnium bonorum. Vertretung der Standesherren durch ihre Rentekammern oder Kanzleien. VIII. 231. — 13) Tradition an den Mandatar. Wiefern wird dadurch dem Mandanten Besitz erworben? XI. 149. XII. 122. — 14) Besitzerwerb von Seiten eines negotiorum gestor. Fr. 24. de neg. gest. XIV. 102. a. E. XV. 223. — 15) Besitzerwerb durch den Testamentsvollstrecker vor Eröffnung des Testaments. XIV. 102. — 16) Auftrag des Bestellers einer Waare an den von dem Absender mit der Beförderung beauftragten Spediteur zur Entgegennahme der Waare. Widerruf Seitens des Absenders nach Empfang der Waare durch den Spediteur. Besitzerwerb durch den Spediteur für den Besteller? XV. 48. — 17) Quasibesitzerwerb für eine Pfarrei durch Mittelspersonen, namentlich durch Pfarrfröhner. XII. 231. — 18) Besitzerwerb an einer Wegegerechtigkeit für die Gemeinde durch einzelne Gemeindeglieder. IX. 255. — 19) Constitutum possessorium. VI. 310. X. 229. XIV. 90. XIX. 15. — 20) Einsetzung in den Besitz eines Lehns. V. 214. — 21) Verlust des Besitzes XI. 12. (S. 15.)

D. Beweis des Besitzes. 1) Ueber Schlußfolgerung von dem älteren auf den gegenwärtigen Besitz. VIII. 232. XVIII. 114. — 2) Allgemeine Eideszuschiebung über den Besitz. VIII. 184. XII. 211. XVIII. 275. — 3) Beweis der Rechtsausübungsabsicht bei dem Besitze und der Ersitzung der Servituten. V. 255. IX. 133. 134. XIV. 14. 211. XV. 185. XIX. 216. XX. 210. — 4) Beweislast über Besitzmängel. I. 408. (S. 454.) XV. 108. XVIII. 122.

E. Rechtsmittel zum Schutze in dem Besitze und zur Wiedererlangung desselben.

a. Besitzklagen im Allgemeinen. Possessorische Interdicte. 1) Die Erfordernisse einer Besitzklage sind nach dem Proceßrechte zu beurtheilen, welches für das angegangene Gericht geltend ist. IV. 143. — 2) Zuständigkeit der Gerichte zur Entscheidung wegen Besitzstörung durch öffentliche Straßenbauten. XIX. 267. — 3) Ist eine Besitzklage statthaft, wenn die privatrechtliche Natur des zu beschützenden Verhältnisses bestritten ist? XIV. 96. — 4) Klage auf Schutz im Besitze eines öffentlichen Platzes zulässig. IX. 159. — 5) Besitzklage in Bezug auf einen Nachlaß. XIV. 102. — 6) Unzulässigkeit einer Besitzklage wegen Verunreinigung eines Brunnens. II. 136. — 7) Schutz des Besitzes durch Condictionen. XIX. 152. — 8) Besitzklagen im Verhältniß zu Entschädigungsklagen. I. 60. — 9) Besitzklage der zur Verwaltung einer Debitmasse angestellten Deputirten. V. 24. — 10) Possessorische Klage des Erben aus Besitzverletzungen, welche vor Besitznahme der Erbschaft vorgekommen sind, unstatthaft. III. 348. — 11) Besitzstörungsklage gegen den Dienstherrn des Störenden. IV. 228. (Vgl. V. 26.) — 12) Einrede mangelnder Passivlegitimation wegen dienstlichen Handelns bei Besitzstörungen. VII. 317. XIV. 236. — 13) Besitzklage gegen die Schäfer der Gutsherrschaft. XVI. 222. — 14) Nominatio auctoris bei Besitzklagen. XII. 85. XIV. 249. XVII. 155. — 15) Begriff der Duplicität bei Besitzklagen. XIV. 97. — 16) Das Possessorium durch das Petitorium absorbirt. VI. 90. XVIII. 120. — 17) Begründung einer auf Schutz im Besitze gerichteten Klage in Bezug auf die Art und Weise der Störung. VIII. 49. 221. XVII. 45. — 18) Das possessorium ordinarium als interdictum uti possidetis. Verjährung. V. 173. VII. 43. 270. — 19) Verjährungszeit der possessorischen Interdicte. XIII. 315. XIX. 233. — 20) Natur, Erfordernisse und Begründung des interdictum uti possidetis. VII. 41. IX. 33. 34. XII. 33. — 21) Ueber Anwendbarkeit des interdictum uti possidetis gegen Mitbesitzansprüche. VIII. 347. — 22) Possessorische Klage (interdictum uti possidetis) im Streite zwischen Mitbesitzern. XIV. 87. XVII. 47. (Vgl. XIII. 24.) — 23) Possessorisches Rechtsmittel des Eigenthümers gegen angemaßte Servituten. (Int. uti possidetis.) V. 172. — 24) Das interdictum possidetis auf den Besuch einer Schenkwirthschaft zur Anwendung gebracht. XIX. 232. — 25) Besitzklagen bei dinglichen Rechten erfordern keine körperliche Störung des Besitzes. XVII. 45. — 26) Waldbesitz; Besitzstörung durch Laubholen. XIV. 138. — 27) Interdictum uti possidetis und interdictum quod vi aut clam, begründet zum Schutze in der Ausübung der Wegegerechtigkeit gegen Störung. I. 222. — 28) Interdictum uti possidetis und interdictum de itinere bei Wegegerechtigkeiten. XVI. 221. — 29) Interdictum de itinere. IV. 229. — 30) Interdictum de aqua quotidiana. IV. 229. XVIII. 249. XIX. 233. — 31) Interdictum retinendae possessionis bei Weidegerechtigkeiten. V. 171. — 32) Eigenmächtige Besitznahme einer als Eigenthum beanspruchten unbeweglichen Sache. Interdictum unde vi. IX.

158. — 33) Unanwendbarkeit des interdictum unde vi bei Störung in der Benutzung einer Fahrgerechtigkeit. I. 222. — 34) Voraussetzung des Verschuldens bei dem interd. unde vi. Einrede des Irrthums. V. 25. — 35) Verjährungszeit des interdictum unde vi. VII. 42. — 36) Cumulation eines interdictum retinendae mit einem interdictum recuperandae possessionis. XV. 27. — 37) Beweis der Vergünstigungseigenschaft eines Servitutbesitzes. VI. 155. — 38) Klage auf Schutz im Besitze der Wasserbenutzung an Bächen und Flüssen. XV. 226. XVI. 7. XVII. 99. 224. XX. 203. — 39) Besitzstörungsklage als interdictum ne quid in flumine publico begründet erachtet. XVII. 246. — 40) Klage wegen Besitzstörung in Ansehung gemeiner Wege. IX. 255. — 41) Possessorische Klage wegen verweigerter Fortentrichtung von Abgaben aus dem schutzherrlichen Verhältnisse als Gemeinde-Reallasten. XVI. 175. XIX. 151. — 42) Keine Besitzklage wegen gutsherrlicher Gefälle, welche keine Reallasten sind. I. 223. — 43) Possessorische Klage wegen der Blutzehnten und einer Rente als Surrogat desselben. XII. 340. XIX. 55. — 44) Besitzklage zum Schutze des Besitzes in der Erhebung des Surrogats einer jährlichen Grundabgabe. V. 173. — 45) Besitzstörungsklage bei Gerechtsamen, für welche eine Gegenleistung erfolgt. XVI. 174. — 46) Klage gegen eine Gemeinde wegen Störung im Besitze des Rechts auf Leistungen der Gemeindeglieder. VIII. 136. — 47) Besitzklage in Bezug auf ein Kirchenamt. VIII. 14. — 48) Klage auf Schutz im Besitze von Besoldungstheilen. Einrede der Verjährung und der Widerruflichkeit. VII. 43. — 49) Possessorische Klage wegen Schmälerung des Diensteinkommens. I. 61. — 50) Besitzklage auf Lehngelderbezug. XIV. 8. XV. 149.

b. Possessorium summariissimum. 1) Zweck und Voraussetzungen desselben. IV. 121. XVI. 13. XVIII. 251. — 2) Schutz im jüngsten Besitze der Alleinhut. VI. 158. — 3) Possessorium summariissimum zum Schutze der Wegegerechtigkeit. VI. 291. — 4) Possessorium summariissimum hinsichtlich der Ueberfahrt über einen öffentlichen Platz. II. 294. — 5) Die Ausübung der servitus itineris zu 30 Malen während des letzten Jahres ist zur Begründung der Klage in possessorio summariissimo nicht erforderlich. XII. 107. — 6) Klage auf Schutz im jüngsten Besitze, gestützt auf Besitzhandlungen im 17. und 18. Jahrhundert. XIV. 8. Vgl. XV. 149. — 7) Exceptio precarii im possessorium summariissimum. XVIII. 72. — 8) Einrede der fehlenden Passivlegitimation. XIV. 236. — 9) Zeugenbeweis im jüngsten Besitzprocesse. XII. 108.

c. Spolium. 1) Begriff des Spoliums. Voraussetzungen der Spolienklage. III. 56. 179. 267. V. 23. — 2) Die Spolienklage nicht bedingt durch das Vorhandensein eines bösen Vorsatzes. XII. 34. — 3) Erforderniß gewaltsamer Entsetzung zur Spolienklage; Unzulässigkeit derselben bei bloßer Störung des Besitzes. I. 224. XVI. 221. Vgl. II. 50. III. 56. 267. — 4) Spolienklage als interdictum quod vi aut clam begründet. Verhältniß der Spolienklage zu diesem Interdict. V. 23. 68. VIII. 169. — 5) Erforderniß des juristischen Besitzes für die Spolienklage; sie steht nicht dem Pächter zu. I. 225. — 6) Spolienklage bei Rechten (Servituten). Das spolium setzt nur eigenmächtige Handlung, keine vis voraus. II. 50. — 7) Zulässigkeit der Spoliumklage unter Ehegatten. Exceptio precarii. III. 172. — 8) Spolienklage gegen die Steuerbehörde auf Entschädigung wegen widerrechtlicher Beschlagnahme. XIX. 46. — 9) Spolienklage zum Schutz im Quasibesitze einer Wegegerechtigkeit. VII. 182. — 10) Anwendung der Spolienklage bei deutschrechtlichen Reallasten jeder Art. XVI. 174. (S. 303.) — 11) Die Verweigerung einer schuldigen Realabgabe schließt kein Spolium in sich. XII. 241. — 12) Spolienklage wegen verweigerter Fortentrichtung einer Realabgabe begründet. Verjährung der Klage. VII. 42. XVIII. 250. — 13) Spolienklage bei Realrechten wegen verweigerter Vornahme einer Handlung. XVI. 115. — 14) Spolienklage wegen verweigerten Beitrags zu den Kirchenbaulasten. XVII. 46. — 15) Remedium spolii bezüglich einer Rente als Surrogat des Blutzehntens. XII. 310. — 16) Spolienklage wegen Entziehung von Gehaltsbezügen der Staats- und Kirchendiener. (Bei lebenslänglichen Privatdienstverhältnissen nicht statthaft.) III. 99. Vergl. I. 61. — 17) Entziehung des Gehalts eines städtischen Beamten. Spolium. XIII. 32. — 18) Spolienklage wegen Verletzung eines ausschließlichen Gewerbsprivilegiums durch anderweitige Privilegienertheilung. XVI. 186. — 19) Voraussetzung für die Anwendbarkeit der Rechtsregel: Spoliatus ante omnia restituendus im Processe. XII. 325. — 20) Beweisfrist bei der exceptio spolii. III. 109. — 21) Einrede des Spoliums im Arrestproceß. VI. 289. — 22) Exceptio spolii des Vaters gegen die Klagen seines in seiner Gewalt befindlichen aus der väterlichen Wohnung entwichenen Sohnes. IV. 120.

III. Zeitberechnung.

1) Berechnung der nach Monaten bestimmten Frist. XVI. 141. XIX. 119. — 2) Berechnung einer Frist von acht Tagen. III. 14. X. 25. XII. 181. — 3) Berechnung der 182 Tage von Zeit des Beischlafes. V. 175. — 4) Berechnung des 182. Ehetages von der Trauung an. XII. 36. — 5) Berechnung der Frist zur Erhebung des Protestes Mangels Zahlung. VII. 91. VIII. 78.

IV. Unvordenkliche Verjährung.

A. Natur und Erfordernisse. 1) Natur der unvordenklichen Verjährung. I. 169. XI. 12. 113. XIX. 121. — 2) Gewohnheitsrecht und unvordenkliche Verjährung als Entstehungsquellen subjectiver Rechte.

XIX. 104. — 3) Unterschied zwischen Gewohnheitsrecht, Herkommen und Verjährung. XIX. 1. — 4) Unterschied der unvordenklichen von der eigentlichen Verjährung. XIV. 9. — 5) Unvordenkliche Zeitdauer derselben. XX. 12. — 6) Abweisung der Klage, weil feststeht, daß der angeblich unvordenkliche Zustand noch keine 80 Jahre bestehe. XIV. 9. — 7) Aeltere und neuere Unvordenklichkeit. XI. 12. — 8) Gedächtniß eines entgegengesetzten Zustandes. XI. 113. XVII. 6. XIX. 121. — 9) Unterbrechung der unvordenklichen Verjährung. IX. 252. — 10) Verbot der Ausübung und Anstellung einer Klage keine Unterbrechung. XIV. 14. Note 1. — 11) Einwand des Mangels an gutem Glauben unerheblich. VII. 6. — 12) Erforderniß des Besitzes, der Rechtausübung. V. 251. VI. 143. XIV. 14. 193. Vgl. XIV. 3. a. E. — 13) In der Behauptung der Unvordenklichkeit ist die des Vorhandenseins der 30jährigen Verjährung .enthalten. III. 206. — 14) Die Behauptung unvordenklichen Besitzes involvirt nicht die einer praescriptio longi temporis. X. 132. — 15) Begründung der auf Unvordenklichkeit sich gründenden Klagen. IV. 150. XIII. 58.

B. Umfang und Fälle der Anwendung. 1) Umfang der Wirksamkeit unvordenklicher Verjährung. VI. 144. VII. 5. 269. IX. 120. — 2) Immemorialverjährung gegen Prohibitivgesetze. VII. 146. X. 131. — 3) Unvordenkliche Verjährung bei staatsrechtlichen Verhältnissen. XI. 5. Vgl. XIV. 9. — 4) Beschränkung der unvordenklichen Verjährung auf Verhältnisse, welche publicistischer Natur sind? XIV. 112. — 5) Anwendbarkeit derselben auch auf Privatverhältnisse. V. 250. IX. 120. XVI. 173. XIX. 120. — 6) Durch unvordenkliche Verjährung können nur für juristische Personen und für Grundstücke Rechte erworben werden. XIV. III. Vgl. X. 190. — 7) Unvordenkliche Verjährung bei obligatorischen Verhältnissen. I. 183. VII. 5. 269. IX. 120. XIII. 127. XVI. 5. — 8) Eigenthum als Gegenstand der unvordenklichen Verjährung. VI. 144. — 9) Ausschließliches Verwaltungsrecht eines Miteigenthümers auf unvordenkliche Verjährung gegründet. XX. 102. — 10) Unvordenklichkeit in Bezug auf Servituten. V. 250. XIV. 14. Note 1. — 11) Unvordenklichkeit hinsichtlich der Modalität der Servitutenausübung. XVIII. 16. 17. — 12) Durch unvordenkliche Verjährung erworbene Berechtigung zum Laub- und Grassammeln in einem ehemaligen, jetzt in Feld verwandelten Walde. XIX. 215. — 13) Unvordenkliche Verjährung gegenüber dem Rechte des Grundeigenthümers, über das sich ansammelnde Quell- und Regenwasser zu verfügen. XIX. 118. — 14) Unvordenklicher Wasserlauf. I. 5. — 15) Auf Unvordenklichkeit beruhende Verpflichtung zur Aufräumung eines Grabens. XVII. 8. — 16) Actio aquae pluviae arcendae wegen Zuschüttung von Alters her bestehender künstlicher Vertiefungen. XVII. 48. — 17) Ersitzung der Wasserbenutzung aus öffentlichen Flüssen. XVII. 99. — 18) Ersitzung eines öffentlichen Weges. XVII. 5. — 19) Anwendung des interdictum ne quid in itinere publico auf seit unvordenklicher Zeit bestehende Gemeindewege. XIX. 235. — 20) Unvordenkliche Verjährung in Bezug auf Bann-, Weide- und Pferchrechte, sowie auf Holzreichnisse. I. 4. — 21) Einfluß der Unvordenklichkeit des Auftreibens des Weideviehes in nur einer Heerde gegenüber der von einem Mithut-Berechtigten geltend gemachten Befugniß, das Vieh in mehreren Haufen zur Weide zu bringen. V. 113. — 22) Unvordenklichkeit in Bezug auf Theilnahme an der Gemeindeweide. X. 190. — 23) Erwerbende Verjährung deutschrechtlicher Reallasten. XI. 168. XVII. 83. 84. — 24) Unvordenklichkeit bei Gerechtsamen für welche eine Gegenleistung erfolgt. XVI. 174. Vgl. I. 170. — 25) Unvordenklichkeit bei deutschen Realrechten mit publicistischen Merkmalen. I. 170. Vgl. I. 183. — 26) Unvordenkliche Verjährung bei dem Mühlenzwangsrecht. XIV. 9. — 27) Unvordenklichkeit bei gewerblichen Privilegien XI. 181. — 28) Unvordenklichkeit als Verpflichtungsgrund zur Tragung von Schullasten, so weit sie neueren Ursprungs sind. XVIII. 116. — 29) Unvordenkliche Verjährung bezüglich der Freiheit von der Kirchenbaulast. V. 55. — 30) Zulässigkeit der unvordenklichen Verjährung in Bezug auf veräußerte Lehnstheile. V. 305. — 31) Erlöschung durch unvordenklichen Nichtgebrauch. I. 171. — 32) Verlust der Schäfereigerechtigkeit durch Nichtausübung seit unvordenklicher Zeit. XIX. 16.

C. Beweis der unvordenklichen Verjährung. 1) Richtung des Beweises, wenn Dienste einer ganzen Klasse von Gemeindegliedern in Frage sind. VII. 5. 269. — 2) Der Beweis der Unvordenklichkeit umfaßt nicht die Negative, daß andere als die bewiesenen Fälle nicht vorgekommen. X. 230. — 3) Zeugenbeweis. Müssen die Zeugen aus ihrer Erinnerung über einen Zeitraum von 40 Jahren aussagen? XIV. 9. 205. 272. — 4) Zeugenbeweis; welchergestalt derselbe das Vernehmen von den Vorfahren betreffen muß. I. 172. — 5) Beweis durch Eidesantrag. IX. 121. XIV. 272. — 6) Beweis durch Urkunden. VII. 6. XI. 12. Vgl. I. 290. — 7) Ein specieller Beweis der Rechtsausübungsabsicht ist nicht erforderlich. XIV. 14.

Zweiter Abschnitt.

Dingliche Rechte.

Hauptstück 1.

Von den dinglichen Rechten im Allgemeinen.

Uebertragung dinglicher Rechte von Seiten des Fiscus, des Regenten und seiner Gemahlin.

1) Erwerb eines Kirchenguts von dem Fiscus. V. 108. 2) Unanwendbarkeit des dem Fiscus in const. 2. 3. de quadrien. praescript. (VII. 37) beigelegten Privilegiums bei Veräußerungen nach heutigem Rechte. V. 109. — 3) Heutige Anwendbarkeit dieses Privilegiums. Oertliche Grenzen der Anwendung. XIV. 207. — 4) Anwendbarkeit des Privilegiums auch bei Veräußerungen der privilegirten Personen unter sich (von dem Regenten an den Fiscus). IX. 263.

Hauptstück 2.

Eigenthum.

I. Gegenstand, Arten und Rechte des Eigenthums.

1) Widerspruch der Annahme eines Gesammteigenthums (an einem Fideicommißgut) mit dem Begriffe des Eigenthums. X. 276. — 2) Sogenanntes „Gesammteigenthum" in den deutschen Rechtsquellen nicht begründet. XVIII. 146. — 3) Staatseigenthum. Privateigenthum des Staates. XVI. 142. — 4) Eigenthum an Pertinenzen. XVII. 207. — 5) Eigenthum an einem Zeitungsartikel? Die Herausgabe einer Zeitung unter einem bestimmten Titel giebt ein ausschließendes Recht auf Gebrauch desselben. XV. 13. — 6) Resolutivbedingung bei dem Eigenthumserwerb; Wirkung des Eintritts resolutio ex tunc. X. 133. — 7) Pactum reservati dominii; aufschiebende Wirkung des Eigenthumsvorbehalts. VII. 151. — 8) Wirksamkeit des Eigenthumsvorbehalts in Bezug auf die von dem neuen Erwerber bestellten Hypotheken I. 168. II. 10. — 9) Vindication des Verkäufers kraft des zur Sicherheit seiner Ansprüche aus dem Verkaufe vorbehaltenen Eigenthums. II. 10. VI. 146. 147. — 10) Eigenthumsvorbehalt zur Sicherung des Kaufgeldes begründet nur ein eventuelles Recht. Steuerforderung auf Grund eines Eigenthumsvorbehalts. X. 14. — 11) Das Recht

aus dem Eigenthumsvorbehalt ist ein untheilbares. VIII. 16. — 12) Vorbehalt des Eigenthums bei dem Verkauf eines Waarenlagers. I. 319. — 13) Pactum reservati dominii bei dem Tausche zweier Häuser. XX. 106. — 14) Reservation des Eigenthums an den Früchten Seitens des Verpächters. XVII. 138. XVIII. 10. — 15) Arrestanlegung auf Grund eines Eigenthumsvorbehalts. XVIII. 70. — 16) Letztwilliges Veräußerungsverbot. III. 302.

II. Miteigenthum.

1) Miteigenthum oder getheiltes Eigenthum? XVIII. 9. — 2) Fortdauer des Miteigenthums bei gesonderter Benutzung der einzelnen Theile in langer (unvordenklicher) Zeit. XVI. 188. — 3) Miteigenthum an einem das Grundstück begrenzenden Bach. Ager limitatus. X. 228. Vgl. XIII. 309. — 4) Klage gegen Miteigenthumsansprüche. VIII. 347. — 5) Befugniß des Miteigenthümers zur Anstellung der rei vindicatio und der actio negatoria. III. 145. — 6) Solidarisches Recht jedes Miteigenthümers zur Anstellung der Negatorienklage. VII. 289. — 7) Grenzen der Benutzung von Miteigenthum. XVI. 193. — 8) Benutzung eines gemeinschaftlichen Ganges zur Abführung des Düngers. VIII. 345. — 9) Gemeinschaftliches Haus. Differenz unter den Theilnehmern über das Bewohnen desselben. XIII. 24. — 10) Nutzungsbefugnisse in Bezug auf gemeinschaftliche Gewässer. IX. 259. — 11) Klage eines Miteigenthümers gegen den Andern auf Beseitigung eines auf dem gemeinschaftlichen Grundstücke errichteten opus. VII. 285. XVIII. 208. — 12) Klage des Miteigenthümers gegen den Andern wegen Störung in der gemeinsamen Benutzung der gemeinschaftlichen Sache. IX. 268. XVI. 194. — 13) Verpfändung gemeinschaftlicher Sachen durch einen Miteigenthümer. X. 236. — 14) Hofraum zum gemeinschaftlichen Eingange dienend. Unstatthaftigkeit der Theilungsklage. XV. 126. — 15) Naturaltheilung eines im gemeinschaftlichen Eigenthum stehenden Hauses. XIV. 10. — 16) Theilung gemeinschaftlichen Eigenthums. XVIII. 35. — 17) Theilungsklage bei nach Stockwerken und Gelassen abgetheilten Häusern. XVIII. 242. — 18) Theilung des Miteigenthums durch öffentliche Versteigerung oder Naturaltheilung? XX. 32. — 19) Execution auf Herausgabe einer Quote an körperlich untheilbaren Erbschaftsgegenständen. XX. 231. — 20) Uebertragung des Alleineigenthums eines bisher gemeinschaftlichen Grundstücks an den mitbesitzenden Miteigenthümer. (Ganerbschaft.) XIII. 128.

III. Besonderheiten und Beschränkungen des Eigenthums an Grundstücken.

1) Eigenthumsanspruch, das Erdgeschoß eines Hauses betreffend. IV. 101. — 2) Eigenthum des benachbarten Hausbesitzers an dem

unter einem Hause befindlichen Keller. VI. 152. — 3) Die Area eines Hauses unter Mehreren reell getheilt. Recht an Schirnen, (Fleischbänken.) IX. 264. — 4) Zur Lehre von den deutschrechtlichen Erbgütern. II. 83. — 5) Eingetragene Dispositionsbeschränkung. Wirksamkeit gegen den wahren Eigenthümer. I. 176. — 6) Letztwilliges Veräußerungsverbot. III. 302. — 7) Verkaufsbedingung: Keine die Nachbarn belästigenden Fabrikanlagen zu errichten. Geltendmachung gegen den Besitznachfolger. Unterlassung der Inscription. Bezugnahme auf frühere Kaufbriefe. VI. 11. 12. — 8) Wirksamkeit der vertragsmäßigen Untersagung eines bestimmten Gewerbebetriebes in einem veräußerten Wohnwesen. XIX. 18. XX. 15. 106. — 9) Pflicht zur Anmeldung von dinglichen Rechten an Grundstücken bei deren öffentlichen Verkauf. VI. 151. — 10) Anwendung der in dem Lübschen Rechte enthaltenen nachbarlichen Beschränkungen. Statutencollision. VII. 1. — 11) Klagen wegen Ueberhangens der Zweige und Erstreckens der Wurzeln der Bäume nach römischem Recht. XI. 115. — 12) Ueberhangen der Zweige und Erstrecken der Wurzeln. Verhältniß des römischen Rechts zum Sachsenrecht. XVII. 7. — 13) Nachbarrecht bezüglich der nachtheiligen Einwirkung einer Gasfabrik. III. 7. 8. — 14) Klage wegen nachtheiliger Einwirkung einer Gasfabrik, welche bereits bestand, als der Kläger sich anbaute. XV. 2. — 15) Uebeln Geruch verbreitende Benutzung eines gemeinschaftlichen Grundstücks zwischen benachbarten Häusern. VIII. 345. — 16) Nachbarrecht, betreffend das Einströmen von Rauch, Dampf u. s. w. IX. 218. XI. 14. 114. XII. 124. XVI. 8. — 17) Belästigung des Nachbars durch Staub. Verjährung. XVIII. 11. — 18) Recht der Nachbarn bezüglich der nachtheiligen Einwirkungen einer Ziegelei. VIII. 346. — 19) Nachbarrecht. Anlegung einer Dunggrube. VII. 281. — 20) Klage über Belästigung durch Steinkohlenruß aus den Kaminen einer nicht unmittelbar angrenzenden Fabrikanlage. XIV. 113. — 21) Nachbarliches Verbietungsrecht gegen Anlegung eines Brunnens nicht begründet. XVIII. 12. — 22) Gewerbsbetrieb mit ungewöhnlichem Lärm und Getöse. Civilrechtlicher Anspruch der Nachbarn? XII. 123. — 23) Errichtung von Gebäuden an der Grenze des benachbarten Grundstücks. Hammerschlagsrecht. V. 107. — 24) Ueber die bei Neubauten zu beobachtende Entfernung von der Grenze des Nachbars. Veränderung des natürlichen Wasserlaufs. V. 141. — 25) Einwirkung auf fremdes Eigenthum zufolge Eisenbahnbetriebes. XII. 124. — 26) Desgleichen. Brand durch Locomotivfunken veranlaßt. Actio negatoria. Actio legis Aquiliae. XIII. 235. XIV. 208. — 27) Abwendung von Beschädigungen, welche der natürliche Abfluß des Regenwassers einem ager oder Gebäude zufügt, kann dem Nachbar, von dessen Grundstück das Wasser abfließt, nicht zugemuthet werden. I. 318. — 28) Nichtbegründete gesetzliche Eigenthumsbeschränkung zum Besten von Windmühlen. XVI. 98.

— 29) Nothwendige Servitut. Nothweg. I. 177. 321. IV. 204. XIII. 210. XVI. 12. — 30) Anspruch auf eine nothwendige Servitut kann nicht durch eine Einrede geltend gemacht werden. XIII. 211. XIV. 114. — 31) Unzulässigkeit der Adcitation eines andern Nachbars bei der Klage auf Einräumung eines Nothweges. XIX. 76.

IV. Erwerb und Verlust des Eigenthums.

A. Occupation. 1) Anspruch auf gefundenes Geld. Vermuthungsbeweis in Bezug auf die Person des Eigenthümers. IV. 9. — 2) Eigenthumserwerb an gefundenen Schätzen. XI. 15. — 3) Von Schätzen im uneigentlichen Sinne, welche von Rechtsnachfolgern der Vorbesitzer des Hauses oder anderer Grundstücke, in welchen sie verborgen waren und nun aufgefunden wurden, in Anspruch genommen werden. IV. 10. 11.

B. Specification. Eigenthumserwerb durch Specification. XV. 21. 99.

C. Tradition. 1) Erforderniß, daß der Tradent Eigenthümer sei. Ausnahmeprivilegium nach const. 2. 3. de quadr. praescr. V. 108. 109. XIV. 207. IX. 263. — 2) Mängel an den Erfordernissen gerichtlicher Subhastation als Hinderniß des Eigenthumsüberganges. XI. 118. — 3) Animus dominii transferendi. Bedeutung der justa causa für den Eigenthumsübergang. Eigenthumsübertragung zum Zwecke der Sicherung einer Forderung. XIX. 122. — 4) Justa causa traditionis. Forderungsdeckung durch Verkauf und Tradition mit Verpachtung des Kaufobjects an den Verkäufer. VII. 282. XIV. 90. — 5) Erwerb des Meierrechts ohne Tradition. V. 46. — 6) Eigenthumserwerb an auswärts befindlichen Schiffen. VIII. 111. X. 232. — 7) Eigenthumserwerb an Schiffsparten. XI. 35. 169 (S. 260). 213. — 8) Uebertragung des Alleineigenthums an den mitbesitzenden Miteigenthümer. XIII. 128. — 9) Tradition durch Gestatten oder Dulden der Besitzergreifung. XVIII. 13. — 10) Tradition durch Uebergabe der Schlüssel. III. 5. — 11) Vertragsmäßige Feststellung der Eigenthumsgrenzen. XX. 13. — 12) Tradition stehender Bäume in einer Waldung. XIX. 123. — 13) Tradition beweglicher mit einer unbeweglichen verbundener Sachen. XVIII. 209. — 14) Traditio longa manu. XII. 5. — 15) Ertheilung der Befugniß, das Grundstück in Besitz zu nehmen, macht den Käufer noch nicht zum Besitzer. XIII. 296. — 16) Bestellte Waaren auf den Transport. Wer ist Eigenthümer? XV. 21. — 17) Erfordernisse des Eigenthumsüberganges bei den nach Qualität und Quantität bestellten und dem Besteller übersandten Waaren. XIII. 82. — 18) Empfang übersandter Waaren Seitens des Käufers in der Absicht, nicht selbige für sich zu behalten, sondern dem Gläubiger des Verkäufers ein Arrestobject zu verschaffen. XV. 100. — 19) Tradition im kaufmännischen Verkehr. Signiren der Waare noch keine

Tradition. III. 143. — 20) Ueber Tradition durch Uebersendung oder Uebergabe des Connossements. I. 8. 396. II. 86. VI. 241. — 21) Zustellung der Factura bewirkt keinen Uebergang des Besitzes und Eigenthums. VII. 8. XVII. 117. — 22) Geht durch die Uebergabe der Waare an den Frachtfuhrmann das Eigenthum auf den Destinatar über? VII. 7. — 23) Eigenthumserwerb des Waarenbestellers durch den Spediteur. Contreordre des Versenders. Beweislast. IX. 128. — 24) Tradition an den Mandatar; wie fern wird durch dieselbe dem Mandanten Besitz und Eigenthum erworben? XI. 149. XII. 122. — 25) Tradition aus Irrthum. X. 231. — 26) Vindication der verkauften und tradirten Waare, wenn für den Kaufpreis Wechselaccepte gegeben werden sollten, aber nicht gegeben wurden. XV. 201. — 27) Vindication tradirter Waaren, wenn für den Kaufpreis Tratten gegeben waren. II. 89. — 28) Die Pfändung einer von dem Eigenthümer bereits verkauften Sache ist nicht bloß in dem Fall noch nicht erfolgter Besitzesübertragung, sondern auch dann wirksam, wenn der Kaufpreis noch nicht bezahlt (oder creditirt) war. XII. 8. — 29) Uebereinkommen, ein Theil des Kaufpreises solle gegen gerichtliche Sicherheit stehen bleiben. Wird dadurch der Uebergang des Eigenthums gehindert? XI. 120.

D. Gerichtliche Auflassung. Verlassung. Einschreibung. Gerichtliche Bestätigung. 1) Eigenthumsübergang durch gerichtliche Auflassung, Zuschreiben, bei Liegenschaften. I. 174. XI. 116. XIX. 214. — 2) Zweck der gerichtlichen Auflassung. Schutz des Erwerbers gegen jede dingliche Klage, insbesondere die Eigenthumsklage. I. 406. — 3) Irrthum in der Bezeichnung des Vertragsgegenstandes in Anwendung auf gerichtliche Währschaften über Grundeigenthum. XIX. 14. — 4) Exceptio rei venditae et traditae und actio Publiciana hinsichtlich eines von dem Eigenthümer titulo emti tradirten Grundstücks bei dem Mangel gerichtlicher Auflassung. XIX. 214. — 5) Unzulässigkeit der actio Publiciana bei dem Mangel gerichtlicher Uebertragung. VI. 150. Vgl. VIII. 247. — 6) Eintragung in das Grund- und Hypothekenbuch als Bedingung des Eigenthumserwerbs. Exceptio rei venditae et traditae. VI. 145. — 7) Vollzogene Veräußerung von Liegenschaften nicht anfechtbar wegen Mangels gerichtlicher Bestätigung. X. 13. — 8) Klage auf „Zuschreibenlassen" verkaufter Liegenschaften. VI. 311 nebst Nachschrift. X. 156.

E. Ersitzung. 1) Ersitzung einer auf den Namen lautenden Staatsobligation. XX. 205. — 2) Justus titulus. Bloßer Mangel in der persönlichen Eigenschaft des Veräußernden kein Hinderniß der Ersitzung. II. 137. — 3) Vom putativen Rechtstitel. II. 138. IX. 265. — 4) Ein der Form nach mangelhaftes Geschäft als Rechtstitel zur Ersitzung. I. 405. — 5) Erbtheilung als Verjährungstitel. VI. 9. — 6) Bona fides bei vorhergegangenem Spolienprocesse. III. 144. — 7) Einwand des bösen Glaubens gegenüber der Einrede der erwerbenden Verjährung. X. 135. — 8) Beweislast hinsichtlich der bona und mala fides bei der Ersitzung. XVI. 9. — 9) Erforderniß des juristischen Besitzes. V. 251. — 10) Voraussetzung eines thatsächlichen Zustandes, welcher in dem Willen des Erwerbenden seinen Grund hat. Ausweichen einer Mauer. V. 111. — 11) Tantum praescriptum, quantum possessum. I. 175. — 12) Vereinigung zweier Grundstücke zu einem Ganzen. Einfluß auf Besitz und Ersitzung. XI. 210. — 13) Ausübung des Eigenthums durch Fahren und Gehen. XI. 117. — 14) Verjährungszeit. Abwesenheit und Anwesenheit. VI. 312. X. 137. — 15) Verjährung gegen Abwesende. IX. 9. — 16) Dreijährige Ersitzung beweglicher Sachen der Kirchen. IX. 266. — 17) Eigenthumsersitzung an fiscalischen Gütern. XVIII. 14. — 18) Keine Unterbrechung der Ersitzung durch bloße Klagerhebung. VIII. 233. — 19) Außerordentliche Ersitzung. Guter Glaube auf Rechtsirrthum beruhend. XI. 17a. XV. 3. 197. — 20) Außerordentliche Ersitzung bei einem gesetzlichen Veräußerungsverbot. XI. 17b. XV. 3. — 21) Accessio possessionis bei der außerordentlichen Eigenthumsersitzung. XX. 103. — 22) Acquisitivverjährung im Verhältnisse zur persönlichen Klage. VII. 3. — 23) Die erwerbende Verjährung des dritten Pfandbesitzers in ihrer Beziehung zur Klage gegen den Hauptschuldner. VIII. 15.

F. Accession. 1) Fruchterwerb des Pfarrers an den Pfarrgrundstücken. XX. 18. — 2) Eigenthumserwerb durch Alluvion. Ager limitatus, eine Antiquität. XIII. 309. Vgl. X. 228. — 3) Eigenthum an Alluvionen und in öffentlichen Flüssen entstehenden Inseln IX. 8. — 4) Wem gehört das durch Senkung eines Landsees frei gewordene Land? XI. 16. — 6) Wem fällt bei künstlicher Anlegung eines neuen Flußbettes das Eigenthum des alten Flußbettes zu? XIII. 208. — 6) Wem gehören die Alluvionen des Meeres? V. 110. — 7) Grundsätze bei der inaedificatio. XII. 125. — 8) Eigenthumserwerb durch lithographische Zeichnung. IX. 127. XIII. 129. — 9) Pertinenzen. Eine Wasserleitung mit Pumpwerk und Utensilien einer Brennerei und Hefenfabrik. VII. 286. — 10) Pertinenzen der Gebäude. XVII. 207. XVIII. 8. — 11) Accessionen eines Bauernguts während der Interimswirthschaft. XI. 265.

G. Adjudication. 1) Eigenthumserwerb an einem Immobile durch Adjudication. I. 173. — 2) Eigenthumserwerb durch Adjudication gepfändeter und versteigerter beweglicher Sachen ohne Tradition. XIX. 17.

H. Verlust des Eigenthums. Confiscation eines turpe lucrum. XI. 155.

V. Rechtsmittel.

A. Vindication. a. Begründung und Substantiirung. 1) Die actio rescissoria, welche auf Wiedererlangung des Eigenthums der veräußerten Immobilien Minderjähriger gerichtet ist, stellt sich als eine zur Kategorie der dinglichen gehörige, als „Immobiliarklage“, heraus. II. 2. — 2) Vindication verkaufter und tradirter Sachen wegen Eigenthumsvorbehalt. VI. 147. XII. 6. XIII. 308. — 3) Vindication verkaufter und tradirter Sachen wegen nicht geleisteter Zahlung. XV. 201. Vgl. XI. 120. — 4) Beweislast in Bezug auf das Creditgeben. VI. 10. — 5) Bedingung der Vindication von Waaren wegen nicht erhaltener Zahlung, wenn für den Kaufpreis Tratten gegeben worden. II. 89. — 6) Vindication von Waaren im Concurse wegen nicht erhaltener Zahlung. XVI. 270. — 7) Vindication des Käufers bei einer Forderungsdeckung durch Verkauf und Tradition mit Verpachtung des Kaufobjects an den Verkäufer. VII. 282. — 8) Vindication versandter Waaren von Seiten des Verkäufers in Folge eingetretener Insolvenz des Käufers. IX. 128. — 9) Vertragsmäßige Anerkennung als Grund der Eigenthumsklage. XVIII. 210. — 10) Substantiirung der Eigenthumsklage. Ob Angabe des Erwerbsgrundes erforderlich. VI. 148. 280. XII. 88. XX. 74. 206. — 11) Angabe des Erwerbsgrundes nicht erforderlich bei der ersten Anmeldung von Eigenthumsansprüchen im Concurse. XII. 225. — 12) Substantiirung der Eigenthumsklage in Betreff einer durch Kauf erworbenen Sache. XII. 198. — 13) Genügende Bezeichnung des Gegenstandes. XVIII. 174.

b. Verhältniß zu anderen Klagen und Verbindung mit solchen. 1) Grenzberichtigungsklage, als Eigenthumsklage aufrecht zu erhalten? XVIII. 273. — 2) Verbindung der actio finium regundorum mit der Eigenthumsklage. XX. 33. — 3) Vindication mit eventueller actio fin. reg. XIV. 136. — 4) Verhältniß des interdictum quod vi aut clam zur Eigenthumsklage. XIX. 234.

c. Subjecte. 1) Befugniß des Miteigenthümers zur Anstellung der rei vindicatio. III. 145. — 2) Klage des Eigenthümers nach beendigtem Nießbrauch gegen die Erben des Nutznießers. XVI. 10. — 3) Vindicationsrecht des Bischofs in Bezug auf Kirchengüter. VIII. 13. — 4) Recht der Geistlichen, die abhanden gekommenen res ecclesiasticae zu vindiciren. XIII. 84. a. E. — 5) Vindication des Lehnsherrn gegen besitzende Nichtvasallen. VIII. 278. XV. 150. — 6) Legitimation des Contradictors gegenüber den Vindicanten. XII. 226. — 7) Abläugnen des Besitzes Seitens des Beklagten. XIII. 209. — 8) Begriff des dolo malo desinere possidere. XV. 202. (Vgl. XIII. 111. a. E. XIV. 237.) — 9) Haftung des Beklagten wegen des Erlöses; bonae und malae fidei possessor. XIV. 238. — 10) Mala fides des Besitzers, der durch unförmliche Subhastation erworben hat? XI. 119. — 11) Einfache Mahnung begründet nicht die Haftung als bösgläubiger Besitzer. XII. 126. — 12) Haftung des gutgläubigen Besitzers. Pachtgelder. XIV. 11. — 13) Eigenthumsklage gegen den Afterverpächter XX. 104.

d. Gegenstand. 1) Vindication beweglicher Sachen nach dem Grundsatze „Hand muß Hand wahren". Beweislast. III. 6. — 2) Vindication von Papieren auf Inhaber. V. 4. 252. VI. 313. VII. 152. IX. 206. 331. X. 201. XIII. 56. XVI. 137. XIX. 177. — 3) Vindication einer auf Namen lautenden Staatsobligation. XX. 205. — 4) Vindication von Wechseln aus den Händen eines bonae fidei possessor. III. 93. — 5) Vindication von Waaren aus einer Gantmasse. Beweis. V. 93. — 6) Inbegriffe von Vermögensrechten (Peculium) als solche kein Gegenstand der Vindication. III. 329. 340. — 7) Vindication einer Heerde, sich auf die nachgeschafften Stücke erstreckend. Eisernviehcontract. VII. 283. — 8) Vindication eines Waarenlagers in Bezug auf die später hinzugekommenen Waaren. XIII. 308. — 9) Vindicationsanspruch in Bezug auf den Erlös aus dem Vindicationsobjecte. Pretium succedit in locum rei. VII. 284. XIV. 238. — 10) Anspruch auf Vergütung der Früchte. XI. 119. XII. 126. XIV. 11. — 11) Die zu erhebende Eigenthumsklage präjudiciell für die Klage auf die Früchte. XIX. 109. — 12) Vindication von Pertinenzen. XVII. 207.

e. Einreden und Gegenansprüche des Beklagten. Retentionsrecht. Exceptio rei venditae et traditae. 1) Retentionsrecht wegen Verwendungen. Wirksamkeit desselben. XVI. 195. — 2) Retentionsrecht wegen Forderungen aus einem Pachtcontract. VI. 149. — 3) Anspruch des Beklagten auf Ersatz nützlicher Verwendungen. XV. 4. — 4) Genaue Begründung von Ersatzansprüchen. XII. 199. — 5) Ersatzanspruch wegen Verwendungen. Beweislast. XI. 211. — 6) Retentionsrecht des Spediteurs wegen Speditionskosten. XVII. 152. — 7) Anspruch des Usufructuars auf Ersatz von Impensen. XVI. 274. — 8) Jus tollendi des Miethers bei Uebergang des Eigenthums der vermietheten Sache auf einen Dritten. XVI. 108. — 9) Abbruchsrecht bei dem Bau auf fremdem Boden. XIX. 124. — 10) Beseitigung des Retentionsrechts durch Cautionsleistung. XVII. 2. — 11) Vindication gegen den Pächter im Falle der Verpachtung durch den Nießbraucher; der Kläger Erbe des Letzteren. XIV. 115. — 12) Exceptio rei venditae et traditae. VI. 145. XIX. 214. — 13) Revocatorienklage des Stammgutsnachfolgers, welcher Erbe seines veräußernden Vaters geworden ist. VI. 231. — 14) Vindication der von dem Vater aus dem peculium adventitium veräußerten Sachen; der Kläger Erbe seines Vaters. Exceptio rei vend. et trad. VI. 217. — 15) Vindication veräußerter Dotalgrundstücke durch den veräußernden Ehemann. XIX. 237.

B. Klagen bei dem Miteigenthum. 1) Klage gegen Miteigenthumsansprüche. VIII. 347. — 2) Rechtsmittel dem einen Gemeinheitstheilhaber gegen Anmaßungen des anderen zustehend. Actio prohibitoria. IX. 268. Vgl. XVI. 193. — 3) Klage eines Miteigenthümers gegen den anderen wegen Störung in der gemeinsamen Benutzung der gemeinschaftlichen Sache. IX. 268. XVI. 194. — 4) Klage gegen den Miteigenthümer auf Beseitigung eines auf dem gemeinschaftlichen Grundstücke errichteten opus. VII. 285. XVIII. 208.

C. Actio negatoria. 1) Grund der Negatorienklage: präsumtive Freiheit des Eigenthums. VIII. 94. — 2) Auf ein Verschulden des Beklagten kommt es bei der Negatorienklage nicht an. XIV. 208. — 3) Wörtliche Berührung eines Servitutrechts zur Begründung ausreichend. XIV. 273. XVIII. 117. — 4) Weder Anmaßung einer Servitut noch thätlicher Eingriff erforderlich. XV. 101. XVI. 11. Vgl. XX. 105. — 5) Actio negatoria in Bezug auf mittelbare Eingriffe in die Freiheit des Eigenthums. (Einwirkung administrativer Verfügungen.) Präsumtion für die Freiheit des Eigenthums. IX. 260. — 6) Verhältniß der actio negatoria zum interdictum uti possidetis. IX. 34. — 7) Actio negatoria eines Miteigenthümers gegen den anderen. IX. 268. — 8) Befugniß jedes Miteigenthümers zur Anstellung der Negatorienklage. III. 145. VII. 289. — 9) Negatorienklage gegen einen Miteigenthümer der fraglich herrschenden Sache. XI. 214. — 10) Unstatthaftigkeit der Negatorienklage gegen denjenigen, welcher selbst Eigenthümer zu sein behauptet. III. 303. XX. 105. — 11) Einwand des Beklagten, daß der von ihm benutzte Weg ein öffentlicher sei. III. 148. VII. 9. XIII. 130. — 12) Nennung des Autors von Seiten des Negatorienbeklagten. X. 118. — 13) Actio negatoria nicht begründet wegen Schädlichkeit des natürlichen Wasserabflusses. I. 318. — 14) Negatorienklage wegen Eindringens der Wurzeln und Ueberhangens der Zweige von Bäumen. X. 18. XI. 115. — 15) Actio negatoria zur Geltendmachung eines Entschädigungsanspruchs bei Bewässerungsanlagen. XVII. 122. — 16) Negatorienklage, Störungen des Wasserlaufes betr. X. 169. 259. — 17) Actio negatoria zur Geltendmachung einer Pferchberechtigung. XX. 109. — 18) Negatorienklage wegen Einströmens von Dampf, Rauch, von Gasen 2c. XI. 14. 114. XV. 2. Vgl. XIV. 113. 208 Note 1. — 19) Negatorienklage wegen Eigenthumsverletzung durch Eisenbahnbetrieb. XII. 121. XIII. 235. XIV. 208. — 20) Keine Negatorienklage wegen ungewöhnlichen Lärms. XII. 123. — 21) Actio negatoria zur Erwirkung einer Löschung oder Umschreibung in öffentlichen Büchern. IX. 138. XII. 247. — 22) Klage wegen Anmaßung einer Wegedienstbarkeit; einredeweise Geltendmachung des Rechts auf einen Nothweg. XIII. 211. XIV. 114. — 23) Beweislast bei der Negatorienklage. I. 17. 409. II. 142. XV. 102. XVII. 211. XIX. 19. 125. XX. 14. — 24) Beweislast insbesondere, wenn über den Umfang der Servitut gestritten wird. I. 18. X. 139. — 25) Rechtskraft der Entscheidung über die Negatorienklage gegen eine spätere Confessorienklage. X. 93.

D. Actio Publiciana. 1) Erforderniße der actio Publiciana. Fr. 8. de Publ. in rem actione. XI. 212. XII. 8. — 2) Verlust des

Besitzes Voraussetzung der actio Publiciana. VIII. 247. — 3) Erforderniß der Tradition. Vertragsmäßige Feststellung der Eigenthumsgrenze. XX. 13. — 4) Erforderniß der nachzuweisenden causa traditionis. XX. 207. — 5) Actio Publiciana bei Formfehlern des Uebertragungsgeschäfts. VI. 150. — 6) Actio Publiciana bei rechtmäßig erworbenem Besitze an Grundstücken, zu deren Eigenthumserwerb es der gerichtlichen Auflassung bedarf. XIX. 214. — 7) Actio negatoria Publiciana. XIV. 209.

E. Grenzberichtigungsklage. 1) Zweck und Natur der Grenzberichtigungsklage. Verfahren. XIV. 29. — 2) Heutige Anwendbarkeit der actio finium regundorum. Eventuelle Verbindung derselben mit der Eigenthumsklage. XIV. 136. — 3) Die actio finium regundorum schon bei dem bloßen Nichtvorhandensein äußerer Grenzzeichen ohne Unbestimmtheit der inneren Grenzen begründet. Verbindung dieser Klage mit der rei vindicatio. XX. 33. — 4) Grenzberichtigungsklage bei dem Dasein einer augenfälligen Grenzbezeichnung. V. 16. — 5) Grenzberichtigungsklage, durch welche eine Veränderung des Besitzstandes erstrebt wird. V. 17. — 6) Grenzberichtigungsklage als rei vindicatio aufrecht zu erhalten? XVIII. 273. — 7) Grenzberichtigungsklage bei Streitigkeiten über Markungen mehrerer Gemeinden. Competenz. IV. 251 (S. 406). V. 282. — 8) Unstatthaftigkeit der Grenzberichtigungsklage bei nicht mehr vorhandener Grenznachbarschaft. XVIII. 213. — 9) Appellabilität bei Grenzstreitigkeiten. XIX. 202.

F. Actio ad exhibendum. 1) Begründung derselben in Bezug auf die Bezeichnung des zu Exhibirenden. IX. 38. — 2) Actio ad exhibendum; über das Recht, seine Bienenschwärme auf fremdem Grunde und Boden einzufangen. VIII. 49.

Hauptstück 3.

Dienstbarkeiten.

I. Allgemeine Natur und verschiedene Arten.

1) Reservirte Servituten. Zum Erwerbe derselben bedarf es nicht erst einer Ausübung. Die Entstehung durch Reservation enthält keine Veräußerung. IV. 207. — 2) Heutige Anwendbarkeit des Grundsatzes: Servitus in faciendo consistere nequit. XVII. 8. XVIII. 15. — 3) Deutschrechtliche servitus in faciendo. I. 183. — 4) Ist der Servitutberechtigte befugt, zur Bezeichnung des Umfangs der Servitut auf dem dienenden Grundstücke Rainsteine setzen zu lassen? Beflutungsrecht. IV. 12. 208. — 5) Servitutrechte von Corporationen, Gemeinden oder einzelnen Einwohnerklassen ohne praedium dominans. XV. 205. XVI. 176. — 6) Wegegerechtigkeit einer Gemeinde. XVII. 4. XX. 212. — 7) Deutsch-

rechtliche Weidegenossenschaft. XVIII. 8. — 8) Schäfereirecht der Gemeinden. Berechtigung zur Theilnahme an derselben. XIX. 116.

II. Realservituten.

A. Allgemeines. 1) Prädialservitut oder blos persönliche Verbindlichkeit? IX. 10. XVII. 118. — 2) Prädialservitut zur bloßen Annehmlichkeit des Berechtigten. XVII. 212. — 3) Prädialservitut zum Zwecke eines Gewerbebetriebs. VIII. 17. — 4) Verbot, ein bestimmtes Gewerbe in einem Hause zu treiben, als Gegenstand einer Realservitut. XIX. 18. XX. 15. Vgl. XX. 106. — 5) Servitutes urbanae bei praedia rustica vorkommend und umgekehrt. X. 19. — 6) Pflicht zur Anmeldung von dinglichen Rechten bei deren öffentlichem Verkauf. VI. 151. — 7) Dienstbarkeit an einer gemeinschaftlichen Sache, beziehungsweise Gemeindegrundstücken, Theilhabern derselben oder Gemeindegliedern zustehend. VI. 153. — 8) Untheilbarkeit der Realservituten. XI. 214. XVII. 11. — 9) Untheilbarkeit. Ausübung der Servitut nach Theilung des berechtigten Grundstücks. XVIII. 18. 19. — 10) Anspruch auf eine nothwendige Servitut einredeweise geltend gemacht. VI. 156. — 11) Collision zwischen Servituten und Hypotheken. VI. 16. — 12) Angesonnene Verlegung der Servitut auf ein anderes Grundstück. X. 15. — 13) Sogenannte natürliche Freiheit in dem Verhältnisse zum wohl erworbenen Rechte. VIII. 112. 282. — 14) Interpretative Bedeutung der bisherigen Ausübung einer Servitut. XVIII. 17. — 15) Beschränkung der Ausübung einer Prädialservitut auf den Bedarf des herrschenden Grundstücks. Recht auf fremdem Boden Ziegelerde zu graben. V. 142. — 16) Servituten sind civiliter auszuüben. XII. 7. XIV. 210. XVI. 14. XVIII. 16. — 17) Zulässige Erschwerung der Ausübung einer Servitut. XVIII. 211. — 18) Was in dem Wesen einer Servitut liegt, ist zu dulden, auch wenn es zum Nachtheile des dienenden Grundstücks gereicht. XV. 104. Vgl. XVII. 9. — 19) Vermiethung einer Realservitut mit einem Theile des herrschenden Grundstücks. XIV. 12. Vgl. XII. 248. — 20) Unendliche Mannichfaltigkeit der Servituten; keine geschlossene Zahl derselben. X. 16.

B. Einzelne Servituten.

a. Servitus stillicidii. Dieselbe schließt an und für sich die servitus cloacae nicht in sich. IV. 209.

b. Licht- und Fensterrecht. 1) Das Recht, nach des Nachbars Hofe Fenster zu haben, schließt die servitus altius non tollendi nicht in sich. II. 139. VI. 15. — 2) Umfang der Servitutberechtigung, in des Nachbars Luftsäule aufgehende Fenster zu haben. XX. 17. — 3) Lichtzuleitungsrecht. X. 16.

c. Servitus altius non tollendi. 1) Verhältniß derselben zum Fensterrecht. II. 139. VI. 15. — 2) Theilweises Erlöschen der servitus altius non tollendi durch non usus. XVIII. 19.

d. Wegegerechtigkeiten. 1) Anwendbarkeit der römischen Vorschriften über Wegedienstbarkeiten. I. 180. Vgl. IV. 13. und V. 5. — 2) Umfang der servitus itineris. X. 136. — 3) Darf der zum Gehen Berechtigte mit einem Schiebkarren fahren? V. 5. — 4) Durchfahrt- und Durchgangsrecht. Modalität der Ausübung. Schmälerung oder Erschwerung. XII. 7. XVIII. 211. — 5) Fahrrecht, Erschwerung der Ausübung durch Ackerbestellung. V. 256. — 6) Fahrwegsgerechtigkeit. Festsetzung und Veränderlichkeit der Ausübungsörtlichkeit (des Wegetracts). VI. 13. XVI. 18. — 7) Interpretative Bedeutung der bisherigen Ausübung einer Ueberfahrtsgerechtigkeit. XVIII. 17. — 8) Von dem Rechte der Ueberfahrt über einen fremden bestellten Acker. IX. 269. — 9) Die Fahrwegsgerechtigkeit, insbesondere die durch Verjährung erworbene, schließt nicht von selbst auch das Recht des Viehtriebs in sich. IV. 13. XII. 127. XVII. 213. XVIII. 121. — 10) Triftweg. Beschränkung auf einen bestimmten Raum. II. 140. — 11) Mehrheit der dienenden Grundstücke bei einer Wegeservitut. VII. 287. — 12) Veränderung des herrschenden Guts bei einer Ueberfahrtsgerechtigkeit. XX. 16. — 13) Wegegerechtigkeit einer Gemeinde zustehend; Klagrecht einzelner Gemeindeglieder VIII. 113. XVII. 4. — 14) Ueberfahrt über einen Kirchhof. VI. 140. — 15) Recht der Durchfahrt durch des Nachbars Hof, dem ersten Erwerber „sammt seinen Erben und Erbnehmern" eingeräumt. X. 17. — 16) Die mit der servitus actus verbundene Fahrgerechtigkeit geht durch ausschließliche Benutzung des Weges als Viehtrift nicht verloren. X. 233. — 17) Nothweg. I. 177. 321. IV. 204. XIII. 210. 211. XIV. 114. XVI. 12. — 18) Stillschweigende Bestellung einer Wegedienstbarkeit. XIII. 212. — 19) Wegegerechtigkeit einer Mühle zustehend; Ausübung durch die Mahlgäste. XIV. 212. — 20) Schutz im Quasibesitz einer Wegegerechtigkeit. I. 222. VI. 291. VII. 182. XVI. 221. — 21) Fahrgerechtigkeit erworben durch fremde Personen. II. 11. — 22) Verjährungserwerb von Wegeservituten durch Mittelspersonen. III. 11. — 23) Ersitzung der Wegedienstbarkeit. II. 141. XVII. 12. XX. 212. — 24) Keine Ersitzung eines Weges, so lange das dienende Grundstück an den Eigenthümer des herrschenden verpachtet ist. XIX. 127. — 25) Beweislast in Bezug auf vicinitas bei der Wegeservitut. XX. 107. — 26) Keine Obliegenheit des Klägers bei der actio confessoria, zu beweisen, daß ihm das Wegerecht auch hinsichtlich der zwischen dem fundus dominans und dem Grundstücke des Beklagten liegenden Grundstücke zustehe. XIX. 20. — 27) Verlust einer Wegegerechtigkeit durch Nichtausübung. VIII. 349. Vgl. X. 233. — 28) Wegegerechtigkeit an einem iter publicum. III. 146. IX. 136.

e. Weiderecht. 1) Umfang und Beschränkung der Ausübung auf fremdem Boden. VIII. 234. — 2) Umfang der Weidegerechtigkeit kann durch Verjährung erweitert und verringert werden. XVII. 11. —

3) Befugniß des Eigenthümers eines hutpflichtigen Grundstücks zu Culturveränderungen. XII. 128. XVII. 10. — 4) Umwandlung des Hütungsgrundes in Forst. XVIII. 119. — 5) Collision von Weiderecht und Forstcultur. I. 13. 14. 182. 320. IV. 102. V. 143. VI. 314. IX. 135. Vgl. VII. 288. — 6) Begründung von Verbietungsrechten gegen den Forsteigenthümer. VI. 315. — 7) Verbindlichkeit des Waldeigenthümers, dem Weideberechtigten den durch forstpolizeiliche Beschränkung des Weidegenusses erlittenen Schaden zu vergüten. Schadloshaltung für die durch ein neues Culturgesetz erlittenen Nachtheile. I. 14. — 8) Hutrecht in Collision mit Wiesenwässerung. XI. 122. — 9) Befugniß des Eigenthümers einer hutpflichtigen Wiese, sie während der Hegezeit mit dem eigenen Vieh abzuweiden. VII. 272. — 10) Vorhut des Eigenthümers auf Grundstücken, welche einer beschränkten Koppelhut unterliegen. XII. 129. — 11) Hut- und Triftrecht mit Schafen „auf Feld und Wald". XII. 115. — 12) Hutrecht, welches auf eine ganze Feldmark sich erstreckt. Aufführung eines Gebäudes auf einem einzelnen Grundstück. XV. 203. — 13) Schafweidegerechtigkeit am Kirchengut. XIX. 117. — 14) Ueber das Recht, eine deutschrechtliche Weidegerechtsame durch Verpachtung auszuüben. III. 147. — 15) Weiderecht auf einer Gemeindemarkung. Berechtigung der Gemeinde zur Mithut. I. 9. — 16) Markgenossenschaftliche Weide. Hütungsrecht des Grundeigenthümers. VII. 271. — 17) Schäfereirecht der Gemeinden. Berechtigung zur Theilnahme an demselben. XIX. 116. — 18) Communweiderechte. Competenz der Administrativbehörden. XIV. 63. — 19) Umfang der Mithut der Gemeinde der belasteten Gemeindemarkung. I. 10. — 20) Mithut der Gemeinde bei dem Weiderecht an der ganzen Gemeindemarkung durch eine (etwa aus den Schafen der einzelnen Gemeindeglieder gebildeten) Gemeindeschäferei. I. 9. — 21) Vorbehalt des Schäfereirechts bei Gutsübertragungen. Mithut des Erwerbers. I. 12. — 22) Uebertreibung der Weide von Seiten der mithütenden Eigenthümer. I. 11. — 23) Ausschluß der Mithut des Eigenthümers. I. 407. — 24) Pflicht der Hutberechtigten, in gemeinsamer Heerde zu hüten, oder Befugniß des Auftreibens in mehreren Haufen? IV. 14. V. 113. XVI. 196. — 25) Befugniß des Schäferei-Stabherrn, die Heerde in mehrere Haufen zu theilen. XVI. 197. — 26) Auftreiben der Gemeindeheerde auf der Gemeindeflur neben einer fremden Heerde. II. 255. — 27) Ausübung des Weiderechts nach Theilung des berechtigten Grundstücks. XVIII. 18. — 28) Eintreiben in bestellte hutpflichtige Ländereien bei unzulänglicher Brachhaltung des Eigenthümers. VI. 157. — 29) Ungezähltes Triftrecht. Durchwinterungsprincip. VI. 14. — 30) Durchwinterungsprincip nicht immer maßgebend bei Weideservituten. XX. 108. — 31) Vom Pferchrechte. I. 4. 181. — 32) Verpflichtung des Weideberechtigten, die Schafe auf der beweideten Flur Mittagsruhe halten zu lassen. Natur

dieses Rechtsverhältnisses. Klage. XX. 109. — 33) Vermuthung für die Servitut bei langjähriger reciproker Weide in Folge untermischter Lage der Ländereien. XVIII. 118. — 34) Schutz im Besitze der Alleinhut. VI. 158. — 35) Gutsschäfer, als Repräsentanten des Fiscus, bei dem Besitzerwerb eines Gutstriftsrechts. IV. 205. — 36) Interdictum retinendae possessionis bei Weiderechten. V. 171. — 37) Weidegerechtigkeit. Petitorium absorbet possessorium. XVIII. 120. — 38) Verlust des Weiderechts durch theilweise Nichtausübung. XVIII. 20. — 39) Grenzbeziehung keine den Verlust des Weiderechts durch non usus hindernde Besitzhandlung. V. 254. — 40) Ersitzung des Weiderechts; Erforderniß alljährlicher Ausübung. XVI. 177. — 41) Verjährungserwerb des Weiderechts durch Mittelspersonen. III. 10. — 42) Immemorialverjährung in Beziehung auf Weiderechte. I. 4. — 43) Entschädigung für ein entzogenes Weiderecht. XII. 255.

f. Waldservituten. 1) Holzgerechtsame. Deren Natur und erlöschende Verjährung. XIV. 117. — 2) Waldservituten, civiliter auszuüben. XVIII. 16. — 3) Der Inhaber einer Waldservitut muß sich den Anordnungen der Forstpolizei zur Erhaltung des Waldes fügen. VII. 288. XI. 123. Vgl. IX. 135. VI. 314. — 4) Waldnutzung, Windfall. XVIII. 21. — 5) Umfang der einer Gemeinde verliehenen Holzberechtigung, wenn die Mitglieder sich vermehrt haben. III. 300. Vgl. II. 133. — 6) Looshholzberechtigung kann nur ausgeübt werden, wenn der berechtigte Hof bewohnt ist. XVII. 214. — 7) Leseholzgerechtigkeit. Entschädigungsanspruch wegen Ausrottung des Waldes. Geltendmachung durch die Gemeinde. XI. 124. — 8) Gräsereirecht in einem Holze als Ausfluß des Flurrechts für die Gemeindeglieder beansprucht. XI. 125. — 9) Theilweise Verwandlung eines Laubwaldes in Feld- und Nadelholz der Berechtigung zum Laub- und Grassammeln gegenüber. XIX. 215.

g. Wasserservituten. 1) Wasserservitut. Umfang der Ausübung. XVII. 9. — 2) Recht der Schaufelschlage. II. 145. — 3) Verbindlichkeit des Müllers, den Mühlgraben zu reinigen und in wasserdichtem Stand zu erhalten. VI. 7. — 4) Wasserservituten. Festsetzung der Ausübungsörtlichkeit und Veränderung derselben. VI. 13. — 5) Der dominans bei der Wasserleitungsservitut ist mit der Vornahme nothwendiger Reparaturen an der Wasserleitung nicht auf gewisse Zeiten beschränkt; der serviens dagegen berechtigt, den durch Ausübung des jus reficiendi ihm entstehenden Schaden ersetzt zu verlangen. XVI. 14. — 6) Modification des Grundsatzes: servitus in faciendo consistere nequit, bei der Wasserleitungsgerechtigkeit nach heutigem Rechte. XVII. 8. — 7) Besitz an einer Wasserleitungsgerechtigkeit. XVIII. 249. — 8) Interdicte für Wasserleitungsservituten. X. 260. — 9) Interdictum de aqua quotidiana et aestiva. Dessen Voraussetzungen und Verhältniß zum interdictum uti possidetis. XIX. 233. — 10) Servitus aquaehaustus.

XVII. 215. — 11) Wasserschöpfgerechtigkeit an fließenden (öffentlichen) Gewässern. XVIII. 5. — 12) Befluthungsrecht. IV. 12. 208. — 13) Erwerb von Wässerungsservituten durch Verjährung. II. 262. — 14) Das Recht des Wiesenbesitzers, den an seinem Grundstücke vorüberfließenden Bach zur Bewässerung seiner Wiese zu benutzen, geht durch Nichtgebrauch nicht verloren. III. 149. Vgl. XII. 246.

h. Andere Realservituten. 1) Recht, Ziegelerde zu graben. V. 142. — 2) Recht, die Errichtung einer Mahlmühle auf dem dienenden Grundstücke zu untersagen. XV. 204. 3) Leinpfad. II. 260.

III. Personalservituten.

A. Nießbrauch. 1) Dauer des einer juristischen Person zustehenden Nießbrauchs. XVI. 176. — 2) Nießbrauch des Pfarrers an den Pfarrgrundstücken. XX. 18. — 3) Nießbrauch an Waldungen. III. 9. — 4) Nießbrauch an einem Gebäude. Niederreißung desselben und Wiederaufbau. XIV. 7. — 5) Nießbrauch an Gebäuden. Verpflichtung des Nutznießers zur Versicherung derselben. XV. 106. — 6) Vermächtniß des Nießbrauchs an einem ganzen Vermögen. Nießbrauch des „längst Leib, längst Gut.“ Vorhandene Schulden. XV. 18. — 7) Nießbrauch des Vaters an den Adventitien. Befugniß zur Proceßführung. III. 272. — 8) Verfügungsrecht des Vaters über die zum peculium adventitium des Hauskindes gehörigen Capitalien. XVII. 65. — 9) Cession des väterlichen Nießbrauchs unzulässig. XX. 222. — 10) Ususfruct an Kleidern. V. 187. (S. 241.) — 11) Meliorationen des Nutznießers, inwiefern begründen sie einen Anspruch auf Vergütung gegen den Proprietar? I. 15. — 12) Verbindlichkeit des Nutznießers zu Reparaturen. VII. 194. — 13) Leibzucht des überlebenden Ehegatten. Keine Verbindlichkeit desselben zum Neubau der Hofgebäude. XVII. 270. — 14) Verpachtung eines Grundstücks durch den Nutznießer. Tod des Nutznießers vor Ablauf der Pachtzeit. Der Eigenthümer Erbe desselben. XIV. 115. — 15) Cautio usufructuaria IX. 197. — 16) Cautio juratoria des Nießbrauchers. XV. 105. — 17) Ueber Befreiung der Aeltern von der Verpflichtung zur cautio usufructuaria in Bezug auf den Nießbrauch bei der Gutsabtretung. XX. 48. — 18) Verbot des testamentarischen Erlasses der usufructuarischen Caution. IX. 137. — 19) Testamentarischer Erlaß der usufructuarischen Caution in Verbindung mit der Socinischen Cautel. IV. 206. XIX. 174. — 20) Anspruch des Erben auf Inventarisation gegen den mit dem Nießbrauche bedachten Legatar. IX. 137. XIII. 105. — 21) Ist Einziehung der Forderungen durch den Erbschaftsnutznießer bedingt durch vorgängige Bestellung der cautio usufructuaria? XI. 164. XX. 208. — 22) Zahlung an den usufructuarius nominis vor bestellter cautio usufructuaria. XIX.

126. — 23) Entschädigungsanspruch des Eigenthümers gegen den Nutznießer während der Dauer des Nießbrauchs. X. 234. — 24) Hat der Eigenthümer eines ländlichen Grundstücks den Usufructuar oder dessen Erben die bei Beendigung des Nutzungsrechts auf die bevorstehende Ernte verwendeten Kosten der Ackerbestellung und Einsaat zu ersetzen? XVI. 274. — 25) Klage des Eigenthümers nach beendigtem Nießbrauch. XVI. 10. — 26) Beseitigung des Retentionsrechts des bisherigen Usufructuars durch Cautionsleistung. XVII. 2. — 27) Können zukünftige Nutznießungserträgnisse des Cridars zur Gantmasse gezogen werden? XV. 270.

B. Habitatio. 1) Wohnungsrecht, ohne nähere Bestimmung seines Umfangs bestellt. VIII. 235. — 2) In welchem Umfang begründet ein Wohnrecht die Befugniß zur Aufnahme anderer Personen? XX. 236. 237. 238.

IV. Besitz der Servituten.

1) Servituten oder Eigenthumsbesitz? XVIII. 115. — 2) Begründung des Quasibesitzes einer Servitut durch Handlungen, welche in der Meinung und Absicht der Eigenthumsausübung vorgenommen sind. VII. 154. VIII. 220. 236. 292. XVII. 14. XX. 19. — 3) Erwerb des Quasibesitzes bei negativen Servituten. VI. 15. XIV. 13. Vgl. XII. 246. — 4) Besitz bei einer servitus discontinua. XIII. 83. XV. 206. XVI. 177. — 5) Nachweis der Rechtsausübungsabsicht. V. 255. XIV. 14. 211. XV. 108. XVII. 14. XX. 19. — 6) Beweis der Vergünstigungseigenschaft eines Servitutenbesitzes. VI. 155. — 7) Grenzbeziehung keine Besitzhandlung. V. 254. — 8) Begründung des Besitzes in Bezug auf das Hütungsrecht. V. 251. — 9) Schutz im Besitze der Alleinhut. VI. 158. — 10) Servitutausübung durch Mittelspersonen. XII. 231. XIII. 84. XIV. 212. — 11) Theilweise Ausübung und Nichtausübung einer Servitut. XVIII. 20. — 12) Besitz an einer Wasserleitungsgerechtigkeit. XVIII. 249. — 13) Klagen zum Schutze im Besitz einer Wegegerechtigkeit. XVI. 221. — 14) Fahrwegsgerechtigkeit. Besitzentsetzung oder Besitzstörung? XVI. 13. — 15) Ueber Selbsthülfe und Selbstvertheidigung im Besitze von Prädialservituten. V. 258. IX. 157. — Vgl. oben S. 36 „Quasibesitz.“

V. Erwerb der Servituten.

A. Vom Erwerbe der Servituten im Allgemeinen. 1) Befugniß des Erbpächters, für das Erbpachtgut Dienstbarkeiten zu erwerben. VII. 155. — 2) Dienstbarkeitserwerb für ein Pachtgut. Scientia domini. IX. 131.

B. Erwerb durch Vertrag. 1) Reservirte Servitut; Entstehung der Servitut durch Reservation enthält keine Veräußerung.

IV. 207. — 2) Ist zum Erwerb der Servitut durch Vertrag Quasitradition erforderlich? XII. 130. XV. 5. XX. 110. — 3) Stillschweigende Servitutenbestellung bei dem Verkaufe eines Grundstücks, zu dessen Vortheil bisher ein anderes Grundstück des Verkäufers gedient hat. XIII. 212. XX. 209. — 4) Stillschweigende Reservation einer Servitut nicht zu vermuthen. XI. 18. — 5) Servitutenentstehung durch Widmung. Verkauf zweier Grundstücke, von welchen das Eine dem Andern gedient hat. Veräußerung eines Hauses nach reellen Theilen an verschiedene Personen. XI. 121. — 6) Vertrag, durch welchen unter Festsetzung einer besonderen Folge des Zuwiderhandelns der Eigenthümer eines Grundstücks für sich und spätere Besitzer die Verbindlichkeit übernimmt, auf demselben etwas zu unterlassen. XV. 204. — 7) Bei Ausübung einer durch Vertrag erworbenen Servitut ist der Berechtigte zu ungewöhnlichen Maßregeln im Interesse des Eigenthümers der dienenden Sache im Zweifel nicht verpflichtet. Interpretative Bedeutung der bisherigen Ausübung. XV. 103.

C. Ersitzung der Servituten. 1) Erwerb der Servituten durch Ersitzung. Erfordernisse I. 408. — 2) Der Umfang einer Servitut kann durch Verjährung erweitert und verringert werden. XVII. 11. — 3) Angebliches Erforderniß eines justus titulus bei der erwerbenden Servitutenverjährung. I. 408. IX. 132. — 4) Erforderniß des guten Glaubens. Beweislast. I. 408. VIII. 348. X. 235. XVI. 9. 176. — 5) Erwerbende Verjährung der Servituten auf lehenbaren Grundstücken. I. 322. — 6) Verjährungserwerb einer Servitut, wenn das dienende Gut verpachtet ist. I. 179. — 7) Ist scientia domini praedii servientis erforderlich? IX. 130. XV. 109. — 8) Keine Servitutenersitzung, so lange das dienende Grundstück an den Eigenthümer des herrschenden verpachtet ist. XIX. 127. — 9) Grenzbeziehung, keine Besitzhandlung bezüglich des Verjährungserwerbs von Weiderechten. V. 254. — 10) Der sogenannte Turbativact kann bei dem Beweise der Servitutenersitzung nicht als Besitzact benutzt werden. XVII. 13. — 11) Besitzmängel. Beweislast. I. 408. XIV. 116. XV. 108. XVIII. 122. — 12) Heimliche Servitutenausübung. Unterlassene Anmeldung bei einem Theilungsverfahren. XII. 251. — 13) Verjährungserwerb der servitutes discontinuae. I. 178. XIII. 83. XV. 206. XVI. 177. — 14) Ersitzung einer servitus discontinua bei einer Mehrheit von dienenden Grundstücken. IX. 129. — 15) Erforderniß alljährlicher Ausübung für die erwerbende Verjährung eines Triftwegs. II. 141. — 16) Wegeservitut. Jeweilige Benutzung eines anderen Weges. XII. 232. — 17) Nichtbeobachtung derselben Weglinie. XIII. 237. — 18) Wegeservitut. Veränderung in der wirthschaftlichen Benutzung des herrschenden Grundstücks während der Verjährungszeit. XIII. 236. — 19) Erwerbende Verjährung der Fahrwegsgerechtigkeit. Verschiedenheit der Fuhrwerke.

XII. 249. — 20) Ersitzung einer Wegedienstbarkeit. Tantum praescriptum quantum possessum. XVII. 12. — 21) Ersitzung einer Fahrwegsgerechtigkeit schließt die servitus actus nicht ein. Ersitzung der servitus actus. IV. 13. XII. 127. XVII. 213. XVIII. 121. — 22) Ersitzung des Uebertrifftrechts. Ausübung desselben mit fremdem Vieh. XII. 248. — 23) Erwerb der Leseholzgerechtigkeit durch Verjährung. XI. 124. — 24) Erforderliche Besitzacte bei dem Verjährungserwerbe der servitus aquae haustus. XVII. 215. — 25) Ersitzung der Gerechtigkeit, in des Nachbars Luftsäule aufgehende Fenster zu haben. XX. 17. — 26) Ersitzung einer servitus negativa. XVII. 10. Note 1. — 27) Erforderniß und Nachweis der Rechtsausübungsabsicht. V. 255. IX. 133. 134. XIV. 14. XV. 185. XX. 210. Vgl. XIV. 211. — 28) Verhältniß der opinio juris bei der Servitutenersitzung zur bona fides. XX. 211. — 29) Besondere Richtung und Beweis der Rechtsausübungsabsicht, wenn es sich um Verjährungserwerb der Mitglieder einer Corporation oder Genossenschaft handelt. XV. 205. — 30) Rechtsausübungsabsicht bei Ersitzung einer Wegegerechtigkeit Seitens einer Gemeinde. XX. 212. — 31) Beweis des animus possidendi bei Ersitzung discontinueller Servituten. XIX. 216. — 32) Handlungen in der Meinung und Absicht der Eigenthumsausübung vorgenommen bei der Servitutenersitzung. VII. 154. VIII. 220. 236. 292. XVIII. 14. XX. 19. — 33) Wird erfordert, daß der Verjährende wisse, wer Eigenthümer des dienenden Grundstücks sei? VII. 153. — 34) Verjährungserwerb durch Mittelspersonen in Bezug auf Wege- und Weideservituten. III. 10. 11. Vgl. II. 11. IV. 205. — 35) Servitutenersitzung für eine Pfarrei durch den Pfarrer. XIII. 84. — 36) Ersitzung einer Wegeservitut für eine Pfarrei durch Mittelspersonen, namentlich durch Pfarrfröhner. XII. 231. — 37) Anwesenheit und Abwesenheit desjenigen, gegen den die Verjährung läuft. X. 137. XII. 250. XV. 107. — 38) Dauer der Verjährungszeit, insbesondere bei Servituten auf Gemeindegütern. I. 408. — 39) Verjährungszeit bei Grunddienstbarkeiten für eine juristische Person nicht zu Gunsten eines herrschenden Grundstücks. XVI. 176. — 40) Servituten an Gütern des Fiscus. Verjährungszeit. XVIII. 14. — 41) Ersitzung von Servituten für Gemeinden gegen Gemeinden. V. 101. — 42) Servitutenersitzung gegen Dorfgemeinden. XVI. 187. — 43) Accessio possessionis bei Verjährung der Servituten. Verjährung der Servituten bei leibfälligen Gütern. I. 323. — 44) Unterbrechung der Verjährung. I. 408. VI. 154. XV. 186. — 45) Unterbrechung der Verjährung durch Widerspruch. IV. 15. — 46) Unterbrechung der Ersitzung durch Anzeige bei einem Strafgerichte von Seiten des Eigenthümers. XV. 207. — 47) Unterbrechung der Verjährung durch Vorziehen eines Grabens oder Schlagbaums. X. 235. — 48) Außerordentliche Ersitzung der Servituten. V. 144. XIII. 131. XIV. 274. XVIII. 212. Vgl. XV. 206. — 49) Erwerb von Wässerungsservituten nach langjährigem Bestehen der Wässerungseinrichtungen; vetustas. II. 262. — 50) Immemorialverjährung der Servituten. XIV. 14. Note 1. — 51) Unvordenkliche Verjährung in Bezug auf Weide und Pferchrechte; Erforderniß eines den Charakter der Rechtsausübung tragenden Besitzstandes. I. 4. — 52) Voraussetzung eines juristischen Besitzstandes bei der Immemorialverjährung an einem Wasserlaufe. I. 5. — 53) Ergänzungseid zum Beweise der Ersitzung einer Wegegerechtigkeit. II. 141. — 54) Eideszuschiebung über Servitutenersitzung. XVIII. 275.

VI. Erlöschung der Servituten.

1) Verlust der Servituten durch Nichtgebrauch. VI. 316. VIII. 313. — 2) Erlöschung durch Nichtgebrauch. Factische Begründung der darauf gestützten Einrede. XII. 309. — 3) Verlust einer Realservitut, insbesondre einer Wegegerechtigkeit durch Nichtausübung. VIII. 349. — 4) Geltendmachung des Verlustes durch non usus im Beweisverfahren, als Gegenbeweis. VIII. 313. — 5) Guter Glaube zur Erlöschung der Servitut durch non usus nicht erforderlich. VIII. 349. X. 20. — 6) Der vormalige Pächter des praedium dominans kann sich auf Erlöschung der Servitut durch non usus während der Pachtzeit nicht berufen. XIV. 213. — 7) Holzgerechtsame. Deren erlöschende Verjährung. I. 171. XIV. 117. — 8) Erlöschen der Servituten durch Verjährung, wenn bei einer servitus rustica das praedium ein urbanum ist, und umgekehrt. X. 19. — 9) Theilweise Erlöschung der Servituten durch Verjährung. XVII. 11. XVIII. 19. 20. — 10) Verlust der Schäfereigerechtigkeit durch Nichtausübung seit unvordenklicher Zeit. XIX. 16. — 11) Deutschrechtliche Servituts-Erlöschung auf Grund der Anmeldungsunterlassung bei Veräußerungen des dienenden Grundstücks behauptet. X. 138. Vgl. VI. 151. — 12) Eine Servitut, in deren Besitz der Berechtigte sich befindet, geht durch unterlassene Anmeldung auf ein das dienende Grundstück betreffendes Proclam nicht verloren. XIV. 118.

VII. Rechtsmittel.

1) Servitutenstreit. Justiz- oder Verwaltungssache? XVII. 98. — 2) Servitutrechte einer Genossenschaft. Klagrecht der Genossenschaftsglieder. XV. 205. — 3) Klagrecht der Gemeinde wegen Leseholzgerechtigkeit. XI. 124. — 4) Dingliche Klage wegen Verletzung ohne Bestreitung des Rechts. Jagdrecht. IX. 267. — 5) Kann die Confessorienklage aus Anlaß bloßer Nichtanerkennung des behaupteten Realrechts erhoben werden? I. 16. 324. — 6) Actio confessoria wegen wörtlicher Störung der Servitutausübung. Die Viehbesitzer vertreten

durch die Gemeinde. XI. 126. — 7) Nativität der Confessorienklage. XVIII. 213. — 8) Begründung einer auf verjährten Besitz sich stützenden Confessorienklage. IV. 151. VII. 153. — 9) Genügt durchweg der Beweis der Entstehung des Servitutrechts? XV. 110. — 10) Actio confessoria bei Realservituten. Eigenthumsbeweis des Klägers. Beweis des Usucapionsbesitzes genügt. II. 12. — 11) Actio confessoria Publiciana. XIV. 209. — 12) Bei der actio confessoria braucht der Kläger, wenn der von ihm beanspruchte Weg über mehrere fremde Grundstücke führt, nicht zu beweisen, daß ihm das Wegerecht auch in Betreff der zwischen dem dominans und dem beklagten serviens liegenden Grundstücke zustehe. XIX. 20. — 13) Der Pächter zur Anstellung der Confessorienklage nicht legitimirt. I. 19. — 14) Passivlegitimation bei der Confessorienklage. XI. 126. XIV. 91. 119. — 15) Veräußerung des herrschenden Grundstücks während des Rechtsstreits. Der ursprüngliche Kläger zur Fortsetzung des Processes legitimirt. XV. 161. — 16) Absorbirung des Possessoriums durch das Petitorium bei dem Weiderecht. XVIII. 120. — 17) Steht dem Servitutberechtigten gegen Beeinträchtigungen von Seiten des Eigenthümers oder Dritter die actio confessoria oder negatoria zu? II. 255. — 18) Negatorienklage zur Geltendmachung des Pferchrechts. XX. 109. — 19) Negatorienklage zur Geltendmachung eines dinglichen Rechts. XVII. 216.

Negatorienklage des Eigenthümers wegen Anmaßung einer Servitut s. oben S. 51.

Hauptstück 4.

Emphyteuse und Superficies.

1) Erwerb des emphyteutischen Rechts ohne Tradition. Analoge Anwendung auf Meiergüter. V. 46. — 2) Der Gegenstand der Superficies ist nur das Gebäude, nicht auch der Grund und Boden, auf welchem es ruht. IV. 101. — 3) Actio communi dividundo in Bezug auf eine superficies. IV. 16. — 4) Befugniß des Emphyteuta und des Superficiars zur Anstellung der Confessorienklage. I. 19.

Hauptstück 5.

Pfandrecht.

I. Begriff des Pfandrechts.

1) Sicherung eines Darlehns durch Verkauf und Tradition mit Verpachtung des Kaufobjects an den Schuldner. Vindication des Gläu-

bigers. XIV. 90. — 2) Eigenthumsübertragung zum Zweck der Sicherung einer Forderung. XIX. 145. — 3) Depot von Creditpapieren. XIX. 176. — 4) Caution eines Pächters. XII. 152.

II. Zweck des Pfandrechts.

1) Pfandbestellung für künftige Forderungen. I. 410. XII. 131. XIII. 238. — 2) Pfandbestellung bei laufendem Credit. Datirung der Hypothek. XIII. 113. 132. 238 a. E. — 3) Datirung einer Hypothek von der Zeit der übernommenen Verbindlichkeit, nicht der Verletzung. X. 140. — 4) Verpfändung auf eine bestimmte Zeit. XIX. 21.

III. Gegenstand des Pfandrechts.

1) Baargeld. Caution eines Pächters. Zweijähriger Pachtzinsrückstand. XII. 152. — 2) Baarcaution eines Beamten. XIV. 223. — 3) Pfandrecht an Staatspapieren. XII. 10. — 4) Pfandrecht an Mobilien. Statuten-Collision. XVI. 1. — 5) Verpfändung eines Seeschiffes. Statuten-Collision. XVII. 111. — 6) Hausgeräth als Gegenstand des conventionellen Generalpfandrechts. XVI. 15. — 7) Pfandrecht an den in gemiethete Räume eingebrachten Sachen; Belangung eines Rechtsnachfolgers des Miethers, nachdem jene Sachen veräußert worden. IV. 210. — 8) Verpfändung einer mit dem Gelde des Gläubigers anzuschaffenden Sachgesammtheit (Theaterinventar). Privilegium propter in rem versionem. Erstreckung des privilegirten Pfandrechts auf die später angeschafften Stücke. XV. 187. — 9) Altersverhältniß des generellen Pfandrechts an später erworbenen Sachen. XI. 19. XIX. 219. — 10) Verpfändung einer Forderung. Legitimation des Verpfänders zur actio Pauliana. XV. 6. — 11) Recht aus einer Hypothek an einem Zehent. XI. 216.

IV. Erwerbung des Pfandrechts.

A. Begründung durch Privatwillkühr. 1) Verpfändung gemeinschaftlicher Sachen durch einen Miteigenthümer. X. 236. — 2) Verpfändung der Güter minderjähriger Hauskinder. III. 334. — 3) Acceptation der Hypothek von Seiten des Gläubigers. V. 115. — 4) Erwerbung einer Hypothek durch den Geschäftsführer. V. 114.

B. Gesetzliches Pfandrecht. 1) Pfandrecht des Fiscus wegen Abgaben, auf creditirte Zollgefälle nicht anzuwenden. III. 13. — 2) Gesetzliches Pfandrecht des Fiscus an den Gütern seiner Schuldner. XIV. 120. — 3) Pfandrecht des Fiscus an dem Vermögen seiner Verwalter. II. 263. — 4) Voraussetzung des gesetzlichen Pfandrechts der Hauskinder wegen der bona adventitia an dem Vermögen des Vaters. III. 341. — 5) Anfang des gesetzlichen Pfandrechts der Kinder wegen ihrer Adventitien. XVIII. 214. — 6) Steht auch der jüdischen Ehefrau ein gesetzliches Pfandrecht an dem Vermögen des Mannes wegen der dos und der Paraphernen zu? VIII. 115. XVII. 217. — 7) Kein gesetzliches Pfandrecht der milden Stiftungen an dem Vermögen ihrer Verwalter. XII. 252. — 8) Pfandrecht an den in gemiethete Räume eingebrachten Sachen. Belangung eines Rechtsnachfolgers des Miethers. IV. 210. — 9) Steht das gesetzliche Pfandrecht des Vermiethers dem Spediteur bezüglich seiner Spesen zu? V. 58. — 10) Geldbarlehn zum Zwecke der Reparatur eines Gebäudes; kein gesetzliches Pfandrecht. XII. 253. — 11) Das gesetzliche Pfandrecht wegen Anleihen zur Wiederherstellung eines Gebäudes nicht anwendbar auf die Verwendung von Paraphernalgeldern zum Aufbau des dem Ehemanne gehörigen Hauses. VI. 162. — 12) Das gesetzliche Pfandrecht dessen, „welcher zur Erbauung, Besserung und Erhaltung eines Hauses Vorstreckung gethan", nicht auszudehnen auf Forderungen des conductor operis aus dem Bauvertrage. II. 266.

C. Gerichtliches Pfandrecht. Immission in den Gehalt des Schuldners. VIII. 20.

D. Uebertragung eines schon begründeten Pfandrechts. 1) Hypothekenübertragung an den für den Schuldner Zahlenden. Beneficium cedendarum actionum. IX. 271. — 2) Eintritt des Käufers einer verpfändeten Sache in die Rechte der mit dem Kaufschilling befriedigten Pfandgläubiger. XIII. 310. — 3) Klage auf Gewährung der Bonität einer cedirten Hypothek. XVII. 237. — 4) Exceptio excussionis der cedirten actio hypothecaria des Bürgen gegenüber. XIX. 218.

V. Rechtsverhältnisse aus der Verpfändung.

A. Rechtsverhältnisse aus der Verpfändung, abgesehen von der Concurrenz mit anderen Pfandgläubigern. 1) Das Retentionsrecht der const. un. etiam ob chirograph. pecuniam (8, 27) steht dem Pfandgläubiger wegen cedirter Forderungen nicht zu. XIX. 128. — 2) Acquisitivverjährung des dritten Pfandbesitzers. VIII. 15. — 3) Auszug und Einsitz. Collision mit älteren Pfandrechten. XIV. 214. — 4) Collision zwischen Hypotheken und Servituten. VI. 16. — 5) Collision zwischen Eigenthumsvorbehalt und Dotalprivilegien. X. 237. — 6) Wirkung der dem Pfandvertrage beigefügten Nebenverträge über den Verkauf der Pfandsache Seitens des Gläubigers. XVI. 16. — 7) Ungültigkeit des wenn auch öffentlichen Pfandverkaufes, wenn die Zahlung ordnungsmäßig angeboten war. XI. 118. — 8) Umfang der Haftung des Verpfänders bei dem Verkaufe des Pfandes Seitens des Pfandgläubigers. XX. 118. — 9) Anspruch des Pfandgläubigers auf den gerichtlich hinterlegten Erlös aus der Veräußerung des Pfandes, wenn vor der Aushändigung an denselben der Schuldner in Concurs geräth.

II. 355. — 10) Der Gläubiger braucht den Gewinn, welchen er mit dem im Gantwege übernommenen Pfandobjecte gemacht hat, sich nicht aufrechnen zu lassen. XI. 62. — 11) Forderungspfand. Rechte des Pfandgläubigers. VIII. 18. — 12) Geltendmachung einer verpfändeten Forderung von Seiten des Pfandgläubigers. II. 279. — 13) Afterpfand an Inhaberpapieren. Einfluß der Vindicabilität derselben auf das Verhältniß zwischen dem ersten Pfandschuldner und dem Afterpfandgläubiger. XVI. 198. — 14) Der Gläubiger, dem ein in blanco indossirter Wechsel als Faustpfand übergeben worden, ist verpflichtet, wegen Präsentation des Wechsels und Protesterhebung das Erforderliche wahrzunehmen. Entschädigungsanspruch wegen Nichterfüllung dieser Verbindlichkeit. V. 307. — 15) Faustpfand; muß selbiges in die Gantmasse eingeworfen werden? XIII. 304. XV. 181. — 16) Befugniß des Gläubigers zur Veräußerung des wegen geliehener beweglicher Sachen bestellten Faustpfandes. XX. 246. — 17) Lex commissoria. Statuten-Collision. XIX. 107. — 18) Umfang der verbotenen lex commissoria. III. 12. — 19) Auch die erst nach geschehener Verpfändung eingegangene lex commissoria ist verboten. XIX. 217. — 20) Das Verbot der lex commissoria ist von Amtswegen zu berücksichtigen. VIII. 237. — 21) Die Inhaber mit Pfandrecht ausgestatteter Partialobligationen gegenüber der Veräußerung eines Pfandobjects von Seiten des Schuldners. Unstatthaftigkeit einer Edictalladung unter dem Rechtsnachtheil stillschweigender Zustimmung zu der Löschung des Pfandeintrags. XIII. 112. XV. 50. — 22) Klage auf Rückgabe des Pfandes im Falle Empfangsverzugs eines Gläubigers. VIII. 19. XVII. 119. — 23) Collision zwischen Eigenthumsvorbehalt und Hypothek. I. 188. II. 10.

B. Rechtsverhältnisse des Pfandgläubigers in Concurrenz mit anderen Pfandgläubigern.

a. Allgemeines. 1) Beschränkung des dem Gläubiger, welchem seiner Forderung halber mehrere Grundstücke von dem Schuldner solidarisch verpfändet worden, zustehenden Wahlrechts unter den zu seiner Befriedigung zu verwendenden Pfandobjecten im Concurse. XVI. 169. — 2) Collision mehrerer Specialhypotheken für dieselbe Forderung mit den späteren Pfandgläubigern im Concurse. VIII. 107. — 3) Collision zwischen Eigenthumsvorbehalt und Hypothekenrecht. I. 188. X. 237. — 4) Verzichtleistung auf hypothekarischen Vorrang. I. 52. — 5) Verzicht des Pfandgläubigers auf sein Pfand- und Vorzugsrecht durch Mitwirkung bei der Urkunde über weitere Verpfändung. IX. 13. Vgl. XI. 31. — 6) Der vorstehende Pfandgläubiger ist dem nachstehenden in Folge der Pfandveräußerung zur Rechnungsstellung verpflichtet. XVIII. 216. — 7) Befriedigung des Vorhypothekengläubigers von Seiten des Pfandschuldners nach einer durch letzteren vorgenommenen Pfandveräußerung. Einfluß auf die Rechte der späteren Pfandgläubiger. IX. 270. — 8) Succession in die Rechte des besseren Pfandgläubigers bei einem Darlehn zur Abfindung desselben. XVI. 200. — 9) Jus offerendi; Geltendmachung auf dem Wege der Klage. VI. 160. — 10) Separationsrecht des Pfandgläubigers des früheren Eigenthümers. VIII. 114. — 11) Vorzug der reservirten Hypothek vor späteren privilegirten Hypotheken. XVI. 199.

b. Vorzug des Alters. 1) Priorität einer später entstandenen Forderung nach dem früheren Datum der Protokollirung. VI. 318. — 2) Priorität einer Pfandbestellung wegen Nichtcontrahirung von Schulden nach dem Datum der Vereinbarung. X. 140. — 3) Von dem Vorzuge des Alters bei Pfandbestellung für künftige Forderungen. I. 410. XIII. 238. — 4) Datirung einer Hypothek bei laufendem Credit. XIII. 113. 132. 238 a. E. — 5) Altersvorzug bei Immission in den Gehalt des Schuldners zwischen mehreren Immittirten. VIII. 20. — 6) Altersverhältniß des Pfandrechts an später erworbenen Sachen. XI. 19. XIX. 219. — 7) Wirkung eines Pfandrechts in Beziehung auf eine spätere confessio geminata des Schuldners zu Gunsten einer älteren Pfandverschreibung. XVII. 28.

c. Privilegirte Pfandrechte. Pignus publicum. 1) Dem Erbegeld steht weder nach römischem noch nach gemeinem deutschen Rechte ein Vorzug im Concurse zu. I. 329. — 2) Pfandprivilegien wegen Creditgebens zum Wiederaufbau zerstörter und zur Errichtung neuer Gebäude. I. 187. V. 259. — 3) Paraphernalgelder zum Wiederaufbau ehemännlicher Gebäude verwendet. VI. 162. — 4) Voraussetzung des privilegirten Pfandrechts wegen der zum Ankaufe einer Sache creditirten Gelder. XII. 335. — 5) Privilegium propter in rem versionem in Bezug auf eine Sachgesammtheit. Erstreckt sich dasselbe auf die nachher angeschafften Stücke? XV. 187. — 6) Pfandprivilegium des Fiscus wegen rückständiger Abgaben. III. 13. — 7) Pfandprivilegium des Fiscus an dem nacherworbenen Vermögen der Contractsschuldner. XI. 20. 21. — 8) Vorzugsrechte für eheweibliche Ansprüche. II. 264. XI. 22. — 9) Anwendung der römischen Dotalprivilegien in dem Gebiete des Sachsenspiegels auf das Frauengut, auch auf das während der Ehe eingebrachte. XX. 139. — 10) Uebergang des privilegium dotis auf die Kinder der Ehefrau. I. 412. II. 267. — 11) Fortdauer des privilegium dotis gegen den Ehemann, welcher die dos als Adventizgut seiner Kinder verwaltet. XIII. 133. — 12) Privilegirtes Pfandrecht zu Gunsten der dos. Steht dasselbe den Kindern zu, welche in dem Concurse ihres Vaters die Proprietät der von der Mutter eingebrachten, von dieser, als dem geschiedenen schuldigen Theile, verwirkten dos geltend machen? XIV. 277. — 13) Vorzug des privilegirten Pfandrechts der Ehefrau wegen ihres Brautschatzes vor dem des Fiscus wegen vertragsmäßiger Forderung. I. 411. — 14) Vorzug des Pfandrechts der Ehefrau wegen der Illaten vor dem ausbedungenen Pfandrecht bei einem Darlehn zum Ankauf einer Sache. II. 265. — 15) Vorzugsrecht der Illaten der Ehefrau vor dem Pfandgläubiger ex in rem versione. Voraussetzung des Vorzugsrechts des augmentum dotis. XII. 165. — 16) Das pignus quasi publicum setzt Bekanntschaft der Zeugen mit dem Inhalt der Pfandverschreibung voraus. XIX. 220.

VI. Rechtsmittel.

1) Anstellung der Pfandklage von Seiten des besitzenden Pfandgläubigers. XII. 9. — 2) Hypothekklage gegen den dritten Besitzer. Kündigung. Klagbegründung. XI. 215. — 3) Hypothekklage gegen den dritten Besitzer. Verjährungseinrede. VI. 161. XII. 11. — 4) Begründung der actio hypothecaria. X. 141. — 5) Pfandklage gegen den Naturalbesitzer. III. 150. — 6) Forderungsklage und Hypothekengeltendmachung. VI. 17. — 7) Die deutschrechtliche Verjährung von Jahr und Tag bei gerichtlichen Auflassungen findet auf die Pfandklage keine Anwendung. IX. 12. — 8) Verjährung der persönlichen Schuldklage trotz Anstellung der hypothekarischen Klage. XVIII. 106. — 9) Pfandklage. Ersatz gemachter Verwendungen. Erstattung gezogener Nutzungen. IX. 11. — 10) Retentionseinrede des dritten Pfandbesitzers wegen Verwendungen. XI. 127. — 11) Einrede der Compensation. XIV. 20. — 12) Beneficium excussionis des dritten Pfandbesitzers. XIII. 85. — 13) Exceptio excussionis bei speciell verpfändeten Sachen. VII. 11. — 14) Wegfallen der exceptio excussionis. VII. 12. — 15) Ein Miterbe, welcher die von dem Erblasser verpfändete Sache besitzt, hat keine Einrede der Vorausklagung. VI. 317. — 16) Exceptio excussionis personalis, steht sie einem als Alleinerben verklagten Miterben des Verpfänders zu? VII. 157. — 17) Rechtliche Natur der exceptio excussionis personalis. VII. 278. — 18) Exceptio excussionis der cedirten actio hypothecaria des Bürgen gegenüber. XIX. 218. — 19) Exceptio excussionis aus einem Vertrage dritter Personen, insbesondere bei der successio anticipata. XVIII. 128. — 20) Nativität der actio pigneraticia directa. VIII. 19. XVII. 119. — 21) Jus offerendi im Wege der Klage geltend gemacht. VI. 160.

VII. Erlöschung des Pfandrechts.

1) Schuldtilgung durch Deposition bei eingetragenen Hypothekenforderungen. I. 34. — 2) Aufhebung des Pfandrechts durch stillschweigende Einwilligung des Gläubigers in die Veräußerung der Pfandsache. XVI. 17. — 3) Erlöschung der Pfandrechte durch öffentlichen Zwangsverkauf der Pfandsache. XVIII. 215. — 4) Wirksamkeit einer unbefugten Hypotheklöschung. V. 260. — 5) Partialobligationen. Löschung in Folge partieller Rückzahlung zur Freimachung einzelner Pfandobjecte ohne Zustimmung der noch unbefriedigten Inhaber von Partialobli-

gationen unzulässig. I. 25. — 6) Versäumte Angabe und Präclusion eines Pfandrechts sind wirkungslos, wenn sie bei einer Convocation wegen öffentlichen Verkaufes stattgefunden haben, und dieser Verkauf nicht erfolgt ist. V. 71. — 7) Wirkung der Präclusion nach ergangener Edictalcitation in Bezug auf öffentliche Generalhypotheken. IX. 225.

VIII. Hypothekenbücher.

1) Einsicht der Hypothekenbücher zu Finanzzwecken. VII. 156. — 2) Ingrossirtes Pfandrecht an Immobilien. Erlöschende Verjährung. XVI. 201. — 3) Compensation mit einer Schuld des Cedenten gegenüber einer in das Hypothekenbuch eingetragenen Forderung. XVII. 25. — 4) Eintrag der Cessionen. II. 146. — 5) Eintrag von Eigenthumsvorbehalten. II. 10. — 6) Aufkündigung an den dritten Besitzer des durch Eintragung in das öffentliche Buch verpfändeten Objects als Bedingung der Hypothekgeltendmachung gegen denselben. VI. 159. — 7) Mangel des guten Glaubens, die Berufung auf die Oeffentlichkeit des Grund- und Hypothekenbuchs ausschließend. Wie fern ist ein solcher anzunehmen? XIII. 239. — 8) Wirksamkeit einer Eintragung in das Hypothekenbuch, wenn der Besitzer des Grundstücks nicht wahrer Eigenthümer gewesen. I. 176. — 9) Einwilligung des Hypothekgläubigers in die Löschung der Hypothek giebt dem Schuldner keinen Einwand gegen die persönliche Klage. VI. 17. — 10) Löschung zur Freimachung einzelner Pfandobjecte in Folge partieller Rückzahlung bei Partialobligationen, ohne Zustimmung der noch betheiligten Inhaber von Partialobligationen unzulässig. I. 25. — 11) Wirkung der Präclusion nach ergangener Edictalcitation in Bezug auf öffentliche Generalhypotheken. IX. 225. — 12) Wirksamkeit einer unbefugten Hypotheklöschung. V. 260. — 13) Negatorienklage wegen Verweigerung der Löschung eines Eintrags in dem Hypothekenbuche. XII. 247. — 14) Actio Pauliana gegen eingetragene Hypotheken; Einrede früher ertheilter Zusicherung der Ingrossation. XVIII. 287. — 15) Entschädigungsanspruch wegen der von dem Beamten unterlassenen causae cognitio bei Bestätigung einer Hypothek. XVII. 120. 145.

Dritter Abschnitt.

Recht der Obligationen.

Hauptstück 1.

Allgemeine Lehren.

I. Subjecte der Obligationen. Verschiedenheit der Obligationen nach den Personen.

1) Welchen privatrechtlichen Einfluß übt theilweise Gebietsabtretung auf die Geltendmachung von zuvor bereits begründeten Entschädigungsansprüchen an den stammländischen Staatsfiscus? VIII. 54. — 2) Versicherungsgesellschaften auf Gegenseitigkeit gegründet. Subjecte. XIX. 265. — 3) Genossenschaften; insbesondre Knappgenossenschaften. XX. 201. — 4) Haftung der jeweiligen Mitglieder einer Genossenschaft für die Namens dieser contrahirten Schulden. XX. 200. — 5) Rechtsverfolgung gegen die Mitglieder einer Genossenschaft, als Einzelne. I. 316. — 6) Obligatio in solidum wegen Untheilbarkeit des Gegenstandes. Klage Eines von mehreren Erben auf Herausgabe von Nachlaßurkunden. VIII. 238. — 7) Eine Sache von Mehreren gemeinschaftlich gekauft. Exceptio plurium litis consortium gegen Einen der Käufer. VII. 27. — 8) Der Vertrag über Deposition einer mehreren Berechtigten zustehenden Geldsumme begründet eine untheilbare Obligation und kann von jedem Berechtigten in seinem vollen Umfange geltend gemacht werden. XVII. 15. — 9) Untheilbarkeit des Rechts. Klage Eines von mehreren Berechtigten. Sogenannte exceptio plurium litis consortium. XV. 78. — 10) Einer von mehreren Erben des Verkäufers in dem alleinigen Besitze des Kaufgegenstandes. Verpflichtung desselben zur Tradition der ganzen Sache. XVI. 18. Vgl. XX. 234. — 11) Cautio defensum iri bei persönlichen Forderungen. VIII. 77. XVIII. 49. — 12) Solidarische Haftung im Falle der Tödtung oder Körperverletzung in Raufhändeln. XIII. 144. — 13) Solidarische Haftung der Mitglieder eines Gerichts. XIV. 140. a. E. — 14) Gemeinschaftlicher Verkauf von Sachen mehrerer Eigenthümer. Folge der Rechtsunfähigkeit Eines der Verkäufer. I. 206. — 15) Darlehnsurkunde von zwei Eheleuten ausgestellt. XVII. 38. — 16) Vertragsabschluß durch Stellvertreter. Ueber solidarische Haftung mehrerer Auftraggeber dem Dritten gegenüber. XII. 58. (Note 9). 60. XIV. 93. XV. 111. XX. 127. — 17) Rechtliche Natur der Handelsgesellschaft. Klage gegen einen Socius ohne vorgängige Ausklagung des Hauses. XVIII. 99. — 18) Solidarische Haftung mehrerer Inhaber einer Handlung. II. 179. III. 360. XI. 196. a. E. XVIII. 100. XX. 127. — 19) Solidarische Haftung der

Theilhaber eines firmirten Fabrikgeschäftes. XVII. 141. — 20) Untheilbare Verbindlichkeit. Anerkennung der Erfüllung oder Erlaß von Seiten des Berechtigten Einem der mehreren Verpflichteten gegenüber. XV. 112. — 21) Zwei correi debendi; der Eine von dem Gläubiger beerbt. IX. 272. — 22) Befriedigung eines Wechselgläubigers bei dem zu dem Vermögen seiner mehreren Schuldner aus demselben Wechsel neben einander eröffneten Creditwesen. XVI. 71. — 23) Zulässigkeit gleichzeitiger Klagen gegen mehrere Correalschuldner? Einrede der Rechtshängigkeit. XII. 12. XIX. 22. XX. 129. — 24) Berufung eines Correalschuldners auf die seinem Mitverpflichteten gegenüber Statt findende Litispendenz. XX. 20. — 25) Wechselausstellung von Seiten Mehrerer; Einrede, daß Einer derselben gezahlt habe. XII. 73. — 26) Compensation mit einer Forderung des Correalschuldners. I. 33. — 27) Wirkung der Rechtskraft bei mehreren Sammtschuldnern. XII. 12. XIX. 80. — 28) Einfluß der Präclusion einer Forderung in dem Concurse des einen Correalschuldners auf den Anspruch gegen den anderen Correalschuldner. XX. 21. — 29) Correalschuldner. Einrede der Theilung. Begründung. Beweislast. IX. 140. XII. 336. XIII. 95. 134. XIV. 234. — 30) Das Versprechen mehrerer Schuldner, die Zahlung „Einer für Beide und Beide für Einen" leisten zu wollen, schließt das beneficium divisionis nicht aus. X. 22. — 31) Solidarisch haftende Gesellschafter haben die Einrede der Theilung nicht. XII. 13. — 32) Wirkung der Cession der Klage des Gläubigers an einen der mehreren solidarisch verpflichteten Bürgen. Einrede der Theilung. XVII. 144. — 33) Exceptio cedendarum actionum des Bürgen bei dem Vorhandensein von Mitbürgen. Einfluß eines mit Einem derselben geschlossenen pactum de non petendo. XX. 36. — 34) Klage des Bürgen aus der Hauptforderung nach der Zahlung. XVII. 40. — 35) Regreßanspruch des zahlenden Correalschuldners. I. 331. VII. 158. — 36) Kein Regreß mehrerer Bürgen unter einander. XVII. 39. — 37) Wirkung der Unterbrechung der Verjährung einem Correalschuldner gegenüber auf die übrigen. XVI. 4.

II. Gegenstand der Obligationen.

A. Allgemeines. 1) Verpflichtung des Schuldners zur Naturalleistung, wenn der Gegenstand in Fungibilien von veränderlichem Werthe besteht. V. 263. — 2) Verbindlichkeiten, deren Erfüllung der Schuldner durch eine andere Leistung ablehnen kann. VIII. 239. — 3) Alternative Verbindlichkeit. Wechsel in der Wahl bei jährlich wiederkehrenden alternativen Verbindlichkeiten. I. 189. — 4) Unanwendbarkeit der gesetzlichen Bestimmungen über alternative Verbindlichkeiten auf eine eventuelle Verbindlichkeit. IV. 20. — 5) Berechtigung auf den Besitz des über eine Forderung ausgestellten Schuldscheins. XVI. 210.

— 6) Klage auf Anerkennung eines Obligationsrechts. III. 305. 306. VII. 298. VIII. 247. X. 108. XIV. 5. XIX. 110. — 7) Anerkennungsklage, deren Verhältniß zur Klage auf Erfüllung. XX. 7. — 8) Klage auf Anerkennung der Nichtexistenz einer urkundlich übernommenen Verbindlichkeit. VI. 310. — 9) Klage auf Contractsannulirung. III. 307. VI. 320. XVII. 208.

B. Zinsen.

a. Begriff. Accessorische Natur der Zinsen. 1) Fruchtzinsen bei Naturalleistungen. IV. 103. X. 142. — 2) Abrechnung von Zahlungen zunächst auf die Zinsen. I. 191. 192. XV. 16. — 3) In wie fern aus mehrjährigen Zinszahlungen eine Anerkennung der Capitalschuld zu folgern sei. II. 268. IX. 148. X. 251. XVI. 32. XIX. 229. — 4) Rückforderung irrthümlich gezahlter Zinsen. XVI. 49.

b. Gründe der Zinsverbindlichkeit.

α. Vertragszinsen. 1) Fortdauer der Vertragszinsen auch nach Eintritt des Zeitpunkts bis zu welchem eine Summe verzinslich stehen soll. XI. 128. — 2) Stillschweigende Herabsetzung des Zinsmaßes durch dreijährige Annahme geringerer Zinsen. VI. 164. — 3) Die durch langjährige Zahlung geringerer Zinsen begründete Vermuthung einer Herabsetzung findet keine Anwendung auf den Rentekauf. IX. 118. — 4) Stillschweigender Erlaß vertragsmäßiger Zinsen durch langjähriges Nichtfordern. XVIII. 123. — 5) Haftung des Bürgen für die Zinsen. IV. 44. XIV. 30. — 6) Cession einer Forderung cum omni causa umfaßt nicht die rückständigen Conventionalzinsen. XI. 226. — 7) Verjährung des Anspruchs auf vertragsmäßige Zinsen. XI. 6. (Note). XIV. 110. — 8) Nachforderung der im Concurse nicht befriedigten vertragsmäßigen Zinsen. II. 246. — 9) Entscheidung über die Capitalforderung in dem Erkenntnisse über die Zinsen mit enthalten. VIII. 171. — 10) Klage auf Capitalzahlung während Anhängigkeit der Klage auf die Zinsen. Einrede der Rechtshängigkeit. XVIII. 55. — 11) Kündigung für den Fall stockender Zinszahlung vorbehalten. X. 150. — 12) Pönalclausel. Verlust der Kündigungsfrist und Zinsenerhöhung im Falle säumiger Zinsenzahlung. Geltendmachung im Concurse. XVII. 194.

β. Gesetzliche Zinsen. 1) Minderjährigkeit des Gläubigers als Grund der Zinsverbindlichkeit. I. 190. VII. 13. — 2) Ueber Gleichstellung der Kirchen mit den Minderjährigen in dieser Beziehung. II. 130. — 3) Langjährige Zinsenzahlung als Beweisgrund der Verbindlichkeit zur ferneren Zinsenentrichtung. II. 268. — 4) Verzinsung des Kaufgeldes nach Uebergabe der verkauften Sache. II. 283. IX. 24. X. 198. XII. 21. 118. 263. XIII. 213. 219 a. E. — 5) Zinsanspruch bei dem Waarenverkaufe. II. 283. VII. 305. — 6) Verbindlichkeit des Käufers einer Forderung zur Verzinsung des Kaufpreises. XII. 148. — 7) Zinsverbindlichkeit bei der Zwangsenteignung. IV. 117. X. 143. —

8) Unzulässigkeit einer analogen Ausdehnung der Vorschrift über Verzinsung des Kaufpreises. XIII. 10. — 9) Verbindlichkeit des Käufers zur Verzinsung des Kaufgeldes für die Zeit, für welche der säumige Verkäufer die Früchte der verkauften Sache zu vergüten hat. VI. 182. — 10) Zinsenanspruch des Mandatars und negotiorum gestor. III. 50. VI. 35. VIII. 46. — 11) Verzinslichkeit der Forderungen der Kaufleute unter sich. Zinsanspruch des Geschäftsführers. XVIII. 217. — 12) Zinsverbindlichkeit des Mandatars wegen eincassirter Gelder. III. 15. V. 14. XVII. 33. — 13) Höhe des Zinsfußes bei einer anvertrauten Vermögensverwaltung. XVII. 218. — 14) Keine Verbindlichkeit zur Zinsenvergütung von dem Kaufgelde seit dem Tage der Auszahlung bei der Evictionsleistung. V. 268. — 15) Zinsen aus versprochenem Heirathgut. XII. 116. — 16) Anspruch auf Zinsen von den in dotem inferirten Capitalien während des ersten Jahres nach Beendigung der Ehe. XX. 140. — 17) Verzinsung der in dem Concurse des Ehemannes liquidirten Dotalforderung. XVIII. 25. — 18) Von welchem Zeitpuncte an hat der überlebende Ehegatte nach Trennung einer Errungenschaftsgemeinschaft durch den Tod Zinsen aus seinem Beibringen anzusprechen? XVI. 228. — 19) Verpflichtung zur Verzinsung von Conferenden. Interpellation. IX. 191. XVI. 178. — 20) Zinsverbindlichkeit des Wechselregreßpflichtigen. Der Beginn des Zinsenlaufes wird durch den Concurs nicht gehindert. XX. 260. — 21) Keine Befreiung des Fiscus von Entrichtung von Zinsen wegen widerrechtlich entzogener Benutzung des Streitobjects. VIII. 241. — 22) Zinsenprivilegien des Fiscus. Verzugszinsen. XVIII. 22. 23. 24. — 23) Keine Anwendung des Zinsenprivilegiums des Fiscus auf Proceßzinsen. XVII. 221. XX. 22. — 24) Verzugs- und Proceßzinsen. II. 148. III. 17. 18. VII. 291. — 25) Statutencollision bezüglich des Maßes der Verzugszinsen. VI. 1. — 26) Keine Verzugszinsen bei Naturalleistungen. X. 142. — 27) Verzugszinsen. Mahnung durch Anstellung einer angebrachtermaßen abgewiesenen Klage. XX. 213. — 28) Durch Klaginsinuation wird der Beklagte nicht unbedingt in eine zur Zinszahlung verpflichtende mora versetzt. XX. 118. — 29) Verzugszinsen bei Forderungen, welche auf sachverständiger und richterlicher Feststellung beruhen. XVII. 219. — 30) Klaganspruch auf Verzugszinsen aus den erst in dem Laufe des Processes verfallenden Forderungszielern. XVI. 20. — 31) Kein Anspruch auf Verzugszinsen nebst Schadensersatz. XII. 14. — 32) Kein Anspruch auf Zinsen bei Condictionen. II. 59. X. 55. — 33) Zinsen bei der condictio indebiti. I. 59. XIII. 97. XV. 132. — 34) Verzugs- und Proceßzinsen bei Schenkungen. V. 19. 284. XVII. 220. — 35) Verzugszinsen bei der remuneratorischen Schenkung. I. 55. — 36) Verzugszinsen von Alimentengeldern. VI. 202. — 37) Haftpflicht des Staates für unterschlagene

Depositen. Begründung des Anspruchs auf Verzugszinsen. XVII. 123. — 38) Wechselverzugszinsen und Provision. XX. 175. — 39) Verzugszinsen im Concurse. VI. 117. X. 323. XIII. 306. — 40) Proceßzinsen XIII. 97. XIV. 275. XV. 132. — 41) Proceßzinsen bei illiquidem Forderungsbetrage. XVII. 199. — 42) Proceßzinsen bei Entschädigungsforderungen. V. 261. — 43) Proceßzinsen bei der Evictionsleistung. V. 268. — 44) Wegfall des Discontos (Rabatts) ohne Einfluß auf Proceßzinsen. IV. 76. — 45) Proceßzinsen, nachdem die Vertragszinsen bis zur Höhe des Capitals erwachsen sind. XV. 188. — 46) Ueber die Wirksamkeit eines bei Empfang der Zahlung der Hauptschuld ausgesprochenen Vorbehalts von Verzugszinsen. VI. 321. XII. 254. — 47) Unzulässigkeit einer besonderen Klage wegen nicht bedungener Zinsen. VII. 14. VIII. 117. XIX. 191. — 48) Richterliches Ergänzungsamt, den Grund geforderter Zinsen betreffend. IX. 84. — 49) Zinsen wegen Benutzung fremden Geldes sind nicht zuzuerkennen, wenn sie nicht eingeklagt sind. III. 16. — 50) Zuerkennung der Verzugszinsen vom Tage der Klagbehändigung an von Amtswegen. X. 296. — 51) Von dem Kläger nicht mitgeforderte Verzugszinsen in dem Urtheile demselben nicht zuzuerkennen. XII. 91.

c. Zinsbeschränkungen. 1) Darlehen nebst Dienstvermiethung. Kein Zinswucher. X. 154. — 2) Provision bei Negociirung größerer Anlehen unterliegt nicht den Gesetzen gegen den Zinswucher I. 26. — 3) Ueberschreitung des Zinsmaßes durch Schadloshaltung des Darleihers für Geldaufbringungsverluste. III. 308. — 4) Provision nebst Zinsen für Vorschüsse unter Kaufleuten. VIII. 22. XI. 129. — 5) Der sechste Zinsthaler im Verkehr mit Banquiers. XI. 24. — 6) Höhe der Zinsen bei dem Zinsenanspruch des auswärtigen Commissionärs. XV. 222. — 7) Verbot der Zinsen **ultra alterum tantum**. X. 207. 238. XVII. 222. XVIII. 26. — 8) Anwachsen der Zinsen über den Betrag des Capitals durch alleinige Schuld des Debitors. II. 269. — 9) Zinsen über den Betrag des Capitals bei der Zinsverbindlichkeit des Geschäftsführers wegen eingezogener Capitalien. V. 14. — 10) Keine Anwendung des Verbots der Zinsen **ultra alterum tantum** auf die während des Concurses auflaufenden Zinsen. IX. 14. — 11) Keine Anwendung des Verbots der Zinsen über den Belauf des Capitals, wenn es sich um Schadloshaltung wegen culpos verursachten Verlust eines Capitals mit Zinsen handelt. X. 230. — 12) Conventionalzinsen, bis zur Höhe des **alterum tantum** angeschwollen, schließen die Klagbarkeit von Verzugszinsen nicht aus. XV. 188. — 13) Zur Lehre vom Anatocismus. Novation. II. 150. — 14) Zinsen von Zinsen bei kaufmännischen Forderungen in Contocorrenten. II. 149. VII. 290. X. 207. XVI. 19. XVIII. 218. — 15) Zinsen aus Contocorrent-Saldos. Vierteljährige Abschlüsse. VIII. 21. — 16) Zinsen und Zinseszinsen nebst

Provision in kaufmännischen, namentlich im Contocorrenten-Verkehr. XVI. 21. 202. XVII. 16. — 17) Auf Zinscoupons sind Zinsen von den Zinsen nicht zu berechnen. XX. 59. — 18) Uebertretung der Wuchergesetze von Amtswegen zu berücksichtigen. VIII. 242. — 19) Condiction wegen Wuchers. IX. 297.

C. Schadensersatz.

a. Begriff des ersatzfähigen Schadens. 1) Unstatthaftigkeit einer Klage auf Schadloshaltung wegen verursachter unsichtbarer Mängel des Organismus. XVIII. 42. — 2) Statthaftigkeit einer Entschädigungsklage wegen verursachter Deformität? I. 65. XV. 131. — 3) Schmerzensgeld. I. 220. IV. 227. VIII. 138. XIII. 31. XV. 131. XVIII. 138. — 4) Schadensersatz wegen erlittener Wechselhaft. XV. 209. II. — 5) Entschädigungsklage wegen nicht erfüllten Eheversprechens. VI. 209. VII. 59. XIII. 35. XVIII. 256.

b. Begründung der Schadensersatzverbindlichkeit. Causalzusammenhang. Eigenes Verschulden. 1) Tragweite des Satzes: qui jure suo utitur neminem laedit. Brand durch Locomotivfunken verursacht. X. 164. — 2) Schadensersatz wegen Ueberschreitung eines richterlichen Zahlungsverbotes. V. 145. — 3) Entschädigungsklage des Miethers wegen unvollständiger Vertragserfüllung. XVIII. 238. — 4) Klage des Miethers auf Entschädigung wegen des ihm durch Einsturz des vermietheten Gebäudes verursachten Schadens. I. 338. XVI. 214. — 5) Vertragsschließung des Commissionärs mit einem Dritten ohne Erwähnung des Commissionsverhältnisses. Schadensersatzklage des Committenten gegen den Dritten wegen Vertragswidrigkeiten. XI. 36. XIV. 23. Note 3. — 6) Schadensersatz im Falle der Beschädigung verschiffter Waaren. IV. 113. 114. — 7) Beschädigung der verkauften Waare auf dem Transport. Aquilische Klage. Activlegitimation. XV. 21. — 8) Eventuelle Forderung eines Schadensersatzes wegen in Aussicht stehenden Mindererlöses. IV. 19. — 9) Schadensersatz wegen Hintertreibung eines Gutsverkaufes. IX. 25. — 10) Anspruch auf Vergütung der Kosten, verwandt zur Beseitigung der Mängel gekaufter Sachen. XVII. 229. — 11) Anfängliche Lieferung nicht probemäßiger Waare Seitens des Verkäufers. Schadensanspruch des Käufers wegen der dadurch herbeigeführten Vereitelung des von dem Käufer mit einem Dritten über die Waare abgeschlossenen Geschäfts. XV. 10. Vgl. XV. S. 466. Note. — 12) Verbindlichkeit des Verkäufers zum Schadensersatz wegen verkaufter theilweise unächter mit schädlichen Stoffen versetzter Medicinalwaaren. VII. 170. Vgl. VII. 25. XVI. 181. — 13) Ersatzklage gegen den Incassomandatar wegen verspäteter Protesterhebung bei einem domicilirten Wechsel. XVI. 139. — 14) Kein Entschädigungsanspruch wegen Aufhebung eines öffentlichen Weges. XVII. 121. — 15) Actio spolii gegen die Steuerbehörde auf Entschädigung. XIX. 46. — 16) Klage auf das Interesse statt auf Vertragserfüllung wegen verschuldeter Unmöglichkeit der eigentlichen Erfüllung. XVIII. 50. — 17) Entschädigungsanspruch wegen Aufhebung von Privilegien. II. 123. XIX. 213. — 18) Nachweis des Causalzusammenhangs zwischen einer vorgekommenen zur Schadensverursachung geeigneten Thatsache und einem wirklich eingetretenen Schaden. XIII. 214. — 19) Regreßklage eines Pfandgläubigers gegen den Ortsvorstand, welcher ein auf der Pfandsache haftendes Leibgeding nicht bekannt gegeben hat. Causalzusammenhang wegen dieser Unterlassung und dem in dem Gant des Pfandschuldners erlittenen Verluste. XV. 189. — 20) Ersatzverbindlichkeit der Unterpfandsbehörde wegen eines von ihr verschuldeten unrichtigen Anschlags der Unterpfänder. Causalzusammenhang zwischen dem Verschulden und dem eingetretenen Verluste. XV. 208. — 21) Umfang der Haftung des Vormundes wegen ungenügend gesicherter Anlegung von Pflegschaftsgeldern. Causalzusammenhang. XIII. 150. — 22) Mittelbarer Causalzusammenhang zwischen der zum Ersatz verpflichtenden Thatsache und dem Schaden genügend. Haftung für den s. g. gemischten Zufall. XII. 15. XIII. 28. 150. (S. 202). XV. 208. (S. 347). — 23) Ersatzpflicht auch hinsichtlich des nicht vorhersehbaren Schadens. XIII. 150. (S. 203). XV. 208. (S. 347). — 24) Ausschluß des Schadens, der auch ohne die Dazwischenkunft der zum Ersatz verpflichtenden Thatsache eingetreten wäre. XV. 45. a. E. 46. (S. 68). 82 a. E. — 25) Ausschluß des Schadens, der durch Anwendung der gehörigen Sorgfalt Seitens des Beschädigten hätte vermieden werden können. XII. 255. XIII. 28. XIV. 25. a. E. XV. 10. a. E. 209. Vgl. IX. 273. XI. 130. — 26) Ueber Nachlässigkeit des Verletzten vor dem Eintritt der zum Ersatz verpflichtenden Thatsache. XIII. 235. — 27) Beschädigungen auf der Eisenbahn. Begriff des eigenen Verschuldens des Beschädigten. Haftung des Unternehmers für das Dienstpersonal. XVI. 22. — 28) Schadensersatzklage wider einen Architecten wegen seiner Bauführung. Einrede des eigenen Verschuldens. X. 256. — 29) Erforderniß gehöriger thatsächlicher Begründung des Schadensersatzanspruchs. XII. 109. XV. 215. a. E. — 30) Maß der thatsächlichen Begründung der Schadensersatzklage im ersten Verfahren. XVIII. 52. — 31) Der Anspruch auf Schadensersatz bedarf, wenn er bloß accessorisch verfolgt wird, keiner speciellen Begründung. XII. 307. XIV. 119. Note 1. XX. 187. — 32) Selbständige Schadensersatzklage wegen widerrechtlichen Arrestes. I. 148. — 33) Schadensersatzforderung für bisherige Nichterfüllung des Vertrages nach erlassenem Endurtheile. VI. 165.

c. Umfang der Verbindlichkeit zum Schadensersatze. 1) Umfang des Schadensersatzes wegen Verzugs. Möglichkeit eines entzogenen Gewinnes verpflichtet nicht zum Ersatz. II. 155. — 2) Entschädigung bei Dienstentlassung vor der contractmäßigen Zeit. XVII. 239. — 3) Entschädigung eines Staatsdieners wegen Aufhebung der Stelle durch organische Veränderungen, namentlich eines Nebenacts. Einrechnung anderweitiger Bezüge aus der Staatskasse auf die Gehaltsentschädigung. VI. 191. — 4) Entschädigungsanspruch eines Staatsdieners wegen ungerechtfertigter Versetzung. XVII. 140. — 5) Entschädigungsanspruch bei angeblich nichtiger Veräußerung von Mündelgut. XIX. 163. — 6) Verbindlichkeit des Verkäufers zum Schadensersatz wegen unterbliebener Lieferung. Damnum emergens und lucrum cessans. XIX. 129. — 7) Entgangener Gewinn. XI. 130. XII. 105. 135. 255. XV. 8. XVII. 221. — 8) Bestimmung des Interesses des von dem Verkäufer über den Werth des verkauften Gegenstandes arglistig getäuschten Käufers. XVIII. 124. — 9) Der Gläubiger ist nicht berechtigt, wegen verzögerter Zahlung neben Verzugszinsen den Ersatz sonstigen Schadens zu fordern. XII. 14. — 10) Proceßzinsen bei Entschädigungsforderungen. V. 261.

d) Beschränkung des Schadensersatzes auf das Doppelte des Werths der Hauptsache. 1) Ueber die Anwendbarkeit der const. un. de sententiis, quae pro eo. (7. 47) und die Beschränkung ihrer Anwendung. XI. 140. XIV. 215. XVII. 223. — 2) Beschränkung des Schadensersatzes auf das Doppelte auch anwendbar bei einer als Schadensersatz ausbedungenen Conventionalstrafe. XI. 224. — 3) Anwendung der Beschränkung des Schadensersatzes auf das Doppelte in Pachtverhältnissen. XX. 23. – 4) Anwendung der gesetzlichen Beschränkung des Schadensersatzes von Amtswegen. XV. 9. — 5) Nichtanwendung der Beschränkung auf das Doppelte auf die aus widerrechtlichen Handlungen, einem Delict oder Quasidelict, entspringenden Schadens- und Interesseansprüche. XIX. 130. — 6) Ersatz des Gesammtinteresses ultra alterum tantum wegen dolus und culpa lata. XVII. 17.

e) Ermittelung des Betrages. 1) Beschränkung des Ersatzes auf diejenigen Nachtheile, welche die Verletzung eines in Geld anschlagbaren Interesses enthalten. XV. 209. — 2) Kann der Schadensersatzpflichtige dem Berechtigten den Gewinn aufrechnen, welchen dieser in Folge der beschädigenden Unterlassung durch positives Thun hätte machen können? IX. 273. — 3) Ersparnisse bei einer Bauführung, Schadensersatzansprüchen gegenüber in Aufrechnung gebracht. X. 257. — 4) Unzulässige Aufrechnung anderweitigen Gewinnes. XV. 208 a. E. 210. — 5) Vergütung nach dem Marktpreise des Lieferungstages. Steigerung des Marktpreises durch Schwindelgeschäfte. Börsenpreis. I. 37. — 6) Ueber Beurtheilung des Schadens nach dem Marktpreise bei einer mora des Verkäufers. XVIII. 219. — 7) Richterliches Ermessen bei Bestimmung der Größe des Schadensbetrages. Zurkennung einer Entschädigungssumme ex aequo et bono. II. 295. IX. 111. XII. 15. — 8) Entschädigungsklage wegen erlittener Verkrüppelung. Freier Anschlag des Entschädigungsquantums von Seiten des Richters. XIII. 29. — 9) Entschädigung wegen Körperverletzung. Jahresrente oder einmalige Bauschsumme? XIV. 235. — 10) Der Grad des Verschuldens von keinem Einflusse auf Bestimmung der Größe des Schadensersatzes. XIII. 28. — 11) Grad der Verschuldung und Vermögensverhältnisse des Beklagten von Einfluß bei Ausmessung der Schmerzensgeldsummen. XV. 131. — 12) Eid des Beschädigten zur Feststellung des Schadensbetrages. IX. 348. 349. 350. — 13) Würderungseid. Richterliches Ermessen bei demselben. I. 144. 378. X. 311. XI. 152. XIV. 181. 182. XV. 170. XVI. 164. XX. 274.

III. Erfüllung der Obligationen.

A. Subjecte. 1) Zahlung an den Vormund. I. 251. — 2) Rückzahlung eines verzinslichen Darlehens an den Vormund ohne obervormundschaftliche Genehmigung. XI. 53. — 3) Zahlung von Peculiarforderungen an den Vater. II. 307. — 4) Wirkung einer von dem Schuldner an den Gläubiger seines Gläubigers geleisteten Zahlung. VII. 15. — 5) Zahlung an Handelsreisende. XII. 132. Vgl. XII. 237. — 6) Empfangnahme von Zahlungen Seitens eines Gesellschafters. XII. 270. — 7) Von dem Gläubiger genehmigte Stellung eines anderen Debenten. XVII. 131. — 8) An einen usufructuarius nominis kann nur, nachdem derselbe seiner Verpflichtung zur Cautionsleistung genügt hat, eine von dem Berechtigten anzuerkennende Zahlung erfolgen. Einfluß einer Verwendung des Gezahlten zu Gunsten des Berechtigten. XIX. 126.

B. Gegenstand der Erfüllung. — 1) Auswahl des Gegenstandes bei alternativen Verbindlichkeiten. Verurtheilung zur Vertragserfüllung, für den Fall der Nichterfüllung zur Schadloshaltung. IV. 20. — 2) Wiederkehrende Leistungen als Gegenstand der Verbindlichkeit. Wechsel in der Wahl. I. 189. — 3) Aussonderung der einzelnen aus einer größeren Menge gleichartiger Sachen erkauften Stücke. XVI. 42. — 4) Zurückweisung theilweiser Erfüllung. I. 48. — 5) Theilweise Erfüllung. Verweigerte Wiederannahme des beschädigten Miethobjects, wenn nicht zugleich Vergütung des Schadens angeboten wird. XIII. 311. — 6) Einfluß einer Münzveränderung auf die Zahlung einer Geldschuld. II. 15. 128. 147. XII. 133. — 7) Zahlung mit Wechseln und Papiergeld. II. 151. — 8) Zahlung durch Wechsel und Anweisungen. II. 16. 88. 89. VIII. 288. IX. 63. XI. 275. XVI. 207. XVIII. 41a. XX. 122. — 9) Datio in solutum. VIII. 126. — 10) Interesseforderung nach erlassenem Endurtheile. VI. 165. — 11) Klage auf Aestimation wegen Verzuges. II. 154. IV. 21. 22. V. 156. —

12) Preisdifferenzforderung. I. 44. IV. 21. 22. V. 156. — 13) Zeit, nach welcher die Aestimation vorzunehmen ist. XI. 140. — 14) Einwand, daß der Marktpreis nicht zur Norm dienen könne, weil er durch häufige Schwindelgeschäfte erzeugt werde. I. 37. — 15) Verzugsinteresse; Anspruch auf den höchsten Werth. II. 152. 153. IV. 103. XI. 140. XII. 135. XIII. 240. XVIII. 219. — S. auch unten V. Litt. A. „Erlöschung der Obligationen durch Erfüllung."

C. Ort der Erfüllung. 1) Erfüllungsort bei zweiseitigen Obligationen. XIX. 268. — 2) Erfüllungsort bei einem an zwei verschiedenen Orten unterzeichneten schriftlichen Bilateralvertrage. XIX. 5. — 3) Vertragsmäßig bestimmter Zahlungsort; Klage an einem andern Orte. II. 157. — 4) Die nach fr. 1. de eo quod certo loco (13, 4) dem Stipulator gegen den Schuldner, welcher sich an dem Solutionsorte nicht einfindet, gegebene Klage kann nur in dessen persönlichem Gerichtsstande angestellt werden. XVI. 144. — 5) Ist der Absendungs- oder der Empfangsort als Erfüllungsort anzusehen? IV. 91. — 6) Zahlungsort bei Waarenlieferungen. VII. 292. — 7) Zahlungsort nicht vertragsmäßig bestimmt. X. 24. — 8) Leibzuchtprästationen. XIII. 156. XIV. 152. — 9) Edition von Urkunden. XV. 124. 258. XX. 40.

D. Zeit der Erfüllung. 1) Zeitbestimmung: „innerhalb acht Tage." III. 14. X. 25. — 2) Zahlung in „acht Tagen" bei Wechseln. XII. 181. — 3) Ueber die Bedeutung einer Verabredung, Waaren „Ende eines bezeichneten Monats" zu liefern. IV. 108. — 4) Zeitbestimmung, die Waare in einem gewissen Monat zu liefern. I. 44. — 5) Lieferungszeit. Rechtzeitigkeit der am Abend des Lieferungstages gemachten Leistung. I. 204. — 6) Zahlung in beliebigen Jahresfristen zu leisten. III. 151. — 7) Schuldbekenntniß mit Zahlungsversprechen „unter der Voraussetzung, daß der Gläubiger billige Fristen setze." XI. 131. — 8) Zahlung „nach und nach" zu leisten. XII. 233. — 9) Zahlung, „sobald der Gläubiger das Geld braucht," zu leisten. VIII. 240. — 10) Zahlung „nach Gelegenheit". XV. 7. — 11) Zahlungszeit. Bestimmung derselben vertragsmäßig dem Käufer vorbehalten. XVII. 18. — 12) Kaufgeld in beliebigen Raten abzuzahlen. XX. 112. — 13) Zahlung von dem Schuldner versprochen, „wie es ihm eben passe und wenn er Geld habe." XX. 111. — 14) Creditbewilligung mit der Zeitbestimmung: „wie es dem Schuldner gerade passe und in seinen Kräften stehe." IX. 15. — 15) Contractliche Bestimmung „möglichst bald." XVI. 179. — 16) Zahlung des Kaufpreises „bei besserem Betriebe des Geschäfts." XVI. 23. — 17) Zahlung des Kaufpreises versprochen, „wenn Käufer die gekaufte Waare wieder verkauft haben wird." XVI. 24. — 18) Rückzahlung eines Darlehens, von dem Schuldner versprochen „wenn er dazu im Stande sein werde." XV. 218. — 19) Zahlungsversprechen des außerehelichen Schwängerers mit dem

Zusatze „sobald er den Betrag im Vermögen habe." XIV. 121. — 20) Aelterngut der Geschwister des Gutsübernehmers, zahlbar im Falle der Verheirathung oder Ansässigmachung. XV. 190. — 21) Aelterngut, zahlbar im Versorgungsfalle. XV. 191. — 22) Vatergut, zahlbar „im obrigkeitlich anerkannten Bedürfnißfalle." XVII. 227. — 23) Zahlungszeit bei Dienstentlassung vor Beendigung der contractsmäßigen Dienstzeit. XVII. 239. — 24) Fristbestimmung für Fertigung einer wissenschaftlichen Arbeit. X. 247. — 25) Lieferungsgeschäft über Staats- und Creditpapiere. Bei mangelnder Festsetzung eines Lieferungstages Annahme der auf sofortige Lieferung gerichteten Absicht. XVI. 65. — 26) Befristung auf unbestimmte Zeit. Klagstellung statt Mahnung. XVI. 99. — 27) Bedingter Kündigungsvorbehalt. Unverschuldete Nichterfüllung der Bedingung. X. 150. — 28) Casuelle Nichteinhaltung einer bestimmten Erfüllungszeit begründet keine Replik gegen die exceptio non impleti contractus. III. 153. a. E. — 29) Binnen welcher Zeit ist die im Art. 357 Al. 1 des D. H.G.B. vorgeschriebene „unverzügliche" Anzeige von demjenigen zu beschaffen, welcher auf Erfüllung besteht? XX. 56. — 30) Klage auf Anerkennung eines Forderungsrechts vor Eintritt der Erfüllungszeit. II. 27. III. 305. 306. IV. 19. — 31) Einklagung vor Ablauf der Kündigungsfrist. VIII. 91. XVII. 156. — 32) Einklagung vor der Zeit. Fälligkeit zur Zeit des Urtheils. III. 204. XIII. 284. XIX. 271. XX. 265. 266. 267.

E. Insbesondre von dem Verzuge des Schuldners.

a. Begriff und Voraussetzungen. 1) Culpa als Voraussetzung der mora. X. 323. — 2) Widerrechtliche Verzögerung als Voraussetzung der mora. XII. 134. XIII. 306. — 3) Hinderung der mora durch Depositionserbieten. III. 18. — 4) Verzug bei casuellem Aufenthalt einer Waare auf dem Transport. IV. 21. 111. — 5) Haftung für die dem Schiffer zu Last fallende Verspätung einer Waarensendung. I. 205. — 6) Lieferungsverspätung mit Schuld des Bestellers. IV. 109. — 7) Richterliches Ermessen in Betreff der Frage, ob Verzug des Schuldners anzunehmen sei. XIII. 12. — 8) Einrede der Lieferungsverspätung. Replik der Genehmigung. IV. 110. X. 145. — 9) Erfüllungsverzug bei gegenseitigen Obligationen. Einfluß unvollständiger Erfüllung von Seiten des Verkäufers. XII. 118. — 10) Erfüllungsverzug des Verkäufers dem entfernt wohnenden Käufer gegenüber; bedarf es um solchen zu begründen der Realobligation des Kaufpreises zur festgesetzten Lieferungszeit? XV. 11. — 11) Lieferungskauf von Getreide. Aufforderung zum Bezug zwei Tage vor dem Stichtage. XV. 192. — 12) Haftpflicht des Staats für Gerichtsdepositen; Erforderniß der Interpellation für den Verzug. XVII. 123. — 13) Interpellation auf mehr als den Betrag der Schuld gerichtet. XIII. 12. Vgl. mit XIV. 275. Note 1. — 14) Mahnung durch Anstellung einer angebrachtermaßen abgewiesenen Klage. Verschulden. Beweislast. XX. 213. — 15) Durch Klaginsinuation wird der Beklagte nicht unbedingt in eine zur Zinszahlung verpflichtende mora versetzt. XX. 113. — 16) Ist Präsentation des Wechsels nothwendige Bedingung der mora solvendi des Acceptanten? XIX. 64. — 17) Auf den Ort der Interpellation kommt es nicht an, wenn die Verpflichtung überhaupt bestritten wird. XIV. 152. — 18) Dies interpellat pro homine. I. 332. VI. 163 und S. 320. X. 144. XI. 140. — 19) Verzug bei Lieferungsgeschäften. Zeitbestimmung: die Waare in einem gewissen Monat zu liefern. I. 44. — 20) Verzug aus widerrechtlicher Handlung. XVIII. 220. — 21) Kann das besondere Recht eines Minderjährigen, daß für ihn durch die bloße Fälligkeit der Forderung eine mora ex re entsteht, auch gegen einen Minderjährigen geltend gemacht werden? V. 102.

b. Wirkungen der mora solvendi. 1) Anwendung der Rechtsregel: in omnibus causis pro facto accipitur id, in quo per alium mora fit, quo minus fiat. III. 136. — 2) Rücktritt von zweiseitigen Verträgen wegen mora des anderen Contrahenten. Exceptio non adimpleti contractus. III. 153. 164. IX. 139. X. 155. XI. 139. 141. 230. 232. XIV. 122. 123. XV. 192. — 3) Mora des Verkäufers. Wahlrecht des Käufers nach Art. 355 und 356 des H.G.B. XX. 166. — 4) Befugniß des Committenten, wegen Verzugs des Einkaufscommissionärs von dem Vertrage zurückzutreten? XI. 230. — 5) Verkaufsrecht des Einkaufscommissionärs im Falle der mora des Committenten. XVII. 272. XX. 168. — 6) Befugniß des Verkäufers und Einkaufscommissionärs wegen mora des Käufers und Committenten anderweitig über die Waare zu verfügen. VIII. 351. — 7) Klage auf das Interesse wegen Verzugs gegen Käufer und Verkäufer. II. 154. — 8) In wie fern begründet die mora des Verkäufers schlechthin ein Klagrecht auf Leistung des Interesses? XVII. 226. — 9) Schadensersatz wegen Verzugs. II. 155. IV. 21. 22. — 10) Berechnung des Schadensersatzes wegen Erfüllungsverzuges des Verkäufers. XV. 10. Vgl. XV. S. 466. Note. — 11) Verschiedene Wirkung, wenn die Lieferungszeit nicht eingehalten ist, in Bezug auf den zu fordernden Werth. II. 153. — 12) Anspruch auf den höchsten Werth (Marktpreis), welchen der Gegenstand während des Verzuges erreicht hat. II. 152. XI. 140. XII. 135. XIII. 240. XVIII. 219. — 13) Verzug des Käufers. Weiterveräußerung der Waare und Differenzforderung des Verkäufers. V. 156. XI. 139. 231. XIV. 122. — 14) Der Verzug des Käufers berechtigt den Verkäufer nicht, die Differenz zwischen dem verabredeten Preise und dem Tagescourse am Stichtage zu verlangen. Art. 354—357 des H.G.B. XX. 247. — 15) Factischer Verzicht auf Entschädigungsanspruch wegen verspäteter Lieferung. X. 26. — 16) Kündigung auf den Fall nicht prompter Zinszahlung vorbehalten. Unverschuldete Nichterfüllung der Bedingung. X. 150. — 17) Wirkung des Verzugs des zur Ehelichung oder Dotation verurtheilten Schwängerers in Erfüllung dieser alternativen Verbindlichkeit. IX. 163. — 18) Ueber Verzugszinsen s. oben S. 73. Ziff. 24—47. 50. 51.

c. Aufhebung des Verzuges. 1) Purgatio morae. Billige Zahlungsfrist. IX. 32. — 2) Zeitpunct, bis zu welchem die Nachholung einer schuldigen Leistung zulässig ist. XI. 230. XV. 116. — 3) Erforderniß der oblatio realis. XII. 256. XVIII. 220. — 4) Unstatthaftigkeit einer purgatio morae bei Lieferungsgeschäften nach Ablauf der festgesetzten Lieferungsfrist. I. 44. — 5) Keine Restitution gegen die Folgen des begangenen Verzuges. II. 156.

F. Insbesondere von dem Empfangsverzuge des Gläubigers. 1) Verzug des Gläubigers setzt eine Verschuldung desselben nicht voraus. XX. 24. — 2) Verzug des Gläubigers zufolge Zurückweisung theilweiser Erfüllung. XIII. 311. — 3) Verpflichtung zu Schadensersatz. Fütterungskosten. XIII. 311. — 4) Ungültigkeit des wenn auch öffentlich vollzogenen Pfandverkaufes, wenn Zahlung ordnungsmäßig angeboten war. XI. 118. — 5) Weiterverkauf der Waare durch den Verkäufer bei Säumniß des Käufers in Abnahme der Waare. Fr. 1. §. 3. de periculo et commodo. VIII. 351. XI. 139. 231. XIV. 122. XVI. 25. — 6) Empfangsverzug des Einkaufscommittenten. VIII. 351. XVII. 272. XX. 168. — 7) Empfangsverzug des Leibzüchters. XIII. 156.

G. Erfüllung durch Niederlegung. 1) Befugniß des Schuldners zur Deposition bei eingetretener Ungewißheit über die Person des Gläubigers, oder wenn Mehrere die Forderung in Anspruch nehmen. II. 158. X. 35. 240. XIII. 92. — 2) Schuldtilgung durch Deposition bei eingetragenen Hypothekforderungen. I. 34. — 3) Deposition von Seiten des Pfandschuldners zur Tilgung der Pfandschuld. XVII. 119. — 4) Schuldtilgung durch Deposition. Verfahren auf dem Wege der freiwilligen Gerichtsbarkeit. VIII. 23. — 5) Subhastationsverfahren. Anerbieten des Schuldners, die geschuldete Summe gerichtlich zu hinterlegen. Verweigerung der Annahme von Seiten des Gerichts. XI. 118. — 6) Befugniß des Wechselschuldners zur Deposition der mit Arrest belegten Wechselsumme. XI. 284.

H. Beschränkungen der Erfüllungsverbindlichkeit. 1) Voraussetzung des unverschuldeten Concurses für das beneficium competentiae eines Gantmannes. VII. 265. XIV. 88. — 2) Competenzwohlthat in Ansehung des während des Concurses erworbenen Vermögens. I. 149. Vgl. VI. 112. IX. 238. XIX. 287. — 3) Rechtswohlthat eines Gantmannes nach beendigtem Concurse. Wirkung des Zusammentreffens alter und neuer Gläubiger. III. 253. — 4) Bedingung und Voraussetzung einer Belangung des Schuldners nach beendigtem Concurse. VI. 127. XII. 332. XIV. 88. XVI. 170. — 5) Competenz des Gantmannes bei Belangung nach beendigtem Concurse. Verfahren. Unstatthaftigkeit eines Antrages auf Untersuchung des Vermögensbestandes. XX. 96. — 6) Kein beneficium competentiae bei Belangung des Schuldners nach erkanntem, aber wegen Mangels einer Activmasse wieder aufgehobenen Concurse. XIX. 208. — 7) Klage gegen den Cridar aus Rechtsgeschäften, welche nach eröffnetem Concurse entstanden sind. XVI. 272. — 8) Beneficium competentiae in der Executionsinstanz geltend gemacht. I. 395. — 9) Gegen das auf dem Wege der Compensation verfolgte Nachforderungsrecht kann der ehemalige Cridar das beneficium competentiae nicht geltend machen. XIX. 288. — 10) Unzulässigkeit einer Geltendmachung der Rechtswohlthat des Nothbedarfs als Replik. XII. 111. — 11) Das beneficium competentiae wird nicht von Amtswegen zuerkannt. II. 248. — 12) Befreiung von der Schuldhaft bei der Rechtswohlthat der Competenz. I. 297. — 13) Letztwillige Zuwendung mit der Bestimmung, daß das Zugewandte zur Verpflegung des Bedachten verwendet und für die Gläubiger desselben unangreifbar sein solle. XV. 139. — 14) Gesetzliche Aufhebung der Moratorien. Rückwirkung des Gesetzes. IV. 199. — 15) Die Ertheilung eines Anstandsbriefes hindert nicht, die Gebühr Rechtens auf die erhobene Klage zu verfügen. XIV. 84. — 16) Stundungsvertrag. Wirkung des Ausbleibens der Gläubiger auf die Ladung zur Verhandlung über ein Stundungsgesuch. VI. 300. — 17) Zwang der Minderzahl der Gläubiger bei Stundungsverträgen. Voraussetzung. V. 264. — 18) Zwangsnachlässe. Voraussetzungen und Erfordernisse. I. 150. V. 303. VII. 264. XI. 320. XVII. 195. — 19) Zwangsbeitritt zum Nachlaßvertrage. X. 249. — 20) Betheiligung hypothekarischer Gläubiger an dem Nachlaßvertrage. XVII. 196. — 21) Regreß an den Bürgen bei dem Zwangsnachlaßvertrage. V. 265.

J. Collision mehrerer Gläubiger in Ansehung der Erfüllung s. unten Civilproceß. Hauptstück 12. VIII. C. (Prioritätsverfahren) Ziff. 4. 5. 11—19.

IV. Entstehung der Obligationen.

A. Allgemeine Grundsätze von Verträgen.

a. Tractate. Angebot. Perfection des Vertrags. Versteigerung. Gelübde. Auslobung. 1) Unwahre Anrühmung bei Tractaten. II. 161. — 2) Nebenberedung bei Tractaten. XVII. 21. — 3) Klage auf förmliche Errichtung eines appunctuirten Vertrages. XI. 33. — 4) Unterschied von Antrag und Auftrag im Sinne des H.G.B. Art. 318 fg. und 323. XX. 163. — 5) Angebot; Dauer der Wirksamkeit, wenn die Annahme nicht alsbald erfolgt. II. 17. — 6) Unwirksamkeit der verspäteten Annahme eines Angebots. VI. 168. — 7) Rechtszeitige Annahme einer Vertragsofferte. XVI. 80. XVII. 20.

— 8) Eintritt der Perfection bei Unterhandlungen durch Frage und Antwort. IV. 33. — 9) Unterhandlung über den Kauf eines Grundstücks. Perfection des Kaufvertrages. XIII. 139. — 10) Perfection von Verträgen unter Abwesenden. XVI. 203. — 11) Perfection von Verträgen unter Abwesenden. Tod, Wahnsinn u. s. w. des Offerenten vor Annahme des Offerts. Offerte der Cession einer Forderung. Arrest auf dieselbe vor Annahme des Offerts. XIV. 15. — 12) Widerruf eines Vertrages zwischen Abwesenden. VIII. 24. — 13) Vertragsperfection bei brieflichen Tractaten. VII. 16. — 14) Brieflicher Geschäftsabschluß. I. 194. II. 160. — 15) Einwilligung durch Nichtbeantwortung eines Briefes. IV. 211. — 16) Widerruf brieflicher Geschäftsbilligung. III. 310. — 17) Ort des Vertragsabschlusses bei brieflichen Unterhandlungen. XVI. 251. — 18) Vertragsabschluß durch Telegramme. XVI. 29. — 19) Mündliche Nebenberedungen zu brieflich abgeschlossenen Verträgen. III. 30. — 20) Vertragseingehung durch Boten. V. 116. — 21) Mündliche Nebenberedung bei einem mündlich abgeschlossenen, später durch Briefe näher bestimmten Vertrage. III. 154. — 22) Mündliche Nebenberedungen bei schriftlichen Verträgen. VI. 19. X. 248. XIII. 216. XV. 12. a. E. XV. 13. XVII. 125. 162. XVIII. 221. XX. 216. 217. 272. — 23) Interpretative Bedeutung der dem Vertragsabschlusse vorhergehenden Verhandlungen. XIX. 23. — 24) Verabredung schriftlicher Abfassung eines mündlich abgeschlossenen Vertrages. I. 198. VIII. 350. XII. 259. XVI. 102. — 25) Rechtliche Bedeutung der Unterzeichnung einer Vertragsurkunde. XX. 116. 117. — 26) Interims- und Hauptvertragsurkunde. Vorzug der letzteren. Beweislast. X. 242. — 27) Versteigerung. Vertragsperfection. XX. 214. — 28) Keine Verbindlichkeit des Meistbietenden bei einer Versteigerung nach beendigtem Subhastationstermin, wenn in diesem der Zuschlag nicht erfolgt ist. VI. 183. — 29) Kein Recht des Meistbietenden auf Ertheilung des Zuschlages. VIII. 38. — 30) Ratificationsvorbehalt bei der Versteigerung als Suspensivbedingung. XI. 184. — 31) Licitation. Genehmigungsvorbehalt. Genehmigung nach wiederholtem Licitationsversuche. XI. 219. — 32) Der versteigernde Beamte darf selbst weder kaufen, noch für sich kaufen lassen. XVIII. 222. — 33) Voraussetzungen eines verbindlichen Gelübdes. Pollicitation. IX. 274. — 34) Gelübde eines Kirchenbaues. XX. 215. — 35) Verpflichtung des Offerenten aus einer Einladung zur Subscription. XI. 217. — 36) Rechtliche Wirksamkeit öffentlicher Auslobungen von Belohnungen. XI. 217. 218. — 37) Stellung einer Preisaufgabe. Auslobung. IX. 275. — 38) Erlischt die Auslobung durch den Tod eines Preisrichters? IX. 276.

b) Vertragschließende Personen. 1) Verträge zwischen Christen und Juden. I. 35. 36. II. 58. (S. 69). — 2) Unanwendbarkeit der zum Schutze der Christen gegen Benachtheiligung durch Juden erlassenen Gesetze, wenn christliche Handels- und Geschäftsleute im Geschäftsverkehre mit Juden contrahiren. X. 27. — 3) Folge der Rechtsunfähigkeit eines der Mitcontrahenten. I. 206. — 4) Verträge Minderjähriger. II. 270. XIII. 241. — 5) Vorspiegelung der Großjährigkeit. II. 271. — 6) Fähigkeit des mündigen Minderjährigen, durch Verträge sich zu verpflichten. III. 311. — 7) Berechtigung Minderjähriger zur Abschließung von Dienstcontracten. XX. 25. — 8) Wechselaccept eines Minderjährigen, der sich für großjährig ausgiebt. XV. 153. — 9) Ein minderjähriger bevormundeter Officier als Contractsschuldner. Haftung bis auf den Belauf der Bereicherung. Welcher Zeitpunct entscheidet? XI. 25. — 10) Bestärkungseid bei Geschäften Minderjähriger. XI. 209. — 11) Verträge Minderjähriger. Bekräftigung durch Handgelübde an Eidesstatt. XIII. 18. — 12) Verträge minderjähriger Hauskinder. VIII. 118. XIII. 241. XV. 113. — 13) Verträge zwischen Vater und Hauskind. I. 354. XVII. 255. XIX. 160. — 14) Schenkung zwischen Vater und Hauskind. II. 305. — 15) In wie fern hängt der Rechtsbestand von Frauenzimmern eingegangener Rechtsgeschäfte davon ab, daß der von ihnen zugezogene Geschlechtsvormund nicht selbst betheiligt sei? VII. 17. — 16) Wechsel der Blinden. XVI. 67. — 17) Verpflichtungsfähigkeit eines Cridars. XIV. 156. XV. 52. — 18) Unbefugter Gewerbsbetrieb begründet keine Nichtigkeit der einschlagenden Rechtsgeschäfte. XIII. 242. — 19) Ueber die Gültigkeit der gegen unbestimmte Personen übernommenen Verbindlichkeit. XI. 218. (Vgl. XI. 217.) XX. 220. — 20) Ausgabe von Papieren auf den Inhaber. XIII. 55. XV. 237. — 21) Vertragsabschluß durch Stellvertreter. XI. 149. XIII. 93. 313. XV. 111. (Vgl. mit XIV. 93). — 22) Vertragsabschluß durch Mandatare und Institoren. XX. 27. — 23) Vertragsabschluß durch Stellvertreter ohne Nennung des Mandanten. XVIII. 241. — 24) Interpretative Bedeutung der von einem Stellvertreter gepflogenen Verhandlungen für den von dem Vertretenen selbst später abgeschlossenen Vertrag. XIX. 23. — 25) Ein Vertrag, welcher in Person abgeschlossen wird, gilt dafür, daß er in eigenem Namen abgeschlossen sei. I. 193. — 26) Einwand, in fremdem Namen contrahirt zu haben. Beweislast. I. 193. VIII. 108. XII. 27. XV. 272. XVII. 107. — 27) Widerruflichkeit des mit einem Stellvertreter ohne Auftrag geschlossenen Vertrags vor erfolgter Genehmigung. VII. 273.

c. Gegenstand und causa der Verträge. 1) Unverbindlichkeit allgemeiner Zusagen. X. 241. XV. 211. XVI. 26. — 2) Ungültigkeit eines Vertrags wegen mangelnder Bestimmtheit des Gegenstandes. XIII. 219. — 3) Leistung in das Ermessen des Berechtigten gestellt. XX. 218. — 4) Versprechen guter Bezahlung, ob klagbar? XVII. 124. — 5) Ein Schiedsvertrag ohne Bestimmung der Person der Schiedsrichter ist nicht klagbar. XIII. 314. — 6) Vorbehalt einseitigen Rücktritts macht den Vertrag nicht ungültig. VIII. 120. — 7) Vertragsmäßige Anerkennung einer bestehenden Verbindlichkeit. Abrechnungsgeschäft. II. 35. 36. III. 105. VII. 246. 302. IX. 151. XI. 228. XII. 17. 260. XIII. 247. XIV. 16. 17. XV. 24. 194. XVII. 135. XVIII. 137. 223. XIX. 24. XX. 115. 227. — 8) Abrechnung. Die begründete Anfechtung einzelner Pöste macht die Abrechnung im Ganzen nicht hinfällig. XIX. 25. — 9) Stillschweigendes Zahlungsversprechen bei Anerkennung einer Schuld. XII. 17. 260. — 10) Schuldanerkenntniß ohne Zahlungsversprechen. XV. 114. — 11) Solawechsel im ordentlichen Processe geltend gemacht. Mangel der causa debendi. XI. 109. — 12) Auf Irrthum beruhende Anerkennung. XIV. 47. — 13) Vertragsmäßige Beschränkung der persönlichen Freiheit. Contractliche Verpflichtung eines Gewerbsgehülfen, bei dem Austritt aus dem bisherigen Dienste nicht bei anderen Genossen desselben Gewerbes in Arbeit zu gehen, sondern den Ort zu verlassen. VII. 18. — 14) Vertrag über Nichterwerbung des Bürgerrechts an einem bestimmten Orte. XVII. 200. — 15) Ungültigkeit vertragsmäßiger Entmündigung wegen Prodigalität. XVIII. 125. — 16) Nichtigkeit der Verträge, durch welche der Ehemann seine gewerbliche Selbständigkeit und seine Dotalrechte der Willkür der Frau unterwirft. XIX. 100. — 17) Gewerbebetriebsverpachtungen. XVI. 213. — 18) Verträge über Gewerbsprivilegien. XV. 271. XVII. 137. — 19) Oeffentliche Lasten als Gegenstand von Privatverträgen. IV. 251. XII. 195. XIV. 217. Note 6. — 20) Privatrechtliche Vereinbarung über staatsrechtliche Realleistungen. VII. 159. — 21) Zusicherung der Leistung eines Dritten. XI. 238. XVIII. 31. — 22) Rentenforderung aus Verträgen. X. 28.

d. Insbesondre von Verträgen gegen gesetzliches Verbot und gute Sitte. 1) Nichtigkeit verbotener Verträge. II. 162. 2) Unwirksamkeit von Verträgen contra bonos mores; Anwendung auf Postversendungen. XVI. 27. — 3) Pactum rei illicitae et turpis. VI. 166. — 4) Pactum de dolo non praestando. XI. 86. 146 a. E. — 5) Unstatthaftigkeit der Klage auf Erfüllung eines Adoptionsversprechens. XV. 134. — 6) Zu unerlaubten Zwecken (Spielen an den Roulette-Banken) eingegangener Gesellschaftsvertrag. XIII. 257. — 7) Verabredung, behufs Ersparung von Stempelpapier die vereinbarte Kaufsumme zu verschweigen. XI. 33. a. E. — 8) Zolldefraudationsassecuranz. I. 196. — 9) Vertrag wegen Nichtbietens bei öffentlicher Versteigerung. XII. 16. XVII. 201. — 10) Unzulässigkeit der Vertragsbestimmungen gegen die öffentliche Ordnung. IV. 18. — 11) Das Versprechen eines insolventen Schuldners an einen seiner Gläubiger, diesem eine besondre Vergütnng dafür zu geben, daß derselbe, um die übrigen Gläubiger zur Nachfolge zu veranlassen, zuerst einen auf bestimmte Procente lautenden Accord unterzeichne, ist als turpis causa anzusehen. V. 118. —

11) Eheversprechen unter Bedingung des Beischlafs. XIII. 34. — 13) Versprechen einer Vergütung für Anzeige eines Verbrechens. XVIII. 29. — 14) Das Versprechen oder Bezahlen eines sogenannten Schweigegeldes als beiderseitige turpis causa anzusehen. II. 19. — 15) Vertrag über Verschweigung des Namens des Schwängerers kein pactum turpe. VI. 167. XVIII. 28. — 16) Geldversprechen für die Zusage, nicht den Promittenten, sondern einen Andern, als außerehelichen Vater anzugeben. I. 195. XX. 114. — 17) Zuwendungen an eine von dem Geber außerehelich geschwängerte Person fallen weder in die Categorie der turpis causa, noch sind sie als Schenkung zu betrachten. VI. 18. — 18) Turpis causa ausgeschlossen durch den zunächst beabsichtigten sittlichen Zweck. XVI. 100. — 19) Zulässigkeit des Versprechens einer Belohnung für Vermittelung einer Ehestiftung. XIII. 14. XIV. 124. — 20) Gültigkeit eines gegen den Bestand der Ehe gerichteten Vertrages. VII. 274. — 21) Ungültigkeit eines gegen den Bestand der Ehe gerichteten Vertrages. VIII. 25. XIII. 126. — 22) Vertrag unter Ehegatten, die eheliche Gemeinschaft aufzuheben. XIV. 143. XVIII. 126. — 23) Verabredung in Gütergemeinschaft lebender Ehegatten, ihr Vermögen so zu theilen, als ob die Ehe gelöst sei. XIII. 41. — 24) Abfindung des Ehemannes durch den Ehebrecher. III. 20. VIII. 119. X. 146. XVI. 28. — 25) Abfindung des Ehemannes wegen Ehebruchs zur Abwendung der Ehescheidung und weiteren Scandals. XVII. 228. — 26) Zurückforderung eines turpiter datum et acceptum. VIII. 25. — 27) Klagbarkeit des Versprechens, ein turpiter datum et acceptum zurückzugeben. IV. 231. — 28) Verbot der Veräußerung litigioser Gegenstände. III. 21. — 29) Umfang des Verbots, litigiose Gegenstände zu veräußern. III. 22. VI. 20. VII. 12. XIX. 79. — 30) Veräußerungen, welche sich auf den Gegenstand des Rechtsstreites beziehen, ohne denselben als litigios erscheinen zu lassen. III. 23. — 31) Ueber Anwendbarkeit des römisch-rechtlichen Verbots der Verträge über die Erbschaft eines Dritten. I. 252. II. 313. VIII. 153. XIII. 44. 151. XIV. 216. XVIII. 91. XX. 51.

c. Willensact bei Verträgen. Mängel der Willensbestimmung. 1) Trunkenheit, als Hinderniß der Gültigkeit einer Willenshandlung. Anfechtung eines Vertrages wegen Trunkenheit. III. 4. 140. XIII. 243. — 2) Genehmigung eines in der Trunkenheit geschlossenen Vertrages. IV. 17. — 3) Vertragsanfechtung wegen delirium tremens. XVIII. 113. — 4) Zwang. Gerichtliche Bürgschaftsleistung einer Ehefrau, wegen von dem Ehemanne geübten Zwanges angefochten. XII. 136. — 5) Vertragsanfechtung wegen Bedrohung mit einer Criminalanklage. XX. 219. — 6) Anfechtung eines Verzichts auf Grund einer Bedrohung mit Denunciation wegen Betrugs. XVIII. 112. — 7) Vertragsanfechtung wegen Betrugs aus dem Standpuncte des Zwangs für begründete erachtet. Bedrohung mit einem Schwängerungsprocesse. VIII. 37. — 8) Betrug. Vertragsanfechtung, weil der andere Contrahent telegraphische Nachricht von einem einflußreichen Umstand gehabt und verschwiegen hat. XI. 26. — 9) Betrüglicher Kauf auf Credit. VIII. 41. — 10) Betrügerische Täuschung über den Werth des Kaufobjects. XVIII. 235. 237. — 11) Wissenschaft des Verkäufers von dem Minderwerthe der Sache, als Betrug geltend gemacht. IV. 104. — 12) Täuschung bei dem Kaufcontract in Bezug auf den Preis. II. 167. — 13) Einrede der Ueberlistung bei dem Verkaufe von Staatspapieren. XVI. 180. — 14) Bei Anfechtung eines Vertrages wegen Betrugs kommt es auf die Beschaffenheit und Entschuldbarkeit des durch denselben erzeugten Irrthums nicht an. XIII. 86. Vgl. XIX. 26. — 15) Wissentliches Abläugnen im Proceß; darauf Vergleich zwischen den streitenden Theilen. Nachherige Anfechtung desselben wegen Dolus. XV. 128. — 16) Wiefern kann wegen Betrugs auf Vertragsrescission geklagt werden? XI. 221. — 17) Steht der allgemeine Verzicht auf alle Einwendungen gegen einen Vertrag auch der Einrede des Betruges entgegen? XIII. 136. — 18) Irrthum. Mißverständnisse; mangelnder Consens. II. 173. — 19) Wesentlicher Irrthum. Consens hindernder Irrthum. Wie weit es auf Entschuldbarkeit des Irrthums ankomme. VII. 19. VIII. 26. IX. 141. — 20) Unerheblichkeit des Irrthums über den Inhalt genehmigter Verhandlungen. III. 141. — 21) Unerheblicher Irrthum über die Person des Mitcontrahenten. XI. 220. — 22) Irrthum über Eigenschaften des Mitcontrahenten. XVIII. 224. — 23) Wesentlicher Irrthum über eine Eigenschaft des Vertragsobjects. XVI. 35. — 24) Unwesentlicher Irrthum über eine Eigenschaft des Vertragsobjects. XVI. 36. — 25) Irrthum über die Quantität des Vertragsobjects. III. 157. X. 147. XVI. 34. XVII. 22. — 26) Rechnungsfehler. XIII. 87. XVII. 22. — 27) Irrthum in der Bezeichnung des Vertragsgegenstandes in Anwendung auf gerichtliche Währschaften über Grundeigenthum. XIX. 14. — 28) Irrthum über den Werth des Vertragsgegenstandes (einer cedirten Forderung). IV. 28. — 29) Irriger Beweggrund oder nicht zutreffende Voraussetzung. XII. 21. — 30) Irrthum in der Person bei Kaufgeschäften. III. 165. — 31) Schriftlicher Kaufcontract. Irrthum hinsichtlich des Kaufpreises. XV. 12. — 32) Irrthum des Käufers über den Ursprung der Waare. II. 20. — 33) Irrthum des Käufers über Bestandtheile und Zubehörungen eines verkauften Grundstücks. V. 153. XX. 118. — 34) Irrthum des Pächters über Bestandtheile des Guts. VI. 185. — 35) Irrthum des Darlehen-Empfängers über die Person des Darleihers. V. 271. — 36) Irrthum des Bürgen über die Person des Gläubigers. III. 169. IV. 225. — 37) Irrthum des Bürgen über die Person des Hauptschuldners. III. 168. VII.

19. — 38) Irrthum des Bürgen über die Art und Weise der Entstehung des Schuldverhältnisses. V. 20. — 39) Anerkennung einer irrthümlich vorausgesetzten Verbindlichkeit. XIV. 47. — 40) Statthafte Anfechtung eines Theilungsvertrages wegen Irrthums über den Theilungsmaßstab. XII. 30. — 41) Vergleichsanfechtung wegen Irrthums. III. 323. XIII. 142. — 42) Theilweise Vertragsanfechtung wegen Irrthums. III. 24. — 43) Simulation. Einrede der Simulation. XX. 26. — 44) Unstatthaftigkeit der Einrede der Simulation gegen den Mitcontrahenten, welcher an der Simulation nicht Theil genommen hat. V. 146. — 45) Einrede der Simulation bezüglich einer schriftlichen Uebereinkunft. VI. 82. XIV. 75. XX. 272. — 46) Einrede der Simulation gegen die Klage aus einem Kaufcontract, wegen der Bestimmung, daß der Kaufpreis dem Käufer eventuell als Geschenk verbleiben solle. XVIII. 132. — 47) Daß auf jedwede Anfechtung des Inhalts der Urkunde in derselben verzichtet worden, steht der Behauptung und dem Nachweise der Simulation nicht entgegen. XIV. 75. — 48) Scheinkauf zur Sicherstellung. X. 243.

f. Willenserklärung. 1) Statutencollision in Bezug auf die Form der Verträge. XIII. 121. XIX. 4. — 2) Falls ein Verkauf einer ganzen Masse von Sachen stattgefunden hat, ist die für den Verkauf einzelner darunter befindlicher vorgeschriebene Formalität nicht zu beachten. XII. 140. — 3) Gerichtlicher Abschluß von Verträgen. I. 197. — 4) Verabredung der Beurkundung eines Vertrags. Ueber const. 17 de fide instrumentorum. I. 198. — 5) Verabredung schriftlicher Abfassung eines mündlich abgeschlossenen Vertrages. VIII. 350. XII. 259. XVI. 102. — 6) Gebrauch der Ausdrücke einer fremden Sprache in Vertragsurkunden. V. 266. — 7) Unterzeichnung einer Vertragsurkunde. XX. 116. 117. — 8) Schriftlichkeit eines Vertrages durch Telegramme. XVI. 29. — 9) Appunctuirung eines Kaufcontracts. Verschweigung eines Theils des Kaufpreises. Klage auf förmliche Contractserrichtung. XI. 33. — 10) Interpretative Bedeutung von mündlichen Nebenabreden bei schriftlichem Vertrage. XIII. 216. XV. 12. a. E. — 11) Mündliche Nebenberedungen bei schriftlichen Verträgen. VI. 19. X. 248. XVII. 125. XVIII. 221. XX. 216. 217. 272. — 12) Die Nebenabrede ein selbstständiger zweiter Vertrag. XV. 13. — 13) Absicht ohne entsprechenden Willensausdruck in dem Contract. XVI. 101. — 14) Beweis der Absicht, welche bei dem Abschlusse eines Vertrages zu Grunde gelegen. XX. 79. — 15) Stillschweigende Willenserklärung bei Verträgen. V. 117. — 16) Stillschweigen als Genehmigung unter Kaufleuten. Unterlassene Beantwortung eines Briefes bei kaufmännischer Correspondenz. I. 40. IV. 211. XI. 80. XIV. 125. 230. — 17) Stillschweigen des Uebereinkommens bei einem Lieferungsgeschäft geltend gemacht. III. 260. — 18) Kauf durch stillschweigendes Behalten unbestellter zugesandter Waaren. VIII 36. XIII. 218. — 19) Mehrsendung von Waaren über den bestellten Betrag. XX. 164. — 20) Mandatseingehung durch stillschweigenden Consens des Mandatars. VIII. 254. — 21) Stillschweigende Hinnahme einer Abrechnung begründet an sich nicht den Schluß auf Anerkennung aller einzelner Abrechnungsposte. X. 252. — 22) Stillschweigende Remission. XVII. 210. XVIII. 123. — 23) Aufhebung des Pfandrechts durch stillschweigende Einwilligung des Gläubigers in die Veräußerung der Pfandsache. XVI. 17. — 24) Stillschweigende Umwandelung bedungener Leibzuchtsprästationen. XVI. 236. — 25) Stillschweigende Einwilligung durch Theilnahme an einer verbotenen Trauermahlzeit, geltend gemacht als Anerkennung der Verpflichtung, sich die Kosten anrechnen zu lassen. IV. 8.

g. Auslegung der Schuldverträge. 1) Regeln für Auslegung der Verträge. XVII. 126. — 2) Auslegung der Verträge gegen denjenigen, welcher deutlicher hätte reden sollen. I. 347. (S. 378). — 3) Auslegung zweiseitiger Geschäfte. Erweisliche Absicht der Paciscenten. VI. 324. Vgl. XIV. 260. XVI. 101. XX. 79. — 4) Clausula rebus sic stantibus. VI. 137. VIII. 253. X. 7. — 5) Auslegung eines Miethvertrages zum Nachtheil des Vermiethers auf Grund von fr. 39 de pactis (2, 14). XIII. 299. Note. — 6) Regelmäßiger Wegfall der einen Lohn bildenden Gegenleistung bei Wegfall der bedungenen Leistung. XIX. 30. — 7) Wirkung des Verzichts auf die Einrede, daß anders geschrieben als abgeschlossen sei. VII. 181. — Vgl. auch oben: Abschn. I. Hauptstück 5. VII. „Auslegung der Rechtsgeschäfte." S. 31. 32.

h. Gewähr physischer Mängel und angerühmter Eigenschaften.

α. Verbindlichkeit zur Gewährleistung wegen Mängel und gerühmter Eigenschaften. 1) Aedilitisches Edict. Welches sind edictmäßige Fehler? Muß der Verkäufer sie gekannt haben? Beweislast in Bezug auf die Beschaffenheit derselben. VII. 160. — 2) Das Nichtvorhandensein einer Realservitut, welche der Käufer als dem verkauften Grundstücke zuständig voraussetzte, ist kein nach den Grundsätzen des ädilitischen Edicts von dem Verkäufer zu vertretender Fehler. XVI. 104. — 3) Gewähr der Mängel übersandter Waaren auch bei dem Handel über See. V. 121. — 4) Gewähr sichtbarer Mängel im Großhandel. II. 22. — 5) Kauf einer Mehrheit vertretbarer Gegenstände. Mangelhafte Beschaffenheit derselben. V. 119. XVI. 43. — 6) Genuskauf und Specieskauf. Mängel der Waare. Bedeutung der Disposition des Käufers über die ihm zugesandte Waarenspecies. XIX. 131. — 7) Kaufcontract über mehrere Objecte. Aedilitische Klagen, insbesondre die Minderungsklage. XVII. 127. — 8) Der Käufer, welcher die im kaufmännischen Sinne tradirte Waare empfangen hat, kann gegen die Beschaffenheit der Waare keine Ausstellung mehr machen, wenn nicht der Verkäufer in dolo war. VII. 303. X. 148. — 9) Mängel und Fehler einer Handelswaare müssen unverzüglich gerügt werden. Die desfallsige Frist hängt von den Umständen mithin von dem richterlichen Ermessen ab. Ist die Waare nicht zugleich zur Disposition gestellt, so kann nur auf Preisminderung geklagt werden. XIV. 126. Vgl. XV. 213. Note 1. — 10) Beanstandung einer von auswärts kommenden Waare wegen contractswidriger Beschaffenheit; Verhalten des Käufers. XIX. 27. — 11) Unverzügliche Anzeige der Mangelhaftigkeit einer gekauften von auswärts gesandten Waare. XX. 248. — 12) Mängel der Waare. Alsbaldige Anzeige, beschränkt auf den eigentlichen Handelsverkehr. Fabrikanten als Contrahenten. XVII. 23. — 13) Vertragsaufhebung durch rechtzeitige Waarenzurücksendung und Anzeige mit umgehender Post bedingt. Unverschuldete Bedingungs-Nichterfüllung. X. 151. — 14) Entschädigungsanspruch wegen Mangelhaftigkeit der Waare. Einwand aus der Unterlassung rechtzeitiger Benachrichtigung. Handel auf Besicht oder Probe. IX. 277. — 15) Nichtannahme wegen probewidriger Beschaffenheit. Frist für die Stellung zur Verfügung. Mangel des Maßes. IV. 78. VI. 27. — 16) Reclamationen wegen fehlerhafter Beschaffenheit von Waaren. Entdeckung der Mängel durch Verbrauch. VIII. 39. — 17) Kauf einer Waare in der Originalverpackung zum Zwecke des Weiterverkaufs in diesem Zustande. Präjudicirte Unterlassung ihrer Besichtigung? XIV. 130. — 18) Im Großhandel ist nicht immer eine unbedingte Annahme und Gutheißung der Waare in dem Weiterverkauf zu sehen. Haftung des ersten Verkäufers. II. 274. Vgl. V. 119. — 19) Befugniß zu theilweiser Redhibition. IV. 24. V. 121. XII. 234. — 20) Theilweiser Verbrauch der Waare enthält keine Billigung der ganzen Quantität. XVIII. 127. — 21) Wiefern stehen Verfügungen des Käufers über die Sache dem Anspruch auf Redhibition oder Preisminderung entgegen? II. 24. 170. III. 27. V. 269. Vgl. VIII. 39. — 22) Ausstellung über Ungleichheit der verkauften Waare. II. 21. — 23) Haftung des Verkäufers bei dem Verkaufe von Forderungen, insbesondre bei Obligationen auf den Inhaber. II. 32. III. 26. VII. 306. XVI. 204. — 24) Hausverkauf; Schwamm als Gewährsmangel. X. 29. — 25) Mangel eigener Wände oder einer Giebelwand bei einem gekauften Hause kein Fehler im Sinne des Edicts. XII. 137. — 26) Wanzen als Gewährsmangel eines Hauses. XV. 115. — 27) Anfechtung eines Mühlkaufes wegen der von dem Verkäufer nicht angezeigten Schmälerung der Wasserkraft durch Wässerung der anliegenden Wiesen. V. 155. — 28) Ein Fehler der verkauften Sache verpflichtet abgesehen von dictis et promissis und vom Dolus den Verkäufer nur zur Redhibition oder Preisminderung, nicht zum Schadensersatz. XVI. 181. — 29) Keine Haftpflicht des arglistlosen Verkäufers einer fehlerhaften Sache für die durch sie verursachten

Schäden. VII. 25. Vgl. VII. 170. — 30) Haftung für den Mangel angerühmter Eigenschaften, für dicta et promissa. I. 38. II. 23. IV. 25. — 31) Gewährleistungspflicht des Verkäufers für positive Aussagen. XVI. 105. — 32) Haftungsverbindlichkeit des Verkäufers für angegebenen aber nicht garantirten Flächeninhalt eines Grundstücks. V. 278. — 33) Begriff der dicta et promissa, verschieden von Garantieübernahme, Versprechen und Anpreisungen. Angabe über die Jahreseinnahme von einem verkauften Gewerbsprivilegium. XVII. 129. — 34) Redhibition wegen Passivservituten, wenn Servitutenfreiheit zugesichert war. XI. 222. Vgl. XI. 28. — 35) Nebenberedung bei Tractaten. Dictum et promissum. XVII. 21. — 36) Wiefern kann wegen dolus des Verkäufers mit der Contractsklage auf Rescission des Contracts geklagt werden? XI. 221. — 37) Der dolus des Verkäufers schließt seine Berufung darauf, daß der Käufer die Waare ohne alle weitere Untersuchung entgegengenommen habe, aus. XIV. 130. — 38) Rescission des Kaufes. Ersatz des Gesammtinteresses ohne Rücksicht auf den Werth der Sache wegen dolus und culpa lata des Verkäufers. XVII. 17. Vgl. XVIII. 124. 235. 237. — 39) Clausel: „Empfang erklärt." Unwirksamkeit derselben im Falle wissentlichen Verkaufes schlechter Waare. II. 92. — 40) Beweis wissentlichen Verkaufs vertragswidrig beschaffener Waaren. II. 25. — 41) Verzicht auf Gewährleistung nicht gleichzustellen der Entsagung des Einwandes der Verletzung über die Hälfte. XIX. 221. — Ueber Kauf nach Probe s. unten Hauptstück 2. I. E. d.

β. Rechtsmittel. Beweislast. 1) Beweislast bei dem Streite über Vorhandensein oder Nichtvorhandensein vertragsmäßiger Beschaffenheit des Kaufobjects. XIX. 132. Vgl. VII. 160. — 2) Beweislast, wenn ein Kauf auf Grund von Mängeln der verkauften Sache wegen dolus angefochten wird. XI. 221. — 3) Beweislast, wenn der Käufer auf Wiederaufhebung des Vertrages wegen Mangels bedungener Eigenschaften klagt. II. 26. — 4) Einwand des Beklagten, daß die Waare fehlerhaft sei, ohne Angabe, welchen Anspruch gegen den Verkäufer er darauf gründe. XIII. 184. — 5) Die Wandelungsklage steht nicht wegen juristischer Fehler zu. XI. 221. — 6) Actio redhibitoria wegen Passivservituten bei zugesicherter Servitutenfreiheit. XI. 222. — 7) Einrede der Redhibition. Beweislast. Interesseforderung. IV. 25. — 8) Klage auf Redhibition. Wiefern ist es erheblich, daß sich der Fehler der verkauften Sache beseitigen läßt? V. 119. — 9) Exceptio redhibitoria. Erbieten des Verkäufers zur Beseitigung der Mängel. Zeitpunct bis zu welchem die Nachholung einer schuldigen Leistung zulässig ist. XV. 116. — 10) Wird die actio redhibitoria durch Weiterveräußerung des Kaufgegenstandes Seitens des Käufers ausgeschlossen? XVI. 106. — 11) Actio redhibitoria. Verwendungen. V. 120. — 12) Minderungsklage bei einem Verkaufe über mehrere Objecte. XVII. 127. — 13) Actio und exceptio quanti minoris, wenn der Käufer über die gekauften Sachen verfügt hat, und nach Weiterveräußerung. III. 27. V. 269. VII. 296. — 14) Einrede gegen die Minderungsklage, dem Beklagten sei durch den Weiterverkauf die Erwählung der Redhibition entzogen. X. 149. — 15) Einrede, daß durch die über die verkauften Waaren getroffene Verfügung der Gegenbeweis vereitelt sei. III. 28. — 16) Nicht der absolute Werth, sondern der von den Contrahenten selbst in dem Handel festgestellte Preis, ist bei der actio quanti minoris wegen dicta et promissa in Betracht zu ziehen. XVII. 128. — 17) Tragweite der actio quanti minoris. Anspruch auf Vergütung der Kosten, welche zur Beseitigung der Mängel verkaufter Sachen aufgewandt worden sind. X. 32. XVII. 229. — 18) Beweislast bei der actio quanti minoris. III. 29. — 19) Einwand, daß eine gewisse Eigenschaft der verkauften Sache zugesichert sei, in der Duplik vorgebracht. IV. 154. — 20) Verjährbarkeit der Einreden aus dem ädilitischen Edict. I. 159. — 21) Aedilitische Klagen. Berechnung der Verjährungszeit. X. 31. — 22) Verjährungszeit der Contractsklage zur Geltendmachung von Gewährsmängeln. X. 30.

i. Verbindlichkeit zur Evictionsleistung. 1) Evictionsleistung. Deuschrechtliche Währschaft von Jahr und Tag. VII. 161. — 2) Eviction eines gekauften Grundstücks in Folge einer von dem Erwerber angestellten Negatorienklage. I. 51. — 3) Wissentlicher Kauf einer fremden Sache begründet keine Klage auf Erfüllung oder Entschädigung. XVII. 29. — 4) Gewährleistungsversprechen unwirksam, wenn beide Contrahenten den Vertragsgegenstand als einen fremden kannten. VII. 297. — 5) Pactum de non praestanda evictione, insbesondre hinsichtlich der auf dem verkauften Grundstücke ruhenden Lasten. XVII. 24. — 6) Zusicherung der Lastenfreiheit in Kaufbriefen. VII. 162. — 7) Gewährleistung wegen nicht angezeigter Real-Servituten. III. 314. VII. 163. XI. 28. 221. XII. 258. XIV. 127. 217. XVII. 230. — 8) Verbindlichkeit des Verkäufers wegen der auf dem Kaufobjecte haftenden Hypotheken. Retention des Kaufgeldes. IX. 142. XI. 34. XIV. 128. — 9) Verpflichtung zur Gewährleistung wegen Hypotheken cessirt, wenn dem Käufer die Hypotheken bekannt waren. IX. 278. — 10) Umfang der Haftung des Verpfänders bei dem Verkaufe Seitens des Pfandgläubigers. XX. 118. — 11) Wiefern haftet der veräußernde Pfandgläubiger für Evictionsleistung? Condictio sine causa. VI. 22. — 12) Der Pfandgläubiger, auf dessen Betreiben die Pfandsache gerichtlich veräußert wurde, auf Evictionsleistung in Anspruch genommen. Fall der Insolvenz des Pfandschuldners. VIII. 28. — 13) Vertretungspflicht des Banquiers aus dem Verkaufe aufgebotener und amortisirter Werthpapiere. XIV. 25. — 14) Haftung aus dem Verkauf von Inhaberobligationen. XVI. 204. — 15) Cautions- und Retentions-Anspruch des Käufers wegen eingetragener Rechte Dritter. VII. 164. — 16) Drohende Entwährung. Cautionsverbindlichkeit des Verkäufers. Retention des Kaufpreises. I. 49. XIII. 15. 88. 137. — 17) Einrede drohender Eviction. XVIII. 228. 229. — 18) Zurückhaltung des Cessionspreises bei drohender Eviction durch Bestreitung der cedirten Forderung. I. 50. — 19) Klagrecht des Käufers bei drohender Eviction. I. 200. — 20) Klage auf Anerkennung eines Evictionsanspruches. II. 27. — 21) Anspruch auf Evictionscaution wegen zu besorgender Anordnungen der Polizeigewalt. X. 244. — 22) Kann es als Evictionsfall betrachtet werden, wenn dem Käufer der Besitz der Sache mit einem possessorischen Rechtsmittel abgestritten wird? XX. 119. — 23) Begründung der Klage auf Evictionsleistung. XIV. 269. Note 1. — 24) Umfang der Entschädigungsverbindlichkeit in Evictionsfällen. V. 122. — 25) Vergütung des wahrscheinlich entbehrten Gewinnes bei der Evictionsleistung. Guter Glaube des Verkäufers ohne Einfluß. Beschränkung auf das Doppelte. V. 267. — 26) Zinsvergütung von dem Kaufgelde bei der Evictionsleistung. V. 268. — 27) Evictionsanspruch des Käufers, welcher die Sache wieder verkauft hat. V. 269. — 28) Klage auf Evictionsleistung. Angabe des Schadensbetrages. V. 315. — 29) Regreß in Evictionsfällen. Litisdenunciation. XVI. 37. — 30) Litisdenunciation nothwendig nur in Evictionsfällen. XVII. 157. — 31) Litisdenunciation ausnahmsweise für den Regreß in Evictionsfällen nicht nothwendig. XVI. 37.

k. Rescission wegen Verletzung über die Hälfte. 1) Grenzbestimmungen in Bezug auf das Rechtsmittel wegen Verletzung über die Hälfte. IV. 213. VI 322. — 2) Ausdehnung der Vorschrift des römischen Rechts auf onerose Verträge überhaupt. XI. 30. — 3) Die Anfechtung eines Contracts wegen laesio enormis steht auch dem Käufer zu. XIX. 28. — 4) Untheilbarkeit des Rechts des Verkäufers auf Wiederaufhebung des Vertrages wegen übermäßiger Verletzung. XII. 139. — 5) Veranschlagbarkeit der Leistungen als Erforderniß. VI. 322. IX. 143. — 6) Absoluter und relativer Werth des Vertragsgegenstandes. III. 160. 161. IV. 213. Nr. 3. — 7) Verletzung über die Hälfte, wenn ein Vermögen ganz oder zum Theil veräußert worden. VI. 23. — 8) Anfechtung wegen laesio enormis in Bezug auf einen Gesellschaftsvertrag. IV. 213. Nr. 6. — 9) Zulässigkeit der Rescission bei Verletzung über die Hälfte im kaufmännischen Verkehr. I. 46. — 10) Von enormer Verletzung in Bezug auf Cessionsgeschäfte. Forderungen an Private, welche nicht Gegenstand des Handelsverkehrs sind, haben keinen bestimmten Marktpreis, nach welchem sich die Verletzung bestimmen ließe. IV. 28. — 11) Einrede gegen die Klage wegen enormer Verletzung, daß ein gewagtes Geschäft vorliege. Kauf von Grundstücken eines Verschollenen mit Uebernahme der Caution. IV. 105. — 12) Verletzung über die Hälfte bei dem Verkaufe einer Leihbibliothek. XVII. 231. — 13) Nichtanwendbarkeit der Grundsätze über laesio enormis bei Wetten mit ungleich großen Einsätzen. II. 292. — 14) Ueber Anfechtung wegen Verletzung über die Hälfte bei Gutsübertragungen mit Vorbehalt eines Auszugs oder Leibgedings. III. 317. IV. 213. Nr. 7. — 15) Anfechtbarkeit älterlicher Gutsanschläge? XI. 132. — 16) Anfechtbarkeit von Meierhofs-Annahmen und Abfindungscontracten? XI. 30. — 17) Anfechtbarkeit der unter Geschwistern abgeschlossenen Gutsabtretungsverträge? XIII. 312. — 18) Anfechtung von Erbtheilungen wegen Verletzung über die Hälfte. I. 262. 263. — 19) Ueber Anfechtbarkeit einer Einkindschaft wegen übermäßiger Verletzung. IV. 135. XIII. 148. XVII. 232. — 20) Wegfall der Rescission wegen Verletzung über die Hälfte wegen Ungewißheit der verabredeten Gegenleistung. Alimentationsverträge. VIII. 244. XIX. 29. 133. — 21) Unanwendbarkeit des Rechtsmittels wegen laesio enormis bei Veräußerung von Sachen, deren Werth sich größtentheils nach Liebhaberei bestimmt. IV. 213. Nr. 1 und 2. — 22) Anfechtbarkeit eines Gemäldekaufs? X. 245. XII. 138. — 23) Anfechtbarkeit von Pachtverträgen? XII. 151. — 24) Anfechtung eines Vertrages über den Preis eines abgetretenen Grundstücks bei Zwangsenteignung. IV. 41. — 25) Ueber Anfechtungen des Kaufes bei öffentlichen Versteigerungen. I. 46. IV. 213. Nr. 4. VI. 323. IX. 17. XIII. 244. XX. 120. — 26) Irrthum als Voraussetzung der Rescission wegen Verletzung über die Hälfte. III. 160. VI. 170. — 27) Anfechtung im Falle der Kenntniß der Verletzung ausgeschlossen. Ausnahme, wenn aus Noth verkauft worden? XIV. 218. — 28) Ein sachverständiger Contrahent kann wegen Verletzung über die Hälfte auf Rescission klagen. I. 47. — 29) Der Einrede der Verletzung über die Hälfte kann gültigerweise entsagt werden. II. 356. IV. 213. Nr. 8. — 30) Verzicht auf Geltendmachung der Verletzung. VIII. 243. XI. 30. XV. 212. — 31) Verzicht auf Anfechtung durch Annahme von Zahlungen. Protestatio facto contraria. III. 315. IV. 213. Nr. 8. XIV. 219. — 32) Ist Rescission wegen Verletzung über die Hälfte ausgeschlossen, wenn der verletzte Käufer die Sache weiter verkauft hat? I. 45. IV. 212. — 33) Verzicht auf Gewährleistung nicht gleichzustellen der Entsagung des Einwandes der Verletzung über die Hälfte. XIX. 221. — 34) Der Käufer kann sich gegen die Klage auf Zahlung der Einrede der Verletzung über die Hälfte nicht bedienen, wenn er die gekauften Waaren nicht mehr besitzt. II. 275. VII. 296. — 35) In wiefern kann der Käufer, welcher die verkaufte Sache nicht mehr (oder nur theilweise) besitzt, den Vertrag wegen übermäßiger Verletzung anfechten? IV. 212. — 36) Erstreckung der Rescission auf die beigefügte Verabredung einer Conventionalstrafe. III. 41. — 37) Vererbung des Rechtsmittels wegen enormer Verletzung bei Verträgen zwischen Aeltern und Kindern. III. 316. — 38) Die Anfechtungsklage wegen laesio enormis kann nicht gegen den dritten Besitzer der Sache angestellt werden. IV. 213. Nr. 5. — 39) Rescissionsklage wegen enormer Verletzung, von dem Verkäufer gegen den Käufer angestellt, macht die Sache nicht zur litigiosen. I. 201. — 40) Klage auf Rescission bei verkauften Liegenschaften. Gerichtsstand. X. 210. — 41) Ermittelung des Werths bei der laesio enormis, wenn die Schätzungen der Taxatoren von einander abweichen. XVI. 167.

I. Wirkung der Schuldverträge unter den Contrahenten. Einrede des nicht erfüllten Contracts. Beweislast. 1) Verbindlichkeit zur Erfüllung; bona fides in Contractsverhältnissen. I. 41. Vgl. V. 157. — 2) Ueber den Fall, wenn ein Kläger von dem Beklagten gehindert worden, die ihm obliegende Verbindlichkeit zu erfüllen. I. 333. II. 278. — 3) Wirksamkeit der Rechnungsclausel: „salvis melioribus." IX. 281. — 4) Clausula cassatoria in einem Pachtcontract. XIV. 134. — 5) Clausula rebus sic stantibus. VI. 137. VIII. 253. X. 7. — 6) Rücktritt von einem Contract wegen nicht rechtzeitiger oder wegen verweigerter Erfüllung von Seiten des anderen Contrahenten. III. 153. 164. IX. 139. X. 155. XI. 139. 141. 230. 232. XIV. 122. 123. XV. 192. XVI. 179. 208. XVII. 225. — 7) Subscription auf ein Lieferungswerk. Rücktritt des Subscribenten von dem Vertrage wegen Nichteinhaltung der in der Ankündigung über den Umfang des Werkes gemachten Zusage. Anspruch desselben auf Ersatz der Einbandkosten der gelieferten Bände. XI. 94. — 8) Fortlaufendes Geschäftsverhältniß. Weigerung der Erfüllung neuer Verbindlichkeiten wegen Nichtberichtigung früheren Guthabens. II. 358. — 9) Verzicht auf Anfechtbarkeit, wenn diese auf einem absolut verbietenden Gesetze beruht. VIII. 31. — 10) Regelmäßiger Wegfall der einen Lohn bildenden Gegenleistung bei dem Wegfall der bedungenen Leistung. XIX. 30. — 11) Verpflichtung den vollen Lohn zu zahlen, auch wenn von den vermietheten Diensten kein Gebrauch gemacht wird. VIII. 253. XIX. 226. — 12) Einseitiger Rücktritt von einem zweiseitigen Vertrage. Klage des anderen Contrahenten auf Schadensersatz. XIII. 185. — 13) Bei einem zweiseitigen Vertrage geht das Klagrecht des einen Theils zunächst auf Erfüllung, nicht auf das Interesse, auch wenn der Beklagte die jenseitige Erfüllung unmöglich gemacht hätte. XVIII. 269. — 14) Ist zur Begründung der aus einem zweiseitigen Contract erhobenen Klage erforderlich, daß der Kläger in der Klage die geschehene oder bereite Erfüllung behaupte? III. 201. VIII. 299. IX. 333. XI. 138. XIX. 31. — 15) Substantiirung der Klage aus einem Kaufcontract. Nichtangabe der stipulirten Gegenleistungen.

XX. 264. — 16) **Einrede des nicht erfüllten Contracts.** Voraussetzung, Zweck und Wirkung. III. 153. V. 8. VI. 186. XI. 138. 146. XII. 141. XV. 14. XVII. 233. XVIII. 230. XIX. 222. — 17) Baucontract. Einrede des nicht erfüllten Contracts wegen bedungener Abnahme des Baues durch einen Sachverständigen. XVIII. 34. — 18) Baucontract. Ergebniß richterlicher Würdigung des Einwandes mangelhafter Vertragserfüllung. IX. 216. — 19) Einrede des nichterfüllten Contracts (Retention) wegen drohender Ansprüche Dritter. XVIII. 229. — 20) Einrede des nicht erfüllten Contracts gegründet auf einen durch Novation umgewandelten Anspruch. XX. 123. — 21) Exceptio non impleti contractus des Verlegers gegen den Autor. V. 308. — 22) Bereitschaft des Klägers zur eigenen Vertragserfüllung. XV. 11. 14. — 23) Klage aus einem Bilateralvertrage. Einrede des nicht erfüllten Vertrages. Erbieten des Klägers zu nachträglicher Leistung. XIX. 32. 134. — 24) Beweislast bei der Einrede des nicht erfüllten Contracts. II. 276. III. 29. IV. 25. XVII. 233. — 25) Grundstücksverkauf. Beweis der Erfüllung Seitens des Verkäufers. XIII. 296. — 26) Beweislast, wenn die Größe der dem Kläger obliegenden Leistung bestritten ist. XV. 249. Vgl. XIV. 129. — 27) **Einrede des nicht gehörig erfüllten Contracts.** I. 39. 199. V. 147. VI. 169. — 28) Einrede des nicht gehörig erfüllten Contracts. Beweislast. VII. 115. 295. XI. 235. (S. 361.) XVII. 233. — 29) Abzug von dem eingeklagten Kaufpreise wegen nicht vollständiger Erfüllung Seitens des Verkäufers. XIV. 129. — 30) Einrede des nicht erfüllten Contracts gegen eine Executivklage aus einem Schuldschein. X. 107. — 31) Exceptio non rite adimpleti contractus gegen eine Klage aus einem Wechsel. XIX. 66. — 32) Rückforderung des für angeblich contractwidrige Waare gezahlten Preises. Beweislast. XI. 235. XV. 213. — 33) Einwand des beklagten Käufers, die Waare sei fehlerhaft, ohne Angabe, welchen Anspruch er darauf gründe. XIII. 184. — 34) Beweislast, wenn der Käufer wegen Mangels zugesagter Eigenschaften Rescission des Geschäfts, Erstattung des gezahlten Kaufgeldes oder Leistung des Interesse verlangt. II. 26. 37. IV. 24. — 35) Nichterfüllung eines zweiseitigen Geschäfts durch Weigerung des einen Contrahenten veranlaßt. Der Andere muß sich auf das ihm Gebührende aufrechnen lassen, was er durch die Nichterfüllung erhält oder gewinnt. VII. 294. — 36) Zurückweisung theilweiser Contractserfüllung. I. 48. — 37) Klagabweisung oder modificirte Verurtheilung auf die Einrede des nicht erfüllten Vertrags. XVIII. 180. — 38) Rechtskräftige Verwerfung der exceptio non impleti contractus. Tragweite derselben. XII. 314. — 39) Verzicht auf die exceptio non (oder non rite) adimpleti contractus. XI. 103.

m. **Wirkung der Schuldverträge unter den Contra-**

henten. Tragung der Gefahr bei zweiseitigen Verträgen. 1) Gefahr verkaufter Sachen. I. 42. 43. — 2) Tragung der Gefahr bei dem Handel auf Besicht. III. 46. — 3) Gefahr bei dem Transport und der Versendung bestellter Waaren. II. 168. IV. 91. 111. XI. 143 a. E. XIV. 23. XV. 21. 213. (S. 356). — 4) Klage des Miethers auf Entschädigung wegen des ihm durch den Einsturz des Gebäudes verursachten Schadens. XVI. 214. — 5) Anspruch des Pächters, wenn die Erfüllung des Pachtcontracts von Seiten des Verpächters ohne dessen Schuld theilweise oder ganz unmöglich geworden ist. XIV. 227. XV. 221. S. 379. (Vgl. XI. 142.) — 6) Wer trägt den Schaden bei zufälliger Verhinderung der rechtzeitigen Ausführung eines übernommenen opus? XVI. 109. — 7) Verpachtung einer Krugwirthschaft. Wirkung der Verweigerung der erforderlichen Concession zur Betreibung derselben. XVII. 238. — 8) Jagdverträge. Jagdrecht mit Gegenreichniß. Folge der Aufhebung des Jagdrechts durch neues Gesetz. VIII. 34. IX. 325. XVII. 202.

n. Wirkung der Verträge auf Dritte. 1) Pacta realia wirken auch gegen Singularsuccessoren, auch ohne gerichtliche Bestätigung. II. 18. — 2) Wirksamkeit eines von dem Verkäufer mit einem Dritten abgeschlossenen Vertrages (pactum in rem) zu Gunsten des Käufers. XIII. 16. — 3) Vertragsmäßige Untersagung eines bestimmten Gewerbebetriebes in einem Hause. Wirksamkeit den späteren Erwerbern gegenüber. XIX. 18. XX. 15. 106. — 4) Widerruflichkeit eines mit einem Stellvertreter ohne Auftrag geschlossenen Vertrages vor erfolgter Genehmigung. VII. 273. — 5) Allein durch Umschreibung eines Schuldscheins auf den Namen eines Dritten auf Verlangen des Gläubigers wird der Uebergang der Forderung nicht bewirkt. XIV. 92. — 6) Utilis actio depositi einem Dritten zustehend. XVII. 136. — 7) Der Remittent kann aus einem von dem Trassaten dem Trassanten ertheilten Versprechen des Accepts keine Rechte für sich herleiten. XX. 220. — 8) Uebernahme fremder Schuld. Keine Verpflichtung des Erbschaftskäufers, auf Klagen der Erbschaftsgläubiger sich einzulassen. VII. 22. — 9) Uebernahme einer fremden Schuld. Fortdauernde Haftung des Ueberweisers. VII. 316. — 10) Vertragswirkung auf Dritte III. 33. — 11) Verträge zu Gunsten Dritter. III. 31. 90. 312. VIII. 29. IX. 18. X. 152. XII. 142. 284. Note 1. XIV. 131. XVI. 38. XVII. 130. XIX. 33. — 12) Vertrag zu Gunsten eines Dritten. Unterscheidung des Falles, wenn der Promissar Stellvertreter des Dritten ist, von dem gegentheiligen Falle. XIV. 131. S. 210. — 13) Vertragsbestimmungen zu Gunsten Dritter, insbesondre in Ehepacten und Erbverträgen. III. 74. VIII. 64. XI. 133. 261. XII. 279. 284. XIV. 131. XV. 214. XVI. 182. — 14) Wirksamkeit der Verträge eines Dritten. Anerkennung der Gutslasten bei Gutsübernahmen. VI.

21. — 15) Klagrecht aus einem Vertrage dritter Personen. VII. 22. Note 1. VIII. 29. IX. 18. XVIII. 128. XIX. 135. — 16) Wirkung des Vertrags der Miterben wegen Uebernahme der Erbschaftsschulden für Dritte. VIII. 30. — 17) Befugniß, einen zu Gunsten eines Dritten abgeschlossenen Vertrag zu widerrufen. Gutsansatzvertrag. III. 32. — 18) Ueber Wirksamkeit von Familienverträgen für Dritte. I. 76. XIV. 3. — 19) Staatsverträge zu Gunsten von Privaten. III. 34. VII. 23. — 20) Ansprüche von Staatsdienern aus Staatsverträgen. X. 33. XI. 29. — 21) Uebernahme einer Handlung. Haftung für die Passiven? VI. 242. XI. 83. — 22) Einforderung des Werklohns gegen einen Dritten, welchem das Werk zu Gute kam. VIII. 258.

o. Bestärkungsmittel der Verträge. 1) Vom Reugelde. III. 42. 43. (Vgl. IV. 33.) — 2) Conventionalstrafe bei formell unstatthaftem Hauptvertrage. III. 35. XII. 261. XIII. 217. XX. 221. — 3) Unstatthafte Conventionalstrafe bei Verabredungen, welche gewerbspolizeilichen Normen zuwiderlaufen. II. 28. — 4) Conventionalstrafe bei ungültigen Verlöbnissen. III. 36. — 5) Klagbarkeit des Vertrags, durch welchen ein Ehegatte dem Anderen eine Conventionalstrafe zugesichert hat für den Fall, wenn Ersterer es verschulden würde, daß die Ehe aus einem gesetzlichen Scheidungsgrunde auf Antrag des Letzteren wieder getrennt werde. XII. 274. — 6) Ueber die Rechtsgültigkeit der Vereinbarung, durch welche ein israelitischer Religionslehrer sich unter einer Conventionalstrafe verpflichtet, an dem Orte seiner Anstellung niemals als Ortsbürger sich aufnehmen zu lassen. XVII. 200. — 7) Conventionalstrafe zur Umgehung der Zinsbeschränkungen benutzt. III. 155. — 8) Conventionalstrafe nicht über das Doppelte der Hauptleistung zulässig. XI. 224. — 9) Umfang der Anwendung der im Art. 284 des HGB. enthaltenen Bestimmung, daß die Conventionalstrafe keiner Beschränkung unterliege und das Doppelte des Interesses übersteigen könne. XVIII. 129. S. 206. — 10) Erlöschen des Anspruchs auf Conventionalstrafe, wenn die Erfüllung der Hauptverbindlichkeit ohne Verschulden des Promittenten unmöglich geworden ist. III. 39. — 11) Erlöschen des Anspruchs auf Conventionalstrafe in Folge einer Aufhebung des Hauptcontracts. Bei Wiederherstellung des Letzteren tritt die Conventionalstrafe nicht ohne Weiteres von Neuem in Wirksamkeit. III. 40. — 12) Wirksamkeit der gegen die Klage aus dem Hauptvertrage vorgeschützten Einrede der Verletzung über die Hälfte auch für die Conventionalstrafe. III. 41. — 13) Auslegung einer auf Conventionalstrafe gerichteten Vereinbarung. XII. 15. — 14) Conventionalstrafe bei theilweiser Erfüllung der Hauptverbindlichkeit. II. 277. XVIII. 129. XIX. 136. — 15) Die Festsetzung einer Conventionalstrafe für den Fall der Säumniß überhebt den Schuldner nicht der Verpflichtung zu rechtzeitiger Erfüllung der principalen Obligation. X. 246. — 16) Die Verabredung einer Conventionalstrafe ist kein Hinderniß der Klage auf Erfüllung der Hauptverbindlichkeit. Beides zusammen kann nicht verlangt werden. III. 38. — 17) Conventionalstrafe cumulativ oder alternativ. XIX. 136. — 18) Verwirkung der Conventionalstrafe; deren Voraussetzung. III. 37. XV. 15. XVI. 205. — 19) Zeit der Verwirkung. II. 278. VI. 172. — 20) Ausbedingung einer Conventionalstrafe für Handeln gegen den Contract; wird dieselbe durch bloße Nichterfüllung oder mangelhafte Erfüllung verwirkt? VI. 171. — 21) Verwirkung der Conventionalstrafe. Vorgängige Mahnung. IX. 32. — 22) Nachholung der Hauptleistung, wie lange zulässig? XV. 116. — 23) Wegfall der Conventionalstrafe bei vorbehaltloser Annahme der Leistung. XVI. 206. XIX. 137. Vgl. VI. 171. a. E. — 24) Begründung der auf Entrichtung einer Conventionalstrafe wegen Rücktritts von einem zweiseitigen Contracte gerichteten Klage. XIII. 217. — 25) Beweislast rücksichtlich der Frage ob der Hauptvertrag erfüllt sei. VIII. 121. XII. 143. — 26) Pönalclausel: Verlust der Kündigungsfrist und Zinsenerhöhung im Falle nicht pünktlicher Zinszahlung. Geltendmachung derselben im Concurse. XVII. 194. — 27) Beweislast bei der cassatorischen Clausel. VI. 173. IX. 340. — 28) Cassatorische Clausel in einem Pachtcontract. XIV. 134. — 29) Ungültigkeit der sogenannten cassatorischen Clausel in Wechseln. XIV. 50. — 30) Executivklage auf Grund einer Urkunde mit cassatorischer Clausel. VII. 251. — 31) Ueber Bekräftigung der Schuldverträge durch Eid s. oben: Abschnitt I, Hauptstück 5. X. S. 33.

B. Allgemeine Grundsätze von Vergehen.

1) Delictsobligationen. Statutencollision. XIX. 212. — 2) Oeffentliche Strafe schließt die Privatstrafe aus. Schmerzensgeld keine Privatstrafe. I. 220. Vgl. I. 63. — 3) Die Einklagung der Privatstrafe wird nicht schon durch den Antrag auf öffentliche Bestrafung ausgeschlossen. II. 48. — 4) Amnestie. Wirkung derselben auf die civilrechtlichen Folgen der verbrecherischen Handlung. XI. 151. — 5) Nichtanwendbarkeit der Bestimmungen des römischen Rechts über Strafklagen. XIV. 245. XVII. 37. — 6) Unerlaubte Handlung eines Staatsdieners. Berufung auf dienstlichen Befehl. XIV. 236. — 7) Compensation der Delictsfolgen. VI. 24. — 8) Haftung mehrerer Mitschuldigen in solidum, und zwar ohne die gewöhnlichen Rechtswohlthaten der Correalschuldner. I. 66. — 9) Haftung des Auftraggebers zu einem Delicte. XV. 130. — 10) Haftung des Vaters für Verschulden des Sohnes. VII. 318.

V. Von der Erlöschung der Obligationen.

A. Durch Erfüllung und Deposition. Vgl. oben S. 77 ff. 1) Zahlung im weiteren Sinne. Von dem Gläubiger genehmigte Stellung eines anderen Debenten. XVII. 131. — 2) Einfluß einer Münzveränderung. II. 15. 128. XII. 133. — 3) Zahlung mit Vorbehalt einer nach näherer Bestimmung des Schuldners später zu ertheilenden Cession der Forderung. V. 124. — 4) Zahlung durch Wechsel. II. 88. 89. XI. 275. XIII. 227. XVI. 207. XVIII. 41a. XX. 122. — 5) Zahlung durch Wechsel und Papiergeld. II. 151. — 6) Zahlung mit noch nicht fälligen Wechseln oder Anweisungen, welche von dem Empfänger acceptirt sind. II. 16. — 7) Auch gerichtliche Verweisung keine Zahlung. XIII. 221. — 8) Contocorrentverhältniß; Zahlung auf einzelne Pöste. XX. 245. — 9) Kaufmännische Geschäftsverbindung. Zahlungen auf Rechnung (a conto), der Klage aus einem einzelnen Geschäfte gegenüber. XV. 117. — 10) Abrechnung der Zahlung auf Verzugszinsen. I. 191. — 11) Auch Zahlungen im Concurse zunächst auf die Zinsen abzurechnen. I. 192. X. 121. — 12) Auch bei einer in Zielern zahlbaren Schuld ist eine Zahlung zunächst an den Zinsen der ganzen Schuld abzurechnen. XV. 16. — 13) Muß der Gläubiger eine ihm angebotene Zahlung zunächst auf das Capital (nicht auf die Zinsen) annehmen? XVIII. 231. — 14) Abrechnung der Zahlung zunächst auf die lästigere Schuld. Verbürgte Schuld. Wechselschuld X. 23. XV. 193. — 15) Ueber Begründung der Zahlungseinrede und über die Beweislast, wenn Streit darüber entsteht, auf welche von mehreren Forderungen eine geleistete Zahlung abzurechnen sei. XV. 193. — 16) Substantiirung der Einrede der Zahlung. XVI. 258. — 17) Einwand des beklagten Erben des Schuldners, die Schuld sei „durch Zahlung oder Abrechnung" getilgt. XII. 308. — 18) Beweiskraft der Quittungen, welche die Art und Weise der Zahlung nicht enthalten. XVI. 159. — 19) Anwendung der const. 3 de apochis publicis auf Privatquittungen. I. 334. — 20) Exceptio doli specialis gegen eine Quittung. V. 275. — 21) Verbindlichkeit zur Ausstellung einer Quittung. VIII. 246. IX. 20. XIII. 245. XX. 121. — 22) Verbindlichkeit zur Ausstellung einer Quittung zum Zweck der Hypothekenlöschung. I. 330. IX. 19. — 23) Klage auf Quittungsausstellung nach vorbehaltsloser früherer Zahlung unstatthaft. IX. 21. — 24) Klage eines Rechnungsführers auf Erledigung der abgelegten Rechnung und Ertheilung einer Quittung. XIX. 34. — 25) Zurückgabe des Schuldscheins. Vermuthung der Forderungstilgung. I. 202. XIX. 138. XVI. 255. — 26) Beweislast über die Ursache der Zurückgabe des Schuldscheins. XIX. 223. — 27) Zurückgabe des Schuldscheines. Vermuthung für die von dem Schuldner behauptete theilweise Tilgung der Schuld? XIV. 18. — 28) Wegfall der Vermuthung, wenn neben Zurückstellung der Schuldverschreibung besondere Quittungen über die Zahlung ertheilt sind. V. 262. — 29) Datio in solutum. Wirkung. VIII. 126. — 30) Schuldentilgung durch Deposition. VIII. 23. X. 240. XIII. 92. XVII. 119. Vgl. XI. 118 a. E.

B. Durch Unmöglichkeit der Erfüllung. 1) Verhinderung der bei einem Bilateralcontracte dem einen Theil obliegenden Leistung durch den Andern. I. 183. — 2) Leibzuchtspräſtationen, welche baldigem Verderbniß unterliegen. Nichtabholung derselben auf dem Hofe durch den entfernt wohnenden Leibzüchter. XIII. 156. Vgl. V. 148. — 3) Unmöglichkeit der Vertragserfüllung ohne freiwillige Mitwirkung eines Dritten. Solchenfalls ist die Klage auf das id quod interest zu richten. XV. 215. — 4) Unmöglichkeit der Erfüllung. Jagd mit Gegenreichniß. Gesetzliche Aufhebung des Jagdrechts. VIII. 34. IX. 325. XVII. 202.

C. Durch Compensation. 1) Compensationsvertrag als Bestandtheil eines Abrechnungsgeschäfts. XIII. 247. XV. 194. — 2) Verschiedenheit der Compensation als Erlöschungsgrund der Obligation von der Zahlung. Beweisauflage der Baarzahlung; Beweisantretung über eine Gegenforderung behufs der Compensation. XII. 94. — 3) Kaufmännische Geschäftsverbindung. Zahlungen a conto der Klage aus einem einzelnen Geschäft entgegengesetzt. XV. 117. — 4) Befugniß des Ehemanns, die ihm von seinem Darlehnsgläubiger zugesicherte baare Mitgift gegen seine Darlehnsschuld zu compensiren. XI. 159. — 5) Der Umstand, daß dem Ehemann die Nutzungen des weiblichen Vermögens gehören, begründet für die Frau keine Verbindlichkeit, sich von ihrem Schuldner Aufrechnung einer Forderung an ihren Mann gefallen zu lassen. II. 280. — 6) Befugniß des Hausvaters, mit den zum ordentlichen Adventizgut seiner Hauskinder gehörigen Forderungen seinen Gläubigern gegenüber zu compensiren. XIV. 100. — 7) Compensation mit der Forderung des Correalschuldners. I. 33. — 8) Compensationseinrede des Intercedenten. II. 279. — 9) Compensation mit Forderungen an eine andere Kasse. I. 203. — 10) Compensation gegen den Cessionar mit einer Forderung des Schuldners gegen den Cedenten. VI. 177. XII. 18. XIII. 91. XIV. 22. — 11) Gegencompensation mit Forderungen des Cedenten. I. 30. XIX. 144. — 12) Compensation mit einer Schuld des Cedenten gegenüber einer in das Hypothekenbuch eingetragenen Forderung. XVII. 25. — 13) Compensation des Assignaten oder seines Bürgen mit einer Forderung gegen den Assignatar? XIII. 141. — 14) Compensation im Concurse. II. 117. VIII. 214. IX. 235. 236. XV. 119. — 15) Compensation von dem Schuldner des Cridars mit durch Cession erworbenen Forderungen den Gläubigern gegenüber geltend gemacht. X. 2. XI. 105. XIV. 220. — 16) Eine Actiengesellschaft im Concurse. Klage gegen einen Actionär auf Leistung eines Nachschusses seiner Actie. Einrede der Compensation wegen einer von dem Actionär als Versicherten eingezahlten Prämie. XIX. 139. — 17) Compensation mit einer Forderung, deren Beurtheilung Verwaltungssache ist. I. 31. — 18) Compensation gegenüber der Pfandklage. XIV. 20.

— 19) Noch nicht festgestellte Anwaltsgebühren als Compensationsposten, insbesondre im Concurse. VI. 189. — 20) Compensation mittelst einer zunächst auf Rechnungsablage gerichteten Forderung. I. 32. II. 281. VIII. 33. XVII. 132. 133. XVIII. 232. — 21) Compensation zwischen Nachtheil und Vortheil. VII. 166. — 22) Ueber das Erforderniß der Liquidität bei der Compensation. I. 366. II. 163. V. 123. VII. 108. VIII. 33. 122. XII. 23. XIV. 21. XV. 17. XVII. 134. — 23) Compensation. Retentionsrecht. Kommt es auch bei diesem auf Liquidität an? IX. 279. — 24) Illiquide Compensationspöste. Gegenforderung auf einem angeblich anerkannten Rechnungssaldo. IX. 145. — 25) Compensation mit illiquiden Gegenforderungen auf dem Wege der Replik geltend gemacht. XIV. 132. — 26) Compensation bei einer Mehrheit von Forderungen. XIX. 140. — 27) Replik der Compensation. Gegencompensation. I. 30. XIV. 132. XIX. 141. 142. 143. 144. — 28) Wirkung der Nachlaßverträge auf die Compensation gegen den Cridar. I. 394. — 29) Unwirksamkeit des beneficium competentiae einer durch Compensation geltend gemachten Forderung gegenüber. XII. 111. XIX. 288. — 30) Geltendmachung einer verjährten Forderung durch Compensation. II. 163. IX. 253. XIII. 8. XIV. 19. XV. 118. — 31) In wie fern schließt malae fidei possessio Compensation aus? XVII. 235. — 32) Eine rechtskräftig aberkannte Forderung kann auch nicht zur Compensation benützt werden. VII. 299. — 33) Gegen Forderungen aus eigenmächtigem Bezahltmachen findet Compensation nicht Statt. VI. 174. — 34) Einrede der Compensation auf Grund der von dem Kläger ertheilten Zusicherung eines Darlehns. XIII. 138. — 35) Compensationseinrede bei Papieren auf den Inhaber. III. 194. — 36) Einrede der Compensation gegen die actio depositi. VI. 326. — 37) Einrede der Compensation von Seiten eines Schuldners, welcher sich ausdrücklich verpflichtet hat, baar zu zahlen. IX. 146. — 38) Die Zusage: „in Kurzem Alles zu berichtigen," schließt die Einrede der Compensation nicht aus. IV. 214. — 39) Verzicht auf Compensation durch Verzicht auf Retention. XIV. 222. — 40) Ein Fall stillschweigenden (factischen) Verzichts auf Compensation. I. 335. — 41) Ausschluß der Compensation, wenn für den Kaufpreis Wechselaccepte bedungen worden sind. XV. 216. — 42) Wechselregreßklage. Einwand, daß baare Zahlung der Valuta bedungen worden sei, als zulässige Einrede der Compensation aufgefaßt. XIV. 163. (Vgl. XIV. 50. XV. 158). — 43) Eintritt der Compensation. VII. 165. — 44) Zum Verständnisse der Regel: compensatio fit ipso jure. XVII. 234. — 45) Eintritt der Wirksamkeit der Compensation. XII. 23. — 46) Einrede der Compensation, gestützt auf eine schon eingeklagte Gegenforderung. XVI. 39. XX. 28. — 47) Einrede der Compensation, gestützt auf eine schon eingeklagte Gegenforderung, und replica rei judicatae, gestützt auf das inzwischen erfolgte

Erkenntniß, durch welche die zur Compensation benutzte Forderung verworfen worden. VII. 300. — 48) Muß die dem Fiscus entgegengesetzte Einrede der Compensation binnen 2 Monaten liquide gemacht werden? III. 112. — 49) Liegt in dem Unterlassen der Aufrechnung Verzicht auf eine Gegenforderung? XIV. 221. XV. 194. — 50) Folge rechtskräftiger Verwerfung der Compensationseinrede. I. 367. — 51) Irrthümlich gestattete Compensation mit einer nicht begründeten Gegenforderung. Klage. XIX. 224. — 52) Erkenntniß über einen Compensationsposten. Berufungssumme. VI. 97. XII. 327. — 53) Compensation der Injurien. XII. 32. XX. 133. — 54) Compensation der Delictsfolgen. VI. 24.

D. Durch Confusion. 1) Kann ein Handelsgesellschafter Gläubiger der Gesellschaft sein? XII. 271. Vgl. III. 198. — 2) Confusion, herbeigeführt durch eine Cession der Klage an einen der mehreren solidarisch verpflichteten Bürgen. XVII. 144. — 3) Beerbung des Schuldners durch den Gläubiger oder umgekehrt. Die Confusion kommt nicht in Betracht, wenn Dritten gegenüber es sich fragt, wie groß der Nachlaß sei. XV. 18. — 4) Confusion durch anticipirte Beerbung. Durch die Uebergabe seines gesammten Vermögens an seine Kinder wird der Abtretende von seinen Verbindlichkeiten gegen diese befreit. XIII. 155. — 5) Erwerb des Wechsels durch den Acceptanten, insbesondre nach Verfall und Protest. VII. 96. XIV. 157. — 6) Vertrag mit Festsetzungen zu Gunsten Dritter. Der Promissar Erbe des Promittenten. XIV. 131. — 7) Uebernahme der Schuld durch einen Anderen. Einklagung der Forderung, nachdem der Gläubiger Erbe des ursprünglichen Schuldners geworden. Verwerfung der Einrede der Confusion. X. 173.

E. Durch Remission und mutuus dissensus. 1) Einwand des Beklagten, daß der Kläger vor Anstellung der Klage auf einer ihm zugestellten Rechnung niedrigere Preise in Ansatz gebracht habe. XVII. 210. — 2) Verzicht durch Unterlassung der Aufrechnung; in wie fern ist ein solcher anzunehmen? XIV. 221. — 3) Wirksamkeit einer Abrechnung in Bezug auf nicht verrechnete Forderungen. IV. 220. XV. 194. — 4) Stillschweigender Zinsenerlaß durch mehrjähriges Nichtfordern. VI. 164. XVIII. 123. — 5) Thatsächlicher Verzicht auf Leibzuchtsleistungen. V. 148. XIII. 156. — 6) Der Schuldschein in den Händen des Schuldners. I. 202. XIV. 18. XIX. 138. 223. Vgl. XVI. 255. — 7) Vertrag mit Festsetzungen zu Gunsten Dritter. Remission von Seiten des Promissars. XIV. 131. XV. 214. — 8) Wirkung des pactum de non petendo auf Dritte. III. 33. — 9) Pactum de non petendo in personam im Verhältnisse zum beneficium excussionis. VI. 40. — 10) Untheilbare Verbindlichkeit. Erlaß einem der Verpflichteten gegenüber. XV. 112. — 11) Erforderniß der

Insinuation bei schenkungsweisem Schulderlaß. VI. 39. VIII. 133. XI. 241. XVIII. 38. — 12) Durch Drohung bewirkter Schulderlaß. XVIII. 112. — 13) Von Zwangsnachlässen. I. 150. VII. 264. X. 249. XI. 320. XVII. 195. 196. XIX. 206. — 14) Regreß an den Bürgen bei Zwangsnachlaßverträgen. V. 265. — 15) Mutuus dissensus. Rücktrittserklärung eines Contrahenten. Ist deren Geltendmachung von Seiten des anderen Contrahenten durch vorgängige Acceptation bedingt? XI. 223. — 16) Anerkennung des Nichtbestandes eines Vertrages als Einrede wider die Klage aus demselben. XVIII. 130. — 17) Wird mutuus dissensus durch Zurücknahme des verkauften Gegenstandes zu erkennen gegeben? II. 282. — 18) Wiederaufhebung eines erfüllten Kaufvertrags zum Zwecke, der Geltendmachung des Retractsrechts eines Dritten zu entgehen. XIII. 111. Vgl. XI. 79. — 19) Wirkungen einer die Wiederaufhebung eines bereits ganz oder theilweise erfüllten Contracts betreffenden Uebereinkunft. X. 34.

F. Durch Novation. 1) In wiefern sind verba expressa bei der Novation erforderlich? VII. 167. — 2) Novation ohne ausdrückliche Erklärung der darauf gerichteten Absicht nach heutigem Rechte. VI. 175. — 3) Novation durch Ziehung oder Uebertragung eines Saldo? VIII. 159. XI. 228. XII. 144. — 4) Abrechnung und Anerkennung als Schuldgrund. VII. 246. 302. XII. 17. 260. XIII. 247. XIV. 16. 17. XV. 24. 194. XVIII. 137. XIX. 24. — 5) Aenderung der causa debendi. Ausstellung eines Darlehnsscheines. I. 335. XIII. 17. — 6) Verwandlung einer durch Abrechnung festgestellten Schuld in ein Darlehn. XVIII. 223. — 7) Die Contractsbestimmung, daß ein Theil des Kaufpreises verzinslich stehen bleiben solle, enthält keine Verwandlung der Restschuld in eine Darlehensschuld. XI. 34. — 8) Novation durch Annahme oder Ausstellung von Wechseln? II. 88. 89. VIII. 288. IX. 63. XI. 275. XVI. 207. XVIII. 41a. XX. 122. 259. 9) Uebernahme der Schuld durch einen Anderen. X. 172. 173. — 10) Umschreibung eines Schuldscheins auf Verlangen des Gläubigers. Durch diese allein wird der Uebergang der Forderung nicht bewirkt. XIV. 92. — 11) Die Cessionsanerkennung von Seiten des Schuldners ist zur Annahme einer Novation nicht hinreichend. IV. 106. XIII. 246. — 12) Beweis hinsichtlich der früheren Schuld bei einer auf Novation beruhenden Verbindlichkeit. XVII. 26. 236. — 13) In wiefern kann eine Novation wegen Einreden gegen die frühere Obligation als ungültig angefochten werden. X. 153. — 14) Einrede des nicht erfüllten Vertrages, gegründet auf einen durch Novation umgewandelten Anspruch. XX. 123. — 15) Novation durch rechtskräftiges Erkenntniß. Klage aus einem Urtheile von Seiten des durch selbiges Verurtheilten. VIII. 32. — 16) Keine Novation durch bloßes Beweiserkenntniß. XI. 186.

G. Andere Erlöschungsgründe. 1) Unterlassene Anforderung als Schuldaufhebungsgrund bei Leistung von Victualien. V. 148. Vgl. XIII. 156. — 2) Stillschweigende clausula cassatoria bei einem Lieferungsverkaufe mit festem Termine? XV. 192. — 3) Vertragsaufhebung wegen Nichterfüllung von Seiten des einen Theils. IX. 286. — 4) Rücktritt von dem Vertrage wegen Nichterfüllung. V. 270. XVI. 179. 208. — 5) Verwirkung durch Selbsthülfe. XII. 4. XV. 97. Vgl. XX. 8. — 6) Verwirkung von Forderungen des Vormundes gegen den Mündel (Nov. 72). X. 268. XII. 47. Vgl. IX. 23. — 7) Erlöschung der Klage auf Ehevollziehung, eventuell auf Dotation, durch den Tod des Schuldners nach erfolgter Litiscontestation. Anders bei der auf Schwängerung gestützten Klage. XIX. 111. — 8) Erlöschung der Obligation in Folge neuer Gesetzgebung. VIII. 34. XI. 71. 186. XX. 99. — 9) Erlöschung der Obligation durch theilweise Gebietsabtretung. VIII. 54. — 10) Klagenverjährung. II. 163. IX. 253. XIII. 8. XIV. 19. XV. 118.

VI. Von der Cession der Forderungen.

A. Begriff, Form und Arten. 1) Auffassung der Cession als einen Wechsel der Gläubiger. Singularsuccession. XI. 227. XIII. 246. a. E. Vgl. dagegen I. 27. XI. 310. XV. 120. Ziff. II. — 2) Verpfändung einer Forderung im Gegensatze zur Cession. Legitimation des Verpfänders zur actio Pauliana. XV. 6. — 3) Die Form der Cession bestimmt sich nach den Gesetzen des Ortes an welchem sie vorgenommen wurde. X. 220. — 4) Indossament als Cessionsform. III. 44. 45. XI. 81. — 5) Blancoindossament nach Protest wirksam als Cession. XVII. 90. — 6) Cession einer Wechselforderung mit Uebernahme der Haftung nach den Grundsätzen des Indossaments. XIV. 159. — 7) Ueberweisung einer Wechselforderung im Wege der Execution. XVI. 70. 140. — 8) Assigniren auf Schuld mit Ermächtigung zur Ausklagung des Assignaten. Dieser kann nicht aus der Person des Assignatars excipiren. XIII. 141. — 9) Klagrecht aus einem Vertrage dritter Personen. Stillschweigende Cession. XIX. 135. — 10) Dem Bürgen ist auch ohne einen bei der Zahlung gemachten Vorbehalt wegen Cession der Klage die Klage gegen den Hauptschuldner zu gewähren. XVII. 40. — 11) Vorbehalt der Cession bei der Zahlung von Seiten des Schuldners. V. 124. — 12) Nothwendige Cession. Actio utilis desjenigen, welcher Cession der Klage zu verlangen berechtigt ist. III. 259. XIV. 23. — 13) Die erzwingbare Cession als geschehen zu fingiren. VI. 313. XVI. 40. — 14) Ueber die Verpflichtung des Stellvertreters zur Cession der Klage gegen seinen Mandanten. XVIII. 241. — 15) Verpflichtung des Verkäufers zur Cession der aus der Beschädigung der Waare erwachsenden Ansprüche. XIV. 23. XV. 21. — 16) Betreibung eines Geschäfts von Seiten des Ehemannes auf eigenen Namen mit den unter seiner Verwaltung stehenden Geldern seiner Frau. Verpflichtung der Concursmasse des Ehemannes zur Cession der auf das Geschäft bezüglichen Forderungen? XI. 22.

B. Erfordernisse und Gegenstand der Cession. 1) Befugniß des Hausvaters, eine Forderung, welche zum ordentlichen Adventizgut gehört, in seinem eigenen Interesse zu cediren. XIV. 100. — 2) Befugniß des Administrators einer Handlung, für diese eine Forderung sich cediren zu lassen. II. 87. — 3) Cession ohne genaue Angabe des debitor cessus. VII. 20. — 4) Begründung des Klagrechts aus einer Cession. Berufung des Schuldners auf Ungültigkeit des der Cession zu Grunde liegenden Rechtsgeschäfts wegen Nichtwahrung einer particularrechtlichen Formvorschrift. XIII. 18. — 5) Cession ex turpi causa. Rückforderung des durch Cession einer Forderung geleisteten Beitrags zu einem gemeinschaftlichen Hazardspiel. XIII. 257. — 6) Perfection der Cession. Offert der Cession an einen Abwesenden. Tod oder behinderte Dispositionsfähigkeit des Offerenten. Arrest auf die Forderung vor Annahme des Cessionserbietens. XIV. 15. — 7) Pactum de non cedendo, ohne Wirkung gegen den Cessionar. V. 11. — 8) Cession eines Theils einer Wechselforderung. XIV. 158. XX. 29. — 9) Cession bedingter oder betagter Forderungen. XIII. 89. — 10) Cession des eventuellen Anspruchs auf Rückgabe einer Dienstcaution. XIV. 223. — 11) Cession eines erwarteten Legats. XIII. 151. — 12) Cession von Ansprüchen aus zweiseitigen Verträgen. I. 28. VIII. 35. XI. 32. XIII. 77. 89. XIV. 225. — 13) Cession von Rechten, welche mit Verbindlichkeiten vermischt sind. Anwendung auf Engagementsbriefe. XI. 225. — 14) Cession der actio pro socio. V. 125. — 15) Cession künftiger Pachtgelder. XIII. 77. XVI. 209. — 16) Cessibilität des Rechts des Mandanten gegen den Mandatar auf Vollziehung des Geschäfts. XX. 220. — 17) Pactum de mutuo dando. Der Anspruch auf Auszahlung der Darlehnssumme nicht cessibel. XIX. 35. — 18) Ueber Cessibilität des Vorkaufsrechts. XVII. 244. — 19) Cession des väterlichen Nießbrauchrechts unzulässig. XX. 222. — 20) Das Versprechen einer Wechselannahme nicht cessibel. XVII. 92. — 21) Cession von Wechselforderungen. XIV. 158. 159. XX. 29. — 22) Cession eines gezogenen Klassenlotterie-Looses. XI. 177. 178.

C. Besondere Beschränkungen der Cession. 1) Ungültigkeit der Cession einer Forderung gegen den Mündel an den Vormund. IX. 23. — 2) Fortdauernde Anwendbarkeit der Vorschrift wegen Ungültigkeit der Cession einer Forderung gegen einen Bevormundeten an den Vormund. Negotiorum gestio. XIX. 36. — 3) Verbot der Cession litigiöser Forderungen. Geltung desselben im heutigen Recht. V. 9. XI. 110. 135. XII. 89. XIV. 251. XV. 217. Note. — 4) Cession litigiöser Forderungen, wenn daraus kein Nachtheil für den Schuldner erwächst. III. 21. V. 10. — 5) Nichtanwendbarkeit des Verbots einer Cession litigiöser Forderungen in dem Falle der Auflösung der klagenden Eisenbahngesellschaft und des Uebergangs der Eisenbahn an den Staat. XI. 135. — 6) Die Litigiosität hört auf mit der Rechtskraft des Urtheils, desgleichen mit dem gerichtlichen Geständnisse des Schuldners. XIV. 251.

D. Legitimation des Cessionars. Beweis der Cession. 1) Statutencollision in Betreff der Legitimation des Cessionars. XI. 111. — 2) Sachlegitimation des klagenden Cessionars. Angabe und Nachweis der causa cessionis oder eines speciellen Rechtstitels nicht erforderlich. V. 150. 151. X. 36. XI. 136. XIII. 18. 90. — 3) Berechtigung des Schuldners, die Vorlage des Cessionsactes zu verlangen. XI. 136. — 4) Zur Legitimation des aus theilweiser Cession einer Wechselforderung klagenden Cessionars ist die Vorlage des Originalwechsels erforderlich. XX. 29. — 5) Beweis der Cession durch die Cessionsurkunde. Unerheblichkeit eines späteren Zeugnisses des Cedenten, nicht cedirt zu haben. III. 218. — 6) Beweis der Cession durch eine nach angestellter Klage von dem Cedenten dem Cessionar ertheilte Cessionsbescheinigung. XII. 96. — 7) Anerkennung der Cessionsacte durch den Cedenten. Zeugniß des Cedenten. I. 336. — 8) Beweis der Cession, namentlich bei Insolvenz des Cedenten; Erforderniß hinsichtlich der Zeit. V. 76. — 9) Beweis durch Anerkennung des Schuldners. XI. 137. 10) Das Indossement eines verjährten Wechsels kann bei der Klage aus dem demselben vorausgegangenen Civilrechtsgeschäfte nicht als Cession zur Activlegitimation dienen. XX. 66. — 11) Einrede der simulirten Cession. XII. 337.

E. Verhältniß des Cedenten zum Cessionar. 1) Vereinnahmung einer von dem Cridar vor Ausbruch des Concurses cedirten Forderung von Seiten der Concursmasse. Vorzugsrecht des Cessionars. XIII. 76. — 2) Klagrecht gegen den Cedenten auf Anerkennung der Cession. XIII. 19. — 3) Einreden des Irrthums und der Verletzung über die Hälfte von dem Cessionar dem auf Erfüllung klagenden Cedenten entgegengesetzt. IV. 28. — 4) Haftung des Verkäufers bei dem Verkaufe von Forderungen, insbesondre von Obligationen auf den Inhaber. II. 32. III. 26. XVI. 204. — 5) In wie weit haftet der Verkäufer von Obligationen auf den Inhaber für deren Werth? Anwendung der Grundsätze von dem Verkaufe körperlicher Sachen. VII. 306. — 6) Zurückhalten des Cessionspreises wegen Bestreitung der cedirten Forderung. I. 50. — 7) Regreß an den Cedenten, weil diesem die Zahlungsunfähigkeit des Schuldners bekannt gewesen. IV. 27. — 8) In wie fern haftet der Erbe für die Einbringlichkeit einer zur Tilgung eines Vermächtnisses abgetretenen Forderung? XI. 62. — 9) Verkauf einer Forderung unter Zusicherung hypothekarischer Rechte. Klage des Käufers wegen des durch den Mangel derselben erlittenen Verlustes.

Berufung des Verkäufers auf die lex Anastasiana. XV. 121. — 10) Uebernahme der Haftung für nomen bonum. Spätere Insolvenz des Schuldners. Einrede, daß der Schuldner nach der Cession noch zahlungsfähig gewesen. XIII. 20. — 11) Klage wegen übernommener Gewährung der Bonität. Unzulänglichkeit der Hypothek. XVII. 237. — 12) Umfang der von dem Cedenten übernommenen Haftung für die Güte der cedirten Forderung. XIII. 21. — 13) Garantie für die Güte, von einem Cessionsnachmanne geltend gemacht. IV. 26. — 14) Garantie auf eine Anzahl Jahre. V. 149. — 15) Liegt in der von einer Ehefrau übernommenen Haftung für die Güte der von ihr cedirten Forderung eine Intercession? XX. 124. — 16) Theilconcession. Gleiche Rechte des Cedenten und des Cessionars. XI. 227. — 17) Collision zwischen dem Cedenten eines Forderungstheils und dem Cessionar. IX. 280. — 18) Klage auf Rückgewährung einer ob turpem causam (in fraudem creditorum) zum Scheine cedirten Forderung. XVIII. 225.

F. Wirkungen der Cession. 1) Durch die Cession einer verzinslichen Forderung cum omni causa sind die rückständigen Conventionalzinsen nicht mit abgetreten. XI. 226. — 2) Befugniß, die Bestellung einer Hypothek zu verlangen, auf einem privilegium personae des Cedenten beruhend. XII. 145. — 3) Berechtigung des Cedenten, die cedirte Forderung in eigenem Namen einzuklagen. V. 151. XIX. 37. — 4) Cession zur Sicherung einer Forderung. Wirkung in dem Concurse des Cedenten. XIX. 145. — 5) Cession von Seiten des Gläubigers eines Cridars an den Schuldner desselben. Compensationseinrede des Cessionars. Ist sie statthaft? XI. 105. XIV. 220. — 6) Wirkung der Cession des Gläubigers an einen der mehreren solidarisch haftenden Bürgen. XVII. 144. — 7) Exceptio excussionis der cedirten actio hypothecaria des Bürgen gegenüber. XIX. 218. — 8) Ueber den Einfluß der Cession zukünftiger Pachtgelder auf das Rechtsverhältniß der Pachtcontrahenten unter einander und dem Cessionar gegenüber. XVI. 209. — 9) Einfluß der Cession künftiger Pachtgelder im Concurse des Verpächters. XIII. 77. — 10) Separationsrecht des Cessionars in Bezug auf eine ihm vor der Concurseröffnung über das Vermögen des Cedenten übertragene, jedoch von dem Schuldner zum Concursdepositum eingezahlte Forderung. XVI. 271. — 11) Das Retentionsrecht der const. un. etiam ob chirographariam pecuniam (8, 27) steht dem Pfandgläubiger wegen cedirter Forderungen nicht zu. XIX. 128. — 12) Verjährungszeit bei Klagen milder Stiftungen aus cedirten Forderungen. Kommt denselben das Privilegium einer längeren Verjährungsfrist zu Statten? Privilegium des Fiscus. II. 7., VIII. 227. — 13) Umfang der Regel, daß der Schuldner durch die Cession in keine schlimmere Lage kommen dürfe. X. 250. — 14) Uebertragung des Schlußzettels bei dem Lieferungsverkauf. Nicht rechtzeitige Erfüllung von Seiten des Verkäufers. Berufung auf Unkenntniß des Erwerbs des Schlußzettels. XIV. 225. — 15) Benachrichtigung des Schuldners. III. 156. VI. 25. X. 97. XI. 32. XII. 338. XIII. 91. XV. 120. Vgl. XIX. 37. — 16) Klage des Cessionars gegen den Schuldner auf Vollziehung eines Agnitionsscheines. VIII. 123. — 17) Wirkung der Cessionsanerkennung durch den Schuldner. IV. 106. XI. 137. — 18) Rechtsverhältniß des zweiten Cessionars, insbesondre wenn das Recht des ersten Cessionars vernichtet ist. I. 27. — 19) Cession an Mehrere nach einander. Vorzug der älteren Cession. VIII. 248. XI. 227. XIII. 246. XVII. 27. — 20) Arrest auf eine cedirte Forderung. Kommt es dabei darauf an, ob die Cession dem debitor cessus angezeigt war? VII. 301. XII. 338. — 21) Arrest auf eine cedirte Forderung von Gläubigern des Cedenten bewirkt. Einfluß auf den Rechtsstreit zwischen dem Cessionar und dem debitor cessus. XIII. 92. — 22) Einrede des Schuldners gegen den Cessionar bezüglich der Dispositionsfähigkeit des Cedenten. Beweislast. II. 164. — 23) Compensation gegen den Cessionar mit einer Forderung des Schuldners gegen den Cedenten. I. 30. VI. 177. XII. 18. XIII. 91. XIV. 22. Vgl. XV. 119. Note 2. — 24) Compensation mit einer Schuld des Cedenten gegenüber einer in das Hypothekenbuch eingetragenen Forderung. XVII. 25. — 25) Gegencompensation mit Forderungen des Cedenten. I. 30. XIX. 144. — 26) Klage aus einem cedirten simulirten Schuldschein. Exceptio non numeratae pecuniae. Replica doli. XIX. 26. — 27) Exc. doli generalis aus der Person des Cedenten dem Cessionar entgegengesetzt. XI. 31. — 28) Widerklage gegen den Cessionar aus Forderungen gegen den Cedenten. V. 234. XII. 146. — 29) Einreden aus der Person des Cessionars. VI. 176. — 30) Wirksamkeit der in dem Hypothekenbuche nicht eingetragenen Cession einer hypothekarischen Forderung in dem Concurse des debitor cessus. VIII. 124. — 31) Edictionspflicht des Cedenten. II. 337. XV. 167. — 32) Der Cedent ein unzulässiger Zeuge über die Richtigkeit der Forderung. VI. 274. — 33) Ist der Schuldner berechtigt, im Processe mit dem Cessionar die Ableistung eines Schiedseides durch den Cedenten zu verlangen? II. 337. XVI. 165. — 34) Auch dem nicht mitprocessirenden Cedenten kann der Erfüllungseid auferlegt werden. XI. 310. — 35) Keine Zulassung des Cessionars zur Leistung eines dem Cedenten rechtskräftig zuerkannten Eides. XI. 102.

G. **Lex Anastasiana.** 1) Statutencollision in Bezug auf die lex Anastasiana. I. 402. — 2) Beschränkung des Cessionars auf das für die Forderung Gegebene. II. 29. — 3) Beschränkung der lex Anastasiana. Keine Anwendbarkeit derselben, wenn für eine Gesammtheit von Forderungen eine Pauschsumme bezahlt wurde. XIX. 146. — 4) Gültigkeit eines Verzichtes auf die lex Anastasiana. XVIII. 131. —

5) Factischer Verzicht auf den Einwand aus der lex Anastasiana. II. 30. — 6) Weitere Cession. Wirksamkeit der lex Anastasiana von der ersten Cession her. II. 31. — 7) Sachlegitimation des klagenden Cessionars mit Rücksicht auf die lex Anastasiana. XIII. 90. — 8) Beweislast des klagenden Cessionars rücksichtlich der gezahlten Valuta. Beweiskraft der Cessionsacte und der von dem Cedenten ertheilten Quittung. I. 29. V. 126. XV. 19. — 9) Entschädigungsklage des Cessionars gegen den Cedenten wegen Verlustes in Folge Mangels zugesicherter hypothekarischer Rechte. Berufung des Cedenten auf die lex Anastasiana. XV. 121.

VII. Klagen aus der Obligation.

1) Klage auf Auslieferung des über eine Forderung ausgestellten Schuldscheins. XVI. 210. — 2) Klage auf Aussonderung der einzelnen aus einer größeren Menge gleichartiger Sachen gekauften Stücke. XVI. 42. — 3) Die Geltendmachung von nicht verfallenen Forderungen ist unzulässig, wenn es noch ganz problematisch ist, ob das Rechtsverhältniß, welches den Gegenstand des Streits bilden soll, überhaupt eintreten werde. IV. 19. — 4) Klage auf Anerkennung eines Obligationsverhältnisses. III. 305. 306. X. 108. XIV. 5. — 5) Klage auf Anerkennung eines Vertrages. III. 304. 306. — 6) Unstatthaftigkeit einer Klage auf bloße Anerkennung eines Obligationsverhältnisses. VII. 298. VIII. 247. XIX. 110. — 7) Verurtheilung zur Vornahme beziehungsweise Unterlassung einer Handlung zulässig. II. 272. — 8) Anerkennungsklage, deren Verhältniß zu der Klage auf Erfüllung. XX. 7. — 9) Klage auf Anerkennung des Evictionsanspruchs vor Eintritt seiner Voraussetzungen. II. 27. — 10) Klage auf Anerkennung einer Cession. XIII. 19. — 11) Klage auf Anerkennung der Nichtexistenz einer urkundlich übernommenen Verbindlichkeit. VI. 319. — 12) Klage auf Aufhebung von Verträgen. III. 307. VI. 320. XVII. 208. XVIII. 113. — 13) Klage zur Bewahrung von Vertragsrechten, welche künftig zur Verwirklichung kommen sollen; insbesondre gegen den künftigen Erblasser von Seiten des Erbvertrags-Acceptanten. IX. 22. — 14) Einklagung der Forderung, nachdem die Gläubiger bei erfolgter Uebernahme der Schuld von Seiten eines Anderen Erben des ursprünglichen Schuldners geworden sind. X. 173.

Hauptstück 2.

Einzelne Obligationen.

I. Obligationen aus Verträgen und vertragsähnlichen Verhältnissen.

A. Darlehen.

a. Pactum de mutuo dando. 1) Heutige Klagbarkeit des pactum de mutuo dando. X. 37. — 2) Pfandbestellung von Seiten des

Promissars in Folge des pactum de mutuo dando. Datirung des Pfandrechts. XIII. 113. 132. 228. — 3) Pactum de mutuo dando. Anspruch auf Auszahlung des Darlehns nicht cessibel. XIX. 35. — 4) Klage des Promissars aus einem Vertrage über Darleihung eines Capitals. Beweislast im Falle der Behauptung einer bedingten Verabredung. IV. 32. — 5) Klage des Promissars. Einrede der Compensation. XIII. 138. — 6) Klage des Promittenten aus dem pactum de mutuando auf Annahme des Darlehens u. s. w. II. 165.

b. Begriff, Eingehung und Voraussetzungen des Darlehens. Rechtsverhältnisse aus denselben. 1) Rechtliche Natur des Pachtvorschusses. XIX. 39. — 2) Vorschuß Seitens des Verkaufscommissärs im Gegensatze zu einem Darlehen. XV. 44. — 3) Unverzinsliches Darlehen als Heirathsgut. XIII. 40. — 4) Creditvertrag. Gedeckter Credit. Verhältniß der gegenseitigen Ansprüche. XVI. 136. — 5) Darlehen mit Dienstvermiethung oder Societät? X. 154. XIII. 248. — 6) Irrthum über die Person des Darleihers. V. 271. — 7) Rechtliche Bedeutung der condictio Juventiana. Actio mutui aus der Person des Haussohns. X. 253. — 8) Actio mutui gegen eine Stadtgemeinde. Legitimation des Fiscus zur Rückforderung der von der revolutionären Gewalt an Private geliehenen Staatsgelder. XII. 147. — 9) Darlehnsaufnahme durch den Geschäftsführer einer Handlung. IX. 147. — 10) Darlehen an einen Institor. Verwendung des Geldes zu einem andern Zwecke, als zu welchem es aufgenommen wurde. XII. 60. — 11) Anlehen von Frauenspersonen für einen Dritten. Anwendung der Grundsätze von der Intercession der Frauen. I. 214. — 12) Darlehen von einer Ehefrau mit Zustimmung des Ehemannes aufgenommen. II. 184. — 13) Ueber die Anwendbarkeit der auth. si qua mulier, wenn zwei Eheleute wegen eines Darlehens sich durch eine gemeinschaftliche Verschreibung verbindlich machen. VII. 170. XII. 272. XIII. 143. XVII. 38. — 14) Darlehn ohne Numeration. V. 127. — 15) Novation durch Ausstellung eines Darlehnsscheines. XIII. 17. — 16) Die Contractsbestimmung, daß ein Theil des Kaufpreises verzinslich stehen bleiben solle, enthält keine Verwandlung des rückständigen Kaufpreises in ein Darlehn. XI. 34. — 17) Abrechnung als Schuldgrund. II. 35. III. 105. VII. 302. XI. 228. XII. 17. 144. XIII. 247. XIV. 16. 17. XVIII. 223. — 18) Angabe der causa debendi, ist sie in einem Schuldscheine nöthig? II. 326. XVII. 185. — 19) Welche Wirkung hat es, wenn die Klage auf Behauptung eines baaren Darlehens gegründet war, in den Verhandlungen aber sich herausstellt, daß die Schuld des Beklagten auf Abrechnung beruhe? IV. 149. V. 314. VI. 262. — 20) Einreden gegen die Forderung aus einer Abrechnung. II. 36. — 21) Anerkennung einer Darlehensschuld durch Zinszahlung. IX. 148. X. 251. — 22) In welchen Münzsorten ist ein Darlehen zurückzuzahlen? VII. 24. — 23) Darlehen in Werthpapieren. XIV. 133. — 24) Anspruch auf Sicherheitsbestellung wegen einer noch nicht zahlbaren Darlehnsschuld. VI. 137. — 25) Kein gesetzliches Pfandrecht wegen eines Gelddarlehns zum Zwecke der Reparatur eines Gebäudes. XII. 253. — 26) Voraussetzungen des privilegirten Pfandrechts wegen eines Darlehens zum Ankaufe einer Sache. XII. 335. — 27) Provision neben Zinsen bei dem Darlehn. I. 26. XI. 129. — 28) Wegfall des Verbots der Zinsen ultra alterum tantum bei einem Darlehn, wenn die Zinsen erst nach dem Tode des Schuldners bezahlt werden sollten. XVIII. 26. — 29) Zahlungstermin bei dem Darlehn „wenn der Gläubiger das Geld vonnöthen hat." II. 33. — 30) Rückzahlung versprochen, „sobald der Schuldner dazu im Stande sein werde." XV. 218. — 31) Darlehen „nach Verkauf gewisser Grundstücke zurückzuzahlen." Tod des Schuldners. VIII. 249. — 32) Nativität der Darlehnsklage. XVII. 203. XVIII. 23. — 33) Berufung des Schuldners auf mangelnde Kündigung bei einem verzinslichen Darlehn. V. 273. — 34) Einklagung des Darlehns vor Ablauf der Kündigungsfrist. III. 204. VIII. 91. XVII. 156. — 35) Verjährung der Darlehnsklage. V. 272. VI. 325. XVII. 203. XIX. 7. — 36) Verjährung kündbarer und verzinslicher Darlehnsforderungen. I. 312. IV. 201. VI. 3. XIII. 6. 122. XVI. 3. XVIII. 2. XIX. 7. XX. 196. — 37) Das einer Wechselbegebung beigefügte Bekenntniß „Werth baar erhalten" als Bescheinigung eines Darlehns geltend gemacht. VIII. 81. — 38) Eine Wechselforderung, nach eingetretener Wechselverjährung als Darlehensforderung geltend gemacht. VIII. 79. — 39) Darlehnsklage aus Wechseln im Executivproceß. XVIII. 282.

c. **Beweis des Darlehens. Exceptio non numeratae pecuniae.** 1) Beweis des Darlehens durch Handelsbücher. VI. 285. — 2) Anerkennung einer Darlehensschuld durch Zinszahlung. Exceptio non numeratae pecuniae. IX. 148. X. 251. — 3) Darlehensverschreibung neben einer früheren Schuld zu gleichem Betrage. Exceptio non numeratae pecuniae. I. 335. — 4) Bescheinigung früheren Empfangs in der Schuldverschreibung. Zinszahlung. Pfandbestellung. Einfluß hinsichtlich der exceptio non numeratae pecuniae. X. 254. — 5) Exceptio non numeratae pecuniae bei öffentlichen Urkunden. II. 34. IV. 31. X. 38. — 6) Quittung über Empfang des Geldes, Verzicht auf die Einrede des nicht gezahlten Geldes, in der Schuldverschreibung ohne Wirkung. V. 276. XII. 262. — 7) Wirkung des Verzichts auf die exceptio non numeratae pecuniae in einer vor Empfang des Darlehens ausgestellten Urkunde. XIX. 25. — 8) Wiederholte Empfangsbescheinigung am Schlusse der Schuldurkunde. VI. 26. — 9) Confessio geminata, Wirkung in Bezug auf die exceptio non numeratae pecuniae. Beweiskraft gegen Dritte? XVII. 28. — 10) Klage aus einem cedirten simulirten Schuldscheine. Exceptio non numeratae pecuniae. Replica doli. XIX. 26. — 11) Beweiskraft der Darlehnsschuldscheine durch ausdrückliche spätere Anerkennung. IV. 30. — 12) Einrede des nicht empfangenen Geldes einer Abrechnungsurkunde gegenüber. XIV. 17. Vgl. VI. 178. — 13) Beweiskraft der Schuldscheine über Darlehen durch Novation früherer Forderungen. Exceptio indebiti nach Ablauf von zwei Jahren. V. 274. — 14) Exceptio doli specialis gegen die Beweiskraft eines Schuldscheins in ihrem Verhältnisse zur exceptio non numeratae pecuniae. V. 152. Vgl. V. 275. — 15) Zulässigkeit des Beweises (Gegenbeweises) des nicht empfangenen Geldes gegen die Schuldurkunde nach Ablauf von zwei Jahren VI. 179. VII. 169. VIII. 250. XVI. 107. XX. 125. — 16) Eideszuschiebung über die Einrede des nicht gezahlten Geldes. XVII. 180. XX. 125. — 17) Querela non numeratae pecuniae. IX. 297. — 18) Einwand nicht erhaltener Valuta einer Wechselklage gegenüber. XI. 292. XIV. 59. 163. XV. 158.

d) Senatusconsultum Macedonianum. 1) Exceptio Senatusconsulti Macedoniani gegenüber dem in der Schuldurkunde niedergelegtem Geständnisse des Haussohnes, daß sein Vater in die Aufnahme des Darlehens gewilligt habe. IV. 29. — 2) Exc. S. C. Macedoniani von Jemandem vorgeschützt, welcher zur Zeit des Darlehens bereits Sachwalter war. XV. 20. — 3) Replik der Verwendung des Geldes zur Bezahlung einer Schuld. XI. 229. — 4) Beweissatz bei der exceptio S. C. Macedoniani. XII. 339. — 5) Exceptio S. C. Mac. der Wechselklage gegenüber. XV. 70.

B. Commodat. 1) Versicherung einer geliehenen Sache von Seiten des Commodatars. Anspruch des Commodanten auf die Entschädigungssumme. VI. 180. — 2) Papiere auf den Inhaber commodatsweise zur Verpfändung überlassen. XVI. 66.

C. Hinterlegungsvertrag. Sequestration. 1) Wesen des depositum, insbesondere des depositum irregulare. XVI. 211. — 2) Utilis actio depositi directa. XVII. 136. Vgl. XI. 36. S. 49. 50. — 3) Einrede der Compensation gegen die actio depositi. VI. 326. — 4) Einstellung von Waaren in einem Gasthause. In wiefern kann der Gastwirth für die gestattete Benutzung der Räumlichkeiten in seinem Gasthause eine Vergütung rechtlich in Anspruch nehmen? XII. 264. — 5) Zu fr. 1 §. 40 dep. (16, 3) XIV. 77. — 6) Haftungsverbindlichkeit aus obrigkeitlich angeordnetem Depositum. II. 159. III. 327. V. 135. VII. 321. — 7) Schadensersatzklage gegen Gerichtsmitglieder wegen unrichtiger Verwendung deponirter Gelder. XIV. 140. — 8) Haftung des Staats für Gerichtsdepositen. Begründung des Anspruchs auf Verzugszinsen. XVII. 123. — 9) Depot von Creditpapieren. XIX. 176. — 10) Hinterlegung der in Bezug auf eine Preisaufgabe ausgelobten Summe bei einer öffentlichen Behörde. Sequestratio voluntaria. IX. 275. — 11) Voraussetzungen der sequestratio voluntaria. V. 277. — 12) Gerichtliche Sequestration. V. 128. VI. 92. 181. XII. 306. — 13) Sequester, active und passive Sachlegitimation desselben. XVIII. 48. — 14) Sequestration einer Erbschaft. Befugniß des Sequesters zur Anstellung von erbschaftlichen Klagen. XII. 306. — 15) Umfang der Wirksamkeit der Handlungen des Sequesters. XVIII. 234.

D. Tröbelvertrag. Tröbelvertrag oder Consignation? XI. 144.

E. Kauf.

a. Begriff. Abschluß. Gegenstand. 1) Kaufsabschluß oder Einkaufscommission? II. 357. — 2) Kauf oder Pacht? IX. 325. — 3) Bestellung einer Dampfmaschine. Kaufgeschäft. XI. 234. — 4) Verträge über Gewerbsprivilegien. Die Nothwendigkeit einer Mitwirkung der Behörden zu deren Uebertragung schließt den Begriff des Kaufes nicht aus. XVII. 137. — 5) Kauf oder Schenkung wegen der Bestimmung, daß der Kaufpreis eventuell dem Käufer geschenkt sein solle? XVIII. 132. — 6) Verkauf einer Buchdruckereiconcession. Vertragsauslegung. XV. 271. — 7) Kaufcontract über Actien auf Namen, zu deren Uebergang Genehmigung der Gesellschaftsvertreter erforderlich ist. Perfection. XVI. 212. — 8) Kauf durch stillschweigendes Behalten unbestellt zugesandter Waaren. VIII. 36. XIII. 218. — 9) Anerkennung des Vertragsverhältnisses. Billigung der Qualität und des Preises durch Annahme und Verbrauch der übersandten Waaren. X. 255. Vgl. XVIII. 127. — 10) Perfection des Kaufsvertrages über ein Grundstück. XIII. 139. — 11) Eintritt der Perfection bei Kaufsunterhandlungen über ein Grundstück durch Frage und Antwort? Angeld. IV. 33. — 12) Grundstücksverkauf durch einen Unterhändler auf dessen Namen. Anerkennung des Auftraggebers, als des wirklichen Käufers, von Seiten des Verkäufers. VI. 184. — 13) Widerspruch zwischen dem Inhalte einer Kaufurkunde und dem Eintrage im Grundbuche. VIII. 251. — 14) Wirksamkeit eines abgeschlossenen Kaufvertrages über eine Liegenschaft vor der gerichtlichen Solennisirung. X. 155. — 15) Wissentlicher Kauf einer fremden Sache begründet keine Klage auf Erfüllung oder Entschädigung. XVII. 29. — 16) Verkauf einer Zeitung. XV. 43. — 17) Verkauf eines Hauses auf Abbruch ist Verkauf beweglicher Sachen. XVIII. 207. — 18) Verkauf von Schiffsparten. XI. 35. 213. — 19) Ungültigkeit eines Kaufvertrages wegen des in demselben enthaltenen, bei Mangel gerichtlicher Bestätigung ungültigen Verpflegungsvertrages. XII. 3. — 20) Gemeinschaftlicher Verkauf von Sachen mehrerer Eigenthümer. I. 206. — 21) Eine Sache von Mehreren gemeinschaftlich gekauft. Exceptio plurium litis consortium. VII. 27. — 22) Aussonderung der einzelnen aus einer größeren Menge gleichartiger Sachen verkaufter Stücke. XVI. 42. — 23) Kauf einer Mehrheit vertretbarer Gegenstände. Genuskauf und Specieskauf. XVI. 43. XIX. 131. — 24) Kaufcontract über mehrere Objecte, als einheitlicher oder als Zusammenfassung mehrerer Verträge anzusehen? XVII. 127.

b. Kaufpreis. 1) Ueber das Erforderniß des pretium certum bei dem Kauf. VII. 26. XVII. 30. — 2) Preisbestimmung bei Waarenbestellungen ohne Verabredung des Preises. II. 166. 284. IX. 339. XI. 233. XVI. 41. — 3) Billigung des geforderten Preises für bestellte und erhaltene Waaren durch Stillschweigen. X. 255. XI. 233. XII. 19. — 4) Bestimmung des Kaufpreises nach dem Preise des Weiterverkaufs. XII. 20. — 5) Gesetzliche Preisbestimmung für den sog. Kauf der Früchte auf dem Halm. XIV. 24. — 6) Ueber die verschiedenen Arten des Rabatts (Disconto) im Waarenhandel. XVI. 63. — 7) Rabattbewilligung. Beweislast. XV. 163. — 8) Wegfallen des Disconto ohne Einfluß auf die Zinsverbindlichkeit. IV. 76. X. 198. — 9) Wirkungslosigkeit der einem Kaufvertrage beigefügten Nebenberedung über die Berichtigung des Kaufpreises durch anderweitige Leistungen wegen Unbestimmtheit. XIII. 219. XVI. 26. — 10) Bedeutung des Nebenvertrages, daß ein Theil des Kaufpreises gegen Verzinsung stehen bleiben solle. Keine Verwandlung des rückständigen Kaufgeldes in ein Darlehen. XI. 34. — 11) Täuschung bei dem Kaufcontracte in Beziehung auf den Preis. II. 167.

c. Rechtsverhältnisse aus dem Kauf: 1) „Habere licere" als Obliegenheit des Verkäufers. Eigenmächtige Zurücknahme des verkauften und tradirten Gegenstandes von Seiten des Verkäufers. XI. 27. — 2) Verpflichtung des Verkäufers, vacua possessio zu gewähren. VIII. 37. — 3) Die Verbindlichkeit des Verkäufers zur Gewährung der vacua possessio wird durch den Eigenthumserwerb auf Seiten des Käufers nicht aufgehoben. XIX. 147. — 4) Klage des Käufers gegen den Verkäufer wegen der von dem Einmiether verzögerten Räumung des verkauften Hauses. VI. 187. — 5) Einer von mehreren Erben des Verkäufers im alleinigen Besitze des Kaufsgegenstandes. Verpflichtung desselben zur Tradition der ganzen Sache. XVI. 18. — 6) Befugniß des Käufers in gewissen Fällen zur Zurückweisung theilweiser Erfüllung. I. 48. — 7) Klage auf Erfüllung des von einem Gemeinschuldner vor Ausbruch der Gant geschlossenen Verkaufes gegen die Gläubigerschaft. V. 94. — 8) Verpflichtung des Verkäufers in Betreff der Uebersendung der Waare an einen auswärtigen Käufer. XIV. 23. — 9) Verpflichtung des Verkäufers zur Abtretung der actio legis Aquiliae. XV. 21. — 10) Haftung des Verkäufers für angegebenen nicht garantirten Flächeninhalt des verkauften Grundstücks. V. 278. — 11) Haftung des Verkäufers aus dem Verkaufe unächter mit schädlichen Stoffen versetzter Waaren wegen des durch diese verursachten Schadens. VII. 170. Vgl. VII. 25. XVI. 181. — 12) Auszahlung von Hauskaufgeldern für den Fall bedungen, daß der Verkäufer von dem Käufer nicht gut gehalten, und sich genöthigt sehen würde, von ihm wegzuziehen. IX. 152. — 13) Wirkung der Bedingung, daß dem Käufer vorbehalten sei, die Zeit für Zahlung des Kaufpreises zu bestimmen. XVII. 18. — 14) Zahlung des Kaufpreises versprochen, wenn der Käufer die verkaufte Waare wieder verkauft haben werde. XVI. 24. — 15) Der Käufer braucht vor Solennisirung des Kaufbriefes nicht zu zahlen. Wegen nicht sofort auf den Termin geleisteter Zahlung kann man von dem Kaufvertrage nicht abgehen. X. 155. — 16) Versendung von Wein auf Bestellung. Verbindlichkeit des Bestellers, den Werth der Fässer zu vergüten. XV. 219. — 17) Kann der Verkäufer auch den Ersatz der von einem Dritten auf die Sache gemachten Verwendungen von dem Käufer verlangen? XVIII. 133. — 18) Berichtigung des Kaufpreises mit Wechseln. II. 88. 89. VIII. 288. IX. 275. — 19) Gesetzliche Verbindlichkeit des Käufers, den Kaufpreis von der Tradition an zu verzinsen. II. 283. X. 198. XII. 148. 263. XIII. 218. 219. a. E. Vgl. XIII. 10. — 20) Ausnahmen von der Verbindlichkeit zur Verzinsung des Kaufpreises bei dem Waarenkauf. II. 283. VII. 305. — 21) Voraussetzung der Verbindlichkeit zur Verzinsung des Kaufgeldes. Wegfall derselben. IX. 24. XII. 118. — 22) Verbindlichkeit des Käufers zur Verzinsung des Kaufgeldes für die Zeit, für welche der säumige Verkäufer die Früchte der verkauften Sache zu vergüten hat. VI. 182. — 23) Auslegung einer Vertragsbestimmung über die Verzinsung des Kaufgeldes. Voraussetzung der Tradition. XII. 21. — 24) Kein Eigenthumsübergang bei dem Kaufe auf Deckung. VIII. 40. — 25) Vindication einer verkauften Waare wegen angeblich betrüglichen Kaufs auf Credit. VIII. 41. — 26) Vindication von Waaren, wenn für den Kaufpreis Tratten gegeben waren. II. 89. — 27) Vindication der verkauften Waare, wenn die für den Kaufpreis bedungene Sicherheit nicht geleistet worden. XI. 120. XV. 201. — 28) Uebergang der Lasten, insbesondere der Verbindlichkeit zur Erstattung von Havariegeldern, bei verkauften Schiffen. VIII. 126. — 29) Geltendmachung eines von dem Verkäufer mit einem Dritten abgeschlossenen Contracts von Seiten des Käufers. XIII. 16. — 30) Collision zweier Käufer derselben Sache bei Liegenschaften. Eigenthumsübergang durch Zuschreiben. XI. 116. — 31) Voraussetzung der Klage des Verkäufers auf Preisdifferenz bei Weiterverkauf wegen Nichterfüllung von Seiten des Käufers. V. 156. — 32) Zurücknahme des verkauften Gegenstandes begründet keine Vermuthung für Auflösung des Kaufcontracts durch mutuus dissensus. II. 282. — 33) Zur Begründung der Klage aus dem Kaufcontracte bedarf es keiner Angabe, daß der Kläger erfüllt habe oder zur Erfüllung bereit sei. III. 201. VIII. 299. IX. 333. XI. 138. — 34) Nichtangabe der dem Kläger obliegenden Gegenleistungen bei einer Klage aus dem Kaufcontract. XX. 264. — 35) Unerheblichkeit der Thatsache, daß der auf Tradition klagende Käufer reell offerirt habe, wegen vorangegangener Verweigerung von Seiten des Verkäufers. X. 39. XVII. 19. — 36) Klage auf Zuschreiben verkaufter Liegenschaften. VI. 311. X. 156. — 37) Klage auf Nichtigkeit eines Kaufcontracts und Zurückgabe der verkauften und tradirten Sache. XVIII. 113.

d. Besondere Arten des Kaufes. 1) Nothwendiger Verkauf. Gerichtlicher Verkauf zum Behufe der Regulirung einer Erbschaft kein Zwangsverkauf. IV. 187. — 2) Steht bei dem Zwangsverkauf dem Meistbietenden ein Recht auf Ertheilung des Zuschlags zu? VIII. 38. — 3) Fällt die Expropriation unter den Gesichtspunct des nothwendigen Verkaufs? Perfectionszeit von Expropriationen. XIV. 226. — 4) Hoffnungskauf. Abtretung einer Muthung, ist sie als Veräußerung einer res sperata zu betrachten? XIV. 224. — 5) Umfang des gemeinrechtlichen Verbots des sog. Kaufs der Früchte auf dem Halm. XIV. 24. — 6) Lieferungskauf. Lieferungsgeschäft auf Zeit. Folgen der Nichteinhaltung der Zeit. I. 44. IV. 21. XI. 141. XIV. 225. XVII. 225. XVIII. 219. XX. 167. — 7) Lieferungskauf von Getreide. Aufforderung zum Bezug zwei Tage vor dem Stichtage. Preisdifferenzklage des Verkäufers. XV. 192. — 8) Lieferungszeit und Lieferungsverspätung. I. 44. 204. IV. 108. 109. 110. 111. — 9) Differenzklage des Käufers wegen Lieferungsverspätung. Einwand, daß die zu spät gelieferte Waare schon vor Eintritt der günstigen Conjunctur von dem Kläger weiter an einen Dritten verkauft gewesen sei. IV. 22. — 10) Vergütung nach dem Marktpreise des Lieferungstages; Steigerung des Marktpreises durch Schwindelgeschäfte; Börsenpreis. I. 37. — 11) Lieferungsgeschäft über Staats- und Creditpapiere. Feststellung eines bestimmten Lieferungstages wesentlicher Bestandtheil des Geschäfts; Mangel derselben. XVI. 65. — 12) Differenzgeschäft. XI. 236. — 13) Verhältniß des Käufers zu dem Ablieferungsmandatar des Verkäufers. III. 260. — 14) Erfüllung eines Lieferungskaufes durch Mittelspersonen. III. 47. — 15) Lieferungskauf mit Angabe, daß die Waare von einem bestimmten Platze komme. Erfüllungsanerbieten mit auf dem Platze gekauften Waaren. IV. 215. — 16) Einwand, daß eine bestimmte Lieferungszeit festgesetzt sei. Beweislast. XVIII. 184. XX. 268. — 17) Klagerhebung vor Ablauf der Lieferungszeit. XX. 266. — 18) Ueber die durch buchhändlerische Ankündigungen, darauf erfolgte Subscriptionen und den Bezug von Lieferungswerken entstehenden Rechtsverhältnisse. XI. 94. — 19) Kauf auf Besicht (auf Probe). Rücktritt des Käufers. X. 40. — 20) Bei einem Verkaufe ad gustum findet das arbitrium boni viri nicht Statt. XVIII. 239. — 21) Unterschied zwischen dem Handel auf und nach Probe. II. 169. — 22) Handel auf Besicht. Die Gefahr der Rücksendung trägt der Absender, an den die Waaren zurückgehen. III. 46. — 23) Kauf auf Probe; aufschiebende oder auflösende Bedingung? XVIII. 236. — 24) Kauf nach Probe. Annahme der durch Fuhrleute übersandten Waaren. Beweislast. IX. 88. — 25) Mangelhafte Beschaffenheit eines Theils der Waare. Kauf nach Probe? II. 169. XVI. 43. — 26) Nichtannahme wegen probewidriger Beschaffenheit. Frist für die Stellung zur Verfügung. IV. 78. VI. 27. — 27) Handel nach Probe. Redhibition. V. 129. — 28) Kauf nach Mustern. Redhibition. Beweislast. IV. 25. — 29) Beweislast bei dem Handel nach Probe. I. 337. V. 129. — 30) Bestellungsprobe. Identitätsbeweis. VII. 304. — 31) Beweisführung durch Eideszuschiebung bei Verweigerung der Annahme wegen Mangels der Mustergemäßheit. V. 154.

Vgl. noch oben Hauptst. 1. II. C. b. (Begründung der Schadensersatzverbindlichkeit. S. 74.) Ziff. 7—11. — c. (Umfang der Verbindlichkeit zum Schadensersatz. S. 76.) Ziff. 6. 8. — III. D. (Zeit der Erfüllung. S. 78.) Ziff. 3—5. 28. 29. — E. a. (Voraussetzungen der mora. S. 79.) Ziff. 8—11. — b. Wirkungen der mora solvendi. S. 80.) Ziff. 6—15. — F. (Empfangsverzug. S. 81.) Ziff. 5. — IV. A. a. (Versteigerung. S. 83.) Ziff. 27—32. — e. (Willensart bei Verträgen. S. 87.) Ziff. 10—13. 30—33. — h. (Gewähr physischer Mängel und angerühmter Eigenschaften. S. 89—92.) — i. (Verbindlichkeit zur Evictionsleistung. S. 92—93.) — k. Rescission wegen Verletzung über die Hälfte. S. 93—94.) Ziff. 1. 3—9. 11. 12. 21. 22. 25—35. — l. (Einrede des nicht erfüllten Contracts. S. 96.) Ziff. 16. 22—29. 32—34. — m. (Tragung der Gefahr. S. 97.) Ziff. 1—3. — S. auch unten Abschn. VII. Hauptst. 1. IV. B.

F. Tausch. Geltendmachung des Reurechts nach vollzogenem Tauschvertrage. I. 207.

G. Sachenmiethe und Pachtung. a. Begriff. Eingehung. Gegenstand. 1) Nicht bedungene Vergütung für gewährten Gebrauch. IV. 217. — 2) Zur Perfection des Pachtcontracts ist die Bestimmung des Pachtpreises durch die Contrahenten wesentlich. XVII. 31. — 3) Von Gewerbebetriebsverpachtungen. XVI. 213. — 4) Verpachtung einer Krugwirthschaft. Wirkung der Verweigerung der erforderlichen Concession zur Betreibung derselben. Conditio tacita. XVII. 238. — 5) Verpachtung der Wirthschafts- oder Schenkgerechtsame. Klagbefugniß des Pächters gegen dritte Contravenienten. III. 370. — 6) Verpachtung von Gefällen. XII. 235. — 7) Verpachtung von Erbzinsgefällen. Dieselbe enthält keine Cession. V. 216. — 8) Verpachtung der Weidegerechtsame. III. 147. — 9) Vermiethung einer Servitut mit einem Theile des herrschenden Grundstücks. XIV. 12. — 10) Vermiethung des ganzen inneren Schiffsraumes. IX. 204. — 11) Verpachtung einer Streitsache während des Processes. III. 202.

b. Rechtsverhältnisse aus der Sachenmiethe und Pachtung. 1) Umfang der Verpflichtungen des Vermiethers einer Wohnung. Rechtsstreit über selbigen. Berufungsfähigkeit. XIII. 299. — 2) Verpflichtung des Verpächters, die verpachtete Sache in brauchbarem Zustande zu erhalten. Pflicht des Pächters zur custodia. XIX. 227. — 3) Von dem Vermiether zu gewährende Eigenschaften des Miethgegenstandes. XII. 149. — 4) Einsturz vermietheter Lokalitäten. Schadensersatzanspruch wegen Beschädigung der in dieselben eingebrachten Sachen des Miethers. I. 338. VII. 81. XVI. 214. — 5) Fall der Haftung des Vermiethers für die durch Brand vernichteten Sachen des Miethmannes. Actio conducti oder actio legis Aquiliae. IV. 34. — 6) Jährlich wiederkehrende Ueberschwemmungen des Pachtguts. Exceptio doli des Pächters, weil dieser Umstand von dem Verpächter verschwiegen worden. XII. 150. — 7) Aufhebung des theilweisen oder zeitweisen Pachtgenusses durch Zufall. Einfluß auf den Pachtcontract. Anspruch des Pächters an den Verpächter. VII. 171. VIII. 252. XIV. 227. — 8) Kann der Pächter von dem Verpächter eine Vergütung für geleistete Kriegsfuhren verlangen? I. 208. — 9) Irrthum des Pächters über Gutsbestandtheile. VI. 185. — 10) Der Staatsfiscus als Verpächter durch eine Verfügung der Regiminalbehörde an Erfüllung des Pachtvertrags gehindert. VI. 188. — 11) Herabsetzung des Pachtpreises in Folge theilweisen Verkaufs der Pachtobjecte. Klagantrag auf Betragsermittelung durch Sachverständige. XI. 142. — 12) Zahlung des Pachtgeldes nach Verhältniß des Genusses des Pachtgutes. XV. 220. — 13) Begründung und Wirkung der exceptio non rite adimpleti contractus bei dem Miethcontract. XVII. 233. — 14) Entschädigungsklage des Miethers gegen den Vermiether wegen unvollständiger Erfüllung. XVIII. 238. — 15) Unzulässigkeit des Würderungseides bei Entschädigungsklagen wegen Nichterfüllung eines Pachtvertrages. Richterliches Ermessen. I. 144. — 16) Beschränkung des bei Streitigkeiten aus Verpachtungen zu fordernden Interesse auf das duplum des Pachtquantums. XX. 23. — 17) Einrede der Verletzung über die Hälfte bei dem Pachtvertrage. XII. 151. — 18) Interdictum quod vi aut clam von Seiten des Miethers und Pächters dem Eigenthümer, Vermiether und Verpächter gegenüber. XII. 160. XV. 28. — 19) Contractliches Verbot der Vornahme von Veränderungen an dem Miethgegenstand. Ist darunter auch die Tapezierung der Zimmer begriffen? XII. 22. — 20) Pfandrecht des Vermiethers an den eingebrachten Sachen. IV. 210. — 21) Vorbehalt des Eigenthums an den Früchten bei dem Pachtvertrage. XVII. 138. XVIII. 10. — 22) Pachtvorschuß, dessen rechtliche Natur. XIX. 39. — 23) Solidarische Haftung mehrerer Miether für das

Miethgeld. Beneficium divisionis. II. 173. — 24) Verzicht des Pächters auf die Einrede der Compensation wegen behaupteter Gegenansprüche aus dem Pachtvertrage durch Verzicht auf Retention des Pachtgeldes. XIV. 222. — 25) Arrest auf die Ernte und andere Producte des Pachtstücks. X. 104. XIV. 265. — 26) Bürgschaft bei Pachtverhältnissen. Der Bürge des Pächters wird dadurch nicht befreit, daß der Verpächter von seinem Rechte, den Pächter auszutreiben, keinen Gebrauch gemacht hat. V. 133. — 27) Klage des Pächters zur Geltendmachung dinglicher Gerechtsame des Pachtguts. I. 19. VI. 261. — 28) Dienstbarkeitserwerb für ein Pachtgut durch den Pächter. Scientia domini. IX. 131. — 29) Befugniß des Erbpächters, Dienstbarkeiten zu erwerben. VII. 155. — 30) Der vormalige Pächter des praedium dominans kann sich auf eine Erlöschung der Servitut durch non usus während seiner Pachtzeit nicht berufen. XIV. 213. — 31) Ueber den Einfluß der Cession zukünftiger Pachtgelder auf das Rechtsverhältniß der Pachtcontrahenten untereinander und dem Cessionar gegenüber. XVI. 209. Vgl. XIII. 77. — 32) Aftermiethe hat auf das Verhältniß zwischen dem Hauptvermiether und seinem Miether keinen Einfluß. III. 48. Vgl. XX. 104. — 33) Schäfereihalbpacht mit dem Schäfer eingegangen. Tragweite des Grundsatzes, daß Gewinn und Verlust bei der Halbpacht nach den Regeln der Societät sich theilen. XVIII. 32.

c. Dauer und Beendigung der Sachenmiethe und der Pacht. Auflösung derselben. Erneuerung. 1) Dauer der Wohnungsmiethcontracte bei dem Mangel ausdrücklicher Erklärungen. XVII. 32. — 2) Streit über die Dauer der Pachtzeit. Beweislast. VI. 29. — 3) Kündigung einer ohne alle Bestimmung über die Zeit abgeschlossenen Pacht. II. 285. — 4) Actio nata bei festgestellter Pachtaufkündigungsfrist. Unzulässigkeit der Klaganstellung zugleich mit der Kündigung. VII. 298. — 5) Wirkung der Kündigung im Verhältnisse zu dem Aftermiether. III. 48. — 6) Auslegung einer mit Rücksicht auf Verwendungen des Miethers in der Wohnung getroffenen Verabredung wegen Nichtkündigung. VII. 307. — 7) Zur Lehre von der relocatio tacita. IV. 218. Vgl. II. 285. — 8) Clausel, daß der Verpächter wegen Verspätung der Leistungen des Pächters zur Aufhebung des Vertrages befugt sein solle. XIV. 134. — 9) Gesetzliches Abtreibungsrecht des Verpächters wegen zweijährigen Pachtrückstandes. Einrede mit Bezug auf die von dem Pächter eingezahlte Cautionssumme. XII. 152. — 10) Elidirung des gesetzlichen Abtreibungsrechts durch Gegenansprüche des Pächters. XII. 23. — 11) Austreibung des Miethers wegen Zahlungsrückstände nach Particularrechten, welche des Ablaufes von zwei Jahren nicht erwähnen. II. 172. — 12) Aufhebung der Miethe und der Pacht wegen Mißbrauchs und schlechter Behandlung des Gegenstandes. II. 38. XII. 265. XIX. 38. — 13) Verpachtung eines Grundstücks durch den Nießbraucher. Tod des Nießbrauchers vor Ablauf der Pachtzeit; der Eigenthümer Erbe desselben. XIV. 115. — 14) Ist der Pfarrer verbunden, die von seinem Amtsvorgänger über Pfarreigrundstücke abgeschlossenen Pachtverträge auszuhalten? XII. 300. — 15) Berechtigung des Pächters zum Abgehen von dem Pachtcontract bei gänzlichem Untergange des Pachtobjects. VII. 171. — 16) Entschädigungsanspruch des Pächters eines expropriirten Grundstücks. XX. 136. — 17) Kauf bricht Miethe. VII. 37. — 18) Dem Miether ist, wenn Kauf die Miethe bricht, eine der üblichen Kündigungsfrist entsprechende Zeit zum Abzuge zu lassen. VIII. 42. — 19) Klage des Käufers gegen den Verkäufer wegen der von dem Einmiether verzögerten Räumung des Hauses. VI. 187. — 20) Eigenthumsklage gegen den Afterverpächter. XX. 104. — 21) Klage auf Entschädigung gegen den Verpächter wegen Aufhebung des Pachtvertrages durch Verkauf des Pachtgegenstandes. Einwand des nicht erfüllten Vertrages. VI. 186. — 22) Subhastation des Pachtguts auf Antrag eines Gläubigers des Verpächters. Anspruch des Pächters auf Schadensersatz. XV. 221. — 23) Concurs des Verpächters. Die Gläubiger sind an die von dem Cridar vor Ausbruch des Concurses geschlossenen Pachtverträge nicht gebunden. I. 390. VI. 119. XIII. 77. — 24) Befugniß der Concursgläubiger, die von dem Cridar verpachtete Sache zu verkaufen, auch wenn der Cridar in dem Pachtcontracte dem Verkaufsrechte ausdrücklich entsagt hat. VI. 303. — 25) Gehören die von dem Gemeinschuldner vor dem Concursausbruch cedirten künftigen Pachtgelder zur Gantmasse? XIII. 77. Vgl. XVI. 209. — 26) Fortsetzung des Pachtcontracts von Seiten der Gläubiger in dem Concurse des Verpächters. Compensation mit Gegenforderungen, welche vor dem Concurse erwachsen sind. IX. 235. — 27) Concurs des Pächters. Sind die Gläubiger zur Fortsetzung der Pacht berechtigt? I. 391. VI. 120. — 28) Compensation einer Pachtgelderforderung im Concurse des Pächters mit der Forderung wegen Mehrwerths des zurückgelieferten Inventars. VIII. 214. IX. 236. — 29) Unzulässigkeit der Selbsthülfe gegen den Miether, welcher nicht freiwillig das gemiethete Haus räumt. X. 5. — 30) Interdictum quod vi aut clam des Pächters gegen den Verpächter wegen eigenmächtiger Handlungen nach Ablauf der schriftlich abgeschlossenen Pacht. XII. 160. — 31) Kann der Vermiether nach Beendigung der Miethzeit die Wiederannahme des beschädigten Miethobjects verweigern, wenn ihm nicht zugleich Vergütung des Schadens angeboten wird. XIII. 311. — 32) Klage auf Räumung nach abgelaufener Pachtzeit. Einrede der Retention wegen Gegenforderungen. Erforderniß der Connexität. VI. 28. — 33) Retentionsrecht wegen Forderungen aus einem Pachtcontract, geltend gemacht gegen die Eigenthumsklage des Verpächters. VI. 149. — 34) Auflösung des Pachtvertrages. Zahlung des Pachtgeldes nach Verhältniß des Genusses des

Pachtguts. XV. 220. — 35) Pertinenzqualität von Gegenständen, welche der Miether eines Hauses zum Gebrauche in demselben angeschafft hat. XVIII. 8. Vgl. XXII. 207. — 36) Jus tollendi des Pächters gegen den Verpächter. Beweislast. VII. 80. — 37) Jus tollendi des Miethers bei Uebergang des Eigenthums der vermietheten Sache auf einen Dritten. XVI. 108.

H. Dienstmiethe. 1) Dienstvertrag. Collision des älteren und neueren Gesetzes. XIX. 3. — 2) Heuercontract zwischen dem Schiffer und dem Schiffsvolk. XI. 169. — 3) Dienstmiethe nach Ermessen des Dienstherrn. Anwendung der Grundsätze von der venditio ad gustum auf die Dienstmiethe. XVIII. 239. — 4) Darlehen mit Dienstvermiethung oder Societät? X. 154. XIII. 248. — 5) Antheil am Nettoertrag als Lohn des Werkmeisters. III. 261. — 6) Berechtigung Minderjähriger zur Abschließung von Dienstcontracten und zur Klage aus denselben. XX. 25. — 7) Restitution Minderjähriger in Processen über selbstständig von ihnen abgeschlossene Dienstcontracte. XX. 91. — 8) Gesinderecht. Differenzen über den Inhalt des Dienstzeugnisses. X. 157. — 9) Lebenslängliche Privatdienstverhältnisse begründen nicht, wie Staats- und Kirchendienste, ein quasidingliches Recht mit dem Attribut der Spolienklage. III. 99. — 10) Dienstmiethvertrag auf Lebensdauer. Clausula rebus sic stantibus. VIII. 253. — 11) Annahme eines Stadtarztes, widerruflicher Dienstvertrag. VI. 30. — 12) Haftbarkeit der Weinschröter nach den Grundsätzen der Dienstmiethe. Beweislast. X. 41. — 13) Locatio operarum. Hinderung der Dienstbenutzung durch Zufall. XIX. 226. — 14) Unterlassungen und Fehler bei Ausübung einer Kunst oder eines Gewerbes, nicht nach einem absoluten Maßstabe zu beurtheilen. XX. 204. — 15) Zugesicherte Vergütung für das Halten eines Dienstpferdes kann in dem Falle der Nichtannahme der Dienste nicht beansprucht werden. XIV. 26. — 16) Einseitige Aufhebung von Dienstverträgen vor dem Ablaufe der bedungenen Zeit. X. 42. XX. 223. — 17) Dienstentlassung vor der contractmäßigen Zeit verpflichtet nicht zur sofortigen Auszahlung des gesammten Lohnes bis zum Ablaufe der contractmäßigen Dienstzeit. XVII. 239. — 18) Ueber die Befugniß des Dienstherrn, seine Untergebenen, namentlich einen Factor, wegen Widersetzlichkeit zu entlassen. V. 163. — 19) Einseitige Aufhebung des Dienstvertrages wegen des von einem Comtoiristen wiederholt getriebenen Hazardspiels. XII. 266. — 20) Handlungsreisender, der zugleich Handlungsgehülfe ist. Aufhebung des Dienstverhältnisses von Seiten des Principals vor der vertragsmäßig bestimmten Zeit. XIV. 228. — 21) Handlungsgehülfe. Aufhebung des Dienstverhältnisses. Art. 62 und 64 des H.-G.-B. XX. 241. — 22) Einfluß des Concurses auf ein Dienstmiethverhältniß. IX. 239.

I. Werkverdingung. 1) Baucontract; locatio operis oder

operarum? XVIII. 33. — 2) Bestellung einer Dampfmaschine. Kauf oder locatio conductio operis? XI. 234. — 3) Rechtsverhältniß aus einem Lehrcontract. XI. 238. — 4) Contractsnatur der Uebernahme des Drucks einer Schrift. IX. 283. — 5) Haftung des Baumeisters bei Anordnungen des Bauherrn. VIII. 44. — 6) Haftung des Baumeisters, welcher unentgeltliche Dienste geleistet hat. VIII. 45. — 7) Genehmigung des Baues durch den Bauherrn. Stillschweigende Genehmigung; Einziehen und Bewohnen als solche nicht anzusehen. VIII. 43. XVIII. 34. — 8) Die vorbehaltlose Uebernahme eines Bauwerkes befreit den conductor operis nicht von der Haftung wegen verborgener Fehler. XII. 153. — 9) Einrede des nicht erfüllten Contracts wegen bedungener Abnahme des Baues durch einen Sachverständigen. XVIII. 34. — 10) Klage aus einem Baucontract. Einrede des nicht erfüllten Vertrages. Erbieten des Klägers zu nachträglicher Leistung. XIX. 32. — 11) Einwand accordwidriger Bauführung. IX. 216. — 12) Ersparnisse bei einer Bauführung, Schadensersatzansprüchen gegenüber in Rechnung gebracht. X. 257. — 13) Der Werkunternehmer von dem Werkbesteller an Herrichtung des Werkes gehindert. Klage auf Zahlung des vollen versprochenen Lohnes. XII. 24. — 14) Klage auf Zahlung des Lohnes aus einer Verdingung. Einrede der anderweitig untergebrachten Dienste. XVIII. 269. — 15) Von zufälliger Verhinderung des locator operarum resp. conductor operis. VI. 31. — 16) Wer trägt den Schaden bei zufälliger Verhinderung der rechtzeitigen Ausführung eines übernommenen opus? XVI. 109. — 17) Muß der locator operis gleich dem Käufer nach Erfüllung des Vertrags von Seiten des anderen Contrahenten den versprochenen Preis verzinsen? XIII. 10. — 18) Einforderung des Werklohns gegen den von dem Besteller verschiedenen Dritten, welchem das Werk zu Gute kam. VIII. 258. — 19) Rechtsverhältniß des Architecten bei der Bauführung. X. 256.

K. Forderungen aus anderen nicht unentgeltlichen Dienstleistungen. Advocaten. Unterhändler. 1) Nicht versprochene Vergütung für geleistete Dienste. XII. 154. XX. 30. — 2) Bestellung einer gewerblichen Arbeit. Stillschweigende Zusicherung dafür zu leistender angemessener Bezahlung. IV. 216. — 3) Nicht versprochene Vergeltung für empfangene Leistungen. II. 177. Vgl. IX. 29. — 4) Anspruch auf Vergeltung geleisteter Dienste. VIII. 259. — 5) Kein Anspruch erwachsener Hauskinder für Dienste, welche sie den Aeltern geleistet haben. I. 354. XV. 135. XVII. 256. — 6) Haftbarkeit des Anwalts. Voraussetzungen der Klage. XIII. 22. — 7) Regreßklage gegen Anwalte und Sachführer. I. 210. II. 39. — 8) Regreßklage gegen die Erben eines Anwalts. XIII. 22. XIV. 202. — 9) Haftung mehrerer Mandanten gegenüber dem Anwalt wegen seiner Gebühren. IV. 258. — 10) Noch nicht festgestellte Anwaltsgebühren als Compensationsposten, insbesondere im Concurse. VI. 189. — 11) Vertrag zwischen Anwalt und Clienten, besonders bei dem Armenrecht. XIX. 270. — 12) Pactum de quota litis. II. 176. — 13) Unterhändler. Klagbarkeit eines proxeneticum (Kuppelgeldes) für Ehevermittlung. XIII. 14. XIV. 124. — 14) Anspruch auf Maklergebühr erst wenn das Geschäft perfect geworden ist. X. 43. — 15) Der volle Maklerlohn ist zu zahlen, auch wenn der Promittent das Grundstück in Gemeinschaft mit einem Dritten kauft. XIX. 228. — 16) Im gemeinen Verkehr können Unterhändler ohne besonderes Versprechen nicht von beiden Contrahenten einen Maklerlohn in Anspruch nehmen. XII. 155. — 17) Auftrag, einen Verkauf zu vermitteln. Honoraranspruch des Unterhändlers, welcher bereits von dem Käufer ein Honorar angenommen hat. XIV. 229. — 18) Haftung der Makler für ihre Gehülfen. VI. 57. — 19) Provisionsanspruch des Commissionärs. Wann ist derselbe verdient? XIV. 27. — 20) Wann ist von einem Agenten, welcher gegen Provision Bestellungen zu sammeln hat, die Provision verdient? XIV. 28. — 21) Erwächst den Provisionsreisenden schon durch den Abschluß von Geschäften, oder erst durch deren Realisirung ein Anspruch auf die Provision? II. 175. — 22) Provision bei Negocirung größerer Anleihen. I. 26. — 23) Uebernahme von Zahlungen gegen Provision. III. 49.

L. Gehaltsansprüche der Beamten. 1) Rechtsverhältniß der Staats- und Kirchendiener. III. 99. VIII. 55. XI. 147. — 2) Civilamt. Vermuthung für die Uebertragung auf Lebenszeit. XIV. 135. Note. XI. 147. — 3) Lebenslänglichkeit der Anstellung im Staatsdienste. Aufhebung einer Stelle durch organische Veränderungen, insbesondere eins Nebenamts. Einrechnung späterer Bezüge auf die Gehaltsentschädigung. VI. 191. — 4) Klage eines landesherrlich angestellten Universitätsbeamten wegen Verkürzung durch spätere Verfügungen der Staatsregierung, gegen die Universität erhoben. XI. 184. — 5) Nativität der Klage eines Beamten auf Entschädigung wegen widerrechtlich geschmälerten Diensteinkommens. XVI. 2. — 6) Der Gehaltsanspruch des auf Lebenszeit angestellten, wegen Aufhebung der Stelle entlassenen Beamten bleibt unverändert, auch wenn ein auf Zeit beschränktes anderes Amt ihm angeboten und von ihm ausgeschlagen wurde. XVII. 139. — 7) Entschädigungsanspruch eines Staatsdieners wegen ungerechtfertigter Versetzung. XVII. 140. — 8) Ansprüche der Staatsdiener aus Staatsverträgen. XI. 29. — 9) Verlust des Staatsdienstes mit der Wirkung der Gehaltsentziehung durch Uebernahme eines anderen mit dem Staatsamte unverträglichen Dienstes. XI. 145. — 10) Hat die Wittwe eines definitiv angestellten Staatsdieners Anspruch auf Pension, wenn der Ehemann von dem Dienste suspendirt, in Criminaluntersuchung genommen wurde und im Verlaufe derselben sich entleibte? XII. 267. —

11) Entlassung Geistlicher kraft protestantischer (insbesondere reformirter) landesherrlicher Episcopalgewalt. § 59 des Reichsdeputations-Hauptschlusses von 1803. IX. 291. — 12) Quiescirung eines Pfarrers wegen verschuldeter Dienstunfähigkeit. IX. 212. — 13) Entziehung des Gehalts eines städtischen Beamten als Spolium aufgefaßt. XIII. 32. — 14) Dienstverbesserung eines Gemeindebeamten kein Liberalitätsact. III. 318. — 15) Anstellung eines Stadtarztes. Dienstvertrag. VI. 30. — 16) Unterschied zwischen Staatsdienst und Hofdienst in Beziehung auf Amtseinnahme und Ruhgehalt. VIII. 55. XI. 147. — 17) Dienstverhältniß eines Hofkapellmeisters. Aufkündbarkeit. XI. 148. — 18) Rechtsverhältnisse der Anstellungsverträge standesherrlicher Diener. Exceptio non adimpleti contractus. XI. 146. — 19) Rechtsverhältniß des von einem Standesherrn durch Decret bestellten Haus- und Leibarztes. XIV. 135. — 20) Entlaßbarkeit eines auf Lebenszeit angestellten Privatbeamten wegen Injurien gegen seinen Dienstherrn. XIV. 276. — 21) Zuständigkeit der Gerichte zur Entscheidung über Ansprüche der Staatsdiener auf Wartegeld und Pensionen. XVII. 154.

M. Führung fremder Geschäfte. Mandat.

a. Begriff. Eingehung. Inhalt. Gültigkeit. 1) Unterschied von Antrag und Auftrag im Sinne des H.-G.-B. Art. 318 und 323. XX. 163. — 2) Rathschläge. Haftverbindlichkeit der Beamten aus der Ertheilung derselben. XII. 26. — 3) Eingehung des Mandats durch stillschweigenden Consens des Mandatars. VIII. 254. — 4) In dem unbestimmten Auftrage „ein Grundstück zu verkaufen" liegt kein unbeschränktes Mandat zu Verkaufe. XII. 236. — 5) Mandatum incertum, clausula generalis II. 40. — 6) Vollmachtserweiterung durch Genehmigung von Ueberschreitungen. VI. 32. — 7) Befugnisse eines Generalmandatars. Beschränkende Auslegung einer Vollmacht nach deren Zweck. IX. 26. XV. 22. — 8) Die Gültigkeit des Mandats an sich nicht abhängig von der Gültigkeit des Rechtsgeschäfts, welches von dem Mandatar zu vollziehen ist. VI. 34. — 9) Betheiligung bei einer zu gründenden Actiengesellschaft durch Actienzeichnung kein Mandat. XVI. 216. — 10) Sohn oder Schwiegersohn als präsumtive Mandatare. IX. 284.

b. Rechtsverhältniß zwischen dem Mandanten und dem Mandatar. 1) Haftung des Geschäftsführers für seine Gehülfen und von ihm gewählten Substituten. IV. 112. XVIII. 240. — 2) Abweichung des Mandatars von der Instruction. II. 41. — 3) Was dem Mandatar in solcher Eigenschaft abgeliefert wurde, muß er dem Mandanten herausgeben, ohne Rücksicht darauf, ob er bei der Empfangnahme Besitz und Eigenthum für den Mandanten zu erwerben beabsichtigte. V. 12. — 4) Erwerb von Besitz und Eigenthum für den Mandanten durch den Mandatar. II. 135. V. 106. 253. XI. 149. XII. 122. Vgl. VI. 37. — 5) Verbindlichkeit des Mandatars zur Vorlage der in Vollzug des

Mandats geführten Privatacten. Exceptio retentionis. XI. 150. — 6) Verbindlichkeit des Mandatars, alles durch das Geschäft Gewonnene an den Mandanten abzuliefern, in Anwendung auf das Verhältniß zwischen Schiffer und Rheder. IX. 153. — 7) Verbindlichkeit des Mandatars in Folge eines angenommenen Auftrags zur Actienzeichnung. X. 45. — 8) Verbindlichkeit des Mandatars, gehobene Gelder zu verzinsen. III. 15. XVII. 33. — 9) Höhe des Zinsfußes bei einer anvertrauten Vermögensverwaltung. XVII. 218. — 10) Haftung des Kassenbeamten für Diebstähle. III. 262. — 11) Vom Verschulden eines Verwalters bei Kapitalanlagen. IV. 36. 98. 99. 107. — 12) Rückgriff an den ersatzpflichtigen Verwalter, wenn die Befriedigung einer Forderung in dem Concurse des Schuldners von dem Ausgange eines einzuleitenden Processes abhängt. IV. 107. — 13) Beweislast bei der Entschädigungsklage des Mandanten gegen den Mandatar. XIX. 195. — 14) Ersatzklage gegen den Incasso-Mandatar wegen verspäteter Protesterhebung bei einem domicilirten Wechsel. XVI. 139. — 15) Verbindlichkeit des Mandatars zur Rechnungsablage bei dem Dasein mehrerer Mandanten. I. 53. — 16) Begründung der Klage auf Rechnungsablage. XIX. 148. 149. — 17) Der Mandatar von Rechtsgenossen des Mandanten als Geschäftsführer in Anspruch genommen. X. 160. — 18) Elective Concurrenz der actio mandati mit der actio negotiorum gestorum. XIX. 41. — 19) Cessibilität des Rechts des Mandanten gegen den Mandatar auf Vollziehung des Mandats. XX. 220. — 20) Versprechen „guter Bezahlung" für eine Geschäftsbesorgung, ob klagbar? XVII. 124. — 21) Klage des Mandatars auf Ersatz des Aufwandes. XVIII. 51. — 22) Anspruch des Mandatars auf Zinsen. III. 50. VIII. 46. XVIII. 217. — 23) Durch Uebertragung des ausschließlichen Provisionsverkaufs begiebt sich ein Fabrikant weder des Rechts zum Selbstverkaufe, noch des Rechts zur Vermittelung des Absatzes durch Reisende seines Hauses. XVI. 64. — 24) Beweislast bei der actio mandati contraria. XVII. 106. — 25) Revalirungsklage des Trassaten. Beweislast. I. 56. VII. 352. XIV. 105. XX. 224. Vgl. XVII. 106.

c. Verhältniß zu Dritten aus dem Mandat. 1) Zu unterscheiden, ob bei Abschluß des Geschäfts mit einem Dritten der Mandatar als solcher hervorgetreten ist oder in seinem eigenen Namen gehandelt hat. XI. 149. XIII. 93. 313. XIV. 231. XV. 111. XVIII. 241. XX. 220. S. 367. — 2) Klagrecht des bei Abschluß des Geschäfts genannten Mandanten gegen den Dritten. V. 13. XI. 149. XIII. 93. 313. — 3) Steht dem bei dem Abschlusse des Geschäfts nicht genannten Mandanten eine actio utilis zu, oder ist Klagencession erforderlich? X. 159. XI. 149. XIV. 23. S. 33. XVIII. 241. XX. 220. a. E. — 4) Contractsabschluß des Mandatars in eigenem Namen. Schadensersatzklage desselben gegen den dritten Contrahenten, Berechnung des Schadens mit Rücksicht auf das Interesse des Mandanten. XI. 36. XIV. 23. — 5) Ueber Haftverbindlichkeit des Mandatars aus einem im Auftrag des Mandanten mit einem Dritten geschlossenen Vertrage diesem Dritten gegenüber. I. 209. V. 279. VI. 33. XIII. 93. 313. XVII. 240. — 6) Beweislast wenn die Haftung des Mandatars wegen Mandatsüberschreitung geltend gemacht wird. Verbindlichkeit des Mandatars, dem dritten Contrahenten zur wirksamen Belangung des Mandanten zu verhelfen. VIII. 255. und Nachschrift S. 352. — Einwand des Beklagten, nur in fremdem Namen contrahirt zu haben. Beweislast. I. 193. VIII. 103. XII. 27. XV. 272. XVII. 107. — 8) Klage des Mandatars aus den von ihm Namens des Mandanten mit Dritten abgeschlossenen Rechtsgeschäften gegen diese. XIX. 231. — 9) Einwand des Beklagten, der Kläger habe den Vertrag als Commis oder Reisender eines Dritten geschlossen. XVI. 150. — 10) Klage des dritten Contrahenten gegen den Mandanten. Beweislast rücksichtlich des Umfangs der Vollmacht. XII. 156. XIX. 82. — 11) Legitimation des Vertreters in Contrahirung einer Schuld ersetzt durch Anerkennung der Schuld Seitens des Vertretenen. XIX. 229. — 12) Keine Entschädigungsklage des Dritten gegen einen Beamten wegen Ueberschreitung seiner Amtsbefugnisse bei Abschließung von Verträgen. XII. 28. — 13) Mehrere Mandanten. Solidarische Haftung dem dritten Contrahenten gegenüber? II. 179. XII. 58 Note 9. 60. XIV. 93. XV. 111. XX. 127. — 14) Vollmachtsbeschränkungen Dritten gegenüber. XVIII. 134. — 15) Nicht bekannt gemachte Beschränkungen der offenen Vollmacht des Mandatars. Umfang der Erkundigungspflicht des dritten Contrahenten. XII. 60. 156. 268. XIV. 93. — 16) Umfang der Handelsvollmacht. Haftung des Principals aus der von dem Bevollmächtigten versprochenen Garantie für das Erträgniß verkaufter Actien. XX. 156. — 17) Haftung des Lotteriecollecteurs für seine Gehülfen den Spielern gegenüber. IV. 215. — 18) Grenze der Befugniß des zur Belegung und Verwaltung von Capitalien bestellten Generalmandatars. IX. 26. — 19) Beschränkende Auslegung einer Generalvollmacht nach deren Zweck. XV. 22. — 20) Unrichtige Angabe in einer von dem Hauptagenten einer Versicherungsgesellschaft ausgefüllten Declaration. XX. 60. — 21) Regelmäßige Vollmachtsgrenze des Handelsreisenden. V. 130. — 22) Von der Befugniß der Handelsreisenden, Nachsicht zu gewähren. I. 339. — 23) Bedingung der Haftpflicht des Principals für die von dem Handelsreisenden contrahirten Schulden. Stillschweigende Creditöffnung. Mandatum qualificatum. XII. 269. — 24) Zahlung an Handelsreisende. XII. 132. — 25) Regelmäßige Grenze der Vollmacht desjenigen, welcher im Auftrage eines Andern mit dessen Waaren Jahrmärkte oder Messen bezieht. XII. 237. — 26) Markthelfer keine institores. VI. 244. — 27) Befugniß des Administrators und Disponenten einer Handlung, Forderungen anzukaufen. II. 87. — 28) Bestellung mehrerer Institoren. In der Regel kann Jeder für sich handeln. XII. 60.

— 29) Darlehensaufnahme durch einen Institor. Verwendung des Geldes zu einem anderen Zwecke, als zu welchem es aufgenommen wurde. XII. 60. — 30) Haftung für unerlaubte Handlungen des institor. IV. 35. — 31) Haftung aus Geschäften des institor, nach dem dem Dritten nicht kund gewordenen Widerruf des Mandats. IV. 115. — 32) Proceßlegitimation der Institoren. III. 103. — 33) Haftung des Rheders für die Versehen des Schiffers. V. 164. VI. 190. XI. 85. 294. XVIII. 248. — 34) Actio exercitoria. Vorschüsse für ein gemiethetes Schiff geleistet. Ob Haftung der Rheder? Vorschüsse an den Kapitän für Rechnung des Befrachters. X. 161. — 35) Legitimation eines im Auslande sich befindenden Schiffers im Verhältnisse zum Rheder. XII. 292. — 36) Verpflichtungen des Schiffsherrn aus Verschuldungen seiner Leute. XVII. 34. — 37) Verpflichtung einer Lootsengesellschaft aus Verschuldungen einzelner Mitglieder. V. 164. — 38) Bei Commissionstratten haftet nicht der Aussteller, sondern dessen genügend bezeichneter Gewaltgeber dem Bezogenen für Deckung. XVI. 138.

d. Erlöschen des Mandats. 1) Wirksamkeit einer auf die Erben des Mandanten gerichteten Vollmacht. XI. 239. — 2) Haftung der Erben eines Privatstiftungsverwalters. IV. 116. — 3) Widerruf als Grund der Mandatsaufhebung. III. 49. — 4) Stillschweigender Widerruf einer Vollmacht, insbesondere einer Verkaufsvollmacht. X. 158. — 5) Haftung des Mandanten dem Dritten gegenüber nach widerrufener Vollmacht, bis der Widerruf dem Dritten gehörig kund geworden ist. IV. 115. XIX. 230. — 6) Aufhebung eines Mandats zur Zahlung durch Concurs des Mandanten. III. 321. — 7) Der Generalmandatar ist nach Zurücknahme des ihm ertheilten Auftrages zur Zurückgabe der ihm ertheilten Vollmacht nicht verbunden. XIX. 40.

e. Assignation. 1) Die Regel „Anweisung ist keine Zahlung" gilt auch bei gerichtlichen Verweisungen. XIII. 221. — 2) Ausnahme von dieser Regel in dem Verhältnisse zwischen dem Schiffer und dem Schiffsvolke. XI. 169. — 3) Zahlung mit noch nicht fälligen acceptirten Anweisungen. II. 16. — 4) Angewiesene Zahlung, welche der Assignat als Mandatar des Assignatars zu empfangen hat. II. 42. — 5) Durch die von dem Assignaten dem Assignatar ertheilte Zusicherung, die Anweisung honoriren zu wollen, wird zwischen diesen Beiden ein selbstständiges von der Contremandirung des Assignanten unabhängiges Verhältniß nicht erzeugt. XVIII. 135. — 6) Nachlässigkeit des Assignatars in Ausführung des Eincassirungsmandats. XIII. 220. — 7) Collision der Statuten bezüglich der Präsentation und Protesterhebung bei kaufmännischen Anweisungen. II. 3. — 8) Regreßanspruch bei Anweisungen, insbesondere kaufmännischen. III. 322. — 9) Assignation; Werth in Rechnung; Regreßanspruch bei indossirten Anweisungen. V. 280. — 10) Unwirksamkeit einer zur Berichtigung von Spielschulden vor Beginn des Spiels ertheilten Anweisung. I. 345. — 11) Kann der Assignat (oder sein Bürge) statt der Zahlung eine Forderung gegen den Assignatar aufrechnen? XIII. 141. — 12) Dem Schuldner, welcher als Assignat dem Gläubiger seines Gläubigers Zahlung versprochen hat, steht das beneficium excussionis nicht zu. XII. 239. Vgl. XIV. 32.

f. Einkaufs- und Verkaufscommission s. unten Abschn. VII. Hauptst. 1. IV. D.

N. Geschäftsführung. Negotiorum gestio. Versio in rem. 1) Voraussetzung der Utilität des geführten Geschäfts für die negotiorum gestio. XIX. 43. — 2) Ueber das Erforderniß der Abwesenheit des dominus negotiorum. XIX. 42. — 3) Negotiorum gestio oder in rem versio? VIII. 257. — 4) Widerruflichkeit des mit einem Stellvertreter ohne Auftrag geschlossenen Vertrages vor erfolgter Genehmigung. VII. 273. — 5) Rechtliche Folgen der Ratihabition einer negotiorum gestio. XI. 38. — 6) Genehmigung besorgter Geschäfte durch Stillschweigen. IV. 211. — 7) Cession der Forderung gegen einen Bevormundeten an dessen Vormund schließt nicht unbedingt die Annahme einer nützlichen Geschäftsführung aus. XIX. 30. — 8) Voraussetzung der actio negotiorum gestorum directa. XVII. 241. — 9) Negotiorum gestorum actio directa gegen den praedo. XIII. 156. S. 218. — 10) Klage gegen denjenigen, welcher als Besitzer in gutem Glauben eine ihm nicht gehörige Sache veräußert hat, auf Ersatz des Erlöses. XIV. 238. — 11) Verbindlichkeit des Geschäftsführers hinsichtlich eingezogener Capitalien. Zinsverbindlichkeit. Zinsen über den Betrag des Capitals. V. 14. — 12) Haftung eines Geschäftsführers für vernachlässigten Gewinn. Substanziirung des Anspruchs. IX. 28. — 13) Führung der Geschäfte für Jemanden in dem Auftrage eines Dritten. Klagrecht des Geschäftsherrn gegen den Dritten und den Geschäftsführer. XV. 1. — 14) Verjährung der actio negotiorum gestorum directa auf Herausgabe von Geldern, welche in verschiedenen Pösten eingenommen werden. XIII. 23. — 15) Elective Concurrenz der actio mandati mit der actio negotiorum gestorum. XIX. 41. — 16) Geschäftsführung gegen Verbot des Geschäftsherrn. Erfüllung einer gesetzlichen Verpflichtung desselben. III. 51. XI. 37. XIV. 94. — 17) Anspruch des negotiorum gestor auf Zinsen. III. 50. VI. 35. — 18) Die actio negotiorum gestorum contraria nicht dadurch bedingt, daß der gestor gerade in der Absicht gehandelt habe, sich demjenigen zu verpflichten, zu dessen Vortheil die Verwendung gemacht worden. XI. 37. — 19) Einforderung des Werklohns gegen den von dem Besteller verschiedenen Dritten, welchem das Werk zu Gute kam. VIII. 258. — 20) Reparatur eines fremden Bauwerks als Geschäftsführung geltend gemacht. IX. 285. — 21) Vertragsaufhebung wegen Nichterfüllung von Seiten des einen Contrahenten. Ersatz der von diesem gemachten Verwendungen aus dem Standpunkte der Geschäftsführung gefordert. Voraussetzung der Bereicherung. IX. 286. — 22) Anspruch des Usufructuars auf Ersatz der Verwendungen auf die Früchte. XVI. 274. — 23) Zahlung an einen usufructuarius nominis vor bestellter cautio usufructuaria; Einfluß einer Verwendung des Gezahlten zu Gunsten des Berechtigten. XIX. 126. — 24) Hingabe an Zahlungsstatt an den negotiorum gestor des Gläubigers. Concurs über das Vermögen des Schuldners vor der Ratihabition des Gläubigers. XV. 223. — 25) Negotiorum gestio durch Aufstellung eines Zehntverrechners. Rückforderung des von diesem bezogenen Gehalts von Seiten des Geschäftsherrn. XII. 157. — 26) Klage auf Erstattung des auf Schulden des Geschäftsherrn Gezahlten. Beweis der Schulden. XV. 25. — 27) Negotiorum gestorum actio contraria eines Rechnungsführers gegen seine Vorgänger. XIV. 95. — 28) Bezahlung einer fremden Schuld; ob aus eigenen Mitteln? Beweislast. XX. 31. — 29) Zahlung für einen Andern. Klage aus der Geschäftsführung ohne Auftrag nach Handelsrecht. XX. 161. — 30) Zahlungsleistung für Aeltern. III. 52. — 31) Forderungsrecht gegen den wahren Schuldner demjenigen zustehend, welcher in dem Glauben, eine eigene Verbindlichkeit zu erfüllen, die Schuld eines Anderen getilgt hat. VII. 57. — 32) Nicht versprochene Vergütung für empfangene Leistungen. IX. 29. — 33) Actio de in rem verso (utilis). I. 211. IV. 221. VI. 192. XVI. 44. — 34) Voraussetzungen der actio de in rem verso gegen den Vater wegen Schulden des Haussohns. XVII. 64. — 35) Nicht versprochene Vergütung für geleistete Alimente. I. 57. II. 43. VIII. 130. XI. 240. XX. 126. — 36) Nicht versprochene Vergütung der von dem Sohne den Aeltern gewährten Alimente. VI. 36. — 37) Ansprüche der Stiefältern wegen geleisteter Alimentation. VI. 193. XI. 240. — 38) Alimentenforderung von Pflegeältern. Keine Vermuthung des animus donandi. IV. 52. — 39) Klage der Mutter eines unehelichen Kindes gegen den Vater auf Ersatz gereichter Alimente. I. 83. II. 44. XII. 164. XVII. 49. 50. — 40) Alimentenklage der unehelichen Mutter. Einrede der Ernährung des Kindes durch einen Dritten. IV. 49. — 41) Ueber den Anspruch einer von ihrem Ehemanne getrennten Mutter auf Ersatz für Alimentation der Kinder. I. 348. XIV. 145. — 42) Auslagen des Vaters für Verpflegung und Beerdigung. Vermuthung für den animus donandi. V. 15. 43) Ueber den Anspruch der Aeltern auf Ersatz der Kosten für einen Militär-Stellvertreter. I. 357. III. 313. XII. 29.

O. Führung fremder Geschäfte. Verbindlichkeit zur Rechnungsablage. 1) Verbindung zur Rechnungsablage bei dem Dasein mehrerer Mandanten. I. 53. — 2) Klage eines einzelnen zur Nutzung eines Gehölzes berechtigten Bauerngutsbesitzers auf Rechnungsablage gegen diejenigen, welche im Auftrage der Gemeinde das Gehölze verwaltet haben. XV. 1. — 3) Umfang und Inhalt der Verpflichtung zur Rechnungsablage. XII. 238. XV. 123. XX. 225. — 4) Begründung der Klage auf Rechnungsablage. XIV. 232. XIX. 148. 149. — 5) Gegenstand der Klage auf Rechnungsablage. I. 274. — 6) Klage auf anderweite (verbesserte) Rechnungsablage. X. 63. XX. 225. — 7) Verjährung der Klage auf Rechnungsablage. XIV. 233. — 8) Verbindlichkeit des vorstehenden Pfandgläubigers gegen den nachstehenden Gläubiger zur Rechnungsstellung in Folge der Pfandveräußerung. XVIII. 216. — 9) Vor Genehmigung der Rechnung kann der Rechnungsherr nicht Auslieferung der Belege zu selbiger verlangen, wohl aber nach Umständen Vorlage derselben an einem dritten Orte zum Behuf ihrer Einsicht. XV. 124. — 10) Gemeinderechner. Gerichtszuständigkeit. XI. 297. — 11) Anspruch des Rechnungsführers auf Quittungsausstellung. XIX. 34.

P. **Obligationen aus der Rechtsgemeinschaft.** **Gesellschaft.** 1) Gesellschaft zu unerlaubtem Zwecke (Spiel an den Roulettebanken). XIII. 257. — 2) Verbindliche Kraft der societas Leonina. Nichttheilnahme eines Socius an dem Verlust. XVI. 110. — 3) Darlehen mit Dienstvermiethung oder Societät? X. 154. XIII. 248. — 4) Gelegenheitsgesellschaft. Grad der zu leistenden Diligenz. XVIII. 36. — 5) Gesellschaft zu einzelnen Geschäften. X. 46. — 6) Gesellschaft zum Kauf oder Verkauf. Betheiligung an eines Anderen Einzeichnung zu einem Actienunternehmen. X. 45. — 7) Versicherungsgesellschaften auf Gegenseitigkeit gegründet. XIX. 265. — 8) Allgemeine Natur anonymer Gesellschaften. V. 218. — 9) Lootsengesellschaft. Verpflichtung aus dem Verschulden einzelner Mitglieder. V. 164. — 10) Gesellschaftsvertrag zur Haltung einer gemeinschaftlichen Heerde. Rücktrittsbefugniß. XIX. 44. — 11) Schäferei-Halbpacht; Theilung des Gewinns und Verlust nach den Regeln der Societät. XVIII. 32. — 12) Anwendbarkeit der römischrechtlichen Grundsätze von dem Gesellschaftsvertrage auf die Wirthschaftsgemeinschaft bei Bauergütern. IX. 195. — 13) Jagdinteressentschaften in Folge Gesetzes nach Aufhebung des Jagdrechts auf fremden Grundstücken. XIX. 11. — 14) In wie fern kann ein Gesellschaftsvertrag wegen enormer Verletzung angefochten werden? IV. 213. S. 343. — 15) Haftung eines geschäftsführenden Socius für vernachlässigten Gewinn. Substanziirung des Anspruchs. IX. 28. — 16) Vertheilung des Gewinnes unter mehrere Gesellschafter bei verschiedenen Einschüssen. VII. 175. — 17) Gewinn aus unerlaubter Gesellschaft. Condicirung der Einschüsse. IX. 287. — 18) Anspruch des einen Handelsgesellschafters gegen den Anderen auf Theilung der von diesem gehobenen Versicherungssumme für gewisse von dem Letzteren auf eigenen Namen versicherte, zur Societät gehörige Waaren. VI. 194. — 19) Gegenseitige Verpflichtung der Gesellschafter zur Rechnungsablage. I. 212. XVI. 215. — 20) In wie fern eignen sich Ansprüche aus einem Societätsvertrage zur Geltendmachung im Concursprocesse? IV. 183. — 21) Anmeldung von Societätsschulden in dem Concurse eines Socius XI. 318. — 22) Ein Theilhaber einer Handlungsgesellschaft als Gläubiger der Gesellschaft. III. 108. XII. 271. XX. 157. — 23) Veröffentlichung eines Societätsverhältnisses als Grund für Haftung eines Socius. II. 178. 288. — 24) Haftung neu eintretender Gesellschafter für frühere Gesellschaftsschulden. II. 178. — 25) Passivlegitimation bei Ansprüchen an eine Handelsgesellschaft. Angebliches Erforderniß der Kundmachung durch Ciculare. III. 197. — 26) Wechsel von einem Gesellschafter auf die Gesellschaft gezogen und durch die von ihm bewirkte Zeichnung der Gesellschaftsfirmen acceptirt. XI. 287. — — 27) Empfangnahme von Zahlungen von Seiten eines Gesellschafters. XII. 270. — 28) Darlehensaufnahme durch einen geschäftsführenden Gesellschafter. Verwendung des Geldes zu anderen Zwecken, als zu welchen es aufgenommen wurde. Haftung der Gesellschafter. XII. 60. — — 29) Nichtübereinstimmung von Statuten und Circular rücksichtlich der Befugnisse des geschäftsführenden Gesellschafters. XII. 60. — 30) Haftung der einzelnen socii in solidum aus den vor dem institor der Gesellschaft oder von einem Gesellschafter als Factor abgeschlossenen Geschäften. II. 179. 288. III. 195. 197. 360. XII. 58 Note 9. 60. XIV. 93. XVIII. 100. XX. 127. — 31) Solidarisch haftenden Gesellschaftern steht die Einrede zur Theilung nicht zu. XII. 13. Vgl. III. 360. — 32) Absonderungsrecht der Gläubiger einer Gesellschaft an dem Gesellschaftsvermögen. VI. 302. — 33) Abgabe verschiedener Erklärungen der Gesellschafter auf einen zugeschobenen Eid. XI. 196. — 34) Verzicht auf das Kündigungsrecht von Seiten eines Socius bei einem auf unbestimmte Dauer eingegangenen Gesellschaftsvertrage ist unwirksam. XVI. 45. — 35) Verpflichtung aus Handlungen des firmirenden Gesellschafters nach dessen Austritt vorgenommen. IV. 115. — 36) Ersatzanspruch eines Gesellschafters gegen seine Mitgesellschafter nach Auflösung der Gesellschaft. IX. 80. — 37) Theilungsklage nach aufgelöster Societät. Einwand der nicht erfolgten Rechnungsablage. XIII. 25. — 38) Theilung einer Rhederei nach älterem oder neuerem Rechte? XVIII. 104.

Ueber Handelsgesellschaften, Actiengesellschaft, s. unten Abschn. VII. Hauptst. 1. III.

Q. **Obligationen aus der Rechtsgemeinschaft. Communio incidens.** 1) Gemeinschaftliches Haus. Differenz unter den Theilnehmern über das Bewohnen desselben. IX. 268. XIII. 24. — 2) Possessorische Klage eines Mitbesitzers gegen den Andern. XIV. 37. XVII. 47. — 3) Klage wegen Beschädigung der gemeinschaftlichen Sache durch positive Handlungen eines Theilhabers. VII 185. — 4) Zulässigkeit der actio communi dividundo auf Nutzungstheilung. IV. 37. — 5) Art der Theilung gemeinschaftlicher Sachen; Realtheilung, Versteigerung, Adjudication? XVIII. 35. XX. 32. — 6) Theilung bei Zubaugütern. I. 261. — 7) Naturaltheilung eines im gemeinschaftlichen

Eigenthum stehenden Hauses. XIV. 10. — 8) Theilungsklage bei einem nach Stockwerken und Gelassen abgetheilten Gebäude. XVIII. 242. — 9) Klage auf Theilung des Eigenthums einer deutschrechtlichen Realgemeinde. Unanwendbarkeit der römischrechtlichen Grundsätze über Theilung gemeinschaftlichen Eigenthums. VIII. 11. — 10) Unstatthaftigkeit der Theilungsklage bei einem Hause mit abgetheilten Wohngelassen aber gemeinschaftlichen Eingängen u. s. w. im Besitze Mehrerer. VII. 170. — 11) Unstatthaftigkeit der Theilungsklage bei einem zum gemeinschaftlichen Eingange dienenden Hofraum. XV. 126. — 12) Theilungsklage. Verpflichtung zur Aufstellung eines Theilungsplanes. IX. 154. — 13) Richterliches arbitrium bei dem judicium communi dividundo. Richterliches arbitrium. Begrenzung desselben. XV. 125. — 14) Actio communi dividundo unter Miterben vor der Erbschaftstheilung. IV. 39. XIII. 222. — 15) Verjährung der Theilungsklage. XVI. 188. — 16) Actio communi dividundo bei noch nicht anerkanntem Miteigenthum. IV. 152 — 17) Befugnisse des Erbtheilungsrichters in Ansehung der Immobilien. XI. 60. 18) Verjährung der Erbtheilungsklage. XV. 127. — 19) Anfechtung einer Theilung wegen Irrthums. IV. 222. XII. 30. — 20) Verjährung der Klage auf Anfechtung einer Theilung. IV. 223. — 21) Grenzberichtigungsklage s. oben Abschn. II. Hauptst. 2. V. E. (S. 52).

R. Schenkung.

a. Begriff. Arten. Rechtsverhältnisse aus derselben. 1) Unverbindliche Aeußerung der Schenkungsabsicht. IX. 288. — 2) Unwirksamkeit der Clausel einer letztwilligen Verfügung, daß dieselbe eventuell als Schenkung unter Lebenden gelten solle. IX. 187. — 3) Acceptation der Schenkung durch Annahme der Schenkungsurkunde. II. 45. — 4) Anerkennung einer nicht klagbaren Forderung keine Schenkung. VII. 174. — 5) Zuwendung an eine von dem Geber geschwängerte Person nicht als Schenkung zu betrachten. VI. 18. — 6) Verkauf oder Schenkung? XVIII. 132. — 7) Donatio sub modo. Erfordernisse. V. 167. — 8) Ansprüche eines Sohnes in dem Concurse des Vaters wegen einer dem Letzteren zu dem Zwecke geschenkten Summe, daß er sie für die Erziehung seines Sohnes verwende. X. 324. — 9) Verpflegungsvertrag. Erbvertrag oder donatio sub modo? IX. 155. — 10) Donatio inter vivos oder mortis causa? III. 265. XVIII. 37. — 11) Schenkungen unter Lebenden mit Aussetzung ihrer Erfüllung bis zum Tode des Schenkers. XII. 31. XX. 34. — 12) Schenkung als auf den Todesfall bezeichnet. Wirkung des für bestimmte Fälle vorbehaltenen Widerrufs. V. 131. — 13) Schenkung zwischen Vater und Hauskind. II. 305. XIV. 44. — 14) Ist das s. g. subsidium paternum als wahre Schenkung anzusehen? XII. 275. — 15) Schenkungen unter Verlobten. V. 169. — 16) Schenkung unter Verlobten; Rückforderung der Geschenke, wenn die Ehe nicht zu Stande gekommen ist; Beweislast hinsichtlich der Verschuldung. XVII. 59. — 17) Zurückforderung bedingt geschenkter und vor erfüllter Bedingung übergebener Gegenstände wegen nicht erfüllter Bedingung. XI. 242. — 18) Befugniß des Ehemanns zu remuneratorischen Schenkungen aus dem seiner Verwaltung unterliegenden Vermögen der Ehefrau XIV. 41. — 19) Verzugs- und Proceßzinsen bei Schenkungen. V. 19. 284. XVII. 220. — 20) Verzugszinsen bei der remuneratorischen Schenkung. I. 55. — 21) Sachlegitimation des Donatars bei nicht tradirtem Schenkungsgegenstande gegen dritte Besitzer. Fingirte Cession. XVI. 40.

b. Erforderniß der Insinuation. 1) Insinuation. 500 solidi = 1400 Thlr. Preuß. XVIII. 39. — 2) Ist zur Insinuation der Schenkungen Competenz des Richters, causae cognitio und gerichtliche Vernehmung des Schenkers erforderlich? XVI. 111. — 3) Form der gerichtlichen Insinuation. XVII. 242. — 4) Hat die gerichtliche Anerkennung einer Schenkungsurkunde durch den Schenker mit der gerichtlichen Insinuation gleiche Kraft? I. 343. — 5) Nothwendigkeit der Insinuation bei bedingten Schenkungen. XVIII. 37. S. 59. — 6) Erforderniß der Insinuation bei Schenkungen durch Schulderlaß. V. 165. VI. 39. VIII. 133. XVIII. 38. — 7) Erlaß ewig dauernder Renten bedarf der Insinuation. XI. 241. — 8) Ueber das Erforderniß der Insinuation bei der Verzichtleistung auf Erbzinsrechte. VIII. 285. — 9) Ueber Berechnung der Summe, für welche es der Insinuation bedarf, bei der Schenkung an mehrere Personen. I. 342. VIII. 131. 133. — 10) Bedürfen remuneratorische Schenkungen der Insinuation? I. 340. III. 265. IV. 118. V. 18. VIII. 132. XIII. 26. XVIII. 37. 38. — 11) Lohn für Dienstleistung und für Lebensrettung. XVIII. 38. — 12) Erforderniß der Insinuation bei einem negotium cum donatione mixtum VI. 38. XVIII. 130. — 13) In wiefern ist bei Schenkung einer lebenslänglichen Rente Insinuation erforderlich? XVIII. 40. — 14) Zuwendung einer lebenslänglichen Rente aus Pietät, der Insinuation nicht bedürftig. XX. 35. — 15) Zuwendungen von Seiten des Vaters an den Sohn zur Einrichtung eigenen Haushalts und selbstständigen Geschäftsbetriebes, der Insinuation nicht bedürftig. IV. 127. XII. 275. — 16) Donatio sub modo, der Insinuation nicht bedürftig. I. 341. — 17) Zuwendungen von Seiten des Schwängerers an die Geschwängerte sind nicht als eine der Insinuation bedürftige Schenkung anzusehen. VI. 18.

c. Widerruf und Anfechtung der Schenkungen. 1) Schenkungswiderruf wegen eines durch den Beschenkten verursachten Vermögensverlustes. Schuldenmachen des beschenkten Sohnes. V. 166. — 2) Widerruf von Schenkungen wegen Undankbarkeit. Keine analoge Anwendung der desfalls geltenden Grundsätze auf die Vermögensübergabe der Eltern an ihre Kinder. XIII. 48. — 3) Vertragsmäßige Auswahl des Hofesnachfolgers nach Meierrecht nicht wegen Undanks widerruflich. XIII. 49. — 4) Die remuneratorische Schenkung nicht widerruflich wegen Undanks. VIII. 260. — 5) Widerruf der donatio sub modo wegen Undanks. V. 168. — 6) Widerruf der donatio sub modo wegen nicht erfüllten modus. V. 167. — 7) Unstatthaftigkeit des Anspruchs auf Zurückgabe des aus einem irrigen Bewegsgrunde Geschenkten. IV. 233. — 8) Anfechtung der Schenkung eines ganzen Vermögens cum modo durch die actio Pauliana XI. 106. — 9) Anfechtung von Schenkungen wegen Inofficiosität s. unten Abschn. V. Hauptst. 4. III.

Schenkung unter Ehegatten s. unten Abschn. IV. Hauptst. 1. IV. B.

Schenkung von Todeswegen s. unten Abschn. V. Hauptst. 3. IV.

S. Gewagte Verträge. Spiel- und Wettverträge. 1) Unterschied von Spiel und Wette. II. 291. XIII. 94. — 2) Unwirksamkeit der Spielschulden. I. 345. IX. 289. XIII. 94. — 3) Unwirksamkeit einer zur Berichtigung von Spielschulden vor dem Spiele ertheilten Anweisung. I. 345. — 4) Confiscation der an die Spieler auszuzahlenden Gewinne, welche bei einem wegen verbotenen Collectirens zum Lottospiele Verurtheilten vorgefunden worden. XI. 155. — 5) Gesellschaft zum Zwecke unerlaubten Spiels an den Roulettebanken. XIII. 257. — 6) Klagbarkeit des Differenzgeschäfts. XI. 236. Vgl. XVI. 65. — 7) Statthaftigkeit ungleicher Einsätze bei Wetten. Unanwendbarkeit der Bestimmungen über laesio enormis. II. 292. — 9) Ungültigkeit einer Wette, bei welcher die Ungleichheit des Einsatzes in dem Verhältnisse zum Gegensatze zur Bedeutungslosigkeit herabsinkt. XVI. 217. — Lotterie s. unten Abschn. VII. Hauptst. 3. III. — Versicherungsvertrag s. unten Abschn. VII. Hauptst. 3. IV. — Seeversicherung s. unten Abschn. VII. Hauptst. 1. V. H.

T. Militär-Stellvertretungsvertrag. 1) Aleatorischer Charakter desselben. XIX. 72. — 2) Wird der Sohn durch den von den Aeltern für ihn abgeschlossenen Stellvertretungsvertrag verpflichtet? III. 313. — 3) Verhältniß zwischen den Aeltern und dem Sohne aus dem von den Ersteren für den Letzteren geschlossenen Militär-Stellvertretungsvertrage. IV. 247. XII. 29. Vgl. I. 357. III. 80.

U. Verträge zur Schlichtung zweifelhafter Rechtsverhältnisse.

a. Vergleich. 1) Befugniß der Handelsreisenden, Vergleiche abzuschließen. I. 339. — 2) Ueber die Folgen eines Vergleichs unter Concursgläubigern in Bezug auf Nachforderungen an den Gemeinschuldner. II. 247. — 3) Umfang der Vorschrift über die Nothwendigkeit gerichtlicher Bestätigung der Vergleiche über künftige Alimente. V. 285. X. 263. XI. 39. XVIII. 244. — 4) Vergleich über die Alimentation unehelicher Kinder. X. 263. XVIII. 244. — 5) Vergleich über künftige Alimente. Eidliche Bestärkung. Beleidigung des Alimentirenden V. 285. — 6) Ein Vergleich, durch welchen der Vormund auf das Notherbenrecht seiner Pupillen verzichtet, bedarf nicht der obervormundschaftlichen Bestätigung. XX. 142. — 7) Anfechtung eines Vergleichs wegen Irrthums. III. 323. XIII. 142. — 8) Anfechtung eines Vergleichs wegen Dolus. XV. 128. — 9) Anfechtung eines Vergleichs (bei Zwangsenteignung) wegen übermäßiger Verletzung. IV. 41. — 10) Richterliche Bestätigung eines Vergleiches. Kein processualisches Rechtsmittel gegen dieselbe. XV. 264. — 11) Verschulden des Rechtsbeistandes bei Abschluß eines Vergleichs kein Restitutionsgrund. XIX. 286.

b. Compromiß. 1) Anordnung eines sachlich-befreiten Gerichtsstandes oder Compromiß? X. 209. — 2) Ein Schiedsvertrag ohne Bestimmung der Schiedsrichter ist nicht klagbar. XIII. 314. — 3) Klage auf Erfüllung eines Schiedsvertrages. Einrede der durch Schiedsspruch abgeurtheilten Sache. XII. 314. — 4) Competenz des Schiedsrichters. XII. 81. — 5) Rechtliche Stellung der Schiedsrichter. XVI. 46. XVII. 143. — 6) Compromiß mit Vorbehalt der Wahl eines Obmanns durch die Parteien. II. 47. — 7) Schiedsspruch von zwei Schiedsrichtern ohne Mitwirkung des mit ihnen zusammen bestellten Dritten abgegeben. XVIII. 245. — 8) Der zur Wahl eines Obmannes in einem Schiedsgerichte Beauftragte kann sich nicht selbst zum Obmanne ernennen. XVI. 47. — 9) Erlöschung eines Compromisses wegen Stimmengleichheit auf beiden Seiten der Schiedsrichter in Ermangelung eines Obmannes. II. 47. — 10) Erlöschung des Compromisses durch den Tod einzelner Schiedsrichter. V. 283. — 11) Erlöschung der Function eines Obmannes durch Rücktritt Eines der Schiedsrichter, welche den Obmann gewählt haben. IX. 156. — 12) Anfechtung eines Schiedsspruchs. I. 217. — 13) Kein Uebergang des Compromisses auf die Erben und Singularsuccessoren ohne besondere Verabredung. II. 47.

V. Intercession. Begriff und Wirkung. 1) Begriff der Intercession. XV. 224. S. 385. — 2) Intercession in der Form einer Cession. VII. 32. — 3) Compensationseinrede eines Intercedenten (Expromittenten). II. 279. — 4) Expromission hinsichtlich einer festgestellten Rechnungsschuld. Einwendungen des Expromittenten gegen die Richtigkeit des Betrages. IV. 224. — 5) Uebernahme einer fremden Schuld, insbesondere bei dem Uebergange eines Gewerbs-Etablissements an Andere. VII. 21. Vgl. 22. — 6) Uebernahme einer fremden Schuld. Fortdauernde Haftung des Ueberweisers. VII. 316. — 7) Unbedingtes

Versprechen, die Schuld eines Andern zu bezahlen. IV. 45. — 8) Anfechtung der Einwilligung in eine Schuldüberweisung unter dem Vorwande, nicht als Gläubiger eingewilligt zu haben. IX. 31.

W. Intercession der Frauen. 1) Intercession durch Ausstellung einer Cession zu dem Zwecke einer Verpfändung der cedirten Forderung. VII. 32. — 2) Uebernahme von Verbindlichkeiten gegen eine außerehelich Geschwängerte und deren Kind als Intercession. XV. 224. — 3) Weiblicher Verzicht auf Pfand- und Vorzugsrechte, keine Intercession. III. 54. XVII. 243. — 4) Die von einer Frau übernommene Haftung für die Güte der von ihr cedirten Forderung keine Intercession; auf selbige daher das SC[tum] Vellejanum nicht anzuwenden. XX. 124. — 5) Anwendung der für Intercession der Frauen geltenden Normen auf Anleihen einer Frau, wenn der Gläubiger von der Absicht, das Geld zur Aushülfe für einen Dritten aufzunehmen, Kenntniß hatte. I. 214. II. 184. — 6) Ueber die Anwendbarkeit der Vorschriften wegen Intercession der Frauen auf Schuldurkunden, welche von Eheleuten gemeinschaftlich ausgestellt sind. VII. 179. 180. XII. 272. XIII. 143. XVII. 38. — 7) Wegfallen der Rechtswohlthaten intercedirender Ehefrauen, wenn eine in Gütergemeinschaft lebende Frau eine gemeinschaftliche Schuldurkunde mit ihrem Ehemanne unterzeichnet hat. IV. 46. — 8) Gerichtliche Bürgschaftsleistung der Ehefrau. Anfechtung derselben wegen Zwanges durch den Ehemann zugefügt. XII. 136. — 9) Formen der eidlichen Verbürgung der Weiber. XX. 128. — 10) Eidliche Verbürgung der Frau für den Ehemann in einer Privaturkunde mit Afterverbürgung eines Dritten I. 344. — 11) Eidlicher Verzicht auf die exceptio SC[ti] Vellejani und auf den Schutz der auth. si qua mulier. Eidliche Intercession. III. 53. XIII. 249. — 12) Form der eidlichen Entsagung auf die weiblichen Rechtswohlthaten. VII. 178. — 13) Unwirksamkeit des Verzichtes hinsichtlich einer nicht in einer öffentlichen Urkunde vollzogenen Intercession. XV. 224. S. 394. — 14) Verzicht einer intercedirenden Frau auf alle Einreden und Rechtswohlthaten, ungenügend wegen seiner Allgemeinheit. XV. 224. S. 393. — 15) Findet gegen einen Beamten wegen unterlassener Belehrung bei der gerichtlichen Intercession einer Frau über weibliche Rechtswohlthaten eine Regreßklage Statt? II. 53. — 16) Intercession einer Frau zum eigenen Vortheil. I. 215. XV. 224. S. 387. — 17) Intercession in der Absicht, zu schenken. XV. 224. S. 388. — 18) Wegfallen der weiblichen Rechtswohlthaten, wenn die Frau für die Intercession Geld oder Geldeswerth empfangen hat. II. 183. — 19) Intercession pro dote. XV. 224. S. 390. — 20) Privilegium der Minderjährigen intercedirenden Frauen gegenüber. XV. 224. S. 392. — 21) Intercession in arglistiger Absicht. Anwendung der const. 24. ad SC[tum] Vellejanum. XV. 224. S. 390 und 394. — 22) Einreden aus dem SC[tum] Vellejanum und der auth.

si qua mulier bei Wechselklagen. X. 79. XII. 191. XIV. 60. XVIII. 41. 41a. XIX. 184. XX. 65.

X. Intercession. Bürgschaft.

a. Begriff. Eingehung. Arten. 1) Wesen und Zweck der Bürgschaft. Unterschied zwischen derselben und anderweitiger Uebernahme einer fremden Schuld. IV. 45. — 2) Uebernahme der Haftung für nomen bonum von Seiten des Cedenten kommt einer Verbürgung für den Schuldner nicht gleich. XIII. 21. XX. 124. — 3) Indossirung eines Wechsels bewirkt noch nicht die Uebernahme einer Bürgschaft für eine etwa im gemeinen Rechte begründete Verbindlichkeit des Ausstellers. XIII. 250. XV. 246. — 4) Annahme der Bürgschaft von Seiten des Gläubigers. X. 47. — 5) Verbürgung gegen einen unbestimmten Gläubiger durch Ausstellung einer Urkunde. XI. 218. — 6) Verhältniß des Ueberbürgen. XIII. 223. Vgl. III. 217. — 7) Afterbürgschaft eines Dritten bei eidlicher Verbürgung der Frau für den Ehemann. I. 344. — 8) Bürgschaftsdocument unter einem Wechsel. XVIII. 170. XIX. 183. — 9) Bürgschaftsübernahme für einen Wechsel in einer besonderen demselben beigefügten Urkunde. XVI. 242. — 10) Der vorhergehende Concursgläubiger als Bürge des nachgehenden. XII. 112. — 11) Constitutum debiti alieni. VIII. 136. — 12) Unterscheidung zwischen fidejussio und constitutum debiti alieni auch nach heutigem Recht. XIV. 32. — 13) Mandatum qualificatum. XII. 269. — 14) Ausstellung eines Pfandscheines für eine nichtige Verpflichtung als Bürge. VII. 35. — 15) Verbürgung für einen Haussohn. Das Recht, die exceptio SC^{ti} Macedoniani zu gebrauchen, geht dem Bürgen nicht verloren, wenn der Hauptschuldner nach Beendigung der väterlichen Gewalt die Schuld anerkennt. IX. 290. — 16) Bürgschaft für einen Minderjährigen. Unzulässigkeit einer Berufung auf die Minderjährigkeit von Seiten des Bürgen. XX. 130. — 17) Irrthum des Bürgen über Art und Weise der Entstehung des Schuldverhältnisses. V. 20. — 18) Irrthum des Bürgen über die Person des Hauptschuldners. III. 168. VII. 19. — 19) Irrthum des Bürgen über die Person des Gläubigers. III. 169. IV. 225.

b. Verbindlichkeiten des Bürgen. 1) Haftung eines in allgemeiner Gütergemeinschaft lebenden Ehemannes aus der Bürgschaft. V. 22. — 2) Auslegung einer Bürgschaft gegen den Bürgen, qui se obtulit. III. 324. — 3) Haftung des Bürgen für die Accessionen (Zinsen). I. 213. IV. 44. XIV. 30. — 4) Umfang der Haftverbindlichkeit des Bürgen bezüglich der mora des Schuldners und der Proceßkosten. III. 325. XX. 226. — 5) Bürgschaft für Contocorrentschulden. VIII. 159. XVII. 35. — 6) Verbürgung für gewisse Zeit. III. 170. — 7) Prorogation des Zahlungstermins befreit den Bürgen nicht. VII. 33. 177. — 8) Kommt eine dem Hauptschuldner gewährte Borgfrist dem Bürgen zu Statten? IV. 43. — 9) Verbürgung als Selbstschuldner; accessorische Natur derselben. III. 167. IV. 226. — 10) Wirksamkeit der gegen den Hauptschuldner vorgenommenen Kündigung für den Bürgen; auch wenn der Hauptschuldner nur naturaliter verpflichtet war. XX. 131. — 11) Klage gegen den selbstschuldigen Bürgen, wenn der Hauptschuldner die Verbindlichkeit bestreitet. IV. 226. — 12) Anerkennung der Hauptschuld durch die Bürgschaftsleistung. II. 181. — 13) Wirksamkeit der Schuldanerkenntnisse des Hauptschuldners für den Bürgen. II. 185. IV. 224. XVII. 35. — 14) Ein nachträgliches Abrechnungsgeschäft des Hauptschuldners ist für den Bürgen unverbindlich. XV. 23. — 15) Beweiskraft des von dem Hauptschuldner ausgestellten Schuldscheines gegen den Bürgen. III. 216. — 16) Einseitiger Verzicht des Hauptschuldners auf Einreden gegen die Forderung schadet dem Bürgen nicht. II. 185. — 17) Wirkung der Rechtskraft zwischen dem Gläubiger und dem Schuldner in Bezug auf den Bürgen. IV. 226. — 18) Unterbrechung der Klagenverjährung gegen den Hauptschuldner auch gegen den Bürgen wirksam. XIV. 31. — 19) Kündigung von Bürgschaften, namentlich bei der Verbürgung in Bezug auf eine unbestimmte Reihe künftiger Verbindlichkeiten z. B. Amtsbürgschaften. V. 170. — 20) Bürgschaft bei Pachtverhältnissen. Der Bürge eines Pächters wird dadurch nicht befreit, daß der Verpächter von seinem Rechte, den Pächter auszutreiben, keinen Gebrauch macht. V. 133. — 21) Ist der Gläubiger dem Bürgen zu einer praestatio diligentiae in Bezug auf den Hauptschuldner verpflichtet? XI. 243. XII. 240. — 22) Verpflichtung des Kassenherrn zur Controlle über den Kassenbeamten im Interesse des Bürgen. XII. 159. — 23) Regreß gegen den Bürgen bei einem Zwangsbeitritt zum Nachlaßvertrag. V. 265. — 24) Wird der Bürge durch einen freiwilligen Gantnachlaßvertrag befreit? VII. 315. — 25) Wird ein selbstschuldiger Bürge von seiner Verbindlichkeit befreit, wenn der Gläubiger auf einen ihm gegen den Hauptschuldner zustehenden Pfandrechtstitel verzichtet hat? VII. 312. — 26) Aus der Liquidation einer Forderung im Concurse kann ein Verzicht des Gläubigers auf sein Klagrecht gegen den Bürgen nicht gefolgert werden. XIX. 22. S. 43. — 27) Welchen Einfluß hat die versäumte Anmeldung einer Forderung in dem Concurse des Schuldners auf den Anspruch gegen den Bürgen? VI. 41. VII. 34. XVI. 112. — 28) Gleichzeitige Klagen gegen den Bürgen und den Hauptschuldner. III. 264. XIX. 22. XX. 129. — 29) Gleichzeitige Klagen gegen den Hauptschuldner und mehrere Bürgen. XII. 12.

c. Rechtswohlthat der Vorausklage. 1) Zur Lehre von der Einrede der Vorausklagung. II. 182. — 2) Einrede der Vorausklage unstatthaft wegen Abwesenheit des Schuldners. II. 46. V. 21. XIX. 150. — 3) Landesflüchtigkeit des Hauptschuldners ausreichend zur

Beseitigung der Einrede des Vorausklage. VI. 42. — 4) Ausschluß der exceptio excussionis bei nachgewiesener Zahlungsunfähigkeit des Hauptschuldners. XIV. 34. — 5) Einfluß der Anhängigkeit eines Concurses auf die Einrede der Vorausklage. IV. 42. VII. 314. X. 48. XII. 158. — 6) Pactum de non petendo in personam im Verhältnisse zum beneficium excussionis. VI. 40. — 7) Verzicht auf das beneficium excussionis durch Verpflichtung als Selbstschuldner. III. 167. V. 132. XVII. 36. — 8) Thatsächlicher Verzicht des Bürgen auf die exceptio excussionis in dem Falle eines Versprechens, an einem bestimmten Tage zu zahlen. XIV. 33. — 9) Factische Verzichtleistung auf die Rechtswohlthaten des Bürgen durch unbedingtes Versprechen, die Schuld eines Andern zu zahlen. IV. 45. — 10) Exceptio excussionis im Falle eines constitutum debiti alieni? XIV. 32. — 11) Einrede der Vorausklage ausgeschlossen bei dem kaufmännischen del credere. XX. 58. — 12) Dem Schuldner, welcher als Assignat dem Gläubiger seines Gläubigers Zahlung versprochen hat, steht das beneficium excussionis nicht zu. XII. 239. — 13) Einfluß der versäumten Anmeldung einer Forderung im Schuldenwesen des Cridars auf den Anspruch gegen den Bürgen bei erfolgter Verzichtleistung auf das beneficium excussionis. XVI. 112.

d. Einrede der Theilung. 1) Erfordert die Einrede der Theilung gleichzeitige gemeinsame Uebernahme der Bürgschaft? III. 263. VI. 43. XI. 40. XIII. 27. XIV. 234. — 2) Begründung der Einrede der Theilung. Beweislast. XII. 336. XIII. 95. — 3) Verbürgung als Selbstschuldner in solidum. Wirkung der exceptio divisionis in Bezug auf künftig eintretende Zahlungsunfähigkeit eines Mitverpflichteten. VIII. 134. — 4) Wirkung des generellen Verzichts auf die Rechtswohlthaten des Bürgen, insbesondere bei späterem Hinzutritt eines neuen Bürgen. XI. 40. — 5) Wirkung der Cession der Klage an Einen der mehreren solidarisch verpflichteten Bürgen und der in dessen Person herbeigeführten Confusion bei geleistetem Verzicht auf die Einrede der Theilung. XVII. 144. — 6) Die Einrede der Theilung geht nach heutigem Recht durch Ableugnung der Bürgschaft nicht verloren. XVII. 37. — 7) Unstatthaftigkeit der erst in der Berufsinstanz vorgeschützten Einrede der Theilung. XIII. 185.

e. Exceptio cedendarum actionum. Rechte des Bürgen gegen den Hauptschuldner und die Mitbürgen. 1) Exceptio cedendarum actionum des Bürgen bei dem Vorhandensein von Mitbürgen. Einfluß eines mit Einem derselben geschlossenen pactum de non petendo. XX. 36. — 2) Befreiung des Bürgen wegen einer von dem Gläubiger verschuldeten Unmöglichkeit, die Klagen oder Vorzugsrechte abzutreten. VII. 311. — 3) Keine Befreiung des Bürgen wegen Verzichts des Gläubigers auf einen ihm gegen den Schuldner zustehenden Pfandrechtstitel. VII. 312. — 4) Einfluß der versäumten Anmeldung im Concurse in Bezug auf die Verbindlichkeit, dem Bürgen jura cessa zu ertheilen. VI. 41. VII. 34. XVI. 112. — 5) Inwiefern kann dem Bürgen auch nach der Zahlung eine Forderung gültig abgetreten werden? VII. 313. XII. 117. — 6) Dem Bürgen ist auch ohne einen bei der Zahlung wegen der cessio actionis gemachten Vorbehalt die Klage gegen den Hauptschuldner zu gewähren. XVII. 40. — 7) Mehrere Bürgen für dieselbe Schuld haben an sich nicht gegen einander den Regreß. XVII. 39. — 8) Regreßanspruch des zahlenden Bürgen gegen den anderen Mitbürgen. Einrede der Vorausklage. XX. 132.

Y. Constitutum debiti proprii. 1) Anerkennung einer bestehenden Forderung, Beweismittel oder selbstständiger Grund einer Verbindlichkeit? I. 216. — 2) Anerkennung einer Schuld. Die auf Feststellung eines Rechtsverhältnisses gerichtete Absicht der Contrahenten als genügender Verpflichtungsgrund. XVI. 218. — 3) Abrechnung und Anerkennung als Schuldgrund. III. 105. VII. 246. 302. — 4) Anerkennung und constitutum debiti proprii als Klaggründe. IX. 149. XVIII. 137. XIX. 24. — 5) Zahlungsversprechen einer Schuld als selbstständiger Klaggrund. XV. 24. — 6) Außergerichtliches Geständniß einer Schuld noch kein constitutum debiti proprii. XV. 114. Vgl. XIV. 47. — 7) Voraussetzungen eines klagbaren Anerkennungsvertrages. XX. 115. — 8) Ausdrückliches Zahlungsversprechen für den Anerkennungsvertrag nicht erforderlich. XII. 17. 260. — 9) Abrechnung als Schuldgrund. IX. 151. XIII. 247. XVIII. 223. — 10) Abrechnung als Schuldgrund. Klage aus einem Schuldschein, welcher die Worte „Werth in Rechnung" enthält. II. 35. — 11) Beurkundung einer schon bestehenden Schuld. Entbehrlichkeit der expressa causa debiti antecedentis zur vollen processualischen Wirksamkeit. XVII. 135. — 12) Anerkennung des Saldo eines Contocorrentes. VII. 246. XII. 17. XVI. 31. 219. — 13) Begründung einer Klage aus Abrechnung. XI. 228. — 14) Stillschweigende Hinnahme einer Abrechnung begründet an sich nicht den Schluß auf Anerkennung aller Rechnungspöste. X. 252. — 15) Kaufmännische Buchung eines Postens als verpflichtende Anerkennung. XX. 55. — 16) Wirksamkeit einer Abrechnung in Bezug auf nicht verrechnete Forderungen. XV. 194. — 17) Die begründete Anfechtung einzelner Pöste macht die Abrechnung im Ganzen nicht hinfällig. XIX. 25. — 18) Fassung des Beweissatzes bei der Klage aus dem constitutum debiti proprii. XX. 227. — 19) Begründung des Executivprocesses durch eine das constitutum debiti proprii enthaltende Urkunde. VII. 246. — 20) Anfechtung der Anerkennung einer Schuld. IX. 150. — 21) Einreden gegen die Klage aus einer Abrechnung auf Grund der in dieselbe aufgenommenen Forderungen aus reprobirten Geschäften. II. 36. — 22) Berechnung als Schuldgrund. Einrede der Nichtkenntniß des Inhalts einer unterschriebenen Urkunde. XIV. 16. — 23) Einrede des nicht empfangenen Geldes einer Abrechnungsurkunde gegenüber. XIV. 17. Vgl. VI. 178. — 24) Ist aus mehrjährigen Zinsenzahlungen eine Anerkennung der Capitalschuld zu folgern? II. 268. IX. 148. X. 251. XVI. 32. — 25) Liegt in einer Abschlagszahlung eine Anerkennung der Schuld? XVI. 33. XX. 197. — 26) Anerkennung einer Schuld in einer letztwilligen Verfügung gilt nicht als constitutum debiti proprii. V. 286. — 27) Unterbrechung der Klagenverjährung durch Anerkennung. X. 223. XIX. 113. — 28) Anerkennung einer Wechselschuld bewirkt keine Unterbrechung der Wechselverjährung. IV. 141. — 29) Unwirksamkeit der Klagenverjährung bei einem nach Ablauf der Verjährungszeit ertheilten Zahlungsversprechen. XVI. 91.

Z. Modificirende Nebenverträge. 1) Vertragsbestimmung über die Frist zur Anstellung der Klage. Replica doli gestützt auf fr. 2 § 3 de doli mali exceptione. (44, 4.) XVI. 93. — 2) Wirkung der dem Pfandvertrage beigefügten Nebenverträge über den Verkauf des Pfandes Seitens des Gläubigers. XVI. 16. — 3) Der einem Kaufvertrage beigefügte Nebenvertrag, daß der Verkäufer die Zahlung durch Waaren, von dem Käufer zu entnehmen, erhalten solle, ist in dieser Allgemeinheit ohne rechtliche Wirkung. XIII. 219. — 4) Vertragsmäßiger Vorbehalt eines an sich gesetzlichen Vorkaufsrechts; Wirksamkeit desselben bei Aufhebung der gesetzlichen Vorkaufsrechte durch spätere Gesetzgebung. XIV. 192. — 5) Beschränkung des Vorkaufsrechts auf die contrahirenden Personen. IV. 47. XVII. 244. — 6) Bedingung der actio nata zur Geltendmachung des Vorkaufsrechts. XVII. 244. — 7) Pactum de retrovendendo. Rückkaufsrecht, ein höchst persönliches, auf die ausdrücklich genannten Personen beschränktes Recht. VII. 181. — 8) Begründung der Klage aus dem Rückkaufsvertrag. Erbieten zur Erstattung des Kaufpreises. VII. 36. — 9) Klage aus dem pactum de retrovendendo nach Veräußerung des Gegenstandes an einen Dritten. II. 171. — 10) Der Rückkaufsberechtigte ist zum Ersatz nützlicher Verwendungen nicht verpflichtet. XIII. 96. — 11) Streit über Wiederkaufsrecht. Berufungssumme. X. 112. — 12) Pactum de non praestanda evictione; insbesondere hinsichtlich der auf dem Grundstücke ruhenden Lasten. XVII. 24. — 13) Pactum reservati dominii. Mangelnde Voraussetzung für die Wirksamkeit desselben. XX. 106. — 14) Ungültigkeit des Eigenthumsvorbehalts bei dem Verkauf eines Waarenlagers wegen Widerspruchs mit der Natur dieses Geschäfts. I. 319. — 15) Eigenthumsvorbehalt bei dem Verkauf. Fortdauerndes Eigenthum des Verkäufers. Vindicationsbefugniß desselben. I. 188. II. 10. VI. 146. 147. VII. 151. XII. 6. — 16) Eigenthumsvorbehalt zur Sicherung des Kaufgeldes begründet nur ein eventuelles Recht. Steuerforderung auf Grund eines Eigenthumsvorbehalts. X. 14. — 17) Untheilbarkeit des Rechts aus dem Eigenthumsvorbehalt. VIII. 16. — 18) Vorbehalt des Eigenthums an den Früchten bei dem Pachtcontract. XVII. 138. XVIII. 10. — 19) Arrestlegung auf Grund eines Eigenthumsvorbehalts. XVIII. 70. — 20) **Pactum displicentiae** bei dem Kauf. Fristeinhaltung. Tragung der Gefahr. XI. 144. S. 218. — 21) Vom Reugelde. Befugniß gegen Entrichtung desselben von dem Vertrage abzugehen. III. 42. 43. — 21) **Lex commissoria**; Voraussetzung ihrer Wirksamkeit. IX. 32. — 22) Lex commissoria bei einem Kaufvertrage. XVI. 179. — 23) Beweislast bei Geltendmachung der lex commissoria. VI. 173. VIII. 135. — 24) Die lex commissoria ist an keine bestimmte Formel gebunden; in der Regel ist sie als Resolutivbedingung zu betrachten. X. 49. — 25) Cassatorische Clausel bei einem Pachtvertrage, daß wegen Verspätung der dem Pächter obliegenden Leistungen der Verpächter zur Aufhebung des Vertrages befugt sein solle. XIV. 134. — 26) Stillschweigende clausula cassatoria. XV. 192. — 27) Ueber das Verbot der lex commissoria bei der Verpfändung. III. 12. VIII. 237. XIX. 107. 217.

II. Obligationen aus Vergehen und anderen unerlaubten Handlungen.

A. **Furtum.** 1) Klage des Bestohlenen gegen den Begünstiger des Diebstahls auf Ersatzleistung. Actio furti. Condictio furtiva. Actio legis Aquiliae. XVI. 114. — 2) Condictio furtiva gegen Anstifter und Gehülfen. XX. 134. — 3) Condictio furtiva wegen unterschlagener deponirter Gelder. XVII. 123. S. 191.

B. **Damnum injuria datum.** 1) Die Uebertretung einer Prohibitivvorschrift begründet für sich schon eine zum Schadensersatze verpflichtende Culpa. Compensation der Culpa. XVII. 41. — 2) Aquilische Klage wegen schuldvoller Unterlassung. III. 55. XIII. 28. XV. 129. — 3) Actio legis Aquiliae wegen Vornahme an sich erlaubter Handlungen auf eigenem Grund und Boden bei Hintansetzung gewöhnlicher Vorsicht. IV. 119. — 4) Schaden in Folge fehlerhafter Bauführung. XIV. 36. — 5) Entschädigungspflicht wegen mangelhafter Einrichtung eines Eisenbahnüberganges. VIII. 53. — 6) Aquilische Klage gegen denjenigen, welcher einen Anderen an der Beschädigung eines Dritten hätte hindern können und sollen. XVI. 220. — 7) Haftung des Vaters für Verschulden des Sohnes wegen Lässigkeit in der häuslichen Zucht und Ordnung. VII. 318. — 8) Verhinderung des Eigenthümers an der eigenen Benutzung einer unbeweglichen Sache. Actio in factum legi Aquiliae accomodata. XVIII. 246. — 9) Entschädigungsanspruch des Pächters einer Fischereigerechtigkeit wegen getödteter Fische. Actio legis Aquiliae in factum. XVII. 224. — 10) Beschädigung der verkauften Waare auf dem Transport durch die Schuld eines Dritten. Aquilische Klage des Verkäufers. Activlegitimation. XV. 21. — 11) Entschädigungsforderung wegen verschuldeten Brandes. IV. 48. — 12) Sachen des Miethsmannes aus Schuld des Vermiethers durch Brand vernichtet. IV. 34. — 13) Brand durch Locomotivfunken veranlaßt. X. 164. XIV. 208. — 14) Schaden durch weggeschwemmtes Holz veranlaßt. IV. 53. VII. 320. (Vgl. III. 59.) — 15) Klage aus einer Uebersegelung gegen den Schiffscapitän. IV. 54. — 16) Ansegelung auf offener See. Statutencollision. XIV. 197. — 17) Beschädigung durch den Bahnzug bei dem Ueberfahren auf einer nicht gesperrten Straße. X. 165. XV. 26. — 18) Beschädigung auf der Eisenbahn. Begriff eigenen Verschuldens des Beschädigten. XVI. 22. — 19) Beschädigung auf der Eisenbahn durch Zusammenstoßen zweier Züge. VIII. 52. — 20) Körperverletzung durch Schießen in einem Walde von Seiten eines Jagdbeamten. XIII. 30. — 21) Entschädigungsposte bei Körperverletzung. Arbeitsunfähigkeit. Nothwendige Ausgaben für Heilung. VIII. 222. — 22) Klage auf Schadloshaltung für die wegen verursachter unsichtbarer Mängel des Organismus verlorene Aussicht auf Verehelichung. XVIII. 42. — 23) Entschädigungsklage wegen erlittener Verkrüppelung. Der Grad des Verschuldens von keinem Einflusse auf die Größe des Schadensersatzes. XIII. 28. — 24) Freier Anschlag des Entschädigungsquantums von Seiten des Richters bei einer Entschädigungsklage wegen Verkrüppelung. XIII. 29. — 25) Anspruch auf Entschädigung wegen verursachter Arbeitsunfähigkeit. Jahresrente oder einmalige Bauschsumme? XIV. 235. — 26) Ersatz noch unbezahlter Kurkosten. XIII. 215. — 27) Entschädigungsforderung wegen verursachter Deformität. I. 65. XV. 131. — 28) Schmerzengeld keine Privatstrafe. Begründung der Ansprüche auf selbiges. I. 220. IV. 227. XIII. 31. — 29) Gesichtspunkte für Ausmessung des Schmerzengeldes. XV. 131. XVIII. 138. — 30) Keine Vererbung des Anspruchs auf Schmerzengeld. VIII. 138. — 31) Verhältniß der Injurienklage zur actio legis Aquiliae. Berücksichtigung des zugefügten Vermögensverlustes zugleich bei der aestimatio poenae in Folge einer Injurienklage. VIII. 137. — 32) Schuldhafte Tödtung. Entschädigungsklage der Angehörigen XI. 44. XIII. 144. — 33) Kein Anspruch der Erben eines Getödteten auf Ersatz der Leichenbestattungskosten. VIII. 138. XV. 225. — 34) Solidarische Haftung im Falle einer Tödtung oder Körperverletzung in Raufhändeln. XIII. 144. — 35) Haftung der Theilnehmer an einem Tumult auch für den bei Gelegenheit des Tumults durch Diebstahl entstandenen Schaden. VII. 319. — 36) Haftung mehrerer Theilnehmer bei damnum injuria datum. I. 66. — 37) Zulässigkeit der Aquilischen Klage wider den Auftraggeber des Beschädigenden. XV. 130. — 38) Wiefern haftet der Dienstherr für den durch den Dienstboten Dritten zugefügten Schaden? XIV. 35. — 39) Verpflichtung des Schiffsherrn aus Vergehungen seiner Leute. XVII. 34. — 40) Haftung des Rheders für den durch den Führer des Schiffes angerichteten

Schaden. XVIII. 248. — 41) Actio legis Aquiliae gegen den Begünstiger des Diebstahls auf Ersatz. XVI. 114. — 42) Aquilische Klage gegen eine juristische Person. VII. 150. VIII. 53. X. 165. XIII. 140. XIV. 36. 208. XV. 26. XVI. 113. — 43) Haftung der Unmündigen ex lege Aquilia. XVIII. 217. — 44) Schadensersatzpflicht des Staats wegen Benachtheiligung von Grundstücken durch Straßenbauten. VII. 181. XVIII. 141. — 45) Actio legis Aquiliae wegen amtlicher Handlungen eines öffentlichen Verwaltungsbeamten. Präsumtion für die Legalität amtlicher Handlungen. XVI. 113. — 46) Würderungseid bei der actio legis Aquiliae. XI. 152. Vgl. XV. 170.

C. Damnum in caupona, navi vel stabulo datum. Beschädigungen auf der Eisenbahn. 1) Die entscheidenden Merkmale zwischen dem receptum und dem Miethsverhältnisse in Bezug auf die Vertretungsverbindlichkeit der Gastwirthe. II. 293. — 2) Voraussetzungen der Klage ex recepto. XVII. 42. — 3) Erfordernisse der Reception. Eigene Schuld des Gastes. VII. 40. — 4) Haftung des Gastwirths wegen nächtlichen Diebstahls in dem dem Gaste angewiesenen, von demselben nicht verschlossenen Zimmer. VIII. 48. — 5) Haftung des Gastwirths, wenn dem Reisenden der Schlüssel zu dem Behältnisse übergeben war, in welchem seine Sachen sich befinden. II. 49. — 6) Haftung des Gastwirths bei Schaden durch Brand. XVIII. 43. — 7) Haftung des Gastwirths hinsichtlich der vor dem Gasthause aufgefahrenen Wagen. I. 67. — 8) Unerheblichkeit der Zeit der Illation in Bezug auf die Haftung der Gastwirthe. X. 163. — 9) Verwahrung der Gastwirthe in Betreff der Haftung durch Anschlag an den Zimmerthüren. X. 162. — 10) Voraussetzung der actio de recepto in Beziehung auf Verschiffung. XIII. 251. — 11) Haftung für Beschädigung verschiffter Waaren. II. 180. IV. 40. VII. 310. — 12) Haftung des Rheders für Versehen des Schiffers. XI. 85. Vgl. XI. 294. — 13) Vertragsmäßige Beschränkung der Haftungspflicht eines Schiffers auf nachzuweisende schwere Verschuldung. XI 86. — 14) Ueber das Verschulden durch Nichtanzeige des Inhalts bei der Uebergabe eines Pulverfasses. III. 166. — 15) Keine Haftung des Schiffers für damnum fatale. XIII. 54. 225. — 16) Haftung für verlorne Eisenbahn-Frachtgüter. VII. 172. 355. — 17) Haftung der Eisenbahnverwaltung im Falle der Beschädigung des Frachtguts. Beweislast in Ansehung des Verschuldens. XI. 237. — 18) Haftung der abliefernden Eisenbahnverwaltung für die Beschädigung der Waare. XII. 25. — 19) Beschädigung eines Passagiers. Haftung des Unternehmers für das Dienstpersonal. VIII. 52. XVI. 22.

D. Von der Injurie. 1) Voraussetzungen, unter welchen der animus injuriandi angenommen werden kann. VI. 195. — 2) Animus injuriandi bei objectiv beleidigenden Handlungen. Unbefugte Verhängung einer Gefängnißstrafe als Ehrenkränkung. VII. 38. — 3) In dem Rücktritt von einem Verlöbnisse liegt an und für sich keine Injurie. I. 64. — 4) Injurienklage gegen ein Frauenzimmer, welches den Kläger als Vater eines unehelichen Kindes in Anspruch genommen hatte, aber mit der Klage abgewiesen worden war. XVII. 43. — 5) Injurienklage eines Schenkwirths gegen einen Gast wegen beleidigenden Betragens gegen andere Gäste und dadurch bewirkter Störung der Schenkwirthschaft. XIX. 232. S. 357. — 6) Injurienklage wegen Denunciation. III. 57. X. 50. XX. 37. — 7) Injurienklage wegen Denunciation nach Freisprechung des Denunciaten. Beweisauflage in Betreff des animus injuriandi. Verhältniß der Injurienklage zur Aquilischen Klage und actio doli. VIII. 137. — 8) Briefliche Injurien, nach welchen Gesetzen dieselben zu beurtheilen. III. 295. — 9) Eine Injurienklage des durch Ehebruch beleidigten Ehegatten gegen den Dritten ist nicht begründet. III. 171. — 10) Injurienklage eines Ehegatten gegen den Andern. XIII. 264. Vgl. XIV. 137. — 11) Injurien gegen Verfasser anonymer Artikel. I. 220. — 12) Injurie gegen einen ganzen Stand. VI. 197. — 13) Züchtigungsbefugniß des Predigers. Ueberschreitung derselben keine Injurie. VII. 39. — 14) Voraussetzungen von Entschädigungs- und Injurienklagen gegen öffentliche Diener wegen Ungebühr in Amtshandlungen. X. 51. — 15) Injurienklage gegen einen unter Curatel gesetzten Verschwender. XVI. 230. — 16) Wegen einer von Amtswegen bestraften Körperverletzung findet die ästimatorische Injurienklage von Seiten des Damnificaten nicht Statt. I. 63. III. 171. — 17) Provocatio ex lege diffamari wegen ehrenkränkender Aeußerungen. Einfluß des zwischen den Parteien bestehenden ehelichen Verhältnisses. XIV. 137. — 18) Nach gemeinem Recht schließen die ästimatorische Injurienklage und die Klage auf Abbitte, Widerruf und Ehrenerklärung einander aus. I. 62. — 19) Verantwortlichkeit des Anwalts für Injurien in Proceßschriften. III. 101. — 20) Verantwortlichkeit der Herausgeber, Redacteurs, Verleger und Drucker von Zeitschriften und Tagesblättern für injuriöse Artikel. VI. 44. — 21) Unstatthaftigkeit einer Klage gegen einen Zeitungsredacteur, betreffend die Nennung des Verfassers eines injuriösen Artikels. Actio ad exhibendum. VIII. 223. — 22) Mittheilung von Anderen als Entschuldigung beleidigender Vorwürfe. VI. 196. — 23) Einrede der Wahrheit. II. 334. VI. 198. XI. 244. — 24) Einrede der Wahrheit gegen den Vorwurf des Pasquillschreibens zugelassen. II. 51. — 25) Compensation der Injurien. XII. 32. XX. 183. — 26) Ehrenerklärung als Privatgenugthuung nur bei leichteren Injurien genügend. XVII. 44. — 27) Schmerzengelder. I. 220. XIII. 31. XV. 131. XX. 138. — 28) Entlaßbarkeit eines auf Lebensdauer angestellten Beamten wegen Injurien gegen seinen Dienstherrn. XIV. 276. — 29) Injurien als Enterbungsursache. Verzeihung derselben. V. 34. — 30) Einfluß von Injurien auf die Alimentationspflicht. V. 285.

E. Obligationen aus der Störung und Entreißung des Besitzes s. oben S. 37—40 „Rechtsmittel zum Schutze des Besitzes".

1. Operis novi nunciatio. 1) Heutige Anwendbarkeit der römisch-rechtlichen Grundsätze. Voraussetzung eines richterlichen Bauverbotes, III. 58. — 2) Unzulässigkeit der operis novi nunciatio bei polizeilich erlaubten Bauten. XVIII. 139. — 3) Voraussetzungen derselben. Fortbauen gegen Cautionsleistung. VII. 44. — 4) Jede Prädialservitut berechtigt zur Nunciation. V. 28. lit. a. — 5) Die Nunciation ist nicht durch ein unmittelbares Angränzen der Grundstücke des Nuncianten an diejenigen, auf welchen die neuen Anlagen errichtet werden, bedingt. V. 28. lit. d. — 6) Operis novi nunciatio des Müllers wegen Vorbereitung einer Schleuße in dem Mühlenbach unbegründet. XV. 226. — 7) Die Gültigkeit der Nunciation setzt keine besonderen Förmlichkeiten voraus. V. 28. lit. c. — 8) Verbindlichkeit des Fiscus, welchem denuncirt wird, zur Cautionsbestellung, wenn derselbe fortbauen will. V. 28. lit. d. — 9) Ansprüche des Servitutsberechtigten bei einem neuen opus. V. 257. — 10) Begründung der operis novi nunciatio. III. 174. XIV. 139. — 11) Einrede der Verjährung von Seiten des Nunciaten aus der const. un. de operis novi nunc. (8, 11) unstatthaft. V. 28. lit. e. — 12) Beseitigung der Wirksamkeit der novi operis nunciatio durch den Nachweis, daß die Demolition des novum opus mit Gefahr und bedeutendem Nachtheil für das Grundstück des Nunciaten verbunden sei. V. 28. lit. f. — 13) Verhältniß der novi operis nunciatio zum interdictum quod vi aut clam. VII. 45. — 14) Interdictum demolitorium in Concurrenz mit dem interdictum quod vi aut clam. XIX. 231.

G. Gewaltsame oder verheimlichte Veränderung mit Grundstücken. 1) Ueber die heutige Anwendbarkeit des interdictum quod vi aut clam. XVI. 223. XVII. 215. — 2) Begründung des Interdicts. IX. 292. — 3) Neuerungen, welche das interdictum quod vi aut clam begründen. VIII. 51. — 4) Einmischung der Frage, ob dem Gegner ein Recht auf das fragliche Bauwerk zustehe. VIII. 139. — 5) Verhältniß des interdictum quod vi aut clam zur Klage wegen des Rechts. XVIII. 252. — 6) Spolienklage als interdictum quod vi aut clam für begründet erachtet. V. 68. VIII. 169. — 7) Interdictum quod vi aut clam von Seiten des Pächters (Miethers) dem Eigenthümer und Verpächter (Vermiether) gegenüber. XII. 160. XV. 28. — 8) Interdictum quod vi aut clam bei Verletzungen und Störungen, die an sich und ihrer Form noch nicht als unerlaubt erscheinen. XIV. 236. — 9) Das interdictum quod vi aut clam durch die Einrede des unverschuldeten Irrthums elidirt. V. 25. — 10) Die Einrede des Schutzes im Besitze gegen das Interdict begründet. IX. 157. — 11) Interdictum demolitorium in Verbindung mit dem interdictum quod vi aut clam. Verhältniß des letzteren zur Eigenthumsklage. XIX. 234. — 12) Klage auf Beseitigung eines auf gemeinschaftlichem fundus errichteten opus. XVIII. 208.

H. Widerrechtliche Veränderungen des Wasserlaufes. 1) Zur aquae pluviae arcendae actio. VII. 46. — 2) Actio aquae pluviae arcendae wegen drohenden Nachtheils durch die Anlage eines neuen Werkes. Analoge Negatorienklage. VII. 47. — 3) Actio aq. pl. arc. wegen Zuschüttung seit Alters her bestehender künstlicher Gräben oder Vertiefungen. I. 68. XVII. 48. — 4) Macht es einen Unterschied, ob sich der bisherige Wassergraben als natürliche Vertiefung oder als künstliche Vorrichtung darstellt? IX. 160. — 5) Privatflüsse. Gräben. Canäle. Pflicht des Grundeigenthümers zur Reinigung der künstlich angelegten Gräben und Canäle. I. 167. — 6) Actio aq. pl. arc. bei Abfluß des Regenwassers durch einen Keller und Abzugsgraben. XX. 228. — 7) Anwendung des Grundsatzes von der Verpflichtung, das von dem höheren Grundstück abfließende Regenwasser aufzunehmen, auf Hofplätze. Actio aq. pl. arc. und actio negatoria generalis. X. 259. — 8) Klage wegen Störung des Wasserablaufs durch Anlage von Gemeindewegen. XVI. 116. — 9) Actio aq. pl. arc. gegen eine Gemeinde. Opus auctoritate publica factum. XIII. 252. — 10) Klage wegen Störung des Wasserlaufes mittelst Herrichtung eines Dammes auf einem zum öffentlichen Gebrauche bestimmten Nachbargrundstück. Actio negatoria. X. 169. — 11) Natürlicher Wasserabfluß, durch welchen dem Gebäude des Nachbars geschadet wird. Actio negatoria. I. 318. — 12) Veränderungen des natürlichen Wasserlaufes durch einen Neubau. V. 141. — 13) Wehrbau. Aus demselben entspringende Verpflichtung zur Fürsorge, daß nachtheilige Wirkungen sich nicht auf das Eigenthum oder sonstige Rechte Dritter erstrecken. IV. 96. — 14) Entschädigungsansprüche bei Bewässerungsanlagen. XVII. 122. — 15) Bewässerung aus Privatflüssen. Bestimmung des Orts, wo das abgeleitete Wasser wieder zurückzuleiten ist. X. 9. — 16) Der Wasserlauf eines Baches darf zum Nachtheil der Berechtigten nicht abgeändert werden. X. 167. — 17) Recht des Eigenthümers hinsichtlich des auf seinem Grundstück sich ansammelnden Quell- und Regenwassers. Der Eigenthümer des niedriger belegenen Grundstücks als solcher hat kein Recht auf den Abfluß des Wassers. Immemorialverjährung. I. 5, II. 8. X. 227. 261. XIX. 118. — 18) Das Recht auf ausschließliche Benutzung eines Wasserlaufes kann nur durch qualificirte Verjährung erworben werden. XII. 246. — 19) Interdictum ne quid in flumine publico fiat, quo aliter fluat, atque uti priore aestate fluxit. X. 168. XIV. 38. XVII. 246. XIX. 118.

J. Interdicte zum Schutze des Gebrauchs öffentlicher Sachen. 1) Intedictum ne quid in loco publico vel itinere fiat.

V. 27. VIII. 50. — 2) Anwendung dieses Interdicts auf einen seit unvordenklicher Zeit bestehenden Weg. XIX. 235. — 3) Recht der Staatsbürger an res publicae. V. 134. — 4) Schutz im Besitze eines öffentlichen Platzes. IX. 159. — 5) Interdictum de loco publico fruendo utile. VIII. 261. — 6) Interdicta zum Schutze der Flußwassernutzung. IX. 161. Vgl. oben S. 148. Ziff. 10. — 7) Ueber die Anwendbarkeit der in dem römischen Rechte zum Schutze der Schiffahrt in öffentlichen Flüssen gegebenen Interdicte. IX. 293. — 8) Beschädigung der Ufer und Uferwerk durch Dampfschiffahrt. IX. 35. — 9) Competenz der Gerichte in Streitigkeiten über die Wasserbenutzung aus öffentlichen Flüssen, wenn die Verwaltungsbehörde diese Benutzung untersagt hat. XVII. 99.

K. Beschädigung durch Versehen der Beamten. 1) Erfordernisse der Syndicatsklage. XIV. 140. — 2) Ersatzverbindlichkeit der Unterpfandsbehörde für einen Schaden, welcher in Folge eines durch sie verschuldeten unrichtigen Anschlags der Unterpfänder dem Pfandgläubiger verursacht worden. XV. 208. — 3) Regreßklage eines Pfandgläubigers gegen den Ortsvorstand wegen dadurch erlittenen Schadens, daß ein auf der Pfandsache lastendes Leibgeding nicht kundgegeben worden. XV. 189. — 4) Entschädigungsanspruch gegen den Beamten, welcher bei Bestätigung einer Hypothek keine causae cognitio vorgenommen hat. XVII. 120. — 5) Haftung des Beamten für unterlassene Benachrichtigung hinsichtlich der bestehenden Hypotheken bei gerichtlicher Behandlung von Eigenthumsübertragungen oder Verpfändungsgeschäften. II. 52, — 6) Findet eine Regreßklage gegen den Beamten Statt, wenn bei gerichtlicher Intercession einer Frauensperson die Belehrung über die weiblichen Rechtswohlthaten und die Verzichtleistung auf selbige unterblieben ist? II. 53. — 7) Schadensersatz wegen eines unwahren obrigkeitlichen Zeugnisses. V. 287. — 8) Haftung der Kassenbeamten für Diebstähle. III. 202. — 9) Haftverbindlichkeit der Verwaltungsbeamten für den in ihrem Dienste verursachten Schaden. Grad der zu prästirenden culpa. XX. 38. — 10) Aquilische Klage wegen amtlicher Handlungen eines öffentlichen Verwaltungsbeamten. Beweislast. XVI. 118. — 11) Voraussetzungen der Entschädigungsklagen gegen öffentliche Diener wegen Ungebühr in Amtshandlungen. X. 51. — 12) Gerichtliche Cognition bei Entschädigungsansprüchen gegen öffentliche Beamte wegen Verletzung von Privatrechten durch amtliche Handlungen. XVI. 143. — 13) Haftverbindlichkeit des Gerichtsherrn wegen Pflichtwidrigkeiten seiner Beamten. I. 166. II. 54. V. 281. — 14) Keine Haftung des Gerichtsherrn für Handlungen des Gerichtsverwalters in eigener Sache. VI. 109. — 15) Unmittelbare Haftung des Staats für seinen Beamten, welcher bei der Bestätigung einer Hypothek keine causae cognitio vorgenommen hat. XVII. 145. — 16) Haftpflicht des Staats für

Versehen seiner Beamten bei Ausübung der freiwilligen Gerichtsbarkeit. V. 174. — 17) Haftverbindlichkeit des Staates für gerichtliche Depositen. II. 159. — 18) Haftung der Staatskasse für gestohlene Depositen. Legitimation zu deren Zurückforderung. VII. 321. — 19) Voraussetzung der Verzuges in Beziehung auf die Haftpflicht des Staates für Gerichtsdepositen. XVII. 123. — 20) Haftung des Staates, wenn in Beschlag genommene Sachen durch Schuld von Beamten abhanden gekommen sind. III. 327. — 21) Verbindlichkeit des Fiscus zur Haftung für die auf Anordnung der landesherrlichen Behörden an Letztere aus besonderem Anlasse abgelieferten Sachen. V. 135. — 22) Haftung des Staates für Beschädigung in Tumulten wegen pflichtwidrigen Verhaltens der Beamten. II. 54. III. 326. — 23) Beschädigung durch die zur Bekämpfung eines Aufstandes aufgebotenen Truppen. Schadensersatzanspruch an den Staat. V. 238.

L. Entschädigungsforderung aus dem außerehelichen Beischlafe (Defloration). 1) Statutencollision. I. 153. II. 4. 118. III. 135. 254. XIV. 196. XIX. 212. — 2) Die Entschädigungsverbindlichkeit des Stuprators ist nicht durch erfolgte Schwängerung bedingt. VII. 48. — 3) Kommt bei Ansprüchen aus dem außerehelichen Beischlaf das Erforderniß der Verführung in Betracht? IV. 51. IX. 294. — 4) Verbindlichkeit eines verheiratheten Mannes zur Entschädigung wegen Defloration. I. 230. VI. 200. — 5) Verheirathung der Geschwächten während der Dauer des Dotationsprocesses. VI. 45. — 6) Alternative Verbindlichkeit aus dem außerehelichen Beischlafe. Wahl der Beklagten. I. 231. — 7) Verurtheilung des Stuprators, zu ehelichen oder zu dotiren. Wirkung des Verzuges. XI. 163. — 8) Die Verweigerung des väterlichen Eheconsenses verwandelt die alternative Verbindlichkeit des Stuprators in eine einfache. IX. 296. XIII. 145. — 9) Größe der Satisfactionssumme. I. 229. IX. 295. 296. — 10) Bestimmung der Entschädigung, wenn der Stuprator zur Zeit noch kein ausgemachtes Vermögen hat. XIV. 39. — 11) Kein Anspruch der Geschwängerten auf Ersatz für Wohnung und Unterhalt während des Wochenbetts und für entgangenen Dienstlohn. XIV. 40. — 12) Uebergang des Satisfactionsanspruchs auf die Erben der stuprata. X. 52. XIII. 316. XIX. 111. — 13) Uebergang der Klage auf Entschädigung gegen die Erben des Stuprators. IX. 36. XIX. 111. — 14) Ansprüche aus außerehelichem Beischlaf und geleistetem Eheversprechen. Wirkung der Einlassung auf die Klage in Betreff des activen Klagenüberganges. IX. 164. — 15) Der Anspruch wegen Defloration wird durch eine nach dem Tode des Stuprators erfolgte Verheirathung der stuprata oder durch einen unzüchtigen Lebenswandel nach jenem Zeitpunkte nicht ausgeschlossen. IX. 36. — 16) Einrede der mehreren Zuhälter. I. 232. VII. 183. XVIII. 253. — 17) Exceptio plurium stupratorum. Begründung der

Einrede, daß die Klägerin eine öffentliche Dirne sei. IV. 51. — 18) Wirksamkeit der exceptio plurium concumbentium ohne Rücksicht darauf, daß der andere concumbens angeblich der Verlobte der stuprata gewesen. Begrenzung der gedachten Einrede hinsichtlich der Zeit des behaupteten anderweitigen Beischlafs. IX. 166. — 19) Forderung „pro defloratione". Verspäteter Einwand, daß die Klägerin sich früher Anderen Preis gegeben habe. Berufung auf mangelndes Verständniß des lateinischen Ausdrucks. XV. 267. — 20) Zuwendungen an eine von dem Geber außerehelich geschwängerte Person fallen weder in die Kategorie der turpis causa, noch sind sie als Schenkung zu betrachten. VI. 18. — 21) Zulässigkeit eines allgemein auf eine richterlich festzusetzende Entschädigung für Defloration u. s. w. gerichtetes Klaggesuch. XIII. 283.. — 22) Forum delicti commissi für Satisfactionsklagen. IV. 255. S. 425. — Vgl. auch unten „Obligationen aus der unehelichen Vaterschaft."

III. Vermischte Fälle der Obligationen.

A. Obligationen aus der unehelichen Vaterschaft. 1) Statutencollision in Bezug auf die Ansprüche aus unehelicher Vaterschaft. I. 153. II. 4. 118. III. 135. 254. XII. 333. XIII. 182. Ziff. 2. XIV. 196. — 2) Zeitliche Grenzen der Wirksamkeit eines neuen Gesetzes über subsidiare Alimentationsverbindlichkeit der Aeltern des außerehelichen Schwängerers. XX. 99. — 3) Das cap. 12. X. de praesumtionibus (2, 23) ist bei Alimentationsklagen nicht durchschlagend. XVII. 247. — 4) Berechnung der 182 Tage von der Zeit des Beischlafs. V. 175. — 5) Nativitätstermine in Beziehung auf die Annahme der unehelichen Vaterschaft. IV. 118. IX. 121. X. 170. XVIII. 108. — 6) Ist bei den Nativitätsterminen auf den Reifegrad des Kindes Rücksicht zu nehmen? XII. 161. XX. 9. XV. 98. XVII. 115. XVIII. 109. XX. 10. Vgl. XI. 11. XII. 36. XIII. 123. — 7) Angabe der Zeit des unehelichen Beischlafs in der Klage. I. 227. — 8) Klagbegründung und Beweissatz in Schwängerungssachen. IV. 148. — 9) Schwängerungsklage auf einen bestimmten Zeitpunkt der Conceptionsperiode gestellt. Eideszuschiebung die ganze Conceptionsperiode umfassend. IX. 162. — 10) Geständniß über die Vaterschaft bei einer außerhalb des Nativitätstermins fallenden Geburt. VI. 201. — 11) Verbindlichkeit des außerehelichen Vaters zur Alimentation des adulterinus. VII. 49. S. 66. — 12) Erforderniß der Klage und Beweis der unehelichen Vaterschaft hinsichtlich der unehelichen Kinder einer Ehefrau. II. 186. 206. IV. 231. V. 176. VI. 46. X. 54. — 13) Klage auf Alimentation eines unehelichen Kindes keine Klage ex delicto. IV. 255. VI. 47. XII. 162. — 14) Exceptio plurium stupratorum der Alimentationsklage gegenüber. IX. 167. X. 171. XVI. 117. Vgl. XVIII. 253. — 15) Einrede mehrerer Concumbenten gegen die Alimentationsklage. Geständniß der Klägerin; Widerruf des Geständnisses aus dem Grunde des Irrthums über die daraus entspringenden Folgen. XIV. 183. — 16) Alimentationspflicht des wahnsinnigen außerehelichen Vaters. VI. 47. — 17) Zurechnungsunfähigkeit des Schwängerers zur Zeit des Beischlafes keine Voraussetzung der Alimentationspflicht. XII. 162. — 18) Vaterschaftsanerkennung von Seiten eines minor. XI. 199. — 19) Keine Alimentationspflicht des väterlichen Großvaters bezüglich unehelicher Enkel. III. 175. IV. 30. — 20) Subsidiäre Alimentationspflicht, wenn der uneheliche Vater auf der Wanderschaft ist. III. 60. Vgl. III. 266. — 21) Haftpflicht der Erben des außerehelichen Vaters. XI. 42. XIX. 47. — 22) Kein Klagrecht auf Anerkennung unehelicher Kindschaft. VIII. 262. — 23) Klage auf Anerkennung der außerehelichen Vaterschaft von der Mutter angestellt. II. 55. — 24) Berechtigung der Mutter zur Anstellung der Klage auf Alimentation des unehelichen Kindes. XI. 43. XVII. 49. 50. — 25) Klage der unehelichen Mutter auf Ersatz gereichter Alimente. I. 83. II. 44. XII. 164. XVII. 49. — 26) Klage des Vormunds eines unehelichen Kindes und des Kindes selbst auf alimenta praeterita. I. 83. XII. 164. — 27) Klage auf Alimente vor der Entbindung angestellt. V. 290. IX. 165. — 28) Bei Zuerkennung von Alimenten ist auf Begehren Vorauszahlung anzuordnen. II. 56. — 29) Dauer der Verbindlichkeit zur Alimentation eines unehelichen Kindes. I. 228. VII. 49. XI. 41. — 30) Umfang der Alimentationsverbindlichkeit des außerehelichen Vaters. XII. 35. — 31) Feststellung der Größe der zu leistenden Alimente. VI. 203. X. 53. XI. 245. — 32) Verzugszinsen von Alimentengeldern. VI. 202. — 33) Anspruch des außerehelichen Vaters auf Selbsterziehung des Kindes. IV. 230. XII. 163. — 34) Haftpflicht des natürlichen Vaters für die Verpflegungskosten seines in einer öffentlichen Verpflegungsanstalt untergebrachten Kindes. VII. 49. — 35) Einrede gegen die Alimentenklage der unehelichen Mutter, daß ein Dritter sich zur Alimentation verpflichtet habe. IV. 49. XIII. 253. — 36) Alimentenvertrag zwischen dem Schwängerer und der Mutter, als Vertreterin des Kindes. XI. 43. — 37) Ueber das Erforderniß gerichtlicher Bestätigung von Vergleichen über künftige Alimente. V. 285. X. 203. XI. 39. XVIII. 214.

B. Beschädigung durch Sachen. 1) Cautio damni infecti. IV. 11. VII. 185. IX. 31. 35. XVII. 51. — 2) Beschädigung durch Auftreiben eines Schiffes auf Ländereien. III. 59. — 3) Beschädigung durch ein Grundstück des Nachbars. XVII. 51. — 4) Der durch eine Eisenbahnanlage veranlaßte Schaden kann nach den Grundsätzen der cautio damni infecti von dem zeitigen Eigenthümer des beschädigten Grundstücks verfolgt werden. XIX. 236. — 5) Entschädigungsanspruch bei Bewässerungsanlagen. XVII. 122. — 6) Durch Ueberschwemmung verursachter Schaden. Ersatzforderung. IV. 53. VII. 320.

C. Obligationen auf Vorzeigen von Sachen. 1) Begründung der actio ad exhibendum in Bezug auf die Bezeichnung des zu Exhibirenden. IX. 38. — 2) Actio ad exhibendum bezüglich unbeweglicher Sachen. XVI. 48. — 3) Actio ad exhibendum angestellt von Rechtsnachfolgern eines Vorbesitzers gegen einen Hausbesitzer auf Gestattung von Nachgrabungen nach verborgenen Baarschaften in dem Keller des Letzteren. IV. 10. 11. — 4) Actio ad exhibendum. Recht, seine Bienenschwärme auf fremdem Grund und Boden einzufangen. VIII. 48. — 5) Die Einsicht gerichtlicher Acten kann Jeder verlangen, welcher ein Interesse bescheinigt. I. 134. Vgl. VIII. 228. — 6) Verbindlichkeit zur Urkundenedition s. unten Civilproceß, Hauptst. XII. E.

D. Obligationen aus der Bereicherung auf Kosten eines Andern.

a. Allgemeines. 1) Zur Begründung der Condiction ist nicht nöthig, daß dasjenige, durch welches der Beklagte bereichert worden, schon vorher wirklich zum Vermögen des Klägers gehörte. II. 57. — 2) Klage des Substanzberechtigten nach beendigtem Nießbrauch; keine Condiction. XVI. 10. — 3) Privilegium des Fiscus auf Rückforderung der von seinem Schuldner an Dritte gemachten Zahlungen. XVIII. 27. — 4) Schutz des Besitzes durch Condictionen. XIX. 152. — 5) Kein Anspruch auf Zinsen bei Condictionen. II. 59. X. 55. — 6) Klagbitte bei Condictionen auf Quantitäten vertretbarer Sachen. IV. 124.

b. Condictio indebiti. 1) Zahlung einer Nichtschuld aus Irrthum versprochen oder geleistet. VI. 206. — 2) Auch fremde Sachen können mit der condictio indebiti zurückgefordert werden. IV. 122. — 3) Ersatzklage gegen den Empfänger einer aus Versehen doppelt abgegebenen Waare. V. 177. — 4) Condictio indebiti zum Behufe der Zurückforderung der an einen vermeintlichen Connossementsinhaber ausgelieferten Sachen. IV. 122. 123. 232. — 5) Condictio indebiti in Beziehung auf einen ausgestellten Schuldschein. IV. 56. — 6) Condictio indebiti wegen Zahlung eines präjudicirten Wechsels nicht begründet. XVIII. 140. — 7) Klage wegen irrthümlich gestatteter Compensation mit einer nicht begründeten Gegenforderung, keine condictio indebiti. XIX. 224. — 8) Rückforderung irrthümlich gezahlter Zinsen. XVI. 49. — 9) Erforderliche Beschaffenheit des Irrthums bei der condictio indebiti. XIII. 254. XV. 195. — 10) Irrthum in den Motiven. IV. 233. S. 371. VII. 52. — 11) Zahlung im Zweifel über das Bestehen einer Schuld geleistet. IV. 123. VII. 51 (S. 70). 54. XIII. 255. — 12) Zahlung aus Rechtsirrthum. V. 291. VI. 206. VII. 53. XIII. 254. — 13) Condictio indebiti auf Grund eines Rechtsirrthums bei gewissen Kategorien von Personen. VIII. 140. 141. — 14) Unerheblichkeit des Umstandes, daß bei der condictio indebiti der Beklagte ein Minderjähriger ist. VIII. 140. — 15) Ueber Entschuldbarkeit des Irrthums. II. 187. IV. 55. V. 291. VI. 207. VII. 51. 322. XIII. 251. — 16) Worauf ist bei der condictio indebiti der Beweis der Nichtschuld zu richten? VII. 55. — 17) Das in fr. 25 § 1 de probat. (22, 3) gewissen Personen hinsichtlich des Beweises des indebite solutum ertheilte Privilegium ist auf den Fall eines angeblich indebite ausgestellten Schuldscheines nicht auszudehnen. XVIII. 254. — 18) Die Befreiung eines Frauenzimmers von dem Beweise der Nichtschuld kommt nur zur Anwendung, wenn das Frauenzimmer selbst auf Zurückzahlung klagt. I. 58. — 19) Beweis des Irrthums; Beweislast. I. 58. II. 187. VII. 56. X. 56. XV. 195. XVII. 248. — 20) Zurückforderung des für eine Nichtschuld Gezahlten von Seiten des zahlenden Bürgen. Einrede des Beklagten, die Frage wegen der Nichtschuld sei vorerst zwischen dem Kläger und dem angeblichen Hauptschuldner auszutragen. VII. 50. — 21) Forderung gegen den wahren Schuldner demjenigen zustehend, welcher im Glauben, eine eigene Verbindlichkeit zu erfüllen, die Schuld eines Anderen getilgt hat. VII. 57. — 22) Zinsen bei der condictio indebiti. I. 59. XIII. 97. XV. 132. — 23) Condictio indebiti und condictio sine causa. Voraussetzung einer zulässigen Cumulirung beider Klagen. VIII. 142.

c. Condictio ob causam datorum. 1) Zurückforderung von Sachen, welche zufolge nicht angenommener Vertragspropositionen hingegeben wurden. V. 7. — 2) Unstatthaftigkeit des Anspruchs auf Zurückgabe, beziehungsweise Vergütung, des ohne bestimmte Aeußerung über die dabei gehegte Absicht Gegebenen oder Geleisteten oder aus irrigem Beweggrunde Geschenkten. IV. 233. — 3) Particularrechtliches Erforderniß gerichtlicher Bestätigung der Immobiliarverträge. Rückforderung des außergerichtlich verkauften und übergebenen Grundstücks nebst sämmtlichen von dem Käufer gezogenen Früchten. XIII. 256. — 4) Condictio ob causam datorum. Vereitelung der causa durch Zufall XVI. 103. — S. auch oben S. 153. b. Ziff. 4.

d. Condictio ob turpem causam und ex injusta causa. 1) Voraussetzung der condictio ob turpem causam. Scheingeschäft. XVIII. 225. — 2) Turpiter datum et acceptum. Vertrag über Auflösung der Ehe. Keine Klage auf Rückzahlung der für Einwilligung in die Ehescheidung gezahlten Summe. VIII. 25. — 3) Ein Geldversprechen für Zusagen des Ehemannes, einen begangenen Ehebruch verschweigen zu wollen, enthält eine beiderseitige turpitudo. VIII. 119. Vgl. III. 20. X. 146. XVI. 28. XVII. 228. — 4) In wie fern liegt in dem Versprechen und Zahlen eines Schweigegeldes ein turpiter datum et acceptum? I. 195. II. 19. VI. 167. XVIII. 28. XX. 114. — 5) Zolldefraudationsassecuranz als turpis causa. I. 196. — 6) Gesellschaft zu unerlaubtem Zwecke. Klage auf Rückgabe des durch Cession einer Forderung geleisteten Beitrags unbegründet. XIII. 257. —

7) Klagbarkeit des Versprechens ein turpiter datum et acceptum zurückzugeben. IV. 231. — 8) Rückforderung wegen Wuchers. Beziehungen zur querela non num. pecuniae. IX. 297. — Vgl. oben S. 85. „Von Verträgen gegen gesetzliches Verbot und gute Sitte."

e. Condictio sine causa. 1) Rückanwendung eines Gesetzes in Beziehung auf die condictio sine causa. IV. 200. — 2) Zurückforderung dessen, was zur Erfüllung eines wegen Formvernachlässigung nichtigen Geschäfts weggegeben wurde. II. 58. — 3) Persönliche Klage zur Zurückforderung einer Sache, welche der Beklagte zufolge eines ungültigen Rechtsgeschäfts besitzt. III. 177. — 4) Rückforderung von Brautgeschenken, wenn die Ehe nicht zu Stande gekommen ist. Beweislast hinsichtlich der Verschuldung. XVII. 59. — 5) Condictio sine causa auf das, was ein Dispositionsunfähiger einem Dritten ausgehändigt hat. XIX. 153. — 6) Condictio sine causa mit Bezug auf Auszahlungen im Concurse. XVII. 52. — 7) Rückforderung des von einem in Folge Concurseröffnung Dispositionsunfähigen an Zahlungs Statt Gegebenen. XIV. 191. — 8) Condictio sine causa auf Anerkennung der Nichtexistenz einer urkundlichen Verbindlichkeit oder Annullirung des Contracts. III. 307. VI. 319. 320. XVII. 208. — 9) Zurückforderung einer Schuldurkunde wegen nicht gezahlten Geldes. VIII. 250. — 10) Condictio sine causa auf Befreiung von einer Verbindlichkeit gerichtet. Nachklage des im Executiv- oder Wechselprocesse Verurtheilten vor Bezahlung der urtheilsmäßigen Schuld. XIV. 187. — 11) Nachklage des im Wechselprocesse Verurtheilten wegen eines ohne materiellen Verpflichtungsgrad ausgestellten Wechsels. XVIII. 168. — 12) Nachklage nach Verurtheilung im unbedingten Mandatsprocesse. XX. 276. — 13) Condcitio sine causa des Adjudicatars, welchem die adjudicirte Sache evincirt worden, gegen den aus dem Erlöse befriedigten Gläubiger. VI. 22. — 14) Condictio sine causa gegen den bereicherten Dritten. X. 172. — 15) Condictio sine causa auf Herausgabe des Gewinnes, welchen der Beklagte durch unbefugte Ausübung eines dem Kläger zustehenden Rechts gezogen hat. II. 57. — 16) Rechtsweg wider unrechtmäßige Besteuerung. XI. 95. Vgl. XV. 160. — 17) Betrag der Wertherstattung von Waaren bei Auflösung eines Deckungsgeschäfts wegen Dispositionsunfähigkeit des Verkäufers. XIV. 237. — 18) Wertherstattung von veräußerten durch Kauf von einem Nichtberechtigten erworbenen Waaren. XIV. 238. — 19) Klage des Eigenthümers nach beendigtem Nießbrauch. XVI. 10.

E. Obligationen aus Expropriationen und Straßenbauten. 1) Anordnung der Expropriation durch die zuständige Staatsgewalt. Competenz der Gerichte. XVI. 72. — 2) Perfection der Expropriation. Unzulässigkeit eines Zurücktretens der expropriirenden Behörde. XIV. 226. — 3) Natur des Zwangsenteignungsvertrages,

Auffassung desselben als Vergleich oder als Kauf? IV. 41. 117. XIV. 226. — 4) Zinsverbindlichkeit bei der Expropriation von der Zeit der Tradition an. IV. 117. X. 143. — 5) Expropriation von Grundstücken, welche sich im Fideicommiß- oder Lehensverbande befinden. Verwendung der Entschädigungsgelder zum Ankauf von Staatspapieren. XI. 68. — 6) Entschädigung des Pächters eines expropriirten Grundstücks. XX. 136. — 7) Entschädigung für ein mit einem expropriirten Grundstücke verbundenes Verbietungsrecht. Ermittelung des Schadens durch Sachverständige. II. 295. — 8) Schadensberechnung bei Expropriationen. V. 178. — 9) Schätzung von Grundstücken bei Zwangsenteignungen. IX. 354. XVI. 224. XX. 135. — 10) Abschätzungsverfahren bei Expropriation eines Waldtheiles. VII. 323. — 11) Schätzung eines bereits zu Bauplätzen verkauften, vor der Tradition exoropriirten Grundstücks. III. 61. — 12) Erstattung des Bauplatzwerthes bei Expropriation eines Grundstücks. III. 176. — 13) Nachträgliche Entschädigungsforderung durch Anbau von Kohlenlagern veranlaßt. Nachbarrecht. V. 289. — 14) Entschädigungsverbindlichkeit des Staats wegen der durch Anlegung oder Veränderung von Wegen entstehenden Nachtheile für Privatgrundstücke. VII. 184. XVIII. 141.

F. Obligationen aus Staatsverhältnissen. 1) Verletzung eines ausschließlichen Gewerbsprivilegiums durch Concurrenzgestattung. I. 311. XVI. 186. — 2) Ueber Entschädigungsansprüche für aufgehobene Privilegien. (Schriftsässigkeit.) II. 123. — 3) Unzulässigkeit einer Contractsklage auf Entschädigung wegen Aufhebung eines Privilegiums. XIX. 213. — 4) Ueber Schadloshaltung für die durch ein neues Culturgesetz erlittenen Nachtheile. I. 14. — 5) Belastung der Civilliste des Regierungsnachfolgers. I. 104. — 6) Feststellung der Größe der nach §§ 57 und 64 des Reichsdeputationshauptschlusses zu leistenden Pensionen. VII. 186. — 7) Klage auf Schutz im Besitze von Besoldungstheilen. VII. 43. — 8) Natur der Einquartierungslast. XI. 46. — Ueber Gehaltsansprüche der Beamten s. oben S. 124.

Vierter Abschnitt.

Von den Familienrechten.

Hauptstück 1.

Von der Ehe.

I. Von der Eingehung der Ehe.

A. Rechtliche Erfordernisse. Ehehindernisse. Gründe der Ehenichtigkeit. 1) Statutencollision in Bezug auf die Rechtsbeständigkeit der Ehe. II. 5. — 2) Ungleichheit des Standes gemeinrechtlich kein Ehehinderniß. XVI. 118. — 3) Ehegerichtlich ausgesprochenes Wiederverheirathungsverbot. Verletzung desselben begründet nach protestantischem Kirchenrechte keine Ehenichtigkeit. IX. 299. — 4) Ehebruch nach neuerem Recht in der Regel kein Ehehinderniß mehr. XIII. 43. XV. 227. — 5) Verheirathung eines Katholiken mit einer Protestantin, dessen frühere Ehe annullirt worden. I. 234. — 6) Verpflichtung des Arrogirten, die Zustimmung seiner natürlichen Aeltern zu seiner Verheirathung nachzusuchen. I. 70. — 7) Durch die Einkindschaft erlangt der Stiefvater nicht die Befugniß, gegen Verehelichung seines Stiefkindes Einspruch zu thun. II. 61. — 8) Verweigerung des väterlichen Consenses zur Eingehung der Ehe gegründet auf das von dem Sohne ertheilte Versprechen, eine gewisse Person nicht heirathen zu wollen. IX. 40. — 9) Verweigerte Einwilligung der Aeltern zur Eheschließung der Kinder wegen Religionsverschiedenheit. XVI. 119. — 10) Große Altersverschiedenheit als hinlänglicher Grund zur Verweigerung des väterlichen Consenses. VII. 187. — 11) Unstatthafte Versagung der älterlichen Einwilligung in die Ehe des Kindes wegen Vermögenslosigkeit der Verlobten und geringeren Ansehens der Familie der Braut. XIII. 259. — 12) Begründete Versagung der älterlichen Einwilligung zur Verehelichung des Sohnes wegen Vermögenslosigkeit und Unfähigkeit desselben, eine Familie standesgemäß zu versorgen. XX. 137. — 13) Richterliche Ergänzung der von dem Vater verweigerten Einwilligung zur Verheirathung seiner Tochter. XI. 47. — 14) Die beklagte Braut kann sich nicht darauf berufen, daß der Vater des zur Zeit der Verlobung noch minderjährigen klagenden Bräutigams in das Verlöbniß nicht eingewilligt habe. VII. 324. — 15) Einwilligung des Vormundes zur Heirath des Mündels. X. 182. — 16) Befugniß des gerichtlich erklärten Verschwenders zur Eingehung einer Ehe ohne Einwilligung des Vormundes. XIII. 101. — 17) Täuschung über das Vermögen als Ehenichtigkeitsgrund geltend gemacht. I. 235. III. 66.

XVI. 51. — 18) Venerische Krankheit kein Grund der Ehenichtigkeit. IX. 168. — 19) Virginitätsmangel als Grund der Nichtigkeit einer Ehe. VI. 211. XIII. 33. XVII. 249. XVIII. 144. — 20) Virginitätsmangel und verheimlichte Schwangerschaft als Ehenichtigkeitsgründe. VI. 211. X. 175. XII. 36. — 21) Schwangerschaft von einem Dritten. Beweislast. VI. 210. XII. 36. — 22) Wirkungen einer putativen Ehe. I. 236. — 23) Eheliche Errungenschaft bei putativer Ehe. XIX. 157. — 24) Eheliche Errungenschaft ausgeschlossen durch Nichtigkeit der Ehe. XII. 342.

B. Verlöbniß. 1) Statutencollision in Bezug auf Erfordernisse und Form der Verlöbnisse. V. 136. XIX. 108. XX. 1 — 2) Eheversprechen unter der Bedingung des Beischlafes. XIII. 34. — 3) Perfection des Verlöbnisses einer Minderjährigen mit Rücksicht auf die Einwilligung des Vormundes. XVIII. 142. — 4) Gründe des einseitigen Rücktritts von einem Eheverlöbnisse. XVIII. 255. — 5) Factisch erklärte Zustimmung zur Aufhebung eines Eheverlöbnisses durch Rückgabe und Wiederannahme der Brautgeschenke. V. 180. — 6) Der Umstand, daß der Verlobte vor Eingehung des Eheversprechens ein uneheliches Kind erzeugt hat, kein ausreichender Grund für Aufhebung des Eheversprechens. V. 179. — 7) Einseitige Aufhebung des Verlöbnisses wegen Täuschung der Braut durch den Bräutigam über sein Alter. XVIII. 143. — 8) Restitution eines Minderjährigen gegen ein Verlöbniß. IX. 39. XVI. 172. — 9) Statutencollision bezüglich der Ansprüche aus einem aufgelöseten Verlöbnisse. VI. 306. — 10) Klage auf Erfüllung eines Eheversprechens. VI. 208. — 11) Klage auf Entschädigung wegen nicht erfüllten Eheversprechens. VI. 209. VII. 59. XIII. 35. XVIII. 256. — 12) Klage aus einem Eheversprechen auf Vollziehung der Ehe, eventuell auf Zahlung einer Dotationssumme. Erlöschung der Klage durch den Tod des Beklagten. XIX. 111. — 13) Berufung des Beklagten auf einen Körperschaden gegen die Klage aus einem Eheverlöbnisse. V. 293. — 14) Einrede gegen die Klage aus einem Eheversprechen, daß dem Beklagten die Erlaubniß zur Eingehung der Ehe von der Armencommune verweigert worden. V. 294. — 15) Berufung der beklagten Braut darauf, daß der Vater des zur Zeit der Verlobung noch minderjährigen Klägers in das Verlöbniß nicht eingewilligt habe. VII. 324. — 16) Verlöbnißklage. Schwangerschaft der Klägerin Beweislast darüber, ob von dem Beklagten oder einem Andern. IX. 37. 166. XVI. 50. Vgl. VI. 210. a. E. — 17) Der Proceß über ein Eheversprechen ist nicht auszusetzen bis zur Erledigung des von einem Anderen wegen angeblich früheren Eheversprechens ausgebrachten Inhibitoriums. XII. 311. — 18) Forum contractus bei Verlöbnißklagen. VIII. 165. — 19) Injurienklage wegen Verlöbnißbruchs. I. 44. — 20) Schenkungen unter Verlobten. V. 169. — 21) Rückforderung von

Brautgeschenken, wenn die Ehe nicht zu Stande gekommen ist. Beweislast hinsichtlich der Verschuldung. XVII. 59.

C. Act der Eheschließung. 1) Eintritt aller bürgerlichen Wirkungen der Ehe mit dem Acte der Eheschließung. Priesterliche Trauung bei den Protestanten. Beschreitung des Ehebettes. I. 349. — 2) Eheschließung nach protestantischem Kirchenrecht. Rechtsgültigkeit der Trauung durch einen unzuständigen Geistlichen. XIII. 258. XV. 133.

II. Von der Ehescheidung.

A. Eigentliche Ehescheidung. 1) Ehescheidung unter Juden. III. 70. VIII. 145. — 2) Nichtigkeit eines auf Ausschließung der Ehescheidungsklage gerichteten Vertrages. XVIII. 126. — 3) Ehescheidung aus landesherrlicher Machtvollkommenheit. XI. 99. Note 1. — 4) Landesherrlich verfügte Ehescheidung als nichtig angefochten. XI. 206. — 5) Scheidung wegen Ehebruchs. Nur eigentlicher Ehebruch, nicht auch sonstige Verletzung der ehelichen Treue als Scheidungsgrund anerkannt. XIV. 142. XVIII. 145. — 6) Versuch des Ehebruchs als Ehescheidungsgrund? XII. 38. XIII. 147. — 7) Adulterium praesumtum. Verdacht des Ehebruchs kein Ehescheidungsgrund. XI. 48. XIV. 142. XX. 229. — 8) Thatsächliche Begründung der Klage auf Ehescheidung wegen Ehebruchs. XI. 99. XIX. 97. — 9) Ehebruch als Scheidungsgrund. Eideszuschiebung über denselben. XIII. 64. — 10) Ehebrecherischer Umgang mit der im Voraus ertheilten Zustimmung des klagenden Theiles. VIII. 268. — 11) Vorschubleistung zum Ehebruch schließt die Ehescheidungsklage aus. VII. 192. — 12) Scheidung wegen Ehebruchs. Gleiche Verschuldung des anderen Theils. Compensation. II. 194. XVII. 53. — 13) Einrede der Beischlafsverweigerung und der Verführung gegen die Ehescheidungsklage wegen Ehebruchs. XX. 41. — 14) Verzicht auf die Ehescheidungsklage wegen Ehebruchs durch Verzeihung. Concludente Handlungen. VIII. 270. XIV. 144. — 15) Bösliche Verlassung nach fruchtloser Verurtheilung zur Rückkehr als Ehescheidungsgrund. III. 67. XIII. 36. 262. — 16) Bedingung des Desertionsprozesses bei bekanntem und erreichbarem Aufenthalte des Beklagten. VI. 292. — 17) Bösliche Verlassung. Auswanderung. IV. 126. X. 174. XVII. 54. — 18) Klage auf Rückkehr und Klage auf Ehescheidung wegen böslicher Verlassung. Einrede der Sävitien. XVI. 52. — 19) Gerichtsstand für Ehescheidungsklagen wegen böslicher Verlassung. VII. 103. XVI. 75. — 20) Unheilbare Geisteszerrüttung ob Scheidungsgrund? II. 195. VII. 58. — 21) Geisteszerrüttung und Ehebruch während Detinirung in einem Irrenhause. V. 295. — 22) Verbrechen und deren Bestrafung als Ehescheidungsgrund. II. 297. VII. 190. VIII. 58. XI. 49. XIII. 37. — 23) Kränkendes und Aerger bereitendes Betragen; unüberwindlicher Haß. II. 298. III. 331. IV. 58. XX. 138. —

24) Gefährdung der Gesundheit des Ehegatten durch das Betragen des Anderen als Ehescheidungsgrund. IX. 41. — 25) Ehescheidung wegen venerischer Krankheit. IX. 168. — 26) Virginitätsmangel und Schwangerschaft vor der Ehe als Ehescheidungsgrund. VI. 210. 211. VII. 191. X. 175. — 27) Ehescheidung wegen grober Verunglimpfung. Gegenseitige Verunglimpfung. VIII. 266. — 28) Schriftliche ohne Absicht unmittelbarer Verwirklichung ausgesprochene Drohungen als Ehescheidungsgrund geltend gemacht. IV. 59. — 29) Jähzorn, Trunksucht und Drohungen als Ehescheidungsgründe. XVI. 51. — 30) Sävitien, unordentliche Wirthschaft, Müßiggang, unüberwindliche Abneigung als Ehescheidungsgründe. III. 331. — 31) Klage auf Ehescheidung wegen lebens- oder auch nur gesundheitsgefährlicher Mißhandlung. Thatsächliche Begründung. XIX. 154. — 32) Ehescheidungsklagen wegen Mißhandlungen. Zulässiges Zurückgehen auf frühere Mißhandlungen, auf welche eine Aussöhnung erfolgt ist. VIII. 267. XII. 37. — 33) Einrede der Aussöhnung durch eheliche Beiwohnung gegen eine Ehescheidungsklage wegen schlechten Betragens. II. 193. — 34) Einrede der Verzeihung auf Beiwohnung gestützt, auch gegen ein auf Mißhandlung, beziehungsweise Incest, gegründete Ehescheidungsklage zulässig. XVII. 57. — 35) Eheliche Beiwohnung während des Scheidungsprocesses wegen Sävitien. Einrede der Verzeihung. Liegen in einem Bette. Vermuthungsbeweis. X. 176. — 36) Beharrliche Verweigerung ehelicher Beiwohnung als Ehescheidungsgrund. XVII. 56. — 37) Angeblicher Ehescheidungsgrund der mangelnden Aussöhnungshoffnung nach vorgängiger gerichtlicher zeitlicher Trennung von Tisch und Bett. III. 331. VIII. 144. XIII. 260. — 38) Ehescheidung wegen Mangels der Aussöhnungshoffnung ohne vorausgegangenes richterliches Erkenntniß auf zeitliche Trennung. XIII. 260. 261. — 39) Klage auf Scheidung des Ehebandes von einem Katholiken gegen seinen protestantischen Ehegenossen erhoben. I. 275. — 40) Einstweilige Trennung während des Ehescheidungsprocesses. VIII. 272. XIII. 258. XIV. 143. — 41) Alimentation der Ehefrau während des Scheidungsprocesses. VIII. 271. XIII. 39. — 42) Recht der Ehefrau, während des Ehescheidungsprocesses von ihrem Ehemanne getrennt zu leben, und dessen Verbindlichkeit, sie während dieser Zeit zu alimentiren. XI. 156. — 43) Eheleute sind, so lange die Ehe nicht für nichtig erklärt oder geschieden ist, von dem Civilrichter als Ehegatten zu behandeln. XIII. 39. — 44) Wirkung des Geständnisses in Ehescheidungssachen. VI. 89. VII. 129. XIV. 184. — 45) Eideszuschiebung in Ehescheidungssachen. I. 295. Vgl. XIII. 64. — 46) Richterliche Beschränkung oder Entziehung der Befugniß, sich wieder zu verheirathen. I. 379. IX. 299. — 47) Vermögenstheilung geschiedener Ehegatten. III. 69. — 48) Verpflichtung des schuldigen Theils bei der Ehescheidung, sein Vermögen speciell zu verzeichnen. III. 68. — 49) Rück-

forderung der Mitgift nach erfolgter Ehescheidung. XVI. 100. — 50) Alimentation und Erziehung der Kinder geschiedener Eheleute. I. 348. VII. 327. VIII. 269. XIV. 145. XX. 42. — 51) Auch der in contumaciam für schuldig erkannte geschiedene Ehegatte verliert das Recht, die in der Ehe erzeugten Kinder selbst zu erziehen. VI. 213. — 52) Verpflichtung des Ehemannes zur Alimentation der geschiedenen unschuldigen Ehefrau? XII. 40. XIII. 146. Vgl. XIV. 42. — 53) Recht der geschiedenen jüdischen Frau, den Namen des Mannes fortzuführen. III. 70. — 54) Ist eine geschiedene Ehefrau, welche für den allein schuldigen Theil erkannt wurde, befugt, gegen den Willen des früheren Ehemannes dessen Familiennamen fortzuführen? XVII. 58. — 55) Klagbarkeit des Vertrages, durch welchen ein Ehegatte dem andern eine Conventionalstrafe für den Fall zugesichert hat, wenn er es verschulden sollte, daß die Ehe aus einem gesetzlichen Grunde auf Antrag des anderen gelöset würde. XII. 274. — 56) Ueber Gültigkeit eines gegen den Bestand der Ehe gerichteten Vertrages. VII. 274. — 57) Nichtigkeit eines gegen den Bestand der Ehe gerichteten, nach der Ehescheidung genehmigten Vertrages. XIII. 126. — 58) Vertrag über Bewirkung der Ehescheidung. Klage auf Rückzahlung des in Folge desselben nach vollzogener Scheidung Gezahlten. VIII. 25. — 59) Vermögensnachtheile bei der Ehescheidung s. unten S. 168.

B. Trennung von Tisch und Bett. 1) Selbstständige Klage auf einstweilige Trennung der Ehe von Tisch und Bett nach protestantischem Kirchenrecht. XVI. 53. — 2) Gründe für richterliche Gestattung getrennten Lebens der Ehegatten. XVII. 146. — 3) Thätlichkeiten als Grund der Trennung von Tisch und Bett. VII. 189. — 4) Richterliche Trennung von Tisch und Bett nach erfolglos angewandten Zwangsmitteln wegen böslicher Verlassung. XVII. 55. — 5) Kann bei einer auf Ehescheidung gerichteten Klage auf Trennung von Tisch und Bett erkannt werden? VII. 189. 325. XIX. 98. — 6) Zeitweise Trennung jüdischer Eheleute von Tisch und Bett. VIII. 145. — 7) Erziehung der Kinder bei zeitweiliger Trennung der Ehegatten von Tisch und Bett. XIV. 43. — 8) Wirkung der Trennung von Tisch und Bett auf die persönlichen Verhältnisse der Ehegatten. IX. 301. S. 392.

III. Persönliches Rechtsverhältniß der Ehegatten.

1) Unstatthaftigkeit einer Injurienklage des einen Ehegatten gegen den Anderen. XIII. 264. — 2) Spolienklage unter Ehegatten. III. 172. — 3) Einfluß des zwischen den Parteien bestehenden ehelichen Verhältnisses in dem Falle einer provocatio ex lege diffamari wegen ehrenkränkender Aeußerungen. XIV. 137. — 4) Nichtigkeit eines zwischen Eheleuten eingegangenen gegen den Bestand der Ehe gerichteten Vertrages, auch wenn derselbe nach der Ehescheidung genehmigt worden.

XVIII. 126. — 5) Gültigkeit eines gegen den Bestand der Ehe gerichteten Vertrags. VII. 274. — 6) Vertrag über die Auflösung der Ehe. Turpiter datum et acceptum. VIII. 25. — 7) Verträge unter Ehegatten wegen Aufhebung jeder ehelichen Gemeinschaft unter einander haben keine bindende Kraft. XIV. 143. — 8) Verbindlichkeit der Frau, dem Manne nach einem anderen Wohnort und in die von ihm gewählte Wohnung zu folgen. Ausnahmen. I. 237. IV. 126. VIII. 143. XVIII. 257. XX. 43. — 9) Die gesetzliche Verpflichtung der Frau, dem Manne in den von ihm gewählten Wohnort zu folgen, kann durch Vertrag nicht aufgehoben werden. XIII. 38. XVIII. 257. S. 407. — 10) Klage des Ehemannes gegen seine Ehefrau auf eheliche Folge. Sicherheitsleistung wegen zu besorgender Mißhandlungen. XVI. 54. — 11) Klage des Ehemannes gegen die Frau auf Rückkehr. Einrede der Sävitien. XVI. 52. — 12) Zwangsmaßregeln wegen böslicher Verlassung. VII. 133. IX. 42. XX. 230. — 13) Ueber die Pflicht der Ehefrau zu häuslichen Diensten und zur Beihülfe in dem Gewerbe des Mannes. II. 299. 300. — 14) Recht des Ehemannes, zu verlangen, daß seine Frau ein entehrendes Gewerbe aufgebe. X. 58. — 15) Anspruch der Ehefrau auf Alimente aus der Gantmasse ihres Ehemannes. XIV. 87. — 16) Das eheliche Verhältniß unter den Proceßparteien kein Grund zur Kostencompensation. XII. 93. — 17) Von Standesklagen auf Anerkennung des ehelichen Verhältnisses. I. 75. — 18) Standesklagen der Ehegatten können von den Erben nicht fortgesetzt werden. X. 265.

IV. Eheliche Vermögensrechte.

A. Allgemeines. 1) Statutencollision. Fortdauer des nach den Gesetzen des ersten Wohnortes geltenden Güterrechts oder Wandelbarkeit des ehelichen Güterrechts bei Veränderung des Wohnsitzes? Für die Fortdauer: I. 152. IX. 302. XIV. 4. 106. XV. 95. XX. 2. Für die Wandelbarkeit: VII. 137. XIV. 106. S. 162. XVIII. 1. — 2) Statutencollision in Beziehung auf die unter anderen Gesetzen belegenen Immobilien. I. 152. — 3) Nutznießung des überlebenden Ehegatten nach dem Ehevertrage an anderswo belegenen Immobilien bestellt. VII. 138. — 4) Statutencollision. Intestaterbrecht des überlebenden Ehegatten. XV. 95. — 5) Statutencollision. Veränderung des Güterrechts bei gebietenden Gesetzen, und wenn an dem neuen Wohnorte Bekanntmachung der Eheverträge vorgeschrieben ist. XIV. 198. — 6) Statutencollision. Ausnahme von der Unveränderlichkeit des Güterrechts in Beziehung auf das Erforderniß des ehemännischen Beistandes bei Contracten der Ehefrau. XIV. 106. — 7) Statutencollision in Betreff der ehemännischen Curatel. XV. 94. — 8) Praesumtio Muciana. Vermuthung der Schenkung durch den Ehemann. Sondererwerb der Frau. II. 302. XI. 250. — 9) Praesumtio Muciana bei der Pfändung. XI.

316. XIX. 155. — 10) Nichtanwendbarkeit der Praesumtio Muciana bei längerem nach dem Tode des Mannes fortgesetzten Besitze der Wittwe. IX. 298. — 11) Erwerb aus Kunstarbeiten der Frau. II. 299. — 12) Vom ehemännlichen Consense zur Verbindlichmachung der Frau. II. 184. 192. III. 62. 179. — 13) Einwilligung des Ehemannes in die Wechselverbindlichkeit der Ehefrau. XI. 285. XIII. 114. 273. XVII. 88. XVIII. 155. — 14) Verzicht des Ehemannes auf das ihm zustehende Verwaltungs- und Nutznießungsrecht an dem Vermögen seiner Frau, insbesondere an der älterlichen Erbschaft derselben. V. 186. X. 177. — 15) Wohnungsrecht von Eheleuten, von der Frau für sich und ihre Kinder allein in Anspruch genommen. X. 266. — 16) Eheweibliche Wirthschaftsführung. II. 300. — 17) Verfügungsgewalt der Ehefrau bei dauernder Verhinderung des Ehemannes. XIX. 99. — 18) Vertretung des Ehemannes durch die Ehefrau in hauswirthschaftlichen Angelegenheiten. Darf die Ehefrau eines Landwirths Mastvieh verkaufen? XIV. 98. — 19) Klagrecht gegen die Ehefrau, welche über Gegenstände des Hauswesens contrahirt hat. V. 29. — 20) Remuneratorische Schenkungen des Ehemannes aus dem seiner Verwaltung unterliegenden Vermögen seiner Ehefrau. XIV. 41. — 21) Die während der Ehe eintretende Wertherhöhung des Frauenguts kommt nach deutschrechtlichen Grundsätzen bei der Restitution desselben der Frau zu Gute. Die Rechtsparämie „Frauengut gewinnt und verliert nicht“ hat nur particularrechtliche Geltung. Erstattungspflicht des Ehemannes, wenn bei aufgelöster Ehe das Eingebrachte nicht mehr in Natur vorhanden ist. XII. 166. — 22) Anwendung der römischen Dotalprivilegien in dem Gebiete des Sachsenspiegels auf das Frauengut, auch auf das während der Ehe eingebrachte. XX. 139. — 23) Nur das nach römischem Rechte der dos beigelegte privilegirte Pfandrecht an dem Vermögen des Ehemannes, nicht aber die sonstigen Dotalprivilegien werden gewohnheitsrechtlich auf das von einer Ehefrau in die Ehe gebrachte und unter Verwaltung des Ehemannes stehende Vermögen, welches die Eigenschaft der dos nicht hat, ausgedehnt. Keine Verpflichtung der Concursmasse des Ehemannes zur Cession der Ausstände des Geschäfts, welches der Ehemann mit Geldern der Frau in eigenem Namen betrieben hat. XI. 22. — 24) Processualisches Beistandsrecht des Ehemannes. I. 277. — 25) Proceßführungsrecht des Ehemannes während der Ehe über das eheliche Gesammtvermögen. VII. 329. — 26) Befugniß des Ehemannes zur Veräußerung der von ihm in die Ehe gebrachten oder in derselben errungenen Vermögensstücke. XVI. 55. — 27) Nachweis zum Behufe der Vermögenstheilung geschiedener Eheleute. III. 68. 69. — 28) Ist eine geschiedene Ehefrau ihrem geschiedenen Ehemanne zur Rechnungsablage über die von ihr während der Ehe geführte Wirthschaft verpflichtet? VI. 216. — 29) Rück-

forderung der Mitgift nach erfolgter Ehescheidung. Turpis causa ausgeschlossen durch den zunächst beabsichtigten sittlichen Zweck. XVI. 100. — 30) Ueber Verbindlichkeit des Mannes zum Kostenvorschuß im Processe zwischen ihm und der Frau. VIII. 308. XIX. 193.

B. Schenkungen unter Ehegatten. 1) Der Einkauf in eine Wittwenkasse ist keine verbotene Schenkung. XII. 167. — 2) Donationes inter conjuges honoris causa nach heutigem Rechte. XVII. 251. — 3) Controverse des römischen Rechts, ob ein Schenkungsversprechen unter Ehegatten durch den Tod des Promittenten convalescire. XII. 41. XVIII. 260. — 4) Stillschweigender Erlaß vertragsmäßiger Zinsen durch langjähriges Nichtfordern Seitens einer Ehefrau keine Schenkung. XVIII. 123. — Vgl. XV. 231. Note 2. a. E.

C. Von der dos und den Paraphernen.

a. Dos. 1) Unverzinsliches Darlehen als Heirathsgut. XIII. 40. — 2) Väterliche Dotationspflicht. Bedingung derselben. I. 238. — 3) Dos necessaria. Maaßstab für den Betrag; Beweis in dieser Beziehung; arbitrium judicis. VII. 60. XIV. 141. XX. 41. — 4) Verbindlichkeit der Gantmasse des Leibzüchters zur Ausstattung der Kinder. I. 80. — 5) Heirathsgut, ob von dem väterlichen oder mütterlichen Vermögen? Beweis. XX. 45. — 6) Verbindlichkeit der Mutter zur Ausstattung. XVI. 225. — 7) Ueber Vererblichkeit des Rechts auf Dotirung. II. 61. XVII. 60. — 8) Bedingtes Aussteuerversprechen. Eintritt der Bedingung nach dem Tode der Frau. V. 184. — 9) Von unbestimmtem Dotationsversprechen. II. 189. — 10) Klagrecht des Ehemannes auf Erfüllung eines Dotationsversprechens. II. 188. — 11) Zinsen aus versprochenem Heirathsgut. XII. 116. — 12) Berechtigung des Ehemannes, die ihm von seinem Darlehensgläubiger zugesicherte baare Mitgift gegen seine Darlehensschuld zu compensiren. XI. 159. — 13) Liquidation einer versprochenen dos im Concurse. I. 397. — 14) Versprechen einer dos zu Gunsten eines Dritten. Klage des Dritten. XVII. 130. — 15) Haftung der Dotalgüter für voreheliche Schulden der Frau. I. 241. — 16) Ungültigkeit eines Vertrages, durch welchen der Ehemann sein Dotalrecht während der Ehe zu Gunsten der Ehefrau aufgegeben hat. XIX. 100. — 17) Geltendmachung des Retractsnachbarrechts auf Grund des Besitzes von Dotalgrundstücken. XI. 74. — 18) Veräußerung des fundus dotalis. Anfechtung durch den veräußernden Ehemann. IX. 169. — 19) Vindication veräußerter Dotalgrundstücke durch den veräußernden Ehemann. XIX. 237. — 20) Einrede der Rechtskraft aus einem von der Ehefrau mit Vorwissen ihres Ehemannes über eine Dotalsache geführten Rechtsstreite. VIII. 170. — 21) Voraussetzungen zur Begründung der Dotalqualität. XI. 157. — 22) Eigenthum an den mit dem Dotalgeld angeschafften Sachen. I. 244. IV. 57. — 23) Verzinsung der in dem Concurse des Ehemannes liquidirten Dotalforderung. XVIII. 25. — 24) Collision zwischen Eigenthumsvorbehalt und Dotalprivilegium. X. 237. — 25) Vorzugsrecht der dos vor dem Pfandgläubiger aus in rem versio. Voraussetzungen des Vorzugsrechts des augmentum dotis. XII. 165. — 26) Vorzug des privilegirten Pfandrechts der Frau wegen der dos vor dem des Fiscus wegen vertragsmäßiger Forderungen. I. 411. — 27) Steht auch den jüdischen Ehefrauen das privilegium dotis zu? VIII. 115. XVII. 217. — 28) Restitution der dos aus dem Concurse des Ehemannes. Wegfall der bisherigen Rechte des Mannes an den Dotalgegenständen. XVII. 61. — 29) Uebergang des privilegium dotis auf die Kinder der Ehefrau. I. 412. II. 267. Vgl. XIV. 277. — 30) Fortdauer des privilegium dotis gegen den Ehemann, welcher die dos als Adventitiengut seiner Kinder verwaltet. XIII. 133. — 31) Gemeinrechtliche Geltung der römischrechtlichen Bestimmungen über den Rückfall der dos profectitia. Entgegenstehendes Gewohnheitsrecht. VI. 214. — 32) Ausstattung unterschieden von Brautgabe bezüglich des Rückforderungsrechts des Vaters. XVIII. 258. — 33) Rückfall der dos profectitia nach dem Tode der Frau an den Vater. Ausnahme, wenn Descendenten der Frau vorhanden sind? I. 350. II. 61. V. 182. XVII. 60. — 34) Anspruch auf die Zinsen von den in dotem inferirten Capitalien während des ersten Jahres nach Beendigung der Ehe. XX. 140. — 35) Dos profectitia durch den Ehevertrag für den Todesfall der Frau bei dem Dasein von Kindern dem Manne zugesagt. V. 183 — 36) Ausschluß des väterlichen Rückforderungsrechts bezüglich der dos profectitia durch Erbvertrag. Sachsenrecht. V. 183. — 37) Inferirung der Mitgift bei Bauer- und namentlich bei Meiergütern in den Hof. Ausschluß des Rückforderungsrechts. VII. 218. XII. 52. — 38) Periculum bei Dotalsachen. V. 187. — 39) Klage auf Zurückgabe einer in die Ehe gebrachten Waarenhandlung. III. 329. — 40) Ersatz für veräußerte Dotalsachen. I. 242. — 41) Auf welchen Zeitpunct kommt es an, wenn der zu erstattende Werth vertretbarer Dotalsachen ermittelt werden soll? VI. 215. — 42) Wertherhöhung an eingebrachten Sachen. III. 178. XII. 166. — 43) Zurückforderung der dos bei bestehender Ehe. IV. 57 (I). Vgl. XVII. 61. — 44) Beweis des Einbringens bei Zurückforderung der dos. Vermuthung der Dotalqualität. II. 304. — 45) Kosten der Proceßführung über Dotalsachen. IV. 125. — Donatio propter nuptias. XII. 275.

b. Paraphernen. 1) Lotteriegewinn. II. 303. X. 59. — 2) Der Erwerb oder Gewinn aus dem eheweiblichen Receptizgute fällt nicht in die eheliche Errungenschaft. VI. 48. — 3) Die aus dem Concurse des Ehemannes restituirte dos als Receptizvermögen. XVII. 61. — 4) Haftung der Paraphernalgüter der Frau für deren voreheliche Schulden. I. 241. — 5) Bedingungen für die Gültigkeit der Verfügung des Ehemannes über Paraphernalcapitalien. II. 190. — 6) Remuneratorische Schenkungen des Ehemannes aus dem seiner Verwaltung unterliegenden Vermögen seiner Ehefrau. XIV. 41. — 7) Verwendung der Zinsen von Paraphernalcapitalien für den gemeinschaftlichen Haushalt. XVIII. 123. — 8) Paraphernalgelder, zum Wiederaufbaue des Wohnhauses des Ehemannes verwendet, sind nicht durch eine privilegirte Hypothek gesichert. VI. 162. — 9) Privilegirtes Pfandrecht an dem Vermögen des Ehemannes wegen des unter seiner Verwaltung stehenden Vermögens der Frau nach Gewohnheitsrecht. XI. 22. — 10) Anwendung der römischen Dotalprivilegien in dem Gebiete des Sachsenrechts auf das Frauengut, auch auf das während der Ehe eingebrachte. XX. 139. — 11) Pfandrecht der jüdischen Ehefrau an dem Vermögen des Mannes wegen der seiner Verwaltung überlassenen Paraphernen. XVII. 217. Vgl. VIII. 115. — 12) Werthserhöhung des Frauenguts. III. 178. XII. 166. — 13) Vermuthung für Illation von Paraphernen. I. 243. — 14) Forderungserwerb für die Frau durch den Mann. VI. 37.

D. Deutschrechtliche eheliche Güterverhältnisse.

a. Verhältnisse während bestehender Ehe. 1) Vertragsmäßiger Nichteintritt der gesetzlichen ehelichen Gütergemeinschaft. IX. 170. — 2) Die in einem Ehevertrage getroffene Bestimmung eines Rückfalls an Verwandte enthält keineswegs eine Ausschließung der landesüblichen Gütergemeinschaft. I. 249. — 3) Das Fundament der ehelichen Gütergemeinschaft ist nicht der gemeinschaftliche Haushalt, sondern die Existenz der Ehe. XII. 341. — 4) Verfügungsrecht des Mannes über das gemeinschaftliche Gut bei der Gütergemeinschaft. III. 179. XVIII. 147. — 5) Entsagung des Ehemannes auf das Verwaltungs- und Nutznießungsrecht an der väterlichen Erbschaft der Frau. V. 186. — 6) Eheliche Gütergemeinschaft. Güterabtheilung während der Ehe. XIII. 41. Vgl. XIII. 126. — 7) Allgemeine Gütergemeinschaft. Die Gesammteigenthums- und Consolidationstheorie. XVI. 56. XVIII. 146. — 8) Verfügungsrecht des Mannes bei der allgemeinen Gütergemeinschaft. I. 71. 72. 248. 351. XVI. 56. — 9) Verfügungsrecht der Frau bei der allgemeinen Gütergemeinschaft. I. 72. — 10) Kann bei allgemeiner Gütergemeinschaft der Ehemann die Antretung einer der Frau angefallenen Erbschaft erzwingen? IX. 301. — 11) Einspruchsrecht der Ehefrau bei allgemeiner Gütergemeinschaft. XIX. 156. — 12) Bei allgemeiner Gütergemeinschaft kann die Ehefrau gegen Proceßversäumnisse des Ehemannes keine Restitution begehren. XVI. 226. — 13) Haftung für Schulden bei allgemeiner Gütergemeinschaft. I. 247. — 14) Haftung für Schulden der Ehefrau. Vertretung der Ehefrau bei allgemeiner Gütergemeinschaft. IV. 235 a. — 15) Unwirksamkeit eines von der Frau im Wittwenstande ertheilten

Wechselaccepts gegen ihren späteren in ehelicher Gütergemeinschaft mit ihr lebenden Ehemann. XI. 286. — 16) Bürgschaftsverbindlichkeit eines in allgemeiner Gütergemeinschaft lebenden Ehemannes. V. 22. — 17) Einfluß des Concurses über das Vermögen des Ehemannes auf das Klagrecht der mit demselben in allgemeiner Gütergemeinschaft lebenden Ehefrau. XVII. 198. — 18) Stillschweigende Aufhebung allgemeiner Gütergemeinschaft. Facta concludentia. IX. 302. — 19) Wirkung vertragsmäßiger Aufhebung der allgemeinen Gütergemeinschaft in Beziehung auf die Bürgschaftsschuld des Mannes. V. 22. — 20) Particulare Gütergemeinschaft. Legitimation der Ehefrau zur Klage bezüglich des Ehevermögens bei Abwesenheit des Mannes oder Unfähigkeit desselben zur Vermögensverwaltung? V. 185. — 21) Merkmale eines gemeinschaftlichen Handels der Eheleute. I. 240. IX. 172. — 22) Schuldhaftung bei ehegemeinschaftlichem Gewerbsbetriebe. I. 240. — 23) Eheliche Errungenschaft bei putativer Ehe. XIX. 157. — 24) Eheliche Errungenschaft ausgeschlossen durch Nichtigkeit der Ehe. XII. 342. — 25) Ein von zwei Verlobten gemeinschaftlich erkauftes Gut gehört in der Regel zur Errungenschaft. I. 73. — 26) Ein von den Aeltern eines Verlobten um einen Anschlagspreis beiden Verlobten gemeinschaftlich überlassenes Gut gehört nicht zur Errungenschaft. VIII. 57. — 27) Der Erwerb oder Gewinn aus dem eheweiblichen Receptizgute fällt nicht in die Errungenschaft. VI. 48. — 28) Lotteriegewinn; Eingebrachtes oder Errungenschaft? X. 59. — 29) Gehört der auf ein Anlehen-Loos während der Ehe gefallene Gewinn zur Errungenschaft? XVII. 252. — 30) Veräußerungsrecht des Ehemannes in Beziehung auf errungenschaftliches Vermögen. VII. 330. — 31) Erwerb von Grundstücken während der Ehe bei der Errungenschaftsgemeinschaft. VIII. 265. — 32) Haftung der Ehefrau für Schulden zum Betriebe des gemeinsamen Hauswesens bei der Errungenschaftsgemeinschaft. IV. 60. — 33) Ehemännliches Mundium über minderjährige Ehefrauen. I. 215. — 34) Mundium und Nießbrauch des Ehemannes. II. 191. — 35) Ehemännliches Mundium. Recht an den Capitalien der Frau. I. 246. II. 301. — 36) Eheliche Vormundschaft verschieden von der Geschlechtsvormundschaft. III. 63.

b. Rechtsverhältnisse nach Aufhebung der Ehe. 1) Von dem deutschrechtlichen Beisitze des überlebenden Ehegatten. Recht der Kinder. Kein Uebergang des in dem Beisitze enthaltenen Nießbrauchs an die Concursmasse des überlebenden Ehegatten. III. 330. — 2) Befugnisse der Wittwe bei fortgesetzter Gütergemeinschaft (Lübsches Recht). VII. 63. — 3) Prorogirte Gütergemeinschaft. Abschichtungsbefugniß des überlebenden Ehegatten. Pflichttheil, der den Kindern an dem Nachlasse des letztverstorbenen parens gebührt. VIII. 56. — 4) Befugnisse des überlebenden Ehegatten, namentlich der Ehefrau, während fortgesetzter Gütergemeinschaft. XVI. 227. — 5) Rechtsverhältnisse bezüglich des Erwerbes während fortgesetzter ehelicher Gütergemeinschaft. XVII. 62. — 6) Verfügungsrecht des überlebenden Ehegatten bei allgemeiner Gütergemeinschaft. XVI. 56. — 7) Veräußerungsbefugniß des überlebenden Ehegatten bei allgemeiner Gütergemeinschaft. IV. 235. b. — 8) Bei der fortgesetzten allgemeinen Gütergemeinschaft ist der überlebende Ehegatte zur Errichtung eines Inventars nicht verbunden. XIV. 99. — 9) Allgemeine Gütergemeinschaft. Tod eines Ehegatten. Nun zweite Ehe. Abtheilung der Kinder von dem Sammetgute erst in späterer Zeit vorgenommen. Mittlerweile die Zahl der ersteheIichen Kinder verringert. Einfluß auf die Abtheilungsquote. VII. 331. — 10) Wirkung der Ehescheidung auf die Vermögensverhältnisse der Ehegatten bei allgemeiner Gütergemeinschaft. VII. 193. — 11) Nießbrauch bei dem „Längst Leib, längst Gut". II. 62. XV. 18. Note 6. — 12) Leibzucht des überlebenden Ehegatten. Begründung der Klage wegen schuldhafter Verschlechterung. VII. 194. — 13) Schadensersatzansprüche des Eigenthumserben gegen den Leibzüchter während der Leibzucht. Anspruch auf Sicherheitsstellung. XII. 288. — 14) Entziehung der lebenslänglichen Leibzucht des überlebenden Ehegatten wegen Mißwirthschaft, auch theilweise statthaft. X. 178. — 15) Anspruch eines Kindes auf Ausstattung während der Leibzucht. Uebergang auf die Erben. XIII. 317. — 16) Recht des Eigenthumserben auf den Erwerb der Erbschaft während der Leibzucht. Uebergang auf die Erben. I. 267. V. 211. — 17) Von welchem Zeitpunkte an hat der überlebende Ehegatte im Falle der Trennung einer Errungenschaftsgemeinschaftsehe durch den Tod Zinsen aus seinem Beibringen anzusprechen? XVI. 228. — 18) Klage der Erben der Ehefrau auf Herausgabe der Illaten (nach Sachsenrecht). VII. 328. — 19) Portio statutaria im Verhältnisse zu den gesetzlichen Bestimmungen über die Folgen der zweiten Ehe. VII. 61. XVI. 120. — 20) Berechnung des Pflichttheils bei Zusammentreffen mit der portio statutaria. XVI. 133.

E. Vermögensnachtheile bei der Ehescheidung. 1) Einfluß der rechtskräftigen Erkenntnisse der geistlichen Gerichte in Betreff der Schuld der Ehescheidung auf die die Vermögensverhältnisse betreffenden Processe der geschiedenen Ehegatten vor den weltlichen Gerichten. XII. 39. — 2) Heutige Geltung der römisch-rechtlichen Privationsstrafen. Geltendmachung derselben nach getrennter Ehe mittelst einer selbständigen Klage. XVIII. 259. — 3) Mit der Ehescheidungsklage kann, auch wenn kein Ehebruch in Frage steht, die Privationsstrafe in Anspruch genommen werden. XIX. 158. — 4) Scheidung wegen eines bloß präsumtiven Ehebruchs der Frau zieht den Verlust der Mitgift nicht nach sich. VI. 212. — 5) Klage gegen einen wegen vermutheten Ehebruchs geschiedenen Mann auf Privation des vierten Theils seines

Vermögens. VII. 326. — 6) Nichtanwendung der Ehebruchsstrafen aus Billigkeitsrücksichten. XI. 247. — 7) Ehescheidungsstrafen bei Scheidung wegen böslicher Verlassung. XVII. 253. — 8) Die Privation bei Ehescheidungen umfaßt auch die versprochene dos. I. 74. — 9) Verpflichtung des schuldigen Theils zur Edirung eines Inventars zum Behufe der Ausmittelung dessen, was dem unschuldigen Theile gebührt. III. 68. — 10) Steht den Kindern, welche in dem Concurse ihres Vaters die Proprietät der von ihrer Mutter eingebrachten, von dieser wegen Ehescheidung verwirkten dos geltend machen, das privilegium dotis zu? XIV. 277. — 11) Ehescheidungsstrafen bei allgemeiner Gütergemeinschaft. III. 332. XI. 246. — 12) Einfluß der Untheilbarkeit der Bauernhöfe auf die Entschädigungsansprüche des unschuldigen Ehegatten nach erfolgter Ehescheidung. XIV. 42. — 13) Die Klage auf Ehescheidungsstrafen geht nicht auf die Erben über. X. 57. — 14) Ueber das Recht und die Pflicht zur Erziehung der Kinder aus geschiedenen Ehen. Alimentationsklage. VIII. 269. XIV. 145. XX. 42. — 15) Auch der in contumaciam für schuldig erkannte geschiedene Ehegatte verliert das Recht, die in der Ehe erzeugten Kinder selbst zu erziehen. VI. 213.

F. Nachtheile der zweiten Ehe. 1) Statutencollision. Anwendung der gemeinschaftlichen Vorschriften über die s. g. poenae secundarum nuptiarum bei einer unter Herrschaft des gemeinen Rechts geschlossenen zweiten Ehe, wenn der Tod des ersten Ehegatten unter der Herrschaft eines anderen Gesetzes erfolgt war. VIII. 6. — 2) Leidet die Vorschrift der Nov. 22. c. 46, Verlust der Proprietät an Allem, was ein Kind erster Ehe von seinem verstorbenen Vater erhalten hatte, nach dem Tode des Kindes auf die Mutter vererbt worden, auch auf den Vater Anwendung? XI. 218. XVII. 254. — 3) Verlust der lucra nuptialia. Umfang derselben. XI. 249. — 4) Ist dasjenige, was der zur zweiten Ehe schreitende Ehegatte dem anderen Ehegatten mehr als einem anderen Kinde zugewandt hat, ausschließlich unter die Kinder erster Ehe zu vertheilen? XVII. 63. — 5) Wie viel darf dem zweiten Ehegatten hinterlassen werden, wenn Kinder eines verstorbenen Kindes erster Ehe vorhanden sind? II. 63. — 6) Dispositionsbeschränkung in Beziehung auf den zweiten Ehegatten. Als s. g. minor portio ist der gesetzliche Pflichttheil anzusehen, wenn einem Kinde früherer Ehe gar nichts oder weniger als der Pflichttheil hinterlassen ist. IX. 173. — 7) Grundsätze bei Ermittelung des mindest bedachten Descendenten erster Ehe. XVI. 120. — 8) Die conjux binuba ist in Ansehung dessen, was ihr von dem väterlichen Erbgut eines Kindes erster Ehe anfällt, als Fiduciarerbe anzusehen. I. 239. — 9) Erlaß der poenae secundarum nuptiarum durch letztwillige Verfügung des verstorbenen Ehegatten. IX. 300. — 10) Anwendbarkeit der Vorschriften über die poenae secundarum nuptiarum auf einen Erbvertrag. VII. 204. —

11) Poenae secundarum nuptiarum im Verhältnisse zur portio statutaria. VII. 61. XVI. 120. — 12) Die römisch-rechtlichen Nachtheile einer zweiten Ehe finden auf Meiersleute keine Anwendung. IV. 243. — 13) Aufnahme des zweiten Ehemannes in das Meiergut als Meier keine Liberalitätshandlung von Seiten der Anerbin, daher den römisch-rechtlichen Vorschriften über Nachtheile der zweiten Ehe nicht unterworfen. IX. 43. — 14) Die Bestellung einer Leibzucht bei Meiergütern nicht beschränkt durch die Vorschrift der const. 6 de sec. nup. (5, 9) XX. 46. — 15) Keine Verpflichtung des Erbschaftsbesitzers zur Edirung eines Inventars oder einer eidlichen Specification bei einer Klage gegen denselben auf Verwirklichung der Nachtheile zweiter Ehe. VII. 62. — 16) Begründung der Klage der ersteheliche Kinder auf Verwirklichung der Nachtheile zweiter Ehe. XIII. 98.

G. Ehepacten. 1) Vor Eingehung der Ehe errichtete Ehepacten bedürfen zu ihrer Gültigkeit Dritten gegenüber keiner öffentlichen Bekanntmachung. IX. 171. XX. 47. — 2) Wirkung einer particularrechtlichen Vorschrift über öffentliche Bekanntmachung der Ehepacten in Beziehung auf Veränderlichkeit des ehelichen Güterrechts. XIV. 198. — 3) Verträge, durch welche der Ehemann seine gewerbliche Selbstständigkeit und seine Dotalrechte der Willkür seiner Frau unterwirft, sind nichtig. XIX. 100. — 4) Verpflichtung des Vaters der Braut aus den unter seiner Mitwirkung errichteten Ehepacten. III. 328. VIII. 264. — 5) Kinderzeugen bricht Ehestiftung. VII. 64. — 6) Ausschluß des Erbrechts der armen Wittwe durch Ehepacten. X. 273. — 7) Bestimmung des Hofesnachfolgers durch Ehestiftung. Widerruflichkeit? VII. 77. XII. 284. — 8) Vertragsbestimmungen in Ehepacten zu Gunsten Dritter. XI. 133. XIV. 131. — 9) Bestimmung eines „unwiderruflichen" Rückfalls an die nächsten Verwandten in einem Ehevertrage. XV. 214. — 10) Notherbrecht in Bezug auf Ehestiftungen. I. 89. 90. III. 64.

Hauptstück 2.

Rechtsverhältnisse zwischen Aeltern und Kindern.

I. Alimentationsansprüche zwischen Ascendenten und Descendenten.

A. Allgemeines. 1) Voraussetzung verwandtschaftlicher Alimentationspflicht. Gegenseitige Vermögenslage. Die Alimentations-Verbindlichkeit durch hinreichende Mittel bedingt. I. 233. VI. 36. 204. X. 262. — 2) Feststellung des Betrags der von Verwandten zu leistenden gesetzlichen Alimente nach gegenseitigem Bedürfniß und Vermögen. Klagbegründung. X. 53. 179. — 3) Anfang der Wirksamkeit der Alimentenforderung. XVII. 250.

B. Alimentations-Verbindlichkeit der Ascendenten. 1) Verpflichtung des Familienvaters, für standesmäßigen Unterhalt der Seinigen zu sorgen. Verbindlichkeit zur Leistung von Alimenten für die bei der Frau verbleibenden Kinder im Falle einer Trennung von Tisch und Bett. XIV. 43. — 2) Verbindlichkeit des Vaters zur Alimentation der Kinder nach der Ehescheidung. I. 318. VII. 327. XIV. 145. — 3) Verpflichtung des Vaters, die von dem Stiefvater bestrittenen Alimente zu erstatten. VI. 193. — 4) Alimentation der Kinder durch den Vater. Verwendung der Einkünfte des peculium adventitium irregulare. XII. 45. — 5) Die Substanz des mütterlichen Vermögens darf der Vater nicht zur Alimentation verwenden. XII. 169. — 6) Studienkosten, als Civilalimente anzusehen. IX. 190. — 7) Kosten der Anschaffung eines Stellvertreters sind nicht als Alimentationskosten anzusehen. XII. 29. — 8) Alimentation der Kinder in dem Concurse des Vaters. V. 296. — 9) Subsidiäre Verbindlichkeit zur Alimentation eines Kindes nach Auswanderung des zunächst Verpflichteten nach Amerika. III. 266. — 10) Alimentationspflicht der Mutter in Collision mit der des väterlichen Großvaters. XI. 154. — 11) Verpflichtung der Ascendenten mütterlicher Linie zur Alimentation der Enkelkinder XIII. 265. — 12) Keine Verbindlichkeit der Stiefältern zur Alimentation. Zurückforderung der von ihnen geleisteten Alimente. XI. 240.

C. Alimentations-Verbindlichkeit der Kinder. 1) Alimentations-Verbindlichkeit der Kinder. Einwand des eigenen Unvermögens. I. 233. — 2) Alimentations-Verbindlichkeit der Kinder erster Ehe gegen den in zweiter Ehe lebenden Vater. X. 264. — 3) Bei der Alimentationspflicht der Kinder gegen die Aeltern können Alimente für vergangene Zeit nicht gefordert werden. XII. 273. — 4) Wirkung der Legitimation durch nachfolgende Ehe bezüglich der Alimentationspflicht des legitimirten Sohnes gegen den Vater. XI. 50. — 5) Alimentationspflicht der Erben von Descendenten. VI. 205. — 6) Nichtversprochene Vergütung der von dem Sohne den Aeltern gewährten Alimente. Richterliches Ermessen über den Vergütungsbetrag. VI. 36. — 7) Anspruch der Gläubiger auf Befriedigung aus den von dem Sohne des Schuldners für diesen gesandten Alimentationsgeldern nicht begründet. V. 84.

Ueber die Alimentation unehelicher Kinder s. oben S. 151. 152.

II. Ueber Erziehung und Ausstattung der Kinder.

A. Erziehung der Kinder. 1) Recht des Vaters, den Beruf des Sohnes zu bestimmen. I. 81. XII. 169. — 2) Kosten der Erziehung und Berufsbildung, wenn das Kind mütterliches Vermögen hat. XII. 45. 169. — 3) Ueber die Erziehung jüdischer Kinder, deren Mutter nach dem Tode des Mannes zum Christenthume übertritt und sich mit einem Christen verheirathet. V. 181. — 4) Erziehung der Kinder bei zeitweiliger Trennung der Ehegatten von Tisch und Bett. XIV. 43. — 5) Erziehung der Kinder aus geschiedenen Ehen. VIII. 269. XIV. 145. XX. 42. — 6) Auch der in contumaciam für schuldig erkannte Ehegatte verliert das Recht, die in der Ehe erzeugten Kinder selbst zu erziehen. VI. 213.

B. Ausstattung der Kinder. 1) Väterliche Dotationspflicht. I. 238. VII. 60. XIV. 141. XVII. 60. XX. 44. — 2) Verbindlichkeit der Mutter zur Ausstattung. XVI. 225. — 3) Heirathsgut, ob von dem väterlichen oder mütterlichen Vermögen gegeben? XX. 45. — 4) Ist der Vater verpflichtet, seinen Sohn auszustatten, wenn dieser ein abgesondertes eigenes Hauswesen errichtet? Ist das s. g. subsidium paternum als eigentliche Schenkung anzusehen? XII. 275. — 5) Leibzucht des überlebenden Ehegatten. Anspruch eines Kindes auf Ausstattung. Uebergang auf die Erben. II. 61. XIII. 317.

III. Väterliche Gewalt.

A. Entstehung der väterlichen Gewalt. 1) Pater est, quem nuptiae demonstrant. VIII. 229. 344. 263. IX. 124. X. 267. (Vgl. oben Abschnitt I. Hauptstück 3. I. A. Eheliche und uneheliche Abstammung. S. 18.) — 2) Gegenbeweis gegen die Rechtsvermuthung. Pater est, quem nuptiae demonstrant. I. 162. XIX. 9. — 3) Legitimation durch nachfolgende Ehe. Zustimmung des Kindes erforderlich, wenn die väterliche Gewalt begründet werden soll. XI. 50. — 4) Legitimation der im Ehebruche erzeugten Kinder durch nachfolgende Ehe. I. 352. V. 188. XIII. 43. XV. 227. XVIII. 201. — 5) Legitimation der im Ehebruche erzeugten Kinder durch landesherrliches Rescript. III. 65. XIII. 42. XIV. 239. — 6) Wirksamkeit der legitimatio per rescriptum principis im Auslande. Statutencollision bei der Intestaterbfolge. VI. 308. VII. 332. — 7) Sogenannte legitimatio per nuncupationem filii. V. 189. — 8) Unstatthaftigkeit der Klage auf Erfüllung eines Adoptionsversprechens. XV. 134. — 9) Adoptio minus plena. IX. 303. — 10) Statthaftigkeit der Arrogation eines unehelichen Kindes des Arrogators. XIX. 159.

B. Erlöschung der väterlichen Gewalt. 1) Vermuthung für die Fortdauer der väterlichen Gewalt. XII. 339. XV. 35. — 2) Heutige Anwendbarkeit der römischrechtlichen Emancipation. III. 268. — 3) Einstweilige Emancipation, emancipatio particularis, zu dem Zwecke, mit dem Kinde gültig einen Rechtsact abzuschließen. III. 333. XIII. 267. — 4) Anstellung des Sohnes im Staatsdienste ohne gesonderten Haushalt bewirkt keine Erlöschung der väterlichen Gewalt. II. 308. V. 30. — 5) Beendigung der väterlichen Gewalt durch abgesonderten Haushalt. III. 269. V. 30. 37. XI. 52. XVI. 58. XVII. 257. — 6) Die väterliche Gewalt hört nicht auf, wenn der Haussohn sich nach

Amerika begibt. XI. 51. XII. 168. Vgl. XIII. 266. — 7) Contract, durch welchen der Inhaber eines Bauerngutes dieses auf seinen Sohn überträgt. Aufhebung der väterlichen Gewalt. XV. 30. — 8) Erlöschung der väterlichen Gewalt durch Verheirathung der Tochter. III. 270. — 9) Auflösung der Ehe der minderjährigen Tochter vor erreichter Großjährigkeit. Einfluß auf das Wiederaufleben der väterlichen Gewalt. XVI. 96. — 10) Die Verheirathung der arrogata hat nicht die Bedeutung und Wirkung der römischrechtlichen Emancipation. XII. 42. — 11) Das durch minus plena adoptatio begründete Rechtsverhältniß wird durch Verheirathung der Adoptivtochter nicht aufgehoben. IX. 303.

C. Von der rechtlichen Bedeutung der väterlichen Gewalt und dem Verhältnisse der Hauskinder im Allgemeinen. 1) Statutencollision. Beurtheilung der väterlichen Gewalt nach dem Rechte des Heimathsortes, nicht nach dem Rechte des Wohnsitzes. XX. 3. — 2) Klage des Vaters auf Herausgabe seiner Kinder. Statutencollision. XVI. 57. — 3) Interdictum de liberis ducendis. Einreden gegen dasselbe. I. 82. — 4) Exceptio spolii des Vaters gegen die Klage seines in der väterlichen Gewalt befindlichen aus der Wohnung des Vaters entwichenen Sohnes. IV. 120. — 5) Recht des Vaters, den Beruf des Sohnes zu bestimmen. I. 81. — 6) Rechtsverhältniß zwischen dem Vater und dem Hauskinde. Von der s. g. Personeneinheit. I. 353. XIV. 44. XVII. 255. — 7) Minderjährige Hauskinder. Verträge. Proceßführung. Väterliche Vormundschaft. Aelterliche Gewalt. XIII. 241. XV. 113. — 8) Vertretung der minderjährigen Hauskinder durch den Vater. VII. 197. XV. 113. — 9) Hauskinder als Verklagte. VIII. 146. — 10) Vertretung der Hauskinder bei Erbverträgen. XII. 279. — 11) Verzicht des Vaters auf erbrechtliche Ansprüche des Hauskindes. VI. 228. — 12) Verträge zwischen Hausvater und Hauskindern. VII. 195. 196. IX. 44. 304. XIII. 267. XIV. 44. XV. 30. XIX. 160. — 13) Schenkungen des Vaters an Hauskinder. II. 305. XIV. 44. — 14) Ueber Ansprüche erwachsener Hauskinder auf Lohn für wirthschaftliche, den Aeltern geleistete Dienste. I. 351. VII. 196. VIII. 59. IX. 174. XV. 135. XVII. 256. — 15) Verantwortlichkeit des Vaters wegen nicht gehinderter oder wegen geförderter Widerrechtlichkeiten des Hauskindes. VI. 218. — 16) Actio quod jussu. VIII. 147. — 17) Fähigkeit der Hauskinder zur Eingehung von Verträgen VIII. 118. — 18) Wechselfähigkeit der Hauskinder. VII. 227. XV. 51. — 19) Von der Verpflichtung des Vaters, die Schulden des in seiner Gewalt befindlichen Kindes zu berichtigen. IX. 306. — 20) Haftbarkeit des Hausvaters für die Handlungen seines Sohnes, insbesondere für dessen Schulden in der Universitätsstadt. IX. 305. — 21) Haftbarkeit des Vaters für die Universitätsschulden des Sohnes. Universitäts-Creditgesetze. X. 61. — 22) Voraussetzung der actio de in rem verso gegen den Vater wegen Schulden des Haussohnes. XVII. 64.

D. Insbesondere von den Peculien. 1) Peculium quasi castrense des Sachwalters. SC^tum Macedonianum. XV. 20. — 2) Ersparnisse der Hauskinder, durch Dienste außerhalb des väterlichen Hauses errungen, gehören zum peculium adventitium ordinarium. X. 60. — 3) Der Liedlohn ist zum s. g. peculium adventitium zu rechnen. XIII. 260. — 4) Bestandtheile des peculium adventitium ordinarium. III. 271. — 5) Wann ist ein peculium adventitium irregulare anzunehmen? XII. 43. — 6) Die Abfindungsbeträge der Geschwister bei dem Gutsansatzvertrage werden kein reguläres Adventitium. III. 358. — 7) Unzulässigkeit einer Cession des väterlichen Nießbrauchsrechts. XX. 222. Vgl. V. 296. — 8) Geltendmachung des väterlichen Nießbrauchs an den Adventitien. Keine Universalklage. III. 340. — 9) Testamentarische Entziehung des väterlichen Nießbrauchs, nur in Ansehung dessen gestattet, was über den Pflichttheil hinausgeht. III. 71. — 10) Nießbrauch und Vertretungsrecht des Vaters hinsichtlich der Adventitien. III. 272. — 11) Recht der Kinder an den Adventitien behufs der Erziehung und Versorgung. III. 338. — 12) Kosten der Erziehung und Berufsbildung, wenn das Kind mütterliches Vermögen hat. XII. 169. — 13) Verwendung der Einkünfte des peculium adventitium irregulare zur Alimentation und Erziehung des Kindes. XII. 45. — 14) Zum Adventitium gehörige Forderungen des Hauskindes werden durch Zahlung an den Vater getilgt. II. 307. — 15) Geldforderungen als Bestandtheile des ordentlichen Adventizguts. Umfang des väterlichen Rechts. XIV. 100. — 16) Verfügungsrecht des Vaters über die zum peculium adventitium seines Hauskindes gehörigen Capitalien. Befugniß, die Capitalien zu kündigen, zu heben und zu cediren. X. 181. XIV. 100. XVII. 65. — 17) Befugniß des Vaters zur Veräußerung der bona adventitia. III. 335. — 18) Befugniß des Vaters zur Veräußerung von Adventitien bei Einwilligung der mündigen Kinder. VIII. 60. — 19) Veräußerung unbeweglicher Adventizgüter minderjähriger Hauskinder. Decret der Vormundschaftsbehörde. III. 334. XIII. 241. — 20) Auf einen Erbabfindungsvergleich ist das Verbot der Veräußerung der Adventitien nicht anwendbar. VII. 65. — 21) Absolute Nichtigkeit der unberechtigten Veräußerung von Adventitien. Obervormundschaftliche Genehmigung der Klagerhebung kein decretum de alienando. XIX. 161. — 22) Vindication der von dem Vater aus dem peculium adventitium veräußerten Sachen. Exceptio rei venditae et traditae. VI. 217. — 23) Ueber das Erforderniß einer Zustimmung des Haussohns zu Rechtsstreitigkeiten, die Adventitien betreffend. III. 273. XIII. 260. — 24) Folgen schlechter Verwaltung der Adventitien von Seiten des Vaters. Kann dem Vater das Verwaltungsrecht entzogen werden? II. 306. VII. 198. — 25) Sicherstellung der Adventitien wegen drohender schlechter Verwaltung. III. 336. — 26) Ende der väterlichen Verwaltung. Verarmung des Vaters zieht an und für sich die Entziehung der Verwaltung nicht nach sich. III. 342. — 27) Adventitien in dem Concurse des Vaters. Alimentation der Kinder. V. 296. — 28) Pfandrecht an dem Vermögen des Vaters zur Sicherheit der Adventitien. Voraussetzung. III. 341. — 29) Anfang des gesetzlichen Pfandrechts der Kinder wegen ihrer Adventitien an dem Vermögen des Vaters. XVIII. 214. — 30) Fortdauer des privilegium dotis gegen den Vater, welcher die dos als Adventizgut seiner Kinder verwaltet. XIII. 133. — 31) Irreguläre Adventitien. Deren Verwaltung durch einen Curator. III. 343. — 32) Klage auf Herausgabe der Adventitien zum Zwecke der Einrichtung eines gesonderten Haushaltes. III. 339. — 33) Keine Verbindlichkeit des Vaters zur Rechnungsablage über die Verwaltung der Adventitien. III. 337. — 34) Verbindlichkeit des Vaters zur Inventarisation des seinen Kindern angefallenen Vermögens. XVII. 258. — 35) Verpflichtung des Vaters, das seinen Kindern herauszugebende mütterliche Vermögen selbst zu verzeichnen. XX. 141. — 36) Auch bei der Herausgabe des peculium adventitium irregulare ist der Vater zu einer eidlichen Specification nicht verpflichtet. XII. 44. — 37) Verjährung der Klagen in Ansehung des dem väterlichen Nießbrauche unterworfenen Vermögens der Kinder. II. 196.

IV. Deutschrechtliche Vermögens-Verhältnisse zwischen Aeltern und Kindern.

A. **Vermögens-Verhältnisse zwischen Aeltern und Kindern mit Bezug auf deutsches Recht außer dem Falle der Einkindschaft.** 1) Von der älterlichen Mithülfe; subsidium paternum. Unanwendbarkeit der Vorschriften über Insinuation der Schenkungen IV. 127. XII. 275. — 2) Befugniß des großjährigen Haussohnes zur Klage gegen seinen Vater auf Auszahlung einer durch Fideicommißstiftung angeordneten Apanage. V. 43. — 3) Kinder zeugen bricht Ehestiftung. VII. 64. — 4) Abschichtungsbefugniß des überlebenden Ehegatten. Todttheilung. VIII. 56. — 5) Abtheilung der erstehelichen Kinder von dem Sammtgute, erst in späterer Zeit nach Eingehung der zweiten Ehe vorgenommen. Zeitpunkt, nach welchem die Abtheilungsquote festzustellen. VII. 331. — 6) Ueber die Verbindlichkeit des Vaters zur Auszeigung des Mutterguts. IV. 61. — 7) Recht der Kinder bei dem deutschrechtlichen Beisitze des überlebenden Ehegatten. III. 330. 338. — 8) Leibzucht des überlebenden Ehegatten. Ausstattungsanspruch der Kinder. Uebergang auf die Erben. XIII. 317. — 9) Ueber den Nießbrauch an Capitalien bei dem „längst Leib, längst Gut". II. 62. XV. 18. Note 6. — 10) Nießbrauch der Aeltern. Gutsabtretung. Unanwendbarkeit der römischrechtlichen Vorschriften über cautio usufructuaria. XX. 48.

B. Einkindschaft. 1) Erfordernisse der Eingehung einer Einkindschaft. Zuziehung eines Curators. Voraus. II. 65. — 2) Die unterbliebene gehörige Vertretung der unirten Kinder begründet nur für diese einen Einwand. X. 180. — 3) Einkindschaft nach fortgesetzter allgemeiner ehelicher Gütergemeinschaft. XVI. 56. — 4) Einkindschaft mit Abfindung von dem Nachlasse des verstorbenen parens. V. 191. — 5) Eigenschaft des Voraus als Sondergut. XV. 29. — 6) Voraus der Nachkinder. Rechtliche Verschiedenheit von dem Voraus der Vorkinder. XI. 251. — 7) Uebergang der Rechte aus dem Einkindschaftsvertrage auf die Descendenz der unirten Kinder X. 180. — 8) Kinderlosigkeit der zweiten Ehe hebt die Einkindschaft nicht auf. II. 66. V. 190. VII. 188. X. 180. XIII. 108. — 9) Verletzung des Pflichttheils berechtigt nicht zur Anfechtung der Einkindschaft. IV. 135. — 10) Anfechtung des Einkindschaftsvertrages wegen übermäßiger Verletzung ist nicht statthaft. IV. 135. XIII. 148. XVII. 232. — 11) Verpflichtung des parens superstes gegen die Kinder erster Ehe bei einem mit diesen abgeschlossenen Einkindschaftsvertrage zur Cautionsleistung für das in seinen Händen befindliche mütterliche Vermögen im Falle der Verschwendung. XIX. 238. — 12) Recht des Stiefvaters gegenüber dem eingekindschafteten Stiefsohne, die Meierstelle zu veräußern. IV. 134. — 13) Umfang des Erbrechts, welches die Stiefkinder durch die Einkindschaft erlangen. II. 67. — 14) Testirfähigkeit der Aeltern bei der Einkindschaft. V. 198. XIII. 108. XV. 230. — 15) Nichtigkeit des Testaments eines Stiefvaters wegen Präterition der unirten Stiefkinder V. 198. 16) Der Stiefvater ist bei der Einkindschaft zum Einspruch gegen die Verehelichung eines unirten Stiefkindes nicht berechtigt. II. 64.

Hauptstück III.

Von der Vormundschaft und den Güterverwaltungen.

I. Von der Vormundschaft und der Curatel überhaupt.

A. Allgemeine Grundsätze für alle Arten vormundschaftlicher Verwaltung. 1) Ungültigkeit der Bevormundung kann der Curand dem Dritten, mit welchem der Vormund contrahirt hat, nicht entgegensetzen. XX. 11. — 2) Unzulässige Anfechtung einer gerichtlichen Curatelbestellung von Seiten des durch den Curator verklagten Schuldners. VI. 219. — 3) Curatelbestellung für Unterthanen eines anderen Staates. IV. 131. — 4) Höhe des Zinsfußes bei einer anvertrauten Vermögensverwaltung. XVII. 218. — 5) Ungetheilte

Verwaltung eines Vermögens durch mehrere Vormünder oder Vorsteher. Befugniß des Einzelnen zur Vornahme von Verwaltungshandlungen. XVII. 259. — 6) Legitimation Eines von mehreren Curatoren zur Vertretung des Curanden im Processe. XIX. 162. — 7) Schwurpflicht der Vormünder und Curatoren. XVIII. 193. — 8) Legitimation der nächsten Verwandten eines Curanden, Verfügungen des obervormundschaftlichen Gerichts als ungesetzlich anzufechten. XIX. 242.

B. Von der Obervormundschaft. 1) Competenz zur Obervormundschaft. Heimath und Wohnort. XI. 299. — 2) Fortdauer der obervormundschaftlichen Competenz nach Veränderung des Wohnsitzes des Pfleglings. VI. 49. XIX. 240. — 3) Obervormundschaftliche Competenz auf eine letztwillige Verfügung gegründet. XIX. 239. — 4) Obervormundschaftliche Genehmigung ohne Vollwort des Vormundes zur Gültigkeit eines Geschäftes nicht ausreichend. II. 198. — 5) Obervormundschaftliche Genehmigung zur Erhebung einer Klage kein decretum de alienando. XIX. 161. — 6) Das obervormundschaftliche Decisionsverfahren kein Rechnungsproceß. XIX. 201. — 7) Legitimation der nächsten Verwandten eines Curanden, Verfügungen des obervormundschaftlichen Gerichts als ungesetzlich anzufechten. XIX. 242. — 8) Gegen die Verweigerung der obervormundschaftlichen Genehmigung eines mit dem Vormunde abgeschlossenen Contracts steht nur dem Vormunde, nicht dem Mitcontrahenten, eine Beschwerde zu. XIX. 241. — 9) Actio tutelae utilis gegen ein obervormundschaftliches Gericht. Einwendungen der einzelnen Mitglieder. V. 298. XI. 252. — 10) Kein Erforderniß obervormundschaftlicher Zustimmung zur Anstellung von Klagen durch den Vormund. VII. 359. IX. 307. 332. — 11) Restitution der Minderjährigen gegen Geschäfte, zu welchen die obervormundschaftliche Genehmigung ertheilt wurde. II. 197.

II. Altersvormundschaft.

A. Eintritt und Dauer der Vormundschaft. Bestellung und Uebernahme derselben. Hindernisse. 1) Besteht in Bezug auf Bevormundung nach heutigem Recht ein Unterschied zwischen Unmündigen und Minderjährigen? XIII. 241. — 2) Väterliche Vormundschaft über minderjährige Hauskinder. XIII. 241. XV. 113. — 3) Fortdauer der Altersvormundschaft, keine cura furiosi, wenn ein Minderjähriger in Wahnsinn verfallen ist. XV. 233. — 4) Zuständigkeit der Obrigkeit des Ortes, wo sich das Vermögen des Minderjährigen befindet, für dieses einen Curator mit der vollen Gewalt eines Vormundes zu bestellen. IV. 130. — 5) Curatelbestellung für minderjährige Unterthanen eines anderen Staates. IV. 131. — 6) Curatelbestellung für Kinder bei Lebzeiten der Mutter. IV. 129. — 7) Competenz zur Vormundschaftsbestellung bezüglich auswärtiger Liegenschaften. VIII. 148. —

8) Competenz des Gerichts, in dessen Sprengel die verwittwete Mutter der Minderjährigen zuletzt ihren Wohnsitz hatte, zur Anordnung der Vormundschaft. X. 62. — 9) Vormundschaftsbestellung bei mehreren gleich nahen Verwandten. Anwendbarkeit der Novelle. 118. c. 5. IX. 176. — 10) Bestellung des Stiefvaters zum Vormunde eines außerehelichen Stiefkindes. XII. 276. — 11) Befreiung von der Uebernahme einer Vormundschaft wegen Daseins eigener Kinder. IX. 175. XXII. 66. — 12) Zeitpächter von Domänengütern sind von der Uebernahme einer Vormundschaft nicht befreit. XII. 46. — 13) Verlust einer Forderung zur Strafe des Gläubigers wegen absichtlicher Verschweigung derselben bei seiner Bestellung zum Vormunde des Schuldners. Fortdauernde Gültigkeit der Novelle. 72. X. 268. XII. 47. XIX. 101. — 14) Verheirathung einer Minderjährigen. Einfluß auf die Dauer der Vormundschaft. VII. 276. XIII. 99. — 15) Wiedereintritt der Minderjährigkeit bei Auflösung der Ehe einer Minderjährigen vor erreichter Großjährigkeit. XVI. 96.

B. Rechtsverhältnisse in Beziehung auf die Altersvormundschaft. 1) Ueber die Verpflichtung Minderjähriger durch Verträge ohne Consens des Vormunds oder Curators. II. 270. III. 311. XI. 25. XIII. 241. — 2) Verträge minderjähriger Hauskinder. XIII. 241. XV. 113. — 3) Berechtigung Minderjähriger zur selbstständigen Abschließung gewöhnlicher Dienstcontracte und zur Erhebung von Klagen aus selbigen. XX. 25. — 4) Einwilligung des Vormunds zur Heirath des Mündels. X. 182. — 5) Perfection des Verlöbnisses einer Minderjährigen mit Rücksicht auf die Einwilligung des Vormundes. XVIII. 142. — 6) Restitution eines Minderjährigen gegen ein Verlöbniß. IX. 39. XVI. 172. — 7) Genereller Consens des Vormundes zu gewissen Anschaffungen. Ein minderjähriger Officier als Contractsschuldner. XI. 25. — 8) Gegen die Verweigerung der obervormundschaftlichen Genehmigung eines von dem Vormunde abgeschlossenen Contracts steht nur dem Vormunde, nicht dem Mitcontrahenten, eine Beschwerde zu. XIX. 241. — 9) Letztwilliger Erlaß der Inventarserrichtung des Vormundes. VI. 225. — 10) Inventarserrichtung, jährliche Rechnungsablage, Cautionsbestellung des Vormundes; können sie durch letztwillige Verfügung des Vaters und Erblassers erlassen werden? V. 192. — 11) Inhalt der Rechnungsstellungspflicht des Vormundes. X. 63. — 12) Liberalitätshandlungen des Vormundes involviren ein grobes Verschulden, und begründen stets eine Verantwortlichkeit, auch wenn obervormundschaftliche Genehmigung erfolgt war. VIII. 61. — 13) Haftung der Vormünder bei Geldanlagen. III. 72. XI. 253. XIII. 150. — 14) Gültigkeit der Erbschaftsantretung und der Anerkennung des Testaments durch den Vormund. IX. 311. — 15) Ausschlagung der einem Minderjährigen angefallenen Erbschaft durch den Vormund. XIII.

100. Vgl. XVIII. 148. — 16) Ein Vergleich, durch welchen der Vormund für seine Pupillen auf deren Notherbrecht verzichtet, bedarf nicht der obervormundschaftlichen Genehmigung. XX. 142. — 17) Erforderniß der gerichtlichen Bestätigung von Vergleichen für Unmündige über künftige Alimente. XVIII. 244. Vgl. V. 285. X. 263. XI. 39. — 18) Können Schuldner von Bevormundeten ohne Decret der Obervormundschaft gültig den Vormündern Zahlung leisten? I. 251. — 19) Wirkung der Rückzahlung eines verzinslich belegten Darlehens an den Vormund ohne obervormundschaftliche Genehmigung. XI. 53. — 20) Ungültigkeit der Cession einer Forderung gegen den Mündel an dessen Vormund. IX. 23. XIX. 36. — 21) Befugniß des Vormundes zur Anstellung von Klagen für den Mündel ohne obervormundschaftliche Zustimmung. VII. 359. IX. 307. 332. — 22) Klagestellung durch einen Curator von Minderjährigen. Beanstandung der Minderjährigkeit der Vertretenen. IV. 128. — 23) Erziehung des Mündels bei der Mutter, welche zur zweiten Ehe geschritten ist. Auswanderung der Letzteren nach Amerika. III. 274. — 24) Die uneheliche Mutter nach ihrer Verheirathung als Vormünderin ihres unehelichen Kindes bezüglich der Erziehung desselben. III. 275. — 25) Die Stiefmutter, letztwillig von dem Vater zur Erziehung bestellt. III. 276. — 26) Geschäftsführung des Vormundes nach eingetretener Volljährigkeit seines Mündels. III. 277. — 27) Mehrere Vormünder; ungetheilte Verwaltung. XVII. 259. — 28) Mehrere Vormünder. Theilung der Verwaltung. XV. 228. — 29) Rechtswohlthat der Theilung den Vormündern zustehend. V. 297. — 30) Eidesleistung durch den Vormund. XVII. 184. — 31) Der dem Vormund zurückgeschobene Eid ist auf das Glauben, nicht bloß auf das Nichtwissen zu richten. XVIII. 194. — 32) Proceßführung durch mehrere Vormünder. Abgabe verschiedener Erklärungen auf einen zugeschobenen Eid. XI. 196. — 33) Pflicht des Vormundes zur Ableistung des Diffessionseides. VIII. 325. — 34) Restitution Minderjähriger gegen Handlungen ihrer Vertreter. II. 197. III. 189. IX. 6. XI. 43.

C. Insbesondere von Veräußerungen aus dem Mündelvermögen. 1) Statutencollision bezüglich der Befugnisse eines Vormundes zur Veräußerung der Immobilien eines Minderjährigen. II. 2. — 2) Gründe zur Veräußerung unbeweglicher Mündelgüter. III. 344. XX. 143. — 3) Statthaftigkeit der Veräußerung von Mündelgut ohne öffentliche Versteigerung. XIII. 119. XX. 49. — 4) In wie fern ist bei Veräußerung der den Minderjährigen mit Anderen gemeinschaftlichen Immobilien ein obervormundschaftlicher Veräußerungsconsens erforderlich? XIII. 149. XVI. 59. — 5) Vertretung der Pupillen durch einen protutor bei Veräußerung unbeweglicher Güter. Ratihabition der bei dem Geschäfte selbst betheiligten Vormünderin-Mutter. Genehmigung der obervormundschaftlichen Behörde. XVI. 122. — 6) Zur Cession einer dem Minderjährigen gehörigen hypothekarischen Forderung bedarf es keiner obervormundschaftlichen Erlaubniß. *III.* 344. — 7) Ausschlagung einer dem Minderjährigen angefallenen Erbschaft. Alienationsdecret nicht erforderlich. XIII. 100. — 8) Zur Gültigkeit der für eine Minderjährige (sua) durch ihren Vormund erklärten Erbschaftsausschlagung ist ein förmliches decretum de alienando erforderlich. XVIII. 148. Vgl. IX. 311. — 9) Ein Vergleich, durch welchen der Vormund für seine Mündel auf deren Notherbrecht verzichtet, bedarf nicht der obervormundschaftlichen Genehmigung. XX. 142. — 10) Veräußerung von Immobilien eines Minderjährigen, welcher keinen Curator hat. I. 245. — 11) Veräußerung unbeweglicher Adventitien minderjähriger Hauskinder. Ist ein Decret der Vormundschaftsbehörde erforderlich? Const. 3. de his qui ven. aet. impetraverunt. XIII. 241. — 12) Durch mündliche oder beiläufig ertheilte stillschweigende Genehmigung wird das decretum de alienando nicht ersetzt. XIV. 101. XVIII. 148. — 13) Nichtigkeit gesetzwidriger Veräußerung von Mündelgut auch zu Gunsten des Käufers. XIV. 101. — 14) Wirkung des Ablaufs des quinquennium bei Veräußerung von Mündelgütern. (Const. 3. si major factus. 5. 74.) XI. 160. XVI. 121. — 15) Wirkung des Ablaufs des quinquennium in Beziehung auf die Unterlassung der durch Landesgesetze vorgeschriebenen öffentlichen Versteigerung von Mündelgütern. III. 180. — 16) Der Vormund als Käufer öffentlich versteigerter Mündelgüter. I. 84. V. 193. — 17) Actio tutelae bei angeblicher nichtiger Veräußerung von Mündelgut. Exculpirung der Vormünder. Beweislast. XIX. 163.

III. Von anderen Arten der Vormundschaft und Güterverwaltung.

A. Vormundschaft über Wahnsinnige, Altersschwache, Verschwender. 1) Unzulässigkeit freiwilliger Entmündigung. XV. 136. XVIII. 125. — 2) Rechtsmittel, Curatelbestellung betreffend. II. 241. VIII. 208. 230. — 3) Aufhebung einer Curatel. Kein Beschwerderecht der Verwandten gegen dieselbe. XV. 229. Vgl. VIII. 230. XIX. 242. — 4) Altersvormundschaft, nicht cura furiosi, für einen Minderjährigen, welcher in Wahnsinn verfallen ist. XV. 233. — 5) Proceßwahnsinnscuratel. VII. 333. X. 183. — 6) Kann der Curator eines Wahnsinnigen für denselben eine Erbschaft durch Antretung definitiv erwerben? VII. 69. — 7) Nach welchem Rechte ist die Befugniß des an dem Wohnorte eines furiosus demselben bestellten Curators zum Erwerbe einer dem Curanden im Auslande angefallenen Erbschaft zu beurtheilen? VI. 307. — 8) Inwieweit sind die Verwendungen für einen furiosus aus dessen eigenem Vermögen, bezw. aus einer für ihn erworbenen Erbmasse zu bestreiten? XVII. 67. — 9) Entmündigung wegen Geistesschwäche zufolge hohen Alters; Aufhebung; Beschwerdeführung. VIII. 230. — 10) Ueber den rechtlichen Begriff des Verschwenders. XII. 2. XIII. 9. 81. — 11) Anfangspunkt der Wirksamkeit einer Prodigalitätserklärung. XVII. 147. 206. XVIII. 206. XIX. 10. 115. — 12) Unzulässige Intervention des Prodigus in einem gegen seinen Curator erhobenen Rechtsstreite. VII. 105. — 13) Befugniß des gerichtlich erklärten Verschwenders zur Eingehung einer Ehe ohne Einwilligung des Vormundes. XIII. 101. — 14) Unfähigkeit des gerichtlich erklärten Verschwenders zur Errichtung eines Testaments, so lange die Curatel nicht aufgehoben ist. II. 309. — 15) Injurienklage gegen einen unter Curatel gesetzten Verschwender. XVI. 230. — 16) Restitution des Verschwenders. III. 190. XIII. 9. 186. — 17) Auflösung der Bevormundung eines Verschwenders im Falle seiner Auswanderung. XIII. 102.

B. Abwesenheitscuratel. 1) Zum Begriffe der cura absentis. IV. 132. — 2) Competenz zur Bestellung eines curator absentis. IX. 177. XI. 258. — 3) Gesetzliche Curatel über das hinterlassene Vermögen eines Verschollenen, den nächsten Verwandten desselben zuständig. IX. 45. — 4) Der Curator eines Verschollenen ist nicht befugt, eine diesem angefallene Erbschaft anzutreten; befugt dagegen, einen diesem ausgesetzten Erbtheil einstweilen zu besitzen und zu verwalten. IX. 49. — 5) Erbschaft oder Erbtheil einem Abwesenden deferirt. Natur der eintretenden Curatel. XI. 257. XV. 200. — 6) Proceßführungs- und Veräußerungsbefugniß des für einen Abwesenden bestellten Erbschaftscurators. XVI. 229.

C. Geschlechtsvormundschaft und ehemännliche Curatel 1) Sächsische Geschlechtsvormundschaft gehört nicht zum Status. Statutencollision. IV. 236. — 2) Bedürfen unverheirathete Frauenzimmer nach Sachsenrecht eines Geschlechtsvormundes zur Eingehung außergerichtlicher Rechtsgeschäfte? IX. 178. — 3) Statutencollision. Geschlechtsvormundschaft an dem Gerichtsorte. Proceßvollmacht für den Vertreter der auswärtigen Klägerin. XIII. 181. — 4) Ist Zuziehung eines Curators bei der Testamentserrichtung erforderlich? VI. 51. IX. 179. — 5) Statutencollision. Beurtheilung der Frage wegen Zuziehung eines Geschlechtscurators bei der Testamentserrichtung nach dem Orte der Testamentserrichtung. XVII. 1. — 6) Unterschied der Geschlechtsvormundschaft und der ehelichen Vormundschaft des Mannes über die Frau. III. 63. — 7) Ehemännliche Curatel. Statutencollision. XIV. 4. XV. 94. — 8) Ehemännliches Mundium über minderjährige Ehefrauen. I. 245. — 9) Ehemännliches Mundium. Recht an Capitalien der Frau. I. 246. — 10) Mundium des Ehemannes. Gerichtliche Supplirung des von dem Ehemanne verweigerten Consenses zu Handlungen der Ehefrau. II. 191. — 11) Von dem ehemännlichen Consense bei einem Gewerbebetriebe der Frau. II. 192. — 12) Wechselverpflichtung einer unter ehemännlicher Curatel stehenden Frau. Genehmigung Seitens der Ehemannes. XIII.

114. 273. — 13) Ehemännische Genehmigung der Wechselausstellung durch Acceptation des von der Ehefrau auf den Ehemann gezogenen Wechsels. XVIII. 155. — 14) Wechsel mit Unterschrift des Ehemannes mit dem Zusatz: als ehelicher Beistand. XI. 285.

D. Güterverwaltung für Kirchen und Stiftungen. 1) Zuständigkeit der Gerichte bei Streitigkeiten über das Recht zur Vertretung und Verwaltung einer Stiftung. IV. 251. (S. 413). XX. 181. — 2) Vormundschaftliche Obliegenheit der Kirchenverwalter. II. 130. — 3) Vorsteher und Verwalter einer Stiftung sind analog den Vormündern zu beurtheilen. Verhältniß mehrerer Vorsteher. XVII. 259. — 4) Kein gesetzliches Pfandrecht der milden Stiftungen an dem Vermögen ihrer Verwalter. XII. 252. — 5) Haftung der Erben eines Privatstiftungsverwalters. IV. 116. — 6) Rückgriff an die Erben eines Stiftungsverwalters wegen Verschuldens bei Anlegung eines Capitals, wenn die Befriedigung in dem Concurse des Schuldners von dem Ausgange eines Processes abhängt. IV. 107.

E. Erbschaftscuratel. 1) Zuständigkeit des Verlassenschaftsgerichts zur Entscheidung über ein Gesuch um Zulassung zur deutschrechtlichen Curatel über die liegende Erbschaft. XI. 258. — 2) Unzulässige Anfechtung einer Curatelbestellung für eine Erbschaft. Gültigkeit der mit dem Curator gepflogenen Verhandlungen. VI. 219. — 3) Proceßführungs- und Veräußerungsbefugniß des Erbschaftscurators. XVI. 229. — 4) Legitimation des curator hereditatis jacentis zur Klage auf Herausgabe der Erbmasse gegen den dritten Besitzer. XVIII. 149. — 5) Klage gegen den Curator der cum beneficio inventarii angetretenen Erbschaft. XX. 87. — 6) Von dem Beklagten bei der Erbschaftsklage, wenn die Erbschaft von einem Curator verwaltet wird. I. 265. — 7) Richtung der Erbschaftsklage bezüglich der von einem Curator verwalteten Erbschaft eines Verschollenen. III. 184. XIII. 104.

F. Cura bonorum im Concurse s. unten Civilproceß. Hauptstück 12. V.

Fünfter Abschnitt.

Das Erbrecht.

Hauptstück 1.

Delation der Erbschaft.

I. Von der Delation im Allgemeinen.

1) Anwendbarkeit des mosaischen Rechts in Erbfällen? XI. 254. XIV. 109. Vgl. XI. 112. — 2) Einfluß der vertragsmäßigen Abfindung des in einem Testamente berufenen Erben auf die Delation der Erbschaft. XVI. 61. — 3) Erbvertrag und späteres Testament. XVIII. 88. — 4) Deutschrechtliche Aufhebung der Eigenschaft als suus heres. V. 37. — 5) Das Kind ist nicht suus heres der Mutter. X. 185. — 6) Nach welchen Gesetzen sind die Beweise für den Tod einer Person zu beurtheilen? Statutencollision. VIII. 219. — 7) Welches Recht entscheidet für die Frage über die Erbfähigkeit eines Verschollenen? XV. 199. — 8) Erbschaftsanfall an Abwesende. Natur der eintretenden Curatel. XI. 257. 258. — 9) Erbschaftsanfall an Verschollene. Wird das Fortleben des Verschollenen bis zum vollendeten siebenzigsten Jahre seines Alters oder bis zum Eintritt der Todeserklärung vermuthet? I. 160. III. 298. V. 31. VII. 356. IX. 254. 310. XV. 200.

II. Testamentarische Erbfolge.

A. Fähigkeit zu testiren. 1) Testamentsfähigkeit eines gerichtlich erklärten Verschwenders. II. 309. — 2) Ist Zuziehung eines Geschlechtscurators erforderlich? VI. 51. IX. 179. — 3) Statutencollision in Beziehung auf das Erforderniß der Zuziehung eines Geschlechtscurators. XIII. 181. — 4) Testirfähigkeit des Stiefvaters bei der Einkindschaft. V. 198. XIII. 108. XV. 230. — 5) Testirungsbefugniß der Ehegatten bei dem Güterstande „längst Leib, längst Gut". IX. 181. — 6) In wie weit ist ein testamentarisches Verbot, zu testiren, für den Erben verbindlich? XVI. 123. — 7) Erbvertrag und späteres Testament. XVIII. 88.

B. Fähigkeit als Erbe eingesetzt zu werden. 1) Die im römischen Rechte enthaltenen Beschränkungen der testamentarischen Erbfähigkeit der Concubine und der liberi naturales kommen nicht mehr zur Anwendung. VIII. 68. XI. 262. Vgl. X. 64. — 2) Anwendung der in dem römischen Rechte enthaltenen Vorschriften über die beschränkte testamentarische Erbfähigkeit der Concubinenkinder auf uneheliche Kinder überhaupt. X. 61. — 3) Erbfähigkeit incestuoser Kinder. I. 257. —

4) Ueber die Fähigkeit eines zur Zeit des Todes des Erblessers noch nicht concipirten posthumus, zum Erben eingesetzt zu werden. VIII. 63. IX. 309. — 5) Die Kinder des Testators auf den Nießbrauch, deren künftig zu erzielende Kinder auf die Proprietät eingesetzt. XV. 141. — 6) Erbeinsetzung einer ungewissen Person. XVII. 262. Vgl. XIV. 103. — 7) Letztwillige Verfügung, es solle der Nachlaß zu milden und nützlichen Stiftungen angewendet werden. I. 97. — 8) Begriff und passive Erbfähigkeit der pia corpora. XVIII. 4. — 9) Errichtung einer milden Stiftung durch letztwillige Verfügung. XI. 9. XIV. 103. XVI. 232. — 10) Anwendung des SCtum Libonianum auf gerichtliche Testamente. I. 255. XI. 54. XVII. 260. — 11) Anwendung des SCtum Libonianum auf gemeinschaftliche Testamente. XVII. 260.

C. Form der Testamente.

a. Allgemeines. 1) Anwendung ausländischer Gesetze in Beziehung auf die Testamentsform. XVIII. 204. — 2) Testamentserrichtung im Auslande; ob in fraudem legis? XIX. 6. — 3) Statutencollision in Betreff der Frage wegen Zuziehung eines Geschlechtscurators bei Testamentserrichtung einer Frauensperson. XVII. 1. — 4) Ob Zuziehung eines Geschlechtscurators erforderlich? VI. 51. IX. 179. — 5) Erforderniß vollständiger Beobachtung der für Testamente vorgeschriebenen Förmlichkeiten. XVIII. 87. S. 134. 135. — 6) Letztwillige Festsetzung einer gewissen Form für nachträgliche Anordnungen; wirkt sie auf spätere Verfügungen, welche zufolge gesetzlichen Privilegiums aller Form ermangeln konnten? VI. 52.

b. Gerichtliches Testament. Kanonisches Testament vor dem Pfarrer. 1) Testamentum judici oblatum. Erforderniß persönlicher Ueberreichung durch den Testator. II. 200. XI. 263. — 2) Uebergabe des Testaments durch einen Procurator. II. 200. — 3) Gerichtlich übergebenes Analphabeten-Testament. VIII. 273. — 4) Dem Richter verschlossen überreichtes Testament eines Blinden oder Schwachsichtigen. I. 355. XVII. 260. S. 408. — 5) Unitas actus bei gerichtlichen Testamenten. XIX. 102. — 6) Einheit des Ortes bei dem gerichtlichen Testament. XIII. 45. — 7) Ueber die Anwendbarkeit des SCtum Libonianum auf ein dem Richter überreichtes Testament. I. 255. XI. 54. XVII. 260. — 8) Die mangelnde Unterschrift des Testators begründet bei einem gerichtlich errichteten Testamente keine Ungültigkeit. XVI. 231. — 9) Ist zur Gültigkeit eines testamentum judici oblatum die Aufnahme eines Oblationsprotokolles erforderlich? V. 194. — 10) Erfordernisse des gerichtlichen Testaments. Ist die Beweiskraft des Protokolls durch Vorlesung und Genehmigung bedingt? IX. 208. (Vgl. VI. 266.) — 11) Gerichtlich protokollirtes Testament. Fehlende Unterschrift des Urkundsbeamten. XVI. 60. — 12) Beweis des zu gerichtlichem Protokoll erklärten letzten Willens, wenn das Protokoll abhanden gekommen ist. XIII. 154. S. 211. — 13) Das kanonische Testament vor dem Pfarrer. Nachweis des in einzelnen Gegenden erhaltenen Gebrauchs desselben. XVII. 149.

c. Von der regelmäßigen Form der Privattestamente. Schriftliches und mündliches Testament. 1) Berufung der Testamentszeugen. I. 95 (1). XV. 32. XIX. 244. XX. 231. — 2) Ein Harthöriger als Zeuge. I. 95 (2). — 3) Ordensgeistliche als Testamentszeugen. II. 202. — 4) Testes in conspectu testatoris. I. 95 (5). XIII. 45. XV. 196. — 5) Anwesenheit des eingesetzten Erben bei der Testamentserrichtung I. 95 (6). — 6) Zweifel ob schriftliches oder mündliches Testament. I. 95 (7). XVII. 148. XX. 144. — 7) Schriftlich verfaßte letztwillige Verfügung als mündliches Testament aufrecht erhalten. VII. 199. XIII. 152. — 8) Ueber Testamente Schriftunkundiger. Unterschrift des achten Zeugen. IV. 62. XVIII. 87. — 9) Ueber schriftliche Testamente Derjenigen, welche geschriebene Schrift zu lesen nicht vermögen und ihren Namen zu schreiben kaum im Stande sind. XI. 255. — 10) Unterzeichnung des schriftlichen Testaments im Beisein der Zeugen. I. 95 (3). — 11) Unterschrift der Zeugen bei Testamenten. VI. 220. — 12) Schrift und Siegel der Zeugen auf dem Umschlag. XV. 137. — 13) Gültigkeit des schriftlichen Testaments, welches ein Zeuge vor dem Testator unterschrieben hat. VI. 50. — 14) Umfang des Erfordernisses eigener Rede des Testators bei mündlicher Testamentserrichtung. XIX. 243. — 15) Letztwillige Erklärung auf Befragen. III. 182. — 16) Unterbrechung des Errichtungsactes bei dem mündlichen Testament. I. 95 (4).

d. Veränderte, namentlich verminderte Förmlichkeiten bei letztwilligen Verfügungen. 1) Testamentum militare. VII. 201. — 2) Testament auf dem Lande. II. 203. — 3) Erfordernisse eines schriftlich errichteten testamentum ruri conditum. VIII. 62. — 4) Genügt bei letztwilligen Verfügungen zu frommen Zwecken Gewißheit des Willens, oder ist Zuziehung von Zeugen erforderlich? VIII. 149. XIV. 240. — 5) Umstände, unter welchen die eine Verfügung zu frommen Zwecken enthaltende Schrift bloß als Entwurf anzusehen ist. VI. 52. VIII. 149. Note 2. — 6) Formlose Bestimmung des Hofnachfolgers durch den Colon als letztwillige Verfügung. Erforderniß des Gepräges ernster Willensmeinung. I. 99. VIII. 75. XI. 70. — 7) Form des testamentum parentum inter liberos, des schriftlichen wie des mündlichen. Erforderniß der Verlesung und Genehmigung. XVII. 261 — 8) Nennung der Kinder in dem test. par. inter liberos. II. 68. — 9) Ort der Zeitangabe in dem älterlichen Testamente. II. 69. — 10) Erbtheilbezeichnung mit Buchstaben in dem Testament der Aeltern. II. 71. — 11) Bedarf es bei einem schriftlichen test. par. inter liberos der Zuziehung von Zeugen? II. 70. — 12) Niederlegung des test.

par. inter liberos bei Gericht durch einen Bevollmächtigten. II. 200. — 13) Divisio parentum inter liberos. I. 78. 100. V. 32. 199. XIX. 170.

c. Gemeinschaftliches Testament. 1) Anwendbarkeit des SC^tum Libonianum bei gemeinschaftlichen Testamenten. XVII. 260. — 2) Wechselseitige Erbeinsetzung. Natur der das Vermögen des Ueberlebenden betreffenden Erbeinsetzung. VII. 334. — 3) Wird bei einem gegenseitigen Testamente unter Eheleuten ex tuno oder ex nuno geerbt? VIII. 150. — 4) Auslegung des Ausdrucks „nächste Verwandte, nächste Erben“ in wechselseitigen Testamenten. X. 269. 275. — 5) Correspectives Testament. Auslegung eines wechselseitigen Testaments, ob selbiges als correspectives zu betrachten? I. 93. IV. 63. XII. 172. — 6) Correspectives Testament oder Erbvertrag? XI. 57. — 7) Reciproke Testamente der Ehegatten. Keine Präsumtion für die Correspectivität. XIX. 164. — 8) Correspectives Testament. Verfügungen zu Gunsten der Verwandten des Ueberlebenden. XV. 140. — 9) In einem correspectiven Testamente eingeräumte Dispositionsbefugniß auf Dispositionen unter Lebenden zu beziehen. I. 93. IV. 64. — 10) Widerruflichkeit der gemeinschaftlichen Testamente. II. 72. VII. 200. — 11) Wirkungen correspectiver Testamente. Beiderseitiger und einseitiger Widerruf. IV. 64. — 12) Gegenseitiges Testament. Wirksamkeit der Verfügung über den Gesammtnachlaß. Unabänderlichkeit derselben für den Ueberlebenden nach Antretung der Erbschaft des Vorverstorbenen. Annahme eines Erbvertrages oder Quasicontracts durch Erbschaftsantretung. I. 94. II. 72. 204. IV. 64. VI. 221. IX. 180. X. 184. XVI. 123. XX. 232.

f. Von dem Beweise der Testamente und der Testamentsförmlichkeiten. 1) Beweis eines letzten Willens. II. 359. — 2) Beweis eines mündlichen Testaments. I. 95. (S. 103. 104.) XIII. 154. — 3) Beweis des zu Protokoll erklärten gerichtlichen Testaments, wenn das Protokoll abhanden gekommen ist. XIII. 154. — 4) Beweis der Beachtung der Testamentsförmlichkeiten. Beweislast. I. 95 (8). XI. 256. XIV. 148. — 5) Beweis der Testamentsförmlichkeiten durch zwei von den zugezogenen Zeugen. XV. 138. — 6) Die Testamentszeugen als Beweiszeugen über Ordnungswidrigkeiten, welche bei der Testamentserrichtung vorgekommen sind. XIV. 69. 70.

D. Inhalt des Testaments. Erbeinsetzung. Substitution. Auslegung des Testaments. 1) Dispositiones mysticae. XI. 55. 57. — 2) Letztwillige Zuwendung unter der Bedingung, daß der Honorirte seine Kinder in einer bestimmten Religion erziehen lassen solle. XII. 277. — 3) Legatum poenae nomine relictum. XI. 61. — 4) Letztwillige Zuwendung mit der Bestimmung, daß das Zugewandte zur Verpflegung des Bedachten verwendet und für die Gläubiger desselben unangreifbar sein solle. XV. 139. — 5) Testamentarische Verfügung, die Substanz bis zu einem gewissen Zeitpunkte nicht anzugreifen.

IX. 318. — 6) Auflage an einen Honorirten, von einem ihm anderwärts in Aussicht stehenden Erbschaftsanfall keinen Gebrauch zu machen. VII. 74. — 7) Wirksamkeit letztwilliger Verfügungen über das Vermögen des eingesetzten Erben. II. 204. IX. 311. — 8) Unwirksamkeit der Clausel in einem Testamente, dessen eventuelle Geltung als Schenkung unter Lebenden betreffend. IX. 187. — 9) Erforderniß des Gepräges ernstlicher Willensmeinung bei formlosen letztwilligen Dispositionen. XI. 70. — 10) Eine Erbeinsetzung ist nicht schon anzunehmen, wenn in der letztwilligen Verfügung das Zeitwort „erben" oder „beerben" gebraucht ist. VIII. 157. XIII. 153. — 11) Falsa causa bei letztwilligen Dispositionen. XI. 58. — 12) Nichtübereinstimmen des Willens mit der Erklärung. Falsa demonstratio. XIII. 318. — 13) Interpretation letztwilliger Verfügung. Ergänzung des mangelhaften Ausdrucks, nicht der Willensmeinung, zulässig. III. 181. — 14) Beachtung einer von dem Wortsinne abweichenden Willensmeinung. VII. 67. — 15) Schreibfehler in letzten Willen. II. 199. — 16) Beweisauflage über die Absicht des Testators. IV. 163. V. 196. IX. 182. XVIII. 59. — 17) Beweis des wahren Willens des Testators gegen die klaren Worte des Testaments. XIII. 318. XV. 31. — 18) Einrede der von den Worten abweichenden Willensmeinung des Testators. Fassung des Beweissatzes. XVII. 163. — 19) Auslegung eines letzten Willens. Nothwendige Gewißheit des Honorirten und der Honorirung. XVIII. 152. — 20) Auslegung einer letztwilligen Verfügung. Aufschiebende Bedingung? Zweckbestimmung? XIX. 292. — 21) Ueber die Frage: Positus in conditione an sit positus in dispositione? Absicht des Testators. XIX. 165. — 22) Collectivberufung mehrerer Personen in letzten Willen. II. 201. — 23) Alternative Erbeinsetzung. Auslegung. XVII. 150. — 24) Sämmtliche Erben auf gewisse Sachen oder Summen berufen; Einer derselben auf den etwaigen Ueberrest. XI. 56. — 25) Erben auf eine bestimmte Summe eingesetzt. Jus accrescendi. VII. 335. — 26) Verhältniß des heres in re certa institutus den Miterben gegenüber. IX. 51. — 27) Der heres in re certa gilt als Universalerbe, wenn neben ihm kein „Erbe" ernannt ist, als Legatar, wenn Miterben vorhanden sind. III. 347. — 28) Heres in re certa. Falcidische Quart. XI. 63. — 29) Auslegung letzter Willen bei einem Zweifel, ob nach Stämmen oder der Kopfzahl zu theilen sei. VIII. 151. — 30) Die Kinder des Testators auf den Nießbrauch, deren künftig zu erzielende Kinder auf die Proprietät eingesetzt. XV. 141. — 31) Auslegung letztwilliger Verfügungen bezüglich des Ausdrucks „nächste Verwandte". X. 269. 275. XII. 242. XVII. 68. — 32) Einsetzung der „Intestaterben". XIII. 318. — 33) Der Ausdruck „gesetzliches Erbtheil" nicht als Intestaterbportion, sondern als Pflichttheil zu verstehen. X. 65. — 34) „Kinder" einer Person als Honorirte. IV. 133. IX. 183.

mit Nachtrag S. 320. XIII. 103. XIV. 45. — 35) Sind in der Berufung einer Person „oder ihrer Erben" auch die mittelbaren Erben (Erbeserben) begriffen? VII. 66. — 36) Honorirung einer Person und (oder) „deren Erben" nur auf Leibeserben zu beziehen. IV. 55. VIII. 158. — 37) Vulgarsubstitution; wiefern ist in selbiger die Pupillarsubstitution enthalten. X. 270. — 38) Fideicommissarische oder Pupillarsubstitution? Bei Letzterer kein Anspruch der Mutter des institutus auf den Pflichttheil. VI. 222. — 39) Aufrechthaltung einer angeordneten Pupillarsubstitution als fideicommissarische. III. 345. — 40) Substitution für den Fall, daß der eingesetzte Erbe im ledigen Stande versterben würde. XV. 35.

E. Von Unwirksamkeit und Aufhebung letztwilliger Verfügungen. 1) In wie fern ein Testament wegen Anwendung von Zwang als rechtsungültig zu betrachten. V. 195. — 2) SCtum Libonianum bei gerichtlichen (und gemeinschaftlichen) Testamenten. I. 255. XI. 54. XVII. 260. — 3) Wirksamkeit der sog. clausula privatoria. III. 186. XI. 65. — 4) Nichtanwendung der clausula privatoria, wenn die Aechtheit des Testaments bestritten wird. XX. 149. — 5) Nichtanwendung der clausula privatoria auf den Antrag wegen gerichtlichen Einschreitens zur Nachlaßregulirung. IX. 188. — 6) Aufhebung eines Testaments durch Widerruf. Erforderniß wörtlicher und ausdrücklicher Erklärung. X. 66. — 7) Stillschweigender Widerruf der Vermächtnisse durch ein zweites Testament. XVI. 132. — 8) Vernichtung eines Testamentsexemplars von Seiten des Testators genügt nicht zum Beweise der Aufhebung des Testaments, wenn der Testator ein zweites Exemplar in den Händen des Testamentsexecutors gelassen hat. IX. 185. — 9) Widerruf eines mündlich errichteten in eine Urkunde gebrachten Testaments durch Zerreißung der Urkunde. I. 96. — 10) Testamentswiderruf durch späteren Erbvertrag. VIII. 274. — 11) Ueber Befugniß des Ueberlebenden zum Widerruf bei gemeinschaftlichen, reciproken, correspectiven Testamenten. I. 93. 94. II. 72. IV. 64. VI. 221. VII. 200. IX. 180. X. 184. XVI. 123. XX. 232. — 12) Infirmation eines letzten Willens durch spätere Begebnisse. IX. 184. — 13) Welchen (deutschrechtlichen) Einfluß haben nachherige Eheschließung und die Entziehung der statutarischen Portion auf die Gültigkeit des Testaments? IX. 186. — 14) Anerkennung eines später für ungültig erklärten Willens von Seiten des eingesetzten Erben. Zieht sie für denselben den Verlust seiner Erbansprüche aus einem in dieser Verfügung widerrufenen früheren Testamente nach sich? V. 302. — 15) Anerkennung eines an sich nichtigen Testaments schließt die spätere Anfechtung desselben nicht aus. XVII. 71. 151.

F. Eröffnung des Testaments. 1) Zeitpunkt der Eröffnung eines gemeinschaftlichen letzten Willens. II. 810. — 2) Erbschaftsantritt bei uneröffnetem Testamente. VII. 205. — 3) Besitzerwerb durch den Testaments-Executor vor Eröffnung des Testaments. XIV. 102. — 4) Publicationsförmlichkeiten eines Testaments. XI. 256. S. 394.

G. Vollstreckung des Testaments. 1) Beruf des nach Ablehnung der andern Testamentsexecutoren noch übrig bleibenden Executors. XVI. 62. — 2) Stellung des Testamentsvollstreckers. XVIII. 89. — 3) Zurückziehung des Auftrags der Testamentsexecutoren durch die Erben. XX. 145. — 4) Der Testamentsexecutor ist an sich zur Klage gegen die Schuldner des Erblassers nicht legitimirt. III. 73. XV. 34. XX. 50. — 5) Einklagung einer Forderung durch den Testamentsexecutor. Vertretung der Erben durch denselben. VI. 226. — 6) Verzicht eines Testamentsexecutors auf Rechte der Erbmasse. VI. 227. — 7) Legitimation des Testamentsexecutors zur Klage gegen einen Miterben auf Herausgabe der an Dritte legirten Gegenstände. XV. 142. — 8) Stellung des Testamentsexecutors bei Streitigkeiten der Erben unter sich. XII. 48. — 9) Testamentsvollstrecker und gerichtliche Nachlaßregulirung. IX. 188. — 10) Aufhebung eines durch Testament angeordneten Familienfideicommisses. Einspruch des Testamentsexecutors verworfen. XIII. 269. — 11) Ausfüllung eines Blanquets mit einer Wechselerklärung durch den Testamentsexecutor des Gläubigers unzulässig. XII. 66. — 12) Besitzerwerb durch den Testamentsvollstrecker vor Eröffnung des Testaments. XIV. 102. — 13) Der Testamentsexecutor hat auch über die Beobachtung solcher, und zwar unmotivirter, letztwilliger Verfügungen zu wachen, welche nur in dem Interesse des Honorirten getroffen sind. X. 271. — 14) Richterliche Aufforderung der Intestaterben zur Erklärung über das vorhandene Testament. XV. 33. — 15) Testamentsvollzug. Stipendiensache. II. 205.

III. Intestaterbfolge.

1) Statutencollision. Recht des letzten Domicils. XIV. 107. — 2) Statutencollision, wenn der Erblasser keinen Wohnsitz gehabt hat. II. 354. — 3) Statutencollision in Beziehung auf das Intestaterbrecht des überlebenden Ehegatten. XV. 95. — 4) Intestaterbrecht unehelicher Kinder an dem Nachlasse des Vaters? I. 87. 88. VI. 223. VII. 202. VIII. 67. IX. 46. XII. 343. 344. Note 1. — 5) Intestaterbrecht des sog. Brautkindes an dem väterlichen Nachlasse. V. 200. VIII. 65. 66. IX. 189. XII. 344. XV. 143. XIX. 166. — 6) Das sog. Brautkind von dem Vater beerbt. VIII. 66. IX. 189. — 7) Das Erbrecht der sog. Jungfernkinder von der Mutter geltend gemacht. IX. 46. — 8) Intestaterbrecht Unehelicher an dem Nachlasse entfernter mütterlicher Seitenverwandter. I. 256. — 9) Erbfähigkeit incestuoser Kinder I. 257. Vgl. I. 256. — 10) Intestaterbrecht der Geschwisterkinder bei dem Zusammentreffen mit Ascendenten. V. 300. — 11) Erbrecht der armen

Wittwe. Voraussetzungen. Berechnung des Erbtheils. XV. 231. — 12) Wird das Erbrecht der armen Wittwe durch jede dos von noch so geringem Betrage ausgeschlossen? IX. 47. XV. 231. — 13) Begriff der Armuth bei dem Erbrecht der armen Wittwe. Einrechnung der ihr von dem Manne gemachten Schenkungen. XVII. 263. — 14) Beziehungen des Erbrechts der armen Wittwe zu vorhandenen Ehepacten. X. 273. — 15) Vererbung der dos profectitia an die Descendenten der Frau. I. 350. II. 61. XVII. 60. — 16) Leibzucht des überlebenden Ehegatten an dem Vermögen des Verstorbenen. Haftbarkeit für des Letzteren Schulden. VI. 236. — 17) Längst Leib, längst Gut. I. 15. IX. 181. XV. 18. Note 6. — 18) Anspruch des Fiscus auf erblose Güter. Einsetzung in deren Besitz. VIII. 275. — 19) Anspruch der Mediatisirten auf den Anfall herrenlosen Guts. XI. 13. — 20) Beweis des Intestaterbrechts. I. 258. IX. 315. XIV. 149. XVI. 130. S. 284. XX. 78. — 21) Edictalcitation der Intestaterben. I. 280. III. 278. XI. 258.

IV. Erbfolge aus Verträgen.

1) Ueber die Wirksamkeit der von Minderjährigen ohne Curator und ohne obrigkeitliches Decret eingegangenen Erbverträge. I. 253. IV. 243. V. 202. — 2) Gültigkeit formlos abgeschlossener Erbverträge. VIII. 152. XIX. 167. XX. 146. — 3) Mündliche Erbverträge. Genügende Substantiirung der desfälligen Behauptung. Beweis derselben. XII. 170. XIV. 241. Vgl. XI. 70. — 4) Zusicherungen letztwilliger Zuwendung; wiefern sind sie zur Behauptung eines Erbvertrages dienlich? IX. 48. — 5) Zweifelsfall, ob donatio inter vivos oder mortis causa, oder ein Erbvertrag gegeben sei. III. 265. — 6) Correspectives Testament oder Erbvertrag? XI. 57. — 7) Gegenseitiges Testament als Erbvertrag aufzufassen und daher unabänderlich für den Ueberlebenden. I. 94. VI. 221. IX. 180. XVI. 128. — 8) Verpflegungsvertrag. Erbvertrag oder Schenkung sub modo. IX. 155 — 9) Erbvertrag mit bedungener Gegenleistung. XVIII. 90. — 10) Testamentswiderruf durch späteren Erbvertrag. VIII. 274. — 11) Erbvertrag mit Vorbehalt einseitigen Rücktritts. VIII. 120. — 12) Erbvertrag und späteres Testament. XVIII. 88. — 13) Oralfideicommiß einem Vertragserben gegenüber. XVIII. 96. — 14) Erbeinsetzungsvertrag; in wie fern wird der Erblasser durch solchen in der Befugniß zu Verfügungen unter Lebenden beschränkt? XVII. 264. — 15) Klage gegen den künftigen Erblasser von Seiten des Erbvertrags-Acceptanten zur Bewahrung von Vertragsrechten. IX. 22. — 16) Gültigkeit der singulären Erbverträge (Vermächtnißverträge). Ausschluß des Abzugs der quarta Falcidia. XII. 279. — 17) Das Recht des Vertragserben erlischt, wenn er vor dem Erblasser stirbt. XII. 171. — 18) Auslegung der Erb-

verträge zu Gunsten der Honorirten. III. 183. — 19) Erbvertrag mit Einsetzung eines Dritten als heres directus. Beschwerung der Vertragserben mit Vermächtnissen. VII. 68. — 20) Erbverträge zu Gunsten Dritter. Berechtigung des Dritten aus denselben. III. 74. VIII. 64. IX. 319. XVI. 182. — 21) Vertragsbestimmungen zu Gunsten Dritter in Ehe- und Erbverträgen. XI. 133. XIV. 131. XV. 214. — 22) Vermächtnisse auf des Erben Absterben durch Vertrag angeordnet. XI. 261. — 23) Auch von Vertragserben kann eine cautio fideicommissorum servandorum causa verlangt werden. V. 206. — 24) Ueber die Gültigkeit der sog. pacta successoria restitutiva seu devolutiva. V. 299 — 25) Widerruflichkeit eines zu Gunsten eines Dritten geschlossenen Erbvertrages. VII. 273. — 26) Ehe- und Erbvertrag. Beziehung auf ein künftiges Testament. Besonderheit der Succession aus Erbverträgen. VII. 203. — 27) Ehestiftungsgemäßer Uebergang des ehelichen Gesammtvermögens auf den überlebenden Ehegatten bei dem Dasein von Kindern I. 90. — 28) Wirksamkeit der Erbverträge zwischen Ehegatten nach erfolgter Ehescheidung. VI. 224. — 29) Kinderzeugen bricht Ehestiftung. VII. 64. — 30) Erbvertrag zwischen Eheleuten. Statutarische Portion. Haftung des Ueberlebenden für die angeordneten Vermächtnisse. V. 201. — 31) Erbeinsetzung auf Lebenszeit in einem Ehevertrage. V. 197. — 32) Auslegung des Ausdrucks „nächste Erben" in Ehestiftungen und Erbverträgen. XI. 188. — 33) Bedungener Rückfall in einem Erbvertrage zwischen Ehegatten. III. 183. — 34) Anwendbarkeit der Bestimmungen des römischen Rechts über die Nachtheile der zweiten Ehe auf Erbverträge. VII. 204. — 35) Notherbenrecht im Verhältnisse zu Erbverträgen unter Dritten. I. 89. IV. 243 (b). V. 36. IX. 321. — 36) Pflichttheilsverletzung durch einen Erbvertrag. IV. 138. V. 36. XX. 147. — 37) Pflichttheilszuwendung in einem Erbvertrag durch Auflage an den Vertragserben. VII. 76. — 38) Verträge über die Erbschaft eines noch lebenden Dritten. Streitfrage über die Gültigkeit derselben. I. 252. II. 313. VIII. 153. XIII. 44. 151. XIV. 216. XVIII. 91. XX. 51. — 39) Anwendung des Verbots wegen Ungültigkeit der Verträge über die Erbschaft eines Dritten auch auf Vermächtnisse. XIII. 151. — 40) Vertragsmäßiger Verzicht eines präsumtiven Erben auf die künftige Erbschaft eines Dritten. XI. 209. XX. 51. — 41) Einfluß der vertragsmäßigen Abfindung des in einem Testamente berufenen Erben auf die Delation der Erbschaft. XVI. 61. — 42) Auslegung eines Erbvergleiches. XVI. 103. — Ueber Einkindschaft s. oben S. 176; Familienverträge des hohen Adels Seite 6 „Autonomie"; Schenkung von Todeswegen unten Seite 203. IV.

Hauptstück 2.

Von dem Erwerbe und dem Verluste der Erbschaft.

I. Ruhende Erbschaft. Erwerb der Erbschaft und Geltendmachung der Erbfolge. Wirkungen des Erwerbs. Transmission. Rechtsmittel. Erbtheilung. Collation.

A. Ruhende Erbschaft. 1) Vertretung der hereditas jacens durch einen Curator. I. 114. — 2) Versiegelung der Verlassenschaft wegen Nichtanwesenheit der Erben. III. 350. — 3) Die einem Abwesenden deferirte Erbschaft eine hereditas jacens. XI. 257. — 4) Zuständigkeit des Verlassenschaftsgerichts in Beziehung auf die deutschrechtliche Curatel über die liegende (einem Verschollenen deferirte) Erbschaft. XI. 258. — 5) Legitimation des curator hereditatis jacentis zur Klage auf Herausgabe der Erbschaft gegen Dritte. XVIII. 149. — 6) Proceßführungs- und Veräußerungsbefugniß des curator hereditatis. XVI. 229. — S. auch oben S. 182 „Erbschaftscuratel“.

B. Erwerb der Erbschaft von Seiten der sui heredes. 1) Deutschrechtliche Aufhebung der Eigenschaft eines suus heres. V. 37. — 2) Das Kind ist nicht suus heres der Mutter. X. 185. — 3) Beweislast bezüglich der Immixtion des suus heres. VI. 230. XV. 36. Vgl. XIII. 268.

C. Antretung der Erbschaft. 1) Erbschaftserwerb nach prätorischem Rechte für die bonorum possessio unde vir et uxor. IX. 313. — 2) Kann der Erbschaftserwerb für einen Abwesenden oder Verschollenen Statt finden? Erbschaftsantretung durch den Curator. III. 185. 298. 346. VII. 356. IX. 49. 254. 310. XI. 357. XV. 200. — 3) Kann der Curator eines Wahnsinnigen für denselben eine Erbschaft durch Antretung definitiv erwerben? VII. 69. — 4) Definitiver Erbschaftserwerb für einen in Wahnsinn verfallenen Minderjährigen. XV. 233. — 5) Gültigkeit des Erbschaftsantritts durch den Vormund. IX. 311. — 6) Kann bei allgemeiner Gütergemeinschaft der Ehemann von der Ehefrau die Antretung einer ihr angefallenen Erbschaft erzwingen? IX. 301. — 7) Erbschaftsantritt durch Bevollmächtigte. XV. 232. — 8) Beschaffenheit der Erbschaftsantretung. Muß der gerufene Erbe seinen Willen, die Erbschaft anzutreten, den Betheiligten gegenüber erklären? III. 75. — 9) Zeit des Antritts. Erbschaftsantretung bei uneröffnetem Testanent. VII. 205. — 10) Erbschaftsantritt durch Anstellung einer Klage. IX. 312. XI. 161. XIII. 268. — 11) Substantiirung behaupteter Erbschaftsantretung. XX. 74. — 12) Pro herede gestio. III. 76. XVII. 69. — 13) Annahme von Erbschaftssachen bei Vertheilung des Nachlasses unter angeblichem Vorbehalt der Erklärung über den Erbschaftsantritt. Beweis-

schaft. XIV. 146. — 14) Erbantritt und Erwerb des Nachlasses Seitens des Eigenthumserben bei der Leibzucht. Erbschaftsantretung nach deutscher Rechtsansicht keine Bedingung des Erbschaftserwerbes. I. 267. V. 211. — 15) Erbfolge in bäuerliche Leihe und Allod. XVIII. 150.

D. Wirkungen des Erbschaftserwerbs. 1) Semel heres semper heres. Wirkungslosigkeit des Vorbehalts künftiger Ausschlagung VIII. 154. Vgl. XIV. 146. — 2) Regel, daß der Erbe facta defuncti zu prästiren habe. VI. 8. XII. 172. 282. XIV. 115. 131. — 3) Letztwillige Verfügung über die Güter des eingesetzten Erben. Wirkung unbedingten Erbschaftsantritts. II. 72. 204. III. 81. XI. 57. — 4) Klagen aus Besitzverletzungen nach dem Anfalle aber vor der Besitznahme durch den Erben unzulässig. III. 348. — 5) Der Gläubiger Erbe des Schuldners. Nießbrauch eines Dritten an dem Nachlasse. Klage gegen den im Besitze des Nachlasses befindlichen Nießbraucher auf Bezahlung der Schuld. XV. 18. — 6) Beneficium separationis der Erbschaftsgläubiger. II. 312. XII. 173. XV. 37. — 7) Beneficium inventarii. Erfordernisse und Wirkungen der Erbschaftsantretung unter dieser Rechtswohlthat. XIX. 168. — 8) Begriff der Abwesenheit bezüglich der dem Erben gesetzten Frist zur Inventarserrichtung. XVI. 121. — 9) Klage gegen den Curator der cum beneficio inventarii angetretenen Erbschaft. Litisreassumtion von Seiten der Erben. XX. 87. — 10) Distributionsrecht des Beneficialerben. IX. 50. — 11) Nachlaßvertrag bei einer cum beneficio inventarii angetretenen Erbschaft. V. 303. — 12) Concurs über einen Nachlaß im Auslande. Activen im Inlande. Inländischer Beneficialerbe; inländische Gläubiger. XI. 259. — 13) Wirkungslosigkeit einer Edictalladung und Präclusion bei nicht sub beneficio inventarii angetretener Erbschaft. VIII. 155. — 14) Gesetzliche Vorschrift der Versiegelung zum Zwecke vollständiger Aufnahme der Inventur. Unterlassung der Obsignation. III. 350. — 15) Unbedingte Haftung des Erben für die Vermächtnisse wegen Unterlassung der Inventarisation. Erlaß der Inventur durch Verfügung des Testators. III. 79. — 16) Ueber Wirksamkeit der Untersagung oder des Erlasses einer Inventarserrichtung durch den Erblasser für den Vormund. V. 192. VI. 225. — 17) Ueber Verpflichtung des Erbschaftsbesitzers zur Lieferung eines Inventars, wenn gegen denselben auf Verwirklichung der Nachtheile zweiter Ehe geklagt wird. VII. 62.

E. Transmission der Erbschaft. 1) Geltung der Regel: hereditas non adita non transmittitur, auch bei Erbverträgen. XVI. 103. S. 178. — 2) Nicht-Transmissibilität einer auf Zusicherung beruhenden Anerbenberechtigung. XII. 177. — 3) Transmissio Theodosiana. II. 311. V. 33. VI. 233. VII. 70. XV. 273. — 4) Transmissio Justinianea. XIII. 46. XIV. 242. XVI. 125. XIX. 245. — 5) Restitution gegen den Ablauf der für die transmissio Justinianea bestimmten Frist. XVII. 205. — 6) Transmission auf Grund von Wiedereinsetzung in den vorigen

Stand. XI. 162. XIV. 243. — 7) Transmission wegen Verhinderung des Antrittes einer den Gegenstand einer Leibzucht bildenden Erbschaft. I. 267. V. 211. — 8) Substitution für den Fall, daß der eingesetzte Erbe im ledigen Stande versterben werde. Transmission hier ausgeschlossen. XV. 35.

F. Geltendmachung der Erbfolge. Rechtsmittel.

a. Allgemeines. 1) Kein forum hereditatis für die auf Erbschaft sich beziehenden Streitigkeiten. Forum hereditatis jacentis. XVIII. 172. — 2) Gerichtliche Behandlung der Verlassenschaftssachen. Edictalladung der Intestaterben. I. 280. III. 278. XI. 258. — 3) Edictalladungen in Nachlaßsachen. Was sind bekannte Gläubiger? IV. 155. — 4) Grenzen der freiwilligen und streitigen Gerichtsbarkeit in Verlassenschaftssachen. I. 112. — 5) Geltendmachung des Testaments, eventuell der Codicillarclausel. V. 204. — 6) Anspruch des Erben gegen den mit dem Nießbrauche bedachten Legatar auf Inventarisation. IX. 137. XIII. 105. — 7) Recht der Erben, von Dritten die Ableistung eines Manifestationseides zu verlangen. VIII. 190. XVI. 126. — 8) Verbindlichkeit des Vaters zur Auszeigung des Mutterguts. IV. 61. — 9) Inventarisationspflicht des conjux superstes. Mitwirkung der Intestaterben. XX. 233. — 10) Sachlegitimation des Erben bei Klagen gegen Erbschaftsschuldner. Einrede mehrerer Erben. Beweislast. VII. 243. IX. 316. XII. 305. XVI. 254. XX. 78. Vgl. VIII. 156. — 11) Die auf Grund des Erbrechts des Klägers erfolgte Entscheidung über einen einzelnen Bestandtheil der Erbschaft ist wirksam auch in Ansehung der übrigen Bestandtheile derselben. XVI. 154. — 12) Dem klagenden Intestaterben gegenüber muß das Dasein eines Testaments als Einrede bestimmt behauptet und erwiesen werden. IX. 314.

b. Hereditatis petitio. 1) Forum rei sitae bei Erbschaftsklagen. IV. 84. — 2) Passivlegitimation bei der hereditatis petitio. Besitz pro herede oder pro possessore. XI. 59. XV. 234. XVI. 128. — 3) Die hereditatis petitio setzt nur in der Person des Beklagten, nicht auch seines Vorbesitzers, possesio pro herede oder pro possessore voraus. XVI. 127. — 4) Unzulässigkeit der Erbschaftsklage gegen einen Besitzer aus singulärem Titel. Alternative Verbindung der rei vindicatio mit der Erbschaftsklage V. 203. — 5) Richtung der Erbschaftsklage bezüglich der von einem Curator verwalteten Erbschaft eines Verschollenen. III. 184. XIII. 104. — 6) Von dem Beklagten bei der Erbschaftsklage, wenn die Erbschaft sich unter der Verwaltung eines Erbschaftscurators befindet. I. 265. 280. — 7) Gegenstand der Erbschaftsklage. XIV. 147. XVIII. 93. — 8) Hereditatis petitio auf einzelne Sachen gerichtet. Passivlegitimation. XVIII. 95. — 9) Verhältniß der hereditatis petitio zur rei vindicatio. IX. 311. — 10) Actio personalis ex testamento und hereditatis petitio. Activlegitimation. XVI. 130. — 11) Einrede des Eigenthums gegen die Erbschaftsklage. XVIII. 94. — 12) Retentionseinrede des Beklagten gegen die hereditatis petitio. Zeitpunkt ihrer Geltendmachung. XII. 49. — 13) Beweis des testamentarischen Erbrechts. I. 95 (8). XI. 256. XIII. 154. XV. 138. — 14) Beweis der Identität eines Testators mit einer (verschollenen) Person, deren unter Curatel belegenes Vermögen der Kläger mit der Erbschaftsklage anspricht. Werth der Namensgleichheit. V. 240. — 14) Beweis des Intestaterbrechts bei der Erbschaftsklage. Einrede näherer Verwandten. I. 258. IX. 315. XIV. 149. XVI. 130. — 15) Beweispflicht bei der Erbschaftsklage, wenn mehrere mitberufene Erben vorhanden sind. VIII. 156. IX. 316. — 16) Das Dasein eines Testaments klagenden Intestaterben gegenüber in Frage. Beweislast. IX. 314. — 17) Beweislast, wenn gegen die Erbschaftsklage des Intestaterben der Beklagte sich auf ein Testament beruft, auf Grund dessen er in den Nachlaß immittirt worden. XIV. 148. — 18) Beweislast, wenn der Erbschaftskläger seine Ansprüche aus der Ungültigkeit eines Testaments ableitet. I. 95. S. 104. — 19) Unzulässigkeit einer bloßen querela nullitatis testamenti. XV. 144. — 20) Verhältniß der Klage auf Ergänzung des Pflichttheils zur Erbschaftsklage. XI. 64. — 21) Verbindung einer Klage auf Herausgabe eines Inventars mit der Erbschaftsklage. Unzulässigkeit einer präparatorischen Klage auf Inventarserrichtung. XII. 345. — 22) Ueber Verbindlichkeit des Nachlaßbesitzes zur Specification und eidlichen Manifestation. VII. 62. XII. 346. XVI. 126. — 23) Anfangspunkt der Verjährung bei der hereditatis petitio. X. 186.

c. Interdictum quorum bonorum. 1) Natur desselben nach der Praxis. II. 77. III. 279. — 2) Verhältniß des interdictum quorum bonorum zur hereditatis petitio. XVIII. 95. S. 150. 151. — 3) Vorgängige agnitio einer bonorum possessio nicht erforderlich. Cumulation des Interdicts mit dem petitorium. VII. 71. — 4) Gegenstand des interdictum quorum bonorum: nur Sachen, welche sich im Besitze befinden können; daher Unanwendbarkeit des Interdicts auf die zur Erbschaft gehörigen Forderungen. III. 280.

d. Remedium ex lege ultima Codicis, de edicto Divi Hadriani tollendo. 1) Klagerecht aus demselben. III. 281. — 2) Gegenstand und Voraussetzungen. VI. 229. — 3) Das Remedium ex lege ult. Cod. de edicto D. Hadriani toll. steht nur dem Erben und Vulgarsubstituten zu. XII. 50. — 4) Das Remedium steht auch demjenigen zu, welcher in dem gemeinschaftlichen Testamente zweier Ehegatten für die Zeit nach dem Tode des Ueberlebenden zum beiderseitigen Nachlasse berufen ist. XIV. 103. — 5) Dem Universalfideicommissar steht das Rechtsmittel nicht zu. XII. 50. XIV. 103. — 6) Steht dieses Rechtsmittel auch dem heres in re certa institutus zu? III. 286. IX. 317. — 7) Mangel eines sichtbaren Fehlers bei dem

Testamente. Vitium visibile est, quod in continenti probari potest. III. 282. — 8) Berücksichtigung auch innerer Fehler, sofern selbige sich sogleich herausstellen. III. 283. — 9) Unzulässige Geltendmachung von Einwendungen, welche auf innere Mängel des Testaments gestützt sind. XVII. 70. — 10) Auf unregelmäßige Testamente findet das Rechtsmittel keine Anwendung, wohl aber auf äußerlich tadelfreie öffentliche Testamente, auch im Fall eines äußerlich fehlerfreien testamentum nuncupativum in scripturam redactum. II. 75 (1). — 11) Stattfinden des Rechtsmittels nicht nur gegen den Besitzer, sondern gegen jeden, der die Erlangung des Besitzes zu verhindern strebt. II. 75 (2). — 12) Das Rechtsmittel kann nicht gegen solche gerichtet werden, welche den Nachlaß vermöge verschiedener Obligationsverhältnisse zu dem Erblasser, als Administratoren oder Vormünder detiniren. III. 285. — 13) Der Gebrauch des Rechtsmittels ist dadurch, daß das Testament bereits in petitorio als nichtig angefochten ist, eben so wenig, als durch den Umstand ausgeschlossen, daß die Anfechter sich nicht in dem Besitze des Nachlasses befinden. II. 75. (3. 4.) — 14) Möglichkeit des Besitzes an dem Gegenstande der Immission. III. 284. — 15) Unvermögenheit des Imploranten kein Hinderniß der Immission. II. 75. (5). — 16) Verfahren bei dem remedium ex lege ultima Cod. de edicto D. Hadr. toll. II. 76.

G. Einfluß des Daseins mehrerer Miterben. Theilung. 1) Verhältniß des heres in re certa institutus zu den Miterben. III. 347. IX. 51. XI. 63. — 2) Jus accrescendi. Anwachsen der vacanten Portion mit den Lasten. I. 266. — 3) Klage eines Miterben auf Herausgabe einer untheilbaren Erbschaftssache. I. 101. — 4) Klage eines von mehreren Erben auf Herausgabe von Nachlaßurkunden. VIII. 238. — 5) Antheilige Einforderung einer Erbschaftsschuld von Seiten eines Miterben vor bewirkter Nachlaßtheilung. XIX. 171. — 6) Einer von mehreren Erben des Verkäufers im alleinigen Besitze des Kaufgegenstandes. Verpflichtung desselben zur Tradition der ganzen Sache. XVI. 18. — 7) Ein Miterbe, welcher die von dem Erblasser verpfändete Sache besitzt, hat keine Einrede der Vorausklagung. VI. 317. — 8) Unanwendbarkeit des decretum Divi Marci, wenn Miterben Erbschaftsgegenstände eigenmächtig an sich nehmen. XVI. 95. — 9) Vertrag der Miterben, die Uebernahme der Erbschaftsschulden betreffend. VIII. 30. — 10) Divisio parentum inter liberos. I. 78. 100. II. 200. V. 32. 199. XIX. 170. — 11) Vertrag über Erbtheilung bei uneröffnetem Testamente. V. 304. — 12) Erbtheilung, durch die Gläubiger des Fiduciars zum Zwecke ihrer Befriedigung betrieben. III. 354. — 13) Erbschaftstheilung gibt keinen Verjährungstitel. VI. 9. — 14) Actio familiae herciscundae bei noch nicht anerkanntem Miterbrecht. IV. 152. — 15) Erbtheilungsklage. Begründung derselben. Einrede der mehreren

Miterben. IX. 190. — 16) Gerichtsstand für Erbtheilungsklagen. XVIII. 45. — 17) Verjährung der Erbtheilungsklage. XV. 127. — 18) Actio communi dividundo unter Erben vor der Erbschaftstheilung. XIII. 222. — 19) Theilung von Erbschaftsgrundstücken. I. 98. — 20) Erbvertheilung bei Zubaugrundstücken. I. 261. — 21) Befugniß des Erbtheilungsrichters bezüglich der Immobilien. Pflichtmäßiges Ermessen. XI. 60. — 22) Herausgabe einer Quote an körperlich untheilbaren Erbschaftssachen. XX. 234. — 23) Vorzugsrecht des Erbegeldes im Concurse der Gläubiger. I. 329. XII. 51. — 24) Anfechtung einer Erbtheilung wegen Verletzung. I. 262. 263. — 25) Inventarserrichtung des nachlebenden Ehegatten. Umfang derselben. XVIII. 92. — 26) Verbindlichkeit des Vaters zur Auszeigung des Mutterguts, nicht zur Errichtung eines förmlichen Inventars. Aufschub der Vertheilung wegen der väterlichen Rechte. IV. 61. — 27) Ueber Verpflichtung der Miterben zum Manifestationseide. II. 233. XII. 212. 346. XV. 261. XVI. 264. XX. 148. — 28) Manifestationseid, den Miterben, Gläubigern und Vermächtnißnehmern gegenüber. XVI. 265. — Vgl. auch unten Civilproceß. Hauptst. 7. XIII. F. „Manifestationseid."

II. Collation. 1) Collationsverbindlichkeit nur bei der Erbtheilungsklage, nicht bei der actio communi dividundo. XVI. 129. — 2) Die von dem Testator gebotene Anrechnung des Vorempfangenen allen Miterben gegenüber wirksam. XVIII. 151. — 3) Conferendenpöste bei Berechnung des Pflichttheils nicht in Ansatz zu bringen. IV. 68. — 4) Umfang der Collationsverbindlichkeit des Pflichttheilsberechtigten. VIII. 69. XIV. 151. — 5) Zusammentreffen einer auf den Pflichttheil beschränkten Enkelin mit collationspflichtigen Kindern. VIII. 69. — 6) Angeordnete Berechnung von Erziehungskosten als Pflichttheil. XVIII. 97. — 7) Kein Anspruch des überlebenden mit Descendenten des Erblassers in der Beerbung concurrirenden Ehegatten auf Collation gegen die Descendenten. I. 264. — 8) Collationsverbindlichkeit des Enkels aus der Person seines parens. VIII. 69. X. 187. — 9) In wie fern ist der Enkel verpflichtet, die dos seiner Mutter zu conferiren? XI. 163. — 10) Keine Collationsverbindlichkeit der armen Wittwe. XV. 231. Note 2. Vgl. XVII. 263. — 11) Ist der Anerbe wegen des für das Bauerngut gezahlten Kaufpreises zur Collation verpflichtet? XI. 264. XII. 285. — 12) Collationsverbindlichkeit in Bezug auf geleistete Alimente und älterliche Hülfe. III. 349. IV. 127. Note 1. 136. — 13) Collation des subsidium paternum. VII. 206. — 14) Collationsverbindlichkeit bezüglich des Aufwandes zur Erlernung der Handlung. X. 67. — 15) Studiengelder nicht der Collation unterworfen. IX. 190. — 16) Collation von Schenkungen. I. 356. — 17) Ist das für Befreiung vom Militärdienst von dem Vater Aufgewandte von dem Sohne zu conferiren? I. 357. III. 80. — 18) Erlaß der Collationsverbindlichkeit;

bedarf selbiger einer ausdrücklichen Erklärung des Erblassers? II. 73. — 19) Verletzung des Pflichttheils durch Erlassung oder Untersagung der Collation. X. 69. — 20) Eintritt der Collationsverbindlichkeit bei einer der schließlichen Erbauseinandersetzung vorausgehenden Zahlung aus dem Nachlasse. X. 68. — 21) Die Verpflichtung zur Verzinsung der Conferenden beginnt erst mit der Interpellation. IX. 191. XVI. 178. — 22) Beweiskraft der Aufzeichnungen der Aeltern über die Conferenda der Kinder. X. 272. — 23) Conferendenverzeichniß im Erbtheilungsproceß. Umfang der Verbindlichkeit zur Hergabe einer solchen. Beweislast. XIX. 169. — 24) Substantiirung der auf Collation gerichteten Klage. VIII. 276. X. 187.

II. Verlust der Erbschaft.

A. Ausschlagung einer angefallenen Erbschaft. Beneficium abstinendi. 1) Erbschaftsausschlagung von Seiten eines extraneus und Abstinenzerklärung eines suus, an eine Zeit, einen Ort, eine Form nicht gebunden. III. 77. XIII. 268. — 2) Wirkungslosigkeit des Vorbehalts künftiger Ausschlagung. Semel heres semper heres. VIII. 154. — 3) Verzicht des Vaters auf erbrechtliche Ansprüche des Kindes. VI. 228. — 4) Ausschlagung der einem Minderjährigen angefallenen Erbschaft. Alienationsdecret nicht erforderlich. XIII. 100. — 5) Erforderniß eines förmlichen decretum de alienando zur gültigen Erbschaftsausschlagung für einen minderjährigen suus durch den Vormund. XVIII. 148. — 6) Eidlicher Erbverzicht Minderjähriger. XI. 209. — 7) Beweislast, wenn das beneficium abstinendi dem suus heres wegen Immixtion bestritten wird. III. 78. VI. 230. XIII. 268. XV. 36. — 8) Verbindlichkeit des Besitzers einer Erbschaft bei Lossagung von derselben. IV. 237.

B. Entreißung der Erbschaft wegen Unwürdigkeit. 1) Clausula privatoria. III. 186. IX. 188. XI. 65. XX. 149. — 2) Entziehung der Erbschaft durch den Fiscus wegen Tödtung des Erblassers durch den Successionsberechtigten. XVII. 265. XX. 52.

Hauptstück 3.

Codicille. Vermächtnisse. Universalfideicommisse. Schenkung von Todeswegen.

I. Codicille.

1) Form der Codicille schreibkundiger Personen. XVIII. 262. — 2) Form der im Testamente bestätigten Codicille. I. 102. 358. II. 314. IX. 52. — 3) Codicill, vor dem Testament errichtet. IX. 192. —

4) Unterschrift der Zeugen auf dem Umschlage. XV. 137. — 5) Rogation der Codicillarzeugen. XIX. 244. — 6) Beweis der Förmlichkeiten bei Codicillen. XV. 138. — 7) Welche Bestimmungen können in Codicillen getroffen werden? XI. 57. — 8) Erforderniß der Codicillarform für die Schenkung von Todeswegen? VII. 336. XV. 146. — 9) Codicillarclausel, in der einfach ausgesprochenen Erwartung pünktlicher Befolgung des letzten Willens nicht enthalten. XVII. 266. — 10) Codicillarclausel bei der Präterition von Notherben. III. 355. V. 205. XIX. 247. — 11) Wirksamkeit der Codicillarclausel bei Verletzung des Notherbenrechts. VIII. 70. — 12) Codicillarclausel in formell nichtigem Testamente, wenn auch eine Notherbrechtsverletzung in Frage steht. X. 274. — 13) Geltendmachung des Testaments eventuell der Codicillarclausel. V. 204. VIII. 71.

II. Vermächtnisse.

A. Errichtung, Subjecte, Gegenstand, Berichtigung der Vermächtnisse. 1) Beschwerung des Vertragserben mit Vermächtnissen. VII. 68. — 2) Vermächtnisse in Widerspruch mit einem als Erbvertrag aufzufassenden gegenseitigen Testament. XVI. 123. — 3) Haftung des überlebenden Ehegatten für die Vermächtnisse, welche in dem zwischen ihm und dem verstorbenen Ehegatten errichteten Erbvertrage angeordnet sind. V. 201. — 4) Honorirung dritter Personen bei Schenkungen von Todeswegen über das ganze Vermögen, als Vermächtniß zu betrachten. II. 210. — 5) Fideicommissum (legatum) heredi praesenti injunctum. Erfordernisse der Mittheilung an den Erben. II. 315. IV. 66. V. 38. Vgl. IX. 52. — 6) Oralfideicommiß durch schriftliche Aufforderung oder durch einen Boten. VIII. 72. — 7) Gewißheit der beabsichtigten Auflage bei dem Oralfideicommiß. Verlesung einer schriftlichen Verfügung nicht ausreichend. XIV. 150. — 8) Das legatum heredi praesenti injunctum verpflichtet nur die anwesenden Erben. XVII. 267. — 9) Oralfideicommiß dem Vertragserben gegenüber. V. 38. XVIII. 96. — 10) Beweis des Oralfideicommisses nur durch Eid des Onerirten. XIII. 47. — 11) Beweis des Oralfideicommisses durch ein Geständniß des oneratus in einem instrumentum publicum, namentlich gegen die Erben des oneratus. V. 38. — 12) Verpflichtung der Erben des oneratus; ob und welchergestalt von ihnen ein Eid verlangt werden könne. V. 38. VIII. 72. — 13) Fideicommiß durch empfehlende Worte oder in Form eines Wunsches ausgedrückt. II. 206. V. 207. — 14) Auslegung des Fideicommisses. Nothwendige Gewißheit des Honorirten und der Honorirung. XVIII. 152. — 15) „Beerben" im weiteren Sinne auch für Legate gebraucht. VIII. 157. — 16) Fideicommiß auf die künftige Erbschaft des Erben gelegt. Nicht mehr onerirt, als honorirt. III. 81. — 17) Vermächtnisse auf den Todesfall des Erben. I. 268.

II. 316. VII. 277. — 18) Vermächtnisse auf des Erben Absterben durch Vertrag angeordnet. XI. 261. — 19) Auflage an einen Honorirten, von einem ihm anderwärts in Aussicht stehenden Erbschaftsanfall keinen Gebrauch zu machen. VII. 74. — 20) Anwendung der Regel von Interpretation der Auflage für den Onerirten. VII. 72. — 21) Kommt ein den Geschwistern eines Testators ausgesetztes Vermächtniß auch den bei seinem Tode noch nicht Geborenen zu? XII. 174. — 22) Belastung eines zum Erben eingesetzten Kindes mit einem eventuellen Vermächtnisse zum Vortheile seiner Geschwister. Auslegung der Verfügung zu Gunsten der Kinder von Geschwistern. XIV. 45. Vgl. XIII. 103. — 23) Vermächtniß zu Gunsten der nächsten Intestaterben, nach dem Tode des eingesetzten Erben zu entrichten. Nach welcher Zeit sind die nächsten Intestaterben zu bestimmen? Erforderniß, daß der Vermächtnißnehmer den Anfall des Vermächtnisses erlebe. XV. 38. Vgl. VIII. 150. — 24) Vermächtniß des Nießbrauchs an dem ganzen Vermögen. Abzug der Forderungen des Erben an den Erblasser. XV. 18. — 25) Anspruch des Erben gegen den mit dem Nießbrauche bedachten Legatar auf Inventarisation und Leistung des Manifestationseides. XIII. 105. — 26) Von dem „Mobiliarvermögen" als Vermächtnißgegenstand. II. 360. — 27) Das Pachtgut als Vermächtnißgegenstand. Anspruch des Legatars auf Pachtcaution. IV. 238. — 28) Pachtobjecte zum Theil vermacht. Theilung der Pachtcaution zwischen Erbe und Legatar. In wie fern ist der von dem Pfandrechte geltende Grundsatz der Untheilbarkeit auf eine baar erlegte Pachtcaution anzuwenden? IV. 239. — 29) Vermächtniß, nach der Wahl des Erben in Geld oder Staatspapieren auszuzahlen. III. 351. — 30) Legat einer Geldsumme, zahlbar in gerichtlichen Pfandscheinen; Haftung für Uneinbringlichkeit. XIX. 172. — 31) In wie fern haftet der Erbe für die Uneinbringlichkeit einer zur Tilgung eines Vermächtnisses abgetretenen Forderung? XI. 62. — 32) Errichtung einer milden Stiftung durch Vermächtniß. XVIII. 4. — 33) Einspruchsrecht des Fideicommissars vor Eintritt der Bedingung oder Zeitbestimmung. III. 352. — 34) Auch von dem Vertragserben kann eine cautio fideicommissorum servandorum causa verlangt werden. V. 206. — 35) Ueber Ersatz der Impensen auf die Früchte der legirten Sache. XVI. 274 (S. 452). — 36) Gerichtsstand bei Vermächtnißklagen. X. 211.

B. Einzelne Arten der Vermächtnisse. 1) Legatum rei alienae, verschieden von dem Vermächtnisse einer verkauften Sache, welche noch nicht in das Eigenthum des Käufers übergegangen ist. XVII. 72. — 2) Vermächtniß einer dem Erben gehörigen Sache. V. 39. — 3) Vermächtniß einer theils dem Erben, theils dem Erblasser gehörigen Sache. V. 40. — 4) Legatum generis. Wahlrecht des Legatars. XVII. 73. Vgl. III. 351. XI. 62. XIX. 172. — 5) Vermächtniß von Alimenten. Kein Wahlrecht des Legatars. IX. 320. — 6) Vermächtniß von Alimenten im Verhältnisse zu Gantgläubigern des Legatars. III. 84. — 7) Cautionsberechnung bei dem Vermächtnisse von Renten und Alimenten. I. 103. — 8) Vermächtniß eines in Zahlen ausgedrückten Theils einer Forderung. Zinsenanspruch des Vermächtnißnehmers. XV. 145. — 9) Forderung als Gegenstand eines Fideicommisses. Verjährung derselben. II. 212. — 10) Legatum liberationis. Erklärung des Erblassers im Testamente, daß Jemand ihm nichts schuldig sei. XVI. 275.

C. Anwachsungsrecht der Collegatare. 1) Ueber das Anwachsungsrecht der Collegatare. Zurückführung desselben auf den Willen des Testators. XIV. 104. — 2) Anweisung auf einen bestimmten Theil, ohne die Absicht, das Accrescenzrecht auszuschließen. II. 211. — 3) Bei Geldvermächtnissen sind die Collegatare nicht immer als verbis tantum conjuncti anzusehen. III. 83.

D. Abzug der quarta Falcidia. 1) Der heres in re certa institutus kann die Quart nicht abziehen. XI. 63. — 2) Unstatthaftigkeit des Abzugs der Quart bei Zuwendungen an eine pia causa. XI. 63. — 3) Ausschluß des Abzugs der quarta Falcidia bei vertragsmäßig zugesicherten Vermächtnissen. Abzug bei der mortis causa donatio. XII. 279. — 4) Stillschweigender Ausschluß des Abzugs der quarta (bezw. Verzicht auf denselben) in einem gegenseitigen Testament. XI. 57. — 5) Ausmittelung des Anspruchs auf die Falcidische Quart. V. 42. — 6) Einrechnung der Früchte bei Ausmittelung der Falcidischen Quart. Beweislast. X. 188. — 7) Haftung des Erben für Vermächtnisse wegen Nichterrichtung eines Inventars. III. 79. — 8) Manifestationseid des Erben den Legataren gegenüber. XVI. 265. — 9) Stillschweigender Verzicht auf die quarta Falcidia durch vorbehaltslose Auszahlung der Vermächtnisse nach Errichtung eines Inventars. XVII. 75. — 10) Abzug des Pflichttheils und der Falcidischen Quart. III. 353. V. 41. XIII. 106.

E. Unwirksamkeit und Verlust der Vermächtnisse. 1) Legatum poenae nomine relictum, in wie weit ist selbiges unwirksam? XI. 61. — 2) Vermächtnisse in Widerspruch mit einem als Erbvertrag aufzufassenden gegenseitigen Testament. XVI. 123. — 3) Ein Vermächtniß kann auch wegen Rechtsirrthums des Testators angefochten werden. VII. 73. — 4) Vermächtnißademtion durch eine im Uebrigen unwirksame Verfügung. IV. 240. — 5) Vermächtnißaufhebung ohne wörtliche Verlautbarung. VI. 53. — 6) Stillschweigender Widerruf der Vermächtnisse. XVI. 132. — 7) Verlust des Vermächtnisses zur Strafe wegen Unterliegens mit der querela inofficiosi. XV. 39. — 8) Ausschlagung der Vermächtnisse. Voraussetzungen ihres Rechtsbestandes. VII. 339.

III. Universalfideicommisse.

A. Errichtung. Gegenstand. Auslegung. Anfall. 1) Errichtung eines Universalfideicommisses durch Ausdruck des Wunsches. II. 206. V. 207. — 2) Fideicommissa pactitia. Gültigkeit derselben nicht durch Acceptation bedingt. IX. 319. — 3) Fideicommiß zu Gunsten der Familie des Testators, durch eine Veräußerungsbeschränkung angeordnet. VII. 209. — 4) Fideicommissarische oder Pupillarsubstitution? VI. 222. — 5) Aufrechthaltung einer angeordneten Pupillarsubstitution als fideicommissarische. III. 345. — 6) Fideicommiß zur Errichtung einer milden Stiftung. XVI. 232. — 7) Fideicommiß auf das von dem Erblasser nicht hinterlassene anderweitige Vermögen des Erben gelegt. II. 72. 204. X. 181. XX. 232. Vgl. IV. 64. VI. 221. IX. 180. X. 184. XVI. 123. — 8) Fideicommiß auf die künftige Erbschaft des Erben. Nicht mehr onerirt, als honorirt. III. 81. — 9) Ein römischrechtliches Familienfideicommiß umfaßt auch die Cognaten. VII. 210. — 10) Bei bürgerlichen Familienfideicommissen ist kein Vorzugsrecht des Mannesstammes vor dem Weiberstamme anzunehmen. X. 71. — 11) Bedeutung des Ausdrucks „Erben" bei der Anordnung einer fideicommissarischen Substitution zu Gunsten einer Person und ihrer Erben. VIII. 158. — 12) Fideicommissarische Einsetzung der „nächsten Verwandten". Auslegung. X. 269. XII. 242. — 13) Fideicommissarische Einsetzung der „nächsten Verwandten". Für die Berechtigung entscheidender Zeitpunkt. XVII. 68. — 14) Fideicommißfolge aus correspectiven Testamenten von Ehegatten. Berufung nächster Verwandten des Erstverstorbenen. Die Todeszeit des Längstlebenden für die Berufung entscheidend. X. 275. — 15) Fideicommiß zu Gunsten der nächsten Intestaterben. Erforderniß, daß der Fideicommissar den Anfall des Fideicommisses erlebe. XV. 38.

B. Rechtsverhältnisse aus dem Universalfideicommiß. Trebellianische Quart. 1) Dem Universalfideicommissar steht das remedium ex lege ultima Cod. de edicto Divi Hadriani tollendo nicht zu. XII. 50. XIV. 103. — 2) Provisorische Absonderng eines Fideicommisses von dem übrigen Nachlasse des verstorbenen Fiduciars und Auslieferung desselben an den Fideicommissar gegen geeignete Caution. X. 189. — 3) Fiduciarische Caution. Unstatthaftigkeit des Abzugs der Trebellianischen Quart von dem sicher zu stellenden Vermögen. XVII. 74. — 4) Pflicht zur Cautionsleistung bei dem fideicommissum pactitium. Retentionsrecht. IX. 319. — 5) Klagrecht des Fideicommissars gegen den Fiduciar auf Restitution der Erbschaft durch Verjährung erloschen. VII. 337. — 6) Verzicht auf Fideicommißeinkünfte. Ist der Fideicommißnachfolger, welcher zugleich Erbe des Verzichtenden ist, an den Verzicht gebunden? VII. 208. —

7) Klage des Fideicommissars gegen den dritten Besitzer der Nachlaßgegenstände. Passivlegitimation. XVI. 131. — 8) Trebellianische Quart. Deckung derselben durch weggefallene Auflagen. II. 208. — 9) Einrechnung der Früchte bei der Trebellianischen Quart. Beweislast. X. 188. — 10) Trebellianische Quart bei dem einem Descendenten auferlegten Fideicommisse. Nichteinrechnung der Früchte ohne Rücksicht auf die Person des mit dem Fideicommiß Honorirten. II. 207. IV. 67. VII. 207. — 11) Trebellianische Quart durch Inventarisation bedingt. V. 209. — 12) Pflichttheil und trebellianische Quart. II. 209. V. 41. XIII. 106. — 13) Berechnung der Trebellianischen Quart wenn zugleich der Pflichttheil in Abzug kommt. III. 353. IV. 67. VII. 207. — 14) Recht der Gläubiger des pflichttheilsberechtigten Fiduciars bei einem bedingten Universalfideicommiß, bis zum Belauf des Pflichttheils und der Quart aus den Gegenständen des Fideicommisses ihre Befriedigung zu suchen, III. 354.

C. Insbesondere von dem fideicommissum ejus, quod superfuturum erit. 1) Keine Anwendung der Vorschriften des römischen Rechts über das fideicommissum ejus, quod superfuturum erit, wenn dem Fiduciar freie letztwillige Verfügung beigelegt ist. XI. 260. — 2) Dem Fiduciar eingeräumte freie Dispositionsbefugniß bei einem Fideicommisse auf das Uebrigbleibende. VIII. 73. — 3) Verschenkung des ganzen Nachlasses von Seiten den Fiduciars bei einem Fideicommiß auf das Uebrigbleibende. VIII. 74. — 4) Pflicht des Fiduciars zur Cautionsleistung und zur Herausgabe eines Inventars. V. 208. — 5) Cautionsleistung bei dem auf das Uebrigbleibende gestellten Fideicommisse. Erlaß derselben. II. 74. — 6) Nicht mehr onerirt als honorirt, mit Bezug auf das fideicommissum ejus quod supererit. III. 82. — 7) Pflichttheil und Trebellianische Quart auch bei dem Fideicommisse auf das Uebrigbleibende abzuziehen. II. 209.

Ueber deutschrechtliche Familienfideicommisse s. unten S. 209. II.

IV. Schenkung von Todeswegen.

1) Donatio inter vivos oder mortis causa? XII. 31. XVIII. 37. XX. 34. — 2) Donatio inter vivos oder mortis causa oder Erbvertrag? III. 265. — 3) Schenkung von Todeswegen, das ganze Vermögen betreffend, und dabei vorkommende Honorirung dritter Personen. II. 210. — 4) Schenkung als auf den Todesfall bezeichnet; Wirkung des für bestimmte Fälle dabei vorbehaltenen Widerrufs. V. 131. — 5) Erforderniß der Codicillarform. VII. 211. 336. XV. 146. — 6) In wie fern ist Acceptation der Schenkung von Todeswegen erforderlich? XIX. 246. — 7) Sind bei Schenkungen von Todeswegen, welche 500 solidi nicht übersteigen,

besondere Formen erforderlich? VII. 211. XV. 146. XX. 235. — 8) Singulärer Erbvertrag und donatio mortis causa. Quarta Falcidia. XII. 279.

Hauptstück 4.

Von dem Notherben- und Pflichttheilsrecht.

I. Pflichttheilsrecht.

1) Statutencollision in Beziehung auf das Pflichttheilsrecht. XIV. 107. — 2) Bei der Pupillarsubstitution kein Anspruch der Mutter des institutus auf den Pflichttheil. VI. 222. — 3) Pflichttheilsrecht der Geschwister. Oeffentliche Buhldirne. Angebliche Reinigung von der infamia juris durch Rückkehr zu anständiger Lebensweise. VII. 340. — 4) Eheversprechen in stehender Ehe und anticipirter Beischlaf während des Trauerjahres, als Gründe der Pflichtwidrigkeit eines geschwisterlichen Testaments geltend gemacht. V. 301. — 5) Außerehelicher Umgang eines ledigen Frauenzimmers mit einem Ehemanne als Testamentsanfechtungsgrund. V. 210. — 6) Uneheliche Geburt kein Grund für Inofficiositätsquerel der Geschwister. I. 91. — 7) Anspruch der Geschwister auf Pflichttheilsergänzung, wenn mit den unehrbaren Testamentserben ehrbare concurriren. VII. 342. — 8) Keine Obliegenheit der Geschwister bei der Pflichttheilsklage, ihre eigene Würdigkeit darzuthun. VII. 341. — 9) Berechnung des Pflichttheils bei der Concurrenz von Descendenten verschiedenen Grades, sowie bei dem Zusammentreffen mit der portio statutaria. XVI. 133. — 10) Berechnung des Pflichttheils bei Enkeln. XIX. 249. — 11) Kommen bei Berechnungen des Pflichttheils die Conferenda in Ansatz? IV. 68. — 12) Verletzung des Pflichttheils durch Erlassung oder Untersagung der Collation. X. 69. — 13) Zusammentreffen einer auf den Pflichttheil beschränkten Enkelin mit collationspflichtigen Kindern. Angeordnete Einrechnung der Zuwendungen an den weil. Vater der Enkelin in ihren Pflichttheil. VIII. 69. — 14) Angeordnete Anrechnung von Erziehungskosten als Pflichttheil. XVIII. 97. — 15) Studienkosten, welche vom Ascendenten unter der Bedingung ihrer Anrechnung bei der künftigen Erbtheilung bestritten worden, sind in den Pflichttheil nicht einzurechnen. XIV. 151. — 16) Einrechnung der dos in den Pflichttheil. VII. 75. — 17) Der Notherbe, welcher Schenkungen seines Erblassers an Dritte als inofficios angreift, muß bei Berechnung des Pflichttheils die ihm selbst gewährten Schenkungen sich anrechnen lassen. XVI. 233. — 18) Angaben eines Testators über Vorempfänge eines Pflichttheilsberechtigten sind gegen Letzteren nicht beweiskräftig. XII. 278. — 19) Pflichttheil, welcher bei prorogirter Güter-

gemeinschaft den Kindern an dem Nachlasse des letztverstorbenen Parens gebührt. VIII. 56. — 20) Pflichttheil im Bauernrecht. Berechnung desselben für die Geschwister des Anerben. XII. 286. — 21) Verletzung des Rechts auf den Pflichttheil durch Belastung desselben. Die Wittwe mit dem Nießbrauch des Nachlasses bedacht unter Auflage der Alimentation und Erziehung der Kinder. XIII. 107. — 22) Socinische Cautel bei letztwilligem Erlaß der usufructuarischen Caution. XIX. 174. — 23) Honorirung eines Notherben mit einer gewissen Sache. Beschränkung auf den Pflichttheil für den Fall, daß derselbe auf Erforschung des übrigen Nachlasses bestehen würde. XI. 165. — 24) Einkindschaft; Beanstandung derselben wegen Pflichttheilsverletzung. IV. 185. — 25) Deutschrechtliche Gutsabtretung. Pflichttheilsrecht des Annehmers. XI. 67. — 26) Ernennung des überlebenden Ehegatten zum alleinigen Erben in Ehestiftungen bei dem Dasein von Kindern. I. 90. — 27) Pflichttheilungsrecht in Bezug auf Erbverträge zwischen Dritten. IV. 138. V. 36. IX. 321. XX. 147. — 28) Pflichttheilszuwendung an einen Descendenten durch Auflage an den Vertragserben ohne Erbeinsetzung oder motivirte Enterbung. VII. 76. — 29) Klage des Pflichttheilsberechtigten auf Vorlegung eines Inventars. V. 35. Vgl. VII. 212. — 30) Querela inofficiosi testamenti. Präjudicialklage? XV. 144. — 31) Querela inofficiosi testamenti. Vorschrift, daß der Verlust des Rechtsstreites für den Kläger Verlust des ihm Hinterlassenen nach sich ziehe. XV. 39. — 32) Anfechtung wegen Pflichttheilsverletzung ausgeschlossen durch factische Anerkennung des Testaments. VIII. 224. — 33) Substantiirung der Behauptung einer Anerkennung des Testaments, als Ausschließungsgrund für Geltendmachung des Notherbenrechts. XV. 274. — 34) Klage auf Ergänzung des Pflichttheils. Ist zu deren Begründung Darlegung des Werths der ganzen Erbschaft erforderlich? VII. 212. — 35) Verhältniß der Pflichttheilsergänzungsklage zur Erbschaftsklage. XI. 64. — 36) Pflichttheilsergänzungsklage für einen Verschollenen. IX. 49. — 37) Verzicht auf die actio ad supplendam legitimam. Erfordernisse. III. 187. — 38) Verzicht auf den Pflichttheil bei Lebzeiten des Erblassers. XX. 150. — 39) Ein Vergleich, durch welchen der Vormund auf das Notherbenrecht seiner Pupillen verzichtet, bedarf nicht der obervormundschaftlichen Genehmigung. XX. 142. — 40) Die Strafbestimmung der const. 33 de inoff. testam. heutzutage unanwendbar. XIV. 245. — 41) Uebergang der querela inofficiosi testamenti auf die Erben. XIX. 248. — 42) Succession in die querela inofficiosi bezw. nullitatis testamenti ex Nov. 115. XVIII. 153. — 43) Pflichttheil und Falcidische oder Trebellianische Quart. II. 209. III. 353. IV. 67. V. 41. VII. 207. XIII. 106. — 44) Erbschaftssachen, auf Grund des Pflichttheils von Gläubigern des Pflichttheilberechtigten als Executionsobject in Anspruch genommen. III. 354.

II. Recht auf Erbeinsetzung. Enterbung.

1) Anfechtung eines Testaments wegen Enterbung des ältesten Sohnes nach vorgängiger deutschrechtlicher Gutsabtretung an denselben. XI. 67. — 2) Anfechtung eines Ehe- und Erbvertrages wegen Präterition eines Ascendenten. I. 89. — 3) Nichtanwendung der Bestimmungen des römischen Rechts über die Art, wie Notherben zu berücksichtigen, auf Erbverträge. IV. 243. V. 36. IX. 321. — 4) Entziehung der statutarischen Portion hat keine Nichtigkeit des Testaments zur Folge. IX. 186. — 5) Notherbenrecht des suus nach der Novelle 115. Form der Enterbung. XVIII. 263. — 6) Einsetzung des Notherben auf früher Empfangenes, welches in den Pflichttheil nicht einzurechnen ist. XI. 66. — 7) Einsetzung eines Notherben auf das empfangene Heirathsgut. XIX. 173. — 8) Einsetzung eines Descendenten auf den Nießbrauch eines Vermögenstheils. Wird dadurch den Vorschriften der Novelle 115 Genüge geleistet? VIII. 277. — 9) Eingesetzte Notherben für den Fall der Testamentsanfechtung enterbt. XI. 65. — 10) Ueber die Wirksamkeit der Codicillarclausel in einem wegen Präterition der Notherben nichtigen Testamente. III. 355. V. 205. XIX. 247. — 11) Wirksamkeit der Codicillarclausel in einem formell nichtigen Testamente bei Verletzung des Notherbenrechts. VIII. 70. X. 274. — 12) Testamentsanfechtung wegen Präterition nicht des Klägers, sondern anderer Notherben. III. 85. — 13) Das Rechtsmittel im Falle der Uebergehung eines Notherben ist die querela inofficiosi testamenti. XIV. 244. — 14) Succession in die Klage auf Anfechtung des Testaments. Querela nullitatis juris novi. XVIII. 153. — 15) Anerkennung des Testaments als Ausschließungsgrund der Geltendmachung des Notherbenrechts. Substantiirung der desfallsigen Behauptung. XV. 274. XVII. 71. 151. — 16) Exheredatio bona mente. Ausschließung der Gläubiger. III. 86. — 17) Injurie als Enterbungsursache. Verzeihung derselben. V. 34. — 18) Jüdische Aeltern sind nicht berechtigt, ihre Kinder wegen Uebertritts zum christlichen Glauben oder wegen Verheirathung mit Christen zu enterben. XI. 166. — 19) Ueber den Beweis des Grundes zur Enterbung eines Notherben durch die Angaben des Testators im Testamente. X. 70. — 20) Querela nullitatis testamenti. XV. 144.

III. Von Inofficiosität der Schenkungen und anderer Veräußerungen unter Lebenden.

1) Berechnung des Pflichttheils bei der inofficiosen Schenkung nach der Zeit der Zuwendung. IV. 137. VII. 213. — 2) Begründung und Tragweite der querela inofficiosae donationis. IX. 193. — 3) Ueber analoge Anwendung der Grundsätze von der donatio inofficiosa auf Pflichttheilsverletzung durch Erbverträge und Gutsanschlagscontracte. IV. 138.

— 4) Anfechtung eines bäuerlichen Hofverlaßcontracts wegen Pflichttheilsverletzung durch Schenkung. XVII. 76. — 5) Pflichttheilsverletzung durch onerose Veräußerungen. Für die Anfechtung der Veräußerung ist nicht erforderlich, daß der Veräußerer eine Liberalität beabsichtigt habe. III. 356. Vgl. IV. 137. — 6) Annahme gezahlter Kaufgelder enthält keinen Verzicht auf die Anfechtung einer inofficiosen onerosen Veräußerung. III. 357. — 7) Anrechnung der dem Notherben selbst gewährten Schenkungen bei Anfechtung von Schenkungen wegen Inofficiosität. XVI. 223.

Sechster Abschnitt.

Von besonderen deutschrechtlichen Güterverhältnissen.

Hauptstück 1.

Von den verschiedenen Arten der Güter.

I. Lehen.

A. Lehensfähigkeit. Errichtung und Erwerb der Lehen. Rechte an dem Lehen. Aufhebung des Lehensverbandes. 1) Lehensfähigkeit der Bauern nach Gewohnheitsrecht. XV. 147. — 2) Gesetzliches Verbot der Verwandlung freien Grundeigenthums in Erb- und Falllehen. Kann noch die Begründung eines solchen Rechtsverhältnisses durch außerordentliche Ersitzung Statt finden? XI. 17b. — 3) Lehenserwerb durch Verjährung. Begriff des guten Glaubens dabei. Unkenntniß gesetzlicher Bestimmungen. XV. 197. — 4) Klage auf Anerkennung eines Belehnungsvertrages. III. 304. — 5) Bedeutung des Wortes „Hof" nach Lehenrecht. Allodialeigenschaft der Gebäude. XII. 280. — 6) Lehensherrlichkeit des ausländischen Lehensherrn bei Außenlehen. Ist sie durch Art. 34 der Rheinbundsacte auf den inländischen Souverain übergegangen? XI. 167. — 7) Vindicationsrecht des Lehensherrn gegen besitzende Nichtvasallen. VIII. 278. XV. 160. — 8) Dingliche Natur des Lehngeldes. XIX. 50. — 9) Recht auf Lehngelderbezug. Dinglicher Charakter. Besitzklage. XV. 149. — 10) Jüngster Besitz an dem Handlohn von kanzleilehnbaren Grundstücken aus Vorgängen des siebenzehnten und achtzehnten Jahrhunderts. XIV. 8. — 11) Ueber die Bedeutung der Fälle des Erlasses des Lehengeldes bei dem Beweise der Acquisitivverjährung oder des Herkommens. XVIII. 105. — 12) Herkommen und Verjährung als Grund einer Abgabe von der Art des Lehengeldes. I. 3. — 13) Lehengeld (Laudemium, Handlohn, Lehenwaare), Zeitpunct der Anfälligkeit. XVII. 268. — 14) Lehengeldverpflicht; Ermittelung der Größe der Lehenwaare. IV. 69. — 15) Ueber Ermittelung des Werths des Inventars bei Gutskäufen in Bezug auf Ermittelung des Betrags der Lehenwaare. VI. 264. — 16) Keine Verpflichtung des Lehens- und Landesherrn, den Lehensmann für die durch Acte der Landesgesetzgebung ihm erwachsenden Nachtheile zu entschädigen. VI. 235. — 17) Förmlichkeiten der Verzichtleistung auf ein Lehen. Statutencollision. XIII. 121. — 18) Expropriation von Grundstücken, welche sich im Lehensverbande befinden. Befugniß des Lehensträgers, die Entschädigungsgelder zum Erwerb von Hypotheken anzuwenden. XI. 68. S. 89. — 19) Verzicht auf Gerechtsame des Lehensguts von Seiten des Vasallen ohne Zustimmung des Lehensherrn. Anfechtung durch den Vasallen selbst. VIII. 279. — 20) Constituirung eines Erbleiherechts von Seiten eines Vasallen. XIV. 46. — 21) Veräußerung von Lehenstheilen. Ausschluß der Verjährungsarten von bestimmter Dauer; Wirksamkeit der unvordenklichen Verjährung. V. 305. — 22) Erwerbende Verjährung der Servituten auf lehenbaren Grundstücken. I. 322. — 23) Dereliction lehenherrlicher Rechte zum Zwecke der Befreiung von den mit selbigen verbundenen Lasten unzulässig. I. 20. — 24) Einfluß der Aufhebung des Lehensverbandes auf die Gutsnachfolge bei Bauerlehen. VI. 239. XI. 71. — 25) Gerichtsstand in Lehenssachen. XI. 301. — 26) Gerichtsstand für die Klage gegen den Lehensnachfolger auf Trennung des Allods vom Lehen X. 212.

B. Lehenserbfolge. 1) Abstammung aus ungleicher Ehe kein Hinderniß für die Succession in Lehen. XVI. 118. — 2) Sind die durch nachfolgende Ehe legitimirten Kinder, die sogenannten Mantelkinder, nach gemeinem deutschen Lehnrechte der Succession in Lehen fähig? X. 72. (Vgl. XV. 197.). — 3) Begriff der Agnaten im Lehnrecht. Agnaten im Gegensatze zu Descendenten. XVIII. 289. — 4) Lehnssuccession. Subsidiäres Weiberlehen. Seitenverwandte. XIII. 224. — 5) Successio ex pacto et providentia majorum. XVII. 77. XIX. 51. — 6) Kann die gemeinrechtliche Lehnfolgeordnung durch Familienverträge oder Observanz in der Vasallenfamilie abgeändert werden? Unanwendbarkeit der Grundsätze der unvordenklichen Verjährung XIV. 3. — 7) Lehenssuccession der Agnaten. Mitbelehnte und Gesammthänder. XV. 148. — 8) Recht der gesammten Hand. Erforderniß fortwährenden Verbleibens in der Mitbelehnung für die Berechtigung zur Lehensfolge. I. 21. — 9) Lehnssuccessionsordnung der Seitenverwandten. Lineal-Gradualsystem. I. 259. — 10) Anspruch der Agnaten auf vorläufige Einsetzung in den Besitz eines Lehens. Erforderlicher Beweis, daß der Stammvater Besitzer des Lehens gewesen.

V. 214. — 11) Eine letztwillige Verfügung des Vaters über das Lehen ist für den Sohn selbst dann unverbindlich, wenn er im Allod den Vater beerbt. XIX. 49. — 12) Verbindlichkeit des Lehensnachfolgers zum Unterhalte der Töchter des letzten Besitzers. XI. 72. — 13) Nachfolge in Bauerlehnen nach Aufhebung des Lehensverbandes. Sitzrecht der Lehnsmanns-Wittwe. VI. 239. — 14) Einfluß der gesetzlichen Aufhebung des Bauernlehnverbandes auf einen Vertrag über die Gutsnachfolge. XI. 71.

II. Stammgüter. Familienfideicommisse.

1) Zur letztwilligen Errichtung von Stammgütern und Familienfideicommissen ist landesherrliche Bestätigung nicht erforderlich. XIX. 250. — 2) Verbindlichkeit des Stammguts-Nachfolgers zum Unterhalte der Töchter des vorigen Besitzers. XI. 72. — 3) Apanage am Stammgut. Wirksamkeit einer desfälligen Anordnung des Stammgutsbesitzers für seine Nachfolger. XVI. 134. — 4) Erfordernisse der Errichtung einer Fideicommißstiftung. Statutencollision. XX. 4. — 5) Ein Vertrag, in welchem sich mehrere Brüder gegenseitig verpflichten, daß ihre Besitzungen nur auf den Aeltesten unter den Erbberechtigten im Mannesstamme vererbt werden sollen, begründet keine rechtsverbindliche Stiftung eines Familienfideicommisses. Von Autonomie des niederen Adels. IX. 194. — 6) Familienverträge des hohen Adels über Unveräußerlichkeit der Fideicommißgüter. Wirksamkeit derselben gegen Dritte? I. 76. — 7) Bürgerliche Familienfideicommisse. Vorzugsrecht des Mannesstammes vor dem Weiberstamme nicht anzunehmen. X. 71. (Vgl. VII. 210.) — 8) Nutzungsbefugniß des deutschrechtlichen Fideicommißinhabers. V. 45. — 9) Früchte des Sterbejahrs bei deutschen Fideicommißgütern. V. 44. — 10) Die von einem Fideicommissar für sich und seine Erben vorgenommene Uebertragung der Rechte an einem Familienfideicommiß auf seinen Mitfideicommissar bindet auch die Kinder des Uebertragenden, welche seine Allodialerbschaft angetreten haben. VII. 338. — 11) Expropriation von Grundstücken, welche sich im Fideicommißverbande befinden. Verwendung der Entschädigungsgelder zum Ankaufe von Staatspapieren. XI. 68. — 12) Befugniß des großjährigen Haussohns, eine von dem Fideicommißstifter für die Söhne des Fideicommißinhabers angeordnete Apanage gegen den Vater einzuklagen. V. 43. — 13) Revocatorienklage des Fideicommiß- und Stammguts-Nachfolgers. VI. 231. — 14) Die Revocatorienklage des Fideicommiß- und Stammguts-Anwärters findet erst nach dessen Eintritt in das Fideicommiß Statt. Gesammteigenthum. X. 276. — 15) Recht des Fideicommiß-Anwärters. Verjährung XVIII. 264. — 16) Auflöslichkeit eines Familienfideicommisses. Voraussetzungen der Auflösung. XIII. 270. — 17) Auflösung eines durch Testament an-

geordneten Familienfideicommisses. Einspruch des Testamentsexecutors, wegen fehlender Legitimation verworfen. XIII. 269. — 18) Standpunkt der Behörde, welcher die Aufsicht über Familienfideicommisse zukommt. Veränderungen des Fideicommisses. XIII. 270. Note 3.

III. Rittergüter.

1) Sogenannte natürliche Freiheit. Unzulässigkeit der Berufung auf selbige in Bezug auf Rechte der Frei- und Rittergüter, welche zu ihrer Ausübung landesherrlicher Concession bedürfen. VIII. 282. — 2) Lehden, kein präsumtives Eigenthum des Gutsherrn. VII. 221. — 3) Von dem Scheuerdruschrecht auf Rittergütern. VII. 222. — S. auch unten IV. H. S. 216. „Gutsherrliche Rechte bei Bauerngütern".

IV. Bauerngüter.

A. Von den Bauerngütern überhaupt. 1) Untheilbarkeit der Bauerngüter. XII. 281. — 2) Einfluß der Untheilbarkeit der Bauernhöfe auf die Entschädigungsansprüche des unschuldigen Ehegatten nach erfolgter Ehescheidung. XIV. 42. — 3) Verjährung der Reunionsklage bei der Hufengeschlossenheit. XV. 42. — 4) In Bauerngut eingebrachter Brautschatz. VII. 218. S. 253 u. 254. — 5) Die Illaten der Ehefrau eines Bauernhofbesitzers werden dem Hofe selbst incorporirt. XII. 52. — 6) Keine Incorporation der Illaten einer Frau in das Bauerngut. Anspruch der überlebenden Ehefrau auf Zurückgabe des Eingebrachten und auf einen Altentheil. XII. 179. — 7) Der aufgeheirathete Ehemann erwirbt durch Verbesserung des Bauernguts keinen Anspruch aus Geschäftsführung gegen die Ehefrau. VII. 343. — 8) Bedeutung der eherechtlichen Uebertragung des Hofes von Seiten der Eigenthümerin an ihren Ehemann. VIII. 75.

B. Meierrecht. 1) Bedeutung von „Hof" nach Meierrecht. XII. 280. — 2) Ueber die Allodialeigenschaft der Gebäude auf dem Meierhofe. XII. 285. Note 1. — 3) Erwerb des Meierrechts ohne Tradition. V. 46. — 4) Die Erwerbung des Meierrechts setzt nicht nothwendig die Ertheilung eines förmlichen Meierbriefes voraus. VIII. 281. — 5) Ueber Haftung eines Meiers für Schulden des Vorbesitzers. Uebernahme einer Meierstelle „mit Schuld und Unschuld" und mit dem gesammten Allodium. IV. 241. — 6) Zubringung eines Meierhofes an den Ehemann. Die römisch-rechtlichen Nachtheile zweiter Ehe auf Meiersleute nicht anwendbar. IV. 243. — 7) Aufnahme des zweiten Ehemannes auf das Meiergut als Meier keine Liberalitätshandlung der Meierswittwe. IX. 43. — 8) Mitgift bei Meiergütern. VII. 218. — 9) Wirksamkeit der Einkindschaft in Beziehung auf eine Meierstelle. IV. 134. — 10) Gutsherrlicher Consens zur Veräußerung von Meiergütern. Stillschweigende Ertheilung desselben. V. 212. — 11) Reunionsklage in Bezug auf Meierpertinentien, welche ohne gutsherrliche Genehmigung veräußert sind. Dieselbe steht dem Allodialerben des Veräußerwen nicht zu. XII. 282. — 12) Retractsrecht in Bezug auf meierpflichtige Ländereien mit den Grundsätzen des Meierrechts nicht zu vereinigen. VIII. 284. — Erbfolge in Meiergüter s. unten F.

C. Erbleihe, Erbzinsgüter, Erbpacht, Landsiedelgüter. 1) Erwerb der Erbleihe ohne Tradition. V. 46. — 2) Grund und Art der Erwerbung einer Erbleihe. Wirkung des Erbleihebriefes. VI. 54. — 3) Mühle mit dazu gehöriger Hofraithe als Gegenstand einer Erbleihe. Erbauung einer Scheuer und mehrerer Ställe auf allodialem Grund und Boden. Pertinenzeigenschaft dieser Gebäude? XII. 175. — 4) Ausfertigung eines bestätigten Erbleihebriefes ist nicht Voraussetzung für das Eintreten der Verbindlichkeiten des Erbleiheträgers. XII. 283. — 5) Dingliche Natur des Laudemialverhältnisses. XIX. 50. — 6) Ungültigkeit einer Veräußerung der Erbleihe selbst an successionsberechtigte Descendenten ohne erbleihherrlichen Consens. XVIII. 290. — 7) Klage auf Ertheilung des erbleihherrlichen Consenses bei Veräußerungen. Legitimation zu derselben. VI. 55. — 8) Der Erbleiher kann unter Umständen zur Consentirung in die Veräußerung einer Erbleihe von Seiten des Erbleihträgers (Erbbeständers) gezwungen werden. X. 191. — 9) Erb- und Zinsmühle. Unwiderrufliches Recht des Erbleihbeständers als Regel anzunehmen. XVI. 35. — 10) Bei deutschrechtlichen Erbenzinsgütern ist die Erlegung eines Laudemiums von 2 Procent im Falle der Veräußerung als Regel nicht anzunehmen. VII. 78. — 11) Veräußerungsbefugniß bei Erbenzinsgütern ohne Consens des Erbzinsenherrn. VII. 80. — 12) Dem Erbenzinsherrn steht das Vorkaufsrecht auch dann zu, wenn das Gut wegen consentirter Schulden zur Subhastation kommt. XVII. 78. — 13) Verpachtung von Erbenzinsgefällen. V. 216. — 14) Beweiskraft der Erbzinsbücher. V. 77. — 15) Auslegung von Erbpachtsverträgen bezüglich des Wortes „Erben". VII. 79. XIX. 251. — 16) Anspruch des Erbpächters auf Moderation der Gilt und des Canons. II. 14. — 17) Befugniß des Erbpächters, Dienstbarkeiten für das Erbpachtgut zu erwerben. VII. 155. — 18) Landsiedelgüter. Selbstbaurecht des Erbleiherrn. XVIII. 291.

D. Gutsüberlassungsvertrag. Gutsanschlag. 1) Natur des bäuerlichen Gutsabtretungsvertrages. Anticipirte Erbfolge. Singularsuccession. I. 77. 78. III. 358. 90. VIII. 280. XI. 132. — 2) Gutsübergabe an einen Andern als den gesetzlichen Anerben. Anticipirte Erbfolge. XIX. 255. — 3) Uebergabe des Hofes an einen Andern als den vertragsmäßigen Anerben unter Vorbehalt einer Leibzucht. Klagerecht des Anerben auf sofortige Herausgabe des Hofes. XII. 284. — 4) Ungültigkeit der Veräußerung einer Erbleihe selbst an successionsberechtigte Descendenten durch Gutsanschlagsvertrag ohne erbleihherrlichen Consens. XVIII. 290. — 5) Vermögensübergabe der Aeltern an ihre Kinder. Anticipirte Erbfolge. Unwiderruflichkeit. XIII. 48. — 6) Durch die Uebergabe seines gesammten Vermögens an seine Kinder wird der Abtretende von seinen Verbindlichkeiten gegen diese befreit. XIII. 155. — 7) Vertragsbestimmungen zu Gunsten Dritter, Stipulirung von Abfindungen in Gutsüberlassungsverträgen. XIV. 131. — 8) Klageberechtigung der bei dem Gutsübergebungsvertrage nicht mit zugezogenen Kinder und weiteren Descendenten des Abtreters wegen der ihnen beigelegten Abfindung gegen den Uebernehmer. I. 78. II. 213. III. 90. — 9) Keine Befugniß des Vaters, welcher durch Ansatzvertrag das Gut übergeben hat, über den Gegenstand der Abfindung seiner Tochter anderweit zu verfügen. III. 32. — 10) Klage auf Zahlung der Abfindungen gegen den Besitzer des Guts; auch gegen den Interimswirth. II. 214. — 11) Fälligkeit der Abfindungen bei Anticipirung der Erbfolge zum Vortheile des Anerben. XII. 286. — 12) Die Abfindungsbeträge für die Geschwister bei Gutsübertragungen bilden kein reguläres Adventitium. Aufgeben des väterlichen Verwaltungs- und Nießbrauchsrechts. III. 358. — 13) Umfang des den Geschwistern bei dem bäuerlichen Gutsanschlage ausbedungenen Einsitzrechtes. IX. 196. — 14) Das in einem älterlichen Gutsanschlagsvertrage den Geschwistern des Gutsübernehmers in der Hofraithe vorbehaltene Wohnungsrecht als deutschrechtliche Reallast aufzufassen. XVII. 269. — 15) Verpflichtung des Annehmers eines Meierhofes zur Ernährung seiner jüngeren Geschwister vor den einen Alttertheil beziehenden Aeltern. XII. 237. — 16) Vorbehalt des Regiers bei der Gutsübergabe. Rechtsverhältniß. XIII. 271. XV. 151. XIX. 52. — 17) Vorbehalt des Regiers bei Uebergabe einer Meierstelle. Kein Recht des Abtreters, die Stelle mit Schulden zu belasten. IV. 242. (Vgl. XV. 151. a. E.) — 18) Vorbehalt der Wirthschaftsgemeinschaft bei dem älterlichen Gutsanschlage. Keine Anwendbarkeit der römischrechtlichen Grundsätze von der Societät. IX. 195. — 19) Keine Haftung des Gutsübernehmers für nicht übernommene persönliche Schulden des Abtreters. I. 77. IV. 241. VIII. 280. IX. 53. — 20) Klagrecht des Gläubigers gegen den Gutsannehmer bei der successio anticipata wegen der übernommenen Schulden des Abtreters. XVIII. 128. a. E. — 21) Anfechtung älterlicher Gutsanschläge wegen Verletzung über die Hälfte unstatthaft. XI. 132. — 22) Deutschrechtliche Gutsabtretung. Nachheriges auf die Gutsabtretung Bezug nehmendes Testament des Abtretenden. Der Gutsannehmer kann das Testament wegen Verletzung der römischrechtlichen Formvorschriften über Einsetzung von Notherben nicht anfechten, hat aber nach Umständen die Pflichttheilsergänzungsklage. XI. 67. — 23) Anfechtung eines bäuerlichen Hofverlaßcontracts wegen Pflichttheilsverletzung. XVII. 76.

E. Auszug (Altentheil, Leibzucht) bei Bauerngütern.

1) Natur der Leibzuchtsbestellung bei bäuerlicher Gutsabtretung. VIII. 260. — 2) Wesentliche Verschiedenheit des deutschen Auszuges von den Servituten des römischen Rechts. II. 80. S. 98. 99. — 3) Der Auszug, eine Reallast. I. 327. XI. 75. — 4) Auszug und Einsitz. Uebergang derselben bei dem Zwangsverkauf. Collision mit älteren Pfandrechten. XIV. 214. — 5) Das Vorhandensein einer Leibzucht wird nicht ausgeschlossen durch den persönlichen Charakter der Leistungen. Selbstständiges Vermögen als Voraussetzung. XVII. 271. — 6) Rechtliche Natur des in einem älterlichen Gutsanschlage vorbehaltenen Wohnungsrechts. XVII. 269. — 7) Auszugsvertrag. Der wohnungsberechtigte Austrägler ist, wenn er kein dingliches Recht hat, bei Veräußerung des Anwesens in Betreff des Satzes „Kauf bricht Miethe" dem Miethsmanne gleichzuachten. VIII. 42. — 8) Haftung nach Raten für den Auszug nach Dismembration des mit demselben belasteten Gutscomplexes. I. 79. — 9) Haftpflicht des Ehemannes für die auf inferirten eheweiblichen Grundstücken lastenden Auszugsleistungen. VI. 238. — 10) Auslegung eines Auszugsvertrages bestimmt durch die bisher bethätigte Erfüllung. XVIII. 30. — 11) Leibzuchtprästationen sind im Hofe zu leisten. Zur Begründung der Klage gehört nicht die Behauptung, daß sie im Hofe angefordert worden. Auf den Ort der Anforderung kommt es überall nicht an, wenn die Verpflichtung überhaupt bestritten wird. XIV. 152. — 12) Thatsächlicher Verzicht des Leibzüchters auf den Bezug einzelner rückständiger Leistungen. XIII. 156. — 13) Ueber die Natur des bei Gutsübergaben bedungenen sogenannten Zehrpfennings. XVII. 80. — 14) Recht des Auszüglers auf Futterbezug. III. 88. — 15) Einspruch des Auszüglers gegen Veränderungen mit der Wohnstube. VI. 237. — 16) Auszugswohnung. Verbindlichkeit des Besitzers, den Auszügler die Fensteraussicht unversperrt zu lassen. I. 326. — 17) Recht des Altentheilers, andere Personen in die Altentheilswohnung aufzunehmen. I. 250. XIII. 50. XX. 236. 237. 238. — 18) Verbindlichkeit des Hofbesitzers, die Reparaturen der Auszugswohnung auf seine Kosten zu besorgen. II. 80. V. 213. — 19) Recht der überlebenden Wittwe eines Bauern auf einen Altentheil. XII. 53. 179. — 20) Leibzucht auf Meiergütern der zweiten Ehefrau zugesichert. Deren Bestellung durch die Vorschrift der const. 6 de secundis nuptiis (5, 9.) nicht beschränkt. XX. 46. — 21) Ein von dem Auszügler in dem Gutsübergabsvertrage „für sich und seine Ehefrau" ausbedungener Auszug ist nach seinem Ableben seiner zweiten Ehefrau im Zweifel nicht zuzusprechen. III. 89. — 22) Ist ein für zwei Eheleute bestimmter Auszug nach dem Tode des Ehegatten ganz oder nur zum Theil fortzureichen? I. 328. II. 79. XX. 151. — 23) Beweis einer Gewohnheit, daß bei Leibgedingsverträgen nach Absterben eines Leibgedingsnehmers dem überlebenden Leibgedinger der volle Betrag des

Leibgedings verabfolgt werde. II. 226. — 24) Naturalunterhalt im Hause dem Auszügler zu leisten. Schadensrechnung des Leibzüchters für Alimente, weil er das Haus wegen übler Behandlung verlassen hat. V. 47. — 25) Stillschweigende Umwandlung bedungener Leibzuchtsprästationen. XVI. 236. — 26) Auf den Nießbrauch bei deutschrechtlichen Gutsabtretungen finden die römischrechtlichen Bestimmungen über cautio usufructuaria keine Anwendung. IX. 197. XX. 48. — 27) Geltendmachung einer Auszugsberechtigung im Concurse. XVIII. 98. — 28) Priorität rückständiger Leibgedingsleistungen im Concurse VIII. 343.

F. **Vererbung der Bauerngüter. Anerbenrecht.** 1) Voraussetzungen bäuerlicher Succession: Meierstelle, gutsfreier Bauernhof. VII. 81. — 2) Untheilbarkeit der Bauerngüter. Gleichbegründetes Successionsrecht Mehrerer. Entscheidung über den Naturalbesitz durch das Loos. XI. 269. — 3) Einwirkung der Untheilbarkeit der Bauerngüter auf die Rechte mehrerer Erben oder Mitbelehnten nach Verschiedenheit der Allodial- und Lehnsqualität. XII. 281. — 4) Erbfolge in Bauerngüter. Vorzug der Söhne. Uneheliche Geburt kein Hinderniß der Succession. VIII. 75. — 5) Uneheliche Geburt gibt kein Successionsrecht in Meiergüter. XI. 270. — 6) Erbfolge bei Erbpachten. Bedeutung des Wortes „Erben" in Erbpachtsverträgen. VII. 79. XIX. 251. — 7) Erbfolgerecht der Seitenverwandten in das Meiergut. Voraussetzungen. XII. 178. XIV. 147. XVII. 79. — 8) Erbfolgeordnung der Seitenverwandten in Erbleihen. XIX. 51. — 9) Succession in bäuerliche Erblehen. Nichtanwendung der Grundsätze von der eigentlichen Lehnssuccession. VIII. 160. — 10) Nachfolge in Bauerlehen nach Aufhebung des Lehnsverbandes. VI. 239. — 11) Erbfolge in bäuerliche Leihe und Allod. XVIII. 150. — 12) Erbvertheilung bei Zubaugütern (Umländereien). I. 261. — 13) Recht des Hofeigenthümers (Meiers), den Hoferben unter seinen Kindern durch einfache Willenserklärung ohne Förmlichkeiten zu ernennen. Erforderniß hervortretender Ernstlichkeit der Willensmeinung und genügender Bestimmtheit. I. 99. VIII. 75. XI. 70. (Disignation eines nasciturus. VIII. 75.) — 14) Colonatgüter. Recht des Besitzers, den Grunderben zu ernennen. II. 84. — 15) Befugniß des Erbleiheträgers, zu bestimmen, welches seiner Kinder in die Erbleihe succediren soll. I. 254. — 16) Bestimmung des Hofesnachfolgers durch Ehestiftung. Widerruflichkeit. VII. 77. — 17) Vertragsmäßige Auswahl des Hofesnachfolgers. Unwiderruflichkeit. XIII. 49. — 18) Uebergabe des Bauernhofs an einen Anderen, als den vertragsmäßigen Anerben, unter Vorbehalt einer Leibzucht. Klage des Anerben. XII. 284. — 19) Zulässigkeit der Gutsabtretung (durch anticipirte Erbfolge) an einen Anderen als den gesetzlichen Anerben, namentlich an den gesetzlichen Anerben der Anerbin. XIX. 255. — 20) Zusicherung einer Meierstelle an Sohn und Schwiegertochter. Letztere erlangt dadurch keinen selbstständigen

Anspruch auf das Colonat. Keine Transmissibilität einer auf Zusicherung beruhenden Anerben-Berechtigung. XII. 177. — 21) Rechte der Intestaterben nach Bauernrecht. Keine Collationspflicht des Anerben bezüglich des für das Bauerngut (Meiergut) gezahlten Kaufpreises. XI. 264. XII. 285. — 22) Pflichttheil im Bauernrecht. Berücksichtigung des Colonatsrechts bei Berechnung desselben. XI. 264. XII. 286. Vgl. XI. 67. — 23) Ausschluß des auf Leibzucht sitzenden Ascendenten durch den überlebenden Ehegatten von der Hofesnachfolge nach Bauernrecht. XI. 269. — 24) Verpflichtung der Wittwe eines Meiers, das nicht von ihr herrührende Colonat an den volljährigen Anerben herauszugeben. XII. 53. — 25) Der aufgeheirathete Ehemann muß in der Regel dem herangewachsenen Anerben die Stelle übergeben. VIII. 75. — 26) Haftung des Hofesnachfolgers für die von dem eingeheiratheten Hofeswirth contrahirten Schulden. XIX. 253. — 27) Gutsabtretungsvertrag, von Geschwistern abgeschlossen. Anfechtung desselben wegen übermäßiger Verletzung unzulässig. XIII. 312. — 28) Anerbenrecht an Bauerngütern. Natur desselben. I. 260. — 29) Körperliche Unfähigkeit (Taubstummheit) der Anerbin einer Meierstelle als Ausschließungsgrund. VII. 219. — 30) Körperliche Unfähigkeit (Taubstummheit) der Anerbin kein Grund zur Ausschließung von der Erbfolge in ein Erbleihgut. XVIII. 266. — 31) Unfähigkeit des Anerben zur Wirthschaftsführung kann nicht von den nach dem Anerben zur Succession in das Meiergut Berufenen geltend gemacht werden. XVIII. 265. — 32) Bei dem Tode des Anerben vor dem Antritt der Meierstelle tritt der Nächstberufene unter seinen Geschwistern an seine Stelle. XIX. 175. — 33) Die selbstständige Weitervererbung des Anerbenrechts setzt die Realisirung der Hofesannahme voraus. XVI. 135. — 34) Wann wird dem Anerben das dingliche Nutzungsrecht an dem Hofe erworben? XVI. 234. — 35) Das der Anerbin eines Meierhofes zustehende Recht an der Stelle geht durch Verheirathung, auch durch Bemeierung des Ehemannes, nicht ohne Weiteres auf diesen über. Herleitung des Successionsrechts aus ihrer Person. XIX. 251. — 36) Abfindung der Geschwister des Anerben eines Meierguts. Kein Anspruch auf Abfindung aus dem Meiergute selbst. XV. 41. — 37) Verpflichtung des Annehmers eines Meierhofes zur Alimentation seiner jüngeren Geschwister. XII. 287. — 38) Verpflichtung der Geschwister des Meiers, gegen Empfang der vertragsmäßigen Abfindung die Stelle zu räumen. IX. 322. — 39) Fälligkeitstermin der Abfindungen aus Meiergütern. XI. 69. XII. 286. (Vgl. XV. 191.) — 40) Zeitpunkt, welcher für die Berechnung der Abfindungen maßgebend ist. XIX. 252. — 41) Tod des abzufindenden Kindes. Anfall der Abfindung an den Hofbesitzer. Keine Haftung des Letzteren für die Schulden des Ersteren. XI. 267. 268. — 42) Uebergang des Abfindungsanspruchs auf die Erben des abgefundenen Sohnes. X. 76.

XV. 190. — 43) Verjährung von Hofsabfindungen. Erforderniß der bona fides? XI. 266. — 44) Verpflichtung des berechtigten Anerben aus einer von ihm ohne gutsherrliche Genehmigung eingegangenen Vereinbarung wegen Abtretung des Anerbenrechts. XII. 176.

G. Interimswirthschaft. 1) Befugnisse und Verbindlichkeiten des Interimswirthes. XI. 265. — 2) Rechtsverhältniß des Interimswirths in Bezug auf Verbesserung und Verschlechterung des Hofinventars. VII. 217. — 3) Active und passive Legitimation des Interimswirthes in allen das Gut betreffenden Sachen. XIII. 271. — 4) Verpflichtung des Interimswirthes, Abfindungen und Aussteuer an die abgefundenen Kinder zu zahlen. II. 214. — 5) Befugniß des Interimswirths, sich zu verheirathen und für seine Ehefrau einen Altentheil zu verlangen. VII. 216. — 6) Uebertragung des Verwaltungs- und Nutzungsrechts der aufgeheiratheten Ehefrau auf ihren zweiten Ehemann. Keine Verpflichtung desselben zum Neubau der Gebäude. XVII. 270. — 7) Verfügungsrecht des aufheirathenden Colonen über die Hofes-Inventarienstücke. XVI. 235. — 8) Verwandlung des jus colonarium temporarium in ein jus colonarium perpetuum. VII. 215. — 9) Fortsetzung der Interimswirthschaft durch den Concurscurator. Früchte auf dem Halme zur Zeit des Concursausbruches. X. 75.

H. Gutsherrliche Rechte bei Bauerngütern. 1) Jagd- und Forstrechte eines Mediatisirten in einem zu seinem vormals reichsständischen Fürstenthume nicht gehörigen Gebiete. II. 78. — 2) Dereliction gutsherrlicher Rechte zum Zwecke der Befreiung der mit denselben verbundenen Lasten. I. 20. — 3) Herkömmliche Rechtsverhältnisse der in demselben gutsherrlichen Verbande befindlichen Individuen. I. 3. — 4) Verpachtung von Erbenzinsgefällen enthält keine Cession. V. 216. — 5) Der Gutsherrschaft vorbehaltene Entziehung der Erbleihe zur eigenen Administration, eine wesentliche Abweichung von der regelmäßigen Natur der Erbleihe. XVI. 35. — 6) Stillschweigende Ertheilung des gutsherrlichen Consenses zur Veräußerung von Meierhöfen. V. 212. — 7) Vindicationsrecht des Erbleiheherrn gegen dritte Besitzer des ohne erbleiheherrlichen Consens durch Gutsanschlagsvertrag veräußerten Guts. XVIII. 290. — 8) Vorkaufsrecht des Erbzinsherrn auch bei Subhastation des Guts wegen consentirter Schulden. XVII. 78. — 9) Gutsherrliches Vorkaufsrecht. In wie fern ist selbiges der Verjährung durch Nichtgebrauch unterworfen? II. 6. 82. — 10) Dinglicher Charakter des Rechts auf Lehngelderbezug. XV. 149. — 11) Zur Lehre vom Handlohn. II. 81. — 12) Anspruch auf Handlohn von dem Holzbestand lehnbarer Grundstücke. Beweislast. XV. 235. — 13) Handlohn. Verjährungserwerb. Unvordenkliche Zeit erforderlich. XV. 40. Note 2. — 14) Frohnen, landesherrliche und gutsherrliche. I. 186. — 15) Einfluß der Entlassung einiger Frohndienstpflichtiger auf das Frohnrecht gegen die übrigen. XIX. 54. — 16) Veränderung des Ortes einer Frohnleistung. I. 184. — 17) Ueber Einrechnung der Wegezeit in die Dienststunden der Frohnpflichtigen. I. 325.

Hauptstück 2.

Von besonderen dinglichen Rechten, Lasten und Eigenthumsbeschränkungen.

I. Näherecht.

A. Von dem Näherechte und dessen Geltendmachung überhaupt. 1) Ausschluß des Näherechts bei dem sogenannten Freundschaftskauf. Ein solcher ist nicht schon in dem Verkaufe an eine befreundete Person enthalten. XIII. 110. — 2) Geltendmachung des Retractsrechts bedingt durch die Möglichkeit vollständiger Leistung dessen, wozu der Käufer sich verpflichtet hat. Qualificirter Kaufpreis: Baargeld und ein Grundstück. XIII. 109. — 3) Voraussetzung der Retractsklage bezüglich der Leistungen des Retrahenten bei bedungenen Nebenleistungen neben dem Geldpreise (Kirchenstand). XX. 239. — 4) Kauf von Seiten des bisherigen Pächters vor Ablauf der Pachtzeit unter Verzichtleistung auf alle Ansprüche aus der Vergangenheit. Die Ausübung des Näherechts unstatthaft. XI. 73. — 5) Kaufvertrag mit Zusicherung, den Verkäufer zu alimentiren. Die Ausübung des Näherechts nicht ohne Weiteres ausgeschlossen. XIII. 51. — 6) Retractsrecht in Beziehung auf ein mit einem Altentheil belastetes Grundstück. Nachheriger Tod der Altentheilerin. XI. 75. — 7) Retract in Bezug auf meierpflichtige Grundstücke durch die Grundsätze des Meierrechts ausgeschlossen. VIII. 281. — 8) Näherecht bei einem Mengekauf. X. 77. XV. 236. XVII. 81. — 9) Die Ausübung des Retracts ist durch die bereits erfolgte Uebergabe des zu retrahirenden Grundstücks an den Käufer bedingt. X. 193. — 10) Leistungen, zu welchen der Retrahent verpflichtet ist. Kosten der Contractserrichtung u. s. w. XI. 77. — 11) Die Geltendmachung des an sich von dem Käufer nicht bestrittenen Beispruchsrechts setzt die vorgängige Befriedigung des Käufers wegen der von diesem übernommenen Verbindlichkeiten u. s. w. voraus. IX. 198. — 12) Wiefern liegt dem Retrahenten Realoblation ob? XI. 78b. 274. — 13) Bei Bestreitung des Retractsrechts von Seiten des Beklagten genügt es, wenn der Kläger in der Klage sich zur Erlegung des Kaufgeldes erbietet. II. 217. — 14) Der Retractberechtigte ist nicht befugt, von dem Käufer Nachweis des Kaufpreises zu verlangen; Letzterer ist bloß zur Angabe des Preises verpflichtet. II. 216. — 15) Wiederaufhebung eines erfüllten Kaufscontracts zwischen den Contrahenten wegen des von einem Dritten geltend gemachten Retractsrechtes. Retractsklage gegen den Verkäufer. XIII. 111. — 16) Wirksamkeit der Clausel, daß ein eingegangener Kaufcontract als nichtig und gar nicht geschlossen angesehen werden solle, wenn die Verkaufsobjecte von einem Dritten wirksam beigesprochen werden würden. XI. 79. — 17) Die Retractsklage als actio in rem scripta in dem forum rei sitae anstellbar. XI. 300. — 18) Verurtheilung auf eine Retractsklage. Zeitpunkt, von welchem an die Früchte zuzuerkennen. X. 194. XII. 56. XX. 152. — 19) Berufung des Beklagten auf das bessere Retractsrecht eines Dritten, exceptio de jure tertii. XX. 240. — 20) Prävention bei collidirenden gleichartigen Retractsrechten. XII. 54. Vgl. XI. 78a. — 21) Geltendmachung des Retractsrechts durch Einen von mehreren Miteigenthümern eines retractberechtigten Grundstücks. XII. 55. — 22) Verzicht auf den Retract, dem Verkäufer gegenüber ausgesprochen. VII. 344. XI. 76. XX. 153. — 23) Verzicht auf das Näherecht. Stillschweigender Verzicht. Ein solcher ist in amtlicher Mitwirkung des Retractberechtigten bei dem Verkaufsabschlusse nicht enthalten. XII. 180. — 24) Erlöschende Verjährung des Näherechts wird durch Nichtgebrauch nicht herbeigeführt. VIII. 283. — 25) Beginn des Laufes der Verjährung von Jahr und Tag. IX. 199. XI. 274. — 26) Restitution gegen Versäumung einer Geltendmachung des Retractsrechts innerhalb der Frist von Jahr und Tag. VII. 82. — 27) Wirkung der Edictalladung und des Ausschlußbescheides für Näherechtsprätendenten. VII. 111. — 28) Berufungssumme bei Retractsklagen. XI. 315.

B. Einzelne Arten des Näherechts. 1) Erblosung. Ausübung mit der Absicht des Weiterverkaufes statthaft. II. 215. — 2) Geltendmachung des Erblosungsretracts von Seiten der Kinder (Hauskinder) des Veräußerers. XI. 78a. 274. — 3) Geltendmachung der Erblosung von Seiten entfernterer Blutsfreunde. IX. 199. XI. 78a. — 4) Marklosung. Das Näherecht kann gegen Jeden ausgeübt werden, welcher zur Zeit des Kaufes noch nicht Gemeindeglied war. II. 317. — 5) Nichtgebrauch der gesetzlich bestehenden Marklosung seit längerer Zeit begründet keine Aufhebung derselben durch Verjährung oder desuetudo. VIII. 283. — 6) Nachbarrecht. Erforderniß unmittelbarer Nachbarschaft. Substantiirung der Retractsklage bei einem verkauften Complexe von Grundstücken. X. 77. — 7) Begriff der Nachbarschaft mit Beziehung auf einen öffentlichen Weg. Mengekauf. XVII. 81. — 8) Nachbarretract ausgeschlossen, falls an einen, wenn gleich minder bevorzugten Nachbar verkauft ist. XII. 289. — 9) Geltendmachung des Nachbarretractsrechts auf Grund des Besitzes von Totalgrundstücken. XI. 74. — 10) Geltendmachung des Nachbarretracts durch Einen von mehreren Miteigenthümern. XII. 55. — 11) Von zwei Nachbarn geltend gemachte Retractsrechte; Prävention. XII. 54. —

12) Näherecht aus dem Miteigenthum bei Theilnahme an einer Dampfschifffahrtsgesellschaft findet nicht Statt. Ein Retractsrecht kann durch Vertrag nicht begründet werden. III. 87.

II. Reallasten. Realrechte. Bannrechte.

A. Reallasten. 1) Begründung einer Reallast durch Vertrag oder praescriptio definita. Erforderniß des zu constituirenden Rechts. XI. 273. — 2) Deutschrechtliche Servitutes in faciendo. Kann Zeitlauf, insbesondere Unvordenklichkeit, die Perpetuirung von Obligationsverhältnissen bewirken? I. 183. Vgl. VII. 269. XIII. 127. XVI. 5. — 3) Verjährungserwerb bei Reallasten. VI. 232. IX. 201. XI. 168. XII. 290. XV. 40. XVI. 173. XVII. 83. — 4) Erlöschende Verjährung der Reallasten. III. 3. V. 6. IX. 323. XX. 154. — 5) Unterbrechung der erlöschenden Verjährung der Reallasten durch Leistung an einen Nichtberechtigten. XIX. 53. — 6) Sicherung der Realberechtigungen bei Ablösung der Reallasten. Zehntenablösung. III. 350. — 7) Wirkung der Aufhebung von Reallasten (Neubruchszehnten) ohne Entschädigung hinsichtlich der bereits fälligen Leistungen. III. 136. — 8) Verzichtleistung auf Erbzinsrechte. Erforderniß der Schenkungsinsinuation. VIII. 285. — 9) Dereliction grundherrlicher Rechte zum Zwecke der Befreiung der mit denselben verbundenen Reallasten. I. 20. — 10) Beweis einer Ortsgewohnheit, Reallasten betreffend. II. 251. — 11) Haftung des Singularsuccessors für Reallastenrückstände. V. 215. XVII. 85. — 12) Haftpflicht des Singularsuccessors für Grundsteuerrückstände. XI. 45. — 13) Natur der Einquartierungslast. XI. 46. — 14) Abgaben aus dem schutzherrlichen Verhältnisse. Gemeindelasten als privatrechtliche Reallasten. VI. 232. XVI. 175. XIX. 151. — 15) Dingliche Natur des Laudemium. XIX. 50. — 16) Vom Handlohn. II. 81. — 17) Verpachtung von Erbenzinsgefällen. V. 216. — 18) Der Altentheil eine Reallast. I. 327. XI. 75. — 19) Rechtliche Natur des in einem Gutsanschlagsvertrage den Geschwistern des Uebernehmers vorbehaltenen Wohnungsrechts, als einer deutschrechtlichen Reallast. XVII. 269. — 20) Holzgerechtsame, auf dem Markungs- und Gemeindeverband beruhend, sind sie als Reallasten zu betrachten? XIV. 117. S. 184. — 21) Forstrecht und Gegenreichniß. Verjährung. V. 6. — 22) Verpflichtung zur Haltung eines Zuchtstiers. XVIII. 15. — 23) Beschränkung des Zehentrechts durch Verjährung. I. 22. — 24) Rechte aus einer Hypothek am Zehnten. XI. 216. 25) Blutzehnten und die an deren Stelle tretenden Abgaben. Possessorische Rechtsmittel. XIX. 55. — 26) Rentenkauf. Verringerung der Rente durch Verjährung. II. 126. 128. — 27) Gültenkauf. Ablösungsbefugniß. VI. 234. — 28) Negatorische Klage zur Befreiung einer dinglichen Last (des Zehntens) von einer anderen Last. XVII. 216.

B. Realrechte. 1) Besitz und Ersitzung der Realrechte durch Mittelspersonen. II. 135. — 2) Erwerb deutscher Realrechte durch Verjährung. III. 192. VII. 214. XVII. 84. — 3) Unvordenklichkeit bei deutschen Realrechten mit publicistischen Merkmalen. I. 170. — 4) Erlöschende Verjährung der Realrechte. II. 13. V. 6. VI. 132. — 5) Holzgerechtsame. Natur derselben und erlöschende Verjährung. XIV. 117. — 6) Besitzklage bei Realrechten. VII. 42. — 7) Confessorienklage wegen Nichtanerkennung des behaupteten Realrechts. I. 16. — 8) Einklagung dinglicher Gutsgerechtsame durch den Pächter. I. 19. — 9) Landesherrliche und gutsherrliche Frohnen. I. 186. — 10) Veränderung des Orts einer Frohnleistung. I. 184. — 11) Frohndienste. Einfluß der Entlassung einiger Pflichtigen auf das Frohnrecht gegen die Uebrigen. XIX. 54. — 12) Einrechnung der Wegezeit der Frohnpflichtigen. I. 325. — 13) Erlöschung des Frohnrechts durch Verjährung. I. 185. II. 13. — 14) Thauengeld ein Frohndsurrogat. IX. 200. — 15) Looshelzberechtigung kann nur ausgeübt werden, wenn der Hof bewohnt ist. XVII. 214. — 16) Pferchrecht; Natur desselben. I. 181. XVII. 82. — 17) Unvordenkliche Verjährung in Beziehung auf das Pferchrecht. I. 4. — 18) Verpflichtung des Weideberechtigten, die Schafe auf der beweideten Flur Mittagsruhe halten zu lassen. Natur dieses Rechtsverhältnisses. XX. 109.

C. Bannrechte. 1) Nichtanwendung der ordentlichen Verjährung auf Bannrechte. XII. 290. — 2) Unvordenkliche Verjährung auf das Mühlenzwangsrecht angewandt. Abweisung der Klage, weil der angeblich unvordenkliche Zustand nicht 80 Jahre bestanden hat. XIV. 9. — 3) Bannrechte erlöschen nur durch qualificirte oder unvordenkliche Verjährung. X. 192. — 4) Das Mühlenbannrecht schließt die Befugniß in sich, die Errichtung und den Betrieb einer anderen Mühle innerhalb des Bannbezirks zu wahren. I. 24. — 5) Der Mahlzwang schließt das Verbot der Mehleinfuhr in sich. IX. 324. — 6) Inbegriff der im Mühlenzwangsrecht enthaltenen Befugnisse. XI. 271. — 7) Der Erbpachtmüller, als solcher, ist zur Klage auf Anerkennung des Mühlenzwangrechts legitimirt. VII. 220. — 8) Wirksamkeit der gesetzlichen Aufhebung des Mühlenbannrechts in einem Staate für die außerhalb dieses Staatsgebiets wohnenden Zwangsgäste. XX. 5. — 9) Musikbannrecht. VIII. 84. — 10) Klage aus einem Bannrechte. Berufungssumme. XV. 171.

III. Mit Regalität oder staatlicher Oberaufsicht in Verbindung stehende Eigenthumsbeschränkungen: Jagdrecht, Deichrecht, Flußrecht, Mühlenrecht, Bergrecht.

A. Jagdrecht. 1) Forst- und Jagdrechte der Mediatisirten außerhalb des mediatisirten Gebiets, ob Staatsdienstbarkeit oder Privatrecht. II. 78. — 2) Erwerb des Jagdrechts durch Ersitzung. Vermuthung für

Fehlerlosigkeit des Besitzes. X. 73. — 3) Jagdrecht, ein Zubehör des ächten freien Eigenthums. Keine Befugniß herrschaftlicher Meier zur Mitjagd. X. 74. — 4) Verletzung des Jagdrechts ohne Rechtsbestreitung. Dingliche Klage. IX. 267. — 5) Jagdrecht mit Gegenreichniß. Folge der Aufhebung des Jagdrechts durch neues Gesetz. IX. 325. XVII. 202. — 6) Aufhebung der Jagdrechte durch die Gesetzgebung von 1848. Entschädigungsanspruch des Jagdpächters an den Verpächter. VIII. 34. — 7) Besitzklage zum Schutze des Nutzungsrechts der nach Aufhebung des Jagdrechts auf fremden Grundstücken gebildeten Jagdinteressentschaften. XIX. 11.

B. Deichrecht. 1) Gerichtliche Competenz in Deichsachen. VIII. 163. — 2) Angebliche Befugniß der Deichhalter, die Materialien von fremdem Vorland zu nehmen. VIII. 287.

C. Flußregal. Leinpfad. 1) Eigenthum an schiffbaren Flüssen als Regal. Wiener Congreßacte vom 9. Juni 1815. Art. 113. Unterhaltung der Leinpfade. I. 2. — 2) Rechtliche Bedeutung des Leinpfades als einer öffentlichen Last der Ufergrundstücke in Folge des Flußregals. II. 260. 3) Ueber Verpflichtung zur Unterhaltung der Ufer an öffentlichen Flüssen. I. 2. IX. 260. — 4) Eigenthum des Staats an dem alten Flußbette bei künstlicher Anlegung eines neuen Flußbettes. XIII. 208. Vgl. IX. 8. — 5) Aluvionen öffentlicher Flüsse. IX. 8. XIII. 209. Vgl. V. 110. — 6) Flußcorrection. Unzulässigkeit einer Hemmung derselben wegen angeblicher Verletzung von Privatrechten. VI. 252. — S. auch oben Abschn. I. Hauptst. 4. III. (S. 25, 26.) Ziff. 12—29.

D. Mühlenrecht. 1) Durch Zusicherung der Staatsregierung (an einen Standesherrn), in einem bestimmten Bezirke neue Mühlenanlagen nicht zu gestatten, erlangt der Promissar kein vor Gericht verfolgbares Recht. XV. 74. — 2) Recht des Müllers auf Wasserbenutzung. Wässerungsbefugniß der Flußanlieger. II. 143. V. 140. — 3) Der Eigenthümer einer Zwangswassermühle ist ohne besonderen Rechtsgrund nicht befugt, die angrenzenden Wiesen zu überstauen. VII. 280. — 4) Anlage eines Mühlenwehrs in einem Flusse. Verpflichtung zur Fürsorge gegen nachtheilige Folgen dieses Unternehmens für das Eigenthum und sonstige Rechte Anderer. IV. 96. — 5) Verbindlichkeit des Müllers, den Mühlgraben zu reinigen und in wasserdichtem Stande zu erhalten. VI. 7. — 6) Keine Verbindlichkeit der Anlieger zur Reinigung des Baches zum Besten der an demselben belegenen Mühlen. XII. 230. — 7) Wem gehört der Mühlgrabenschlamm? VI. 139. — 8) Schaufelschlagrecht. Befugniß des Müllers bei Reinigung des Mühlgrabens den Sand und Schlamm auf die anliegenden Grundstücke zu werfen. II. 145. — 9) Klagen der Müller zum Schutze in der Benutzung des Wassers. VIII. 110. IX. 161. XVI. 7. XIX. 233. XX. 203. — 10) Auf unvordenkliche Verjährung gestützte Klage des Müllers wegen Hinderung des Wasserzuflusses durch neue Anlagen. XIX. 118. — 11) Unstatthaftigkeit der Klage eines Müllers wegen eines seinen Besitzstand nur bedrohenden Werkes in dem Mühlenbache. XV. 226. — 12) Vom Mahl- oder Sicherpfahle. Natur der Uebereinkunft wegen Legung eines solchen. Theilnahme der Obrigkeit nicht nothwendig. X. 126. — 13) Vermuthung für die Integrität eines Sicherpfahls. XII. 320. — 14) Unzulässigkeit der Aenderung an dem Fachbaume einer Mühle ohne Zuziehung des Ober- und Untermüllers. IV. 96. S. 171. — 15) Von dem Rechte des Obermüllers, das Wasser anzusammeln (zu spannen). II. 9. 144. — 16) Verwandlung unterschlächtiger Mühlen in ober- oder mittelschlächtige. Begründung eines desfälligen Widerspruchrechts der Untermüller. XVIII. 111. — 17) Nicht begründete gesetzliche Eigenthumsbeschränkung zum Besten landesherrlich concessionirter Windmühlen. XVI. 98. Vgl. XVIII. 252. — Ueber Mühlenbannrecht s. oben II. C. S. 220.

E. Bergrecht. 1) Bergbauregal. Entschädigung wegen Grundeigenthumsbeschädigung durch Ausübung desselben. X. 195. — 2) Umfang der Schadensersatzverbindlichkeit bei dem Bergbau. XI. 153. — 3) Abtretung einer Muthung; ist selbige als Veräußerung einer res sperata aufzufassen? XIV. 224. — 4) Kohlenbergwerk. Quasibesitz des Rechts der Theilnahme an den Auskünften eines solchen, so wie an den dasselbe betreffenden Versammlungen, Berathungen und Beschlüssen. XV. 27. — 5) Bergwerkschaftliche Vereine. Rechtliche Natur der sogenannten Knappschaftskassen. XX. 201.

IV. Dingliche Rechte und Lasten in Beziehung auf Kirche und Schule.

A. Parochiallasten. Kirchen- und Schulbaulast. 1) Natur der Parochiallasten. Beweis der Dinglichkeit. XII. 57. XIV. 8. — 2) Von der rechtlichen Natur der Parochiallasten und einigen aus selbiger fließenden Folgen. Erwerb der Freiheit von solchen Lasten durch Verjährung. VIII. 286. — 3) Verhältniß des kirchlichen Vermögens bezüglich Versorgung der Armen des Kirchspiels. XIX. 48. — 4) Gewohnheit in Beziehung auf Kirchenbaulast. Zeitraum der Uebung. III. 292. 293. — 5) Die Anerkennung einer Kirchenbaulast als selbstständiger Verpflichtungsgrund geltend gemacht. XIV. 47. — 6) Verpflichtung der Gemeinde zur Erhaltung von Kirche, Pfarre und Schule. Hand- und Spanndienste. XVII. 87. — 7) Keine Verpflichtung der Mitglieder einer Landkirchengemeinde zur unentgeltlichen Leistung von Hand und Spanndiensten, wenn die Baukosten aus dem Kirchenvermögen oder von dritten Person zu bestreiten sind. X. 196. — 8) Beschränkung der auf der Incorporation des Vermögens einer Kirche beruhenden Kirchebaulast auf das incorporirte Vermögen. XIV. 153. — 9) Der Patron ist der Regel nach nicht als solcher, sondern nur bei dem Besitze kirchlichen Vermögens (oder bei Bezug von Nutzungen aus dem Kirchenvermögen) kirchenbaupflichtig. VII. 83. XIV. 154. Note 2. — 10) Erlöschung der Kirchenbaupflicht des Patrons durch die Suppression der Pfründe. XIV. 154. — 11) Baupflicht zufolge Patronat- und Zehentrechts. IV. 70. — 12) Kirchenbaulast der Zehentherren. Kirchliche Eigenschaft des Zehnten als Bedingung der Beitragspflicht. I. 69. IV. 70. XIX. 256. — 13) Kirchlicher Zehent. Verbindlichkeit zum Bau des Pfarrhauses läßt nicht auf Verbindlichkeit zum Bau der Kirche schließen. IV. 72. — 14) Ueber Pflicht der Pfarrei zur Theilnahme an der Kirchenbaulast. V. 50. — 15) Beitragspflicht der zur Pfarre gehörigen Aecker zu Kirchen- und Pfarrbauten. XX. 53. — 16) Congrua der Pfarrer zur Theilnahme an der Kirchenbaulast nicht zuzuziehen. V. 51. — 17) Ueber Baupflicht der Kirchspielsgemeinden an ehemaligen Klosterkirchen. IX. 326. — 18) Umfang der Kirchenbaulast; Thürme, Glocken, Uhren, Seitenaltäre. XX. 54. — 19) Die kirchliche Baulast erstreckt sich regelmäßig nicht auf die innere Einrichtung der Kirche. XIV. 48. — 20) Unterhaltung und Reparatur der Kirchenuhren. IV. 73. — 21) Erstreckung der Kirchenbaulast auf die Glocken? XII. 301. — 22) Erstreckung der Baulast auf das Pfarrhaus als Accessorium der Kirche. XVII. 86. — 23) Erstreckung der Baulast eines Zehentbesitzers auf die Oeconomiegebäude eines Pfarrhauses. V. 53. — 24) Erstreckung der Kirchen- und Schulbaulast auf Erweiterungen und vermehrte Bedürfnisse. V. 52. VII. 84. IX. 54. — 25) In wie weit findet die kirchliche Baulast auch auf Kirchhöfe Anwendung? I. 226. IV. 244. V. 54. XV. 198. — 26) Baulastverhältniß bezüglich der Mutter- und Filialkirche, des Pfrundhauses und der Kirche. IV. 71. — 27) Befreiung der Filialparochianen von Beiträgen zur Unterhaltung der Mutterkirche. IV. 75. — 28) Schulhausbaupflicht. Eintritt einer neuen Gesetzgebung. IV. 74. — 29) Unvordenkliche Verjährung als Verpflichtungsgrund zur Tragung von Schullasten, so weit sie neueren Ursprungs sind. XVIII. 116. — 30) Sicherstellung bei Zehentablösungen hinsichtlich der Kirchenbaupflicht. III. 359. — 31) Klage auf Tragung einer Kirchenbaulast. Einrede mehrerer Mitverpflichteter. VII. 85. — 32) Klage auf Anerkennung der Kirchenbaupflicht, bezw. der Kirchenbaufrohnpflicht, bevor ein bestimmtes Bauwesen in Aussicht steht. XV. 80. Note 1. — 33) Spolienklage wegen verweigerter Fortentrichtung der Kirchenbaukosten. XVII. 46. — 34) Klage auf Anerkennung der Freiheit von Theilnahme an den Kirchenbaulasten. Erwerb solcher Freiheit durch unvordenkliche Verjährung. V. 55. — 35) Negatorienklage zur Bestreitung der auf dem Zehnten lastenden Verbindlichkeit zum Neubau einer Kirche. XVII. 216.

B. Kirchenstühle. 1) Besitz von Kirchenstühlen. XI. 272. —

2) Recht auf ausschließliche Benutzung eines Kirchenstuhls. Quasibesitz dieses Rechts. VI. 240. — 3) Kosten der Herstellung von Kirchenstühlen. XIV. 48. — 4) Berufungssumme in Processen über Kirchenstühle. XIII. 73. — (5) Ein Synagogenstand kein zulässiges Executionsobjekt. XIII. 301.)

C. Kirchenpfründe. 1) Rechtsverhältniß des Pfarrers in Bezug auf die Benutzung der Pfarreigrundstücke. XX. 18. — 2) Besitzklage in Beziehung auf ein Kirchenamt. Auslegung des Art. 63 des Reichsdeputationshauptschlusses von 1803. VIII. 14. — 3) Ist der Pfarrer verbunden, die von seinem Amtsvorgänger über Pfarreigrundstücke abgeschlossenen Pachtverträge auszuhalten? XII. 300. — 4) Servitutenersitzung für eine Pfarrei durch den Pfarrer. XIII. 84. — 5) Verjährungserwerb einer Wegeservitut für eine Pfarrei durch Mittelspersonen, namentlich durch Pfarrfröhner. XII. 231. — 6) Legitimation des Pfarrers, über Gerechtsame der Pfarrei Processe zu führen. I. 115. — 7) Zur Entscheidung über die rechtliche Gültigkeit der Suppression einer Pfründe sind die Gerichte nicht zuständig. XIV. 64. — 8) Erlöschen der Baupflicht des Patrons in Folge Suppression der Pfründe. XIV. 154.

Siebenter Abschnitt.

Handels- und Wechselrecht. Gewerbsrecht. Buchhandel. Lotterie. Versicherung. Papiere auf Inhaber.

Hauptstück 1.

Handelsrecht.

I. Handelsusancen.

1) Rechtliche Handelsusancen verschieden von bloßer Geschäftspraxis. XX. 155. — 2) Handelsbrauch, von interpretativer Bedeutung. XV. 46. Note 2. — 3) Erforderniß der Handelsusancen; in mehrfachen Fällen bethätigte Rechtsansicht. II. 85. — 4) Handelsgebrauch für Seeschifffahrt, nicht anwendbar auf Flußschifffahrt. II. 86. — 5) Handelsgebrauch betr. die Wirkung der Uebersendung von Ladescheinen und Connossementen. I. 8. II. 86. — 6) Handelsusance in Betreff der Clausel „Empfang erklärt." II. 92. — 7) Handelsbrauch den Zusatz „per procura" betreffend. III. 197. — 8) Handelsbrauch betreffend die Frist für Stellung zur Verfügung. IV. 78. — 9) Beweis

von Handelsusancen. XVI. 183. — 10) Beweis durch sachkundige Zeugen. VII. 345. X. 197. — 11) Beweis eines Handelsgebrauchs durch Zeugen ohne Anführung specieller Fälle. IX. 202. — 11) Handelsgebräuchliche Aenderung der Beweislast in Betreff der Justification einer Rechnung, als Folge längeren Schweigens des Rechnungsempfängers. VIII. 310.

II. Von dem Handelsstande.

A. Kaufleute. Handelsfirmen. 1) Geschäfte zwischen Fabrikanten. XVII. 23. — 2) Der Theilhaber eines firmirten Fabrikgeschäftes ist in dem Verkehr mit anderen Firmen gleich dem einer offenen Handelsgesellschaft solidarisch verhaftet. XVII. 141. — 3) Haftung der Kaufmannsfrau für Geschäftsschulden, wenn ihrer Mitwirkung in dem Geschäfte eine nicht öffentlich bekannt gemachte Procura des Mannes zu Grunde liegt. XI. 158. — 4) Bedeutung der Firma. XVIII. 100. S. 159. — 5) Bedeutung der Handelsfirma. Aus der Uebernahme eines Handelsgeschäfts mit Beibehaltung der bisherigen Firma folgt nicht der Eintritt in die von dem bisherigen Inhaber der Firma eingegangenen Verbindlichkeiten. VI. 242. — 6) Durch Uebernahme einer Handlung mit den Passiven wird der Uebernehmer den Gläubigern gegenüber nicht verbindlich. XI. 83. — 7) Fortsetzung einer Handlung unter der bisherigen Firma nach dem Tode des bisherigen Inhabers. Fortdauer einer der Handlung ertheilten Verkaufscommission. III. 319. — 8) Beweislast, wenn der Beklagte leugnet, Inhaber der Firma zu sein, für welche er contrahirte. XVII. 107. — S. über Firmen auch unten S. 227. „Offene Handelsgesellschaft."

B. Handelsbücher. 1) Statutencollision bezüglich der Beweiskraft der Handelsbücher. I. 132. XI. 194. 308. — 2) Erforderniß der Kaufmannseigenschaft. VI. 78. — 3) Erstreckung des Privilegiums der Handelsbücher auf die kaufmännisch geführten Bücher eines Fabrikanten. VI. 285. XIII. 293. — 4) Anwendung des den Kaufleuten zustehenden Vorrechts des Beweises durch Handelsbücher auf die Banquiers. VIII. 182. — 5) Handelsbücher der Krämer beweiskräftig. XI. 308. — 6) Erforderniß des Beweises durch Handelsbücher. Vorlegung sämmtlicher Bücher nicht erforderlich. XI. 194. — 7) Bedingungen der Beweiskraft. III. 123. — 8) Von welcher Person die Handelsbücher geführt sein müssen. III. 124. — 9) Näheres über die Beweiskraft der Handelsbücher. Beweiskraft der Hülfsbücher (des Journals, Speditionsbuchs u. s. w.). XI. 194. — 10) Umfang der Beweiskraft der Handelsbücher hinsichtlich der mit dritten Personen abgeschlossenen Geschäfte. VIII. 182. — 11) Umfang der eigenthümlichen Beweiskraft der Handelsbücher; in wie fern findet sie auch auf Darlehen Anwendung? VI. 285. — 12) Beweis von Coursdifferenzgeschäften durch Handelsbücher. I. 374. — 13) Beweiskraft des Copirbuches. III. 287. IX. 96. — 14) Auszüge, auch gerichtlich beglaubigte, aus einem Handelsbuche sind nicht beweiskräftig. VI. 234. XIII. 65. — 15) Zeit der Eintragung in das Handelsbuch. Daß die Einträge in dasselbe sofort nach Abschluß der Geschäfte erfolgt sind, ist kein unbedingtes Erforderniß. XVII. 176. — 16) Keine Beweiskraft der Handelsbücher in Beziehung auf verspätete Einträge. VII. 125. — 17) Schwächung der Beweiskraft der Handelsbücher bei einer Differenz zwischen Handlungsbuch und Factura. VI. 77. — 18) Bucheinträge sind an sich gegen den Buchenden nicht beweiskräftig. IV. 171. — 19) Kaufmännische Buchung eines Postens als verpflichtende Anerkennung. XX. 55. — 20) Verbindlichkeit zur Edition der Handelsbücher, als gemeinschaftlicher Urkunden. I. 131. — 21) Edition der Handelsbücher bei der Obrigkeit des Wohnorts des Editionspflichtigen. III. 120. — Ueber das Verfahren bei dem Beweise durch Handelsbücher s. unten Civilproceß. Hauptst. 7. XII. Ziff. 5—11.

. Von Procuristen und Handlungsbevollmächtigten. 1) Markthelfer sind nicht als Institoren anzusehen. Angebliche factische Bestellung in dieser Eigenschaft. VI. 244. — 2) Handelsgebrauch, den Zusatz „per procura" betreffend. III. 197. — 3) Umfang der Vollmacht. Haftung des Principals aus der von dem Bevollmächtigten dem Käufer versprochenen Garantie für das Erträgniß verkaufter Actien. XX. 156. — 4) Ueber Haftung des Principals wegen unerlaubter Handlungen des Institors. IV. 35. Vgl. XII. 60. — 5) Haftung des Principals und nicht des Institors aus den Geschäften, welche Letzterer als solcher gemäß seiner Vollmacht abgeschlossen hat. XX. 127. (Vgl. XI. 149. XIII. 93. 313. XV. 111.) — 6) Bestellung mehrerer Institoren. In der Regel kann jeder für sich handeln. XII. 60. — 7) Nicht bekannt gemachte Beschränkung der Vollmacht eines Institors. XII. 268. XIV. 93. Vgl. XII. 60. 156. 292. — 8) Darlehnsaufnahme eines Institors. Verwendung der Gelder nicht in das Geschäft. Haftung des Principals. XII. 60. — 9) Regelmäßige Grenze der Vollmacht Desjenigen, welcher im Auftrage eines Anderen mit dessen Waaren Jahrmärkte oder Messen bezieht. XII. 237. — 10) Haftung des Präponenten aus Geschäften des Institors, welche nach dem (dem Dritten nicht kund gewordenen) Widerruf des Mandats eingegangen sind. IV. 115. — 11) Unrichtige Angabe in einer von dem Hauptagenten der Versicherungsgesellschaft ausgefüllten Declaration. XX. 60. — 12) Regelmäßige Vollmachtsgrenze der Handelsreisenden. V. 130. — 13) Von der Befugniß der Handelsreisenden, Nachsicht zu gewähren. I. 339. — 14) Bedingung der Haftpflicht des Principals für die von dem Handelsreisenden contrahirten Schulden. XII. 269. — 15) Zahlung an Handelsreisende. XII. 132. — 16) Einwand des Beklagten, daß der Kläger den Vertrag nur als Geschäftsreisender eines Dritten abgeschlossen habe. XVI. 150. — 17) Wann ist von einem Reisenden oder Agenten, welcher gegen Provision Bestellungen zu sammeln hat, solche Provision verdient? II. 275. XIV. 28. — 18) Der Institor ist ohne Vollmacht zur Klagestellung für den Geschäftsherrn nicht befugt. III. 103. — 19) Eidesleistung des Institor. III. 128. — 20) Die Ableistung eines der Handlung angetragenen Eides durch ihren Reisenden ist unzulässig. XVII. 184.

D. Von Handlungsgehülfen. 1) Verpflichtung des Handlungscommis aus dem von ihm besorgten Detailgeschäft. XVII. 109. — 2) Einseitige Entlassung des Handlungsgehülfen durch den Principal ohne vorgängige richterliche Entscheidung. XX. 241. Vgl. V. 163. — 3) Hazardspiel eines Comptoiristen. Desfällige Aufhebung des Dienstvertrags durch den Principal. XII. 266. — 4) Handlungsreisender, der zugleich Handlungsgehülfe ist. Aufhebung des Dienstverhältnisses vor der vertragsmäßigen Zeit durch den Principal. XIV. 228. — 5) Der Handlungscommis als Zeuge. III. 287. X. 303.

E. Von Handelsmäklern. 1) Anspruch auf Mäklergebühr erst, wenn ein Geschäft zum Abschlusse gekommen ist. X. 43. — 2) Geschäft der Mäkler in Bezug auf Wechsel. Haftung derselben für ihre Gehülfen. Unterlassung öffentlicher Bekanntmachung über Bestellung des Gehülfen. VI. 57. — 3) Constatirung des Emballagegewichts durch den Mäkler. IX. 203.

III. Von den Handelsgesellschaften.

A. Offene Handelsgesellschaft. 1) Annahme einer Firma und gemeinschaftliche Führung eines Handlungsgeschäfts. Solidarische Haftung Dritten gegenüber. III. 360. IX. 327. 328. XI. 196. XVIII. 100. — 2) Rechtliche Natur der offenen Handelsgesellschaft. Zulässigkeit der Klage eines Handelsgläubigers gegen einen Gesellschafter ohne vorgänge Ausklagung des Hauses. XVIII. 99. — 3) Passivlegitimation bei Ansprüchen an eine Firma. Veröffentlichung des Societätsverhältnisses als Haftungsgrund. II. 288. III. 197. XVIII. 100. — 4) Solidarische Haftung der Gesellschafter. Anerkennung derselben durch einen auf die solidarische Haftung gerichteten Klagantrag bedingt. Ausschluß der Einrede der Theilung. III. 360. Vgl. XII. 13. — 5) Haftung des Theilnehmers eines firmirten Fabrikgeschäfts in dem Verkehr mit anderen Firmen. XVII. 141. — 6) Haftung neu eintretender Gesellschafter für frühere Gesellschaftsschulden. II. 178. — 7) Haftung der Gesellschaft und der einzelnen Gesellschafter aus den von einem firmirenden Gesellschafter abgeschlossenen Geschäften. II. 179. III. 195. 197. 360. VII. 86. — 8) Bei Handelsgesellschaften mit gemeinschaftlicher Firma erscheint jedes einzelne Mitglied als Beauftragter der übrigen in Beziehung auf die Geschäfte der Gesellschaft. Empfangnahme von Zahlungen von Seiten eines Gesellschafters. XII. 270. — 9) Haftung der Gesellschafter für unerlaubte Handlungen eines geschäftsführenden Mitgliedes. XII. 60. — 10) Solidarische Haftung der Gesellschafter aus den von ihrem Institor abgeschlossenen Geschäften. XII.

58. Note 9. XII. 60. XIV. 93. XX. 127. — 11) Wechselmäßige Haftung des Gesellschafters. VII. 353. — 12) Wechsel von einem Gesellschafter, auf die Gesellschaft gezogen und von ihm durch Zeichnung der Gesellschaftsfirma acceptirt. XI. 287. — 13) Die Unterschrift eines Handelsgesellschafters mit seinem Namen und dem Beifügen „Associé der Firma X." verpflichtet zunächst nur den Aussteller, nicht die Handelsgesellschaft XX. 158. — 14) Rechtliche Natur der heutigen offenen Handelsgesellschaft. Klage eines Socius als Gläubigers der Gesellschaft auf Ersatz von Auslagen. XX. 157. — 15) Der Firmatheilhaber als Gläubiger der Gesellschaft in dem Concurse derselben. III. 198. XII. 271. — 16) Klageerhebung von Seiten einer Firma. Activlegitimation. XIII. 57. — 17) Durch Arrestanlage auf den Handlungsfond eines Gesellschafters wird die Gesellschaft an der Benutzung dieses Handlungsfonds zu weiteren gemeinschaftlichen Unternehmungen nicht behindert. XIV. 82. — 18) Verpflichtung aus Handlungen eines firmirenden Gesellschafters, welche derselbe nach seinem Austritt aus der Gesellschaft vorgenommen hat. IV. 115. — 19) Richterliche Ernennung von Liquidatoren einer offenen Handelsgesellschaft. Ausschließung eines Gesellschafters. XX. 159. — 20) Wenn zwei Handlungsgesellschaftern Einer in Concurs geräth, kann die Masse seinen Antheil an dem Gesellschaftsvermögen nur in einer den Werth derselben darstellenden Geldsumme erhalten. XX. 243. — 21) Recht der Gesellschafter, in dem Concurse eines Theilhabers den diesen treffenden Theil der Gesellschaftsschulden geltend zu machen. XI. 318. — 22) Erlöschen der offenen Handelsgesellschaft mit dem Tode eines Socius. XVII. 142. (Vgl. III. 319.) — 23) Abgabe verschiedener Erklärungen der Mitglieder einer Firma auf einen zugeschobenen Eid." XI. 196. — 24) Eidesleistung einer offenen Handelsgesellschaft. XIX. 84. XX. 242. — 25) Eid zwei Handelsgenossen aufgelegt. Selbstmord des Einen. III. 220.

B. Stille und anonyme Gesellschaft. Vereinigung zu einzelnen Handelsgeschäften für gemeinschaftliche Rechnung. 1) Haftung des stillen Gesellschafters. Unterschied zwischen einem stillen und offenen Gesellschafter II. 287. 288. — 2) Vertragsauslegung. Darlehn mit Dienstvermiethung oder Societät? X. 154. XIII. 248. — 3) Allgemeine Natur anonymer Gesellschaften. V. 218. — 4) Gesellschaft zu einzelnen Handlungsgeschäften. Verhältniß zu Dritten. X. 46. — 5) Der Grundsatz, daß der einzelne Gesellschafter als Beauftragter der Uebrigen erscheint, findet auf eine Societät zu einem vorübergehenden Unternehmen keine Anwendung. XII. 270. — 6) Gelegenheitsgesellschaft. Grad der zu leistenden Diligenz. XVIII. 36.

C. Actiengesellschaft. 1) Rechtsverhältnisse bei Actienvereinen I. 54. — 2) Actiengesellschaften im rechtlichen Sinne. Juristische Persönlichkeit. XII. 58. S. 74. XVIII. 267. — 3) Erforderniß der Staatsgenehmigung zur Errichtung einer Actiengesellschaft im rechtlichen Sinne. XII. 58. — 4) Umfang der Haftung der Mitglieder einer nicht genehmigten Actiengesellschaft. XII. 58. 60. — 5) Bildung der Actiengesellschaft. Aufbringung des veranschlagten Capitals. Bedingung für die Perfection der Gesellschaft. II. 290. — 6) Zusicherungen bei Einladung zu Actienzeichnungen. Einfluß derselben auf die Verbindlichkeit des Actienzeichners. III. 91. — 7) Betheiligung bei einer Actiengesellschaft durch Actienzeichnung. Zeitpunkt der Perfection. Stellung der Gründer zu der Gesellschaft und den Zeichnern. XVI. 216. — 8) Betheiligung an der von einem Andern vorgenommenen Einzeichnung zu einem Actienunternehmen. Societät oder Mandat? Verpflichtungen des Mandatars. X. 45. — 9) Verkehr mit Interimsscheinen einer Actiengesellschaft. Keine Haftung der Inhaber für die den Subscribenten statutenmäßig obliegenden Einzahlungen. X. 200. — 10) Kauf von Actien einer projectirten, noch nicht concessionirten Eisenbahn. II. 91. — 11) Abtretung der Actie einer nicht genehmigten Gesellschaft. Der Actionär kann sich durch Abtretung seiner Actie nicht der darauf noch ruhenden Verbindlichkeit entledigen. XII. 59. — 12) Klage der Concurscuratoren einer Lebensversicherungs-Actiengesellschaft gegen einen Actionär auf Leistung eines Nachschusses auf seine Actie. Einrede der Compensation wegen einer von dem Actionär, als Versicherten, eingezahlten Prämie. XIX. 139. — 13) Anspruch der Gläubiger einer Actiengesellschaft auf Sicherstellung wegen bevorstehender Auflösung oder theilweiser Zurückzahlung des Grundcapitals. Einwand des mangelnden Interesse. XX. 160. — 14) Kaufcontract über Actien, zu deren Uebertragung Genehmigung der Gesellschaft erforderlich ist. XVI. 212. — 15) Gerichtsstand der Actiengesellschaften. III. 375. — 16) Gerichtliche Vertretung derselben. III. 376. — 17) Den Actienvereinen steht Restitution als persönliche Rechtswohlthat nicht zu. VI. 138. — 18) Perhorrescenz eines Actionärs als Richters in Streitsachen der Actiengesellschaft. XIX. 269. — 19) Eidesleistung der Actiengesellschaft durch die Mitglieder des Vorstands. Austritt eines Mitgliedes. XVIII. 67.

IV. Handelsgeschäfte.

A. Handelsgeschäfte im Allgemeinen. 1) Miethverträge über Immobilien keine Handelsgeschäfte. XX. 244. — 2) Unterschied von Antrag und Auftrag im Sinne des Art. 319 u. fg. und 323 des DHGB. XX. 163. — 3) Stillschweigen als Genehmigung unter Kaufleuten. Unterlassene Beantwortung eines Briefes bei kaufmännischer Correspondenz. I. 40. IV. 211. XI. 80. XIV. 125. 230. XV. 122. Note 2. — 4) Kauf unter Kaufleuten durch stillschweigendes Behalten unbestellt zugesandter Waaren. VIII. 36. XIII. 218. — 5) Mehrsendung von Waaren über den bestellten Betrag. XX. 164. — 6) Gebrauch des Indossaments als Cessionsform bei einfachen Schuldverschreibungen in dem kaufmännischen Verkehr. III. 44. — 7) Giro auf Schlußzetteln über Lieferungsgeschäfte. XI. 81. — 8) Lieferungskauf. Uebertragung des Schlußzettels. Erfüllung Seitens des Verkäufers. XIV. 225. — 9) Cession von Rechten, welche mit Verbindlichkeiten vermischt sind. Anwendung auf Engagementsbriefe. XI. 225. — 10) Kaufmännisches Retentionsrecht. Retention der auf Probe empfangenen Waare. XX. 162. — 11) Befugniß des Gläubigers zur Veräußerung des wegen geliehener beweglicher Sachen bestellten Faustpfandes. Art. 309. 310. des HGB. XX. 246. — 12) Von Creditbriefen. II. 98. — 13) Begriff und Wesen der kaufmännischen Crediteröffnung auf laufende Rechnung. Bestellung eines Pfand- oder Vorzugsrechts für die creditirte Summe. XIII. 113. Vgl. XIII. 132. — 14) Gedeckter Credit. Verhältniß der gegenseitigen Ansprüche. XVI. 130. — 15) Contocorrentvertrag. Verbindlichkeit der Schuldanerkenntnisse des Hauptschuldners für den Bürgen. XVII. 35. — 16) Im Contocorrent verhalten sich die gegenseitigen Belastungen nicht wie Forderung und Zahlung, sondern wie Forderung und Gegenforderung. Bürgschaft für Contocorrentforderungen. Novation. VIII. 159. — 17) Contocorrentverhältniß. Zahlung auf bestimmte einzelne Pöste. XX. 245. — 18) Saldoziehung. Ist Novation anzunehmen? XII. 144. Vgl. XI. 228. — 19) Vorbehalt einer zu ertheilenden reinen Quittung, einem Contocorrent beigefügt. IX. 55. — 20) Anerkennung eines von dem Mitcontrahenten aufgemachten Contocorrents begründet eine neue causa debendi. VII. 246. XII. 17. XVI. 31. — 21) Klage aus einem mit einem Saldo beginnenden Contocorrent. XX. 72. — 22) Unterbrechung der Klagenverjährung durch Feststellung eines Saldo. XVI. 92. — 23) Executivklage auf ein von dem Beklagten urkundlich als richtig anerkanntes Contocorrent. VII. 246. XVI. 219. — 24) Kaufmännische Geschäftsverbindung. Zulässigkeit der gerichtlichen Verfolgung des Anspruchs aus einem einzelnen Geschäfte. Wiefern können demselben Zahlungen auf Rechnung (a conto) als Compensationsposten entgegengesetzt werden? XV. 117. — 25) Verabfolgung von Waaren auf unbestimmten Credit. Fälligkeit des Anspruchs auf deren Bezahlung. XI. 82. — 26) Kaufmännische Buchung eines Postens als verpflichtende Anerkennung. XX. 55. Vgl. IV. 171. — 27) Aus kaufmännischem Gutschreiben ist an und für sich Verzichtleistung auf eine Bedingung des Geschäfts nicht zu folgern. II. 90. — 28) Verzinslichkeit der Forderungen von Kaufleuten unter sich. XVIII. 217. — 29) Zinsenanspruch des auswärtigen Commissionärs. Höhe der Zinsen. XV. 222. — 30) Der sechste Zinsthaler in dem Verkehr mit Banquiers. XI. 24. — 31) Zinsen von Zinsen bei kaufmännischen Forderungen in Contocorrenten. II. 149. VII. 290. X. 207. XVI. 19. XVIII. 218. — 32) Zinsen von Contocorrent-Saldos. Vierteljährige Abschlüsse. VIII. 21. — 33) Provision nebst den Zinsen bei Vorschüssen. VIII. 22. XI. 120. — 34) Zinsen und Zinseszinsen nebst Provision in dem kaufmännischen, namentlich in dem Contocorrenten-Verkehr. XVI. 21. 202. XVII. 16. — 35) Auf die den Inhaberpapieren beigegeben Zinscoupons sind Zinsen (von den Zinsen) nicht zu berechnen. XX. 59. — 36) Deckung durch Wechselaccepte; wird durch selbige eine Novation oder Zahlung bewirkt? II. 88. 89. VIII. 288. IX. 63. XI. 275. XX. 122. 259. — 37) Zahlung für einen Anderen. Klage aus der Geschäftsführung ohne Auftrag nach Handelsrecht. Art. 290 des HGB. XX. 161. — 38) Einrede der Vorausklage ausgeschlossen bei dem kaufmännischen Delcredere. XX. 58. — 39) Die Grundsätze, betreffend Verletzung über die Hälfte, auch in dem kaufmännischen Verkehr anwendbar. I. 46.

B. Kauf. Lieferungsvertrag. Differenzgeschäft. 1) Kaufsabschluß oder Einkaufscommission? II. 357. — 2) Verhältniß zwischen Schlußnote und Contract bei einem Lieferungskauf. III. 158. — 3) Kauf durch stillschweigendes Behalten unbestellt zugesendeter Waaren. VIII. 36. XIII. 218. — 4) Uebereinkunft, daß der Preis verkaufter Waaren mittelst käuflich zu liefernder Waaren berichtigt werden soll. (Baratto.) Erforderniß näherer Bestimmtheit eines solchen Nebenvertrages. XIII. 219. (Vgl. XVI. 26.) — 5) Bestimmung des Kaufpreises nach dem Preise des Weiterverkaufes. XII. 20. — 6) Billigung des geforderten Preises für bestellte und erhaltene Waaren durch Stillschweigen. X. 255. XI. 233. XII. 19. — 7) Preisbestimmung bei Waarenbestellungen ohne Verabredung des Preises. II. 166. 284. XI. 233. XVI. 41. — 8) Kauf auf Deckung und Kauf auf Credit. VIII. 40. — 9) Rabattbewilligung. Beweislast. XV. 163. — 10) Bedeutung des Rabatts (Disconto) im Waarenhandel. IV. 76. X. 198. XVI. 63. — 11) Pactum displicentiae bei dem Kaufvertrage. Die bloße innerhalb der vertragsmäßigen Frist zur Rückgabe ertheilte Erklärung des Käufers, die Waare nicht behalten zu wollen, befreit ihn nicht von der Verbindlichkeit zur Zahlung des Kaufpreises. XI. 144. S. 218. — 12) Waarenhandel unter Abwesenden. Erfüllung Zug um Zug. XV. 11. — 13) Verpflichtungen des Verkäufers in Betreff der Versendung der Waare an den auswärtigen Käufer. Entschädigungsklage gegen den Spediteur. Activlegitimation. XIV. 23. — 14) Gefahr bei dem Transport und der Versendung verkaufter Waaren. II. 168. IV. 91. 111. XI. 143. a. E. XIV. 23. XV. 21. — 15) Tragung der Gefahr bei Rücksendung der auf Besicht gekauften Waaren. III. 46. — 16) Ueber Haftung des Verkäufers für den Werth verkaufter Papiere auf den Inhaber. III. 26. VII. 306. XIV. 25. — 17) Empfang der Waare im kaufmännischen Sinne. Wirkung derselben. II. 25. 92. III. 25. VII. 303. X. 148. XV. 213. — 18) Kaufmannsgut. Erforderniß mittlerer Qualität. II. 169. — 19) Beanstandung einer von auswärts kommenden Waare. Verhalten des Bestellers. XV. 213. Note 1. XIX. 27. — 20) Verpflichtung zur unverzüglichen Anzeige der Mängel eimer zugesandten gekauften Waare. Frist für die Stellung zur Verfügumg. IV. 78. VI. 27. XIV. 126. XX. 248. — 21) Alsbaldige Arzeüge der Mängel einer Waare, beschränkt auf den eigentlichen Handelsverkehr. XVII. 23. — 22) Die nach Art. 348 des HGB. dem Käufer zustehende Befugniß, den Zustand der Waare durch Sachverständige untersuchen zu lassen, befreit ihn nicht von der Verpflichtung baldthunlichster Untersuchung und Anzeige an den Verkäufer nach Art. 347 des HGB. XX. 165. — 23) Nichtannahme bestellter Waaren wegen mangelhafter Beschaffenheit. Verspätung der Rücksendung. Begründung des Einwandes der Verspätung. Beweislast. IV. 23. — 24) Vertragsaufhebung unter der Bedingung rechtzeitiger Waarenrücksendung und einer Anzeige mit umgehender Post. Nichterfüllung der Bedingung. X. 151. — 25) Rückforderung des für angeblich contractwidrige Waare gezahlten Preises. Beweislast. II. 26. XI. 235. XV. 213. — 26) Kauf einer Waare in der Originalverpackung zum Zwecke des Weiterverkaufs in diesem Zustande. Unterlassung ihrer Untersuchung präjudicirt nicht. X. 148. XIV. 130. — 27) Im Großhandel mit Waaren, welche in Ballen, Fässern und Kisten verpackt sind, ist in dem Weiterverkauf nicht eine unbedingte Annahme und Gutheißung der Waare zu finden. II. 274. — 28) Wissentlicher Verkauf schlechter Waare. Bei dolus des Verkäufers Ausschluß der Berufung darauf, daß der Käufer die Waare ohne Untersuchung entgegengenommen habe. II. 92. XIV. 130. — 29) Lieferungskauf mit Angabe, daß die Waare von einem bestimmten auswärtigen Platze komme. Erfüllungsanerbieten mit einer am Erfüllungsorte angekauften Waare. IV. 215. — 30) Mangelhafte Beschaffenheit eines Theils der Waare. Kauf nach Probe. II. 169. XVI. 43. — 31) Beweislast bei dem Handel nach Probe. I. 337. V. 129. — 32) Bestellungsprobe. Identitätsbeweis. VII. 304. — 33) Beweisführung durch Eideszuschiebung bei Verweigerung der Annahme wegen Mangels der Mustergemäßheit. V. 154. — 34) Versendung von Wein auf Bestellung. Muß der Besteller den Werth der Fässer vergüten? XV. 219. — 35) Verzug des Käufers. Weiterveräußerung der Waare und Differenzforderung des Verkäufers. V. 156. VIII. 351. XI. 139. 231. XIV. 122. — 36) Lieferungskauf von Getreide. Aufforderung zum Bezug zwei Tage vor dem Stichtage. Nichtbezug durch den Käufer. XV. 192. — 37) Unterlassene Abnahme verkaufter Werthpapiere. Der Verzug des Käufers berechtigt den Verkäufer nicht, die Differenz zwischen dem verabredeten Preise und dem Tagescourse am Stichtage zu verlangen. XX. 247. —

38) Erfüllungsverzug des Verkäufers dem entfernt wohnenden Käufer gegenüber. Zur Begründung des Verzugs bedarf es keiner Realoblation des Kaufpreises. XV. 11. — 39) Anspruch des Käufers auf Schadensersatz wegen Verzugs des Verkäufers. II. 152. 153. 155. IV. 21. 22. XI. 140. 141. XIII. 240. XV. 10. XIX. 129. — 40) Klage aus einem Lieferungskauf auf das Interesse wegen Nichterfüllung von Seiten des Verkäufers zur vertragsmäßigen Zeit. Uebertragung des Schlußzettels. Verbindlichkeit des Verkäufers, sich zur Lieferung zu erbieten. XIV. 225. — 41) Rücktritt von dem Kaufe wegen Verzugs der Erfüllung. III. 153. XI. 230. 232. XIV. 122. — 42) Rücktritt des Bestellers wegen verspäteter Lieferung bei Lieferungsgeschäften. XVII. 225. XVIII. 184. XX. 167. — 43) Innerhalb welcher Zeit ist die in dem Artikel 357 des HGB. vorgeschriebene unverzügliche Anzeige von Demjenigen zu beschaffen, der auf Erfüllung besteht? XX. 56. — 44) Wahlrecht des Käufers gegenüber dem die Vertragserfüllung ausdrücklich verweigernden Verkäufer, unabhängig von Anzeige und Fristbewilligung. XX. 166. — 45) Festsetzung eines bestimmten Lieferungstages, wesentliches Erforderniß bei Differenzgeschäften. XVI. 65. — 46) Klagbarkeit des Differenzgeschäftes. XI. 236.

C. Kaufmännische Anweisung. 1) Die kaufmännische Anweisung. Eigenthümlichkeiten derselben. Indossament. Protest. Regreß des Indossatars. III. 322. Vgl. XVIII. 135. — 2) Klage aus einer Assignation. Werth in Rechnung. Regreßanspruch insbesondere bei indossirten Anweisungen. V. 280. — 3) Angewiesene Zahlung, welche der Assignat als Mandatar des Assignatars zu empfangen hat. II. 42. — 4) Zahlung mit noch nicht acceptirten fälligen Anweisungen. II. 16. — 5) Collision der Statuten in Betreff der Präsentation und Protesterhebung bei kaufmännischen Anweisungen. II. 3. — 6) Pflicht des Assignatars zur Präsentation der Anweisung zur Zahlung. Nachlässigkeit desselben in Ausführung des Eincassirungsmandats. XIII. 220. — S. auch oben S. 128 „Assignation".

D. Commission.

a. Von dem Commissionshandel im Allgemeinen. 1) Commissionsgeschäft. Unterschied von dem im Namen des Auftraggebers abgeschlossenen Geschäft. XIII. 313. — 2) Einkaufs- und Verkaufscommission als Propregeschäft. Rechtliche Auffassung des Verhältnisses. XX. 249. — 3) Commission zum Zwecke überseeischer Consignation. XIII. 226. — 4) Obliegenheit des Commissionärs, die Versicherung über See zu versendender Waaren betreffend. IV. 219. — 5) Umfang der Verpflichtung des Commissionärs, die zur Ausführung der Commission erforderlichen Auslagen zu machen. II. 95. — 6) Vergütung von Auslagen des Commissionärs, namentlich im Falle des Widerrufs von Seiten des Committenten. II. 94. VIII. 47. — 7) Provisionsanspruch des Commissionärs; wann ist derselbe begründet? XIV. 27. — 8) Schadensersatzforderung wegen Verzögerung einer Commissionsbesorgung. Beweislast. II. 96. — 9) Genehmigung der von dem Commissionär vorgenommenen Geschäfte durch unterlassene Beantwortung eines Briefes. IV. 111. — 10) Abrechnung über ein Commissionsgeschäft. Absichtliche Unterlassung der Aufrechnung eines Postens und Aufrechnungsnachtrag. IV. 220. — 11) Ersatz von Portoauslagen. Unterlassung alsbaldiger Beanstandung. XV. 122. — 12) Durch die Beanstandung billiger Ansätze des Commissionärs für übliche Auslagen wird ein Beweisverfahren nicht nöthig. XV. 47. — 13) Zinsenanspruch des auswärtigen Commissionärs. Höhe der Zinsen. Statutencollision. XV. 222. — 14) Provision nebst den Zinsen bei Vorschüssen auf Waaren. XI. 129. — 15) Commissionstratten. XVI. 138.

b. Einkaufscommission. 1) Kaufsabschluß oder Einkaufscommission? II. 357. — 2) Committent und Commissionär stehen sich nicht als Käufer und Verkäufer gegenüber. VII. 28. — 3) Befugniß des Commissionärs, die Waare von dem eigenen Lager zu entnehmen. II. 357. VIII. 351. XX. 168. — 4) Schadensersatzklage des Commissionärs gegen den dritten Contrahenten. Berechnung des Schadens mit Rücksicht auf das Interesse des Committenten. XI. 36. — 5) Gant des Einkaufscommissionärs. Rechtsverhältniß des Committenten der Gantmasse gegenüber. XIV. 231. — 6) Verhalten des Einkaufscommissionärs bei veränderter Conjunctur. III. 163. IV. 211. — 7) Haftung des Einkaufscommissionärs für Verzögerung bei dem Transport der Waaren. II. 96. XI. 143. — 8) Pflicht des Einkaufscommissionärs, wegen Verladungsaufschubs Bericht zu erstatten. III. 162. — 9) Kann wegen Verzugs des Einkaufscommissionärs der Committent von dem Vertrage zurücktreten? III. 164. XI. 230. — 10) Schadensersatzforderung wegen Verzögerung einer Commissionsbesorgung. Beweislast. II. 96. — 11) Obliegenheit des Commissionärs, wenn der dritte Verkäufer mangelhafte Waare liefert. Kann der Committent, welcher die Waare angenommen hat, wegen Mangelhaftigkeit derselben einen Abzug machen? VIII. 128. — 12) Beweislast, wenn der Committent dem Commissionär wegen Mangelhaftigkeit der gelieferten Waare einen Abzug bei der Auslagenvergütung machen will. Bedeutung des von dem Committenten gegebenen Versprechens, den Tratten des Commissionärs prompten Schutz verschaffen zu wollen. VIII. 129. — 13) Commissionseinkauf theilweise genehmigt, theilweise abgelehnt. VII. 308. — 14) Allgemeiner Einwand des Committenten, daß die Waare der Ordre nicht entsprochen habe. IX. 27. — 15) Einkauf auf den Namen des Commissionärs. V. 159. 160. — 16) Eigenthumserwerb bei der Einkaufscommission. V. 112. 253. — 17) Del credere des Einkaufscommissionärs. Durch dasselbe wird der Commissionsvertrag nicht in einen Lieferungsvertrag verwandelt. V. 161. — 18) Auslagen des Commissionärs und deren Vergütung. II. 94. 95. — 19) Beanstandung der in Rechnung gebrachten Auslagen des Einkaufscommissionärs. Nachweis derselben. V. 160. XV. 47. — 20) Verweigerung der Annahme von Seiten des Committenten. Weiterverkauf der Waare von Seiten des Commissionärs. V. 158. — 21) Befugniß des Einkaufscommissionärs, wegen Mora des Committenten in Erstattung des Vorschusses die Waare anderweit zu verkaufen. VIII. 351. XVII. 272. — 22) Außer dem Falle der Mora ist der Einkaufscommissionär nicht befugt, zum Behufe seiner Deckung die Waare weiter zu verkaufen. VII. 29. — 23) Befugniß zum anderweiten Verkauf der Waare wegen Mora des Committenten, wenn der Commissionär zugleich Verkäufer ist. XX. 168. — 24) Der Commissionär, welcher von den Concursgläubigern des Committenten auf Auslieferung der für den Cridar gekauften Waare belangt wird, kann verlangen, daß auch die Gläubiger ihrerseits den Contract erfüllen. VI. 116.

c. Verkaufscommission. 1) Consignation oder Trödelvertrag? XI. 144. — 2) Verkaufscommission in Handelssachen. Durch den Tod des Vorstehers einer Handlung wird bei Fortdauer der Firma der Commissionsauftrag nicht aufgehoben. III. 319. — 3) Auftragsclausel „für Rechnung wenn es angeht.“ X. 44. — 4) Verkaufscommission betreffend Inhaberpapiere. Bei nicht ausgeführter Commission kann der Committent nicht Rückgabe derselben Stücke verlangen. X. 127. XIII. 233. — 5) Facturapreise und Limitum bei der Verkaufscommission. Beweislast in Betreff der Limitirung. III. 95. XIII. 157. XIV. 155. XV. 46. — 6) Verkauf unter dem Limitum. Klage auf die Differenz. Beweisvorbehalt für den Gegner über die Behauptung, daß der Committent durch den Verkauf keinen Schaden erlitten hat. X. 90. XIII. 52. (Vgl. X. 95.) — 7) Mehrerlös über dem Limitum. Derselbe kommt, wenn eine Provision nicht verabredet worden, dem Commissionär zu Gute. VIII. 256. — 8) Instructionswidrige Verkaufsunterlassung wegen stillschweigender Gutheißung verantwortungsfrei. V. 157. — 9) Auskunfts- und Justificationsverbindlichkeit des Commissionärs. XV. 45. — 10) Commissionsabrechnung bei einem Consignationsgeschäft. Justification durch Eid. VII. 309. — 11) Commission zum Zwecke überseeischer Consignation. Diligenzpflicht des Commissionärs, falls die Abrechnungen u. s. w. des Consignatärs ungenügend sind. XVIII. 53. — 12) Der Verkaufscommissionär zugleich Pfandgläubiger. III. 320. — 13) Vorschuß von Seiten des Verkaufscommissionärs. Begründung der Klage auf Rückzahlung desselben. XV. 44. — 14) Verkauf von Seiten des Commissionärs in eigenem Namen oder durch ein anderes Handlungshaus enthält keine stillschweigende Uebernahme des del credere. V. 162. — 15) Einrede der Vorausklage ausgeschlossen bei dem del credere des

Commissionärs. XX. 58. — 16) Der Verkaufscommissionär als Selbstkäufer. Zeitpunkt der Perfection des Handels. XX. 57. — 16) Verkaufsselbsthülfe des Verkaufscommissionärs. Statutencollision. XIV. 195. — 17) Aufrechnungen des Verkaufscommissionärs für Verpackung und Expedition zurückgesendeter Waaren, erst nach Aufhebung des mehrjährigen Verhältnisses angemeldet. Auslieferungsprovision. IX. 57. — 18) Durch Uebertragung des ausschließlichen Provisionsverkaufes begiebt sich ein Fabrikant weder des Rechts zum Selbstverkauf noch des Rechts zur Vermittelung des Absatzes durch Reisende. XVI. 64.

E. Speditionsgeschäft. 1) Rechtsverhältniß des Spediteurs der Waare zum Absender und zum Destinatar. II. 286. XV. 48. — 2) Der von dem Absender und dem Destinatar beauftragte Spediteur. V. 56. — 3) Speditionsverhältniß, wenn der Name des Spediteurs dem Absender von dem Destinatar aufgegeben war. V. 60. — 4) Eigenthumserwerb des Waarenbestellers durch den Spediteur. Contre-Ordre des Absenders. Beweislast. IX. 128. — 5) Contre-Ordre des Absenders an den von dem Besteller der Waare beauftragten Spediteur. Uebertragung des Eigenthums. VIII. 76. — 6) Befugniß des Absenders zur Zurücknahme der Waare. V. 59. — 7) Obliegenheiten des Spediteurs. Beweislast. Substituirung eines öffentlich bestätigten Güterschaffners. V. 306. — 8) Brieflicher Speditionsauftrag an den Frachtführer rücksichtlich des von dem Adressaten zurückgewiesenen Frachtguts. XIV. 230. — 9) Spedition durch Eisenbahnverwaltungen. VII. 172. 355. — 10) Haftet der Spediteur für die Versehen der von ihm beauftragten Personen? V. 306. VI. 243. VII. 224. X. 78. — 11) Entschädigungsklage gegen den Spediteur, wenn derselbe bei der Auswahl des Fuhrmannes nachlässig gewesen ist. Steht selbige dem Verkäufer oder dem auswärtigen Käufer zu? XIV. 23. — 12) Entschädigungsanspruch an den Spediteur wegen Unterlassung innerer Besichtigung der Waaren. IV. 77. — 13) Haftung des Spediteurs wegen Nichtbefolgung der ihm ertheilten Instruction. Schadensersatzverbindlichkeit. Zumuthung, die beschädigte Waare für den Facturabetrag zu übernehmen. IV. 139. — 14) Unter welchen Voraussetzungen ist der Empfänger einer Waare dem Spediteur oder Frachtführer zur Bezahlung der auf dem Frachtbriefe unter der Bezeichnung „Nachnahme" bemerkten Geldbeträge verpflichtet? II. 99. — 15) Nachnahme bei dem Speditionsgeschäfte. Retentionsrecht des Frachtfuhrmanns. Haftung desselben wegen Unterlassung der Geltendmachung. III. 196. — 16) Retentionsrecht des Spediteurs wegen Speditionskosten. Anspruch auf Lagergeld. XVII. 152. — 17) Ausdehnung des Retentionsrechts des Spediteurs auf frühere Speditionsverhältnisse. V. 57. — 18) Dem Spediteur, welcher die Waare auf sein eigenes Lager nimmt, steht wegen seiner Spesen das gesetzliche Pfandrecht des Vermiethers nicht zu. V. 58. — 19) Der Absender einer Waare ist im

Zweifel nicht berechtigt, den von dem Spediteur dem Adressaten zu viel angerechneten Speditionsverlag zu condiciren. XVII. 153.

F. Frachtgeschäft. Eisenbahntransport. Waarenverschiffung auf Flüssen. Postdienst. 1) Reisegepäck als Frachtgut. Haftung für selbiges durch den Uebernehmer einer öffentlichen Transportanstalt bei Empfangnahme durch den Kutscher. XX. 250. — 2) Statutencollision bezüglich des Ersatzanspruchs wegen Beschädigung von Frachtgütern. IV. 3. — 3) Haftung des Frachtführers wegen Beschädigung. Beweislast hinsichtlich des Verschuldens. VII. 225. XI. 237. XIII. 251. — 4) Haftung des Frachtfuhrmanns, insbesondere für Mittelspersonen bei der Frachtbesorgung. II. 93. IV. 79. — 5) Haftung des abliefernden Fuhrmannes für die bei einem vorhergehenden Fuhrmanne entstandene Beschädigung des Frachtguts. IX. 56. — 6) Haftung bei Verlust von Gütern, welche der Eisenbahn zum Transport übergeben worden sind. VII. 172. 355. — 7) Haftung der abliefernden Eisenbahnverwaltung für die Beschädigung der Waare. XII. 25. — 8) Ein bei äußerlich erkennbarer Beschädigung oder bei Verlust an dem Frachtgut bei Annahme desselben und Bezahlung der Fracht hinzugefügter Vorbehalt ist rechtlich wirksam. XX. 169. — 9) Haftung des Frachtführers (Schiffers) für nachzunehmende Spesen. IV. 140. — 10) Haftung der Eisenbahnverwaltung wegen Beschädigung der reisenden Personen für Verschulden des Dienstpersonals. VIII. 52. XIII. 140. XVI. 22. — 11) Wirksamkeit einer Bezugnahme des Frachtbriefes auf das die Ersatzpflicht beschränkende Gütertransport-Reglement der Eisenbahn. X. 199. — 12) Unwirksamkeit der Bestimmungen eines Eisenbahnreglements für den Empfänger des Frachtguts bei Ermangelung vertragsmäßiger Unterwerfung. XX. 252. — 13) Die Verantwortlichkeit des Frachtführers in Ansehung des durch eigenes Verschulden herbeigeführten Schadens kann mittelst besonderer Stipulation nicht aufgehoben werden. II. 180. IV. 18. — 14) Brieflicher Speditionsauftrag an den Frachtführer rücksichtlich des von dem Adressaten zurückgewiesenen Frachtgutes. Haftung wegen Nichtvollzuges bei unterlassener Beantwortung. XIV. 230. — 15) Rechtsverhältniß zwischen Destinatar und Frachtfuhrmann nach Zustellung des Frachtbriefes Seitens des Letzteren an den Ersteren. Rechtliche Natur des Frachtbriefes im Gegensatze zu dem Connossemente. XII. 291. — 16) Geht durch Uebergabe einer Waare an den Frachtfuhrmann das Eigenthum an den Destinatar über? VII. 7. — 17) Verschulden bezüglich eines einem Frachtfahrer übergebenen Fäßchens Schießpulver durch Nichtanzeige des Inhalts. III. 166. — 18) Auf die Flußschifffahrt findet die kaufmännische Usance, welche in dem Seerecht sich in Bezug auf Connossemente gebildet hat, keine Anwendung. II. 86. — 19) Haftung eines frachtführenden Fluß- und Canalschiffers aus einem Connossemente. Regreß des Schiffers gegen den Befrachter. XV.

49. — 20) Ladeschein in mehreren Exemplaren. Haftung des Schiffers. XX. 170. — 21) Berufung des Empfängers dem Frachtfahrer gegenüber auf Bestimmungen des Frachtvertrages, welche nicht in den Ladeschein aufgenommen sind. XX. 251. — 22) Verschiffung von Waaren. Actio de recepto im Falle ihrer Beschädigung? XIII. 251. — 23) Vertragsmäßige Beschränkung der Haftungspflicht eines Schiffers auf nachzuweisende schwere Verschuldung. XI. 86. — 24) Amtliche Bekanntmachungen über den Postdienst, als lex contractus wirksam. VI. 58. — 25) Wer gilt der Post gegenüber als Absender, und wen darf diese daher als zum Rückempfange von Briefen und Werthsachen legitimirt ansehen? VI. 60. — 26) Klagrecht des Adressaten gegen die Postanstalt. VI. 59. — 27) Unwirksamkeit von Verträgen contra bonos mores. Anwendung auf Postversendungen. Vorbehaltslose Annahme eines spolirten Geldpakets. XVI. 27.

G. Seehandel. 1) Einfluß des Umstandes, daß die Schiffspapiere den Schiffer auch als Eigenthümer bezeichnen. XI. 169. — 2) Eigenthumserwerb an auswärts befindlichen Schiffen. VIII. 111. X. 232. — 3) Eigenthumserwerb an Schiffsparten. XI. 213. — 4) Verkauf von Schiffsparten. Wirkung in Bezug auf das Verhältniß des Verkäufers zu den übrigen Rhedern und zu dem Correspondentrheder. Sind die Ansprüche des Verkäufers auf die früheren Rhedereieinnahmen als mitübertragen zu betrachten? XI. 35. — 5) Pfandrecht an einem Seeschiffe. Statutencollision. XVII. 111. — 6) Theilung einer Rhederei nach älterem oder neuerem Rechte? XVIII. 104. — 7) Verhältniß zwischen Schiffer und Rheder. Verbindlichkeit des Schiffers zur Ablieferung einer von den Befrachtern dem Schiffer gezahlten Prämie. IX. 153. — 8) Haftung des Rheders für Verschulden des Schiffers. VI. 190. XI. 85. 294. XVIII. 248. — 9) Actio exercitoria. Vorschüsse für ein gemiethetes Schiff geleistet. Haftung der Rheder? Vorschüsse an den Capitän für Rechnung des Befrachters. X. 161. — 10) Verpflichtung von Lootsengesellschaften aus Verschuldungen einzelner Mitglieder. V. 164. — 11) Legitimation eines in dem Auslande sich befindenden Schiffers im Verhältnisse zu dem Rheder. XII. 292. — 12) Dispositionsbefugniß des Schiffers im Auslande. VII. 88. — 13) Verpflichtung des Schiffers gegen das Schiffsvolk aus dem Heuercontracte. XI. 169. — 14) Verpflichtung des Schiffsherrn aus Verschuldungen seiner Leute. XVII. 34. — 15) Klage gegen den Schiffer aus dem von ihm abgeschlossenen Frachtvertrage. Unterschied, ob bei Abschluß des Vertrages das Schiff sich in dem Heimathshafen oder außerhalb desselben befunden hat. XX. 253. — 16) Befrachtungscontract zu Transporten über See. Befugniß zum Rücktritt bei Ausbruch eines Krieges. VI. 246. — 17) Wesentliche Bedeutung der Connossemente, die Verpflichtung des Schiffers festzustellen. XI. 84. Vgl. XII.

291. XV. 49. — 18) Bewirkt Uebersendung oder Uebergabe des Connossements Uebergang des Besitzes und des Eigenthums? I. 8. II. 86. — 19) Durch Einsendung und Uebertragung des Connossements wird kein Eigenthum und Besitz an der Waare selbst übertragen. Gleichwohl Vorrecht des dritten rechtmäßigen Connossementsbesitzers vor dem Absender der Waare, welcher keine Zahlung erhalten hat. VI. 241. — 20) Vorzug des gutgläubigen Inhabers des Connossements vor dem ungedeckten Absender der Waaren in Gantfällen. I. 396. — 21) Verpflichtung aus der Zeichnung eines Connossements. Rechtliche Folge der Ablieferung an einen Nichtinhaber des an Ordre gezeichneten Connossements. V. 217. — 22) Zurückforderung der an einen vermeintlichen Connossements-Inhaber ausgelieferten Waaren. IV. 232. — 23) Ausnahme von der Pflicht des Schiffers, die festgesetzte Ladezeit abzuwarten. XII. 293. — 24) Aufhalten eines Schiffes über die vereinbarten Lade- und Lösch-Tage hinaus. Schadensersatzberechnung. Bedungene Conventionalstrafe. XII. 15. — 25) Fautfracht. Vergütung für Ueberliegetage. VII. 87. — 26) Es ist Sache des Destinatars, nicht des Schiffers, für die Abnahme des auf die Waaren gelegten zollamtlichen Verschlusses zu sorgen. XI. 295. — 27) Vorschuß auf die Fracht. Rückerstattung desselben bei Untergang von Schiff und Ladung. VI. 56. — 28) Dem Schiffer liegt nicht ob, auf die Verhältnisse des Befrachters zu dem Versicherer Rücksicht zu nehmen. VI. 247. — 29) Haftung des Befrachters für Auslagen des Schiffers zum Nutzen der Ladung, insbesondere für Gebühren, durch deren Zahlung die Landung transportirter Auswanderer bedingt ist. IX. 205. — 30) In wie fern haftet der Absender für die dem Schiffer zur Last fallende Verspätung einer Waarensendung? I. 205. — 31) Beschädigung verschiffter Waaren. Haftung des Schiffers für den Schaden. Damnum fatale. Beweislast. IV. 113. 114. — 32) Begriff des den Schiffer von der Haftung befreienden damnum fatale. XIII. 54. 225. — 33) Verschiffte Waaren beschädigt. Clausel: „frei von Bruch und Beschädigung." Einfluß derselben auf die Beweislast. VII. 310. — 34) Bedeutung der Clausel in Connossementen und Geschäftsprogrammen, daß jeder Wasser- und Feuerschaden als von unwiderstehlicher Gewalt herrührend angesehen werden solle. II. 180. IV. 18. — 35) Vertragswidrige Nichtlöschung in einem angelaufenen Zwischenhafen. Berufung des Schiffers auf die Nothwendigkeit der Berücksichtigung anderer Theile der Ladung. XI. 84. — 36) Anspruch des Schiffers auf Frachtgeld im Falle Verkaufs eines Theils der Güter in einem Nothhafen. Statutencollision. XV. 183. — 37) Verpflichtung der Ladungsinteressenten zum Beitrage bei Auslagen, welche der Schiffscapitän zur Rettung der Ladung gemacht hat. Lex Rhodia de jactu. VII. 89. — 38) Havariegrosse. Kosten des Aufenthaltes in einem Nothhafen. Längeres Verweilen in dem Abgangshafen durch Kriegsgefahr veran-

laßt. VI. 245. — 39) Uebergang der Verbindlichkeit zur Erstattung von Havariegeldern bei verkauften Schiffen. VIII. 126. — 40) Ansegelung auf offener See. Oertliche Grenzen der Herrschaft des Gesetzes. XIV. 197. — 41) Uebersegelung auf offener See. Statutencollision. IV. 4. — 42) Klage aus einer Uebersegelung gegen den Schiffscapitän. IV. 54. — 43) Forum rei sitae bei actiones in rem scriptae, insbesondere bei Klagen aus Uebersegelungen. IV. 83.

H. Seeversicherung. 1) Seetüchtigkeit des Schiffes, Voraussetzung bei der Seeversicherung. XI. 93. — 2) Beweislast hinsichtlich der Seetüchtigkeit des Schiffes. XIX. 266. — 3) Beurtheilung der Seetüchtigkeit. Schluß aus dem Zustand nach vollendeter Reise auf Seeuntüchtigkeit zur Zeit des Abganges aus dem Hafen. II. 289. — 4) Assecuranz für fremde Rechnung. Erforderniſſe. III. 97. — 5) Assecuranz über mehrere Gegenstände. Annahme verschiedener selbstständiger Versicherungsverträge. III. 96. — 6) Versicherung von Frachtgeldern. Voraussetzung für die Ersatzverbindlichkeit. Statutencollision. XV. 183. — 7) Verpflichtung des Versicherten zur Angabe aller erheblichen Umstände. I. 219. — 8) Umfang der Verpflichtung des Assecuranz-Suchenden zur Anzeige aller für die Schätzung der Gefahr erheblichen Umstände. VI. 249. — 9) Pflicht des Versicherten, alle die Gefahr vergrößernden Umstände anzuzeigen. Beweislast, betreffend die Wahrheit der bei Abschluß der Assecuranz gemachten Angaben. VI. 248. — 10) Bedeutung der Clausel „frei von Beschädigung außer im Strandungsfalle." I. 346. — 11) Clausel: „frei von Beschädigung außer im Strandungsfall." Wann ist Totalschaden anzunehmen? XI. 170. — 12) Begriff der Strandung in Beziehung auf diese Clausel. XI. 171. — 13) Seeversicherung mit der Clausel „frei von — Procent-Beschädigung." Schadensermittelung durch öffentliche Versteigerung. Einwirkung des Versicherers auf das Ergebniß desselben. XVI. 247.

Hauptstück 2.

Wechselrecht.

I. Wechselfähigkeit.

Art. 1—3 der allgemeinen deutschen Wechselordnung.

A. Voraussetzungen für die Wechselfähigkeit. Art. 1 der allgemeinen deutschen Wechselordnung. 1) Wechselfähigkeit der Hauskinder. VII. 227. XV. 51. — 2) Wechselfähigkeit der Ehefrauen. Statutencollision. XVIII. 154. — 3) Voraussetzung für die Wechselfähigkeit der Ehefrauen. VII. 226. — 4) Nachweis der ehemännlichen Genehmigung zu der Wechselverpflichtung einer Ehefrau gehört zur Begründung der Klage. XVII. 88. — 5) Ehemännliche Genehmigung durch Beischrift auf den Wechsel. XIII. 114. 273. — 6) Liegt in der Acceptation des von der Ehefrau auf den Ehemann gezogenen Wechsels die ehemännliche Genehmigung der Wechselausstellung? XVIII. 155. — 7) Wechselfähigkeit des Cridars. XIV. 156. XV. 52. — 8) Accept eines Minderjährigen, welcher sich für großjährig ausgiebt. XV. 153. — 9) Wechselausstellung in Geistesverwirrung. V. 219. — 10) Wechselaussteller, welcher nur seinen Namen schreiben kann. V. 220. — 11) Wechsel der Blinden. XVI. 67.

B. Haftung des Wechselschuldners mit Person und Vermögen. Art. 2 der W.O. 1) Gegen den Wechselschuldner kann neben der Realexecution gleichzeitig Personalarrest beantragt und verfügt werden. XIII. 319. — 2) Zulässigkeit des Wechselarrestes gegen Handelsfrauen. XX. 254. — 3) Ausschluß des Wechselprocesses und der Personalhaft gegen den Wechselschuldner durch Eröffnung des Concurses. XIV. 156. Note 1. XX. 171. — 4) Promissory notes. Aus der Zulässigkeit des Wechselprocesses ist die Zulässigkeit der Wechselhaft nicht zu folgern. XIV. 165. — 5) Kann die Einrede der Befreiung von der persönlichen Wechselhaft noch in der Executionsinstanz geltend gemacht werden? XVIII. 156. — 6) Executivklage auf Wechsel gestützt. XVII. 186.

II. Erfordernisse eines gezogenen Wechsels. Art. 4—7 der W.O.

A. Von den einzelnen Erfordernissen. Art. 4 der W.O.

a. Bezeichnung als Wechsel. 1) Das Versprechen nach Wechselrecht gleichbedeutend mit der Bezeichnung als Wechsel. XX. 255. — 2) Depotwechsel. XIII. 158. — 3) Wechsel mit einer auf das zu Grunde liegende Rechtsverhältniß hinweisenden Ueberschrift. XIV. 49. — 4) Wechsel in fremder Sprache. III. 362. — 5) Ausländische Wechsel ohne Bezeichnung mit einem dem Worte „Wechsel" entsprechenden Ausdruck. XIV. 164. XV. 71.

b. Angabe der Geldsumme. 1) Wechselsumme „400 Rthlr. oder Werth." XVI. 237. — 2) Kein gültiger Wechsel, wenn Zahlung in Staats- oder anderen Werthpapieren versprochen ist. XII. 321. S. 430 Note.

c. Angabe des Remittenten. 1) Bezeichnung des Remittenten. XIX. 258. — 2) Remittent „die Witwe und Erben des N." XV. 239.

d. Angabe der Zahlungszeit. 1) Einwendung des Ausstellers, daß bei Ausstellung des Wechsels auf demselben der Zahlungstag nicht ausgedrückt gewesen sei. VII. 351. — 2) Ungültigkeit des Ratenwechsels und der sogenannten cassatorischen Clausel. XIV. 50. — 3) Wechsel mit bestimmtem Zahlungstage. Verabredung, daß vor Eintritt eines Ereignisses der Wechsel nicht solle geltend gemacht werden können. XV. 158. Note 2. — 4) Mangel der Jahreszahl bei der Zahlungszeit. VII. 230. IX. 59. XI. 276. XII. 61. 62. 181. XIII. 228. — 5) Unstatthafte Festsetzung der Zahlungszeit auf Ostern oder ein anderes mehrere Tage umfassendes Fest. XII. 321. S. 430 Note. — 6) Zahlungszeit „zu Joh. d. J." genügend. XX. 256. — 7) Zahlungszeit „Anfang Jänner nächsthin" ungenügend. XII. 63. Vgl. XII. 181 Note 7. — 8) Ende eines Monats, Jahres, als Zahlungszeit. IX. 58. XII. 181. XIII. 115. XIX. 257. — 9) „Ende December prox." keine genügende Bezeichnung der Zahlungszeit. XVII. 89. — 10) Zahlungszeit „bis zum 1. August 1855" ungenügend. XII. 181. — 11) Zahlungszeit auf einen nach dem Kalender nicht existirenden Tag (31. Februar) festgesetzt. XIII. 162. — 12) Zahlungszeit durch bloße Angabe „zahlbar nach Sicht." VII. 241. X. 277. XIII. 159. — 13) Zahlungszeit „Dato nach Sicht" ungenügend. XIII. 160. — 14) Wechsel zahlbar „nach Wiedersicht" gültig. XII. 294. XIV. 52 Note. — 15) Zahlungszeit „drei Tage auf Sicht." XVIII. 157. — 16) Zahlungszeit „drei Jahre auf dato." XVI. 68. — 17) Zahlungszeit „drei Monate a dato." XVI. 69. — 18) Wechsel zahlbar „nach einem Monate (Jahre)" ungültig. XII. 181. XIII. 161. — 19) Wechsel „Ende der Frankfurter Ostermesse zahlbar", obgleich kein Meßwechsel, doch gültiger Tagwechsel. XVIII. 158. — 20) Meßwechsel. X. 278.

e. Unterschrift des Ausstellers. 1) Stelle der Unterschrift nach dem Context des Wechsels. XX. 180. — 2) Stellung der Unterschrift eines Wechsels zwischen Context und Datum. XVIII. 159. — 3) Bezeichnung der Person des Ausstellers. XIX. 179. — 4) Firmaunterschrift bei dem Wechsel. XI. 277. — 5) Eigenhändige Unterschrift des Ausstellers nicht erforderlich. XII. 182. — 6) Ergänzung der unterbliebenen Unterschrift des Ziehers durch den Curator seiner Concursmasse nach eröffnetem Concurse. XII. 65. — 7) Ausstellung eines Blanquets mit einer Wechselerklärung durch den Testamentsexecutor des Gläubigers. XII. 66. — 8) Widerrechtliche Unterzeichnung eines vorher mit Accept versehenen Wechselformulars durch einen Dritten als Trassanten. XIX. 180. 181. XX. 178. — 9) „Sine obligo" von dem Aussteller seiner Unterschrift beigefügt. XVIII. 160. — 10) Wechsel der Blinden. XVI. 67.

f. Angabe des Orts und der Zeit der Ausstellung. 1) Ausstellungszeit in Widerspruch mit der Verfallzeit. XIII. 163. — 2) Richtigkeit der Ausstellungszeit. XX. 172.

g. Name und Bezeichnung des Trassaten. Irrthümliche Angabe der Straße und Hausnummer des Bezogenen bei der Adresse des Wechsels. XI. 278.

b. Angabe des Ortes, an welchem die Zahlung geschehen soll. 1) Zahlungsort bei Wechseln. VII. 94. — 2) Wechselclausel „zahlbar aller Orten wo ich anzutreffen bin." V. 222. — 3) Benutzung eines gedruckten Formulars, in welchem der Wechsel für zahlbar erklärt ist „hier und aller Orten, wo mir dieser Wechsel vorgezeigt wird." Beifügung eines besondern Domicils ohne Durchstreichung jener Worte. XV. 154. XIX. 293. — 4) Der Zahlungsort der Tratte wird durch Veränderung des Wohnorts des Trassaten nicht berührt. XX. 61. — 5) Irrthümliche Angabe der Straße und Hausnummer des Bezogenen bei der Adresse des Wechsels. Die Vorschriften der Wechselordnung über den Zahlungsort nicht auf Straßenangabe zu beziehen. XI. 278. — 6) Domicilwechsel. III. 365. VII. 231. X. 206. XI. 282. 283. XIII. 117. XV. 56. 59. 60. 155. XVIII. 164. XIX. 293. — 7) Der Domicilvermerk muß von dem Aussteller oder mit seiner Genehmigung beigefügt werden. XV. 56. XIX. 57.

B. Wechsel an eigene Ordre. Trassirt-eigene Wechsel. Art. 6 der W.O. 1) Wechsel an eigene Ordre. VII. 228. — 2) Von zwei Eheleuten unterzeichneter Wechsel an die Ordre „von mir selbst." XIX. 258. — 3) Wechsel zahlbar „an die Ordre meines Indossaments." XIV. 51. — 4) Wechsel an eigene Ordre. Indossirung „ohne Gewähr." X. 204. XVIII. 162. — 5) Eigener Wechsel in Form eines gezogenen Wechsels. XVI. 246. — 6) Trassirt eigener Wechsel an eigene Ordre. XIII. 177.

C. Folge des Mangels eines wesentlichen Erfordernisses. Art. 7 der W.O. 1) Wechselunterschrift auf einem noch nicht vollständig ausgefüllten Wechselformular. VII. 232. 236. 350. IX. 61. XII. 64. XIII. 274. XIV. 161. XV. 53. XVI. 238. XIX. 180. 181. XX. 64. 178. — 2) Nachträgliche Verbesserung eines mangelhaften Wechsels. III. 199.

III. Indossament.
Art. 9—17 der W.O.

A. Uebertragung des Wechsels. Art. 9 der W.O. 1) Wesen des Indossaments. Unterschied von der Cession. Berufung auf die weiblichen Rechtswohlthaten gegen den Indossatar. X. 79. — 2) Indossament ohne Valutaempfang. III. 364. — 3) Zur Uebertragung des Wechsels ist Aushändigung an den Indossatar erforderlich. XII. 297. — 4) Activlegitimation des Wechselinhabers, auf welchem sich unter dem Indossament des Trassanten ein nicht durchstrichenes, auf einen Dritten lautendes eigenes Indossament des klagenden Inhabers befindet. XVI. 240. — 5) Indossament einer Ehefrau, im Voraus von dem Ehemanne genehmigt, insbesondere durch Ziehung des Wechsels an die Ordre der Frau. XIII. 273. — 6) Aus dem Indossamente kann kein Schluß auf das zu Grunde liegende Begebungsgeschäft gezogen werden. XII. 67. — 7) Das einer Wechselbegebung beigefügte Bekenntniß „Werth baar erhalten" ist nicht als Ausdruck eines zu Grunde liegenden Darlehns anzusehen. VIII. 81. — 8) Uebertragung von Wechselrechten durch Cession. Indossament oder Cession bezüglich eines Theils der Wechselforderung. XIV. 158. — 9) Indossament als Cessionsform. III. 44. — 10) Wirkung der Indossirung eines „nicht an Ordre" lautenden Wechsels. Das Incasso-Indossament wird durch diese Clausel nicht gehindert. XX. 173. — 11) Simulirtes Indossament. XII. 190. XIX. 65. — 12) Klage aus einer theilweisen Cession einer Wechselforderung. XX. 29. — 13) Ueberweisung einer Wechselforderung im Wege der Execution. XVI. 70. 140.

B. Wirkung des Indossaments. Art. 10 der W.O. 1) Wechselgiro um einen geringeren Betrag als die Wechselsumme. VII. 233. — 2) Das Bekenntniß „Werth erhalten", einem Indossamente beigefügt. Ausnahme von der Präsumtion, daß der Unterzeichner in den Inhalt eingewilligt habe. VIII. 80. — 3) Falsches Indossament. III. 92. — 4) Erwerb des Wechsels durch den Acceptanten, insbesondere nach Verfall und Protest. Confusion. XIV. 157. — 5) Das Indossament eines verjährten Wechsels kann bei der Klage aus dem demselben vorausgehenden Civilgeschäft nicht zur Activlegitimation dienen. XX. 66. — 6) Uebertragung eines in blanco indossirten Wechsels ohne wechselmäßiges Indossament des Uebertragenden, aber mit Uebernahme der Haftung nach den Grundsätzen des Indossaments. Anwendung der Wechselverjährung. XIV. 159. — 7) Der Wechselmitschuldner als Indossatar. X. 205.

C. Indossament in blanco. Art. 12 und 13 der W.O. 1) Blanco-Indossament. Aushändigung des Wechsels an den Indossatar erforderlich. XII. 297. — 2) Durchstreichung eines Ordre-Indossaments bis auf die Unterschrift. Gewinnt dasselbe dadurch die Bedeutung eines Blanco-Indossaments? XV. 241. — 3) Nichtdurchstrichener Name unter einer durchstrichenen Quittung auf der Rückseite des Wechsels, ob Blanco-Indossament oder nicht? XVIII. 161. — 4) Blanco-Indossament ohne Raum zu der Ausfüllung desselben. XX. 62. — 5) Blanco-Indossament mit dem Beisatz „Werth erhalten." XIX. 56. — 6) Ein Indossament ist auch dann vorhanden, wenn der Remittent auf die Rückseite des Wechsels zu seinem Namen noch eine Bemerkung setzt, durch welche der Namenszeichnung die Eigenschaft eines Indossaments nicht ausdrücklich entzogen wird. XII. 183. — 7) Blanco-Indossament, dem Protest vorangegangen. Legitimation des Erwerbers des protestirten Wechsels. XI. 90. XII. 185. XV. 57. — 8) Eine Unterschrift auf der Vorderseite des Wechsels als Blanco-Indossament nicht wirksam. IX. 60. XIII. 164. — 9) Wirksamkeit eines ausgefüllten Blanco-

Indossaments auf der Vorderseite des Wechsels. XIII. 167. — 10) Ausfüllung des Blanco-Indossaments durch den Wechselinhaber. Zusatz „ohne Protest." XI. 281. XII. 186.

D. Haftung des Indossanten gegen spätere Wechsel-Inhaber. Art. 14 der W.O. 1) Wechsel an eigene Ordre. Indossirung „ohne Gewährleistung." X. 204. XVIII. 162. — 2) Indossament „ohne Gewährleistung" gegenüber der Cession einer Wechselforderung. XIV. 158. — 3) Indossament behufs Bürgschaftsleistung. Civilklage daraus? XIII. 250. XV. 246. — 4) Der Trassant als Indossatar. VII. 348.

E. Indossirung nach Ablauf der für die Protest-Erhebung Mangels Zahlung bestimmten Frist. Art. 16 der W.O. 1) Regreßrecht aus solcher Indossirung. IX. 65. XV. 54. — 2) Eintritt der Wirkungen, welche an das Indossament nach Protest Mangels Zahlung geknüpft sind, wenn die Aufnahme des Protestes erlassen ist. XIX. 60. — 3) Blanco-Indossament nach Protest. XVII. 90. — 4) Legitimation des Erwerbers eines Mangels Zahlung protestirten mit einem Blanco-Giro versehenen Wechsels. Nur sein unmittelbarer Vormann ist ihm nicht wechselmäßig verpflichtet. XVI. 239. — 5) Erwerb eines nicht rechtsförmig protestirten verfallenen Wechsels. XV. 240. — 6) Indossament nach Protest Mangels Zahlung. Einrede des Zwanges. XI. 172. — 7) Indossament nach erfolgtem Protest an den den Wechsel einlösenden Aussteller. Einrede aus der gegen den Indossanten erstrittenen Rechtskraft. XI. 173. — 8) Erwerb eines protestirten Wechsels auf Grund eines dem Proteste vorangegangenen Blanco-Giros. XI. 90. XII. 185. XV. 57. — 9) Frist für die Präsentation und Protestation einer nach Ablauf der Frist für Protesterhebung indossirten Tratte. XX. 174. — 10) Bedingung des Regresses gegen die Indossanten eines präjudicirten Wechsels. Frist zur Präsentation und Protesterhebung. XVII. 273. — 11) Verurtheilung eines Schuldners und Immission; dann Antrag auf Rückgabe des Wechsels aus den Acten. Wirkung einer Weiterbegebung des eingeklagten Wechsels. XVII. 91.

F. Indossament in Procura. Art. 17 der W.O. 1) Indossament zur Eincassirung aber ohne Beifügung der die Procura andeutenden Worte. VII. 349. XII. 67. (S. 94) 190. 298. XIX. 65. — 2) Einrede, einem ordentlichen Indossament liege ein bloßer Auftrag zum Incasso zu Grunde. XVIII. 163. — 3) Die Ausstellung eines Wechsels „nicht an Ordre" steht dem Incasso-Indossament nicht entgegen. XX. 173. — 4) Legitimation zur Präsentation des Wechsels zur Zahlung und zur Protesterhebung Mangels Zahlung. Gewöhnliche Vollmacht. XIII. 165.

IV. Präsentation des Wechsels zur Annahme.
Art. 18—20 der W.O.

1) Präsentation zur Annahme. Befugniß des mit der Protestaufnahme beauftragten Beamten, Zahlung zu erheben. XIX. 69. — 2) Clauseln, welche die Acceptabilität eines Wechsels beschränken. XII. 184. — 3) Legitimation zur Präsentation und Protesterhebung durch den Besitz des Wechsels. XV. 241. S. 415. — 4) Verpflichtung des Gläubigers, welchem ein in blanco indossirter Wechsel als Faustpfand übergeben worden, wegen Präsentation des Wechsels und Protesterhebung das Erforderliche wahrzunehmen. Entschädigungsanspruch wegen Nichterfüllung dieser Verbindlichkeit. V. 307. — 5) Acceptirte Tratte nach Sicht. Präsentationsfrist. XIX. 259. — 6) Wechsel auf bestimmte Zeit nach Sicht lautend. Endgültige Datirung der Sicht durch einmalige Protestaufnahme. XIV. 52. — 7) Bezieht sich das Präjudiz der versäumten zweijährigen Präsentationsfrist bei Sichtwechseln nur auf die Regreßansprüche? XIX. 260. — 8) Präsentationsfrist bei ausländischen Wechseln. XIII. 5. S. 7. — 9) Erklärung der dem Accept beigefügten Zahlungszeit aus der Protesturkunde. XIII. 275

V. Wechselaccept.
Art. 21—24 der W.O.

A. Erfordernisse des Wechselaccepts. Beschränkte Annahme. Art. 21, 22 der W.O. 1) Der Remittent kann aus einem von dem Trassaten dem Trassanten gegebenen Zahlungsversprechen keine Rechte für sich herleiten. XX. 220. — 2) Das schriftliche Versprechen einer Wechselannahme hat nicht die Wirksamkeit eines dem Wechsel beigefügten Accepts. XVII. 92. — 3) Zur Begründung der Wechselhaftung aus dem Accept ist Rückgabe des Wechsels erforderlich. XIV. 53. — 4) Streichung des Accepts. XIII. 276. 277. — 5) Unstatthafte Regreßklage gegen den Aussteller des Wechsels, auf welchem das Accept nach der Begebung von einem Inhaber durchstrichen worden. XVIII. 167. — 6) Befugniß eines Bezogenen, die Annahme auf einen Theil der in dem Wechsel verschriebenen Summe zu beschränken. III. 361. — 7) Beschränkung des Accepts durch einen Zusatz nach der Unterschrift. XII. 68. — 8) Bedingtes Accept. XV. 55. — 9) Accept mit dem Zusatz „nur gültig als Depot.“ XIII. 158. S. 226. — 10) Erklärung der dem Accept beigefügten Zahlungszeit aus der Protestaufnahme. XIII. 275. — 11) Wechselaccept unter Modificirung der Zahlungszeit. IX. 62. — 12) Hinsichtlich der Zahlungszeit beschränktes Accept. Zeit der Protesterhebung. Protestkosten. XIII. 166.

B. Rechtsverhältniß aus der Annahme des Wechsels. Art. 23 der W.O. 1) Accept auf einem Wechsel vor Unterzeichnung desselben durch den Aussteller beigefügt. VII. 232. XIX. 180. XX. 64. — 2) Accept auf einem unausgefüllten Wechselblanquet. VII. 236. 350. XII. 64. XIII. 274. XIV. 161. XV. 53. XVI. 238. — 3) Einwand des beklagten Acceptanten, daß das mit seinem Accept versehene Wechselformular nicht von demjenigen, für welchen es bestimmt gewesen, sondern von einem Dritten, dem Kläger, als Trassanten unterzeichnet worden. XIX. 180. 181. XX. 178. — 4) Befugniß des Acceptanten zur Zurückweisung des Präsentanten, welcher sein Recht aus einem falschen Indossament ableitet. III. 92. — 5) Haftung des Acceptanten dem Indossatar gegenüber. Indossament ohne Valuta-Empfang. III. 364. — 6) Wechselklage des Trassanten, welcher den unbezahlt gebliebenen Wechsel hat einlösen müssen, gegen den Acceptanten. I. 218. — 7) Wechselklage des Trassanten gegen den Acceptanten aus einem auf eigene Ordre gezogenen Wechsel. VII. 95. — 8) Accept von einem Handelsgesellschafter beigefügt. Haftung des Anderen. VII. 353. — 9) Wechsel von einem Gesellschafter auf die Gesellschaft gezogen und durch die von ihm bewirkte Zeichnung der Gesellschaftsfirma acceptirt. XI. 287. — 10) Annahme einer Tratte von Seiten eines Nichtbezogenen. XVII. 279. XX. 63. Vgl. XVII. 95. — 11) Wird für die Wechselklage gegen den Acceptanten vorgängige Präsentation erfordert? Einfluß der Nichtpräsentation (oder nicht gehörigen Präsentation) auf Zinsen und Kosten. X. 279. — 12) Die Einlösung eines Wechsels von Seiten des Trassaten begründet keine Wechselforderung gegen den Trassanten. Indossirung des Wechsels an den Wechselschuldner. VII. 96. — 13) Begründung der Klage des Trassaten gegen den Trassanten auf Ersatz wegen des Wechselaccepts (Revalirungsklage). Beweislast. I. 56. VII. 352. XIV. 105. XX. 224. — 14) Accept eines Waarenwechsels. Klage auf Ersatz der Valuta von Seiten des Acceptanten, welcher den Wechsel eingelöst hat. Einrede des Trassanten, daß der Kläger aus Freundschaft für einen Anderen acceptirt habe. (Freundschaftswechsel.) VIII. 289. — 15) Nicht der Aussteller von Commissionstratten, sondern dessen genügend bezeichneter Gewaltgeber haftet dem Bezogenen für Deckung. Wer einen auf Rechnung eines Dritten gezogenen Wechsel ohne Vorbehalt annimmt, erkennt damit an, daß dieser Dritte, nicht der Wechselzieher deckungspflichtig sei. XVI. 138. — 16) Wechselaccept für eine Waarenschuld. Wiefern liegt in selbigem eine Tilgung durch Novation? II. 88. 89. VIII. 288. IX. 63. XI. 275. XVI. 207. XX. 259. — 17) Klage wegen nicht erfüllter Acceptationsverpflichtung. III. 361. — 18) Klage auf Wechselacceptation. Befugniß des Richters, statt dessen auf Facturazahlung zu erkennen. VIII. 98. — 19) Acceptationsverpflichtung. Ueberschreitung der gebührenden Summe von Seiten des Trassanten. III. 361.

C. Insbesondere von dem Domicilwechsel. Art. 24 der W.O. 1) Erforderniß der Verschiedenheit des Wohnorts des Bezogenen und des Zahlungsortes für den Domicilwechsel. XI. 282. XIII. 117. XV. 56. — 2) Irrthümliche Angabe der Straße und der Hausnummer hinsichtlich der Wohnung des Bezogenen nicht als Domicilirung aufzufassen. XI. 278. — 3) Erforderniß für den Domicilwechsel, daß der Domicilvermerk von dem Aussteller ausgehe. VII. 231. X. 206. XV. 56. — 4) Wechseldomicilvermerk von dem Acceptanten im Einverständnisse mit dem Aussteller herrührend. XIX. 57. Vgl. XV. 56. — 5) Domicilwechsel mit benanntem Domiciliaten. Erforderniß der genügenden Bezeichnung des Domiciliaten. XI. 283. — 6) Der Adresse beigefügte Clausel „zahlbar bei". Enthält selbige die Bezeichnung eines Domiciliaten? XI. 290. XIII. 117. XV. 59. 155. XVIII. 164. XIX. 293. — 7) Domicilwechsel an eigene Ordre zahlbar bei dem Aussteller. XV. 60. — 8) Domicilirter Wechsel mit Nothadresse. III. 365.

VI. Regreß auf Sicherstellung wegen Unsicherheit des Acceptanten.

Art. 29 der W.O.

1) Regreß auf Sicherstellung wegen Unsicherheit des Acceptanten. Voraussetzungen. XVII. 93. — 2) Früher wider den Acceptanten verfügter Personalarrest. Wiefern derselbe Sicherstellung zu verlangen berechtigt. XIV. 54. XVII. 274. XIX. 58. — 3) Zur Klage auf Sicherstellung wider den Acceptanten ist ein Securitätsprotest nicht erforderlich. XVIII. 165. 166.

VII. Erfüllung der Wechselverbindlichkeit.

Art. 30 bis 40 der W.O.

A. Zahlungszeit bei Wechseln „auf Sicht". Art. 31 der W.O. 1) Acceptirte Tratte „nach Sicht" erst nach Ablauf von zwei Jahren dem Acceptanten präsentirt. Einrede des Acceptanten, daß der wechselmäßige Anspruch erloschen sei, unbegründet. XIX. 259. — 2) Bezieht sich das Präjudiz der versäumten zweijährigen Präsentationsfrist bei Sichtwechseln nur auf Regreßansprüche, also bei eigenen Wechseln nicht auch auf den wechselmäßigen Anspruch gegen den Aussteller? XIX. 260. — 3) Frist für die Präsentation und Protestation einer nachindossirten acceptirten Tratte. XX. 174.

B. Zahlung. Art. 36—40 der W.O.

a. Legitimation des Inhabers eines indossirten Wechsels zum Empfang der Zahlung. Art. 36 der W.O. 1) Indossament auf der Vorderseite des Wechsels. IX. 60. XIII. 164. 167. — 2) Legitimation durch bloßes Blanco-Indossament. X. 80. XX. 62. — 3) Legitimation zur Präsentation des Wechsels zur Zahlung und zur Protesterhebung Mangels Zahlung. XIII. 165. —

4) Legitimation des Besitzers eines in blanco indossirten Wechsels, auch wenn der Protest von einem Andern herrührt, dessen Indossament auf dem Wechsel sich nicht vorfindet. XII. 185. — 5) Legitimation des Indossatars bei einem Depotwechsel. XIII. 158. — 6) Blanco-Indossament. Einrede des Acceptanten, daß der Wechsel dem Kläger nur verpfändet sei. XX. 257. — 7) Simulirtes Indossament. XII. 190. XIX. 65. — 8) Zurückweisung des Präsentanten, welcher sein Recht aus einem falschen Indossament ableitet. III. 92. — 9) Zulässigkeit des Gegenbeweises des nicht rechtlichen Erwerbes bei einem in blanco indossirten Wechsel. XII. 297. XVII. 275. — 10) Einrede der Unechtheit des Blanco-Indossaments. X. 203. — 11) Indossamente mit Papier überklebt. XIII. 168. — 12) Durchstreichung eines Ordre-Indossaments bis auf die Unterschrift. Gewinnt dadurch dasselbe die Bedeutung eines Blanco-Indossaments? Legitimation zur Protesterhebung Mangels Zahlung. XV. 241. — 13) Nichtdurchstrichener Name unter einer durchstrichenen Quittung auf der Rückseite des Wechsels nicht als Blanco-Indossament zu betrachten. XVIII. 161. — 14) Durchstrichene Indossamente. Legitimation durch das erste nicht durchstrichene Blanco-Indossament. XI. 90. — 15) Von durchstrichenen Indossamenten auf einer im Executivprocesse geltend gemachten Verschreibung. III. 45. — 16) Nachfolgendes Indossament nicht durchstrichen, aber Vermerk des Indossatars, von dem Indossanten Bezahlung erhalten zu haben. XII. 69. — 17) Legitimation des Erwerbers eines protestirten Wechsels durch ein dem Protest vorangegangenes Blanco-Giro. XV. 57. Vgl. XI. 90. XII. 185. — 18) Blanco-Indossament nach Protest. Klage eines früheren Indossanten. XVII. 90. — 19) Activlegitimation des Inhabers eines Wechsels, auf welchem sich unter dem Blanco-Indossament des Trassanten ein auf einen Dritten lautendes eigenes Indossament des Klägers befindet. XVI. 240. — 20) Indossamente, soweit sie zur Activlegitimation dienen, bedürfen keiner Recognition. XIV. 160. Vgl. XII. 188. — 21) Verpflichtung des Wechselzahlers, die Identität der Person des Zahlungsempfängers mit dem nach Art. 36 der W.O. für legitimirt zu erachtenden Präsentanten zu prüfen. VII. 347. XIX. 59. — 22) Legitimation des Inhabers eines nicht acceptirten Rückwechsels zur Einklagung des protestirten Hauptwechsels. XV. 64. — 23) Befugniß des mit Aufnahme des Protestes wegen Nichtaccepts beauftragten Beamten, die Zahlung zu erheben. Kosten des versuchten Protestes. XIX. 69. — 24) Ueberweisung einer Wechselforderung auf dem Wege der Execution. XVI. 70. 140. — 25) Zahlung eines Wechsels durch einen Dritten ohne Giro begründet für den Zahlenden keinen Wechselanspruch. XVII. 278.

b. Zahlung in Landesmünze. Art. 37 der W.O. Berechnung der Wechselsumme nach dem Courswerthe. X. 86.

c. Theilzahlung. Art. 38 der W.O. Bereich der in der W.O.

enthaltenen Bestimmung über Theilzahlung. Erbieten des Acceptanten am Tage nach der Protesterhebung Mangels Zahlung, die Wechselsumme ohne Protestkosten zu zahlen. XII. 70.

d. Aushändigung des quittirten Wechsels an den zahlenden Wechselschuldner. Art. 39 der W.O. 1) Die Wechselklage durch den Besitz des Wechsels bedingt. XIX. 263. — 2) Klage aus einer theilweisen Cession einer Wechselforderung. XX. 29. — 3) Theilzahlung des Acceptanten in Gemäßheit des seinen Concurs beendenden Accords. Verlangen desselben (auf § 198 der preußischen Concursordnung gegründet), das Accept streichen zu dürfen. XIII. 276. — 4) Wirksamkeit des Wechsels nach Tilgung der Schuld des Ausstellers. X. 85. — 5) Wirkung einer auf eine Wechselforderung ohne gleichzeitige Rückgabe des Wechsels oder Abschreiben auf demselben geleistete Zahlung. XX. 258. — 6) Indossirung eines Wechsels nach getilgter Wechselschuld. VII. 96. XII. 296. — 7) Weiterbegebung eines von dem Acceptanten bereits bezahlten mit Blanco-Giro versehenen (nicht quittirten) Wechsels. XVI. 243.

e. Unterlassene Einforderung der Wechselzahlung. Niederlegung der Wechselsumme. Art. 40 der W.O. 1) Keine Verbindlichkeit des Wechselschuldners, die Zahlung zu überbringen. Zahlungslocale. IX. 67. — 2) Befugniß des verklagten Wechselschuldners zur Deposition des Wechselbetrages. X. 81. XI. 284. — 3) Arrest auf den Wechsel ausgebracht. Befugniß zur Deposition des Wechselbetrages. I. 388.

VIII. Regreß Mangels Zahlung.
Art. 41—55 der W.O.

A. Bedingungen des Regresses Mangels Zahlung. Rechtzeitige Präsentation und Protest. Art. 41 der W.O. 1) Der Acceptant zur Verfallzeit im Concurse. Erforderniß der Präsentation zur Zahlung und der Protestaufnahme. XIV. 56. XVII. 276. — 2) Berechnung der Frist zur Erhebung des Protestes Mangels Zahlung. VII. 91. VIII. 78. — 3) Erforderniß rechtzeitiger Fertigung der Protesturkunde. X. 83. — 4) Die nachgelassene zweitägige Frist zur Protesterhebung gilt auch für die Präsentation zur Zahlung. XI. 89. — 5) Die Prolongation des Wechsels ist ohne wechselrechtliche Wirkung, und die gesetzmäßige Zeit zur Protesterhebung wird durch selbige nicht hinausgeschoben. XII. 295. — 6) Prolongirung der Wechselfristen in Kriegszuständen. III. 94. — 7) Wechselregreßklage Mangels Zahlung. Mangelhafter Protest. Unvollständigkeit in der Abschrift der Indossamente. V. 223. — 8) Vorlegung des Wechsels und des Protestes ist nicht Voraussetzung für die Regreßklage. IX. 66. — 9) Die wechselmäßige Regreßklage aus einem präjudicirten Wechsel ist selbst dann ausgeschlossen, wenn das Versäumniß der rechtzeitigen Präsentation durch vis major herbeigeführt ist. II. 319. III. 94. — 10) Regreß gegen den Indossanten aus einem Giro, welches erst nach Ablauf der für die Protesterhebung Mangels Zahlung bestimmten Frist vollzogen worden. Frist zur Präsentation und Protesterhebung. IX. 65. XV. 54. XVII. 273. XX. 174.

B. Erlaß des Protestes. Art. 42 der W.O. 1) Unterlassung des Protestes Mangels Zahlung mit Zustimmung der Regreßpflichtigen. IX. 209. — 2) Beifügung der Worte „ohne Protest" durch den Blanco-Indossatar unwirksam. XI. 281. — 3) Ausfüllung des Blanco-Indossaments mit den Worten „ohne Protest" durch den Inhaber mit dem Willen des Indossanten. XII. 186. — 4) Protesterlaß durch Prolongation? XII. 295. S. 395. — 5) In der wechselmäßigen Erklärung eines Vormannes, nach der Verfallzeit des Wechsels bis zur Zahlung in obligo zu bleiben, liegt ein Erlaß des Protestes Mangels Zahlung. XIX. 182. — 6) Protesterlaß durch den Acceptanten unwirksam. XIV. 55. — 7) Wirkung des Wechselindossaments nach Erlaß des Protestes. XIX. 60.

C. Präsentation und Protest bei domicilirten Wechseln. Art. 43 der W.O. 1) Nur ein eigentlicher Domicilwechsel muß bei Verlust des wechselmäßigen Anspruchs bei dem Domiciliaten protestirt werden. X. 206. — 2) Ueber Präsentation und Protestirung eines mit einer Nothadresse versehenen Domicilwechsels. III. 365. — 3) Protest Mangels Zahlung in dem Geschäftslocale eines zur Verfallzeit des Wechsels bereits im Concurse befindlichen Domiciliaten. XIV. 57. — 4) Protest Mangels Zahlung bei Domicilwechseln ohne Domiciliaten. XII. 71. a. E. XIII. 118. XV. 58. 59. Note 2. — 5) Aussteller und Domiciliat eine und dieselbe Person. Bedarf es zur Erhaltung des Wechselrechts gegen den Aussteller der Protesterhebung? XII. 71. — 6) Verloren gegangener Domicilwechsel mit benanntem Domiciliaten. XV. 242. — 7) Der Domiciliat Wechselgläubiger zur Verfallzeit. Bedarf es zur Erhaltung des Wechselrechts gegen den Acceptanten der Protesterhebung? XV. 61. — 8) Sicherheitsklage gegen den Acceptanten, ob dazu ein gegen den Domiciliaten erhobener Securitätsproceß erforderlich? XVIII. 165. — 9) Ersatzklage gegen den Incassomandatar wegen verspäteter Protesterhebung bei einem domicilirten Wechsel. XVI. 139.

D. Fortdauer des Wechselrechts gegen den Acceptanten ohne Präsentation und Protest. Art. 44 der W.O. 1) Einfluß der Nichtpräsentation (oder nicht gehörigen Präsentation) des Wechsels auf Kosten und Zinsen bei einer Wechselklage gegen den

Acceptanten. X. 279. — 2) Anwendung des Art. 44 der W.O. auf eigene Wechsel. VI. 250. XII. 77. 78. — 3) Unzulässigkeit einer Klage gegen den Acceptanten aus einem verloren gegangenen nicht protestirten Domicilwechsel. XV. 242. — 4) Unzulässige Bereicherungsklage gegen den Acceptanten aus einem verlornen und daher nicht zur Zahlung präsentirten nicht amortisirten Wechsel. XX. 259.

E. Benachrichtigung des Vormannes von der Nichtzahlung des Wechsels. Art. 45—47 der W.O. 1) Besondere schriftliche Benachrichtigung nicht erforderlich, wenn die Präsentation in Gegenwart des zu Benachrichtigenden geschehen ist. XIX. 182. — 2) Die Benachrichtigung des Vormannes von der Protesterhebung hat der Wechselkläger nur in dem Falle einer desfälligen Einwendung des Beklagten zu erweisen. XVII. 277. — 3) Nachweis rechtzeitiger Notification der Nichtzahlung des Wechsels durch andere Beweismittel als durch einen Postschein. III. 287. — 4) Unbekanntschaft des Wechselinhabers mit dem Wohnorte seines unmittelbaren Vormannes. Anwendung der Vorschrift in Art. 47 der W.O. XV. 62.

F. Begründung und Gegenstand der Regreßansprüche. Art. 50 und 51 der W.O. 1) Findet der Anspruch auf Provision auch Anwendung bei einer Wechselklage gegen den Acceptanten? VII. 228. XI. 88. XX. 175. S. 282. — 2) Anwendung der Vorschrift wegen 6 Procent Verzugszinsen auch auf eine Wechselklage gegen den Acceptanten. XX. 175. — 3) Die von dem Wechselregreßpflichtigen nach Art. 50 der W.O. geschuldeten Zinsen sind keine Verzugszinsen; der Beginn ihres Laufes wird daher durch den Concurs nicht gehemmt. XX. 260. — 4) Einlösung des Wechsels von Seiten eines Blanco-Indossatars, der den Wechsel auf Grund des Blanco-Indossaments weiter begeben hatte. XV. 57. (S. 88. 94 Note 5). — 5) Regreßklage eines Indossanten. Bei derselben bedarf es keines Nachweises, daß der Kläger den Wechsel eingelöset oder als Rimesse erhalten habe. XV. 63. XIX. 61. (Vgl. XII. 187.) — 6) Voraussetzungen und Verjährung der Regreßklage des Indossanten gegen den Aussteller. XII. 187. — 7) Berechnung der Wechselsumme nach dem Courswerthe. X. 86.

G. Rückwechsel zum Behuf des Wechselregresses. Art. 53 der W.O. 1) Ist der Inhaber eines Rückwechsels, welcher nicht acceptirt worden, zur Regreßklage aus dem protestirten Hauptwechsel legitimirt? XV. 64.

H. Ausstreichung der Indossamente. Art. 55 der W.O. 1) Durchstreichung der einem Blancogiro nachfolgenden Indossamente Behufs Herstellung der Legitimation für den Erwerb des protestirten Wechsels. XI. 90. XII. 185. XV. 57. — 2) Durchstreichung eines Indossaments durch einen Nichtberechtigten. XIX. 62.

IX. Intervention.
Art. 56—65 der W.O.

1) Bezeichnung des Ausstellers als Nothadresse. XV. 65. — 2) Ortsangabe bezüglich der Nothadresse. XV. 66. — 3) Nothadresse. Protest. XII. 299 a. E. XV. 67. — 4) Zahlung eines Wechsels durch einen Dritten ohne Giro begründet für den Zahlenden keinen Wechselanspruch. XVII. 278. — 5) Accept durch einen Nichtbezogenen; Intervention? XX. 63.

X. Wechselcopien.
Art. 70—72 der W.O.

Wechselcopie ohne die in Art. 70 der W.O. vorgeschriebene Bezeichnung, wie weit die Abschrift reiche. XII. 72.

XI. Abhanden gekommene Wechsel.
Art. 73 u. 74 der W.O.

1) Unzulässigkeit der Klage gegen den Acceptanten auf Zahlung aus einen verloren gegangenen, nicht protestirten Domicilwechsel. XV. 242. — 2) Unzulässige Bereicherungsklage gegen den Acceptanten aus einem verlornen und daher zur Zahlung nicht präsentirten, nicht amortisirten Wechsel. XX. 259. — 3) Restauration zerrissener Wechsel. XV. 238. — 4) Vindication von Wechseln aus den Händen eines Besitzers in gutem Glauben. III. 93. — 5) Der Artikel 74 der Wechselordnung schützt den Besitzer eines Wechsels nur Dritten gegenüber, nicht gegen seinen eigenen Auctor. XIV. 58. — 6) Entschädigungsanspruch, wenn der nach Art. 74 der W.O. wegen grober Fahrlässigkeit der Vindication Unterworfene weiter girirt hat. VII. 346. — 7) Grobe Fahrlässigkeit des Wechselerwerbers. VII. 347.

XII. Gefälschte Wechsel.
Art. 75 und 76 der W.O.

1) Sind bei Veränderungen des Inhalts eines Wechsels alle Wechselgeber befreit, welche beweisen, daß die Verfälschung nach Ertheilung ihres Wechselversprechens geschehen sei? VII. 92. — 2) Fälschung des Wechselbetrages. XIII. 169. — 3) Widerrechtliche Ausfüllung der Unterschrift des Ausstellers unter einem mit Accept versehenen Wechsel durch einen Dritten. XIX. 180. 181. XX. 178. — 4) Einwand der Fälschung wegen Mißbrauch eines mit Accept versehenen Wechselblanquets. XIV. 161. — 5) Zurückweisung des Präsentanten, welcher sein Recht aus einem falschen Indossamente ableitet. III. 92. — 6) Unächtes Giro des Ausstellers eines an eigene Ordre gezogenen Wechsels. XIX. 261. — 7) Unrichtigkeit der Ausstellungszeit. XX. 172.

— 8) Einrede der Fälschung wegen Mißbrauchs der Firma des Trassanten. Eideszuschiebung. XX. 261.

XIII. Wechselverjährung.
Art. 77—80 der W.O.

1) Statutencollision die Wechselverjährung betreffend. XIII. 5. XIV. 108. — 2) Einrede der Verjährung von Seiten des Acceptanten. Replik der mala fides. II. 320. — 3) Verjährung der Klage wider den Acceptanten. Der Wechsel in Händen des Criminalgerichts. Ueber Anwendung des Satzes: Agere non valenti non currit praescriptio. II. 321. — 4) Erforderniß der Möglichkeit der Klage für die Wechselverjährung. Concurs. XVI. 241. — 5) Berechnung der Fristen der Wechselverjährung nach Monaten. XVI. 141. — 6) Vertragsmäßige Hinausschiebung des Zeitpunkts der Wechselklage. Einfluß auf die Wechselverjährung. VII. 234. — 7) Ausschluß der Wechselverjährung durch Vertrag. XV. 157. — 8) Anwendung der Wechselverjährung im Falle der Uebertragung eines in blanco indossirten Wechsels ohne wechselmäßiges Indossament des Uebertragenden, aber mit Uebernahme der Haftung nach den Grundsätzen des Indossaments. XIV. 159. — 9) Anfang der Verjährung. Der Tag des Protestes nicht mitzuzählen. XV. 243. XIX. 63. — 10) Verjährung der Regreßansprüche. Indossament einer Bank an ihre Agentur. Art. 78 oder 79 der Wechselordnung? XIV. 162. — 11) Verjährung des Wechselregreßanspruchs des Indossanten. Voraussetzung für den Beginn und Lauf der Verjährung. XVIII. 169. — 12) Beginn der Verjährung der Regreßklage des Indossanten. XII. 187. — 13) Beweislast hinsichtlich der Wechselverjährung. XV. 156. — 14) Unterbrechung der Wechselverjährung wird durch Anerkennung (constitutum) nicht bewirkt. IV. 141. — 15) Unterbrechung der Wechselverjährung durch Behändigung der Klage. IX. 208. XV. 245. XX. 176. — 16) Unterbrechung der Verjährung durch Klagen. Theilzahlungen. Vorbehalt der Mehrzahlung bewirkt keine Unterbrechung der Klagenverjährung. XV. 68. — 17) Unterbrechung der Verjährung durch Streitverkündigung. XII. 187. a. E. — 18) Wirkung der angestellten aber zurückgenommenen Wechselklage auf die Wechselverjährung. XIX. 262. — 19) Hemmung und Unterbrechung der Wechselverjährung durch den Concurs des Wechselschuldners. IX. 208. XVI. 241. XX. 177. — 20) Frist der nach Unterbrechung der Wechselverjährung beginnenden neuen Verjährung; die vierzigjährige des gemeinen Civilrechts oder die kurzen Fristen der Wechselverjährung? IV. 142. XVII. 94. — 21) Die Verjährung eines Wechsels von Amtswegen zu beachten. XIII. 172. — 22) Restitution gegen die Wechselverjährung. XV. 244. — 23) Ueber Wirksamkeit verjährter Wechsel. VII. 254. VIII. 79. 81. 168. X. 88. XIII. 172. XIX. 185.

XIV. Klagerecht des Wechselgläubigers. Art. 81—83 der W.O.

A. Von der Wechselklage. Art. 81 der W.O. 1) Wechselklage durch den Besitz des Wechsels bedingt. XIX. 263. — 2) Arrest von einem Dritten auf den eingeklagten Wechsel ausgebracht. I. 388. — 3) Präsentation des Wechsels keine nothwendige Bedingung für die mora solvendi des Acceptanten. Zinsen von dem Verfalltage an. XIX. 64. — 4) Vorgängige Vorlegung des Wechsels und des Protestes ist nicht Voraussetzung für Erhebung der Regreßklage. IX. 66. — 5) Blanco-Indossament nach Protest. Klage eines früheren Indossanten. XVII. 90. — 6) Wechselklage des Wechselmitschuldners und Indossatars, welcher den Wechselgläubiger befriedigt hat, gegen die übrigen Wechselmitschuldner. X. 205. — 7) Der Besitz des mit Indossament in blanco versehenen Wechsels legitimirt den Inhaber zur Wechselklage. X. 80. 203. — 8) Activlegitimation des Inhabers eines Wechsels, auf welchem sich unter dem Blanco-Indossament des Trassanten ein auf einen Dritten lautendes eigenes Indossament des Klägers befindet. XVI. 240. — 9) Wechselklage des Trassanten gegen den Acceptanten. I. 218. — 10) Erhebung des Protestes Mangels Zahlung gegen den im Concurse befindlichen Acceptanten, als Bedingung des Regreßanspruchs gegen den Indossanten. XIV. 56. XVII. 276. — 11) Die Benachrichtigung des Vormannes von der Protesterhebung hat der Wechselkläger nur in dem Falle einer desfälligen Einwendung des Beklagten zu beweisen. XVII. 277. — 12) Uebergang der Rechte aus dem Wechsel auf den einlösenden Bürgen nur durch Indossament. X. 82. — 13) Einlösung eines Wechsels durch den Trassaten begründet keine Wechselforderung. VII. 96. — 14) Zahlung eines Wechsels durch einen Dritten ohne Giro begründet für den Zahlenden keine Wechselklage. XVII. 278. — 15) Eine von der Frau im Wittwenstande ertheilte Wechselannahme ist gegen ihren späteren in ehelicher Gütergemeinschaft mit ihr lebenden Ehemann nicht wirksam. XI. 286. — 16) Wechsel von einem Gesellschafter auf die Gesellschaft gezogen und durch die von ihm bewirkte Zeichnung der Gesellschaftsfirma acceptirt. XI. 287. — 17) Wechselunterschrift mit dem Zusatze: als ehelicher Beistand. XI. 285. — 18) Mitunterschrift eines Wechsels mit dem Zusatze „bescheinigt". XIII. 116. — 19) Accept auf dem Primawechsel. Mitunterzeichnung auf dem Secundawechsel. XII. 189. — 20) Mitunterzeichnung auf der Rückseite der Tratte. XIII. 170. — 21) Wechselaccept durch einen Nichtbezogenen nicht als Mitunterzeichnung aufzufassen. XVII. 95. — 22) Klage aus dem Accept eines Nichtbezogenen. XVII. 279. XX. 63. — 23) Bürgschaftsdocument unter einem Wechsel. XVIII. 170. XIX. 183. — 24) Bürgschaftsübernahme für einen Wechsel in einer besonderen demselben beifügten Urkunde. XVI. 242. — 25) Regreßklage gegen den Indossanten eines präjudicirten Wechsels. XVII. 273. — 26) Unstatthafte Regreßklage gegen den Aussteller eines Wechsels, auf welchem das Accept nach der Begebung von einem Inhaber durchstrichen worden. XVIII. 167. — 27) Der Trassant kann, wenn der Wechsel wieder an ihn girirt worden, und wenn der Acceptant die Zahlung verweigert, sich nicht an seinen Giranten, sondern nur an den Acceptanten halten. VII. 348. — 28) Verzugszinsen und Provision bei der Wechselklage. XI. 88. XX. 175. — 29) Befriedigung eines Wechselgläubigers bei dem über das Vermögen seiner mehreren Schuldner aus demselben Wechsel neben einander eröffneten Creditwesen. XVI. 71.

B. Wechseleinreden. Art. 82 der W.O. 1) Einrede der Verjährung gegen Wechselforderungen. Unterbrechung durch Einklagung im Concurse. IX. 208. — 2) Einwand des Wechselbeklagten, seine Unterschrift einem noch nicht vollständig ausgefüllten Wechselformular beigefügt zu haben. VII. 232. 236. 350. IX. 61. XII. 64. XIII. 274. XIV. 161. XV. 53. XVI. 238. XIX. 180. 181. XX. 64. — 3) Einwand des verklagten Wechselacceptanten, daß die Unterschrift des Ausstellers widerrechtlich durch einen Dritten ausgefüllt sei. XX. 178. — 4) Einrede, daß der Wechselaussteller nur seinen Namen schreiben könne, im Wechselprocesse unzulässig. V. 220. — 5) Sine obligo von dem Aussteller des Wechsels seiner Unterschrift beigefügt. Desfällige Einrede des Acceptanten. XVIII. 160. — 6) Einwand, den Inhalt des vollzogenen Wechsels nicht gekannt zu haben XIV. 16. — 7) Klage auf Grund eines Blanco-Indossaments. Einwand, daß der Wechsel nicht an den Kläger begeben sei. XII. 297. XVII. 275. — 8) Einwand des Regreßbeklagten, daß das Accept ausgestrichen sei. XIII. 277. — 9) Einwand des von einem Dritten erlittenen Zwanges, dem ursprünglichen Wechselgläubiger, oder demjenigen, welchem der Wechsel nach erfolgtem Protest Mangels Zahlung indossirt wurde, entgegengesetzt. XI. 172. — 10) Einrede der Unächtheit des Blanco-Indossaments. X. 203. — 11) Einrede des Acceptanten gegen den Präsentanten, welcher sein Recht aus einem falschen Indossament ableitet. III. 92. — 12) Einrede der Fälschung bei Wechseln. Eideszuschiebung. XX. 261. — 13) Einrede der Zahlung gegen Wechselforderungen. Erforderniß der Abschreibung auf dem Wechsel. IX. 207. — 14) Der Einwand der Zahlung ist in dem Wechselprozesse nur dann zulässig, wenn der Beklagte selbst die Zahlung geleistet hat. VII. 235. — 15) Unstatthaftigkeit der Einrede, an einen Vormann gezahlt zu haben. IX. 68. — 16) Belangung des Einen von zwei Ausstellern eines Wechsels. Berufung darauf, daß der Andere gezahlt habe. XII. 73. — 17) Berufung eines Regreßbeklagten auf eine von dem Acceptanten geleistete Abtragszahlung. XIII. 171. — 18) Berufung eines Regreßbeklagten auf die von dem klagenden Wechselinhaber ertheilte Bescheinigung, die

Valuta von dem Acceptanten erhalten zu haben. Replik einer betrüglichen Auswirkung der Bescheinigung. Illiquidität der Replik. XI. 87. — 19) Weiterbegebung eines von dem Acceptanten bereits bezahlten, mit Blancogiro versehenen nicht quittirten Wechsels. VII. 96. XII. 296. XVI. 243. — 20) Zulässigkeit von Einreden aus dem der Wechselbegebung unterliegenden Verhältnisse. XV. 69. — 21) Einrede eines Handelsgesellschafters gegen die Wechselklage, daß der Accept seines Socius keine Societätsschuld betreffe. VII. 353. — 22) Einrede der nicht erhaltenen Valuta. XI. 292. XIV. 59. — 23) Einwand, daß baare Zahlung der Valuta bedungen aber nicht erfolgt sei, als Einrede der Compensation zugelassen. XIV. 163. — 24) Sicherheits- oder Gegenwechsel. Einrede des nicht erfüllten Contracts. XV. 158. — 25) Exceptio non rite impleti contractus gegen eine Wechselklage. XIX. 66. — 26) Depotwechsel. Einrede gegen die Klage des Indossatars. XIII. 158. — 27) Berufung auf die Rechtswohlthaten der Frauen bei Intercessionen gegen Wechselklagen. X. 79. XII. 191. XIV. 60. XVIII. 41. 41a. 163. XIX. 184. XX. 65. — 28) Wechselklage gegen einen Haussohn. Exceptio SCti Macedoniani. XV. 70. — 29) Regreßklage. Berufung des Indossanten darauf, daß sein Indossament in Wirklichkeit bloßes Procura-Indossament sei. XII. 298. (Vgl. VII. 349.) — 30) Einreden aus der Person des Indossanten. Unstatthafte Einrede, daß der Indossant nicht dispositionsfähig gewesen sei. XI. 91. — 31) Einrede des Wechselschuldners, daß dem ordentlichen Indossament ein bloßer Auftrag zum incasso zu Grunde liege. IX. 68. XVIII. 163. — 32) Einreden aus der Person des Indossanten, verbunden mit der Behauptung der Simulation des Indossaments oder der mala fides des klagenden Indossatars. IX. 68. XII. 190. 296. XIX. 65. — 33) Einrede des Acceptanten, daß der mit einem Blanco-Indossament versehene Wechsel dem Kläger nur verpfändet sei. XX. 257. — 34) Inwiefern ist ein Untersuchungsverfahren wegen Wuchers für eine Wechselklage des Angeschuldigten präjudiciell? XI. 183b. — 35) Das auf die Klage eines den Wechsel nicht besitzenden Indossanten gegen den Wechselaussteller erlassene, den Kläger aus materiellen Gründen abweisende Erkenntniß steht dem später klagenden Indossatar nicht entgegen. XIX. 263. — 36) Einrede der Prävention in dem Wechselprocesse. XII. 200. — 37) Geltendmachung einer nach Art. 82. der W.O. zulässigen in dem Wechselprozesse nicht vorgeschützten Einrede im Wege der Nachklage. XIV. 187. — 38) Nachklage des in dem Wechselprocesse Verurtheilten, weil der Wechsel ohne materiellen Verpflichtungsgrund ausgestellt worden sei. XVIII. 168.

C. Klage des Wechselinhabers nach erloschener wechselmäßiger Verbindlichkeit auf Grund der Bereicherung. Art. 83 der W.O. 1) Auslegung des Wortes „bleiben" im

Art. 83 der W.O. XVII. 280. — 2) Geltendmachung der Forderung aus einem präjudicirten Wechsel. Erforderniſſe. II. 318. — 3) Bereicherungsklage aus einem verjährten Wechſel XIII. 172. — 4) Die Bereicherungsklage gegen den Wechſelausſteller iſt nicht begründet, ſo lange die wechſelrechtliche Verbindlichkeit des Acceptanten nicht erloſchen iſt. Der Acceptant im Concurſe. XIX. 67. — 5) Unzuläſſige Bereicherungsklage gegen den Acceptanten aus einem verlornen und daher nicht zur Zahlung präſentirten und proteſtirten, nicht amortiſirten Wechſel. XX. 259. — 6) Haftung des Wechſelgebers aus dem Geſichtspunkte der Bereicherung. VIII. 82. — 7) Eine Wechſelforderung nach eingetretener Wechſelverjährung als Darlehensforderung geltend gemacht. VIII. 79. — 8) Klage des Wechſelinhabers gegen den Traſſanten auf Rückzahlung der Valuta. V. 221. — 9) Bereicherungsklage. Anſpruch auf Ceſſion des Rechts des Traſſanten gegen den Traſſaten aus der von Erſterem dem Letzteren gewährten Deckung. XIII. 119. — 10) Klage aus einem verjährten Wechſel. Die Worte „Wechſel" und „Werth in Rechnung" erſetzen die Angabe der causa debendi nicht. VIII. 168. — 11) Executivproceß aus einem verjährten Wechſel ohne Angabe einer anderweitigen causa debendi. VII. 254. — 12) Muß bei der Bereicherungsklage der klagende Indoſſatar beweiſen, daß er ſeinem Indoſſanten Valuta gegeben habe? XIII. 119. XIX. 185. — 13) Das Indoſſament eines verjährten Wechſels kann bei der Klage aus dem demſelben vorausgegangenen Civilrechtsgeſchäfte nicht zur Activlegitimation dienen. XX. 66. — 14) Einwand aus Art. 83 der W.O. der Klage aus einem Sicherheits- oder Gegenwechſel gegenüber. XV. 158. S. 250. — 15) Indoſſament zum Behuf der Bürgſchaftsleiſtung. Findet nach Erlöſchung des Wechſelrechts eine Civilklage aus demſelben Statt? XIII. 250. XV. 246.

XV. Ausländiſche Geſetzgebung. Art. 84—86 der W.O.

1) Ausland im Sinne des Art. 85 und 86 der W.O. XIII. 173. — 2) Anwendung ausländiſcher Geſetze in Wechſelſachen. II. 322. — 3) Statutencolliſion, betreffend die Wechſelfähigkeit der Ehefrauen. XVIII. 154. — 4) Statutencolliſion in Betreff der Wirkſamkeit von Tratten. VI. 1. — 5) Wechſeleigenſchaft. Statutencolliſion. II. 121. — 6) Ausländiſche Wechſel ohne Bezeichnung mit einem dem Worte „Wechſel" entſprechenden Ausdruck. XIV. 164. 165 (amerikaniſche Promissory note — Wechſelhaft). XV. 71. — 7) Ausländiſche Geſetzgebung. Form des Accepts. XVII. 92. — 8) Statutencolliſion, betreffend Präſentation und Proteſterhebung. II. 3. — 9) Colliſion der Wechſelgeſetze in Bezug auf die Zeit der Proteſterhebung. XII. 299. — 10) Ueber die Folgen unterlaſſener rechtzeitiger Proteſterhebung.

XIV. 166. — 11) Statutencollision betreffend Notification des Protestes wegen Nichtannahme an den Trassanten. VI. 129. — 12) Benachrichtigung des Vormannes von der unterbliebenen Zahlung. XII. 299. — 13) Protest gegen Nothadressen. XII. 299. — 14) Vermuthung für die Legalität der im Auslande beschafften Protestaufnahme. XIX. 68. — 15) Statutencollision in Bezug auf Respittage. III. 294. — 16) Klage aus einem im Auslande ausgestellten Wechsel. IX. 2. — 17) Statutencollision den Wechselregreß betreffend. II. 252. — 18) Zahlung eines nach französischem Rechte präjudicirten Wechsels. XVIII. 140. — 19) Statutencollision in Bezug auf Wechselverjährung. VI. 1. XIII. 5. XIV. 108.

XVI. Wechselprotest.
Art. 87—90 der W.O.

A. Aufnahme des Protestes durch einen Notar oder Gerichtsbeamten. Art. 87 der W.O. 1) Ueber Legitimation des Notars als solchen, bei einem im Auslande aufgenommenen Protest. XIX. 68. — 2) Daß der Notar mit dem Domiciliaten verwandt ist, hat auf die Gültigkeit des Protestes keinen Einfluß. XVII. 282. — 3) Befugniß des mit der Protestaufnahme beauftragten Beamten, Zahlung zu erheben. Kosten des verursachten Protestes. XIX. 69. — 4) Protestkosten bei Sichtwechseln. X. 84.

B. Erfordernisse der Protesturkunde. Art. 88 der W.O. 1) Wechselabschrift nicht in dem Context der Protesturkunde. XIV. 167. — 2) Wechselabschrift auf der Rückseite der Protesturkunde. VII. 237. — 3) Protest bezüglich mehrerer Wechsel. Erforderniß wörtlicher Abschrift aller Wechsel. XIII. 176. — 4) Genauigkeit der Wechselabschrift. XI. 288. 289. XIII. 120. 175. XX. 179. — 5) In der Wechselabschrift Name des Ausstellers und Indossanten als unleserlich bezeichnet. XVI. 244. — 6) Die Wechselabschrift muß auch durchstrichene Indossamente und Bemerkungen enthalten. VII. 239. — 7) Unvollständigkeit des Protestes in der Abschrift der Indossamente. Wechselregreßklage bei mangelhaftem Protest. V. 223. — 8) Anfechtung eines Wechselprotestes wegen ursprünglichen Mangels der Wechselabschrift. XIII. 174. — 9) Unrichtige Abschrift eines Indossaments. Unwirksame Bezugnahme auf den richtigen Eintrag im Protestregister. IX. 64. — 10) Erforderniß der Angabe des Namens oder der Firma der Person, für welche der Protest erhoben wird. XIV. 168. — 11) Legitimation zur Protesterhebung Mangels Zahlung. XIII. 165. XIV. 168. XV. 241. — 12) Verbindlichkeit des Gläubigers, welchem ein in blanco indossirter Wechsel als Faustpfand übergeben worden, wegen Präsentation des Wechsels und Protesterhebung das Erforderliche wahrzunehmen. V. 307. — 13) Angabe des Orts der Protesterhebung in der Protesturkunde. XI. 291. XII. 74. XIV. 61. — 14) Voraussetzungen des Abwesenheitsprotestes. X. 279. — 15) Erforderniß rechtzeitiger Fertigung der Protesturkunde. X. 83. — 16) Protest im Fall einer Ehrenannahme. In Ziffer 5 des Art. 88 der W.O. hat das letzte „und" die Bedeutung von „oder". XIII. 278. — 17) Beweiskraft des Notariatssiegels und der Bezeichnung des Unterzeichneten als Notar in einer im Auslande aufgenommenen Protesturkunde. XIX. 68.

C. Protestregister. Art. 90 der W.O. 1) Verloren gegangener Protest durch eine aus dem Protestregister entnommene beglaubigte Abschrift ersetzt. XVI. 245. — 2) Unstatthafte Berufung auf das Protestregister zur Beseitigung einer unrichtigen Abschrift des Indossaments in der Protesturkunde. IX. 64.

XVII. Ort und Zeit für Präsentation und andere im Wechselverkehr vorkommende Handlungen. Art. 91—93 der W.O.

1) Protesterhebung an einem anderen Orte als dem in Art. 91 der W.O. bezeichneten. XIX. 70. — 2) Ort der Protesterhebung „mit beiderseitigem Einverständnisse". XVII. 283. — 3) Wechsel mit Zahlungsadresse. Ort der Präsentation und Protestation. XIII. 117. XVII. 96. 97. — 4) Wechsel mit Zahlungsdomicil in Hamburg. Protesterhebung an der Börse in Hamburg. III. 363. — 5) Ort der Präsentation und Protestation bei Domicilwechseln. XV. 59. 60. — 6) Platzwechsel mit näherer Bezeichnung des Ortes der Zahlung (zahlbar bei N. N.). Ort der Präsentation und Protestation. XI. 290. — 7) Auch in dem Falle eines Concurses des Wechselacceptanten muß die Präsentation des Wechsels zur Erhaltung des Wechselregresses bei dem Acceptanten, bezw. in dessen Geschäftslocal oder Wohnung, und nicht bei dem Massecurator geschehen. XIV. 56. — 8) Protesterhebung in der Wohnung des Protestaten (ohne Angabe hinsichtlich des Geschäftslocals). XIV. 61. — 9) Unrichtige Angabe der Wohnung (Straße und Hausnummer) des Bezogenen in dem Wechsel. Protestaufnahme in der wirklichen Wohnung. XI. 278. — 10) Wechselprotesterhebung nicht in dem im Wechsel bezeichneten Hause, sondern in der damaligen Wohnung des Domiciliaten, ohne Bescheinigung einer Nachfrage in dem ersteren. XX. 262. — 11) Wechselprotest in der früheren Wohnung des Acceptanten ohne Vornahme der in Art. 91 der W.O. vorgeschriebenen Nachfrage bei der Polizeibehörde. VII. 238. — 12) Angabe in dem Proteste, daß bei der Polizeibehörde vergebliche Nachfrage nach der Wohnung des Domiciliaten gehalten worden, ohne Erwähnung des Geschäftslocals, ungenügend. XI. 291. — 13) Angabe in der Protesturkunde über das specielle Local der Protesterhebung nicht erforderlich. XII. 74. XIV. 61. — 14) Erforderniß rechtzeitiger Fertigung der Protesturkunde. X. 83. — 15) Die gesetzmäßige Zeit zur Protest-

erhebung kann durch Prolongation nicht hinausgeschoben werden. XII. 295. — 16) Prolongirung der Wechselfristen in Kriegszuständen. III. 94. — 17) Ersatzklage gegen den Incassomandatar wegen verspäteter Protesterhebung bei einem domicilirten Wechsel. XVI. 139.

XVIII. Mangelhafte Unterschriften.
Art. 94. 95. der W.O.

1) Unterzeichnung ohne Angabe der Vornamen. I. 373. — 2) Notarielle Ausfertigung des Wechsels eines Analphabeten. XII. 75. — 3) Beglaubigung von Handzeichen eines Schreibensunkundigen unter einem Wechsel. XIII. 229. XIX. 71. — 4) Wechsel der Blinden. XVI. 67.

XIX. Von eigenen (trockenen) Wechseln.
Art. 96—100 der W.O.

A. Wesentliche Erfordernisse eines eigenen Wechsels. Art. 96 der W.O. 1) Schuldverschreibung mit der Wechselclausel verschieden von dem eigenen Wechsel. IX. 69. — 2) Das Versprechen der Zahlung nach Wechselrecht gleichbedeutend mit der Bezeichnung als Wechsel. XX. 255. — 3) Amerikanische Prommissory note. Gültigkeit derselben auch in dem Gebiete der deutschen Wechselordnung. XIV. 164. 165. — 4) Gültigkeit eines eigenen Wechsels, in welchem das seiner Ausstellung zu Grunde liegende Rechtsgeschäft angegeben ist. X. 281. — 5) Eigener Wechsel in der Form eines gezogenen Wechsels. XVI. 246. — 6) Unvollständige Tratte nicht als eigener Wechsel gültig XVIII. 171. — 7) Eigener Wechsel mit Pfandclausel. VII. 354. XII. 76. XIII. 279. — 8) Kein gültiger Wechsel, wenn Zahlung in Staats- oder anderen Werthpapieren versprochen ist. XII. 321. S. 430. Note. — 9) Gültigkeit oder Ungültigkeit des ein Zinsversprechen enthaltenden eigenen Wechsels. III. 200. VII. 93. X. 89. XII. 192. XIII. 279. VII. 354. XI. 92. Vgl. XII. 295. — 10) Eigener Wechsel an eigene Ordre. Wechselkraft derselben? VI. 250. XIII. 177. 280. XVII. 281. — 11) „Nach Sicht" als Zeitbestimmung in eigenen Wechseln. VII. 241. X. 277. — 12) Zahlungszeit: nach Wiedersicht. XII. 294. XIV. 52. Note. — 13) Eigener Wechsel, von dem Aussteller nicht unterschrieben, aber durch Querbeischrift acceptirt. XI. 174. (Vgl. XVIII. 171.) — 14) Stelle der Wechselnnterschrift. XX. 180. — 15) Stellung der Unterschrift zwischen Context und Datum. XVIII. 159.

B. Zahlungsort bei eigenen Wechseln. Art. 97 der W.O. 1) Bedeutung und Folge der Bestimmung in Art. 97 der W.O., daß der Ausstellungsort des eigenen Wechsels als Zahlungsort und zugleich als Wohnort des Ausstellers gelte. XIX. 186. 264. — 2) Ort der Ausstellung als Zahlungsort in der Regel festzuhalten. VII. 94. — 3) Bedeutung eines der Namensunterschrift unter einem eigenen Wechsel beigefügten, von dem Ausstellungsorte verschiedenen Wohnorts des Ausstellers. XI. 293. — 4) Bedeutung der Wechselclausel „zahlbar aller Orten, wo ich anzutreffen bin.“ V. 222. — 5) Benutzung eines gedruckten Wechselformulars, in welchem der Wechsel für zahlbar erklärt ist „hier und aller Orten, wo mir dieser Wechsel vorgezeigt wird.“ Beifügung eines besonderen Domicils ohne Durchstreichung jener Worte. XV. 154.

C. Vorschriften für gezogene Wechsel, welche auch für eigene Wechsel gelten. Art. 98 der W.O. 1) Nothwendigkeit der Präsentation eigener Wechsel. II. 97. — 2) Präsentation des eigenen Wechsels am Verfalltage nicht erforderlich. VII. 240. — 3) Unterlassene Präsentation eines eigenen Wechsels zur Zahlung. IX. 330. XII. 77. 78. — 4) Bezieht sich das Präjudiz der versäumten zweijährigen Präsentationsfrist bei eigenen Sichtwechseln auch auf den wechselmäßigen Anspruch gegen den Aussteller? XIX. 260. — 5) Protesterhebung bei eigenen Wechseln. II. 97. IX. 329. 330. — 6) Forderung von Protestkosten bei eigenen Wechseln. VII. 229. — 7) Provision bei eigenen Wechseln. VII. 228. VIII. 225. — 8) Der verjährte eigene Wechsel als Schuldschein geltend gemacht. VII. 254. VIII. 79. 81. 168. X. 88. — 9) Klage aus einem verjährten Wechsel. Muß der klagende Indossatar beweisen, daß er seinem Indossanten Valuta gegeben habe? XIX. 185. (Vgl. XIII. 119.) — 10) Exceptio SCti Vellejani von der Ausstellerin eines eigenen Wechsels dem klagenden Indossatar entgegengesetzt. XVIII. 41 a.

D. Erforderniß der Präsentation und Protesterhebung bei domicilirten eigenen Wechseln. Art. 99 der W.O. 1) Nur bei dem domicilirten Adressaten ist die Präsentation erforderlich. II. 97. — 2) Bei einem eigenen Domicilwechsel ohne benannten besondern Domiciliaten ist Protesterhebung zur Erhaltung des Wechselrechts gegen den Aussteller nicht erforderlich. VI. 250. IX. 329. X. 282. XIII. 118. XV. 58. — 3) Bedeutung des Ausdrucks „zahlbar bei“ in einem eigenen Wechsel. Erforderniß der Präsentation und Protesterhebung. XV. 115. S. 239.

Hauptstück 3.

Gewerbsrecht. Buchhandel. Lotterie. Versicherung. Papiere auf Inhaber.

I. Gewerbsrecht.

A. Zunftrecht. 1) Befugniß der städtischen Obrigkeit zur Ertheilung von Zunftprivilegien. XI. 180. — 2) Erforderniß obrigkeitlicher Bestätigung bei Zunftgewohnheiten. VII. 99. — 3) Verjährung in Betreff auf gewerbliche Privilegien einer Innung. XI. 181. — 4) Collision zwischen Handelsrecht und zünftigem Handwerksrecht. Umfang des Zunftzwanges. VIII. 83. 290. — 5) Verhältniß zwischen Handels- und Handwerksbetrieb. Handwerksbetrieb eines an sich Unbefugten durch einen zünftigen Handwerksmeister. XI. 179. — 6) Verbietungsrecht der Zünfte. Jahrmarktsfreiheit. III. 98. — 7) Verbietungsrecht der Zünfte. Eingriff in das Gebiet einer Zunft zum Zwecke eines anderen Gewerbsbetriebes. Gewerbsübergriff. VIII. 291. — 8) Von ungeschlossenen Handwerken. Verpflichtung des Handwerks, alle gehörig qualificirten Personen aufzunehmen, welche die Obrigkeit zulassen will. VII. 98. — 9) Treiben eines andern Gewerbes als Hinderniß der Zulassung zum Meisterrechte. VI. 251. — 10) Recht der Wittwen, das Handwerk ihres verstorbenen Mannes fortzusetzen. II. 100. — 11) Berechtigung eines Meisters, seinen Lehrling körperlich zu züchtigen. IX. 71.

B. Andere gewerbliche Rechtsverhältnisse. 1) Sogenannte natürliche Freiheit im Verhältnisse zu Gewerbsbeschränkungen. VIII. 112. 282. — 2) Gastwirthschaftsrecht. Befugniß zum Branntweinschenken. III. 366. — 3) Herbergirungsrecht. III. 367. — 4) Befugnisse der Schenkgerechtigkeit. III. 368. — 5) Ausschließlichkeit der Schenkgerechtigkeit. III. 369. V. 224. — 6) Verlust des Braurechts durch Nichtgebrauch. IX. 70. — 7) Befugniß brauberechtigter Dorfgemeinden zur Erbauung von Communbrauhäusern. VII. 100. — 8) Recht, die Ausübung eines Gewerbes auf einem Grundstücke zu verbieten. Verlust desselben durch Expropriation. Entschädigungsfrage. II. 295. — 9) Ausübung der Wirtschafts- oder Schenkgerechtsame durch Concession oder Verpachtung übertragen. III. 370. — 10) Von Gewerbebetriebsverpachtungen. XVI. 213. — 11) Verpachtung einer Krugwirthschaft. Wirkung der Verweigerung der erforderlichen Concession zur Betreibung derselben. XVII. 238. — 12) Verträge über Gewerbsprivilegien. Nothwendigkeit einer Mitwirkung der Behörde zu deren Uebertragung. XVII. 137. — 13) Verkauf einer Buchdruckereiconcession. XV. 271. — 14) Mangelnde Befugniß der Gerichte zur Entscheidung über die Gültigkeit einer obrigkeitlich verliehenen ausschließlichen Befugniß zur Betreibung eines Gewerbes. XIX. 187. — 15) Unbefugter Gewerbsbetrieb begründet keine Nichtigkeit der einschlagenden Rechtsgeschäfte. XIII. 242. — 16) Unstatthaftigkeit einer Conventionalstrafe zum Zwecke einer Gewerbsbeschränkung. II. 28. — 17) Vertragsmäßiges Verbot, ein bestimmtes Gewerbe in einem Hause zu treiben. XIX. 18. XX. 15. 106. — 18) Contractliche Verpflichtung eines Gewerbsgehülfen, bei dem Austritt aus dem bisherigen Dienste nicht bei anderen Genossen desselben Gewerbes in Arbeit zu treten, sondern den

Ort zu verlassen. VII. 18. — 19) Rechtsverhältniß aus einem Lehrcontract. XI. 238. — 20) Grenze des Musikzwangsrechts. VIII. 84. — Von den Bannrechten s. oben Abschn. VI. Hauptst. 2. II. C. S. 220.

II. Buchhandel. Nachdruck.

1) Rechtsverhältnisse zwischen dem Autor und dem Verleger bezüglich der Veranstaltung einer neuen Ausgabe, welche sich auf einen Theil des Verlagswerkes beschränkt. I. 347. — 2) Verbindlichkeit des Verfassers zur Veranstaltung einer neuen Ausgabe. II. 272. — 3) Beeinträchtigung der Verleger einzelner Schriften durch Veranstaltung einer Gesammtausgabe aller Werke des Verfassers. IV. 80. — 4) Keine Verpflichtung des Verlegers, ein in Verlag genommenes Buch anzuzeigen. IV. 246. — 5) Weiterveräußerung des Verlagsrechts von Seiten des Verfassers. Einfluß derselben auf die Verbindlichkeit des ersten Verlegers zur Honorarzahlung. V. 308. — 6) Ueber die durch buchhändlerische Ankündigungen, die darauf erfolgten Subscriptionen und den Bezug von Lieferungswerken entstehenden Rechtsverhältnisse. XI. 91. — 7) Entschädigungsklage wegen Nachdruck. Auslegung der Bundesbeschlüsse vom 19. Juni 1845 und 6. November 1856. XVIII. 103. — 8) Lithographische Abbildung von Gemälden. Schutz gegen widerrechtliche Nachbildung. IX. 72.

III. Lotterie.

1) Klassenlotterie. Indossirung eines Looses erster Klasse auf die folgenden Klassen. XI. 175. — 2) Verjährung bei indossirten Loosen XI. 176. — 3) Cession eines indossirten Lotterielooses. Legitimation des Cessionars. XI. 177. — 4) Cession eines Klassenlotterieslooses nach der Ziehung. XI. 178. — 5) Separatübereinkommen des Lotteriecollecteurs mit dem Loosabnehmer bezüglich der unterbleibenden zeitigen Renovation. Haftpflicht des Collecteurs für seine Geschäftsgehülfen. IV. 245. — 6) Der Empfänger nicht bestellter Lotterieloose ist an und für sich weder zur Zurücksendung noch zur Zahlung verpflichtet. VII. 97.

IV. Versicherung (mit Ausschluß der See-Assecuranz). Wittwenkassen.

1) Versicherungsgesellschaften auf Gegenseitigkeit gegründet. XIX. 265. — 2) Generische Mobiliarfeuerversicherung. Entfernung einzelner Gegenstände aus dem bezeichneten Aufenthalt. XIX. 178. — 3) Versicherung einer geliehenen Sache von Seiten des Commodatars. Anspruch des Commodanten auf die Entschädigungssumme. VI. 180. — 4) Anspruch des einen Handelsgesellschafters gegen den andern auf Theilung der von diesem erhobenen Versicherungssumme für gewisse von dem Letzteren auf eigenen Namen versicherte, zur Societät gehörige

Waaren. VI. 194. — 5) Unrichtige Angabe in einer von dem Hauptagenten der Versicherungsgesellschaft ausgefüllten Declaration. XX. 60. — 6) Beweislast rücksichtlich der Größe des erlittenen Schadens bei einer Versicherung gegen Feuersgefahr. XIII. 272. — 7) Der Versicherte wegen des Brandes in Untersuchung. Tod desselben. Anspruch der Erben auf Auszahlung der Versicherungsgelder. Berufung des Versicherers auf das vertragsmäßige Erforderniß der Freisprechung. Auslegung der desfälligen Vertragsbestimmung. XV. 152. — 8) Ist der Versicherte eines Gebäudes, welcher statutenmäßig von dem Versicherungsvertrage nicht zurücktreten darf, verpflichtet, mit einem an die Stelle des abgebrochenen neu aufgeführten Gebäudes der Versicherungsgesellschaft wiederum beizutreten? XIV. 7. — 9) Geltendmachung von Billigkeitsrücksichten durch eine replica doli bei der Brandversicherung. V. 2. — 10) Zolldefraudations-Assecuranz. Unstatthaftigkeit der Entschädigungsklage aus derselben. I. 196. — 11) Urkundenedition in Assecuranzsachen. III. 122. — 12) Wittwenkassen. Spätere Herabsetzung der Pensionsbezüge. Müssen die schon im Genusse sich befindenden Wittwen sich dieselbe gefallen lassen? III. 100. — See-Assecuranz s. oben S. 240.

V. Papiere auf den Inhaber.

1) Staatspapiere kein Papiergeld. VII. 90. — 2) Rechtsgültigkeit der von Privatpersonen ausgestellten Inhaberpapiere. X. 91. XIII. 55. XV. 237. — 3) Anspruch auf Ausfertigung von Duplicatscheinen, wenn ein auf Inhaber lautendes Papier verloren gegangen ist. Uebertragbarkeit dieses Anspruchs. III. 193. 194. a. E. — 4) Einklagung des Betrags abhanden gekommener Coupons auf den Inhaber. Cautio defensum iri. VIII. 77. — 5) Unzulässigkeit der Compensationseinrede gegen eine Forderung aus Inhaberpapieren. III. 194. — 6) Auf den Inhaber lautende Partialobligationen. Emissionsgeschäft. Rechtsverhältnisse zwischen dem Emittenten, den einzelnen Partialenbesitzern und dem Schuldner. VII. 223. X. 202. 7) Partialobligationen auf den Inhaber mit Hypothekbestellung. Fortdauer der Hypothek nach geleisteter theilweiser Rückzahlung. Unstatthaftigkeit einer Edictalladung unter dem Rechtsnachtheil stillschweigender Zustimmung, daß ein Pfandobject frei von dem Pfandnexus verkauft werde. I. 25. XIII. 112. XV. 50. — 8) Ueber die Rechtsverhältnisse, welche rücksichtlich der auf Inhaber lautenden Werthpapiere vorkommen. Legitimation des Inhabers. Erwerb und Verlust des Besitzes. Vindication. Keine Vermuthung für redlichen Erwerb. IX. 206. — 9) Zulässigkeit der Vindication von Inhaberpapieren. XIII. 56. — 10) Ist zur Vindication von Inhaberpapieren der Nachweis eines früheren Besitzes genügend? X. 201. XVI. 137. — 11) Statthaftigkeit der Vindication gegen den Besitzer in bösem

Glauben. Auch gegen den nicht titulirten Besitzer in guten Glauben? XIX. 177. — 12) Vindication nur gegen den Besitzer in bösem Glauben zulässig. V. 4. VI. 313. — 13) Erfordernisse des gutgläubigen Erwerbes von Inhaberpapieren. X. 201. — 14) Beweislast bei der Vindication von Inhaberpapieren über guten oder bösen Glauben des Besitzers. Vermuthung des guten Glaubens. VII. 152. IX. 331. — 15) Vindication von Inhaberpapieren auch gegen den Besitzer, welcher dieselben von dem Kläger selbst auf eine den Eigenthumsübergang hindernde Weise (Schenkung ohne Insinuation) erhalten hat. V. 252. — 16) Klage auf Herausgabe einer von dem unrechtmäßigen Besitzer zum Faustpfande übergebenen Obligation auf den Inhaber. VI. 313. — 17) Pfandrecht an Staatspapieren. Wirkliches Faustpfand. XII. 10. — 18) Afterpfand an Inhaberpapieren. Einfluß der Vindicabilität derselben auf das Rechtsverhältniß zwischen dem ersten Pfandschuldner und dem Afterpfandgläubiger. XVI. 198. — 19) Depot von Creditpapieren. XIX. 176. — 20) Papiere auf den Inhaber commodatsweise zur Verpfändung überlassen. Concurs über das Vermögen des Commodatars. Vertauschung der Nummern der verpfändeten Papiere bei Einlösung durch den Güterpfleger. XVI. 66. — 21) Nicht ausgeführte Verkaufscommission über Inhaberpapiere. Kein Anspruch des Committenten auf Zurückgabe derselben Stücke. X. 127. XIII. 233. — 22) Darlehen in Werthpapieren. XIV. 133. — 23) Vermächtniß in Geld oder Staatspapieren auszuzahlen. Curswerth. III. 351. — 24) Bei Lieferungsgeschäften über Staats- und Creditpapiere gehört die Feststellung eines bestimmten Lieferungstages zu den Essentialien des Vertrages. Bei dem Mangel solcher Verabredung ist anzunehmen, daß die Absicht auf sofortige Erfüllung gerichtet gewesen sei. XVI. 65. — 25) Haftung des Verkäufers bei dem Verkauf von Obligationen auf Inhaber für das Vorhandensein der Schuld und des Pfandrechts. II. 32. XVI. 201. — 26) Vertretungspflicht des Banquiers aus dem Verkaufe aufgebotener Werthpapiere. XIV. 25. — 27) Haftung des Verkäufers von Inhaberpapieren für deren Cursfähigkeit. III. 26. — 28) In wie fern haftet der Verkäufer von Obligationen auf den Inhaber für deren Werth? VII. 306. — 29) Einrede der Ueberlistung bei dem Verkaufe von Staatspapieren. XVI. 180. — 30) Auf die den Inhaberpapieren beigegebenen Zinscoupons sind Zinsen (von den Zinsen) nicht zu entrichten. XX. 59.

Zweiter Theil.

Civilproceß.

Hauptstück 1.

Collision von Proceßgesetzen.

I. Räumliche Grenzen der Wirksamkeit der Proceßgesetze.

1) Ueber Anwendung auswärtiger Proceßvorschriften bei den Requisitionen auswärtiger Gerichte. XIII. 180. — 2) Collision der Proceßgesetze bei der Requisition auswärtiger Gerichte. Eidesform. XII. 80. 319. XIII. 66. — 3) Collision der Gesetze über Modalität der Zeugenvernehmung bei Requisition auswärtiger Gerichte. XV. 159. — 4) Ueber Anwendung ausländischer Gesetze. II. 218. 322. — 5) Ist die Beachtung des ausländischen Rechts durch Bezugnahme auf dasselbe von Seiten einer Partei bedingt? IX. 248. — 6) Collision inländischer Proceßgesetze, wenn die Zuständigkeit des Gerichts mehrere Bezirke umfaßt, in welchen verschiedene Proceßgesetze gelten. IV. 249. — 7) Collision der Gesetze betreffend Gerichtsstandsfähigkeit. (Geschlechtsvormundschaft; ehemännliche Curatel.) XIII. 181. XV. 94. — 8) Gerichtsstand des Inländers, welcher seinen Wohnsitz in das Ausland verlegt hat. XVI. 73. — 9) Domicilveränderung; mehrfaches Domicil. XVI. 74. — 10) Ist der Absendungs- oder der Empfangsort als Erfüllungsort bezüglich des Gerichtsstandes bei Waarensendungen anzusehen? VI. 91. — 11) Ueber Prorogation auf einen ausländischen Richter. XVI. 258. — 12) Collision der Proceßgesetze, die Gerichtsstände des Vertrags und des Zusammenhangs betreffend. VIII. 293. — 13) Collision der Gesetze, die Zuständigkeit eines ausländischen Richters zur Arrestverfügung gegen einen Inländer betreffend. XV. 177. — 14) Proceßrecht und materielles Recht. Gesetze, nach welchen die Statthaftigkeit dilatorischer Einreden zu beurtheilen ist. VII. 278. —

15) Statutencollision. Geltendmachung der Regel „locus regit actum“ von Seiten des Beklagten im Wege ausdrücklich vorzuschützender Einrede. VIII. 85. — 16) Einrede der Ungültigkeit nach den Gesetzen des ausländischen Vertragsortes. IX. 210. — 17) Die Erfordernisse einer Besitzklage sind nach dem für das angegangene Gericht geltenden Proceßrechte zu entscheiden. IV. 143. — 18) Statutencollision in Bezug auf die Legitimation eines Cessionars. XI. 111. — 19) Statutencollision in Bezug auf die Beweislast. XIV. 148. — 20) Collision der Gesetze, betreffend die Zulässigkeit bestimmter Beweismittel. XI. 194. 308 (Handelsbücher). XIII. 182. — 21) Statutencollision, betreffend die Frage, in welchen Formen ein Urtheil als nichtig angefochten werden kann. XI. 205. — 22) Von den Gesetzen, welche bei der Execution eines fremdrichterlichen Urtheils in Anwendung kommen. IV. 144. — 23) Vollstreckbarkeit ausländischer Erkenntnisse. Actio judicati. XVI. 269. — 24) Collision der Gesetze bei der Concurseröffnung. XIV. 194 220. — 25) Die rechtliche Wirkung der von einem ausländischen Gerichte erkannten Präclusion eines Gläubigers ist nach den ausländischen Gesetzen zu beurtheilen. VIII. 109. — 26) Collision der Gesetze verschiedener Staaten, betreffend das Pfandrecht im Concurse. XVII. 111. — 27) Statutencollision, betreffend die Priorität im Concurse. VI. 1. XI. 4. XIII. 230. XIV. 271.

II. Zeitliche Grenzen der Wirksamkeit der Proceßgesetze.

1) Zeitliche Grenzen der Gesetze über Zulässigkeit von Beweismitteln. IV. 248. — 2) Collision zwischen älteren und neueren Gesetzen im Laufe des Rechtsstreits, die Form des Eides (Judeneid) betreffend. XVII. 284. — 3) Beschränkung der Wirkung eines neueren Gesetzes (den Judeneid betreffend) durch Rechtskraft. XV. 72. — 4) Collision zwischen älteren und neueren Proceßgesetzen, Zahl der zuständigen Rechtsmittel betr. XII. 193.

Hauptstück 2.

Von dem Gegenstande des Rechtsstreites.

I. Begrenzung der Civilproceßsachen.

1) Die richterliche Zuständigkeit wird nicht schon durch die Behauptung der privatrechtlichen Eigenschaft eines Anspruchs begründet. XII. 191. XIV. 62. — 2) Die Art der Klagbegründung entscheidend für die Frage der Zuständigkeit. IV. 251. S. 412. — 3) Competenz des Civilrichters im Falle einer ungenügenden thatsächlichen Begründung für die behauptete privatrechtliche Eigenschaft eines Anspruchs.

XV. 73. 4) Zuständigkeit der Gerichte in Ansehung der Frage, ob die Staatsregierung zur Erlassung einer Verordnung, um deren Anwendung es sich handelt, befugt war. IV. 250. V. 225. — 5) Völkerrechtliche Beziehungen. Zuständigkeit der Gerichte. IV. 82. — 6) Zur Frage von Zuständigkeit der Gerichte in Klagsachen wider den Landesherrn. XI. 182. — 7) Staatseigenthum. Privateigenthum des Staates. Competenz der bürgerlichen Gerichte über solches. XVI. 142. — 8) Zusicherung der Staatsregierung (an einen Standesherrn), in einem bestimmten Bezirke neue Mühlenanlagen nicht ohne hinreichend erwiesene Nothwendigkeit zu gestatten. Der Promissar erlangt dadurch kein vor den Gerichten verfolgbares Recht. XV. 74. — 9) Zuständigkeit der Civilgerichte bei Entschädigungsansprüchen wegen Verletzung von Privatrechten durch Acte der Staatsgewalt. IV. 251. S. 414. — 10) Competenz der Gerichte bei der Expropriation. XVI. 72. — 11) Competenzdifferenz zwischen Gerichten und Polizeibehörden. IX. 74. — 12) Unzuständigkeit der Gerichte bei Einsprachen gegen die Vollziehung polizeilicher Anordnungen. VI. 252. — 13) Rechtsweg gegen polizeiliche Anordnungen. V. 61. VI. 253. — 14) Unzuständigkeit der Gerichte bei der Klage auf Erfüllung einer in einem Kaufvertrage enthaltenen polizeilichen Bestimmung. VII. 357. — 15) Eine Jüstiz- (Civilproceß-) Sache ist der Competenz des höheren Richters nicht entzogen, wenn auch der Unterrichter aus polizeilichen Gründen Bescheid ertheilt hat. V. 309. — 16) Ist eine Besitzklage statthaft, wenn die privatrechtliche Natur des zu schützenden Verhältnisses bestritten ist? XIV. 96. — 17) Besitzstörung durch öffentliche Straßenbauten. XIX. 267. — 18) Zuständigkeit der Gerichte in Streitigkeiten über Servituten, wenn die angebliche Störung in einer Verfügung der Verwaltung ihren Grund hat. XVII. 98. — 19) Competenz der Gerichte zur Entscheidung der Rechtsstreitigkeiten über Gewerbe- und Bauanlagen, hinsichtlich welcher polizeiliche Vorschriften bestehen. XI. 97. — 20) Von der Polizeibehörde angeordnete Reparatur eines fremden Bauwerks, als Geschäftsführung geltend gemacht. Justiz- oder Verwaltungssache? IX. 285. — 21) Ueber Competenz der Gerichte bei Streitigkeiten über die Benutzung öffentlicher Gewässer. IV. 251. S. 410. XIV. 247. — 22) Polizeiliche Bestimmungen bezüglich neuer Anlagen in einem öffentlichen Flusse im Verhältnisse zu den Privatrechten der Anlieger. XI. 296. — 23) Competenz der Gerichte in Streitigkeiten über Wasserbenutzung aus öffentlichen Flüssen, welche von der Verwaltungsbehörde untersagt worden. XVII. 99. — 24) Oeffentlicher Weg. Verwaltungssache. III. 148. — 25) Streit darüber, ob ein Weg ein öffentlicher sei. XVII. 285. — 26) Fahrrecht auf öffentlichen Wegen. Competenz der Gerichte, bis diese Eigenschaft des Weges entschieden ist. II. 205. IV. 81. — 27) Zuständigkeit der Gerichte bei Markungsstreitigkeiten. IV. 251. S. 406. V. 282. —

28) Rechtsweg gegen Verfügung einer Administrativ-Oberbehörde in Gemeinde-Angelegenheiten. Bedingungen der Zulässigkeit. VIII. 162. — 29) Streitigkeiten über Communweiderechte gehören zur Competenz der Administrativbehörden. XIV. 63. — 30) Competenz der Gerichte bei Streitigkeiten über die Vertheilung von Gemeindenutzungen. IV. 251. S. 409. — 31) Gemeindeangelegenheit. Verjährungserwerb zu leistender Dienste. Justiz- oder Verwaltungssache? III. 371. — 32) Gemeindelasten. Zulässigkeit des Rechtsweges. XIV. 246. XV. 160. — 33) Gerichtliche Competenz in Deichsachen. Verwaltungsrechtliche Fragen im Concursverfahren. VIII. 163. — 34) Gemeinderechner. Privatrechtliches Verhältniß desselben zur Gemeinde. Streitigkeiten über seine Verwaltung und Rechnung gehören vor die Gerichte. XI. 297. — 35) Unterscheidung zwischen Justiz- und Verwaltungssachen. Verbindlichkeit zu öffentlichen Abgaben. I. 105. — 36) Unzuständigkeit der Gerichte bei Streitigkeiten über Steuerforderungen ausländischer Finanzbehörden gegen Inländer. IX. 211. — 37) Oeffentliche Lasten als Gegenstand von Privatverträgen. Competenz der Gerichte zur Entscheidung. IV. 251. S. 403. XII. 195. XIV. 247. Note 6. — 38) Unzuständigkeit des Gantgerichts zur Entscheidung über die Richtigkeit öffentlichrechtlicher Forderungen. V. 92. — 39) Ueber Zuständigkeit der Civilgerichte bei Ansprüchen auf Zurückerstattung von Steuergefällen. IV. 251. S. 411. XI. 95. (Vgl. XV. 160.) — 40) Competenz der Civilgerichte bei Entschädigungsansprüchen gegen eine Zollbehörde wegen unmöglich gewordener Herausgabe niedergelegter Waaren. XI. 96. — 41) Der Entschädigungsanspruch gegen einen öffentlichen Verwaltungsbeamten wegen Verletzung von Privilegien unterliegt der gerichtlichen Cognition. XVI. 143. — 42) Zuständigkeit der Gerichte zur Entscheidung über Ansprüche der Staatsdiener auf Wartegeld und Pensionen. XVII. 154. — 43) Grenzen zwischen Justiz- und Regiminal-, bezw. Civil- und Criminalgerichtssachen. Quiescirung eines Pfarrers wegen verschuldeter Dienstunfähigkeit. IX. 212. — 44) Zur Entscheidung über die rechtliche Gültigkeit der Suppression einer Pfründe sind die Gerichte nicht zuständig. XIV. 64. — 45) Kirchliche Stiftung mit eventuellen Rechten der Familie des Stifters. Klage der Familienglieder wegen Incamerirung des Stiftungsguts. Justizsache. X. 208. — 46) Zuständigkeit der Gerichte über das Recht zur Vertretung und Verwaltung einer Stiftung. IV. 251. S. 413. XX. 181. — 47) Zuständigkeit der Gerichte bei Streitigkeiten über die einer Stiftung von einer anderen Stiftung geleisteten Vorschüsse. IV. 251. S. 412. — 48) Streitigkeit über Patronatsrechte. Zuständigkeit der Civilgerichte. IV. 251. S. 413. — 49) Streitigkeit über Begräbnißplätze. IV. 251. S. 416. — 50) Ueber Stipendiensachen, als Civilproceßsachen. I. 106. 360. II. 205. — 51) Civilproceß- oder Disciplinarsache nach Theaterstatuten. IX. 73.

— 52) Zuständigkeit der Gerichte zur Entscheidung über das Recht, einen bestimmten Familiennamen zu führen. XVIII. 44. — 53) Ausschließliches Gewerbsprivilegium. Klage wegen Verletzung desselben durch anderweite Privilegienertheilung. XVI. 186. — 54) Mangelnde Befugniß der Gerichte zur Entscheidung über die Gültigkeit einer obrigkeitlich verliehenen ausschließlichen Befugniß zur Betreibung eines Gewerbes. XIX. 187. — 55) Grenzen der freiwilligen und streitigen Gerichtsbarkeit in Verlassenschaftssachen. I. 112. — 56) Einfluß eines anhängigen Criminalprocesses auf eine zu erhebende Civilklage. XVI. 249. — 57) Gerichtszuständigkeit bei einem Anspruch des Fiscus auf die einem Angeschuldigten abgenommenen Gegenstände. V. 62. — 58) Können Denunciationskosten gegen den schuldig befundenen Denunciaten auf dem Civilrechtswege eingeklagt werden? I. 271.

II. Präjudicialsachen.

1) Vorbereitende Sachen nehmen nicht die innere Natur der Hauptsache an sich. IV. 145. — 2) Von präjudiciellen Streitpunkten (im Concurse). III. 106. — 3) Die zu erhebende Eigenthumsklage präjudiciell für die erhobene Klage auf die Früchte. XIX. 109. — 4) Präjudicialeinrede, daß ein Weg ein öffentlicher sei. XVII. 285. — 5) Klage auf Capitalzahlung während Anhängigkeit der Klage auf die Zinsen. Einrede der Litispendenz. Präjudicialsachen. XVIII. 55. — 6) Die auf ein persönliches Klagrecht gestützte Activlegitimation wird nicht dadurch aufgehoben, daß einredend ein dingliches Recht behauptet wird, über welches zwischen den streitenden Theilen nicht endgültig entschieden werden kann. XIX. 188. — 7) Unzulässigkeit gleichzeitiger Klagen gegen mehrere Correalschuldner XII. 12. Vgl. XIX. 22. XX. 129. — 8) Berufung eines Correalschuldners anf die seinem Mitverpflichteten gegenüber Statt findende Litispendenz. XX. 20. — 9) Präjudicialverfahren. Klage auf Rechnungstellung. I. 274. — 10) Die Criminalsache präjudiciell für die Civilsache. VI. 254. — 11) Aussetzung des bürgerlichen Processes wegen Einleitung einer strafrechtlichen Untersuchung über einen Incidentpunkt des ersteren. XVI. 248. — 12) Criminaluntersuchung wegen falschen Zeugeneides. Aussetzung des Urtheils in der Civilsache. XI. 298. — 13) Exceptio rei in judicium deductae einer Wechselklage gegenüber, mit Rücksicht auf einen wegen Wuchers anhängigen Criminalproceß. XI. 183b. — 14) Einfluß eines anhängigen Criminalprocesses auf eine zu erhebende Civilklage. XVI. 249. — 15) Einfluß des Erkenntnisses und der Beweismittel in dem Criminalverfahren auf den Civilpunkt. II. 103. VI. 272. VIII. 96. 97. 300. IX. 82. 83. X. 92. 217. XI. 101. XII. 202. XVII. 161.

Hauptstück 3.

Von den Subjecten des Rechtsstreites.

I. Von dem Gerichte.

A. Schiedsrichter. 1) Schiedsgericht oder sachlich privilegirter Gerichtsstand? X. 209. — 2) Wirksamkeit des Compromisses, wenn sich die Parteien die Wahl eines Obmannes vorbehalten haben. II. 47. — 3) Erlöschung des Compromisses durch den Tod einzelner Schiedsrichter. V. 283. — 4) Rechtliche Stellung des Schiedsrichters. XVI. 46. XVII. 143. — 5) Schiedsspruch von zwei Schiedsrichtern ohne Mitwirkung des mit ihnen bestellten Dritten abgegeben. XVIII. 245 — 6) Der zur Wahl eines Obmannes in einem Schiedsgericht Beauftragte kann sich nicht selbst zum Obmann ernennen. XVI. 47. — 7) Competenz des Schiedsrichters. Derselbe ist nicht befugt, über die Einrede der Ungültigkeit des Compromisses zu entscheiden. XII. 81. — 8) Einrede der durch Schiedsspruch abgeurtheilten Sache. XII. 314. — 9) Anfechtung eines Schiedsspruches wegen Unbilligkeit. I. 217.

B. Von der Gerichtsbarkeit und der Zuständigkeit der Gerichte. 1) Ueber jurisdictio mandata und delegata. VIII. 89 — 2) Delegation wegen Betheiligung der Gerichtsmitglieder. VIII. 90. — 3) Committirung eines Untergerichts durch das Obergericht. Recurs gegen die Entscheidung des committirten Gerichts an das committirende Obergericht. IX. 234. — 4) Bloß mandirte Gerichtsbarkeit der Spruchcollegien. XII. 304. — 5) Verhältniß des requirirten zum requirirenden Gerichte. Recht und Pflicht des requirirten Richters zur Prüfung. I. 113. IV. 147. IX. 76. — 6) Unabhängigkeit untergerichtlicher Cognition. V. 231. — 7) Einfluß der in Ehescheidungssachen abgegebenen Erkenntnisse der geistlichen Gerichte auf die in Betreff der Vermögensverhältnisse geschiedener Ehegatten anhängigen Processe vor den weltlichen Gerichten. XII. 39. — 8) Gerichtszuständigkeit für Provisorien. VI. 63. — 9) Competenz der Landesgerichte, wenn die Eigenschaft einer Austrägalsache in Frage ist. Art. 30 der Wiener Schlußacte. I. 361. — 10) Unzulässigkeit der Evocation vor ein auswärtiges Gericht. V. 226. — 11) Competenzstreit bei Einleitung des Gantverfahrens gegen eine Erwerbsgesellschaft. III. 374. — 12) Incompetenzerklärung keine Justizverweigerung. V. 85. — 13) Zur Insinuation von Schenkungen ist Competenz des Richters und causae cognitio nicht erforderlich. I. 343. XVI. 111. — 14) Klagerhebung bei einem der Summe nach unzuständigen Gerichte unterbricht nicht den Lauf der Klagenverjährung. XI. 7.

C. Einzelne Gerichtsstände.

a. Gerichtsstand des Wohnorts, des Aufenthalts, forum originis. 1) Begriff des Wohnorts. Ausdrückliche Erklärung des animus domicilii nicht erforderlich. XIV. 65. — 2) Gerichtsstand des Wohnorts bei ermangelnder Staatsangehörigkeit und fehlendem Bürgerrecht. XI. 299. XV. 75. XVII. 116. — 3) Gerichtsstand des Wohnorts. Domicilveränderung. Mehrfaches Domicil. XVI. 74. — 4) Gerichtsstand des Inländers, welcher seinen Wohnsitz ins Ausland verlegt hat. XVI. 73. — 5) Gerichtsstand eines in dem Auslande lebenden Pensionärs. IV. 146. — 6) Gerichtsstand des Wohnorts eines auswärts Conditionirenden. IV. 254. VII. 242. — 7) Gerichtsstand des Wohnorts eines Pächters. XI. 108. XX. 183. — 8) Wohnortsgerichtsstand einer von Tisch und Bett geschiedenen Ehefrau. IV. 252. — 9) Wohnsitz der Kinder, welche einen solchen noch nicht gewählt haben. XI. 299. XV. 184. — 10). Wohnortsgerichtsstand der Staatsdiener. Derselbe wird dadurch nicht aufgehoben, daß der im activen Dienst verbleibende Diener mit Genehmigung der Dienstbehörde seinen Wohnsitz im Auslande genommen hat. XII. 302. — 11) Gerichtsstand einer Actiengesellschaft. III. 375. — 12) Wohnsitz der Stiftungen. V. 139. — 13) Zuständigkeit des Gerichts des Wohnorts bei Entschädigungsansprüchen eines angeblichen Fideicommißberechtigten. IV. 253. — 14) Actio judicati gegen einen Inländer bei dessen forum domicilii auf Grund eines im Auslande ergangenen Urtheils. XI. 104. — 15) Die nach fr. 1 de eo quod certo loco (13, 4.) dem Stipulator gegen den Schuldner, welcher sich an dem Solutionsorte nicht einfindet, gegebene Klage kann nur in dessen persönlichem Gerichtsstande angestellt werden. XVI. 144. — 16) Der Ort der Ausstellung eines eigenen Wechsels begründet nicht das forum domicilii für die Wechselklage. VII. 102. — 17) Gerichtsstand für Ehescheidungsklagen wegen böslicher Verlassung. VII. 103. XVI. 75. — 18) Gerichtsstand in Folge des Staatsbürgerrechts (forum originis). VI. 61. — 19) Allgemeiner Gerichtsstand Derjenigen, welche keinen Wohnsitz haben. Gerichtsstand des Aufenthaltsortes. XX. 67. Vgl. VII. 242. — 20) Concursgericht bei nicht zu ermittelndem allgemeinen Gerichtsstande des Wohnsitzes. XVII. 193.

b. Gerichtsstand in Vormundsschafts- und Nachlaßsachen. 1) Competenz zur Obervormundschaft. Gerichtsort des Wohnorts ohne Rücksicht auf Heimathsrecht. XI. 299. — 2) Fortdauer der obervormundschaftlichen Competenz nach Veränderung des Wohnsitzes des Pfleglings. VI. 49. XIX. 240. — 3) Obervormundschaftliche Competenz auf eine letztwillige Verfügung gegründet. XIX. 239. — 4) Verlassenschaftsgericht. Zuständigkeit desselben zur Verbescheidung eines Gesuchs um Zulassung zur deutsch-rechtlichen Curatel über die liegende Erbschaft. Die Verschollenheitserklärung des Abwesenden, dem eine Erbschaft deferirt worden, ist bei dessen zuständigen Gericht auszuwirken. XI. 258. — 5) Ueber das Verhältniß der gerichtlichen Behandlung des in dem Inlande befindlichen Nachlasses eines Abwesenden zu der im Auslande Statt findenden gerichtlichen Behandlung seiner Erbmasse. XI. 259. — 6) Gerichtsstand für Vermächtnißklagen. X. 211. — 7) Forum hereditarium. Verpflichtung der Erben, sich an dem Orte der Erbschaftsantretung von dem Legatar auf das Vermächtniß belangen zu lassen. Verhältniß dieses Gerichtsstandes zum persönlich privilegirten. VI. 62. — 8) Forum hereditatis bei ruhender Erbschaft. XVIII. 45. 172. — 9) Forum hereditatis in Beziehung auf Erbschaftssteuern. XX. 68. — 10) Fortdauer des Gerichtsstandes des Erblassers für die Erben bewirkt durch die Rechtshängigkeit. I. 126.

c Gerichtsstand der belegenen Sache. 1) Anwendbarkeit dieses Gerichtsstandes auch bei beweglichen Sachen. XII. 10. — 2) Ausschließlichkeit des Gerichtsstandes der belegenen (unbeweglichen) Sache. Unzulässigkeit der Prorogation. XVIII. 46. — 3) Elective Concurrenz des forum rei sitae mit dem forum domicilii. VI. 255. — 4) Verhältniß des Gerichtsstandes der belegenen Sache zum Gerichtsstande des Landsassiats. I. 107. — 5) Forum rei sitae bei Streitigkeiten über Servituten. I. 108. — 6) Klage auf Rescission wegen Verletzung über die Hälfte bei verkauften Liegenschaften. X. 210. — 7) Forum rei sitae in Ansehung beweglicher Sachen bei actiones in rem scriptae (Klagen aus Ueberſegelung). IV. 83. — 8) Forum rei sitae bei Erbschaftsklagen. IV. 84. XVIII. 45. — 9) Retractsklage. XI. 300.

d. Gerichtsstand des Vertrages. 1) Voraussetzung. Abschluß des Vertrages. Erfüllungsort. II. 323. V. 63. VIII. 294. XVII. 286. 287. — 2) Ueber das Erforderniß, daß der Beklagte zur Zeit der Ladung in dem Gerichtsbezirk anwesend sei oder daselbst Vermögen habe. II. 323. IV. 255. S. 424. V. 228. 229. VIII. 86. 293. XII. 196. XIII. 281. XVI. 250. XVII. 286. — 3) Bewegliche Sachen und Forderungen in dem Gerichtsbezirk für den Gerichtsstand des Vertrages genügend. V. 63. VIII. 294. — 4) Der ehemalige Wohnort eines Contrahenten als forum contractus für den daselbst abgeschlossenen Contract. XVI. 250. — 5) Gerichtsstand des Vertrages bei zweiseitigen Obligationen. XIX. 268. — 6) Ort des Vertragsabschlusses bei brieflicher Unterhandlung in Beziehung auf den Gerichtsstand des Contracts. XVI. 251. — 7) Gerichtsstand des Contracts durch Ausstellung eines eigenen Wechsels. VII. 102. — 8) Forum contractus bei Klagen auf Entschädignug wegen Nichterfüllung des Vertrages. VIII. 164. — 9) Forum contractus bei den auf Vollziehung der Ehe gerichteten Klagen. VIII. 165. — 10) Forum quasi contractus bei der persönlichen Klage aus dem Testamente. VIII. 87. — 11) Das forum contractus mit Rücksicht auf die anziehende Kraft des Universalconcurses. V. 310.

e. Gerichtsstand der geführten Verwaltung. 1) Der Gerichtsstand der geführten Verwaltung als Unterart des Gerichtsstandes des Vertrages. XIII. 281. — 2) Für den Gerichtsstand der Verwaltung kommt es nicht an auf den Umfang und die Art und Weise der Uebertragung der Geschäftsführung. XI. 302. — 3) Elective Concurrenz dieses Gerichtsstandes mit dem des Wohnorts. XI. 183 a. — 4) Gerichtsstand der geführten Verwaltung wegen Verbindlichkeiten aus vormundschaftlicher Verwaltung. (VII. 101.) IX. 75. — 5) Gerichtsstand der Verwaltung für die actio contraria des Verwalters. I. 272.

f. Gerichtsstand des Delicts. 1) Gerichtsstand bei Delictsklagen. Zulässigkeit einer Civilklage bei dem Gerichte des Wohnorts während Anhängigkeit eines Strafverfahrens bei dem Criminalgericht. X. 213. — 2) Begründung des Gerichtsstandes des Delicts nach gemeinem Recht und der Praxis. Ist Anwesenheit des Beklagten oder Vermögensbesitz erforderlich? II. 324. XVI. 145. XIX. 74. — 3) Forum delicti (oder contractae obligationis) bei Ansprüchen aus unehelicher Schwängerung. IV. 255. — 4) In wie fern entscheiden die Behauptungen des Klägers über die thatsächlichen Voraussetzungen des Gerichtsstandes des Delicts für die Zuständigkeit des Gerichts? XIX. 73.

g. Gerichtsstand des inneren Zusammenhangs der Sache. 1) Begründung des Gerichtsstandes der materiellen Connexität. (Collision der Proceßgesetze.) VIII. 293. Nr. 2. — 2) Identität des Rechtsstreites. VII. 358. — 3) Der Gerichtsstand der materiellen Connexität ist nicht begründet, wenn eine rechtskräftig verworfene Einrede auf dem Wege einer neuen Klage geltend gemacht wird. IX. 213. — 4) Gerichtsstand der materiellen Connexität wegen präjudiciellen Zusammenhanges. III. 373. XVI. 76. XVII. 100. — 5) Zusammenhangsgerichtsstand nicht begründet bei einer Klage wegen Vermögensauseinandersetzung nach Trennung oder Scheidung der Ehe. IV. 252. — 6) Materielle Connexität zwischen dem Possessorium und Petitorium. III. 372. — 7) Steht dem Richter in der Hauptsache die Entscheidung über bestrittene Verbindlichkeit zur Zeugnißablage zu? V. 318. XIV. 248.

h. Gerichtsstand der Wiederklage. 1) Begründung dieses Gerichtsstandes durch die Klage. Zweck der Caution für die Wiederklage I. 111. XVIII. 54. — 2) Das forum reconventionis bedingt durch die Zuständigkeit der Hauptklage VIII. 166. — 3) Dauer des Gerichtsstandes der Wiederklage. Nachklage. I. 110. XVIII. 54.

i. Gerichtsstand des Arrestes. 1) Zuständigkeit zur Verfügung eines Arrestes. VI. 256. XI. 98. XIII. 282. — 2) Zuständigkeit des inländischen Richters zur Entscheidung darüber, ob ein ausländischer Richter zur Arrestverfügung zuständig gewesen sei. XV. 177. — 3) Macht der von einem an sich für die Hauptsache nicht zuständigen Richter angelegte Arrest denselben für die Entscheidung der Hauptsache zuständig? V. 64. XII. 303. — 4) Das Retentionsrecht als Mittel, ein forum arresti zu begründen. Arrestadhäsion I. 109. — 5) Forum arresti. Anziehungsrecht des Universalconcurses. V. 310.

k. Privilegirte Gerichtsstände. 1) Der Regent als Beklagter. VIII. 297. — 2) Privilegirter Gerichtsstand der zur Familie eines auswärtigen deutschen Souveräns gehörigen Personen. I. 273. — 3) Geistlicher Gerichtsstand in Ehesachen. Einfluß der Erkenntniß geistlicher Gerichte auf die vor den weltlichen Gerichten geführten, die Vermögensverhältnisse geschiedener Ehegatten betreffenden Processe. XII. 39. 4) Gerichtsstand in Lehenssachen im Verhältnisse zum persönlichen Gerichtsstande des Beklagten. Klagen wegen Felonie. Concurs über das Vermögen des Beklagten. XI. 301. — 5) Gerichtsstand, wenn die Klage auf Trennung des Allods von dem Lehen geht. X. 212. — 6) Anordnung sachlich befreiten Gerichtsstandes oder Compromiß? X. 209.

l. Gerichtszuständigkeit nach dem Werthe des Streitgegenstandes. 1) Zusammenrechnen verschiedener Summen bei subjectiver Klagenhäufung. V. 65. — 2) Gerichtszuständigkeit nach dem Werth des Streitgegenstandes bei zukünftigen, noch nicht zur Entscheidung kommenden Rechten. VIII. 167. — 3) Die Erhebung der Klage vor einem der Summe nach unzuständigen Gerichte bewirkt keine Unterbrechung der Verjährung. XI. 7.

m. Prorogirter Gerichtsstand. 1) Die Zustimmung des angegangenen Richters ist erforderlich. IV. 256. — 2) Ueber Prorogation auf einen ausländischen Richter. XVI. 253. — 3) Unzulässigkeit der Prorogation bei Ausschließlichkeit eines Gerichtsstandes im öffentlichen Interesse. XVIII. 46. — 4) Zulässigkeit der Prorogation auf einen Richter, welcher sonst nur für eine geringere Summe competent ist. VIII. 295. — 5) Bei irrthümlicher Voraussetzung der Zuständigkeit ist eine Prorogation nicht vorhanden. VII. 242. XVI. 252. — 6) Prorogation durch Einlassung auf die Klage ohne Einrede gegen die Zuständigkeit des Gerichts kann nicht wegen Irrthums angefochten werden. X. 214. — 7) Rücknahme der Prorogation XV. 76. — 8) Prorogatio fori im Executionsverfahren. IX. 77.

D. Concurrenz mehrerer Gerichtsstände. Prävention. 1) Eine provocatio ad agendum begründet keine Rechtshängigkeit für den geltend zu machenden Anspruch. XI. 302. — 2) Einfluß einer Edictalladung auf die sonstige Zuständigkeit des angegangenen Gerichts. IX. 114. —

3) Verzicht auf die Einrede der Litispendenz durch Unterlassung ihrer Vorschützung vor der Einlassung auf die Klage. I. 281. XII. 310. — 4) Prozeß, die Herausgabe eines Wechsels betreffend. Erhebung der Klage aus dem Wechsel bei dem Wechselgericht. Einrede der Prävention. XII. 200. — 5) Exceptio rei in judicium deductae mit Rücksicht auf einen anhängigen Criminalproceß. XI. 183b. — 6) Wahl des durch ein Delict Verletzten zwischen Adhäsion in dem Criminalverfahren und einer Klage bei dem Civilgericht. X. 213.

E. Recusation und Unfähigkeit des Richters. 1) Recusation von Richterpersonen. Verfahren und Recusationsgründe. II. 219. — 2) Perhorrescenzsachen. Verfahren. Instanzenfolge. V. 230. — 3) Recusation von Collegialgerichten. II. 325. — 4) Delegation wegen Betheiligung der Gerichtsmitglieder. VIII. 90. — 5) Perhorrescenzeid. Voraussetzungen und Gegenstand desselben. V. 230. XII. 82. — 6) Perhorrescenz eines Actionärs als Richters in Streitsachen der Actiengesellschaft. XIX. 269. — 7) Recusation wegen motivirter Besorgniß eines ungünstigen Urtheils. VI. 64. — 8) Recusation des Richters in Sachen freiwilliger Gerichtsbarkeit. XX. 182. — 9) Wirkung der Perhorrescenz des Richters auf das fernere Verfahren. Hypothetische Nichtigkeit. XVIII. 47. — 10) Nichtigkeit eines Urtheils der höheren Instanz, weil bei demselben ein Richter der früheren Instanz thätig war. XVIII. 77.

F. Actenversendung. 1) Bloß mandirte Gerichtsbarkeit der Spruchcollegien bei der Actenversendung. XII. 304. — 2) Endurtheil im Sinne des Art. XII der deutschen Bundesacte. X. 314. — 3) Actenversendung auf einseitigen Antrag. Rechtsmittel gegen das die Actenversendung Statt gebende Decret. IX. 85. — 4) Restitution wegen unterlassenen Antrags auf Actenversendung. XIX. 285.

G. Verantwortlichkeit des Richters. Justizverweigerung. 1) Erforderniße der Syndicatsklage. Syndicatsklage gegen ein Collegium XIV. 140. — 2) Verurtheilung des Richters in die Proceßkosten. I. 285. II. 225. — 3) Incompetenzerklärung keine Justizverweigerung. V. 85.

II. Von den streitenden Theilen.

A. Gerichtsstandsfähigkeit. 1) Klageerhebung von Seiten einer Firma. XIII. 57. — 2) Belangung eines Richtercollegiums. XI. 252. XIV. 140. — 3) Vertretung der ruhenden Erbschaft durch einen Curator derselben. I. 114. — 4) Minderjährige Hauskinder. Väterliche Vormundschaft. XIII. 181. — 5) Klagstellung durch einen Curator von Minderjährigen. IV. 128. — 6) Klage Minderjähriger aus Dienstcontracten. XX. 25. — 7) Befugniß des pubes zur selbstständigen Rechtsverfolgung in Matrimonialsachen. IX. 78. — 8) Injurienklage gegen einen unter Curatel gesetzten Verschwender. XVI. 230. — 9) Geschlechtsvormundschaft. Statutencollision. XIII. 181. — 10) Ehemännliche Curatel an dem Orte des Proceßgerichts. Die Ehefrau eines Ausländers als Klägerin. XV. 94. — 11) Theilnahme des Gemeinschuldners an der Proceßführung des Massecurators. XVIII. 84.

B. Sachlegitimation.

a. Activlegitimation. 1) Die Sachlegitimation ein Theil des Klaggrundes. V. 233. IX. 86. XIV. 170. XX. 184. — 2) Einrede der mangelnden Sachlegitimation bei bejahender Einlassung. Beweislast. V. 233. — 3) Die active Sachlegitimation nicht als Theil des Klaggrundes angesehen. Verfahren hinsichtlich derselben. XVIII. 173. — 4) Unzulässigkeit der Einwendungen gegen die Sachlegitimation in der Duplik. XV. 247. — 5) Aufschub des Laufes der Beweisfrist in Folge der Anordnung einer Sachlegitimations-Ergänzung. I. 371. — 6) Eideszuschiebung über Sachlegitimation. XVII. 178. — 7) Rechtskraft über Sachlegitimation. IX. 86. — 8) Die rechtskräftige Entscheidung über Sachlegitimation zwischen mehreren Forderungsprätendenten wirkt auch gegen den Schuldner. XV. 77. — 9) Streit mehrerer Forderungsprätendenten unter einander über die Sachberechtigung. XX. 69. — 10) Verhältniß des von Einem unter mehreren Prätendenten eines Forderungsrechts belangten Schuldners. XVIII. 268. — 11) Die auf ein persönliches Klagrecht gestützte Activlegitimation wird dadurch nicht aufgehoben, daß einredend ein dingliches Recht behauptet wird, über welches zwischen den streitenden Theilen nicht endgültig entschieden werden kann. XIX. 188. — 12) Legitimation der Gemeinde zur Proceßführung über Rechte, welche den Gemeindegliedern als solchen, oder einer bestimmten Klasse derselben zustehen. Vertretung der Gemeindeglieder durch die Gemeinde. I. 1. und S. 151. VI. 309. VII. 360. XI. 124. 126. XIV. 6. — 13) Servitut einer Klasse von Einwohnern zustehend. Legitimation zur Klagerhebung. XV. 205. — 14) Einer Corporation zustehende Berechtigung, bei deren Ausübung nur einzelne Mitglieder derselben ein Interesse haben. Legitimation dieser Letzteren zur Klage auf Anerkennung der Berechtigung. XII. 229. — 15) Geltendmachung von Rechten, welche den Mitgliedern einer Gemeinde insgesammt zustehen, von Seiten einzelner Mitglieder. Sachlegitimation. X. 125. XVI. 97. — 16) Wegegerechtigkeit einer Gemeinde. Klagrecht der einzelnen Mitglieder. XVII. 4. — 17) Nutzungsrecht der Eigenthümer bestimmter Bauerngüter an einem Gehölze. Klage eines Einzelnen auf Rechnungsablage gegen Diejenigen, welche im Auftrag der Gemeinde das Gehölze verwaltet haben. XV. 1. — 18) Legitimation zur Klage auf Schutz in Ausübung der Befugnisse einer Jagdinteressentschaft. XIX. 11. — 19) Legitimation der Pfarrer und Schullehrer, über Gerechtsame der Pfarrei oder Schulstelle Processe zu führen. I.

115. — 20) Legitimation der Gemeinde als Vertreterin der berechtigten Pfarrei. XII. 340. a. E. — 21) Der Kläger, welcher im Laufe des Processes sein Grundstück, für welches er ein dingliches Recht klagend verfolgt, veräußert, ist gleichwohl legitimirt zur Fortsetzung des Processes. XV. 161. — 22) Der Pächter nicht legitimirt zur Geltendmachung von Gerechtsamen des Pachtguts. VI. 261. — 23) Legitimation zur Rückforderung von Depositen. VII. 321. — 24) Legitimation des Verkäufers der auf dem Transport befindlichen Waare zur aquilischen Klage. XV. 21. — 25) Legitimation zur Entschädigungsklage gegen den Spediteur. XIV. 23. — 26) Legitimation zur Zurücknahme auf die Post gegebener Sachen und zur Entschädigungsklage wegen derselben. VI. 60. — 27) Active Sachlegitimation des Sequesters. XVIII. 48. — 28) Legitimation des Verpfänders einer Forderung zur Paulianischen Klage. XV. 6. — 29) Klage des Mandatars aus den von ihm Namens des Mandanten mit Dritten abgeschlossenen Rechtsgeschäften gegen diese. XIX. 231. — 30) Legitimation des Fiscus zur Rückforderung der von der revolutionären Gewalt an Private geliehenen Staatsgelder. XII. 147. — 31) Sachlegitimation des Cedenten, vor erfolgter Denunciation eine cedirte Forderung in eigenem Namen einzuklagen. I. 116. XIX. 37. — 32) Legitimation des gegen den Schuldner klagenden Cessionars. V. 150. XIII. 18. 90. — 33) Sachlegitimation des Donatars bei nicht tradirtem Schenkungsgegenstande gegen dritte Besitzer desselben. XVI. 40. — 34) Die Ehefrau ist bei particularer Gütergemeinschaft zur Klage bezüglich des Ehevermögens nicht legitimirt. V. 185. — 35) Bei der allgemeinen ehelichen Gütergemeinschaft kann die Ehefrau gegen Proceßversäumnisse ihres Ehemannes nicht Restitution begehren. XVI. 226. — 36) Sachlegitimation der Erben bei Klagen gegen Erbschaftsschuldner. VII. 243. IX. 316. XII. 305. XVI. 254. XX. 78. — 37) Actio personalis ex testamento und hereditatis petitio. In wie weit gehört zur Activlegitimation der Beweis des ausschließlichen Rechts? XVI. 130. — 38) Sachlegitimation durch Erbrecht. Statutencollision. Beweisauflage über den Inhalt des fremden Rechts. IV. 92. — 39) Der Testamentsexecutor ist an sich zur Klage gegen die Schuldner des Erblassers nicht legitimirt. III. 73. XV. 34. XX. 50. — 40) Legitimation zur Klage auf Ertheilung des erbleihherrlichen Consenses bei Veräußerungen. VI. 55. — 41) Der Erbpachtmüller ist als solcher legitimirt zur Klage auf Anerkennung des Mühlenzwangsrechts. VII. 220. — 42) Besitz des Wechsels zur Sachlegitimation des Wechselklägers nothwendig. XIX. 263. Vgl. XII. 297. — 43) Activlegitimation des Inhabers eines Wechsels, auf welchem sich unter dem Blanco-Indossament des Trassanten ein auf einen Dritten lautendes Indossament des Klägers befindet. XVI. 240. — 44) Das Indossament eines verjährten Wechsels kann bei der Klage

aus dem demselben vorausgehenden Civilrechtsgeschäft nicht zur Activlegitimation dienen. XX. 66. — 45) Sachlegitimation bei Anstellung der Paulianischen Klage von Seiten des Concurscurators. XX. 97. — 46) Zur Anstellung der Paulianischen Klage ist der Contradictor nicht legitimirt. IX. 356. — 47) Legitimation der einzelnen Gantgläubiger zur Proceßführung gegen Schuldner des Cridars. XII. 223. — 48) Activlegitimation des Cridars nach beendigtem Concursverfahren. VI. 113. XVIII. 201. — 49) Legitimation des Gantmannes zur Einklagung illiquider Vermögensobjecte. XVIII. 285. — 50) Theilnahme des Cridars an der Proceßführung des Güterpflegers. XVIII. 84.

b. Passivlegitimation. 1) Klage gegen eine Gemeinde oder Genossenschaft, oder gegen einzelne Mitglieder derselben. I. 1 (mit Nachtrag S. 151). 11. 314. 315. 316. — 2) Passivlegitimation bei einer possessorischen Klage gegen die Gemeinde wegen verweigerter Fortentrichtung von Abgaben aus dem schutzherrlichen Verhältnisse als Gemeinderealllasten. XVI. 175. — 3) Klage wider eine Gemeinde, welcher von der vorgesetzten Behörde die Erlaubniß zur Proceßführung versagt wird. VII. 361. — 4) Klage eines landesherrlich angestellten Universitätsbeamten wegen Verkürzung durch Verfügungen der Staatsregierung, gegen die Universität erhoben. XI. 184. — 5) Besitzstörungsklage. Einwand mangelnder Passivlegitimation wegen dienstlichen Handelns. VII. 317. XIV. 236. (Vgl. XI. 126.) — 6) Statthaftigkeit des interdictum uti possidetis gegen den Schäfer der Gutsherrschaft. XVI. 222. — 7) Passivlegitimation bei der Negatorienklage. XI. 214. XIII. 130. — 8) Passivlegitimation bei der Confessorienklage. I. 16. 324. XI. 126. XIV. 91. 119. — 9) Passivlegitimation bei der hereditatis petitio. Besitz pro herede oder pro possessore. XI. 59. XV. 234. XVI. 128. — 10) Die hereditatis petitio setzt nur in der Person des Beklagten selbst, nicht auch seines Vorbesitzers, possessio pro herede oder pro possessore voraus. XVI. 127. — 11) Passivlegitimation bei der auf einzelne Sachen gerichteten hereditatis petitio. XVIII. 95. — 12) Richtung der Erbschaftsklage bezüglich der von einem Curator verwalteten Erbschaft eines Verschollenen. XIII. 104. — 13) Klage des Fideicommissars gegen den dritten Besitzer der Nachlaßgegenstände. Passivlegitimation. XVI. 131. — 14) Passivlegitimation bei Ansprüchen an eine Firma. III. 197. — 15) Beweislast bezüglich der Passivlegitimation, wenn der Beklagte läugnet, Inhaber der Firma zu sein, für welche er contrahirte. XVII. 107. — 16) Klage gegen eine Actiengesellschaft, welche keine juristische Person ist. Die Direction als Beklagte. III. 376.

C. Parteiverhältniß. 1) Begriff der Duplicität bei Besitzklagen. XIV. 97. — 2) Duplicität bei dem Grenzberichtigungsstreit. XIV. 29.

D. **Gegenseitige Pflichten der streitenden Theile. Gefährdeeid.** 1) Pflicht, die Wahrheit zu sagen? XV. 128. — 2) Heutige Anwendbarkeit der in § 43 des J.R.A. bestimmten Befreiung von der Verpflichtung zur Ableistung eines Gefährdeeides. XII. 197. — 3) Verbindlichkeit des Editionsklägers zur Ableistung des Gefährdeeides. XII. 209. — 4) Ausbleiben des Delaten, welcher die Ableistung des Gefährdeeides verlangt hat, in dem Schwurtermine. XIII. 67. — Ueber Verbindlichkeit zum Ersatze der Proceßkosten s. unten Hauptst. 6. IV.

E. **Cautionen.** 1) Verbindlichkeit des Ausländers, Caution wegen der Proceßkosten zu leisten. Beschränkung dieser Verbindlichkeit im Concurse und bei Provocationen? VIII. 307. XII. 315. — 2) Feststellung des Betrages der Caution wegen der Proceßkosten. I. 368. — 3) Cautionsleistung wegen der Kosten durch Hinterlegung inländischer Staatspapiere von wechselndem Curse. IX. 87. — 4) Auch dem Litisdenunciaten und accessorischen Intervenienten hat der ausländische Kläger Caution für die Proceßkosten zu leisten. XVIII. 177. — 5) Berufungssumme im Falle der Auflegung einer Proceßkostencaution. XIII. 70. — 6) Klagerhebung vor Ablauf der Lieferungszeit. Anspruch des Beklagten auf Sicherheitsbestellung wegen creditirter Gegenleistung. XX. 266. — 7) Caution wegen der Widerklage. I. 111. XVIII. 54. — 8) Cautio judicatum solvi. Voraussetzungen IV. 196. XIX. 75. — 9) Cautio defensum iri. VIII. 77. XIV. 23. a. E. XVIII. 49. 268.

F. **Streitgenossenschaft.** 1) Voraussetzungen derselben. III. 107. — 2) Voraussetzung eines Litisconsortiums bei der actio pro socio. X. 215. — 3) Streitgenossenschaft oder subjective Klagenhäufung? III. 107. — 4) Zulässigkeit einer erst in höherer Instanz vorgenommenen Vereinigung zur Streitgenossenschaft. XIII. 198. — 5) Streitgenossenschaft selbstständig begründet durch Gemeinsamkeit der Rechtsvertheidigung des Beklagten und Intervenienten in höherer Instanz. XX. 263. — 6) Untheilbarkeit des Streitgegenstandes. Ueber die exceptio plurium litisconsortium. III. 205. VII. 27. XV. 78. — 7) Executivproceß; Einrede mehrerer Streitgenossen. IX. 112. — 8) Gegen Streitgenossen findet kein Zwang zur Aufstellung eines gemeinsamen Vertreters Statt. XIV. 171. — 9) Rechtsfolgen einer gebildeten Streitgenossenschaft. I. 365. 371. S. 411. — 10) Ueber Zulässigkeit der Widerklage gegen einen einzelnen Streitgenossen. X. 284. XIV. 250. — 11) Unfähigkeit zum Zeugnisse zufolge Verhältnisses zu *einem* Streitgenossen wirkt in Beziehung auf *Alle*. XIV. 174. — 12) Der frühere Streitgenosse, nachdem er die Theilnahme am Processe aufgegeben, von der Gegenpartei als Zeuge aufgerufen. VI. 278. — 13) Streitgenossen als Zeugen zugelassen. XVII. 168. — 14) Verbindlichkeit sämmtlicher Streitgenossen zur Eidesleistung. XIV. 74. — 15) Ableistung eines mehreren Streitgenossen deferirten Eides durch

Einen aus ihrer Mitte. IX. 107. — 16) Berufungssumme bei getrennt verhandelten Processen gegen Streitgenossen. XI. 314. — 17) Wie fern kann die Appellation des einen Streitgenossen dem anderen nützen? VI. 96. VIII. 202. IX. 230. — 18) Berufungsverzicht eines Streitgenossen. VIII. 338. — 19) Haftung der Streitgenossen pro rata wegen Kostenerstattung. VIII. 102. — 20) Klagrecht des Sachwalters gegen mehrere Streitgenossen wegen seiner Gebühren. Haftung nach Theilen. IV. 258.

G. Subjective Klagenhäufung. 1) Ueber Zulässigkeit der subjectiven Klagenhäufung. I. 119. III. 107. V. 67. VIII. 296. X. 283. XII. 84. XV. 248. XVII. 103. XIX. 189. XX. 71. — 2) Verwerfung der nach gemeinsamer Vertheidigung der Beklagten gegen die Klage von denselben vorgeschützten Einrede der subjectiven Klagenhäufung. I. 365. — 3) Beschränkung der subjectiven Klagenhäufung. Unzulässigkeit mehrerer unter sich in dem Verhältnisse der Eventualität stehenden Ansprüche gegen verschiedene Rechtssubjecte. XVI. 146. — 4) Unterschied zwischen subjectiver Klagenhäufung und wahrer Streitgenossenschaft. III. 107. — 5) Gerichtszuständigkeit nach dem Werth des Streitgegenstandes bei der subjectiven Klaghäufung. Zusammenrechnen der verschiedenen Summen. V. 65. — 6) Kein Zusammenrechnen der verschiedenen Streitobjecte zu einem Gesammtbetrage für die Competenz- und Appellationssumme bei subjectiver Klagenhäufung. XV. 248.

H. Intervention. 1) Voraussetzungen für die Zulässigkeit der Intervention überhaupt. Merkmale der Principalintervention und der accessorischen Intervention in Bezug auf den Gegenstand eines Arrestes oder auf ein Executionsobject. Unrichtige Bezeichnung der Interventionsart unschädlich. X. 216. — 2) Intervention einer Ehefrau wegen ihrer Rechte aus der Gütergemeinschaft in einer wider den Ehemann anhängigen Sache. Principal- oder accessorische Intervention? XVI. 152. — 3) Der zur Prinzipalintervention Berechtigte kann auch gesondert klagen. XII. 311 a. E. — 4) Bedingungen und Erfordernisse der Hauptintervention. Interventio principalis regularis et anomala. VII. 362. — 5) Unzulässige Intervention eines prodigus in einem gegen dessen Curator erhobenen Rechtsstreite. VII. 105. — 6) Intervention eines Cessionars in der vom Curator des Cedenten gegen den Schuldner anhängig gemachten Streitsache. XX. 69. — 7) Intervention zufolge angeblicher Cession einer rechtskräftig zuerkannten Forderung. V. 86. — 8) Principalintervention in der Executionsinstanz Seitens der Ehefrau des Schuldners. XI. 316. — 9) Intervention im Executionsverfahren. Cognitionsbefugniß des requirirten Gerichts. IX. 76. — 10) Eintritt des Gutseigenthümers in den von dem Gutspächter in angeblichem Auftrage des früheren Eigenthümers begonnenen Rechtsstreit, keine Intervention. VI. 261. — 11) Veräußerung eines Grundstücks, für welches ein dingliches Recht klagend verfolgt wird. Accessorische Intervention des Erwerbers. XV. 161. a. E. — 12) Das Concurserkenntniß steht Intervenienten, welche eine rechtzeitig von einem Anderen liquidirte Forderung für sich in Anspruch nehmen, nicht entgegen. VIII. 218. — 13) Befugniß der Concursgläubiger zur Theilnahme an den Processen des Contradictors. XII. 224. XVII. 197. — 14) Berufungssumme bei Interventionen. XVIII. 76. 283.

J. Litisdenunciation. Adcitation. 1) Zulässigkeit der Litisdenunciation. Materielle Substantiirung nicht erforderlich. Zwischenverfahren über die Zulässigkeit findet nicht Statt. III. 389. XI. 303. XVII. 101. — 2) Streit zweier Forderungsprätendenten unter einander in Folge der Litisdenunciation. XX. 69. — 3) Besitzstörungsklage. Litisdenunciation Seitens des Beklagten an seinen Auftraggeber. XIV. 249. a. E. — 4) In wie weit ist die Litisdenuntiation für den Regreß nothwendig? XVII. 157. — 5) Auch dem Litisdenunciaten und accessorischen Intervenienten hat der ausländische Kläger Caution für die Proceßkosten zu leisten. XVIII. 177. — 6) Adcitation des Mandatars zum Streite des Mandanten. Geständniß des Ersteren gegen den Letzteren wirksam. VIII. 331. — 7) Adcitation bei der Klage auf Einräumung eines Nothweges nicht gerechtfertigt. XIX. 76. — 8) Adcitation zur Eidesleistung in Processen zwischen dem Cessionar und dem debitor cessus findet nicht Statt. XVIII. 64.

K. Nominatio auctoris. 1) Zulässigkeit derselben bei Streitigkeiten über dingliche Rechte. VI. 265. — 2) Unzulässigkeit derselben bei persönlichen Klagen. XII. 85. XIV. 249. — 3) Nominatio auctoris bei Besitzklagen. XVII. 155. — 4) Nennung des Auctors von Seiten des Negatorienbeklagten. X. 118.

L. Reassumtion des Processes. 1) Wirkung der clausula heredum in der Proceßvollmacht. Namhaftmachung der fortsetzenden Erben und deren Legitimation zur Sache gleichwohl erforderlich. IX. 79. — 2) Clausula heredum in der Vollmacht des Sachwalters. Urtheil, welches auf den Namen der bereits verstorbenen Partei lautet. XII. 83. — 3) Verbot der Cession litigioser Forderungen. XI. 110. 135. XII. 89. XIV. 251. XV. 217. — 4) Klage des Cedenten nach Cession der Forderung. Litisreassumtion von Seiten des Cessionars. I. 116. — 5) Litisreassumtion zufolge angeblicher Cession einer rechtskräftig zuerkannten Forderung. V. 86. — 6) Der Kläger, welcher in dem Laufe des Processes sein Grundstück veräußert, für welches er ein dingliches Recht klagend verfolgt, ist gleichwohl zur Fortführung des Processes legitimirt. XV. 161. — 7) Eintritt des Eigenthümers in den von dem Gutspächter in angeblichem Auftrage des früheren Eigenthümers begonnenen Rechtsstreit. VI. 261. — 8) Veräußerung des Streitgegenstandes durch den Beklagten. Wirksamkeit der Rechtshängigkeit für den Singularsuccessor. XVII. 105. — 9) Cession eines Anspruchs, bezüglich dessen dem Cedenten eine Eidesleistung zuerkannt ist. Kann nun statt des Cedenten der Cessionar zur Eidesleistung zugelassen werden? XI. 102. — 10) Erlöschen der gegen eine Handelsinnung obschwebenden Processe mit der Aufhebung der Innung. Reassumtion. XIX. 13. — 11) Reassumtion des Processes, welcher von dem Curator einer cum beneficio inventarii angetretenen Erbschaft geführt worden, durch die Erben. XX. 87. — 12) Reassumtion des Prozesses durch die Fallitmasse einer Prozeßpartei. XX. 185. — 13) Litisreassumtion im Executionsverfahren. VI. 110. — 14) Pflicht des unterliegenden Reassumenten zur Zahlung sämmtlicher Prozeßkosten. XI. 304.

M. Streitabstand s. unten Hauptst. 4. I. E. „Zurücknahme der Klage“.

III. Von den Nebenpersonen im Processe.

A. Von den Parteien gewählte Beistände und Vertreter. Advokaten. Anwälte. Procuratoren. Proceßlegitimation. 1) Ueber Befugniß der Advokaten und Anwälte, eine Zeugnißablage zu verweigern. II. 221. XII. 206. XV. 164. Vgl. XIV. 174. XV. 85. — 2) Nicht recipirte Advokaten können ihr Zeugniß in Sachen, in welchen sie juristischen Rath ertheilt haben, nicht ablehnen. XV. 254. — 3) Verantwortlichkeit des Anwalts für Injurien in Prozeßschriften. III. 101. — 4) Grenzen der Befugnisse des Sachführers in Beziehung auf Schicklichkeit der Ausdrücke. II. 220. — 5) Ermäßigung der Deserviten. Parteisache. VI. 259. — 6) Nicht berechnete Reisekosten des entfernt wohnenden Anwalts statt nicht zu berechnender Arrha bei Feststellung der Proceßkosten zugebilligt. XIX. 192. — 7) Reisekosten entfernt wohnender Advokaten von dem zur Kostenerstattung verurtheilten Gegner nicht zu ersetzen. I. 286. — 8) Verträge zwischen Anwalt und Clienten über Deserviten und Auslagen, insbesondere bei dem Armenrecht. XIX. 270. — 9) Kostenersatzberechtigung des Armenanwalts gegen die Gegenpartei mit Ausschluß der Compensation mit deren liquider Gegenforderung. XIX. 78. — 10) Eintritt der Verpflichtung der zum Armenrecht zugelassenen Partei, dem Armenanwalt Deserviten zu zahlen. III. 102. — 11) Ablehnung der Sachführung von Seiten des Armenanwalts wegen Indefensibilität. XIX. 77. — 12) Klagerecht des Sachwalters gegen mehrere Streitgenossen wegen seiner Gebühren. IV. 258. — 13) Ist Bevollmächtigung des gerichtlich bestellten Armenanwalts erforderlich? III. 379. — 14) Clausula heredum in der Proceßvollmacht. IX. 79. XII. 83. — 15) Mangel der Befähigung zur Gerichtspraxis kein Nichtigkeitsgrund. III. 243. — 16) Frauen als Procuratoren; keine Nichtigkeit des Verfahrens. XX. 70. — 17) Ist der Contradictor befugt, einzelne Gläubiger in Prioritätsstreitigkeiten zu vertreten? XII. 331. — 18) Verbittung des gegnerischen Sachführers wegen des ihm angesonnenen Zeugnisses. I. 117. — 19) Zwang der Streitgenossen zur Aufstellung eines gemeinsamen Vertreters findet nicht Statt. XIV. 171. — 20) Folge des Erscheinens durch einen Anwalt, wenn das Gesetz Erscheinen in Person vorschreibt. IV. 156. — 21) Proceßlegitimation der Institoren. III. 103. — 22) Proceßlegitimation durch Eid nicht statthaft. III. 104. — 23) Zulässigkeit nachträglicher Beschaffung der Proceßlegitimation. XVII. 101. — 24) Wegen Aberkennung der Legitimation zum Processe ist eine Nichtigkeitsbeschwerde nicht begründet. XV. 266. — 25) Eidesleistung durch speciell Bevollmächtigte. XI. 197. XIV. 74 a. E. — 26) Unschädliche Einräumungen eines Anwalts. I. 146. — 27) Widerruf des von dem Anwalt abgelegten Geständnisses. IV. 181. — 28) Verzicht des Anwalts auf eingelegte Berufung ohne Specialmandat nicht wirksam. IV. 269. VI. 103. — 29) Restitution gegen mandatswidrigen Verzicht des Anwalts auf die eingelegte Appellation. XV. 268. — 30) Restitution wegen Versehen des Anwalts. VI. 296. VIII. 340. IX. 232. X. 320. XII. 329. 330. XIX. 92. — 31) Restitution gegen Fristversäumniß von dem säumigen Anwalt nachgesucht. VI. 104. — 32) Werth der Erklärung des Sachwalters über seine Verschuldung bei einem Gesuch um Restitution wegen Fristversäumung. XVIII. 82. — 33) Subsidiarität der Restitution wegen Versehen des Anwalts. XVII. 191. — 34) Versagte Restitution gegen instructionswidrige Zurückschiebung eines deferirten Eides durch den Sachwalter. XVIII. 83. — 35) Regreßklage gegen Anwälte; Voraussetzungen derselben. I. 210. II. 89. XIII. 22. — 36) Passiver Uebergang der Regreßklage gegen den Anwalt auf die Erben. XIV. 202.

B. Von anderen Stellvertretern und Beiständen der Parteien. 1) Legitimation des Hausvaters zu Klagen, die Adventitien betreffend. III. 272. 273. XIII. 266. — 2) Vertretung minderjähriger Hauskinder durch den Vater. III. 377. VII. 197. XV. 113. — 3) Klagstellung durch einen Curator von Minderjährigen. Einwand der nicht vorliegenden Minderjährigkeit. IV. 128. — 4) Legitimation des Vormundes zur Prozeßführung für den Mündel ohne obervormundschaftliche Erlaubniß. VII. 359. IX. 307. 332. — 5) Legitimation desjenigen, welcher bei Abtretung des Hofes die Bewirthschaftung und Verwaltung sich vorbehalten hat, zu allen das Gut betreffenden Processen. XIII. 271. — 6) Klage der Mutter eines unehelichen Kindes auf Alimente. I. 348. S. 383. XI. 43. XVII. 49. 50. — 7) Legitimation eines von mehreren Curatoren zur Vertretung des Curanden im Processe. XIX. 162. — 8) Recht des Ehemannes, der Frau in Processen beizustehen. I. 277. — 9) Die Ehefrau ist zur Vertretung ihres abwesenden oder zur Administration unfähigen Eehemannes nicht legitimirt. V. 185. VII. 104. — 10) Einrede der Rechtskraft aus einem

Rechtsstreite, welchen die Ehefrau mit Vorwissen des Mannes über eine Dotalsache geführt hat. VIII. 170. — 11) Pflegevater und Oheim als gerichtlicher Vertreter nicht anzuerkennen. IV. 257. — 12) Vertretung des Fiscus durch Centralbehörden. XVIII. 110. — 13) Sequestration einer Erbschaft. Befugniß des Sequesters zur Anstellung von erbschaftlichen Klagen. XII. 306. XVIII. 48. — 14) In wie fern ist der Curator einer ruhenden Erbschaft zur Proceßführung legitimirt? I. 114. XVIII. 149. — 15) Proceßführungs- und Veräußerungsbefugniß des für einen Abwesenden bestellten Erbschaftscurators. XVI. 229. — 16) Richtung der Erbschaftsklage bezüglich der von einem Curator verwalteten Erbschaft eines Verschollenen. XIII. 104. — 17) Proceßlegitimation des Testamentsexecutors. XV. 34. 142. XX. 50. — 18) Gerichtliche Vertretung einer Actiengesellschaft. III. 376. — 19) Legitimation der Gemeinde zur Proceßführung über Rechte der Gemeindeglieder. I. 1. und S. 151. VII. 360. XI. 124. 126. XII. 340 a. E. XIV. 6. — 20) Legitimation einzelner Gemeindeglieder zur Proceßführung über Rechte der Corporation. XII. 229. XV. 205. — 21) Legitimation der Pfarrer und Schullehrer, über Gerechtsame der Pfarrei und Schulstelle Prozesse zu führen. I. 115. — 22) Legitimation der einzelnen Concursgläubiger zur Proceßführung für die Gantmasse. XII. 223. — 23) Competenztheilung zwischen Güterpfleger und Contradictor, betreffend processualische Vertretungsbefugniß. XVIII. 98.

C. Notare. 1) Unfähigkeit des Notars wegen Verwandtschaft mit einer der paciscirenden Parteien. V. 73. — 2) Verwandtschaft des Domiciliaten ohne Einfluß auf die Gültigkeit des Wechselprotestes. XVII. 282. — 3) Erforderniß der Zuziehung von Zeugen bei notariellen Acten. VI. 76. — 4) Beweiskraft von Urkunden, welche ein Notar ohne Zuziehung von Zeugen aufgenommen hat. II. 107. VI. 282. — 5) Notarielle Beglaubigung der Abschrift einer Urkunde ohne Zuziehung von Zeugen. XII. 208. — 6) Ausfertigung von Notariatsinstrumenten. V. 74. — 7) Notarielle Ausfertigung des Wechsels eines Analphabeten. XII. 75. — 8) Ordnungswidriger Gebrauch des Notariatssiegels als Privatsiegel. XVII. 102. — 9) Schadensersatzklage gegen einen Wechselnotar. XIII. 120. Note.

Hauptstück 4.

Von den Klagen und Einreden. Wiederklage. Weitere Verhandlungen.

I. Von den Klagen.

A. Klagbegründung.

a. Allgemeines. 1) Der Klagvertrag ist im Zweifel zu Gunsten des Klägers aufzufassen. XIII. 216. — 2) Klage auf Gewohnheitsrecht gestützt. XIII. 2. 205. — 3) Substantiirung der Behauptung einer Observanz. XX. 100. — 4) Klage auf Verjährung gestützt, als Klage aus dem Herkommen für hinlänglich substantiirt erkannt. XIV. 193. — 5) Erforderniß gehöriger thatsächlicher Begründung der Klage. XX. 74. — 6) Eine ausdrückliche Behauptung, daß die Förmlichkeiten eines Geschäftes beobachtet worden, wird zur Begründung der Klage aus demselben nicht erfordert. X. 285. XV. 162. — 7) Erforderniß der Klage hinsichtlich der Bezeichnung der in Anspruch genommenen Gegenstände. XVI. 147. — 8) Mangel genauer Angabe abzurechnender Pöste als Klaggebrechen geltend gemacht. VI. 264. — 9) Verbindlichkeit des Klägers zur sofortigen Vorlegung solcher Urkunden, welche zur rechtlichen Begründung der Klage dienen sollen. XVI. 148. — 10) Klagstellung aus einer Bezug nehmenden Urkunde ohne Beibringung der bezogenen. Abweisung wie angebracht. IV. 153. — 11) Können die von dem Beklagten angegebenen Thatsachen statt der in der Klage vorgetragenen zur Begründung der Klage dienen? VII. 364. XX. 73. — 12) Ist zur Klagbegründung die Behauptung vorheriger vergeblicher Anforderung nöthig? X. 286. XII. 77. 78. XIV. 152. — 13) Befristung auf unbestimmte Zeit. Klaganstellung statt Mahnung. XVI. 99. — 14) Klagbegründung, wenn für den Fall pünktlicher Verzinsung die Klagbarkeit des Kapitals hinausgeschoben ist. VI. 66. — 15) Zulässigkeit der Klage aus einem Factum, von welchem der Beklagte in der vorgängigen Criminalklage sich eidlich gereinigt hat. VI. 263. — 16) Die Klagbarkeit einer Forderung wird durch deren Arrestbelegung nicht suspendirt. XVIII. 71. — 17) Muß in der Klagschrift die Zeit der Entstehung der Klage angegeben werden? I. 120. — 18) In wie fern ist eine Angabe über die Zeit der Abschließung des Rechtsgeschäfts erforderlich? VII. 363. X. 287. — 19) Unverwerflichkeit einer Klage wegen mangelnder Zeitangabe. VII. 106. — 20) Ueber Begründung der accessorischen Ansprüche in der Klage. IX. 84. X. 296. XII. 307. XIV. 269. XVIII. 175. XIX. 191. XX. 187. — 21) Actio judicati, als selbstständige Klage. VIII. 32. IX. 336. XI. 104. XVI. 268. 269. XVII. 192. XX. 190. — 22) Klage aus einem Urtheile von Seiten des in demselben Verurtheilten. VIII. 32.

b. Begründung von Klagen aus dinglichen Rechten. 1) Specieller Klaggrund bei Realklagen. I. 362. II. 326. S. 414. VI. 260. — 2) Anführung des Erwerbgrundes für die Eigenthumsklage erforderlich. VI. 148. XII. 88. — 3) Substantiirung der Eigenthumsklage. XII. 198. XX. 206. — 4) Anmeldung von Eigenthumsansprüchen im Concurse. XII. 225. — 5) Begründung der sich auf Gewohnheit oder Unvordenklichkeit stützenden dinglichen Klagen. I. 118. IV. 150. XIII. 58. — 6) Bezeichnung des Gegenstandes bei der Eigenthumsklage. Richterliche Verbesserung ungenügender Bezeichnung. XVIII. 174. — 7) Keine

Abweisung der Eigenthumsklage bei einem derselben gegenüberstehenden Retentionsrecht wegen Impensen. XVI. 195. — 8) Actio communi dividundo bei noch nicht anerkanntem Miteigenthum. IV. 152. — 9) Actio finium regundorum. V. 16. 17. XIV. 29. 136. XVIII. 243. XX. 33. — 10) Grenzberichtigungsklage als rei vindicatio aufrecht zu erhalten? XVIII. 273. — 11) Actio Publiciana. Erforderniß der nachzuweisenden causa traditionis. XX. 207. — 12) Klage eines Miteigenthümers gegen den anderen auf Beseitigung eines auf dem gemeinschaftlichen Grundstücke errichteten opus. VII. 285. XVIII. 208. — 13) Negatorienklage. XIV. 273. XV. 101. XVI. 11. XVIII. 17. — 14) Formulirung einer auf verjährten Besitz sich gründenden Confessorienklage. IV. 151. — 15) Nativität der Confessorienklage. XVIII. 213. — 16) Hypothekklage gegen den Singularsuccessor des Verpfänders. XI. 215.

c. Klagen aus Obligationen. 1) Substantiirung der actio quod metus causa zur Anfechtung eines Verzichts. XVIII. 112. — 2) Klage auf Nichtigkeitserklärung eines Rechtsgeschäfts. III. 307. VI. 319. 320. XVII. 208. XVIII. 113. — 3) Klage auf Anerkennung eines obligatorischen Rechts. II. 27. III. 305. 306. XIII. 19. XIV. 5. XIX. 110. XX. 7. — 4) Klage auf Schadensersatz. Nähere Darlegung des Schadens. XII. 199. 307. XIII. 283. XIV. 269. XV. 215 a. E. XVIII. 52. — 5) Darlegung des Causalzusammenhangs bei der Schadensersatzklage. Berechnung entgangenen Gewinns. XI. 130. XII. 255. XIII. 11. 22. 214. XV. 8. 208. 209. — 6) Schadensersatzklage. Verschulden des Beklagten. I. 338. XI. 237. XIII. 140. XIV. 35. 36. XV. 26. 221. — 7) Schadensersatzklage wegen Dolus. Begründung der Behauptung des Dolus. XIV. 126. Note 3. — 8) Klage aus zweiseitigen Verträgen. Muß Erfüllung Seitens des Klägers behauptet oder angeboten werden? III. 201. VIII. 299. IX. 333. XI. 138. XII. 141. XIII. 296. XV. 14. XIX. 31. — 9) Klage auf Evictionsleistung. Angabe des Schadensbetrages. V. 315. — 10) Klage auf Entrichtung der Conventionalstrafe wegen Rücktritts von einem zweiseitigen Vertrage. XIII. 217. — 11) Klage aus baarem Darlehn. Beweis, daß Aufrechnung Statt gefunden habe. IV. 149. VI. 262. — 12) Nativität der Darlehnsklage bei einem jederzeit zurückzahlbaren Darlehn. XVIII. 233. — 13) Darlehnsklage im Executivprozeß aus Wechseln. XVIII. 282. — 14) Actio depositi. Angabe der Quantität. XIV. 77. — 15) Substantiirung der Klage aus einem Kaufcontracte. Nichtangabe der stipulirten Gegenleistungen. XX. 264. — 16) Klage auf Ueberschreibung eines verkauften Grundstücks. XVII. 18. — 17) Klage auf Aussonderung der einzelnen aus einer größeren Menge gleichartiger Sachen erkauften Stücke. XVI. 42. — 18) Vorkaufsrecht; Bedingung der actio nata. XVII. 244. — 19) Entschädigungsklage des Miethers wegen unvollständiger Vertragserfüllung. XVIII. 238. — 20) Klage auf Zurückzahlung eines Pachtvorschusses. XIX. 39. — 21) Klage wegen Dienstentlassung vor der contractmäßigen Zeit. XVII. 239. — 22) Klagebegründung bei Lohnforderung für Handwerksarbeiten. IX. 214. — 23) Klage aus einem Verdingungsvertrage. XVIII. 269. — 24) Klage aus einem Baucontract. Einrede des nicht erfüllten Contracts. Erbieten des Klägers zu nachträglicher Leistung. XIX. 32. — 25) Nativität der actio pignoraticia directa. XVII. 119. — 26) Klage gegen den Incasso-Mandatar auf Ersatz wegen verspäteter Protesterhebung bei einem domicilirten Wechsel. XVI. 139. — 27) Klage des Mandatars wegen Auslagen. XVIII. 51. — 28) Klage des Consignatars auf Rückzahlung eines Vorschusses. Actio mandati contraria. XV. 44. — 29) Klage aus der Geschäftsführung durch Schuldenbezahlung. XV. 25. — 30) Klage auf Rechnungsablage. I. 274. XII. 238. XIV. 232. XV. 124. XIX. 148. 149. — 31) Klage aus Anerkennung. Ueber Angabe der causa debendi. II. 326. XII. 17. 260. XV. 24. 114. XVIII. 137. XIX. 24. XX. 115. — 32) Solawechsel als Klaggrund im ordentlichen Processe. Mangel der causa debendi. XI. 109. Vgl. VIII. 168. — 33) Klage aus Abrechnung. II. 35. III. 105. XIII. 247. XIV. 17. XVIII. 223. — 34) Klage aus einem mit einem Soldo beginnenden Contocorrent. XX. 72. — 35) Klage aus einem einzelnen Geschäft bei bestehendem Rechnungsverhältnisse. VII. 365. XV. 117. — 36) Operis novi nunciatio. XIV. 139. XV. 226. — 37) Spolienklage als inderdictum quod vi aut clam für begründet erachtet. V. 68. — 38) Klagbegründung und Beweissatz in Schwängerungssachen. IV. 148. — 39) Begründung einer Klage auf Alimentenersatz. Richterliches Ermessen. III. 381. — 40) Condictio indebiti. XIII. 254. XV. 195.

d. Klagen das Familienrecht und Erbrecht betreffend. 1) Verlöbnißklage einer Geschwängerten. Beweislast. XVI. 50. — 2) Klage eines Ehemannes gegen seine Frau auf eheliche Folge. XVI. 54. — 3) Klage auf Ehescheidung wegen Ehebruchs. XI. 99. XIV. 142. Note 1. XIX. 97. — 4) Klage auf Ehescheidung wegen Mißhandlungen. XIX. 154. — 5) Klage wegen Ehescheidungsstrafen. XIX. 259. — 6) Klage auf Verwirklichung der Nachtheile zweiter Ehe. XIII. 98. — 7) Klage auf eine dos necessaria. XX. 44. — 8) Actio de in rem verso gegen den Vater. XVII. 64. — 9) Actio tutelae bei angeblich nichtiger Veräußerung von Mündelgut. Rechtliche Begründung des Schadensersatzanspruches bei derselben. XIX. 163. — 10) Erbschaftsklage auf Erbvertrag gestützt. III. 265. VIII. 152. IX. 48. XIV. 241. — 11) Klage auf Edition eines Conferenzenverzeichnisses. XIX. 169.

e. Klagen aus deutschrechtlichen Güterverhältnissen. 1) Substantiirung einer Klage auf Leibzuchtspräftationen mit persönlichem Charakter. XVII. 271. — 2) Substantiirung einer Klage auf rückständige Leibzuchtspräſtationen. XIII. 156. XIV. 152. — 3) Anerkennung einer Kirchenbaulast als selbstständiger Verpflichtungsgrund geltend gemacht XIV. 47. — 4) Klage auf Anerkennung der Kirchenbaupflicht und der Kirchenbaufrohnen, bevor ein bestimmtes Bauwesen in Aussicht steht. XV. 80. Note 1.

f) Klagen aus Wechseln. 1) Wechselfähigkeit der beklagten Ehefrau gehört zur Begründung der Wechselklage. XVII. 88. — 2) Gehört Benachrichtigung des Vormannes von der Protesterhebung zur Begründung der Wechselregreßklage? XVII. 277. — 3) Unterlassene Präsentation eines eigenen Wechsels am Verfalltage. XII. 77. 78. — 4) Solawechsel als Klaggrund im ordentlichen Processe. VI. 109. — S. ferner oben Civilrecht Abschn. VII. Hauptst. 2. XIV. A. (S. 255 u. 257.)

B. Klagbitte. Zuvielfordern. Verfrühete Klage. 1) Wiefern ist eine allgemein gefaßte Klagbitte für zulässig zu erachten? XIII. 283. — 2) Auslegung und Ergänzung des Klagegesuches durch den Richter. XVI. 77. — 3) Klage auf Vertragserfüllung. Abweisung wegen Unbestimmtheit des Gesuchs. III. 382. — 4) Klagbitte bei Condictionen auf Quantitäten vertretbarer Sachen. Unschädlichkeit einer eventuellen fehlerhaften Klagbitte. IV. 124. — 5) Die Vertragsklage auf das Interesse zu richten, wenn die Erfüllung der versprochenen Leistung ohne freiwillige Mitwirkung eines Dritten unmöglich ist. XV. 215. — 6) Wegen der Accessionen bedarf es keines ausdrücklichen Antrages. XIX. 191. — 7) Folgen der Pluspetition. III. 392. VIII. 301. — 8) Zuvielforderung bei einer Klage wegen alternativer Verbindlichkeiten. I. 124. II. 328. XVIII. 53. — 9) Forderungen zum Theil auf nicht fällige Leistungen gerichtet. III. 383. — 10) Einklagung vor der Zeit; Fälligkeit zur Zeit des Urtheils. III. 204. VIII. 91. XIII. 284. XVII. 156. XIX. 271. XX. 265. 266. 267.

C. Klagenhäufung.

a. Subjective Klagenhäufung s. oben II. G. S. 282.

b. Objective Klagenhäufung. 1) Beurtheilung der Zulässigkeit objectiver Klagenhäufung. XX. 71. — 2) Ungeeignete objective Klagenhäufung. Folge derselben. I. 276. — 3) Alternative Klagenhäufung. XVII. 14. — 4) Unzulässige Cumulation direct sich widersprechender Klaggründe. XX. 186. — 5) Cumulation eines interdictum retinendae possessionis mit einem interd. recuperandae possessionis. XV. 27. — 6) Cumulation des petitorium mit dem possessorium; Letzteres durch Ersteres absorbirt. VI. 90. XVIII. 120. — 7) Cumulation des interdictum quorum bonorum mit dem petitorium. VII. 71. — 8) Verbindung der actio finium regundorum mit der rei vindicatio. XIV. 136. XX. 33. — 9) Unstatthafte Cumulation der ästimatorischen Injurienklage mit der Klage auf Abbitte, Widerruf und Ehrenerklärung. I. 62. — 10) Voraussetzungen einer zulässigen Cumulirung der condictio indebiti und condictio sine causa. VIII. 142. — 11) Nichtigkeitsklage mit eventueller actio Pauliana. Zulassung der ersteren. Kann die nur in der eventuellen Klage sich findende Behauptung der mala fides des Beklagten berücksichtigt werden? XIV. 237 a. E.

D. Verbesserung und Veränderung der Klage. 1) Umfang des richterlichen Amts in Bezug auf Klagverbesserung. VIII. 95. — 2) Behandlung mangelhafter Parteivorträge. X. 291. — 3) Richterliche Klagenverbesserung, wenn es sich von Besitz-Wiedererlangung handelt, und auf Schutz im Besitze geklagt worden ist. VII. 42. — 4) Richterliches, beziehungsweise oberrichterliches Amt, betreffend die Auffassung des erhobenen Anspruchs aus dem Standpunkt einer anderen Klage als der von dem Kläger genannten. Interdictum quod vi aut clam. Spolienklage. VIII. 169. — 5) Eigenthumsklage; ungenügende Bezeichnung des Gegenstandes. Richterliche Verbesserung. XVIII. 174. — 6) Ausdehnung der oberstrichterlichen Entscheidung auf die seit dem angefochtenen Urtheile verfallenen Leistungen. Auslegung und Ergänzung des Klaggesuchs. XVI. 77. — 7) Klage aus einem mit einem Saldo beginnenden Contocorrent. Zulässigkeit nachträglicher Beibringung der früheren Contocorrente. XX. 72. — 8) Benutzung der von dem Beklagten vorgebrachten Thatsachen als Klaggrund an Stelle der in der Klage vorgetragenen von dem Beklagten verneinten. VII. 364. XX. 73. — 9) Nachträgliche Klagberichtigung rücksichtlich des Datums zugegebener Abschlagszahlungen. XIII. 183. — 10) Umwandlung der Klage auf Vertragserfüllung in die auf das Interesse. XVIII. 50. — 11) Zulässige Klagerläuterung in der Replik. III. 391. — 12) Klagergänzung in der Replik. Einlassung auf selbige in der Duplik. IX. 335. XII. 86. — 13) Ergänzung des Klagvorbringens rücksichtlich des Erwerbsgrundes des geltend gemachten dinglichen Rechts. XII. 88. Note 1. — 14) Nichtigkeitsreplik bei einer gegen eine Darlehnsklage eingewandten Einrede eines Gantvergleiches, keine unzulässige Klagänderung. I. 364. — 15) Klage aus einem Darlehn. Replik: die eingeklagte Schuld beruhe auf Abrechnung. Ist dieses eine zulässige Klagänderung? V. 314. — 16) Neuer Klaggrund in der Replik vorgebracht. XII. 86. — 17) Abänderung der Klage bezüglich des Umstandes, ob ein Vertrag unmittelbar oder durch eine Mittelsperson abgeschlossen worden. X. 218. — 18) Klagänderung ist nicht vorhanden, wenn die auf Unvordenklichkeit gegründete Klage in der Folge durch den Nachweis der Erfordernisse der dreißigjährigen Verjährung unterstützt wird. III. 206. — 19) Absicht ohne entsprechenden Willensausdruck in einem der Klage zu Grunde gelegten Contract. Klagänderuug. XVI. 101. — 20) Vertragserfüllung während des Laufes des Processes. Klagänderung. XVI. 149. — 21) Einkaufs- und Verkaufscommission als Propregeschäft. Klagänderung. XX. 249. — 22) Uebergang von dem Possessorium zu dem Petitorium mit Zustimmung des Beklagten. V. 311. — 23) Uebergang von der hereditatis petitio ab intestato zur actio ad supplendam legitimam. XI. 64. — 24) Mutatio libelli. Verpflichtung des Klägers zum Kostenersatze. Armuth desselben. XII. 87.

E. Zurücknahme der Klage. 1) Fallenlassen der Klage. Keine Berechtigung des Beklagten, Fortsetzung des Processes zu verlangen. VII. 107. — 2) Befugniß des Klägers zur Zurücknahme der Klage ohne Verzicht auf das Klagrecht. X. 288. XX. 75. — 3) Fallenlassen der Klage. Einrede der Rechtshängigkeit gegen eine neue Klage. XIII. 59. XVIII. 178. — 4) Befugniß des Klägers, von mehreren cumulirten Klagen eine (des mit dem possessorium verbundenen petitorium) fallen zu lassen. VI. 290. S. 410. — 5) Der Inhalt einer früher angestellt gewesenen Klage oder der Einlassung auf dieselbe kann in dem durch anderweite Klage veranlaßten Processe nicht als Geständniß des Klägers benutzt werden. IX. 352. XI. 311. Vgl. VII. 107 a. E. X. 288 a. E.

II. Einlassung und Einreden.

A. Einlassung oder Einreden? 1) Abgränzung des Gebiets der Einrede von dem der verneinenden Streiteinlassung. XV. 82. — 2) Servitutanspruch auf Ersitzung gegründet. Einwand fehlerhafter Servitutausübung. XV. 108. 186. — 3) Einrede der mangelnden Sachlegitimation, bloße Abläugnung des Klaggrundes enthaltend, bei bejahender Einlassung. V. 233. — 4) Ist bei der Klage auf Beseitigung eines auf gemeinschaftlichem fundus errichteten opus die Versagung der Einwilligung in die Errichtung des opus Bestandtheil des Klaggrundes, oder ist die Erlaubniß hierzu Gegenstand der Einrede? XVIII. 208. — 5) Vorbringen des Beklagten bei der Schadensersatzklage, daß der Schaden auf einer anderen Ursache beruhe, als welche von dem Kläger angegeben worden, bloß verneinende Einlassung. X. 301. XV. 82 a. E. — 6) Einwand des Beklagten, Kläger habe den Vertrag nur als Bevollmächtiger eines Dritten abgeschlossen; geläugneter Klaggrund oder Einrede? XVI. 150. — 7) Einwand in fremdem Namen contrahirt zu haben. I. 193. VIII. 103. XII. 27. XV. 272. XVII. 107. — 8) Klage des dritten Contrahenten gegen den Mandanten. Bestreitung des Umfangs der Vollmacht. XII. 156. XIX. 82. — 9) Einwand der Bedingtheit des Geschäfts. I. 370. II. 330. IV. 32. VIII. 311. X. 300. XII. 203. XIII. 189. XIV. 173. 252. XVII. 108. — 10) Einrede der nicht erfüllten Bedingung einer unbedingt lautenden Schuldurkunde gegenüber. XVI. 255. — 11) Einwand des Beklagten, daß eine bestimmte Lieferungsfrist bedungen sei. XX. 268. — 12) Berufung auf Rabattbewilligung. XV. 163. — 13) Einwand des beklagten Käufers, der klagende Verkäufer habe ein bestimmtes Gewicht der Waare zugesichert.

XIV. 129. — 14) Einwand des beklagten Käufers, der klagende Verkäufer habe noch eine Melioration des Kaufobjects zugesichert. XV. 249. — 15) Klage des Verkäufers auf Vertragserfüllung. Verneinende Streiteinlassung. Einwand in der Duplik, daß eine gewisse Eigenschaft zugesichert sei. IV. 154. — 16) Klage aus zweiseitigem Vertrage. Einwand des nicht erfüllten Vertrages. XI. 138. XII. 141. XIII. 296. XV. 11. 14. XIX. 32. — 17) Klage des Cessionars gegen den Schuldner. Einwand, daß der Kläger nicht die volle Valuta bezahlt habe. I. 29. XV. 19. — 18) Regreßklage des Cessionars gegen den Cedenten wegen des durch den Mangel zugesicherter hypothekarischer Rechte erlittenen Ausfalls. Berufung des Beklagten auf nicht erhaltene volle Valuta, als unstatthafte exceptio ex jure tertii aufgefaßt. XV. 121. — 19) Gedeckter Credit. Verhältniß der gegenseitigen Ansprüche. XVI. 136. — 20) Der Einwand vorhandener Miterben oder näherer Erben gegenüber der Erbschaftsklage ist verneinende Einlassung, nicht unstatthafte exceptio ex jure tertii. XIV. 149. Vgl. VIII. 156. IX. 316. XI. 164. XVI. 254. — 21) Klägerische Behauptung einer pro herede gestio des Beklagten. Berufung des Beklagten auf Protestation. XIV. 146.

B. Rechtliche Gegendeduction oder Einrede? 1) Berufung des Beklagten auf anzuwendendes ausländisches Recht. IX. 210. XI. 208. — 2) Deduction gegen die Klagbegründung auf unbestrittene Rechtssätze gebaut, nach Analogie der exceptiones litis ingressum impedientes von der Einlassung auf die Klage befreiend. IV. 259.

C. Verhältniß der Einreden zur Streiteinlassung. 1) Ueber die Rechtsregel: excipiens non fatetur. VIII. 92. XIII. 285. — 2) Wiedereinsetzung in den vorigen Stand, gegen den Abschluß eines zunächst abgeläugneten Vertrags einredeweise benutzt. XIII. 186.

D. Zeitpunkt der Geltendmachung der Einreden. 1) Vorbringen aller Einwände in der ersten Schrift. V. 316. Vgl. XI. 208. — 2) Berufung auf die Rechtsregel „locus regit actum" als Einrede in der Vernehmlassung vorzubringen. VIII. 85. — 3) Verspäteter Einwand eines dictum et promissum durch Vorbringen in der Duplik nach verneinender Einlassung. IV. 154. — 4) Vorbringen der speciellen Monita gegen einen Rechnungsposten, dessen Bestehen ganz abgeläugnet worden. VIII. 298. — 5) Eventualmaxime. Neuentstandene Einreden. XVII. 288. XIX. 31. — 6) Geltendmachung neu entstandener oder entdeckter Einreden nach dem Beweisurtheil. VIII. 104. — 7) Der Beklagte geht der dilatorischen Einreden, welcher sein Anwalt als peremtorische vorgeschützt hat, nicht verlustig. XVI. 78. — 8) Einrede der Litispendenz durch die Einlassung ausgeschlossen. I. 281. XII. 310. — 9) Retentionseinrede bezüglich Verwendungen gegen die hereditatis petitio in das Liquidationsverfahren verwiesen. XII. 49. — 10) Einrede der Retention gegen die Vindication sofort thatsächlich näher zu begründen. XII. 199.

— 11) Einrede der Theilung in dem ersten Verfahren geltend zu machen. IX. 334. XIII. 185. — 12) Einrede der Befreiung von der Wechselhaft in der Executionsinstanz vorgebracht. XVIII. 156. — 13) Im Wechsel- oder Executivprocesse nicht vorgeschützte Einrede durch Nachklage geltend gemacht. XIV. 187. — 14) Eine versäumte Einrede kann nicht mehr mittelst der entsprechenden Klage geltend gemacht werden. V. 236. S. 304. — 15) Zurückkommen auf eine in dem Urtheile erster Instanz nicht berücksichtigte Einrede in der Berufungsinstanz. V. 238.

E. Begründung und Wirkung der Einreden.

a. Allgemeines. 1) Unstatthaftigkeit petitorischer Einreden im Besitzstreite. III. 228. — 2) Vorbringen bezüglich einer Einrede zur Beseitigung einer anderen benutzt. VIII. 330. — 3) Berücksichtigung einer Einrede in der oberen Instanz nach Zulassung einer in der Unterinstanz verworfenen Klage. VIII. 204. — 4) Besteht eine Verbindlichkeit zur Urkundenedition zum Behufe der Vertheidigung gegen Einreden? XV. 84. — 5) Ueber Verjährung der Einreden aus dem ädilitischen Edicte. I. 159. VII. 145. — 6) Erforderniß schlüssiger Begründung der Einreden. XIII. 184. Vgl. XII. 309. — 7) Eine rechtskräftig verworfene Einrede kann nicht mehr mittelst der entsprechenden Klage geltend gemacht werden. V. 236. —

b. Von dilatorischen und Einlassung hindernden Einreden. 1) Gesetze, nach welchen die Statthaftigkeit dilatorischer Einreden zu beurtheilen. VII. 278. — 2) Bei dem gewillkürten Gerichtsstande befreit die exceptio fori nicht von der Einlassung auf die Hauptsache, wenn die behauptete Vereinbarung über den Gerichtsstand einen Theil des ganzen der Klage zu Grunde liegenden Handelns bildet. V. 227. — 3) Einrede des unrechten Beklagten gegen persönliche Klagen zur Befreiung von der Einlassung vorgeschützt. V. 232. — 4) Urkundeneditionsbegehren als Grund proceßhindernder Einrede. VIII. 324. — 5) Einrede der Zuvielforderung, als dilatorische Einrede, muß vor der Einlassung vorgeschützt werden. VIII. 301. — 6) Vorschützung dilatorischer Einrede als peremtorischer zieht deren Verlust nicht nach sich. XIV. 78. — 7) Gegendeduction als exceptio litis ingressum impediens. IV. 259.

c. Begründung und Wirkung einzelner Einreden. 1) Präjudicialeinrede, daß ein Weg ein öffentlicher sei. XVII. 285. — 2) Einrede der verstrichenen vertragsmäßigen Klaganstellungsfrist. Replik des Dolus, begründet auf der ungerechtfertigten Verweigerung vorgängiger Urkundenedition von Seiten des Beklagten. XVI. 93. — 3) Einwand des mangelnden Interesses. XX. 160. — 4) Das Retentionsrecht wegen Impensen. VI. 149. XII. 49. 199. XVI. 195. — 5) Exceptio retentionis in sensu latiori (doli generalis) einer Besitzklage gegenüber. VI. 290. — 6) Retentionsrecht, nicht durch Liquidität der Gegenforderung bedingt. Aufhebung desselben durch Cautionsleistung von Seiten des Gegners. XVI. 94. — 7) Verwerfung der Einrede des Verzichts, weil der Verzicht nur aus einer nicht schlüssigen Thatsache gefolgert ist. XIV. 221. a. E. — 8) Einrede der früher angesetzten niedrigeren Preise. XVII. 210. — 9) Die Einrede der Klagenverjährung ist nicht vom Richter zu suppliren. VIII. 302. XIX. 8. — 10) Die Verjährung des Wechsels ist von Amtswegen zu beachten. XIII. 172. — 11) Begründung der Einrede der Verjährung hinsichtlich des Ablaufs der Verjährungsfrist. XVII. 204. — 12) Factische Begründung der Einrede, daß das klagend verfolgte Recht durch Nichtgebrauch erloschen sei. XII. 309. — 13) Anerkennung des Nichtbestandes eines Vertrages als Einrede wider die Klage aus demselben. XVIII. 130. — 14) Einrede der Simulation. XIV. 75. XX. 26. — 15) Unstatthaftigkeit der Einrede der Simulation gegen den Mitcontrahenten, welcher an der Simulation keinen Antheil genommen hat. V. 146. — 16) Die Einrede des Irrthums ist thatsächlich zu begründen. XVII. 75. — 17) Einrede des Irrthums, gestützt auf die Behauptung, eine unterschriebene Urkunde nicht durchgelesen zu haben. VIII. 26. — 18) Substantiirung der Einrede der Zahlung. Nachträgliche Specialisirung im Beweisverfahren. XVI. 258. — 19) Begründung der Zahlungseinrede, wenn Streit darüber entsteht, auf welche von mehreren Forderungen eine geleistete Zahlung abzurechnen sei. XV. 193. — 20) Berufung auf Zahlungen a conto, der Klage aus einem einzelnen Geschäft entgegengesetzt. XV. 117. — 21) Zur Begründung der Einrede der Zahlung ist Angabe der Zeit nicht erforderlich. XVI. 151. — 22) Bemängelung der von dem Erben des Schuldners vorgeschützten Einrede der Tilgung der Schuld, weil sie nicht bestimmt genug vorgeschützt sei. XII. 308. — 23) Einrede der Compensation, gestützt auf eine schon eingeklagte Gegenforderung. VII. 300. XVI. 39. XX. 28. — 24) Ueber Liquidität der Compensationseinrede. I. 366. V. 123. VII. 108. VIII. 33. 122. XIV. 21. 132. XV. 17. XVII. 134. — 25) Einrede der Compensation mit einem durch Rechnungsablage zu ermittelnden Guthaben. I. 32. II. 281. VIII. 33. XVII. 132. 133. XVIII. 232. — 26) Replik der Compensation gegen die Einrede der Compensation. I. 30. XIV. 132. XIX. 141. 142. 143. — 27) Replik des beneficium competentiae gegen die Einrede der Compensation. XII. 111. XIX. 288. — 28) Exceptio non numeratae pecuniae gegen eine Urkunde, in welcher ein früherer Empfang bescheinigt worden. X. 254. — 29) Wirkung der confessio geminata in Bezug auf die exceptio non numeratae pecuniae. VI. 26. XVII. 28. — 30) Wirkung des Verzichts auf die exceptio non numeratae pecuniae in einer vor Empfang des Darlehns ausgestellten Urkunde XIX. 225. — 31) Einrede des dem Käufer vorbehaltenen Rechts, die Zeit der Zahlung des Kaufpreises zu bestimmen, gegen die Klage auf Ueberschreibung des verkauften Grundstücks. XVII. 18. — 32) Einrede des nicht erfüllten Vertrages. III. 153. V. 308. VI. 186. XI. 138. 146. XII. 141. XV. 14. XIX. 32. — 33) Einrede des nicht gehörig erfüllten Contracts. I. 39. 199. V. 147. IX. 216. XI. 235. S. 361. XIV. 129. XVII. 233. — 34) Einrede der Retention wegen drohender Eviction. XVIII. 228. 229. — 35) Klage aus einem Verdingungsvertrage. Substantiirung der Einrede der anderweitig untergebrachten Dienste. XVIII. 269. — 36) Rechtliche Natur der exceptio excussionis personalis. Statutencollision. VII. 278. — 37) Die exceptio divisionis ist nicht von Amtswegen zu beachten. IX. 334. — 38) Einrede der Theilung. Beweislast über die Zahlungsfähigkeit des Mitschuldners. IX. 140. XII. 336. XIII. 95. — 39) Exceptio precarii gegen die Spolienklage nicht zu beachten. III. 172. S. 198. — 40) Exceptio precarii im summariissimum. XVIII. 72. — 41) Beweisfrist für die Einrede des Spoliums. III. 109. — 42) Einrede des Spoliums im Arrestprozesse; Erforderniß sofortiger Liquidität. VI. 289. — 43) Exceptio spolii des Vaters gegen die Klage seines aus der väterlichen Wohnung entwichenen Haussohnes. IV. 120. — 44) Exceptio plurium stupratorum der Alimentationsklage des unehelichen Kindes gegenüber. IX. 167. X. 171. XVI. 117. — 45) Einwand des alibi gegen eine Schwängerungsklage, keine zum Beweise zu stellende Einrede. IV. 85. — 46) Einwand der Schwangerschaft der Klägerin gegen die Verlöbnißklage. Beweislast darüber, ob von dem Beklagten oder einem Anderen. IX. 37. XVI. 50. — 47) Einrede des Eigenthums gegen eine Erbschaftsklage. XVIII. 94. — 48) Die Behauptung des Vorhandenseins mehrerer Erben dem eine Erbschaftsforderung einklagenden Erben gegenüber ist als Einrede von dem Beklagten zu begründen und zu erweisen. VIII. 156. IX. 316. XVI. 254. — 49) Substantiirung des gegen Geltendmachung des Notherbenrechts erhobenen Einwandes, daß das Testament von den Notherben anerkannt sei. XV. 274. — 50) Berufung auf das bessere Retractsrecht eines Dritten; exceptio de jure tertii. XX. 240. — 51) Einrede der Litispendenz. I. 281. III. 229. IX. 80. 215. X. 292. XII. 310. XIII. 59. XVIII. 55. 178. XX. 129. — 52) Einrede der subjectiven Klagenhäufung nach bereits beschaffter gemeinsamer Vertheidigung gegen die Klage vorgeschützt. Verwerfung derselben. I. 365. — 53) Die exceptio plurium litisconsortium bei Untheilbarkeit des Streitgegenstandes. III. 205. VII. 27. XV. 78. — 54) Einrede des Zuvielforderns. Wirkung derselben. III. 392. VIII. 301. — 55) Einrede der Pluspetition bei alternativen Verbindlichkeiten. I. 124. II. 328. XVIII. 53. — 56) Exceptio rei judicatae. I. 122. 123. 282. V. 237. VII. 109. VIII. 170. 303. X. 293. 294. XII. 92. 201. XVIII. 55.

III. Weitere Verhandlung. Actenschluß.

1) Verurtheilung in solidum erst in der Replik beantragt. III. 390. — 2) Klagergänzung in der Replik. Einlassung darauf in der Duplik. IX. 335. Vgl. XII. 86. Note 1. — 3) Einrede der Compensation, gestützt auf eine schon anderweitig eingeklagte Gegenforderung, und replica rei judicatae, gestützt auf das inzwischen erfolgte die Gegenforderung verwerfende Erkenntniß. VII. 300. — 4) In Betreff der Replik des precarium gegen die Einrede der Verjährung bedarf es keines speciellen Beweisvorbehaltes. VIII. 110. — 5) Stillschweigen der Duplik über eine Einrede, welcher widersprochen worden. II. 329. — 6) Bemängelung der Activlegitimation erst in der Duplik. XV. 247. — 7) Behandlung mangelhafter Parteivorträge. X. 291. — 8) Antrag auf Auslieferung einer mit der Klagschrift dem Gerichte überreichten Waarenprobe vor entschiedener Hauptsache. VIII. 172. — 9) Befugniß des Richters, den Actenschluß sofort nach Vernehmung des Beklagten anzunehmen. VIII. 94.

IV. Wiederklage.

1) Gerichtsstand der Wiederklage bedingt durch die Zuständigkeit für die Hauptklage. VIII. 166. — 2) Zweck der cautio pro reconventione. I. 111. XVIII. 54. — 3) Dauer des Gerichtsstandes der Wiederklage. I. 110. XVIII. 54. — 4) Ist eine Wiederklage gegen einen einzelnen Streitgenossen zulässig? X. 284. XIV. 250. — 5) Wiederklage gegen den Cessionar aus Ansprüchen gegen den Cedenten nicht statthaft. V. 284. XII. 146. — 6) Wiederklage, gestützt auf bestrittene Behauptungen der Vorklage unbegründet. XVIII. 176. — 7) Zusammenrechnen der Con- und Reconventionssummen bei Berechnung der Berufungssumme. XVII. 190. XIX. 205.

Hauptstück 5.

Protokolle. Ladungen. Fristen. Ungehorsam. Proceßbeginn.

I. Protokolle.

1) Von den Erfordernissen der gerichtlichen Protokolle. III. 380. — 2) Verlesen des gerichtlichen Protokolls, Bedingung der Beweiskraft. VI. 266. — 3) Nachträglicher Beweis der Vorlesung und Genehmigung, wenn deren am Schlusse des Protokolls nicht erwähnt ist. XIX. 190. — 4) Ist bei dem testamentum judici oblatum die Beweiskraft des Protokolls durch Verlesung und Genehmigung bedingt? IX. 308. — 5) Anfechtung gerichtlicher Protokolle. III. 381. — 6) Unterbliebene namentliche Aufführung der anwesenden Gerichtsmitglieder. VIII. 178.

II. Ladungen.

A. Insinuation der Ladungen. 1) Zustellung eines richterlichen Decrets an die Partei, obgleich sie einen Procurator aufgestellt hat. XV. 174. — 2) Insinuation der Citation. Mangelhaftigkeit derselben. II. 327. — 3) Behändigung gerichtlicher Ladungen. Uebergabe durch einen Privatmann. VI. 267. Vgl. I. 125. — 4) Insinuation an einen Abwesenden durch Zustellung an eine dritte Person oder Anheften an die Thür. XVII. 289. 290. — 5) Unrichtiges Insinuations-Document. I. 125. Vgl. II. 327. VI. 267.

B. Oeffentliche Ladungen. Edictalladungen. 1) Unstatthaftigkeit öffentlicher Ladung, wo specielle Ladung möglich ist. XIII. 302. — 2) Edictalladungen sind nur in den gesetzlich zugelassenen Fällen statthaft und wirksam. XVIII. 179. — 3) Edictalladung an Verschollene. Orte der Bekanntmachung. I. 86. — 4) Einfluß einer Edictalladung auf die sonstige Zuständigkeit des angegangenen Gerichts. IX. 114. — 5) Zweck und Wirkung der Edictalladung. Beschränkung der Wirkung auf Abwendung eines Schadens des Provocanten. VII. 110. — 6) Edictalcitation der Intestaterben. III. 278. — 7) Unstatthaftigkeit einer Edictalcitation der Intestaterben zur Erklärung über ein vorhandenes Testament. XV. 33. — 8) Unstatthaftigkeit der Edictalladung an einen abwesenden präsumtiven Erben zum Zwecke der Erklärung über den Erbschaftsantritt unter dem Präjudiz der Vertheilung des Nachlasses an die nachfolgenden Erben. XI. 258. — 9) Edictalladungen an die Gläubiger in Nachlaßsachen, auf bekannte Gläubiger nicht auszudehnen. IV. 155. — 10) Oeffentliche Ladung bekannter Concursgläubiger ungenügend. XIII. 302. — 11) Edictalproceß in Verlassenschaftssachen. I. 280. — 12) Wirkungen der Edictalcitation der Erbschaftsgläubiger. V. 312. — 13) Wirkungslosigkeit einer Edictalladung und Präclusion bei einer nicht sub beneficio inventarii angetretenen Erbschaft. VIII. 155. — 14) Wirkung der in Folge der Edictalladungen ergangenen Präclusivbescheide, namentlich in Concurs- und Erbschaftsfällen. I. 279. — 15) Unstatthaftigkeit einer Edictalcitation an Inhaber der mit Pfandrecht ausgestatteten Partialobligationen unter dem Rechtsnachtheil stillschweigender Zustimmung zu der Löschung des Pfandeintrages. XIII. 112. XV. 50. — 16) Edictalladung bei Hausverkäufen. Ueber Angabe der causa petendi bei Anmeldung einer Forderung. V. 313. — 17) Wirkung des in Folge einer Edictalcitation erlassenen Ausschlußbescheides auf öffentliche Generalhypotheken. IX. 225. — 18) Wirkungslosigkeit einer versäumten Angabe und der Präclusion eines Pfandrechts bei einer Edictalladung, welche zum Zweck der Convocation wegen öffentlichen Verkaufes Statt gefunden hat, wenn der Verkauf nicht erfolgt ist. V. 71. — 19) Eine Servitut, in deren Besitz der Berechtigte sich befindet, geht durch unterlassene Anmeldung auf das Proclam über das dienende Grundstück nicht verloren. XIV. 118. — 20) Wirkung der Edictalladung und des Ausschußbescheides in Bezug auf Näherechtsprätendenten. VII. 111. — 21) Unwirksamkeit der Androhung des Verlustes der Wiedereinsetzung in den vorigen Stand in Edictalladungen. VI. 268. — 22) Anfangspunct der Wirksamkeit eines nach einer Edictalladung erlassenen Ausschlußbescheides. IX. 226.

III. Fristen. Tagefahrten.

1) Eintritt des Rechtsnachtheils bei einem zu einer bestimmten Tageszeit anberaumten Termine. XII. 90. — 2) Berechnung einer nach Monaten bestimmten Frist. XIX. 119. — 3) Frist zur Anstellung einer verbesserten Klage, nachdem der Kläger mit der in Folge einer provocatio ex lege diffamari angestellten a limine judicii abgewiesen worden. XVIII. 74. — 4) Anführen überhäufter Advokaturgeschäfte zur Motivirung von Fristgesuchen. I. 278. — 5) Nichtberücksichtigung einer bewilligten Frist. Voraussetzung, unter welcher die Gegenpartei darauf antragen kann. IX. 81.

IV. Ungehorsam.

1) Das Präjudiz des fingirten Zugeständnisses wegen versäumter Erklärung kann nicht auf die Summe erstreckt werden, deren Zuerkennung der Kläger nach richterlichem Ermessen fordert. I. 121. — 2) Läßt sich Ungehorsam der einen Partei annehmen, wenn es bei der anderen noch an der Legitimation fehlt? III. 387. — 3) Wie ist das Erscheinen durch einen Anwalt zu beurtheilen, wenn das Gesetz das Erscheinen in Person vorschreibt? IV. 156. — 4) Folgen des Ungehorsams im Proceß. Gegen diese sind Minderjährige und solche Parteien, die sich gleicher Rechte zu erfreuen haben, ipso jure gesichert. IV. 157. — 5) Beiderseitige Contumacia. II. 331. — 6) Contumax non excipit. II. 332. — 7) Von den Contumacialerkenntnissen. II. 223.

V. Proceßbeginn. Rechtshängigkeit.

1) Die römisch-rechtlichen Folgen der Litiscontestation knüpfen sich nach heutigem Rechte an die Insinuation der Klageschrift. XI. 25. XIV. 275. XVII. 199. XX. 152. — 2) Zeitpunkt, bis zu welchem die Nachholung einer schuldigen Leistung zulässig ist. XV. 116. — 3) Eine provocatio ad agendum begründet keine Rechtshängigkeit für den geltend zu machenden Anspruch. IX. 114. XI. 302. — 4) Gerichtshängigkeit in Sachen der freiwilligen Gerichtsbarkeit. VI. 258. — 5) Rechtshängigkeit wirkt Fortdauer des Gerichtsstandes für die Erben. I. 126. 6) Einrede der Compensation gestützt auf eine schon anderweitig eingeklagte Gegenforderung. VII. 300. XVI. 39. XX. 28. — 7) Fallen-

lassen der Klage im Laufe des Verfahrens. Einrede der Rechtshängigkeit gegen eine verbesserte neue Klage. XIII. 59. XVIII. 178. Vgl. VII. 107. X. 288. XX. 75. — 8) Unzulässigkeit eines Doppelprocesses über denselben Gegenstand. VI. 65. — 9) Klage auf Capitalzahlung während Anhängigkeit der Klage auf Zinsen. Einrede der Litispendenz. XVIII. 55.— 10) Ueber Zulässigkeit gleichzeitiger Klagen gegen mehrere Correalschuldner. VI. 257. XII. 12. XIX. 22. — 11) Berufung eines Correalschuldners auf die seinen Mitverpflichteten gegenüber stattfindende Litispendenz. XX. 20. — 12) Zulässigkeit gleichzeitiger Klagerhebung gegen den Hauptschuldner und den Bürgen. III. 264. XX. 129. — 13) Mehrere Klagen gegen dieselbe Frauensperson auf Verlöbnißvollzug. Aus der Anhängigkeit des einen Rechtsstreites, sowie aus dem von einem Kläger ausgebrachten Inhibitorium, ergiebt sich in dem anderen Rechtsstreite keine dilatorische Einrede für die Beklagte. XII. 311. — 14) Voraussetzungen und Grenzen der Einrede der Litispendenz. III. 229. IX. 80. 215. X. 292. — 15) Verzicht auf die Einrede der Litispendenz durch unterlassene Vorschützung vor der Einlassung. I. 281. XII. 310. — 16) Bei einem vor Ausbruch des Concurses erwachsenen Prioritätsstreit bleibt dasselbe Gericht bezüglich dieses Punktes auch nachher noch zuständig. XIV. 85. — 17) Wirkung der Einlassung auf Klagen aus Eheversprechen und aus Schwängerung in Betreff des activen Klagüberganges auf die Erben. IX. 164. — 18) Wirkung der Einlassung bei Klagen aus Verlöbniß und aus Schwängerung in Betreff des Ueberganges der Verbindlichkeit auf die Erben des Beklagten. XIX. 111. — 19) Ist zur Unterbrechung der Klagenverjährung bloße Klaganstellung oder Mittheilung der Klage oder der Ladung erforderlich? VIII. 228. 233. XIII. 231 (Note 1). XV. 96. — 20) Keine Neuerungen während des Rechtsstreites. Umfang und Beschränkungen dieses Verbots. III. 23. 203. V. 70. X. 289. XI. 100. XVIII. 270. XX. 269. — 21) Verpachtung der Streitsache während des Processes. III. 202. — 22) Das Verbot der Veräußerung einer res litigiosa setzt immer einen Streit über das Eigenthum voraus. XIX. 79. — 23) Die Rescissionsklage des Verkäufers wegen laesio enormis bewirkt keine Litigiosität des verkauften Gegenstandes. Verpfändung der Sache durch den Käufer nach Anhängigkeit der Rescissionsklage. I. 201. — 24) Die nach erfolgter Einlassung auf eine Realklage vorgenommene Veräußerung des herrschenden Grundstücks bleibt ohne Einfluß auf den obschwebenden Rechtsstreit. VIII. 93. XV. 161. — 25) Veräußerung des Streitgegenstandes durch den Beklagten. Wirksamkeit der Rechtshängigkeit und der Entscheidung für den Singularsuccessor. XVII. 105. — 26) Verbot der Cession litigiöser Forderungen. Statutencollision. XI. 110. — 27) Verbot der Cession litigiöser Forderungen. Geltung desselben im heutigen Recht. V. 10. XI. 135. XII. 89. XIV.

251. XV. 217. — 28) Aufhören der Litigiosität einer Forderung. XIV. 251. — 29) Wird der Beklagte durch den Proceßbeginn in bösen Glauben versetzt? XV. 4. — 30) Proceßzinsen. II. 148. III. 17. V. 261. 268. VII. 291. XIII. 97. XIV. 275. XV. 132. XVII. 199. 220. XX. 113. — 31) Verurtheilung auf eine Retractsklage; von welchem Augenblick an sind die Zinsen zuzuerkennen? XX. 152. — 32) Die Einlassung auf die Klage als Zeitpunkt, bis zu welchem die Nachholung einer schuldigen Leistung zulässig ist. XV. 116. — 33) Haftung des Beklagten bis zum Betrage der Bereicherung. Dabei kommt es auf den Betrag der Bereicherung im Augenblicke der Mittheilung der Klage an. XI. 25.

Hauptstück 6.

Umfang des richterlichen Amts. Urtheil. Rechtskraft. Proceßkosten.

I. Umfang des richterlichen Amts. Verhandlungsmaxime.

A. Richterliches Amt in Beziehung auf die Kunde der anzuwendenden Rechtsnormen. 1) Der Richter muß alle in den einzelnen Staatstheilen geltenden Gesetze kennen. VIII. 226. — 2) Curia jus nosse debet. Zweifel über die Publication eines Gesetzes in einem bestimmten Orte. Nachforschung von Amtswegen. XI. 1. — 3) Prüfung der Gültigkeit eines Gesetzes. IV. 250. V. 225. XIV. 1. XV. 74. XVIII. 103 (siehe oben S. 1.) — 4) Darf der Richter über die Einrede der Erschleichung eines landesherrlichen Rescripts entscheiden? XIII. 4. — 5) Standpunkt des Richters bei der Ermittelung und dem Beweise eines Gewohnheitsrechts. VI. 130. X. 124. XIII. 75. 204. XVII. 110. XIX. 2. 211. — 6) Anwendung ausländischer Gesetze. II. 218. 322. XII. 79. XIII. 178. XVIII. 101. Vgl. XI. 208. — 7) Ermittelung einer in Frage kommenden ausländischen Rechtsnorm durch eine von Amtswegen bethätigte Correspondenz mit der auswärtigen Behörde. XIII. 179.

B. Proceßleitung und richterliches Ergänzungsamt. 1) Wirksamkeit richterlicher Auflagen von bloß proceßleitender Natur. IV. 161. — 2) Ist der Richter befugt, proceßleitende Decrete wieder aufzuheben? IX. 81. XVI. 79. — 3) Richterliches Amt bei subjectiver Klagenhäufung. V. 67. X. 283. XVII. 103. XIX. 189. — 4) Richteramtsbefugniß, offenbar resultatlose Processe abzuschneiden. Ausübung dieser Befugniß in der Oberinstanz. XVI. 153. — 5) Verfügung der Actenversendung auf einseitigen Antrag. Rechtsmittel dagegen. IX. 85. — 6) Actenadjunction von Amtswegen. IX. 222. Vgl. XII. 312. — 7) Rücksichtnahme auf den Inhalt von Voracten bei Prüfung der richterlichen Zuständigkeit. XIV. 62. — 8) Unstatthaftigkeit der Ergänzung des Klagvorbringens aus Acten, auf welche der Kläger nicht bestimmt Bezug genommen hat. XII. 312. — 9) Umfang des richterlichen, insbesondere des oberrichterlichen Amts. Verhandlungsmaxime. II. 340. — 10) Umfang des richterlichen Amts. Klagverbesserung. VIII. 95. — 11) Richterliches Ergänzungsamt, beschränkt durch die Verhandlungsmaxime und den Grundsatz, daß gegen Niemanden ohne dessen rechtliches Gehör erkannt werden soll. XIV. 169. — 12) Auslegung und Ergänzung mangelhafter Parteivorträge. X. 291. — 13) Richterliche und oberrichterliche Befugniß, auf ein noch nicht verhandeltes Minder zu erkennen. V. 235. — 14) Darf der Richter die von dem Beklagten angegebenen Thatsachen als Klaggrund an Stelle der in der Klage vorgetragenen und von dem Beklagten verneinten annehmen? VII. 364. XX. 73. — 15) Berücksichtigung der Ungültigkeit eines Rechtsgeschäfts von Amtswegen. XI. 185. — 16) Die formelle Gültigkeit eines Wechsels hat der Richter von Amtswegen zu prüfen. XVI. 80. — 17) Anwendung der const. un de sententiis, quae pro eo quod interest proferuntur (7, 47) von Amtswegen. XV. 9. — 18) Richterliches Ergänzungsrecht in Bezug auf die Subsumtion der vorgetragenen Thatsachen. XIV. 193. — 19) Umfang des richterlichen Amts bei Auslegung eines Kaufcontracts. XVIII. 227. — 20) Richterliches Prüfungsrecht rücksichtlich der Natur der angestellten Klage. XV. 79. — 21) Richterliche Klagverbesserung, wenn es sich um Besitzwiedererlangung handelt, und auf Schutz im Besitze geklagt wird. VII. 42. — 22) Besitzstörungsklage als interdictum ne quid in flumine publico fiat begründet erachtet. XVII. 246. — 23) Richterliches, beziehungsweise oberrichterliches Amt, betreffend die Auffassung des erhobenen Anspruchs aus dem Standpunkt einer anderen Klage, als der von dem Kläger genannten. Interdictum quod vi aut clam und Spolienklage. VIII. 169. — 24) Grenzberichtigungsklage als Eigenthumsklage aufrecht erhalten. XVIII. 273. — 25) Umfang des richterlichen Amts bei Verbindung der actio finium regundorum mit der rei vindicatio. XX. 33. — 26) Richterliche Verbesserung der Eigenthumsklage bei ungenügender Bezeichnung des Gegenstandes. XVIII. 174. — 27) Folgerungen aus actenmäßigen Thatsachen. Const. un. ut quae desunt advocatis. XI. 161. — 28) Klage auf Wechselacceptation. Befugniß des Richters, statt dessen auf Facturazahlung zu erkennen. VIII. 98. — 29) Richterliches Amt im Falle eines Grenzberichtigungsstreites. XIV. 29. 136. — 30) Richterliches Amt bei Verbesserung eines fehlerhaften eventuellen Antrags. IV. 124. — 31) Definitive Abweisung der Klage, wo nur auf vorläufige Abweisung angetragen war. XIII. 74. — 32) Der Anspruch auf ein Vorzugsrecht im Concurse ist auch im Falle des Anerkenntnisses von richterlichen Amtswegen zu prüfen. XIV. 86. — 33) Erstreckung der Verurtheilung auf Terminzahlungen, welche erst in dem Laufe des Processes fällig geworden sind. III. 290. — 34) Ausdehnung der oberstrichterlichen Entscheidung auf die seit dem angefochtenen Urtheil verfallenen Leistungen. Ausdehnung und Ergänzung des Klaggesuchs. XVI. 77. — 35) Richterliches Ergänzungsamt, den Grund geforderter Zinsen betreffend. IX. 84. — 36) Unstatthaftigkeit der Zuerkennung von nicht geforderten Verzugszinsen. XII. 91. — 37) Zuerkennung von Accessionen von Amtswegen. XIX. 191. 192. — 38) Zinsen von Behändigung der Klage an. Zuerkennung von Amtswegen. X. 296. — 39) Dürfen nicht vorgeschützte Einreden von Amtswegen beachtet werden? Einrede der Verjährung. VIII. 302. XVIII. 56. XIX. 8. — 40) Wechselverjährung. XIII. 172. — 41) Exceptio divisionis. IX. 334. — 42) Einrede der Litispendenz. XII. 310. — 43) Exceptio moratorii. XIV. 84. — 44) Dilatorische Einreden, unrichtigerweise als peremtorische und nach der Einlassung vorgetragen. Verbesserung von Amtswegen. XVI. 78. — 45) Ueber Constatirung einer Notorietät von Amtswegen. XII. 312. XIII. 286. — 46) Recht des Richters, die Zahl der zuzulassenden Zeugen zu beschränken. XI. 306. — 47) Verwerfung eines Zeugen von Amtswegen. XV. 83. — 48) Aeltern und Kinder als Zeugen. Richterliche Würdigung. XIX. 197. — 49) Dunkelheit in Aussagen der Zeugen durch deren wiederholte Vernehmung aufzuklären. XIX. 198. — 50) Urtheil des Richters über Gegenstände besonderer Sach- und Fachkunde. XX. 89. — 51) Richterlicher Augenschein von Amtswegen. XIII. 295. — 52) Zuziehung Sachverständiger von Amtswegen. VI. 264. VII. 131. XIX. 282. XX. 89. — 53) Befugniß des Richters, für Herbeiführung des zur Schätzung in Beziehung auf einen Würderungseid nöthigen Materials thätig zu werden. XVI. 164. — 54) Richterliches Ermessen bei Auflegung nothwendiger Eide. III. 219. — 55) Richterliches Amt bei Normirung des Eidessatzes. I. 377. XI. 195. XII. 98. 99. 102. XV. 88. 168. — 56) Richterliche Amtspflicht, überflüssige Eide zu beseitigen. II. 239. VII. 127. VIII. 329. XII. 103. 218. XVI. 262. XVII. 159. 177. XX. 92. 267. 270. — 57) Befugnisse des Richters zu Anstellung von Erörterungen vor Abnahme des Eides. XIX. 278. — 58) Oberrichterliches Amt in dem Falle ungenügender Ausführung einer gegründeten Beschwerde. IV. 192. XV. 263. — 59) Von Amtswegen erkannte Richtigkeit eines Urtheils. VI. 299. — 60) Restitution ist nur ausnahmsweise ungebeten zu ertheilen. XVIII. 56. — 61) Anordnung eines Provisoriums mit Rücksichtnahme auf den größeren oder geringeren Nachtheil der einen oder anderen Partei. XV. 179. — 62) Verhandlungsmaxime in Bezug auf Abläugnen wider besseres Wissen. XV. 128. Note 1.

C. Richterliches Ermessen. 1) Anwendung der Grundsätze der Verhandlungs-Maxime auch bei arbiträren Klagen. Angabe der für das richterliche Ermessen erforderlichen factischen Momente in den Parteivorträgen. XX. 44. — 2) Richterliches Ermessen, wo es auf Einhaltung eines modicum tempus, temperamentum temporis, ankommt.

XIV. 126. — 3) Richterliches Ermessen bezüglich der Frage, ob Verzug des Schuldners anzunehmen sei. XIII. 12. — 4) Ermessen des Richters bei Belangung des Schuldners nach beendigtem Concurse. XVI. 170. — 5) Richterliches Ermessen bei Theilungsstreitigkeiten. Begränzung desselben. XV. 125. — 6) Richterliches Ermessen bei Entschädigungsansprüchen. I. 144. II. 295. S. 379. VII. 131. IX. 111. 348. XII. 15. XIII. 29. XIV. 235. — 7) Richterliches Ermessen bei Ansprüchen auf Entschädigung wegen Verlöbnißbruches. XIII. 35. — 8) Richterliches Ermessen im Enteignungsverfahren. VII. 323. IX. 354. — 9) Richterliches Ermessen bei einer Klage auf Alimentenersatz. III. 384. — 10) Richterliches Ermessen bei unbestimmtem Ansatz der einem Mandatar zu erstattenden Aufwendungen. XVIII. 51. — 11) Honorarforderung nach richterlichem Ermessen. Folge der Richterklärung des Beklagten hinsichtlich der geforderten Summe. I. 121. — 12) Beweisauflage über mangelhafte Rechnungsansätze. Richterliches Ermessen. XVIII. 51. — 13) Richterliches Ermessen bei Anwendung des Ermäßigungsrechts vor Ableistung des Würderungseids. X. 311. XIV. 181. 182. XVI. 164. XX. 274.

II. Urtheil.

1) Relation und Abstimmung bei Collegialgerichten. VI. 269. — 2) Recht der Parteien auf motivirte Entscheidung des Rechtsstreits. XIV. 170. — 3) Wird durch Abweisung der Klage das Suchen um Ertheilung des Armenrechts erledigt? III. 378. — 4) Stillschweigende Verwerfung der in dem ersten Verfahren beigebrachten Behelfe durch Beweiserkenntniß. Wirkung. IV. 159. — 5) Endurtheil im Sinne des Art. XII der deutschen Bundesacte. X. 314. — 6) Klagabweisung oder modificirte Verurtheilung bei sich ergebenden Gegenansprüchen des Beklagten? IX. 216. XVIII. 180. — 7) Klage auf Ehescheidung gerichtet; darf auf Trennung von Tisch und Bett erkannt werden? VII. 325. XIX. 98. — 8) Modificirte Verurtheilung wenn die eingeklagte Forderung mit Arrest bestrickt ist. XIV. 81. Vgl. XIII. 92. — 9) Uebergehung eines Klagepunkts oder Klagantrages im Urtheil nicht als Verwerfung aufzufassen. I. 369. — 10) Urtheilsfällung bei einer auf Anerkennung gerichteten Klage, wenn die Zeit der Rechtsausübung noch nicht herangekommen ist. II. 249. — 11) Einklagung vor der Zeit, Fälligkeit zur Zeit des Urtheils. III. 204. VIII. 91. XIII. 284. XVII. 156. XIX. 271. XX. 265. 266. 267. — 12) Clausula heredum in der Vollmacht des Procurators. Urtheil auf den Namen des bereits verstorbenen Principals. XII. 83. — 13) Das Erkenntniß über den Zinsanspruch enthält auch die Entscheidung über die Capitalforderung, wenn jenes durch die Beschaffenheit dieser bedingt erscheint. VIII. 171. — 14) Erkenntniß auf Entschädigung mit Vorbehalt einer Liquidationsinstanz; wann zulässig? XII. 199. 307. XIV. 119. Note I. 269. XV.

215 a. E. Vgl. XIII. 283. — 15) Verurtheilung in einem Erbschaftsstreit. Nachträgliche Liquitationsinstanz, insbesondere auch in Betreff der Gegenansprüche des Erbschaftsbesitzers. XII. 49. Vgl. XII. 345. — 16) Ungerechtes Interlocut. Beschwerdeführung der Gegenpartei des Verletzten. III. 111. — 17) Klagenverwerfung nach erlassenem rechtskräftigen Beweisinterlocute. X. 299. — 18) Erkenntniß contra jus in thesi. V. 90. — 19) Die in dem Vorbescheide nicht ausgesprochenen Folgen der Zuvielforderung sind in dem Endurtheile zu bestimmen. XVIII. 53. — 20) Declaration eines Vorbescheides in dem späteren Urtheile. X. 298. — 21) Auslegung eines Interlocuts in dem Sinne, welcher den Rechten und den Verhältnissen der Sache und der Personen am besten entspricht. IV. 158. XIX. 196. — 22) Zuständigkeit für die Erläuterung eines in höherer Instanz bestätigten Erkenntnisses. II. 222. — 23) Das Gericht ist nicht verpflichtet, eine Urtheilsdeclaration zu ertheilen. XVII. 158. — 24) Befugniß des Gerichts, Redactionsfehler seines Erkenntnisses zu verbessern. VII. 366. — 25) Collision polizeilicher Verfügung mit richterlichem Erkenntnisse. I. 293.

III. Rechtskraft.

1) Ein vorhergehendes Verfahren als Bedingung der Rechtskraft eines Erkenntnisses. IX. 217. — 2) Entstehung der Rechtskraft durch Unterlassung der Berufung. XIV. 80. XV. 93. — 3) Durch Zahlung zur Abwendung der Hülfsvollstreckung wird das Urtheil nicht anerkannt. X. 119. — 4) Wirkung der Strafgerichtsentscheidung in dem späteren Civilprocesse. II. 103. VI. 272. VIII. 96. 97. 300. IX. 82. 83. X. 92. 217. XI. 101. 183 b. XII. 202. 313. XVI. 249. 262. XVII. 161. XX. 76. — 5) Ueber den Einfluß der ehegerichtlichen Entscheidungen auf die die Vermögensverhältnisse der geschiedenen Ehegatten betreffenden Processe. XII. 39. — 6) Erforderniß der eadem res für die Rechtskraft; dazu gehört auch eadem causa actionis. V. 237. — 7) Zulässigkeit einer neuen Klage zur Behauptung eines früher geltend gemachten Rechts, wenn ein anderer specieller Rechtsgrund angegeben wird. I. 123. — 8) Wirksamkeit der exceptio rei judicatae bei Klagen aus demselben Rechtsgeschäfte. X. 293. — 9) Einrede der Rechtskraft aus einem früheren Processe, in welchem dieselbe Streitfrage die Grundlage der gegebenen Entscheidung gebildet hat. X. 294. — 10) Eadem causa petendi. VII. 109. — 11) Identität des Gegenstandes. Rechtskraft einer Entscheidung über das Eigenthum auf eine rei vindicatio für die actio hypothecaria. VI. 270. — 12) Rechtskraft der Entscheidung über die Negatorienklage gegen eine spätere Confessorienklage. I. 122. X. 93. — 13) Eine rechtskräftig verworfene Einrede kann nicht mehr mittelst der entsprechenden Klage geltend gemacht werden. V. 236. — 14) Die Wirkung und Tragweite der Rechtskraft bestimmt sich nach dem Sinn

und Geiste des Urtheils; nur dasjenige wird rechtskräftig, was der Richter bezüglich des streitigen Rechtsverhältnisses entscheiden wollte und entschieden hat. XIII. 187. — 15) Rechtskraft über einzelne Streitpuncte. IV. 160. — 16) Partielle Rechtskraft. III. 232. — 17) Rechtskraft des Urtheils über den erhobenen Zinsanspruch bei bestrittener Capitalforderung auch für die letztere. XIII. 298. — 18) Urtheil über einzelne Bannrechtsprästationen bei bestrittenem Bannrecht. Rechtskraft bezüglich des letzteren. XV. 171. — 19) Klage auf eine Terminsleistung. Zurückweisung der Appellation wegen Mangel der Berufungssummen. Einfluß auf die Rechtskraft bei nachheriger Klage in Betreff des Rechtsverhältnisses überhaupt. VIII. 335. Vgl. X. 294. XIII. 72. — 20) Die auf Grund des Erbrechts des Klägers erfolgte rechtskräftige Entscheidung über einen einzelnen Bestandtheil der Erbschaft ist auch wirksam in Ansehung der übrigen Bestandtheile. XVI. 154. — 21) Klage auf Zuerkennung des Pflichttheils. Erkenntniß zu Gunsten des Klägers. Darauf Klage auf den vollen Intestaterbtheil. Exceptio rei judicatae. XII. 92. — 22) Wirksamkeit des rechtskräftigen Erkenntnisses gegen Dritte. XVI. 256. — 23) Einrede der Rechtskraft aus einem Rechtsstreite, welchen die Ehefrau mit Vorwissen des Ehemannes über eine Dotalsache geführt hat. VIII. 170. — 24) Die rechtskräftige Entscheidung über die Sachlegitimation zwischen mehreren Forderungsprätendenten wirkt auch gegen den Schuldner. XV. 77. — 25) Wirkung der Rechtskraft bei Correalschuldnern XII. 12. XIX. 80. — 26) Rechtskraft des gegen den Hauptschuldner Erkannten im Verhältnisse zu dem Bürgen. IV. 226. — 27) Was von der Rechtskraft des gegen den legitimus contradictor gesprochenen Urtheils in Processen über Statusrechte gilt, findet auf Alimentenansprüche wegen außerehelicher Vaterschaft keine Anwendung III. 388. — 28) Rechtskraft des gegen den Concurscurator gesprochenen Erkenntnisses gegen den einzelnen Gläubiger. VI. 270. — 29) Rechtskraft der Urtheile über das zur Concursmasse gehörige Vermögen gegen den Cridar. I. 398. — 30) Rechtskraft der Entscheidungen gegen den Singularsuccessor. VI. 67. VIII. 303. XVII. 105. — 31) Das den Kläger aus materiellen Gründen abweisende Erkenntniß, welches auf die Klage eines den Wechsel nicht besitzenden Indossanten erfolgt ist, steht dem später klagenden Indossatar nicht entgegen. XIX. 263. — 32) Wechselklage des den Wechsel einlösenden Ausstellers gegen den Acceptanten. Einrede aus der gegen einen Indossatar erstrittenen Rechtskraft. XI. 173. — 33) Ueber Rechtskraft der Entscheidungsgründe. I. 367. II. 250. III. 209. IV. 360. V. 236. X. 295. VIII. 99. 171. XIII. 187. XV. 80. XVI. 154. XVIII. 181. — 34) Rechtskraft der Entscheidungsgründe in Bezug auf die Schlüssigkeit einer Klage. XV. 250. XX. 189. — 35) Begrenzung der Rechtskraft der Entscheidungsgründe. VIII. 100. — 36) Ein ungünstiger Ausspruch in den

Urtheilsgründen wird durch Unterlassung der Berufung nicht rechtskräftig, wenn die betreffende Partei durch den Urtheilssatz nicht beschwert ist. XIV. 189. — 37) Abweisung einer Klage wie angebracht, in wie weit wird durch dieselbe Rechtskraft bewirkt? V. 237. XV. 250. XX. 189. — 38) Tragweite der Rechtskraft der Beweisinterlocute. Wirksamkeit richterlicher Auflagen von bloß proceßleitender Natur. IV. 161. — 39) Tragweite der Rechtskraft der Beweisinterlocute bei später eingetretener gesetzlicher Aufhebung des Klagrechts. XI. 186. — 40) Angemessene Auslegung rechtskräftiger Beweiserkenntnisse. XI. 187. — 41) Rechtskraft des Beweisinterlocuts bei ungenauer Abfassung. VI. 271. — 42) Ueber Rechtskraft der Beweisinterlocute, in welchen unerhebliche Thatsachen zum Beweise gestellt sind. V. 317. X. 269. XI. 188. XIII. 188. XV. 168. XVII. 160. — 43) Rechtskraft der Beweisinterlocute bezüglich der Wirksamkeit der schon beigebrachten Beweise. III. 208. — 44) Inwiefern sind Mandate der Rechtskraft fähig? VIII. 196. — 45) Rechtskraft der die Appellation abweisenden Decrete des Appellationsrichters. IX. 229. — 46) Beurtheilung der Rechtskraft eines obergerichtlichen Urtheils von Seiten des neuerdings angegangenen Untergerichts. I. 283. — 47) Unstatthaftigkeit des Widerrufs der Ernennung rechtskräftig zugelassener Schwurdeputirter einer Gemeinde. XVII. 182. — 48) Rechtskräftiges Prioritäterkenntniß. Exceptio rei judicatae des vorlocirten Gläubigers gegen den von einem nachlocirten Gläubiger auf Grund früherer Rangausweichung erhobenen Klage. XII. 201. — 49) Einrede der Befreiung von der persönlichen Wechselhaft nach rechtskräftiger Verurtheilung des Wechselschuldners zur Zahlung. XVIII. 156. — 50) Einrede der rechtskräftigen Entscheidung mit Berufung auf einen Schiedsspruch gegen eine auf nochmalige Niedersetzung des Schiedsgerichts gerichtete Klage. XII. 314. — 51) Klage aus einem dem früheren Beklagten günstigen Urtheile. IX. 336. — 52) Nur dem Sieger, nicht dem Besiegten, erwächst die exceptio rei judicatae. I. 282. — 53) Eine Klage aus einem Urtheile ist für den durch selbiges Verurtheilten nicht begründet. VIII. 32. — 54) Actio judicati gegen einen Inländer auf Grund eines im Auslande erlassenen Erkenntnisses. XI. 104. XVI. 269. XX. 190. — 55) Actio judicati nach heutigem Rechte. XVII. 192. Vgl. XVI. 268. — 56) Beschränkung der Rückwirkung eines Proceßgesetzes durch Rechtskraft. XV. 72. — 57) Res judicata, durch Handlungen und Erklärungen der Parteien in einem späteren Processe außer Wirksamkeit gesetzt. XV. 251. 58) Rechtsmittel gegen Purificationserkenntnisse. XVIII. 75.

IV. Proceßkosten.

1) Proceßkosten in Gemeindesachen. Beisteuer zu denselben. II. 257. — 2) Kosten der Proceßführung in Dotalsachen, von den Nutz-

ungen, nicht von der Substanz, zu entnehmen. IV. 125. — 3) Kostenvorschuß von dem Manne der Frau zu leisten. VIII. 308. — 4) Die einer Ehefrau in dem Processe zwischen ihr und ihrem Ehemanne creditirten Gerichtsgebühren ist Letzterer abzutragen nicht verpflichtet. XIX. 193. — 5) Ersatz von Proceßkosten, welche Einer von mehreren Gläubigern zum Besten der Masse aufgewandt hat, aus dem Gesichtspunkt der negotiorum gestio. VIII. 101. — 6) Tragung der Kosten der Urkundenedition. XII. 210. — 7) Kann bei der Zeugenvernehmung und Urkundenproduction an dem entfernten Wohnorte des Producenten der Product verlangen, diesen Handlungen auf Kosten des Producenten beizuwohnen? III. 289. — 8) Schwörungsact an dem Wohnorte des Schwörenden. Assistenz des Gegners. Ob auf Kosten des Schwörenden? IV. 268. XVII. 300. — 9) Tragung der Kosten zur Ausführung der erkannten Adcitation eines Dritten zur Eidesleistung. XIX. 81. — 10) Kein Anspruch einer Concursmasse auf das Armenrecht. II. 353. — 11) Armenrecht (Creditrecht) von dem Curator einer Erbmasse für diese in Anspruch genommen. VII. 112. — 12) Armenrecht, wenn die Klage angebrachtermaßen abgewiesen wird. III. 378. — 13) Eintritt der Verpflichtung der zum Armenrecht zugelassenen Partei, dem Armenanwalt Deserviten zu zahlen. III. 102. — 14) Verträge zwischen dem Anwalt und dem mit dem Armenrecht versehenen Clienten über die Deserviten. XIX. 270. — 15) Kostenersatzberechtigung des Armenanwalts gegen die Gegenpartei mit Ausschluß der Compensation mit deren liquider Gegenforderung. XIX. 78. — 16) Verbindlichkeit des Ausländers, Caution wegen der Proceßkosten zu leisten. Beschränkung dieser Verbindlichkeit im Concurse und bei Provocationen? VIII. 307. XII. 315. — 17) Feststellung des Betrages der zu leistenden Caution wegen der Kosten. I. 368. — 18) Cautionsleistung wegen der Proceßkosten durch Hinterlegung inländischer Staatsschuldscheine von wechselndem Curse. IX. 87. — 19) Berufungssumme im Falle der Auflegung einer Proceßkosten-Caution. XIII. 70. — 20) Auch dem Litisdenunciaten und accessorischen Intervenienten hat der ausländische Kläger Caution für die Proceßkosten zu leisten. XVIII. 177. — 21) Der in dem ersten Verfahren gestellte Antrag auf Verurtheilung in die Kosten braucht in dem Hauptverfahren nicht wiederholt zu werden. VIII. 173. — 22) Erkennung über Proceßkosten von Amtswegen. XIX. 191. — 23) Feststellung zu erstattender Proceßkosten; nicht berechnete Reisekosten statt nicht zu berechnender Arrha zugebilligt. XIX. 192. — 24) Haftung des Bürgen für die Kosten der Ausklagung des Hauptschuldners. III. 325. XX. 226. — 25) Mutatio libelli. Verpflichtung des Klägers zum Kostenersatz. Armuth desselben. XII. 87. — 26) Wirkungslosigkeit des dem Rechtsstreite vorausgegangenen Erbietens zu einer (als vermeintlich zu gering abgelehnten) Entschädigung, wenn in dem Processe selbst jede Entschädigungspflicht bestritten wird, in Bezug auf den Kostenpunkt. XII. 316. — 27) Reassumtion des Processes. Pflicht des unterliegenden Reassumenten zur Zahlung sämmtlicher Proceßkosten. XI. 304. — 28) Kostenpunkt bei unstatthafter Adhäsion. XI. 305. — 29) Entscheidung im Kostenpunkt, wenn mehrere Einreden vorgeschützt sind. XIV. 172. — 30) Verurtheilung eines nur theilweise unterliegenden Beklagten in die Proceßkosten. XVII. 291. — 31) Kostenpunkt im Arrestverfahren und bei anderen dringlichen Verfügungen. X. 106. — 32) Kosten bei dem Unterliegen in Nebenpunkten. VIII. 309. — 33) Verurtheilung eines Minderjährigen, welcher sich als Volljähriger gerirt, in die Kosten der nichtigen Processe. III. 377. — 34) Fallenlassen der Klage. Neue Klage vor erfolgter Erstattung der Kosten des ersten Rechtsstreits. XVIII. 178. — 35) Nachforderung von Proceßkosten nach Erledigung der Hauptsache. XVII. 292. — 36) Haftung der Streitgenossen für Kostenersatz pro rata. VIII. 102. — 37) Einklagung von Concurs-, Professions- und Liquidationskosten gegen den früheren Cridar. Zu const. 8 de fruct et lit. exp. (7, 51) XII. 114. — 38) Verurtheilung des Richters in die Proceßkosten. I. 285. II. 225. — 39) Kostenersatz an Parteien, welche ihren Proceß selbst führen. III. 207. — 40) Von den Kosten, welche die Zuziehung entfernt wohnender Advocaten verursacht. I. 286. — 41) Die zur Zahlung der Proceßkosten verurtheilte Partei ist schuldig, ihrem Gegner auch die Procuraturgebühren zu erstatten. IX. 337. — 42) Verfahren zur Beitreibung festgestellter zu ersetzender Kosten. I. 287. — 43) Vergleichung der Kosten. Gründe derselben. I. 284. II. 224. — 44) Proceßkosten im Falle der Ableistung eines richterlichen Eides. VIII. 306. — 45) Kostenvergleichung bei zufälligem Ende des Streites. II. 101. — 46) Das eheliche Verhältniß der Parteien kein Grund zur Kostencompensation. XII. 93. — 47) Ueber Kostenvergleichung wegen Zweifelhaftigkeit der streitigen Rechtsfrage. XVI. 257. XIX. 272. — 48) Ausnahmsweise Vergleichung der Kosten der Restitutionsverhandlung. VIII. 305. — 49) Keine Verurtheilung des Appellaten in die Kosten der Berufungsinstanz. XIX. 194. — 50) Theilweise Vergleichung der Kosten der Berufungsinstanz bei abänderndem Erkenntnisse; Beschränkung der Vergleichung auf die begründeten Beschwerden. I. 380. III. 110. X. 318. — 51) Unzulässige Berufung. Materiell eingehende Refutationsschrift. Kostenpunkt. X. 313.

Hauptstück 7.

Von dem Beweise.

I. Anticipirter Beweis.

1) Verfügung des Richters bei einem anticipirten Beweise in Beziehung auf die Nachlassung eines Gegenbeweises. V. 72. XV. 252. XVIII. 183. XX. 77. — 2) Bei vollständig geführtem anticipirten Beweise ist kein Gegenbeweis nachzulassen, wenn nicht specielle erhebliche Thatumstände angeführt sind. VIII. 312. Vergl. IX. 338. — 3) Gegenbeweis gegen einen anticipirten künstlichen Beweis. XIII. 62. — 4) Beweiserkenntnisse nach ungenügend befundenem anticipirten Beweise. III. 208. IV. 159. VI. 75. IX. 351.

II. Beweis zum immerwährenden Gedächtnisse.

1) Befugniß des Unterrichters zum Zeugenverhör behufs Beweises zum ewigen Gedächtnisse auch bei eingelegter Berufung gegen das untergerichtliche Erkenntniß. XI. 307. — 2) Gefahr des Verlustes von Zeugen wegen des Alters derselben. Welches Alter ist erforderlich? XII. 205. XIV. 67. — 3) Verhör der Zeugen eines mündlichen Privattestamentes sofort nach dem Tode des Testators. XIII. 154 a. E. — 4) Unstatthaftigkeit einer Eidesabnahme zum ewigen Gedächtnisse. XIII. 60. XVI. 81.

III. Beweisinterlocut. Beweissatz.

1) Beweisauflage über fremdes Recht. IV. 92. XII. 79. XIII. 178. XIV. 107. XV. 183. Note 4. XVIII. 101. — 2) Unzulässigkeit einer Beweisauflage hinsichtlich angeblicher Localstatuten. X. 3. — 3) Beweisauflage über Gewohnheitsrecht. X. 124. XIII. 204. 205. XIX. 2. 211. — 4) Beweis von Handelsusancen. XVI. 183. — 5) Beweis des Herkommens in Bezug auf ein gewerbliches Verbietungsrecht. III. 1. — 6) Beweissatz in Beziehung auf die Erforderniſſe eines derogirenden Herkommens. III. 256. — 7) Beweisauflage, wenn aus einem Rechtsgeschäfte geklagt wird, zu dessen Gültigkeit eine bestimmte Form erforderlich ist. XV. 162. — 8) Ungeeignete Beweisauflage darüber, daß ein Geschäft rechtsgültig eingegangen sei. XIV. 259. Note 1. — 9) Beweis der Absicht bei Abschluß eines Geschäftes. XX. 79. — 10) Beweissatz über damnum fatale bei Beschädigung verschiffter Waaren. IV. 114. — 11) Zulässigkeit genereller Fassung des Beweissatzes über Verschulden. XX. 191. — 12) Beweisauflage über den Causalzusammenhang zwischen Verschulden und Schaden. IV. 100. — 13) Fassung des Beweissatzes bei behaupteter Bedingtheit des abgeschlossenen Vertrages XIII. 189. XVII. 108. — 14) Beweisauflage über die Einrede der

Simulation. XX. 26. — 15) Ist der Einwand des Alibi speciell zum Beweise zu verstellen? IV. 85. — 16) Ueber die Clausel „oder wie viel weniger“ in Beweisauflagen. I. 128. 292. XV. 81. — 17) Beweissatz bei dinglichen Klagen. 1. 363. IX. 80. — 18) Beweisauflage bei der Grenzberichtigungsklage. XIV. 136. — 19) Beweisauflage bei der Servitutenersitzung. V. 255. IX. 133. 134. XIV. 14. 211. XV. 108. 185. 186. 205. XVII. 12. — 20) Beweisauflage über eine Cession bei Insolvenz des Cedenten. V. 76. — 21) Unmittelbarer Vertragsabschluß durch Urkundenausstellung. Beweissatz. XX. 117. — 22) Allgemeine Beweisauflage über mangelhafte Rechnungsansätze. XVIII. 51. — 23) Novation. Beweissatz hinsichtlich der früheren Schuld. XVII. 236. — 24) Fassung des Beweissatzes bei der Klage aus dem constitutum debiti proprii. XX. 227. — 25) Beweisauflage bei der condictio indebiti. XV. 195. — 26) Beweisauflage über die Zeit des außerehelichen Concubitus. I. 227. — 27) Adulterium praesumtum. Beweissatz. XX. 229. — 28) Beweisauflage über die Höhe der dos necessaria in einem Rechtsstreit zwischen der Tochter und dem Vater. XIV. 141. — 29) Beweisauflage über die Absicht des Testators. IV. 163. V. 196. IX. 182. XVII. 163. XVIII. 59. — 30) Verpflichtung des Handlungscommis aus dem von ihm besorgten Detailverkaufe bei festgesetztem Verkaufspreise für größere Quantitäten. Beweissatz. XVII. 109. — 31) Klage aus der Verkaufscommission wegen Verkaufs unter dem Limitum auf die Differenz. Beweisvorbehalt für den Beklagten. X. 90. XIII. 52. — 32) Durch die Beanstandung billiger Ansätze des Commissionärs für übliche Auslagen wird ein Beweisverfahren nicht nöthig. XV. 47. — 33) Beweissatz bei dem sogenannten qualificirten Geständnisse. XVIII. 185. S. 207. — 34) Fassung des Beweises bei Berufung auf eine Rechtsvermuthung. X. 94. — 35) Beweisauflage im Falle eines anticipirten Beweises. V. 72. XV. 252. XVIII. 183. XX. 77. — 36) Keine Beweisauflage im Falle der Notorietät. XIV. 43. 66. 145. — 37) Beweisauflage über bereits Bewiesenes. XV. 172. 266. — 38) Von Umständen, unter welchen dem Beweispflichtigen ein bloßes „Glaubhaftmachen“ aufzugeben ist. X. 95. XIII. 52. Note 1. — 39) Dem Richter in gewissen Fällen vorzubehaltendes freies Urtheil über das Gewicht der einzelnen zum Beweise verstellten Umstände und die daraus zu ziehende Folge. IX. 218. — 40) Umfang des dem Producten aufzulegenden Beweises, daß eine von ihm geschriebene Urkunde durch Einschiebung gefälscht sei. XIX. 275. — 41) Tragweite der Rechtskraft der Beweisinterlocute. IV. 161. X. 299. XVII. 160. — 42) Tragweite eines rechtskräftigen Beweisinterlocuts bei später eingetretener gesetzlicher Aufhebung des Klagrechts. XI. 186. — 43) Rechtskraft der Beweisinterlocute bezüglich der Wirksamkeit schon beigebrachter Beweise. III. 208. — 44) Unabänderlichkeit rechtskräftiger Beweisinterlocute; aber angemessene Auslegung derselben. XI. 187. 195. XII. 94. 3.7. XVII. 56. XIX. 196. 273. — 45) Rechtskraft der Beweisinterlocute bei ungenauer Abfassung. VI. 271. — 46) Unerhebliche in den Bewe.satz aufgenommene Thatsachen. Wird durch selbige der Richter gebunden? V. 317. XI. 188. XV. 168. XVII. 159. 160. — 47) Ein unerhebliches Beweiserkenntniß wird nicht rechtskräftig. XIII. 188.

IV. Beweislast.

A. Allgemeines. Beweislast in Beziehung auf allgemeine Rechtsgrundsätze. 1) Statutencollision über Beweislast. XIV. 148. — 2) Nichtsein von Thatsachen. XIII. 11. — 3) Inhalt eines fremden Rechts. IV. 92. — 4) Rechtsvermuthung für die Fortdauer eines einmal entstandenen, nicht rein thatsächlichen Verhältnisses, sondern Rechtszustandes. XVIII. 281. — 5) Erlöschende Verjährung. I. 157. VI. 132. XVII. 204. — 6) Handlung, welche an sich als Erklärung eines bestimmten Willens gedeutet werden kann. Einwand, gegen diese Deutung bei Vornahme der Handlung protestirt zu haben. XIV. 146. — 7) Bedingtheit eines Rechtsgeschäfts. I. 370. II. 330. IV. 32. X. 129. XII. 203. XIII. 189. XIV. 173. 252. XVII. 294. XVIII. 57. — 8) Einrede der nicht erfüllten Bedingung einer unbedingt lautenden Schuldurkunde gegenüber. XVI. 255. XVII. 162. — 9) Qualificirtes Geständniß. III. 222. IV. 162. V. 239. VIII. 311. X. 300. XII. 27. XIV. 146. XV. 249. 272. XVII. 108. XVIII. 185. — 10) Verschulden in Vertragsverhältnissen. I. 168. 338. XI. 237. XIII. 251. XV. 45. 221. XVIII. 58. — 11) Ueber grobes Verschulden bei Kapitalanlagen. IV. 98. 99. — 12) Verschulden außer Vertragsverhältnissen. XIV. 36.

B. Beweislast in Beziehung auf dingliche Rechte. 1) Bona fides oder mala fides bei der Ersitzung XVI. 9. — 2) Guter Glaube bei der außerordentlichen Ersitzung. Unkenntniß einer Rechtsvorschrift als Grundlage derselben. XV. 197. — 3) Vindication beweglicher Sachen. Hand muß Hand wahren. III. 6. — 4) Vindication. Beweislast in Bezug auf Creditgeben. VI. 10. — 5) Mehrbetrag der Verwendungen des Vindicationsbeklagten über den Werth der gewonnenen Früchte. XI. 211. — 6) Negatorienklage. I. 17. 18. 409. XV. 102. XVII. 211. XIX. 19. 125. XX. 14. — 7) Beweislast bei der Negatorienklage, wenn der Kläger das Recht des Beklagten in beschränktem Maße zugesteht. X. 139. — 8) Ersitzung der Servituten. I. 408. VIII. 348. IX. 133. 134. XV. 108. 186. XVIII. 122. — 9) Confessorienklage wegen eines Weges, welcher über mehrere fremde Grundstücke führt. XIX. 20. — 10) Vicinitas bei der Wegeservitut. XX. 107.

C. Beweislast in Beziehung auf das Obligationenrecht. 1) Verschulden bei dem Verzuge. XX. 213. — 2) Nichtigkeit

ihm vertragsmäßig die Bestimmung der Zahlungszeit vorbehalten sei. XVII. 18. — 37) Ablauf der Pachtzeit. VI. 29. — 38) Jus tollendi des Pächters. VII. 30. — 39) Beschädigung der miethweise eingebrachten Sachen durch Einsturz der vermietheten Lokalitäten. VII. 31. — 40) Klage auf Zurückzahlung eines sogenannten Pachtvorschusses. XIX. 39. — 41) Einrede des nicht gehörig erfüllten Contracts bei dem Miethvertrage. XVII. 233. — 32) Haftbarkeit der Weinschröter. X. 41. — 43) Entschädigungsklage des Mandanten gegen den Mandatar. XIX. 195. — 44) Actio mandati contraria auf Erstattung geleisteter Zahlung XVII. 106. — 45) Klage des dritten Contrahenten gegen deu Mandanten. Umfang der Vollmacht. XII. 156. XIX. 82. — 46) Geltendmachung einer Haftung des Mandatars wegen Ueberschreitung des Mandats. VIII. 255. — 47) Negotiorum gestorum actio contraria wegen Bezahlung einer angeblich noch nicht bezahlt gewesenen Schuld. XV. 25. — 48) Bezahlung einer fremden Schuld bei der Geschäftsführung; Beweislast, ob aus eigenen Mitteln. XX. 31. — 49) Einrede der Theilung. IX. 140. XII. 336. XIII. 95. — 50) Actio legis Aquiliae wegen amtlicher Handlungen eines Beamten. Präsumtion für die Legalität. XVI. 113. — 51) Haftpflicht des Staats für seine Beamten. Beweislast hinsichtlich der Verschuldung. XVII. 120. 145. — 52) Condictio indebiti. I. 58. II. 187. VII. 55. 56. XVII. 248.

D. Beweislast in Beziehung auf Familienrechte. 1) Verlöbnißklage. Schwangerschaft der Klägerin. Beweis darüber ob von dem Beklagten oder einem Anderen. IX. 37. XVI. 50. — 2) Rückforderung von Brautgeschenken, wenn die Ehe nicht zu Stande gekommen ist. Beweislast hinsichtlich der Verschuldung. XVII. 59. — 3) Schwangerschaft von einem Dritten als Grund der Ehenichtigkeit. VI. 210. XII. 36. — 4) Klage auf Nichtigkeit der Ehe wegen Virginitätsmangel. Einwand, daß Kläger vor der Ehe darum gewußt habe. XVII. 249. — 5) Liquidation einer versprochenen dos im Concurse. Beweislast hinsichtlich der Zahlungsfähigkeit zur Zeit des Versprechens. I. 397. — 6) Praesumtio Muciana. IX. 298. XI. 250. — 7) Beweis hinsichtlich der Legitimität oder Illegitimität. I. 161. 162. 163. X. 267. — 8) Fortdauer der väterlichen Gewalt. XII. 339. XV. 36. — 9) Actio de in rem verso wegen Schulden des Haussohnes gegen den Vater. XVII. 64. — 10) Verschulden des Vormunds bei der actio tutelae. XIX. 163.

E. Beweislast in Beziehung auf das Erbrecht. 1) Dasein eines Testaments klagenden Intestaterben gegenüber. IX. 314. — 2) Vorhandensein, Aechtheit und Förmlichkeiten eines Testaments. XI. 256. XIV. 148. — 3) Beobachtung der positiven Vorschriften für die Testamentserrichtung. I. 95. S. 103. — 4) Beweislast hinsichtlich der Legitimation als Erbe. I. 258. VIII. 156. IX. 315. 316. XII. 305.

XIV. 149. XVI. 130. 254. XX. 78. — 5) Streit über das beneficium abstinendi wegen behaupteter Einmischung. III. 78. XV. 36. — 6) Collationsstreitigkeiten. I. 356. XIX. 169. — 7) Einrechnung der Früchte bei der Falcidischen und Trebellianischen Quart. X. 188.

F. Beweislast in Beziehung auf deutschrechtliche Güterverhältnisse. 1) Recht auf Handlohn. XV. 235. — 2) Dingliche Natur der Parrochiallasten. XII. 57. — 3) Beschränkung der auf der Incorporation des Vermögens einer Kirche beruhenden Kirchenbaulast auf das incorporirte Vermögen. XIV. 153.

G. Beweislast in Beziehung auf das Handels- und Wechselrecht. Inhaberpapiere. 1) Handelsgebräuchliche Aenderung der Beweislast in Betreff der Justification einer Rechnung, als Folge längeren Schweigens des Rechnungsempfängers. VIII. 310. — 2) Modification der Beweislast durch vorangegangene Annahme einer Factura u. s. w. IV. 260. — 3) Verspätete Rücksendung nicht angenommener Waaren. IV. 23. — 4) Schadensforderung wegen Verzögerung einer Commissionsbesorgung. II. 96. — 5) Abzug in der Vergütung der von dem Commissionar beschafften Auslagen wegen Mangelhaftigkeit der gelieferten Waare. VIII. 129. — 6) Beweis hinsichtlich des Limitums bei einer Verkaufscommission. III. 95. XIV. 155. XV. 46. — 7) Obliegenheiten des Spediteurs. V. 306. — 8) Contreordre des Versenders an den Spediteur. IX. 128. — 9) Haftpflicht des Frachtfahrers. VII. 225. — 10) Verschiffte Waaren beschädigt. IV. 113. 114. VII. 310. — 11) Wahrheit oder Unwahrheit der bei Abschluß der Assecuranz gemachten Angaben. VI. 248. — 12) Seetüchtigkeit des versicherten Schiffes. XIX. 266. — 13) Größe des von einem Versicherten erlittenen Schadens. XIII. 272. — 14) Wechselbegebung. Valutaforderung. XI. 292. XIV. 59. 163. XV. 158. — 15) Einrede der Unächtheit eines Blancoindossaments. X. 203. — 16) Wechselverjährung. XV. 156. — 17) Benachrichtigung des Vormanns von der Protesterhebung. XVII. 277. — 18) Revalirungsklage des Trassaten. I. 56. XIV. 105. XX. 224. — 19) Vindication von Papieren auf den Inhaber. Beweis des guten oder bösen Glaubens. VI. 313. VII. 152. IX. 206. 331.

H. Beweislast in Beziehung auf Proceßrecht. 1) Umfang der Beweislast des Producten, welcher behauptet, daß eine von ihm unterschriebene Urkunde durch Einschiebung gefälscht sei. XIX. 275. — 2) Paulianische Klage in Bezug auf eine Vermögensabtretung mit Alimentationsvorbehalt. XI. 106.

V. Beweisfrist.

1) Beweisfrist für die Einrede der Compensation gegen den Fiscus. Ueber Anwendbarkeit der römisch-rechtlichen Bestimmung bei Vor-

schriften der Landesproceßordnungen über Beweisfristen. III. 112. — 2) Anfang des Laufes der Beweisfrist für die Einrede des Spoliums. III. 109. — 3) Anfang der Beweisfrist, wenn das Beweisinterlocut theilweise in Rechtskraft getreten ist. IX. 341. XVI. 155. XVII. 295. XIX. 274. — 4) Aufschub des Laufes der Beweisfrist in Folge der hinsichtlich einiger Mitkläger nachzubringenden Sachlegitimation. I. 371. — 5) Sistirung der Beweisfrist, wenn der Gegner des Beweispflichtigen gegen das Interlocut appellirt hat. IV. 165. — 6) Frist für den Exceptionalbeweis. X. 302. XIV. 68. — 7) Anfang der Beweisfrist für den indirecten und directen Gegenbeweis. Hemmt das außerordentliche Rechtsmittel der Nichtigkeitsbeschwerde den Lauf derselben? XIII. 288. — 8) Gleichzeitige Beweisfrist für Beweis und Gegenbeweis in dem summarischen Processe. IV. 184. — 9) Der Beweis der Aechtheit einer Urkunde ist an die für den Hauptbeweis gesetzte Frist nicht gebunden. V. 75. 243. XX. 80. — 10) Die Beweisfrist zu wahren, ist erforderlich, daß die Beweisschrift bei dem Proceßgerichte unmittelbar zeitig eingereicht werde. IV. 164. — 11) Ist ein gerichtliches Attest für rechtzeitig beigebracht zu erachten, um dessen Ausstellung durch das Proceßgericht der Beweisführer innerhalb der Beweisfrist gebeten hat, welches aber erst nach Ablauf jener Frist ausgefertigt worden ist? IV. 170. — 12) Muß mit dem innerhalb der Beweisfrist eingebrachten Editionsgesuche die ausdrückliche Bitte um Offenhaltung dieser Frist verbunden werden? IX. 101. — 13) Substitution von Beweismitteln für verloren gegangene. XV. 253. — 14) Aussage eines Einredebeweis-Gegenzeugen über das Klagenbeweisthema. XV. 256. — 15) Restitution gegen den Ablauf der Beweisfrist wegen Auffindens neuer Beweismittel. VI. 105.

VI. Gegenbeweis.

1) Anticipirter Beweis. Auferlegung des Hauptbeweises oder des directen Gegenbeweises? V. 72. XV. 252. XVIII. 183. XX. 77. — 2) Gegenbeweis gegen einen anticipirten künstlichen Beweis. XIII. 62. — 3) Bei vollständigem anticipirten Beweise des Klaggrundes kann nur die Anführung specieller erheblicher Thatumstände die Nachlassung eines Gegenbeweises rechtfertigen. IX. 338. — 4) Ist ein Gegenbeweis nachzulassen, wenn den aus bestrittenen Thatsachen sich ergebenden Folgerungen widersprochen ist? VIII. 312. XVIII. 186. — 5) Abschneidung des Gegenbeweises wegen vermutheter Erfolglosigkeit. III. 210. — 6) Abschneidung eines Gegenbeweises, weil die Führung desselben bei der Sachlage der Acten nicht für möglich anzusehen, durch Erkenntniß nach Production einer anerkannten Originalurkunde. XVIII. 187. — 7) In Betreff der Replik des Precarium bedarf es keines speciellen Gegenbeweisvorbehalts. VIII. 110. — 8) Gegenbeweis bei der Gewissensvertretung. IV. 180. — 9) Gebiet des directen Gegenbeweises. Künstlicher directer

Gegenbeweis. Es ist nicht nothwendig, daß die Thatsachen, auf welche derselbe gerichtet ist, in dem ersten Verfahren angegeben worden sind. XV. 82. — 10) Gebiet des directen Gegenbeweises bei Schadensersatzklagen. Anführung und Substantiirung der Gegenbeweismomente im ersten Verfahren nicht erforderlich. X. 301. — 11) Eideszuschiebung bei dem künstlichen directen Gegenbeweise zulässig. IV. 85. VIII. 105. — 12) Erfüllungseid über den directen Gegenbeweis unzulässig. IX. 109. — 13) Gehört der Beweis der mala fides zum directen oder indirecten Gegenbeweise? VII. 114. XVI. 9. — 14) Beweis des wahren Willens des Testators gegen die klaren Worte des Testamentes ist als indirecter Gegenbeweis anzusehen. XV. 31. — 15) Beweisvorbehalt für den Beklagten bei Differenzklagen wegen Verkaufs unter dem Limitum über die Behauptung, daß der klagende Committent durch den Verkauf keinen Schaden erlitten habe. X. 90. — 16) Gegenbeweis gegen Urkunden. Eideszuschiebung über Simulation. XIV. 75. — 17) Eideszuschiebung gegen den Inhalt einer Urkunde. IV. 178. VI. 82. XVII. 179. — 18) Gegenbeweis gegen eine die causa debendi enthaltende Schuldverschreibung. Ist die in fr. 25 § 4 de probat. (22, 3) und const. 13 de non numerata pecunia (4, 30) verordnete Beschränkung der Gegenbeweismittel noch anwendbar? VI. 178. XVII. 172. — 19) Einrede des nicht gezahlten Geldes nach Ablauf der gesetzlichen Zeit. Gegenbeweis gegen den Inhalt der Schuldurkunde. VI. 179. VII. 169. VIII. 250. XVI. 107. XX. 125. — 20) Eideszuschiebung über die Einrede des nicht gezahlten Geldes nach Ablauf von zwei Jahren. XVII. 180. XX. 125. — 21) Gegenbeweis gegen ein außergerichtliches Bekenntniß. XIII. 232. XV. 49 (S. 77). — 22) Beweis durch Rechtsvermuthung. Gegenbeweis bei zugestandener Prämisse. XII. 161. XIII. 123. (Vgl. XV. 98.) — 23) Beweis des dolus, der mala fides durch Schlußfolgerungen. Gegenbeweis bei zugestandenen Prämissen. XIII. 62. — 24) Gegenbeweis gegen den Beweis des Causalzusammenhangs zwischen einer dem Gegenbeweisführer zur Last fallenden Handlung und einem eingetretenen Schaden. XV. 45 a. E. 46. S. 68. 82 a E. — 25) Negatorienklage. Verlust der Servitut durch Nichtausübung von dem Kläger erst im Beweisverfahren als Gegenbeweis geltend gemacht. VIII. 313. — 26) Gegenbeweis im Falle der Beweisführung über Servitutenersitzung. XIV. 14. 116. XV. 108. 186. — 27) Kauf nach Probe. Normirung des Gegenbeweissatzes. XVIII. 236. — 28) Gegenbeweis gegen die Nativitätstermine bei unehelichen Geburten. XX. 9. — 29) Gegenbeweis gegen die Rechtsvermuthung: Pater est, quem nuptiae demonstrant. XIX. 9. XX. 198. — 30) Zulässigkeit des Gegenbeweises, daß ein mit Blancoindossament versehener Wechsel nicht rechtlich erworben sei. XVII. 275. — 31) Nachlassung eines Gegenbeweises vor Zulassung des Gegners zum Würderungseide. XIV. 181.

— 32) Directer Gegenbeweis durch außergerichtliches Geständniß. XI. 189. — 33) Zulassung von Nebenbeweisen von Seiten des Producten über Neuerungen, welche während des Processes vorgenommen sind, bei dem Beweise durch Sachverständige. XVII. 293. — 34) Statthaftigkeit weiterer Gegenbeweisantretung in dem Falle weiterer Beweisantretung nach Restitution gegen den Ablauf der Beweisfrist. XIII. 289. — 35) Statthaftigkeit weiterer Gegenbeweisantretung in dem Falle der Substitution neuer Beweismittel für verloren gegangene. XV. 253 a. E. — 36) Vollständig erbrachter directer Gegenbeweis bei unvollständigem Hauptbeweise. Hinfälligkeit des eventuell zugeschobenen Haupteides. XIV. 262. — 37) Gleichzeitige Beweisfrist für Beweis und Gegenbeweis im summarischen Proceß. IV. 184. — 38) Einrede des vereitelten Gegenbeweises gegen die actio quanti minoris, weil der Kläger über die gekauften Waaren verfügt habe. III. 28.

VII. Beweisantretung im Allgemeinen.

1) Beweisantretung über den Abschluß eines Vertrages mit einer Gemeinde. XIII. 287. — 2) Beweisantretung über Causalzusammenhang. XIII. 11. — 3) Beweisantretung über die Einrede der Zahlung. Nachträgliche Specialisirung der Einrede. XVI. 258. — 4) Antretung eines künstlichen Beweises. Sind Beweisartikel aufzustellen? XI. 198. — 5) Beweisantretung mit dem Gesuch auf Edition von Urkunden. XVII. 298. — 6) Ist eine Beweisantretung durch Bezugnahme auf Zeugenaussagen zuläßig, welche in einer anderen Proceßsache erfolgt sind? V. 241. — 7) Beweisantretung durch Bezugnahme auf Acten. IX. 342. — 8) Gehörige Angabe der zu beweisenden Thatsachen, nicht gerade in der Form von Beweisartikeln. XVIII. 182. — 9) Form der Beweisartikel. V. 242. — 10) Eventueller Eidesantrag. XVI. 263.

VIII. Productionsverfahren im Allgemeinen.

1) Nachholung desjenigen, was schon in das Vorverfahren gehört hätte, in dem Beweisverfahren. VII. 113. Vgl. XVI. 258. — 2) Verhältniß des Vorverfahrens zum Beweisverfahren bei Ersatzforderungen. X. 127. — 3) Articulans fatetur. VI. 88. XIX. 200. — 4) Productionsbescheid. Bedenklichkeit der Verwerfung von Beweismitteln. VII. 117. XII. 204. — 5) Zulassung von Beweisen neben dem Hauptbeweisverfahren. XVII. 293. — 6) Oberstrichterlich verfügte nachträgliche Urkundenproduction. XVIII. 187. — 7) Pflicht der Parteien, die ihren Ansprüchen zu Grunde liegenden, nur im Allgemeinen angegebenen thatsächlichen Momente später nöthigenfalls zu specialisiren, ohne Rücksicht auf ein generell lautendes Beweisinterlocut. VIII. 174. — 8) Umfang des Grundsatzes der Gemeinschaftlichkeit der Beweismittel. VIII. 181. — 9) Geltendmachung neuer Einreden in dem Beweisver-

fahren. VIII. 104. — 10) Ausbleiben des Producenten in dem Productionstermin. VII. 116. — 11) Benehmungen des Proceßrichters mit ausländischen Behörden auf Antrag des Beweisführers ohne vorgängiges Gehör des Gegners. XIV. 253. — 12) Richteramt, wenn auf Beweis eines Gewohnheitsrechts erkannt ist. VI. 130. XIII. 75. 204. XVII. 110. XIX. 2.

IX. Beweisergebniß.

1) Auslegung des Beweissatzes in Uebereinstimmung mit dem Inhalt der Gesetze. XVII. 56. — 2) Auslegung des Beweissatzes in dem Sinne, welcher den Rechten und dem Verhältnisse der Sache und der Personen am meisten entspricht. IV. 158. XIX. 196. — 3) Abweichung bei der Prüfung der Beweisresultate von dem Wortlaute des Beweisthemas. II. 102. — 4) Beweisergebniß im Verhältnisse zum Beweissatze. VI. 273. — 5) Von dem äquipollenten Beweise. IV. 158. 264. X. 97. XI. 187. XII. 94. 317. XVI. 156. — 6) Richterliche Würdigung der Aussagen von Aeltern und Kindern als Zeugen. XIX. 197. — 7) Besonderes billiges Ermessen, wenn einer Partei durch Verschulden der anderen Beweismittel verloren gegangen sind. VII. 128. VIII. 314. — 8) Erkenntniß über die Beweisführung nach Maßgabe der relevanten zum Beweise gestellten, nicht der irrelevanten in den Beweissatz aufgenommenen Thatsachen. XI. 188. XV. 168. — 9) Durch künstlichen Beweis kann volle civilprocessualische Gewißheit hergestellt werden. XX. 90.

X. Beweiskraft strafgerichtlicher Erkenntnisse.

1) Zur Beantwortung der Fragen, welchen Einfluß die Entscheidung des Criminalpunkts auf die des Civilpunkts äußere, und welcher Werth den in dem Criminalprocesse benützten Beweismitteln und den durch selbige gewonnenen Ergebnissen in dem Civilprocesse beizulegen sei. II. 103. — 2) Annahme der Ungebundenheit des Civilrichters und freier Beweisprüfung in Beziehung auf vorgängige Criminalerkenntnisse. VIII. 96. 97. 300. IX. 82. X. 217. XII. 202. — 3) Ungebundenheit des Civilrichters. Anhängigkeit der Criminalsache gibt keinen Einwand gegen Zulässigkeit der Civilklage. XVI. 249. — 4) Civilklage aus einem Factum, wegen dessen der Gegner in einer vorgängigen Criminalsache sich eidlich gereinigt hat. VI. 263. — 5) Zulässigkeit der Eideszuschiebung über dieselbe Thatsache, über welche der Delat in der früheren Strafsache einen Reinigungseid geleistet hat. XVI. 262. — 6) Beweiskraft eines strafgerichtlichen Erkenntnisses in einer Injuriensache, betreffend Vorwurf des Vergehens, wegen dessen eine strafgerichtliche Verurtheilung erfolgt ist. VI. 272. — 7) Annahme voller Beweiskraft der verurtheilenden strafgerichtlichen Erkenntnisse für

den Civilproceß. IX. 83. X. 92. XI. 101. XII. 202 (S. 275) XVII. 161. XX. 76. — 8) Volle Beweiskraft einer verurtheilenden strafgerichtlichen Entscheidung in einem bereits anhängigen Civilproceß wegen Spoliums. XII. 313. — 9) Gebundenheit der Civilgerichte an verurtheilende Erkenntnisse der Strafgerichte. Daher Aussetzung des bürgerlichen Processes wegen Einleitung einer strafrechtlichen Untersuchung über einen Incidentpunkt des ersteren. XVI. 248.

XI. Zeugenbeweis.

A. Verpflichtung zur Zeugnißablage. 1) Zuständigkeit zur Entscheidung über die Verbindlichkeit, ein Zeugniß abzulegen, des Gerichts, bei welchem die Hauptsache anhängig ist, oder des Gerichts, welchem der Zeuge persönlich unterworfen ist? V. 318. XIV. 248. — 2) Rechtsmittel des Zeugen gegen die gerichtliche Vorladung. V. 318 a. E. — 3) Keine Verbindlichkeit des (protestantischen) Geistlichen zum Zeugnisse über das, was er als Beichtvater im Beichtstuhle erfahren, und über sonstige Mittheilungen, welche ihm in seiner Eigenschaft als Seelsorger im Vertrauen gemacht wurden. XI. 190. — 4) Keine Zeugnißverbindlichkeit der mediatores über das in dieser Eigenschaft Erfahrene, sofern nicht beide Parteien einwilligen. XIV. 175. 176. XV. 254. — 5) Keine Zeugnißverbindlichkeit der (recipirten) Advocaten hinsichtlich des ihnen in Beziehung auf einen wirklichen oder doch in Aussicht stehenden Rechtsstreit Anvertrauten. XII. 206. XV. 164. — 6) Können Advocaten zum Zeugnisse über Rechtssachen angehalten werden, in welchen sie außer dem Processe Rath ertheilt oder Dienste geleistet haben? II. 221. — 7) Beistände, welche nicht recipirte Advocaten sind, können ihr Zeugniß in Sachen, in welchen sie juristischen Rath ertheilt haben, nicht ablehnen. XV. 254. — 8) Der Cabinetssecretär eines Fürsten ist nicht verpflichtet, über dasjenige, was er als solcher vernommen hat, Zeugniß abzulegen. XI. 191. — 9) Zeugnißpflicht von Mandataren, Geschäftsführern. XV. 164. — 10) Befugniß desjenigen, welcher als testis in propria causa anzusehen ist, das Zeugniß zu verweigern. XV. 83. VI. 274. — 11) Befugniß der Schwiegerältern und Schwiegerkinder, das Zeugniß abzulehnen. II. 336. S. 426. — 12) Zeugnißpflicht der Testamentszeugen in einem Streite über die Rechtsbeständigkeit des Testaments. XIV. 70. — 13) Enthebung naher Verwandten von der Zeugschaftspflicht. Ausnahme in Fällen, in welchen die Wahrheit nicht anders erkundet werden kann. X. 305. — 14) Verpflichtung der Aeltern, in Scheidungsprocessen ihrer Kinder Zeugschaft zu leisten. V. 322. — 15) Befugniß zur Ablehnung eines Zeugnisses über propria turpitudo. VII. 123. — 16) Verweigerung des Zeugnisses wegen drohenden Vermögensnachtheils. Der frühere Richter als Zeuge. XVIII. 188.

B. **Unfähigkeit und Verdächtigkeit der Zeugen.** 1) Vollgültige Zeugenaussage über Wahrnehmungen aus der Zeit der Unmündigkeit. XIII. 290. — 2) Verbrecher als Zeugen VIII. 176. — 3) Begriff der **Zeugen in eigener Sache.** Regreßpflichtigkeit. XV. 83. XVIII. 190. — 4) Streitgenossen als Zeugen zugelassen. XVII. 168. — 5) Der frühere Streitgenosse als Zeuge zugelassen. VI. 278. — 6) Durch Verzicht des Producenten auf seinen Regreßanspruch gegen den Zeugen wird dessen Unzulässigkeit nicht beseitigt. XX. 81. — 7) Der Gemeinschuldner als Zeuge benannt; Zeuge in eigener Sache. VII. 124. — 8) Liquidanten im Concurse von dem Contradictor bei Bestreitung eines Anspruchs als Zeugen benannt. Kein Zeugniß in eigener Sache. XIV. 177. — 9) Der Cedent als unzulässiger Zeuge. VI. 274. — 10) Der Pächter von dem Verpächter als Zeuge benannt; wiefern Zeuge in eigener Sache? XII. 95. — 11) Gemeindeglieder, inwiefern sind sie als Zeugen für die Gemeinde zulässig? I. 372. III. 393. IX. 91. XVII. 164. XX. 192. — 12) Zeugen, deren Interesse bei dem Rechtsstreite dem des Producenten entgegengesetzt ist. Mitglieder einer streitenden Gemeinde von der Gegenpartei als Zeugen vorgeschlagen. XI. 193. XII. 207. — 13) Auszügler als Zeugen für die Gemeinde zulässig. I. 289. — 14) Corporationsmitglieder als Zeugen für die Corporation. VI. 70. — 15) Mitglieder eines Stadtraths, sind sie in Processen der Stadtgemeinde als Zeugen zulässig? VI. 71. — 16) Zunftgenossen als Zeugen in Processen der Zunft. IX. 219. — 17) Ueber Zeugen mit eigenem Interesse. Nicht jedes unmittelbare oder mittelbare Interesse macht die Sache zur propria causa. V. 321. — 18) Mittelbares Interesse der Intestaterben in einer das Vermögen des Producenten berührenden Streitsache bewirkt keine Inhabilität. IX. 93. — 19) Gänzliche Unglaubwürdigkeit eines Zeugen auch wegen vermeinten eigenen Interesses. VIII. 319. — 20) Irrige Annahme eines Zeugen, daß er interessirt sei, macht ihn verdächtig. XIV. 254. — 21) Unzulässigkeit eines Zeugen wegen ungewissen eigenen Interesses. XX. 82. — 22) Die Theilnehmerin an einem Ehebruche, welche bereits in der Untersuchungssache ein Zeugniß wider den Beklagten abgelegt hat, als Zeugin von der Klägerin im Civilprocesse benannt. Zeugniß in eigener Sache? Ueber Anwendung des fr. 23 de testibus. II. 335. — 23) Die angebliche Ehebrecherin von dem des Ehebruchs beschuldigten Ehemanne als Zeugin benannt. XIX. 83. — 24) Klage der Braut auf Verlöbnißerfüllung. Einwand des vertrauten Umganges mit einem Dritten. Dieser Dritte von dem Beklagten über einen anderen Punkt, von der Klägerin zum Gegenbeweise über ihre Treue als Zeuge aufgerufen. Einwand des Beklagten gegen die Glaubwürdigkeit des Zeugen. Gemeinschaftlichkeit der Beweismittel. XIII. 61. — 25) Der Hauptschuldner als Zeuge des Klägers in dem Processe gegen den Bürgen.

XX. 271. — 26) Hauptschuldner und Mitbürgen von dem beklagten Bürgen als Zeugen vorgeschlagen. III. 212. — 27) Verantwortlichkeit des Zeugen als Beanstandungsgrund. V. 319. — 28) Verwandtschaft mit dem Beweisführer macht den Zeugen nur verdächtig. X. 304. — 29) Verwandtschaftliches Verhältniß des Zeugen zu beiden streitenden Theilen; ob und wie weit dadurch die Verdächtigkeit wegen Verwandtschaft aufgehoben werde. IX. 92. — 30) Verwandtschaft der Zeugen mit einzelnen Gemeindegliedern in Processen der Gemeinde. VI. 277. — 31) Aeltern als Zeugen in Sachen ihrer Kinder. XVII. 165. XVIII. 61. — 32) Aeltern und Kinder als Zeugen. Richterliche Würdigung. XIX. 197. — 33) Zeugnißunfähigkeit der Ascendenten und Descendenten. XVI. 82. — 34) Zeugnißfähigkeit der Descendenten in Sachen ihrer Ascendenten in Ermangelung anderer Beweismittel. XVII. 166. — 35) Stief- und Schwiegerältern (oder Kinder) als Zeugen. Zulässigkeit derselben. II. 336. — 36) Stiefkinder als Zeugen. VI. 69. — 37) Der Stiefvater als Zeuge in Eheverlöbnißsachen. IV. 166. — 38) Die Ehefrau ist für den Ehemann eine verdächtige, aber nicht unfähige Zeugin. XVI. 83. — 39) Zeugniß der mit dem Producenten verschwägerten Personen. XVIII. 189. — 40) Dienstverhältniß als Verdachtsgrund gegen den Zeugen. Entlassung desselben während des Rechtsstreits und Antrag des Producenten auf wiederholte Vernehmung. XIII. 63. — 41) Zeugniß des Dienstboten für seinen Dienstherrn über die Ausführung eines von dem Letzteren erhaltenen Auftrages. IV. 167. — 42) Der Commis als Zeuge. Testis de domo productus. X. 303. — 43) Der expedirende Commis als Zeuge. III. 287. — 44) Der vormalige Comtoirbediente als Zeuge. VII. 121. — 45) Zeugschaft von Küpern, Verladern u. s. w. VII. 120. — 46) Zeugschaft von Personen, welche bei den Producenten in Arbeit oder in dem Verhältnisse des Handelspersonales gestanden haben oder stehen. VI. 72. VIII. 316. — 47) Der Unterhändler als Zeuge. II. 105. VI. 275. XVI. 84. XVIII. 60. — 48) Mediatores. Nov. 90 c. 8. Begriff eines solchen. Zulassung zum Zeugnisse. XIV. 175. 176. — 49) Executores negotiorum (fr. ult. de testibus 22, 5). Was darunter zu verstehen. I. 129. IV. 167. VI. 275. XIV. 175. 176. XV. 254. — 50) Mandatare, Geschäftsführer ꝛc. an sich zuläßige, wenn auch oft verdächtige, nach Umständen unzuläßige Zeugen. II. 105. IV. 167. IX. 90. XII. 96. XIV. 175. XV. 164. — 51) Der Schreiber eines Sachwalters ist als Zeuge über die von ihm besorgte rechtzeitige Einreichung einer Proceßschrift nicht zuzulassen. I. 129. — 52) Der Beauftragte beider Parteien ist im Zweifel klassischer Zeuge. XVII. 167. — 53) Unfähigkeit des Anwalts zum Zeugnisse. Hebung der Unfähigkeit durch Verzicht der Partei. XIV. 174. — 54) Die Solennitätszeugen eines Testaments sind als solche nicht verwerfliche Zeugen über Ordnungswidrigkeiten, welche bei der Testamentserrichtung vorgefallen sein sollen.

XIV. 69. — 55) Ungerechtfertigte Beanstandung eines Zeugen, weil derselbe bei der Instruction des Processes (durch Information des Anwalts des Producenten u. dergl.) betheiligt gewesen sei. XIV. 71. — 56) Daß die Zeugen vor ihrer Vernehmung dem Beweisführer auf Befragen ihre Wissenschaft von den betreffenden Thatsachen mitgetheilt haben, beeinträchtigt ihre Glaubwürdigkeit nicht. XVI. 86. — 57) Der Umstand, daß die Zeugen bereits den wesentlichen Inhalt dessen, was sie aussagen sollen, in einem Affidavit beschworen haben, steht ihrer Zulassung zur Abhörung nicht entgegen. VII. 122. — 58) Werth mangelhafter Zeugen im Processe über den jüngsten Besitz. XII. 108. — 59) Unfähige Zeugen, in wie fern sind sie in Ehesachen zulässig? VIII. 177. — 60) Eine als Zeugniß (wegen Verwandtschaft oder eigenen Interesses) werthlose Erklärung kann gleichwohl in der Eigenschaft eines Willensacts (für die Sachlegitimation) beweiskräftig sein. III. 211. XII. 96. — 61) Ein Zeuge ist nicht zuzulassen, wenn die von ihm erwartete Aussage schon im Voraus als eine völlig unglaubwürdige erhellt. III. 114. — 62) Unfähige Zeugen sind in der Regel nicht zuzulassen. Ausnahme. II. 227. — 63) Die Zulassung verwerflicher Zeugen bei dem Mangel anderer Beweismittel darf nur in den gesetzlich bestimmten Fällen geschehen. III. 115. — 64) Wenn auch ein unfähiger Zeuge rechtskräftig zugelassen worden ist, so darf doch auf seine Aussage kein Gewicht gelegt werden. IX. 220. — 65) Einwendungen gegen die Beweiskraft und Glaubwürdigkeit der Aussage eines beiderseits producirten Zeugen sind unberechtigt. VI. 73. XIII. 61. — 66) Beanstandung der Zulässigkeit eines Zeugen wegen eines in Zweifel gestellten Verhältnisses. VI. 74. — 67) Einreden gegen die Zulässigkeit des Zeugen. Beweis des Unfähigkeitsgrundes. IX. 93. — 68) Verfahren über Verdachtsgründe gegen Zeugen. VI. 279. — 69) Fragstücke über die Einredemäßigkeit eines Zeugen vertreten die Stelle ausdrücklicher Einwendung gegen dessen Glaubwürdigkeit. XVII. 296. — 70) Unterlassene Vorschützung von Einreden gegen Zeugen hindert den Richter nicht, die aus den Acten sich ergebenden Gründe der Unglaubwürdigkeit zu erwägen. VIII. 318. — 71) Unterschied zwischen Beweis- und Solennitätszeugen in Beziehung auf die Fähigkeit zur Zeugschaft. Zeugenzuziehung als Bedingung eines Vorzugsrechts. VIII. 175.

C. Zahl der Zeugen. 1) Zahl der zuzulassenden Zeugen. Richterliches Moderationsrecht. XI. 306. — 2) Voller Beweis durch die Aussage eines öffentlichen Beamten über das von ihm in dieser Eigenschaft Wahrgenommene. XI. 192. — 3) Zeugniß eines Arztes vollbeweisend. XVIII. 69. — 4) Zeugenbeweis über ein mündliches Privattestament. XIII. 154. — 5) Beweis der Förmlichkeiten eines geschriebenen letzten Willens durch zwei von den zugezogenen Zeugen. XV. 138. — 6) Beweis der Absicht des Testators durch zwei Zeugen.

V. 196. — 7) Zahl der Zeugen im Falle einer singularitas testium adminiculans. XIV. 255. — 8) Testes singulares bei dem Beweise der Sävitien in Ehesachen. XIII. 191. — 9) Testes singulares bei dem Nachweis des Besitzstandes oder einer Besitzmodalität. VI. 68. — 10) Testes singulares bei dem Beweise der Unvordenklichkeit. XIV. 272.

D. Grund der Wissenschaft der Zeugen. 1) Beweis der Unvordenklichkeit. Ueber die Erinnerung aus der Zeit der Vorfahren. I. 172. XI. 113. — 2) Alter der Zeugen bei dem Beweise der Unvordenklichkeit. III. 116. XIV. 205. — 3) Erfordernisse hinsichtlich des Zeitraums des eigenen Wissens für den Beweis der Unvordenklichkeit. XIV. 9. 272. — 4) Zeugen von Hörensagen zum Beweise einer Verwandtschaft. XVIII. 191. — 5) Schlußfolgerungen des Zeugen. III. 213. — 6) Zeugenaussagen auf einem Urtheil beruhend. Grenzgebiet des Beweises durch Zeugen und des Beweises durch Sachverständige. VII. 119.

E. Inhalt und Beschaffenheit der Zeugenaussagen. 1) Glaubwürdigkeit der von einem Zeugen bei wiederholter Vernehmung nach Auffrischung des Gedächtnisses durch äußere Erinnerungsmittel gemachten Aussage. XIII. 190. — 2) Aufklärung von Dunkelheiten in Aussagen der Zeugen durch wiederholte Vernehmung derselben. XIX. 198. — 3) Zeugenaussagen über Thatsachen, über welche die Zeugen nicht vorgeschlagen wurden. VIII. 315. — 4) Aussage eines Einredebeweis-Gegenzeugen über das Klagebeweisthema. XV. 256. — 5) Allgemeine Zeugenaussagen über das Dasein eines Gewohnheitsrechts. XIII. 2. XIX. 105. — 6) Berufung auf die Aussagen der in anderen Rechtsstreitigkeiten gleicher Art vernommenen Zeugen über ein Gewohnheitsrecht. XIII. 204. — 7) Beweis einer Leibgedings-Gewohnheit durch schriftliche Zeugnisse des Gemeinderaths. II. 226. — 8) Beweiskraft amtlich ausgestellter Zeugnisse ohne Angabe der Quelle. XX. 193. — 9) Zeugenaussagen über Berechtigungen ohne vorliegende Gründe werthlos. VIII. 317. — 10) Schlußfolgerungen des Zeugen. III. 213. — 11) Zeugenaussagen über Waarenbeschaffenheit. V. 320. — 12) Zeugniß über den Werth einer Sache. XV. 262. — 13) Urtheil der Zeugen über die Frage, ob ein Vertrag für abgeschlossen zu halten sei oder nicht. XIII. 139 a. E. — 14) Gewicht einer Zeugenaussage über eine von dem Zeugen gewonnene Ueberzeugung. VII. 118. — 15) Werth der Aussage eines Zeugen über den Gesammteindruck. VII. 119. XVI. 85. — 16) Zeugenaussage über die Aechtheit einer Urkunde, recognitio documentorum per testes. I. 139. XVI. 87. 260. — 17) Aussage von Zeugen gegen den Inhalt einer Urkunde. III. 217. IV. 175. — 18) Cessionsurkunde. Nachheriges Zeugniß des Cedenten, nicht cedirt zu haben. III. 218. — 19) Zeugnisse standesherrlicher Archivare sind Privatzeugnisse. IX. 97. — 20) Singularitas testium adminiculans. XIV. 255. — 21) Testes singulares über Sävitien im Ehescheidungsprocesse. XIII. 191. — 22) Testes singulares bei dem Beweise der Unvordenklichkeit. XIV. 272. — 23) Testes singulares bei dem Beweise des Besitzstandes oder einer Besitzesmodalität. VI. 68. — 24) Zeugenaussagen, welche in einer anderen Proceßsache zwischen denselben Parteien gemacht sind. V. 241. — 25) Beweiskraft der Zeugenaussagen, welche in einem Rechtsstreite zwischen anderen Parteien erhoben worden sind. IX. 94. XIII. 204. — 26) Zeugenrotul aus einem anderen Rechtsstreit als Urkundenbeweis. XIV. 178. — 27) Zeugenaussage in einer Untersuchungssache als außergerichtliches Geständniß benutzt. XVI. 266.

F. Vernehmung der Zeugen. 1) Beeidigung der Zeugen für die Beweiskraft der Aussage erforderlich. XV. 182. — 2) Wiederholte Vernehmung eines Zeugen nach Auffrischung des Gedächtnisses durch Erinnerungsmittel. XIII. 190. — 3) Dunkelheiten in Aussagen der Zeugen sind durch wiederholte Vernehmung derselben aufzuklären. XIX. 198. — 4) Zeugenvernehmung in einem anderen Lande ohne Beobachtung der in dem Lande der Proceßführung geltenden Normen. V. 240. — 5) Berechtigung der Partei, die Vernehmung eines Zeugen, welcher nach Australien ausgewandert ist, im Wege der Requisition zu verlangen. XX. 83. — 6) Zeugenvernehmung an dem entfernten Wohnorte des Producenten. Verlangen des Producten, jenen Handlungen auf Kosten des Producenten beizuwohnen. III. 289. — 7) Vernehmung von Zeugen, über deren Wissen bereits ein Affidavit vorliegt. VII. 122.

G. Form des Verfahrens bei dem Zeugenbeweise. 1) Gehörige Angabe der zu beweisenden Thatsachen bei der Beweisantretung, nicht gerade in Form von Beweisartikeln. XVIII. 182. — 2) Form der Beweisartikel. V. 242. — 3) Verfahren über Verdachtsgründe gegen Zeugen. Ein besonderes Incidentverfahren nicht zuzulassen. VI. 279. — 4) Erforderniß sofortiger Bescheinigung der Einreden gegen die Unfähigkeit eines Zeugen. IX. 93. — 5) Einstweilige Zulassung des Zeugen bei Illiquidität des geltend gemachten Grundes seiner Unfähigkeit. VI. 74. XII. 95 a. E. — 6) Zulassung der Eideszuschiebung über eine Einrede gegen die Fähigkeit des Zeugen. XIII. 64. — 7) Fragstücke über die Einredemäßigkeit eines Zeugen vertreten die Stelle ausdrücklicher Einwendungen. XVII. 296. — 8) Statthaftigkeit einer Beschwerde wegen Verwerfung eines Zeugen. XV. 265. — 9) Form der Zeugenvernehmung durch den requirirten Richter. XV. 159. — 10) Zeugenbeeidigung in Abwesenheit des Beweisgegners. Die richterliche Aufstellung eines Substituten nicht erforderlich. XV. 165. — 11) Verbot der Vernehmung neuer Zeugen nach eröffnetem Zeugenrotulus. XV. 255. — 12) Zeugenverhör zum ewigen Gedächtniß. Befugniß des Unterrichters zu selbigem auch nach eingelegter Berufung. XI. 307.

XII. Urkundenbeweis.

A. Aechtheit der Urkunden. Recognition und Diffession. Aechtheitsbeweis. 1) Oeffentliche Urkunde. Auflegung eines Aechtheitsbeweises. XIV. 257. — 2) Die Beidruckung des Dienstsiegels kein unerläßliches Erforderniß öffentlicher Urkunden. VIII. 320. XIV. 257. — 3) Oeffentliche Urkunden ausländischer Behörden. Zur Darlegung ihrer Aechtheit bedarf es nicht diplomatischer Legalisirung. IX. 344. — 4) Saalbücher, Lager- und Erbbücher. Verbindlichkeit des Producten zur Recognition. XVI. 158. — 5) Erheblichkeit des Umstandes, daß eine Urkunde in einem Archive aufbewahrt worden, für den Beweis ihrer Aechtheit. VIII. 179. — 6) Recognoscibilität in Archiven aufbewahrter alter Abschriften. XV. 166. — 7) Verbindlichkeit des Producten, sich über die Treue der von dem Producenten vorgelegten Abschrift einer im Besitze des Producten befindlichen (nicht gemeinschaftlichen) Urkunde zu erklären. IV. 168. — 8) Recognoscibilität gedruckter Actien und Coupons. XIV. 72. — 9) Recognoscibilität der von dritten Personen ausgestellten Privaturkunden. III. 395. — 10) Indossamente, soweit sie zur Activlegitimation dienen, bedürfen keiner Recognition. X. 203. XIV. 160. Vgl. XII. 188. — 11) Recognoscibilität durchstrichener Privaturkunden. III. 396. — 12) Recognoscibilität einer Urkunde mit Unterschrift ohne Vornamen. III. 394. — 13) Recognoscibilität unterkreuzter Urkunden? VII. 244. XII. 322. — 14) Verpflichtung zur Recognition einer mit Kreuzen unterzeichneten Urkunde, insbesondere durch einen Contradictor. VI. 280. — 15) Privaturkunden, welche aus mehreren in einander gelegten, nicht durch gesiegelte Fäden verbundenen Blättern bestehen, sind deshalb nicht irrecognoscibel. IV. 174. — 16) Nicht besonders unterschriebene Quittung auf einer unterschriebenen Rechnung. Keine Verbindlichkeit zur Recognition. XII. 318. — 17) Recognoscibilität der documenta indiscreta. VIII. 180. — 18) Ueber die Natur des Diffessionseides. Kann der Product Ableistung des Calumnieneides und Zulassung zur Gewissensvertretung verlangen? III. 125. — 19) Abwendung des Diffessionseides im Executivprocesse durch in continenti liquide Beweismittel. IV. 185. — 20). Diffessionseid. Schwurpflicht des Vormundes und des Contradictors. VIII. 325. — 21) Formel des Diffessionseides. XII. 182. (Ziff. 4.) 322 — 22) Beweis der Aechtheit oder Unächtheit von Interlineaturen. IX. 100. — 23) Beweis der Aechtheit von Urkunden durch Zeugen. I. 139. XVI. 87. 260. — 24) Beweis der Aechtheit von Urkunden durch Schriftvergleichung. I. 140. XVIII. 62. — 25) Aechtheitsbeweis durch Schriftvergleichung. Meinungsverschiedenheit der Sachverständigen. Erkenntniß auf den Diffessionseid. XIV. 264. Note 2. — 26) Schriftvergleichung als Gegenbeweismittel einer öffentlichen Urkunde gegenüber. X. 99. — 27) Der Beweis der Aechtheit einer Urkunde ist an die für den Hauptbeweis gesetzte Frist nicht gebunden. V. 75. XX. 80. — 28) Wirksamkeit einer mit der Klage überreichten Urkunde, wenn, ungeachtet der Beklagte sie anerkannt hat, auf Beweis des Klagegrundes erkannt wurde. VI. 75. — 29) Ein Erkenntniß, welches auf die bestritten gewesene Aechtheit einer Urkunde gebaut ist, kann nicht aus diesem Grunde als nichtig angefochten werden. VII. 135. — 30) Umfang der Beweislast des Producten, wenn er behauptet, daß eine von ihm unterschriebene Urkunde durch Einschiebung gefälscht sei. XIX. 275. — 31) Aussetzung des Verfahrens und Einleitung einer strafrechtlichen Untersuchung wegen behaupteter Falschheit producirter Urkunden. XVI. 248.

B. Beweiskraft der Urkunden. 1) Oeffentliche Urkunden. Kirchenbücher, als solche. Beweiskraft derselben. VI. 281. — 2) Beweiskraft der Kirchenbücher über Geburt und Taufe, welche in einer anderen Gemeinde stattgefunden haben. XVII. 174. — 3) Beweis der Kirchspielsangehörigkeit durch das Kirchenbuch. Einträge ohne Unterschrift beweiskräftig. Verwerfung des Einwandes, daß das Kirchenbuch als scriptura pro scribente nichts beweise, wegen Oeffentlichkeit der Urkunde. XIII. 292. — 4) Beweiskraft von Pfarrbuchsauszügen. II. 228. — 5) Beweiskraft der Pfarrmatrikel über Einkünfte der Pfarrei. IX. 98. — 6) Beweiskraft der Saal-, Lager-, Erbzins-Erbbücher. I. 136. 290. 291. V. 77. IX. 95. XVI. 158. — 7) Ueber Beweiskraft archivalischer Urkunden. VIII. 179. XV. 166. — 8) Beweiskraft standesherrlicher Verwaltungs-Acten und Rechnungen. XX. 194. — 9) Finanz-Rechnungsacten keine öffentlichen Urkunden. Beweiskraft derselben. II. 106. — 10) Beweiskraft der durch Gefällverwaltungen geführten und in einem Archive des Rechnungsherrn aufbewahrten Rechnungen. X. 98. — 11) Beweiskraft der Gerichtsprotokolle. Erforderniß der Vorlesung und Genehmigung. III. 380. IX. 308. Nachträglicher Beweis der Verlesung und Genehmigung eines Gerichtsprotokolls. XIX. 190. — 12) Gegenbeweis gegen ein Gerichtsprotokoll. III. 181. — 13) Bescheinigungen öffentlicher Behörden. VIII. 321. — 14) Amtliche Zeugnisse ohne Angabe der Quelle. Beweiskraft derselben. IX. 95. XX. 193. — 15) Consulatsatteste. IX. 112. — 16) Attestationen standesherrlicher Archivare sind Privatzeugnisse. IX. 97. — 17) Beweiskraft der beglaubigten Abschriften öffentlicher Urkunden. I. 135. VII. 259. XVI. 261. — 18) Notariatsurkunden. Unfähigkeit des Notars wegen Verwandtschaft mit einer der pacifcirenden Personen. V. 73. — 19) Erforderniß der Zuziehung von Zeugen bei Notariatsacten. II. 107. VI. 76. XIII. 249. Note 2. — 20) Beweiskraft der ohne Zuziehung von Zeugen aufgenommenen Notariatsurkunde. VI. 282. — 21) Notariatsurkunden, zu deren Ausfertigung es der Zuziehung der

Zeugen nicht bedarf. II. 107. V. 74. XII. 208. — 22) Aberkennung der Beweiskraft einer im Auslande errichteten Notariatsurkunde, keine Verletzung des Grundsatzes „locus regit actum“. IX. 345. — 23) Glaubwürdigkeit einer im Auslande aufgenommenen Urkunde nach den Gesetzen des Orts der Ausstellung und zugleich nach den Gesetzen des Proceßortes zu prüfen. I. 138. — 24) Interlineaturen in Beweisurkunden. IX. 100. — 25) Beweis eines Gewohnheitsrechts. Aeltere Erlasse des Landesherrn und landesherrlicher Behörden, Aeußerungen von Schriftstellern, frühere Erkenntnisse und Aussagen der in anderen Rechtsstreitigkeiten gleicher Art vernommenen Zeugen als Beweisbehelfe. XIII. 204. — 26) Anerkennung eines Gewohnheitsrechtes auf Grund der in einem schriftstellerischen Werke aufgeführten Urkunden. XIII. 75. — 27) Beweis einer Gewohnheit durch Präjudicate. V. 99. — 28) Beweis eines Ortsherkommens durch schriftliches Zeugniß des Ortsvorstandes. II. 226. — 29) Erprobung von Normen des jüdischen Rechts durch schriftstellerische Zeugnisse. I. 127. — 30) Beweis der Immemorialverjährung durch Urkunden. VII. 6. XI. 12. — 31) Zeugenrotul aus einem anderen Rechtsstreite als Urkundenbeweis. XIV. 178. 32) Oeffentliche Blätter als Beweismittel für die Höhe der Fruchtpreise geltend gemacht. XV. 257. — 33) Angaben des Testators über Vorempfänge eines Pflichttheilsberechtigten sind gegen Letztere nicht beweiskräftig. XII. 278. — 34) Beweiskraft der Aufzeichnungen der Aeltern über conferenda ihrer Kinder. X. 272. — 35) Keine Beweiskraft eines vormundschaftlichen Inventars bezüglich eingetragener Passiva für die Gläubiger. I. 137. — 36) Beweiskraft von Privaturkunden gegen Dritte. III. 397. V. 244. XVIII. 63. — 37) Beweis eines zwischen Dritten abgeschlossenen Rechtsgeschäfts durch die über selbiges aufgenommene Urkunde. Sicheres Datum. X. 96. XII. 97. — 38) Beweis der Quittungen gegen Dritte auch ohne Sicherstellung des Datums. IX. 343. Vgl. XIII. 193. — 39) Beweis der Cession dem Schuldner gegenüber durch schriftliche Erklärung des Cedenten. I. 336. III. 218. XII. 96. XIII. 18. 90. Vgl. V. 76. — 40) Beweis der Bezahlung der vollen Valuta von Seiten des Cessionars dem Schuldner gegenüber durch Quittung des Cedenten. XV. 19. — 41) Quittung von dem Cedenten dem Schuldner ertheilt, ist sie in Ansehung des Datums dem Cessionar gegenüber beweiskräftig? XIII. 193. — 42) Beweiskraft der confessio geminata gegen Dritte in Bezug auf die exceptio non numeratae pecuniae. XVII. 28. — 43) Documentum guarentigiatum. Erforderniß der Absicht des Ausstellers, dem in selbigem benannten Gläubiger gegenüber eine Verpflichtung zu begründen oder anzuerkennen. XVII. 175. Vgl. II. 234. — 44) Beurkundung einer schon bestehenden Schuld. Entbehrlichkeit der expressio causae debiti antecedentis zur vollen processualischen Wirksamkeit. XVII. 135. — 45) Beweiskraft der Schuldscheine über Darchen durch Novation früherer Forderungen. V. 274. — 46) Schuldurkunde unter nahen Verwandten ohne Beisetzung des Geschlechtsnamens ausgestellt. IV. 172. — 47) Beweiskraft der Quittungen, welche die Art und Weise der Zahlung nicht angeben. XVI. 159. — 48) Beweiskraft kaufmännischer Bestellzettel. X. 306. — 49) Vermuthung für die vollständige Aufzeichnung eines Geschäfts durch Errichtung einer Urkunde über dasselbe. IX. 223. — 50) Mündlich verabredete Bedingung einer unbedingt lautenden Urkunde gegenüber. XVI. 255. XVII. 162. — 51) Ueber Anwendbarkeit der in fr. 25 § 4 de probat. (22, 3) und const. 13 de non numerata pecunia (4, 30) verordneten Beschränkung der Gegenbeweismittel gegen eine die causa debendi enthaltende Schuldverschreibung. VI. 178. XVII. 172. — 52) Eideszuschiebung gegen den Inhalt einer Urkunde. XVII. 179. — 53) Einwand der Simulation einer Vertragsurkunde gegenüber. XIV. 75. — 54) Einwand der Nichtkenntniß des Inhalts einer unterschriebenen Urkunde. VIII. 26. XIV. 16. — 55) Vertragsunterschrift in blanco. XVIII. 226. — 56) Beweiskraft einer Urkunde für deren Aussteller, als Producten. XVII. 173. — 57) Grenze der Beweiskraft einer Urkunde gegen den Producenten. IV. 173. — 58) Muß derjenige, welcher eine Urkunde über ein Rechtsgeschäft annimmt, den ganzen Inhalt der Urkunde gegen sich gelten lassen? VIII. 181. — 59) Beweiskraft der Handelsbücher, s. oben Civilrecht Abschn. VII. Hauptstück II. B. S. 225. 226.

C. Verfahren bei dem Urkundenbeweise. 1) Antretung des Beweises durch unbeglaubigte Abschriften. IX. 99. — 2) Zulässigkeit der Beweisantretung durch eine nicht sofort in Abschrift beigebrachte Urkunde, welche sich in dem Besitze eines Dritten befindet, wenn damit die Antretung des Beweises durch denselben als Zeugen verbunden wird. XIII. 192. — 3) Beweisantretung mit dem Gesuche auf Edition von Urkunden. XVII. 298. — 4) Antretung des Urkundenbeweises durch Bezugnahme auf Acten. IX. 342. — 5) Zur Beweisantretung durch Handelsbücher ist Vorlegung von Auszügen aus den betreffenden Stellen der Bücher genügend. VI. 285. — 6) Antretung des Beweises durch Handelsbücher ohne Vorlegung von Auszügen. XIV. 256. — 7) Vorlegung sämmtlicher Handelsbücher nicht erforderlich. XI. 194. — 8) Die Handelsbücher sind im Original vorzulegen. VI. 284. — 9) Production der Handelsbücher bei der Obrigkeit des Producenten. III. 120. 288. V. 323. — 10) Production der Urkunden (Handelsbücher) an dem entfernten Wohnorte des Producenten. Verlangen des Producten; jener Handlung auf Kosten des Producenten beizuwohnen. III. 289. V. 323. — 11) Beschwörung der bei der Obrigkeit des Producenten vorgelegten Handelsbücher. V. 324. — 12) Ueber den Umfang des Grundsatzes der Gemeinschaftlichkeit der Beweismittel. VIII. 181.

D. Verbindlichkeit zur Urkundenedition. 1) Voraussetzung des Besitzes der Urkunden für die Verbindlichkeit zur Edition. Actenadjunction. XVIII. 272. — 2) Gemeinschaftlichkeit der Urkunden. Empfangsbescheinigungen. Quittungen. I. 130. IV. 169. XVI. 88. XVII. 169. — 3) In wie fern sind Briefe als gemeinschaftliche Urkunden zu ediren? XIII. 291. XX. 84. — 4) Concept eines Vertrages als gemeinschaftliche Urkunde in den Händen eines Dritten. XVI. 157. — 5) Handelsbücher als gemeinschaftliche Urkunden zu ediren. I. 131. — — 6) Vertragsurkunde in mehreren Exemplaren für jeden der Contrahenten ausgefertigt. Verlust eines Exemplars. Anspruch des Verlierenden auf Edition des anderen Exemplars. VIII. 322. — 7) Editionsverbindlichkeit des Cedenten in einem Streite des Cessionars gegen den debitor cessus auf Verlangen des Letzteren. XV. 167. — 8) Verlangte Edition der Forstregister. I. 375. — 9) Der Fiscus ist nicht verpflichtet, Acten zu ediren, welche zunächst im dienstlichen Interesse erwachsen sind. XVII. 297. — 10) Ueber den Umfang zur Urkundenedition an den Proceßgegner. III. 119. — 11) Editionsverbindlichkeit des Klägers. III. 117. 118. IX. 221. X. 307. — 12) Editionspflicht des Klägers. Erforderniß eines rechtlichen Interesses des Beklagten. XV. 258. — 13) Verbindlichkeit des Klägers zur sofortigen Vorlegung solcher Urkunden, welche zur rechtlichen Begründung der Klage dienen sollen. XVI. 148. — 14) Verbindlichkeit des Klägers zur Edition einer zu seinem Privatgebrauche angefertigten Urkunde. XVII. 171. — 15) Besteht eine Verbindlichkeit zur Urkundenedition zum Behufe der Vertheidigung gegen Einreden? XV. 84. — 16) Verwerfung eines Editionsbegehrens bezüglich der Handacten des Anwalts des Proceßgegners in einem gegen einen Dritten geführten Processe. XV. 85. — 17) Umfang der Verbindlichkeit des als Kläger für einen ungenannten Versicherer Auftretenden zur Urkundenedition. III. 122. — 18) Von Amtswegen angeordnete Edition der documenta relata. I. 133. — 19) Der Editionspflichtige ist zu keiner weiteren Thätigkeit verbunden, als zur Edition selbst. XIV. 73. — 20) Verlangen der Urkundenedition als Grund proceßhindernder Einrede. VIII. 324. — 21) Das übergebene Editionsgesuch hat auf den Fortgang des Hauptprocesses keinen Einfluß. XVIII. 192. — 22) Beweisantretung mit dem Gesuch auf Urkundenedition. XVII. 298. — 23) Ein Editionsgesuch zum Behufe der Beweisantretung enthält die stillschweigende Bitte um Offenhaltung der Beweisfrist. IX. 101. — 24) Klage auf Urkundenedition. Interesse des Klägers. XX. 39. — 25) In Beziehung auf einen injuriösen Zeitungsartikel findet die actio ad exhibendum keine Anwendung. VIII. 223. — 26) Die präparatorisch angestellte Klage auf Edition einer Urkunde ist nicht bedingt durch den Nachweis eines Interesses. XVIII. 271. — 27) Ueber Bezeichnung der zu edirenden Urkunden. III. 215. XV. 259. — 28) Keine Nothwendigkeit der Bescheinigung, daß der Editionsbeklagte im Besitze der zu edirenden Urkunde sei. IX. 102. — 29) Ort der Urkundenedition. XV. 124. 258. XX. 40. — 30) Edition der Handelsbücher bei der Obrigkeit des Wohnorts des Editionspflichtigen. III. 120. — 31) Modalität der Edition hinsichtlich der in Archiven aufbewahrten Urkunden. IX. 103. — 32) Durch Vorlage glaubwürdiger Abschrift kann der Editionspflicht nicht genügt werden. X. 308. — 33) Folge der verweigerten Urkundenedition bei der präparatorisch angestellten Editionsklage. XVIII. 274. — 34) Präjudiz bei Editionsauflagen. III. 121. — 35) Folgen der Mangelhaftigkeit einer Urkunde, welche zum Behuf der unter Präjudiz des Zugeständnisses auferlegten Edition vorgelegt worden. VIII. 323. — 36) Fassung des Editionseides. XVII. 170. — 37) Natur des Editionseides. Verbindlichkeit des Editionsklägers zur Ablegung des Gefährdeeides. XII. 209. — 38) Editionseid, einem Collegium auferlegt. Ableistung durch den Registrator, wenn die Urkunde als zur Aufbewahrung in der Registratur geeignet erscheint. XIII. 195. — 39) Editionseid eines Archivbeamten. XX. 85. — 40) Ableistung des Editionseides für den Landesherrn durch einen Specialbevollmächtigten. XI. 197. — 41) Editionseid des Mandatars in Ansehung der in Vollzug des Geschäfts geführten Acten. XI. 150. — 42) Kosten der Edition. XII. 210.

E. Acteneinsicht. Adjunction der Acten. 1) Recht der Acteneinsicht. I. 134. VIII. 183. — 2) Actenadjunction. XVIII. 272. — 3) Actenadjunction. Verfügung derselben von Amtswegen. IX. 222. — 4) Angebliches Vorrecht des Fiscus bezüglich Adjunction der Acten. VI. 283. — 5) Urkundenbeweis durch Bezugnahme auf Acten angetreten. IX. 342.

F. Mortification von Urkunden. Mortificationsverfahren wegen verlorener Urkunden. X. 100.

XIII. Beweis durch Eid.

A. Allgemeines. 1) Wesen des Eides: Anrufung des Namens Gottes. XII. 80. — 2) Eidesleistung vor einem ausländischen Gerichte. Anzuwendende Eidesform. XII. 319. XIII. 66. — 3) Form des von einem Juden zu leistenden Eides rechtskräftig festgestellt. Neues Gesetz über den Judeneid. XV. 72. Vgl. XVII. 284. — 4) Eid eines Taubstummen. XVI. 160. — 5) Eid der Menoniten. XX. 195. — 6) Das Wort des Landesfürsten statt Eidesleistung. VIII. 327. — 7) Eidesfähigkeit nach einem Meineidsversuche. XVIII. 65. — 8) Ueber den Eid des Cedenten in einem Streite zwischen dem Cessionar und dem debitor cessus. II. 337. S. 427. III. 128 a. E. XI. 310. XVI. 165. XVIII. 64. — 9) Eidesleistung durch Specialbevollmächtigte. IV. 179.

IX. 347. XI. 197. — 10) Eidesleistung durch den Institor. III. 128. — 11) Eidesleistung einer offenen Handelsgesellschaft. XX. 242. — 12) Formulirung des für eine Handlungsgesellschaft abzuleistenden Eides. XIX. 84. — 13) Die Ableistung eines der Handlungsgesellschaft angetragenen Eides durch ihren Reisenden ist unzulässig. XVII. 184. — 14) Eidesleistung in Gesellschaftsprocessen, wenn Einer der Gesellschafter verstorben ist. II. 337. — 15) Eidesleistung, wenn von zwei Handelsgenossen, welche den Eid zu leisten haben, Einer sich entleibt hat. III. 220. — 16) Actiengesellschaft. Eidesleistung durch die Mitglieder des Vorstandes. Austritt eines Mitgliedes. XVIII. 67. — 17) Schwurpflicht der Vormünder und Curatoren. XVIII. 193. Vgl. XVII. 184. — 18) Ableistung eines mehreren Streitgenossen angetragenen Eides durch einen Specialbevollmächtigten aus ihrer Mitte. IX. 107. Vgl. XIV. 74. — 19) Ableistung eines Eides für eine Gemeinde, durch Mitglieder der Gemeinde oder des Gemeinderaths? VIII. 187. XVIII. 277. — 20) Eidesleistung für eine Gemeinde. Wahl der Schwurmänner. VIII. 188. XII. 100. 101. XIII. 294. XV. 86. — 21) Eidesleistung für eine Gemeinde. Zahl der Schwurmänner. XIII. 194 a. E. — 22) Unstatthaftigkeit des Widerrufes der von einer Gemeinde unter Zustimmung des Gegners vorgenommenen Ernennung eines Schwurdeputirten. XVII. 182. — 23) Eidesleistung für Landesverwaltungs-Collegien. IV. 179. XIII. 194. — 24) Die Mitglieder eines Collegiums, welches zur Führung seiner Rechtsstreitigkeiten einen fest angestellten Vertreter hat, können nicht gezwungen werden, einen abzuleistenden Eid in Person auszuschwören. VI. 84. — 25) Eidesleistung für Stiftungen. XIII. 195. — 26) Eidesleister für eine juristische Person kann nicht ein in dem Rechtsstreite vernommener Zeuge sein.. XV. 260. — 27) Ueber Wirkung des in einer Criminalsache geleisteten Eides in einem nachfolgenden Civilprocesse. VI. 263. XVI. 262. — 28) Unstatthaftigkeit einer Eidesabnahme zum ewigen Gedächtnisse. XIII. 60. XVI. 81. — 29) Richterliches und oberrichterliches Amt bei Normirung des Eidessatzes. I. 377. VIII. 328. XI. 195. XII. 98. 99. 102. XV. 88. 168. — 30) Richterliche Amtspflicht, überflüssige Eide zu beseitigen. II. 239. VII. 127. VIII. 329. XII. 103. 218. XVI. 262. XVII. 159. 177. XX. 92. 267. 270.

B. Von dem Glaubenseide und dem Eide des Nichtwissens. 1) Wesentliche Verschiedenheit des Glaubens- und Nichtwisseneides von dem Wahrheitseide. Zulässigkeit des Ersteren auch bei Gegenständen besonderer Fach- oder Sachkunde. XIX. 276. — 2) Zulässigkeit und Anwendbarkeit des Glaubenseides. IX. 106. XI. 187. XVI. 162. — 3) Stellung des Eidessatzes auf die Glaubensform von Amtswegen. XII. 99. — 4) Zuschiebung des Eides über Nichtglauben und Nichtwissen zulässig. VI. 80. — 5) Ueber Befugniß des

Delaten zur Zurückschiebung des Eides, wenn er selbst den Wahrheitseid, der Deferent nur den Glaubenseid schwören kann. III. 126. IV. 177. VIII. 186. — 6) Glaubenseid bei einer auf ein Rechtsverhältniß gerichteten Eideszuschiebung. XIV. 259. — 7) Zulässigkeit einer Zuschiebung des Glaubenseides zum Beweise der Größe eines erlittenen Schadens. I. 292. XVI. 163. — 8) Glaubenseid über die Qualität einer Waare, über fremde Handlungen. XIX. 277. — 9) Der dem Vormunde zurückgeschobene Eid ist auf das Glauben, nicht bloß auf das Nichtwissen, zu richten. XVIII. 194. — 10) Voraussetzung für die Ableistung des Glaubenseides durch Gemeindeglieder für die Gemeinde. VIII. 189. XII. 100. — 11) Auferlegung des Eides in Wahrheitsform über ein nach Angabe des Schwurpflichtigen mit eigenen Sinnen wahrgenommenes factum alienum. Nachheriges Verlangen des Schwurpflichtigen, den Eid in Glaubensform ableisten zu dürfen. Annahme der Eidesverweigerung. XIII. 68. — 12) Fassung des Eides über Nichtwissen. I. 293.

C. Haupteid.

a. Rechtliche Natur des Haupteides. Zulässigkeit der Eideszuschiebung im Allgemeinen. Zeit der Eideszuschiebung. 1) Rechtliche Natur. I. 294. S. 301. XII. 224. XIV. 259. — 2) Unzulässigkeit der Eideszuschiebung nach vollständig erbrachtem directen Gegenbeweise bei unvollständigem Hauptbeweise. XIV. 262. — 3) Unzulässigkeit der Eideszuschiebung bei begründeter Annahme der Chikane. XI. 309. — 4) Eventuelle Eideszuschiebung. Zulässigkeit derselben. XVI. 263. — 5) Wirkung der eventuellen Eideszuschiebung. Erkennung eines richterlichen Nothеides. I. 294. XVII. 299. — 6) Zulässigkeit des Gebrauchs der Eideszuschiebung bei anderweitig angetretenem Beweise bis zu dem Schlusse des Beweisverfahrens. IV. 176. — 7) Unzulässigkeit einer mehrfachen Eideszuschiebung über ein und dieselbe Thatsache. VIII. 326. — 8) Bei dem künstlichen directen Gegenbeweise ist Eideszuschiebung nicht ausgeschlossen. VIII. 105.

b. Wer kann den Haupteid deferiren und wem kann er deferirt werden? 1) Eideszuschiebung von Seiten eines Meineidigen. II. 338. XIV. 258. Note 3. XIX. 279. — 2) Eideszuschiebung an einen Meineidigen. VII. 128. XIV. 258. — 3) Eideszuschiebung von einem Meineidigen an einen Meineidigen. XIX. 280. — 4) Eidesantrag an einen Taubstummen. VI. 83. XVI. 160. — 5) Eideszuschiebung an einen Beauftragten (neben dem Beklagten) über die Zeit eines Vertragsabschlusses bei widerrufener Vollmacht. IV. 262. — 6) Kann der Schuldner in dem Processe mit dem Cessionar die Ableistung eines Schiedseides durch den Cedenten verlangen? II. 337. S. 427. XVI. 165. — 7) Assistenzrecht der Concursgläubiger in den Processen des Contradictors. Können Erstere verlangen, zur Ausschwörung von Eiden welche dem Letzteren zugeschoben worden sind, zugelassen zu werden? Eidesantrag an den Auctor oder Cedenten des Proceßgegners. XII. 224. — 8) Eideszuschiebung an mehrere Streitgenossen. Ableistung des Eides durch Einen für Alle oder durch jeden Einzelnen? IX. 107. XIV. 74. — 9) Eideszuschiebung an mehrere Vormünder oder Gesellschafter. XI. 196.

c. In welchen Sachen und worüber kann der Eid zugeschoben werden? 1) Eideszuschiebung, ein allgemeines Beweismittel in Civilsachen, auch bei Klagen aus Delicten. Eideszuschiebung über die Behauptung, daß der Delat mit der von diesem als Zeugin benannten Ehefrau des Deferenten Ehebruch getrieben habe. XIII. 64. — 2) Eideszuschiebung über strafbare Handlungen zulässig. I. 142. — 3) Eideszuschiebung über dieselbe Thatsache, über welche der Delat in einer früheren Strafsache einen Reinigungseid geschworen hat. XVI. 262. — 4) Ueber Eideszuschiebung im Ehescheidungsprocesse. I. 295. XIII. 64. — 5) In wie fern ist Eideszuschiebung zum Beweise eines Gewohnheitsrechts zulässig? VII. 139. X. 4. XVIII. 275. — 6) Zulässigkeit der Eideszuschiebung über Gesetze und Gewohnheiten des Auslandes. XVIII. 102. — 7) Unzulässigkeit der Eideszuschiebung über Schriftsässigkeit eines Grundstücks. XVII. 177. — 8) Eideszuschiebung über Sachlegitimation. XVII. 178. — 9) Eideszuschiebung über Proceßlegitimation. III. 104. — 10) Unzulässigkeit der Eideszuschiebung über Rechtsbegriffe. VI. 79. XII. 57 a. E. XVIII. 275. — 11) Eideszuschiebung auf ein Rechtsverhältniß gerichtet. XIV. 259. — 12) Der Eidesantrag nur über specielle bestimmte Thatsachen zulässig. VIII. 185. X. 101. XII. 98. — 13) Eideszuschiebung über den Besitz nur zulässig, wenn die Behauptung des Besitzes durch angeführte Thatsachen begründet ist, auf welche allein der Eid gerichtet werden kann. VIII. 184. XII. 211. XVIII. 275. — 14) Eideszuschiebung über Ersitzung von Servituten. XVIII. 275. — 15) Eideszuschiebung über Unvordenklichkeit. IX. 121. XIV. 272. — 16) Eidesantrag über Schlußfolgerungen unzulässig. XIII. 11. XV. 87. — 17) Eidesantrag über eine Schlußfolgerung, insbesondere über die Eigenschaft eines Zehenten. IV. 263. — 18) Eideszuschiebung über nähere und nächste Verwandtschaft. I. 377. IV. 265. — 19) Klage eines entlassenen Werkführers auf Gehaltsfortzahlung. Einwand mangelnder Befähigung desselben. Eideszuschiebung. XIV. 76. — 20) Unzulässigkeit der Eidesdelation über prästirte Diligenz. IX. 105. — 21) Beweis der Arglist. Eidesdelation über die einzelnen Thatsachen, aus welchen die arglistige Verleitung erhellen soll. II. 229. — 22) Eidesantrag über Zwang, Furcht, arglistige Beredung. II. 230. — 23) Unzulässige Eideszuschiebung über das Dasein und den Inhalt eines Beweismittels (einer Urkunde). VII. 126. — 24) Unstatthafte Eideszuschiebung über die Absicht einer Partei bei einem Vertrage. XIV. 260. — 25) Unstatthafte

Eideszuschiebung über den Sinn einer Urkunde. VI. 81. — 26) Eideszuschiebung gegen den Inhalt einer Urkunde. IV. 178. VI. 82. XVII. 179. — 27) Eideszuschiebung über die Einrede der Simulation bezüglich einer schriftlichen Uebereinkunft. XIV. 75. — 28) Zulässigkeit der Eideszuschiebung über mündliche Nebenberedung bei schriftlichem Vertrage. Simulation. XX. 272. — 29) Eideszuschiebung über die Einrede des nicht gezahlten Geldes nach Ablauf von zwei Jahren. VIII. 105. XVII. 180. XX. 125. — 30) Eideszuschiebung über die formelle Errichtung und den Inhalt eines mündlichen Testaments. XIII. 154. 31) Eideszuschiebung über die Einrede der Fälschung bei Wechseln. XX. 261. — 32) Eidesantrag über ein außergerichtliches Geständniß. IX. 110. — 33) Schwängerungsklage auf einen bestimmten Zeitpunkt der Conceptionsperiode gestellt. Eideszuschiebung die ganze Conceptionsperiode umfassend. IX. 162. — 34) Eideszuschiebung bei der Beweisführung wegen eines Kaufes nach Muster über die Mustergemäßheit. V. 154. — 35) Eidesantrag über den Durchschnittswerth empfangener Leistungen. IV. 266. — 36) Eideszuschiebung über den Werth von Sachen und Rechten. I. 141. — 37) Verwerfung einer Eideszuschiebung über den Beweissatz, daß dem Kläger durch eine Vorrichtung des Beklagten Schaden erwachse. XV. 87. — 38) Eideszuschiebung zum Beweise der Größe eines erlittenen Schadens als unzulässig verworfen. IX. 104. — 39) Zugelassene Delation des Glaubenseides zum Beweis der Größe eines erlittenen Schadens. I. 292. XVI. 163. — 40) Ueber Zulässigkeit einer Eideszuschiebung darüber, daß ein erlittener Schaden eine angegebene Summe oder „wie viel weniger“ betrage. I. 292. XVI. 161. — 41) Fehlerhafte Abfassung des Eidesthemas von Seiten des Deferenten zieht nicht Verwerfung der Eideszuschiebung nach sich, sondern hat richterliche Entscheidung über die Formulirung des Eides zur Folge. VI. 286. — 42) Eideszuschiebung über die einem künstlichen Beweise zu Grunde liegenden Thatsachen. IV. 264. XI. 198. Vgl. VIII. 105. — 43) Eideszuschiebung im Arrestprocesse. VI. 288. XVIII. 276. — 44) Eidesantrag über die Kündigung im Executivprocesse unzulässig. XII. 324.

d. Annahme und Zurückschiebung des Eides. Zurücknahme desselben. Eidesverweigerung. Gewissensvertretung. Normirung des Eidessatzes. Eidesleistung. 1) Annahme eines zugeschobenen Eides durch den Curator einer cum beneficio inventarii angetretenen Erbschaft. Befugnisse des Deferenten den litisreassumirenden Erben gegenüber. XX. 87. — 2) Unzulässigkeit einer Zurückschiebung des Eides über eigene dem Zuschiebenden fremde Handlungen. III. 126. IV. 177. XVIII. 66. — 3) Zulässigkeit der Zurückschiebung des Eides über Thatsachen, welche nur dem Delaten, nicht dem Deferenten aus eigener Wissenschaft bekannt sind. XX. 273. —

4) Zugelassene Zurückschiebung des Eides, wenn der Delat den Wahrheitseid, der Deferent nur den Glaubenseid leisten kann. VIII. 186. 5) Der dem Vormunde zurückgeschobene Eid ist auf das Glauben, nicht bloß auf das Nichtwissen zu richten. XVIII. 194. — 6) Unzulässigkeit der Restitution gegen Zurückschiebung wegen ermittelter neuer Thatsachen. XVI. 166. — 7) Versagte Restitution gegen instructionswidrige Zurückschiebung des Eides durch den Sachführer. XVIII. 83. — 8) Ist Zurücknahme des Eides nach erfolgter Acceptation zulässig? II. 231. — 9) Unzulässigkeit der Zurücknahme eines zugeschobenen und acceptirten Eides, nachdem auf dessen Ableistung erkannt worden. Restitution zur Zulassung neu aufgefundener Beweismittel. I. 376. — 10) Ueber die Zurücknahme eines acceptirten Eides wegen des von dem Delaten zu besorgenden Meineides. XIV. 179. — 11) Eideszuschiebung in einem Zwischenverfahren. Verweigerung des Eides oder Verzicht auf denselben ohne Präjudiz für die Hauptsache. XVIII. 276. — 12) Zurücknahme einer Eidesverweigerung von Seiten eines Minderjährigen. II. 232. — 13) Gewissensvertretung kann nicht noch ergriffen werden, nachdem bereits Termin zur Ableistung des angenommenen Eides angesetzt ist. XIII. 67. — 14) Gewissensvertretung bei eventueller Eideszuschiebung. XX. 86. — 15) Ein Beweisverfahren zum Zwecke der Gewissensvertretung ist unstatthaft, wenn die für selbige bezeichneten Beweismittel zur Herstellung eines vollständigen Beweises nicht geeignet sind. XIX. 199. — 16) Künstlicher Beweis bei der Gewissensvertretung. IV. 86. — 17) Gegenbeweis gegen die Gewissensvertretung. IV. 180. — 18) Richterliche Clausulirung des zugeschobenen Eides unabhängig von dem Einverständnisse der Parteien über die Fassung des Eides. VIII. 328. XV. 168. — 19) Eidesleistung bei alternativem Schwurthema. Neue Eidesleistung, wenn ein Eid in unrichtiger Form geleistet worden. XV. 169. — 20) Ausbleiben des Delaten, welcher die Ableistung des Gefährdeeides verlangt hat, in dem Schwurtermine. XIII. 67.

D. Erfüllungs- und Reinigungseid. 1) Erkenntniß auf Zulassung zu einem Notheide. Tod des Zugelassenen während Schwebens der gegen die Zulassung gerichteten Appellation. Zurückweisung der Sache zur ersten Instanz. VIII. 329. — 2) Oberrichterliches Amt in Streichung zuerkannter Eide. Streichung eines Erfüllungseides und Erkenntniß, daß der Beweis vollständig geführt sei. Streichung eines auf eine unerhebliche Thatsache gerichteten Reinigungseides, ohne daß von dem, welchem der Eid auferlegt war, ein Rechtsmittel ergriffen worden. II. 239. — 3) Richterliches Ermessen bei nothwendigen Eiden. III. 219. — 4) Richterlicher Eid in Ehescheidungssachen. Erkennung des Erfüllungseides, wenn auch eine probatio semiplena nicht beigebracht worden. XIV. 261. — 5) Weder durch gesetzliche Vorschrift noch durch eine constante Praxis ist der Satz festgestellt, daß bei Erkennung eines nothwendigen Eides dem Wahrheitseide unbedingt der Vorzug vor dem Glaubenseide zu geben sei. Erfüllungseid als Glaubenseid dem Vormunde eines Kindes gegen den außerehelichen Vater auferlegt. XI. 187. — 6) Richterlicher Eid derjenigen Partei zuerkannt, welche einen Wahrheitseid leisten kann. VI. 87 a. E. — 7) Richterlicher Eid bei einem ohne Angabe der Quelle amtlich ausgestellten Zeugnisse. Erfüllungseid oder Reinigungseid? XX. 193. — 8) Erfüllungseid über die Behauptung der Trunkenheit. XVII. 181. — 9) Erfüllungseid über die Einrede der Wahrheit bei einer Injurienklage. II. 334. — 10) Erfüllungseid in Beziehung auf den Beweis eines mündlichen Erbvertrages nur aus sehr dringenden Gründen zulässig. XII. 170. — 11) Beweis der Fruchtpreise durch öffentliche Blätter. Erfüllungseid. XV. 257. — 12) Erfüllungseid, welcher eine besondere Sachkunde bei dem Schwörenden voraussetzt. XVIII. 278. — 13) Erfüllungseid dem Cedenten auferlegt. XI. 310. — 14) Die Ermittelung eines Schadensbetrages durch Sachverständige als vollständig geführter Beweis angenommen, und Absehen von dem Erfüllungseide, weil durch denselben ein höherer Grad der Gewißheit nicht zu erreichen. XII. 105. — 15) Erfüllungseid, weil das, was unerwiesen geblieben ist, zum Nachtheile des Beweispflichtigen gereicht. X. 310. — 16) Erfüllungseid bei einem zur Hälfte erwiesenen außergerichtlichen Geständnisse. II. 109. — 17) Erfüllungseid bei einem gegen Dritte ausgesprochenen außergerichtlichen Geständnisse. I. 145. — 18) Reinigungseid bei einem außergerichtlichen Geständnisse. XVIII. 280. — 19) Nothwendiger Eid auf Grund von Beweisen zuerkannt, welche schon vor dem Interlocute vorlagen. IX. 351. — 20) Erfüllungseid über den directen Gegenbeweis unzulässig. IX. 109. — 21) Erkennung des Reinigungseides bei eventueller Eideszuschiebung. XVII. 299. — 22) Erkennung des Diffessionseides bei einem für Auflegung des Erfüllungseides nicht ausreichenden Aechtheitsbeweise; Zusammenfallen des Diffessionseides mit dem Reinigungseide. XIV. 264. Note 2. — 23) Richterliche Clausulirung des nothwendigen Eides. XI. 105. XII. 102. — 24) Ableistung des einer Partei auferlegten richterlichen Eides durch deren Erben. XIV. 180.

E. Würderungseid. Juramentum quantitatis. (Bestärkungs-, Specificationseid.) 1) Voraussetzungen für die Zulassung zum Würderungseide. Umfang seiner Anwendung. IV. 266. IX. 349. 350. XV. 170. XX. 274. — 2) Anwendung des Würderungseides bei Klagen aus der lex Aquilia. XI. 152. — 3) Unzulässigkeit des Würderungseides bei Klagen auf Entschädigung wegen Nichterfüllung eines Pachtcontracts. I. 144. Vgl. XX. 274. — 4) Unzulässigkeit des Würderungseides, wenn mit der actio emti auf das Interesse geklagt wird. I. 378. Vgl. XX. 274 — 5) Eid und richterliches Ermessen bei Werthbeweisen. IX. 348. — 6) Richterliches Ermäßigungsrecht bei dem Würderungseide. X. 311. XI. 23. XX. 274. — 7) Richterliches Ermäßigungsrecht vor Ableistung des Würderungseides. Nachlassung eines Gegenbeweises. XIV. 181. — 8) Verfahren bei Ausübung des richterlichen Taxationsrechts vor Ableistung des Eides. XVI. 164. — 9) Richterliches Ermäßigungsrecht nach Ableistung des Würderungseides. Wiefern findet wegen Nichtausübung desselben eine Beschwerde Statt? XIV. 182. — 10) Juramentum quantitatis in fr. 1 § 40. depositi (16, 3) nicht begründet. Umfang der Zulassung in der Praxis. XIV. 77. — 11) Specificationseid im Rechnungsprocesse. Der Rechnungssteller ist zur Ableistung eines allgemeinen Specificationseides nicht verbunden. V. 81. — 12) Justification der Rechnung des Consignatärs durch eigenen Eid. XV. 45. — 13) Bestärkungseid des Verkäufers bei einem Kaufe ohne bestimmte Preisstellung XVI. 41.

F. Manifestationseid. 1) Manifestationseid in Erbschaftssachen. Voraussetzung für die Verbindichkeit zur Ableistung desselben. II. 233. VIII. 190. — 2) Verbindlichkeit des Nachlaßbesitzers zur Specification des Nachlasses, bezw. zur eidlichen Manifestation. XII. 346. XVI. 126. — 3) Ueber Verbindlichkeit der Miterben zur Leistung des Manifestationseides. XII. 212. XV. 261. XVI. 264. XX. 148. — 4) Manifestationseid der Miterben den Gläubigern und den Vermächtnißnehmern gegenüber. XVI. 265. — 5) Klage auf Leistung eines Manifestationseides in Erbschaftssachen nicht mehr statthaft, wenn die Hauptverbindlichkeit zur Herausgabe oder Theilung des Vermögens bereits ihre Erledigung gefunden hat. II. 233. — 6) Inwiefern kann nach universeller Erbschaftstheilung gegen einen Miterben noch auf Leistung des Manifestationseides Anspruch erhoben werden? XX. 148. — 7) Anspruch des Erben gegen den mit dem Nießbrauch bedachten Legatar auf Inventarisation und Leistung des Manifestationseides. XIII. 105. — 8) Auch bei der Herausgabe des peculium adventitium irregulare ist der Vater zur eidlichen Specification nicht verpflichtet. XII. 44. — 9) Manifestationseid zur Ermittelung von Executionsgegenständen. VIII. 342. XV. 178. — 10) Manifestationseid des Dritten, bei welchem ein Arrest angelegt ist. XIV. 82. S. 116. Note 1. — 11) Manifestationseid des Cridars. VII. 266.

G. Diffessionseid. 1) Ueber die Natur des Diffessionseides. Kann der Product Ableistung des Calumnieneides und Zulassung zur Gewissensvertretung verlangen? III. 125. — 2) Abwendung des Diffessionseides im Executivprocesse durch sofort liquide Beweismittel. IV. 185. — 3) Pflicht des Vormundes und Contradictors zur Leistung des Diffessionseides. VIII. 325. — 4) Formel des Diffessionseides. XII. 182 (S. 245.) 322. — 5) Erkenntniß auf den Diffessionseid nach einem Aechtheitsbeweise durch Schriftenvergleichung bei Meinungsverschiedenheit der Sachverständigen. XIV. 264. Note 2.

H. Editionseid: s. oben XII. D. (S. 331.) Nr. 36—41.

J. Verfahren bei dem Beweise durch Eid. 1) Antretung eines künstlichen Beweises durch Eid. Sind Beweisartikel erforderlich? XI. 198. — 2) Beweisantretung durch Eideszuschiebung. Erforderniß der Zergliederung des Beweissatzes nach den Umständen. XII. 98. 211. XIII. 11. XIV. 259. XV. 87. — 3) Fehlerhafte Abfassung des Eidesthemas von Seiten des Deferenten zieht nicht Verwerfung der Eidesdelation nach sich. VI. 286. — 4) Verfahren bei verschiedener Erklärung mehrerer Vormünder oder Gesellschafter auf einen zugeschobenen Eid. XI. 196. — 5) Leistung des Eides vor dem zu requirirenden Gerichte des Wohnorts des Schwörenden. Ermessen des Richters in dieser Beziehung. VI. 85. 86. IX. 108. XVIII. 279. — 6) Zulassung der Eidesleistung vor dem Gerichte des Wohnorts des Schwörenden. Hierdurch erwachsende Kostenvermehrung. Sind die Kosten der Assistenz oder Vertretung des Gegners von dem Schwörenden vorzuschießen? IV. 268. X. 102. XVII. 300. — 7) Form des Eides bei Leistung desselben vor dem requirirten (auswärtigen) Gerichte des Wohnorts. XII. 80. 319. XIII. 66. — 8) Verfahren bei Beeidigung der Handelsbücher vor dem Gerichte des Wohnorts. V. 324. — 9) Ueber Aufschiebung der Ableistung eines Schiedseides wegen Eidesunmündigkeit. XX. 275. — 10) Unterbliebene Beiladung des Gegners zur Eidesleistung. IV. 267. XIV. 263. — 11) Müssen Haupteide der Juden in der Synagoge geleistet werden? I. 143. Vgl. XVII. 284. — 12) Zuziehung eines Geistlichen bei Meineidsverwarnungen. III. 127. — 13) Befugniß des Richters zu Erörterungen bei Verdacht gegen die Gewissenhaftigkeit des juraturus. XIX. 278. — 14) Ableistung eines Eides in unrichtiger Fassung. Neue Eidesleistung. XV. 169. — 15) Erklärung, den Eid, wie er rechtskräftig auferlegt ist, nicht schwören zu können, als Eidesverweigerung aufzufassen. XIII. 68. — 16) Restitution gegen Eidesverweigerung XV. 173. — 17) Folgen der durch Rechtsmittel des Gegners verhinderten Ableistung eines Eides. X. 309. XVII. 183. — 18) Kosten der Abcitation eines Dritten zur Eidesleistung. XIX. 81. — 19) Rechtsmittel gegen sogenannte Purificationserkenntnisse nach geleistetem oder verweigertem Eide. XVIII. 75.

K. Falscher Eid. 1) Falschschwören über einige von mehreren Thatsachen. Folge in Ansehung der anderen durch dieselbe Eidesleistung betheuerten Umstände. IV. 87. — 2) Restitution gegen einen fälschlich geschworenen Schiedseid. II. 114. — 3) Anfechtbarkeit eines falsch geschworenen freiwilligen Haupteides VI. 287. — 4) Urtheilsanfechtung wegen wahrheitswidriger Eidesleistung. X. 321.

XIV. Beweis durch Geständniß.

A. Gerichtliches Geständniß. 1) Ueberzeugung des Gestehenden, etwas ihm Nachtheiliges einzuräumen, wird zur Gültigkeit eines Geständnisses nicht erfordert; es kommt nur auf die Ernstlichkeit des

Willens, die Wahrheit zu sagen, an. Dieser ernstliche Wille (animus confitendi) wird bei einem gerichtlichen Geständnisse als gewiß vorausgesetzt. Geständniß im Irrthum über die Tragweite desselben. XIV. 183. (Vgl. XII. 104. Ziff. 2.) — 2) Aeußerung einer Rechtsansicht über das Beweisergebniß läßt sich nicht als Geständniß auffassen. I. 146. XIII. 196. — 3) Rechtliche Auffassung der Eigenschaft eines Rechtsgeschäfts kein Gegenstand eines Geständnisses. VIII. 193. — 4) Stillschweigendes Geständniß. II. 133. — 5) Das Präjudiz des fingirten Geständnisses wegen versäumter Einlassung kann nicht auf die Summe erstreckt werden, deren Zuerkennung der Kläger nach richterlichem Ermessen fordert. I. 121. — 6) Geständniß des Einen von zwei Beklagten. IV. 89. — 7) Geständniß von dem Anwalt abgelegt; Widerruf desselben intra triduum. IV. 181. — 8) Unschädliche Einräumungen des Anwalts. I. 146. — 9) Ueber die Rechtsregel: Qui excipit non fatetur. VIII. 92. XIII. 285. — 10) Benutzung des in dem Vorbringen zur Begründung einer Einrede enthaltenen Geständnisses zur Beseitigung einer anderen Einrede. VIII. 330. — 11) Geständniß mittelst Beweis- oder Gegenbeweisartikel. Articulans fatetur. VI. 88. XIX. 200. — 12) Geständniß, in einer früheren zurückgenommenen oder abgewiesenen Klage oder in der Einlassung darauf vorkommend, kann in dem durch anderweite Klage veranlaßten Prozesse nicht als beweisend geltend gemacht werden. IX. 352. XI. 311. Vgl. III. 129. — 12) Gerichtliches Geständniß in einem früheren Processe; dessen Bedeutung in einem späteren. III. 129. XIX. 281. — 13) Geständniß des zum Streite des Mandanten beigeladenen Mandatars bindet den Ersteren. VIII. 331. — 14) Einräumung des Sachwalters über seine Verschuldung bei einem Gesuche um Restitution wegen Fristversäumniß. XVIII. 82. — 15) Anerkennung des Vorzugsrechts im Concurse. Wie fern ist dieselbe von dem Richter zu beachten? XIV. 86. — 16) Geständnisse des Cridars im Concurse. XII. 222. — 17) Geständniß in Ehescheidungssachen. VI. 89. VII. 129. XIV. 184. Vgl. I. 295. — 18) Gegenbeweis gegen einen künstlichen auf eingeräumte Thatsachen sich gründenden Beweis. XIII. 62. — 19) Anerkennung im Wechselprozesse schließt die Nachklage aus, auch wenn gegen die Wechselklage eine Einrede begründet war. XIV. 187. — 20) Widerruf einer im Prozesse abgegebenen Erklärung (Anerkennung einer von dem Gegner vorgelegten Probe als maßgebend) wegen Irrthums. XV. 89. — 21) Restitution Minderjähriger gegen gerichtliche Geständnisse, nicht von dem Beweise der Unrichtigkeit der Anerkennung bedingt. XVIII. 197. — 22) Restitution gegen ein in Folge Eidesverweigerung angenommenes Geständniß. XV. 173. — 23) Eine gerichtlich zugestandene Forderung ist nicht mehr litigios. XIV. 251. — 24) Eine Einräumung, daß ein Vertrag geschlossen sei, mit beschränkter Auslegung des Vertrages ist kein beschränktes Geständniß. III. 223. — 25) Qualificirtes Geständniß. I. 370. II. 330. III. 221. 222. V. 239. VIII. 103. 311. X. 300. XII. 27. 203. XIII. 189. XIV. 173. 252. XV. 272. XVII. 108. XVIII. 184. 185. XIX. 82. XX. 268.

B. Außergerichtliches Geständniß. 1) Beweiskraft des außergerichtlichen Geständnisses. Erforderniße desselben. Animus confitendi. II. 108. XII. 104. XVIII. 280. — 2) Geständniß in einem anderen Processe. III. 129. 224. XII. 104. Note 2. XIX. 281. Note. 1. — 3) Beweiskraft des in einem vorgängigen Criminalprocesse abgelegten Geständnisses für den Civilprozeß. II. 103. S. 138. X. 217. Note 2. — 4) Zeugniß in einer Untersuchungssache als außergerichtliches Geständniß benutzt. XVI. 266. — 5) Wirkung eines Geständnisses, welches unter Beifügung einer als zerstörliche Einrede in Betracht kommenden Behauptung in einer der freiwilligen Gerichtsbarkeit angehörigen Verhandlung abgelegt worden. VI. 87. — 6) Unwirksames Schuldbekenntniß in Protokollen niedergelegt zum Zwecke der Erlangung eines Pfandconsenses. II. 234. — 7) Beweiskraft eines zur Hälfte erwiesenen außergerichtlichen Geständnisses. Erfüllungseid. II. 109. Vgl. XVIII. 280. — 8) Beweiskraft des Geständnisses eines Dritten über eigene ihn verantwortlich machende Handlungen. III. 225. — 9) Geständnisse eines späteren Cribars. XVIII. 68. — 10) Beweiskraft der confessio geminata gegen Dritte. XVII. 28. — 11) Beweis durch Schuldbekenntniß des Vorbesitzers. IV. 261. — 12) Beweiskraft eines gegen Dritte erklärten Geständnisses. I. 145. XII. 104. XVIII. 280. — 13. Direkter Gegenbeweis durch ein aus concludenten Handlungen gefolgertes außergerichtliches Geständniß. XI. 189. — 14) Gegenbeweis gegen ein außergerichtliches Geständniß. XV. 49 a. E. — 15) Bestrittenheit des behaupteten außergerichtlichen Geständnisses. Inhalt der Beweisauflage. XIII. 232. — 16) Außergerichtliches Geständniß verschieden von dem constitutum debiti proprii. XV. 114. — 17) Unzulässigkeit eines Eidesantrages über ein angebliches Geständniß, bei welchem der animus confitendi völlig ungewiß sein würde. IX. 110. — 18) Geständniß über die Vaterschaft eines unehelichen Kindes, welches nicht innerhalb des Nativitätstermins geboren wurde, unwirksam. VI. 201. — 19) Anerkenntniß des vor dem 182. Ehetage gebornen Kindes durch den Ehemann. Wirksamkeit desselben besonders Dritten gegenüber. XI. 10. XIII. 232. Vgl. XII. 244. — 18) Beweisführung über Unvordenklichkeit. Bedeutung in Mitte liegender Anerkennungen. XI. 12. — 21) Beweis der Cession durch Anerkennung von Seiten des Schuldners erbracht. XI. 137. — 22) Beweis durch Geständniß bei dem fideicommissum praesenti heredi injunctum. V. 38. — 23) Paternitätsanerkenntniß eines Minderjährigen. XI. 199.

XV. Beweis durch Vermuthungen. Künstlicher Beweis.

1) Praesumtiones hominis zur Begründung von Sicherheitsmaß-

regeln geeignet. IV. 182. — 2) Vermuthung für die Fortdauer eines Rechtszustandes. VIII. 313. XVIII. 281. — 3) Ueber Anwendung des Grundsatzes, daß Veränderungen nicht vermuthet werden. I. 268. — 4) Vermuthung für die Legalität amtlicher Handlungen. XVI. 113. — 5) Vermuthung für die Legalität richterlicher Handlungen. VIII. 192. — 6) Vermuthung über früheren Tod. (Mutter und neugebornes Kind.) II. 125. — 7) Gilt eine Vermuthung dafür, daß der Verschollene bis zur Zurücklegung des 70. Lebensjahres (oder bis zur Todeserklärung) gelebt habe? I. 160. III. 298. V. 31. VII. 356. IX. 254. 310. XI. 257. XII. 1. XIV. 149. S. 250. XV. 200. — 8) Vermuthung der ehelichen Kindschaft. III. 299. — 9) Rechtsvermuthung: Pater est, quem nuptiae demonstrant. I. 161. VIII. 229. 263. X. 267. — 10) Berechnung des 182. Ehetages von der Trauung an. XII. 36. — 11) Anerkenntniß des vor dem 182. Ehetage gebornen Kindes durch den Ehemann. XI. 10. XIII. 132. — 12) Anerkenntniß eines vor der Ehe von der nachherigen Ehefrau gebornen Kindes. Possessio status. Vermuthung für die Kindschaft. XII. 244. — 13) Vermuthung für die Vaterschaft bei unehelichen Geburten. IV. 148. X. 170. XI. 11. Note 1. XII. 161. XIII. 123. XV. 98. XVIII. 108. — 14) Berechnung der 182 Tage von dem Tage des Beischlafes. V. 175. — 15) Ausschließende Wirksamkeit der Nativitätstermine. II. 254. IX. 124. — 16) Kommt es bei Geburt des Kindes innerhalb der Nativitätstermine (für den Gegenbeweis) auf den Reifegrad desselben an? I. 161. VIII. 229. XIII. 123. XV. 98. XVII. 115. XVIII. 109. XX. 10. XI. 11. XII. 161. XX. 9. — 17) Gegenbeweis gegen die Vermuthung: Pater est, quem nuptiae demonstrant. I. 162. XIX. 9. XX. 198. — 18) Geburt des Kindes in der Ehe innerhalb des Nativitätstermines. Nachweis schon vorher vorhandener Schwangerschaft XIII. 123. — 19) Berufung desjenigen, welcher als außerehelicher Vater eines mit einer Ehefrau erzeugten Kindes in Anspruch genommen wird, auf die Rechtsvermuthung der ehelichen Kindschaft. II. 186. 296. IV. 234. V. 176. — 20) Das cap. 12. X. de praesumtionibus ist bei Alimentationsklagen nicht durchschlagend. XVII. 247. — 21) Werth der Namensgleichheit für den Beweis der Identität eines Testators mit einer verschollenen Person. V. 240. — 22) Vermuthung für die landesherrliche Genehmigung einer seit Jahrhunderten als Corporation constituirten Innung. XIV. 199. — 23) Vermuthung für das Eigenthum der Gemeinden an den in ihren Gemarkungen befindlichen unbebauten Liegenschaften (Lehden). XII. 214 a. E. — 24) Schlußfolgerung von dem älteren auf den gegenwärtigen Besitz. XVIII. 114. — 25) Fehlerlosigkeit des Besitzes vermuthet. X. 73. — 26) Vermuthung für die Fortdauer der einmal begründeten quasi possessio einer servitus discontinua? XIII. 83. XV. 206. — 27) Vermuthung für die

Freiheit des Eigenthums? XV. 102. — 28) Vermuthungsbeweis bei Ansprüchen auf gefundenes Geld. IV. 9. — 29) Vermuthung für die Servitut bei langjähriger Ausübung reciproker Weidegerechtigkeit in Folge untermischter Lage der Ländereien. XVIII. 118. — 30) Vermuthung für die Fortdauer einer einmal erworbenen Servitutberechtigung? VIII. 313. XV. 110. — 31) Bloßes Aufgeben eines Briefes begründet für die zur gehörigen Zeit geschehene Besorgung desselben keine rechtliche Vermuthung. III. 113. — 32) Vermuthung für die vollständige Aufzeichnung eines Geschäfts durch Errichtung einer Urkunde über dasselbe. VI. 19. IX. 223. — 33) Unanwendbarkeit der durch langjährige Zahlung geringerer Zinsen begründeten Vermuthung einer Herabsetzung auf den Rentekauf. IX. 118. — 34) Vermuthung für die Fortdauer einer einmal entstandenen Schuld. Anwendung auf die actio negotiorum gestorum contraria wegen Zahlung einer Schuld des Geschäftsherrn. XV. 25. — 35) Vermuthung für die Tilgung einer Forderung, wenn der Schuldschein sich in den Händen des Schuldners befindet. I. 202. V. 262. XIV. 18. XIX. 138. 223. — 36) Nachweisung des Causalzusammenhangs zwischen einer vorgekommenen zur Verursachung eines Schadens geeigneten Thatsache und einem wirklich eingetretenen Schaden im Wege der Schlußfolgerung. XIII. 214. — 37) Vermuthung für das Gewöhnliche und Regelmäßige bei dem Einsturze gemietheter Localitäten und der durch denselben verursachten Beschädigung der Illaten. VII. 31. — 38) Begründet stillschweigende Hinnahme einer Abrechnung eine Vermuthung für die Anerkennung aller einzelnen Abrechnungspöste? X. 252. — 39) Vermuthung des Irrthums bei der condictio indebiti, wenn das indebitum erwiesen ist. VII. 56. X. 56. XVII. 248. Vgl. II. 187. VII. 322. — 40) Adulterium praesumtum. Die Klage ist auf die bestimmte Behauptung des Ehebruchs zu gründen. XI. 48. XIV. 142. Note 1. XX. 229. — 41) Vermuthungsbeweis bei der Einrede der Verzeihung in Ehescheidungssachen. VIII. 270. X. 176. — 42) Vermuthung für Illation von Paraphernen. I. 243. — 43) Praesumtio Muciana. II. 302. IX. 298. XI. 250. XIX. 155. — 44) Vermuthung für die Fortdauer der väterlichen Gewalt? XII. 339. XV. 36. — 45) Vermuthung freigebiger Absicht bei Auslagen des Vaters für Verpflegung und Beerdigung der Kinder. V. 15. — 46) Sicherpfahl. Vermuthung für dessen Integrität. XII. 320. — 47) Vermuthung dafür, daß das Accept erst nach der Unterschrift des Ausstellers dem Wechsel beigefügt worden. XVIII. 155. — 48) Vermuthung für die Legalität der im Auslande beschafften Protestaufnahme. XIX. 68. — 49) Ueber Vermuthung des rechtlichen Erwerbs und des gutgläubigen Besitzes bei Inhaberpapieren. VII. 152. IX. 206. 331. — 50) Actio Pauliana. Ist aus dem späteren Concurse auf die gleiche Vermögensunzulänglichkeit zur Zeit des angefochtenen

Rechtsgeschäfts zu schließen? I. 397. XIII. 307. — 51) Fassung des Beweissatzes bei Berufung auf eine Rechtsvermuthung. X. 94. — 52) Vorbringen von thatsächlichen Vermuthungsbehelfen in höherer Instanz. III. 130. — 53) Zur Lehre vom künstlichen Beweise. II. 339. — 54) Durch künstlichen Beweis kann volle civilrechtliche Gewißheit hergestellt werden. XX. 90. — 55) Antretung eines künstlichen Beweises. Beweisartikel. Eideszuschiebung über die dem künstlichen Beweise zu Grunde liegenden Thatsachen. VIII. 105. XI. 198. — 56) Künstlicher directer Gegenbeweis. XV. 82. — 57) Gegenbeweis gegen künstlichen Beweis. XIII. 62.

XVI. Beweis durch Augenschein und Sachverständige.

1) Einnahme eines richterlichen Augenscheins zur näheren Bestimmung des Streitgegenstandes. VII. 130. — 2) Personenähnlichkeit als zulässiger Beweisgrund bei Kindschaftsproben. IV. 88. — 3) Richterlicher Augenschein von Amtswegen. XIII. 295. — 4) Augenschein und Expertenvernehmung von Amtswegen. VII. 131. — 5) Urtheil des Richters über Gegenstände besonderer Sachkunde. XX. 89. — 6) Keine Pflicht des Richters, Sachverständige von Amtswegen zuzuziehen. XIX. 282. — 7) Regelmäßige Zuziehung Sachverständiger, auch von Amtswegen, wo zur Beurtheilung eine besondere Fach- oder Sachkunde gehört. VI. 264. XX. 88. — 8) Grenzgebiet des Beweises durch Zeugen und des Beweises durch Sachverständige. VII. 119. — 9) Sind Sachverständige als Gehülfen des Richters oder als Beweismittel zu betrachten? XIII. 69. — 10) Sachkundige Zeugen im Gegensatze zu Sachverständigen im eigentlichen Sinne. Ueber den Einfluß eines von dem Sachverständigen ertheilten früheren Gutachtens zu Gunsten der ihn vorschlagenden Partei auf seine Glaubwürdigkeit. XIII. 69. — 11) Ablehnung eines Sachverständigen, wenn derselbe über den Gegenstand des Streits bereits außergerichtlich ein Gutachten abgegeben hat. XVIII. 195. — 12) Bestreitung der Sachkunde des Experten. XIV. 185. — 13) Ueber Beeidigung der Sachverständigen als solcher. XV. 262. — 14) Unius fidei non creditur. Beweis durch einen einzigen Sachverständigen. VIII. 191. — 15) Zeugniß eines Arztes vollbeweisend. XVIII. 69. — 16) Kundmachung der den Sachverständigen ertheilten Instruction an die Parteien. III. 226. — 17) Besichtigung einer Sache des Beweisgegners durch Sachverständige mit Störung in dem Gebrauche derselben. XII. 213. — 18) Klage eines wegen mangelnder Befähigung entlassenen Werkführers auf Fortzahlung des Gehalts. Unstatthaftes Verlangen des Beklagten, daß Kläger sich einer Prüfung durch Sachverständige unterziehe. XIV. 76. — 19) Klagantrag auf Ermittelung der begehrten Herabsetzung des Pachtpreises durch Sachverständige. XI. 142. — 20) Nachweis über fremdes Recht durch Sachverständige. X. 123. — 21) Nachweis über jüdisches Recht durch Sach-

verständige. I. 127. — 22) Beweis eines Handelsgebrauchs durch Sachkundige. VII. 345. X. 197. — 23) Zuziehung von Sachverständigen bei Fristbestimmungen für Fertigung einer wissenschaftlichen Arbeit. X. 247. — 24) Beweis des Werthes eines Pferdes zu einer bestimmten früheren Zeit. Bloßer Zeugenbeweis unzureichend. XV. 262. — 25) Ermittelung des entgangenen Gewinns durch Sachverständige. Wahrscheinlichkeit des Schadensbetrages. Absehen von dem Erfüllungseide. XII. 105. — 26) Nativitätstermine. Gegenbeweis gegen die Vermuthung der Vaterschaft durch Sachverständige. XI. 11. XII. 161. XIII. 123. XV. 98. XX. 9. Vgl. oben S. 342. Vermuthungsbeweis. Ziff. 16. — 27) Beweis der Aechtheit von Urkunden durch Schriftvergleichung. I. 140. XVIII. 62. — 28) Schriftvergleichung durch Sachverständige als Gegenbeweismittel einer öffentlichen Urkunde gegenüber unstatthaft. X. 99. — 29) Richterliches Ermessen über das Entschädigungsquantum bei einer Erklärung der Sachverständigen, daß sich der Betrag des Schadens nicht schätzen lasse. II. 295 a. E. Vgl. IX. 111. 348. 349. 350. — 30) In wie weit ist das richterliche Urtheil an das Gutachten von Sachverständigen gebunden? XII. 106. — 31) Abschätzung bei der Zwangsenteignung. Befugniß des Richters, abweichend von dem Schätzungsanschlage der Sachverständigen den Entschädigungsbetrag festzustellen. VII. 323. IX. 354. — 32) Anfechtung eines Gutachtens von Sachverständigen. Kein Instanzenrecht bei Sachverständigen. IX. 224. — 33) Wiederholung der Begutachtung bei mangelhafter Beweisantretung. VII. 132. — 34) Wiederholung der Expertise wegen Mängel der früheren Begutachtung. III. 131. 132. VIII. 332. — 35) Collision der Gutachten Sachverständiger. Stellung des Richters bei derselben. XIV. 264. — 36) Collision der Gutachten. Einziehung eines Superarbitriums von Amtswegen. X. 312. XVII. 185. — 37) Meinungsverschiedenheit der Sachkundigen über die Aechtheit einer Urkunde bei der Schriftvergleichung. Diffessionseid. XIV. 264. Note 2. — 38) Durchschnittsprincip bei ungleichen Schätzungen. VIII. 332. IX. 353. — 39) Ermittelung des Werthes bei dem Beweise der laesio enormis bei abweichenden Schätzungen der Taxanten. XVI. 167. — 40) Das Gutachten eines Expertencollegiums kann wegen Meinungsverschiedenheit einzelner Mitglieder nicht beanstandet werden. XI. 200. — 41) Widerstreit des Gutachtens der Sachverständigen mit gesetzlichen Normen. IX. 258. — 42) Vermuthung für die Präsumtion des Sicherpfahls wird durch die von Sachverständigen erklärte Möglichkeit einer Veränderung nicht aufgehoben. XII. 320.

XVII. Notorietät.

1) Anwendung ausländischer Rechtsnormen auf Grund ihrer Notorietät. II. 218. 322. XII. 79. XIII. 178. — 2) Gerichtsnotorietät

einer Observanz. Voraussetzungen. XVI. 259. — 3) Ueber Notorietät von Thatsachen und Befugniß des Richters, die Notorietät von Amtswegen zu constatiren. XIII. 286. — 4) Beweisführung bei wirklicher Notorietät unnöthig. Bloßes Gerücht im Gegensatze zur Notorietät. XIV. 66. — 5) Unbedingter Befehl auf Grund der Gerichtsnotorietät. XI. 103.

Hauptstück 8.

Von den summarischen Processen.

I. Mandatsproceß.

1) Voraussetzungen eines unbedingten Mandats, wenn selbiges auf den Grund einer öffentlichen Schuldurkunde gesucht wird. Beglaubigter Auszug aus dem betreffenden Originalprotokolle nicht genügend. I. 147. — 2) Vertragsmäßige Unterwerfung unter eine summarische Proceßart. Verzicht auf rechtliches Gehör. Bescheinigung des Gesuches um Erlassung eines unbedingten Mandats durch Bezugnahme auf Gerichtsacten. XI. 103. — 3) Voraussetzungen eines Inhäsivbescheides in dem unbedingten Mandatsproceß. XI. 312. — 4) Zahlungsauflagen, wie fern sind sie der Rechtskraft fähig? VIII. 196. — 5) Unbedingter Zahlungsbefehl von Seiten eines ausländischen Richters. Vollstreckung im Inlande? XII. 220. — 6) Verurtheilung im unbedingten Mandatsproceß. Nachklage. XX. 276. — 7) Bedingter Mandatsproceß. In wie fern ist sofortige Bescheinigung und abschriftliche Mittheilung der Imploration erforderlich? Weiteres Verfahren nach vorgebrachten Einreden. VIII. 197.

II. Executivproceß.
(Wechselproceß.)

1) Welche Urkunden sind für den Executivproceß erforderlich? XIV. 186. — 2) Nichtzulassung des Executivprocesses aus einem noch nicht zwei Jahre alten Schuldschein. VII. 245. — 3) Executivklage aus einem von dem Beklagten urkundlich als richtig anerkannten Contocorrent. VII. 246. XVI. 219. — 4) Executivproceß aus Wechseln. VII. 254. XVII. 186. — 5) Darlehnsklage aus Wechseln im Executivproceß. XVIII. 282. — 6) Executivproceß aus einem formell ungültigen Wechsel. XII. 321. — 7) Unterzeichnung der Vornamen für den Executivproceß nicht nothwendig. I. 373. — 8) Unterkreuzte Urkunden. VII. 244. XII. 322. — 9) Urkunde mit einer von dem Namen des Beklagten verschiedenen Firma unterzeichnet. VII. 257. — 10) Documentum guarentigiatum. Erforderniß der Absicht, dem in selbigem

benannten Gläubiger gegenüber eine Verpflichtung zu begründen oder anzuerkennen. XVII. 175. — 11) Nothwendigkeit einer speciellen causa debendi. VII. 252. (Vgl. VII. 246.) — 12) Causa debendi thatsächlich ausgedrückt. VII. 253. — 13) Nachweisung des Münzfußes im Executivproceß. VII. 255. — 14) Executivproceß auf Grund beglaubigter Abschriften öffentlicher Urkunden. VII. 259. — 15) In fremder Sprache abgefaßte Urkunden. VII. 260. — 16) Erforderniß sofortiger Liquidität der Activ- und Passivlegitimation. XII. 323. — 17) Sachlegitimation. Durchstrichenes Indossament. III. 45. — 18) Bei dinglichen Klagen findet der Executivproceß nicht Statt. III. 230. — 19) Executivklage aus einem zweiseitigen Geschäft. Beiderseitige Unterzeichnung nicht erforderlich. VII. 250. — 20) In wie fern sind Ansprüche aus einem Societätsvertrage zur Geltendmachung im Executivprocesse geeignet? IV. 183. — 21) Executivproceß bei Forderungen aus zweiseitigen Verträgen. II. 349. VII. 249. XIII. 296. — 22) Vorgängige Mahnung keine Bedingung des Executivprocesses. VII. 247. — 23) Nachweis der Fälligkeit. Zahlungsversprechen unter der Voraussetzung, „daß der Gläubiger billige Fristen setze." XI. 131. — 24) Erforderliche Liquidität der Aufkündigung. VII. 248. XIV. 186 a. E. — 25) Unzulässigkeit des Beweises der Kündigung durch Eidesantrag. XII. 324. — 26) Commissorische Clausel. Verzugsnachweisung. VII. 251. — 27) Vollmachtsnachweisung in dem Executivproceß. VII. 258. — 28) Verfahren im Executivproceß. VII. 261. — 29) Klage auf weniger, als die Urkunde enthält. VII. 256. — 30) Die eventuelle Bitte um Einleitung des ordentlichen Verfahrens als Verzicht auf Anstellung einer verbesserten Executivklage nicht zu deuten. VIII. 198. — 31) Einrede der Rechtshängigkeit. III. 229. — 32) Einrede mehrerer Streitgenossen im Executivproceße. Consulatsatteste. IX. 112. — 33) Executivklage aus einem Schuldschein über Kaufgelder. Einwand des nicht erfüllten Vertrages. X. 107. — 34) Illiquide exceptio non rite adimpleti contractus im Executivproceß. IV. 90. — 35) Abwendung des Diffessionseides im Executivproceß. IV. 185. — 36) Nachklage zur Geltendmachung einer im Executivprocesse zur besonderen Austragung verwiesenen Einrede. X. 108. — 37) Verurtheilung im Executivproceß. Nachklage. XIV. 187. XX. 276. — 38) Wechselproceß. Wechselklage durch den Besitz des Wechsels bedingt. XIX. 263. — 39) Wechselregreßklage. Nachweis rechtzeitiger Notification bei Anstellung der Klage nicht erforderlich. XVII. 277. — 40) Verjährung des Wechsels von Amtswegen zu beachten. XIII. 172. — 41) Untersuchung wegen Wuchers für die Wechselklage nicht präjudiciell. XI. 183 b. — 42) Einrede der Prävention im Wechselproceß. XII. 200. — 43) Einrede der Zahlung im Wechselproceß. VII. 235. IX. 68. XII. 73. XIII. 171. — 44) Einrede der Zahlung. Illiquide Replik. XI. 87. — 45) Eideszuschiebung in dem Wechselprocesse. XIX. 181. XX. 261. — 46) Ausschluß des Wechselprocesses und der Personalhaft gegen den Wechselschuldner durch Eröffnung des Concurses. XIV. 156. Note 1. XX. 171. — 47) Personalarrest gegen den Wechselschuldner gleichzeitig neben der Realexecution. XIII. 319. — 48) Zulässigkeit der Wechselhaft gegen Handelsfrauen. XX. 254. — 49) Aus der Zulässigkeit des Wechselprocesses folgt noch nicht die Zulässigkeit der Wechselhaft. XIV. 165. — 50) Einrede der Befreiung von der persönlichen Wechselhaft; Zeit ihrer Geltendmachung. XVIII. 156. — 51) Nachklage des im Wechselprocesse Verurtheilten. Condictio sine causa. XIV. 187. XVIII. 168. — Vgl. oben S. 255—257: „Wechselklage und Wechseleinreden."

III. Arrest und Arrestproceß.

A. Arten, Gegenstand, Zulässigkeit und Wirkung des Arrestes. 1) Dispositionsbeschränknngen als Arrestmittel. I. 296. — 2) Sequestration. Deren Voraussetzungen. V. 277. — 3) Sequestration des Streitgegenstandes. VI. 95. — 4) Depositum zur Abwendung des Personalarrestes. Dasselbe gewährt kein Vorzugsrecht bei Ausbruch des Concurses. X. 328. — 5) Provisorische Verfügung zur Erhaltung der Integrität des Streitgegenstandes. XIX. 93. — 6) Arrest, kein unbedingt subsidiares Rechtsmittel. XVII. 187. — 7) Arrest auf die Ernte zur Sicherung der Pachtgeldsforderung. X. 104. — 8) Künftiges Erbgut kein Arrestgegenstand. X. 105. — 9) Offert der Cession einer Forderung. Wirkung eines vor Annahme des Offerts auf die Forderung gelegten Arrestes. XIV. 15. — 10) Arrest auf eine cedirte Forderung vor Benachrichtigung des debitor cessus von der Cession durch den Cessionar. XII. 338. — 11) Arrest auf eine cedirte Forderung von Gläubigern des Cedenten erwirkt. Einfluß auf den Rechtsstreit zwischen Cessionar und debitor cessus. XIII. 92. — 12) Die eingeklagte Forderung mit Arrest bestrickt. Modificirte Verurtheilung. XIV. 81. — 13) Wirkung des Arrestes auf einen eingeklagten Wechsel. I. 388. — 14) Die Klagbarkeit einer Forderung wird durch deren Arrestlegung nicht suspendirt. XVIII. 71. — 15) Arrestanlage auf den Handlungsfond eines Gesellschafters. Die Gesellschaft wird dadurch an der Benutzung des Fonds zu ferneren Unternehmungen nicht gehindert. Pflicht zu einer (auf Verlangen eidlich zu bestärkenden) Angabe dessen, was der Befehlsträger von dem Impetraten in Händen hat, bezw. zur Rechnungsablage. XIV. 82. — 16) Begründung des Arrestgesuches eines Verpächters gegen den Pächter. XIV. 265. — 17) Wohnen des Schuldners im Auslande an sich kein ausreichender Arrestgrund. X. 103. — 18) Arrestlegung auf Grund eines Eigenthumsvorbehaltes gesucht. XVIII. 70. — 19) Arrestgrund für den Sicherheitsarrest wegen persönlicher Forderungen. VI. 94. — 20) Arrest wegen bedingter und betagter Forderungen. IV. 158. VII. 262. — 21) Entschädigung wegen widerrechtlichen Arrestes. I. 148.

B. Gerichtszuständigkeit und Verfahren in Arrestsachen. 1) Zuständigkeit zur Verhängung eines Arrestes. VI. 256. XI. 98. — 2) Gerichtszuständigkeit in Arrestsachen. Arrest gegen Ausländer. XIII. 282. — 3) Arrestverfügung eines ausländischen Richters gegen einen Inländer. Statutencollision. Entscheidung des inländischen Richters, ob der ausländische Richter zur Arrestverfügung zuständig gewesen ist. XV. 177. — 4) Macht der von einem an sich für die Hauptsache nicht zuständigen Richter angelegte Arrest diesen für die Entscheidung der Hauptsache selbst zuständig? V. 64. XII. 303. — 5) Arrestadhäsion auf Grund eines Retentionsrechts. Begründung des forum arresti für die Hauptsache durch dieselbe. I. 109. — 6) Wirkung des Universalconcurses auf den Gerichtsstand des Arrestes. V. 310. — 7) Sachlegitimation des Imploranten eines provisorischen Arrestes. XI. 98 a. E. — 8) Unzulässigkeit einer Eidesdelation zur Bescheinigung der Forderung oder der Gefahr im Arrestprocesse. VI. 288. — 9) Eideszuschiebung als Bescheinigungsmittel im Arrestproceß. Keine Präjudiz für die Hauptsache. XVIII. 276. — 10) Einrede des Spoliums im Arrestprocesse. VI. 289. — 11) Illiquide peremtorische Einreden. XIV. 265. — 12) Berufungssumme im Arrestprocesse. XII. 328. — 13) Rechtsmittel gegen Arrest- oder provisorische Verfügungen haben keinen Suspensiveffect. XII. 215. — 14) Kostenpunkt im Arrestverfahren, wie bei anderen ohne Gehör des Imploraten erlassenen dringlichen Verfügungen. X. 106.

IV. Provocationsproceß.

1) Die provocatio ex lege Diffamari nur ein subsidiäres Rechtsmittel und unstatthaft, wenn der Provocant selbst klagen kann. III. 385. V. 78. XII. 109 a. E. 214. IX. 113. XVII. 188. 189. XX. 277. — 2) Die provocatio ex lege Diffamari als subsidiäres Rechtsmittel, auch dann zuzulassen, wenn es zweifelhaft erscheint, ob eine andere Rechtshülfe gegeben sei. XIX. 283. — 3) Zulassung der Provocation, wenn dem Provocanten außerdem nur eine Besitzklage zu Gebote steht. V. 79. S. 89. — 4) Die provocatio ex l. Diff. kein subsidiäres Rechtsmittel. VI. 91. — 5) Ueber die Art und Weise der Berühmung für die Provocation ex lege Diffamari. XVIII. 73. — 6) Erforderniß einer dem Provocanten zum Nachtheil gereichenden Berühmung. II. 350. — 7) Angebliche Diffamation durch Erklärung vor einer Behörde, zumal auf obrigkeitliche Aufforderung. III. 386. — 8) Provocation wegen novi operis nunciatio nicht begründet. V. 78. — 9) Provocatio ex lege Diff. nicht bedingt durch Bedrohung mit einer Civilklage. VIII. 195. — 10) Die Provocation nur statthaft bei Berühmung eines bestimmten

Anspruchs. XII. 109. — 11) Ueber die Zulässigkeit der Provocation wegen Berühmung von bedingten und betagten Ansprüchen. VI. 92. XI. 313. — 12) Zulässigkeit der Provocation zur Erhebung einer dinglichen Klage. XII. 214. XVII. 188. XX. 277. — 13) Bedingungen der Provocation zur Erhebung einer dinglichen Klage. Ueber Erforderniß einer Bescheinigung des Besitzes auf Seiten des Provocanten. XII. 214. — 14) Aufforderung zur Erhebung der Eigenthumsklage. Bescheinigung des Besitzes erforderlich. V. 79. VIII. 194. — 15) Aufforderung zur Eigenthumsklage bei streitigem Besitze. V. 79. — 16) Provocation wegen Protestation gegen Hypothekenbuchseinträge. II. 236. — 17) Provocation wegen Berühmung einer Servitut. IX. 113. XIX. 283. — 18) Provocatio ex lege Diffamari wegen Verläumdungen. V. 80. — 19) Provocation wegen ehrenkränkender Aeußerungen zwischen Ehegatten unstatthaft. XIV. 137. — 20) Eine provocatio ad agendum begründet keine Rechtshängigkeit für den geltend zu machenden Anspruch. XI. 302. — 21) Beendigung des Provocationsverfahrens erst mit Entscheidung über den Rechtsanspruch. VIII. 333. — 22) Wirkung der Androhung ewigen Stillschweigens bei Abweisung mit der angestellten Klage. Anstellung einer verbesserten Klage. XVIII. 74. — 23) Ist die provocatio ex lege Diffamari gegen die Erben des Diffamanten statthaft? II. 235. VI. 93. — 24) Ist die dem Provocaten angedrohete Verwirkung des Präjudices gegen die Erben desselben auszusprechen? II. 235. — 25) Klagstellung eines Ausländers in Folge einer Provocation. Verpflichtung desselben zur Leistung der cautio pro expensis. XII. 315. — 26) Berufungssumme. XV. 171. — 27) Provocationen mittelst Edictalladungen s. oben S. 298.

V. Rechnungsproceß.

1) Gerichtsstand. XI. 183a. — 2) Privatrechtliches Verhältniß des Gemeinderechners zur Gemeinde. Streitigkeiten über seine Verwaltung und Rechnung gehören vor die Gerichte. XI. 297. — 3) Klage auf Rechnungsstellung. Verschiedenheit des durch selbige eingeleiteten Processes von dem Verfahren, in welchem die Richtigkeit der Rechnung festzustellen ist. I. 274. V. 83. — 4) Zur Ableistung eines allgemeinen Specificationseides ist der Rechnungssteller nicht verbunden. V. 81. — 5) Das obervormundschaftliche Decisionsverfahren ist kein Rechnungsproceß. XIX. 201. — 6) Rechnungsproceß. Verwerfung zu allgemein gefaßter Erinnerungen in angebrachter Maße. V. 82.

VI. Besitzstreit.

1) Häufung des Besitz- und Rechtsstreites. Petitorium absorbet possessorium. III. 227. V. 66. VI. 90. XVIII. 120. — 2) Uebergang von dem possessorium zum petitorium. V. 311. — 3) Fallenlassen des

mit einem spruchreifen possessorium cumulirten petitorium. VI. 290. — 4) Petitorische Einreden im Besitzstreit. III. 228. — 5) Zeugenbeweis im jüngsten Besitzprocesse. XII. 108. — 6) Nachweis des Besitzstandes oder einer Besitzmodalität durch testes singulares. VI. 68. — 7) Eideszuschiebung über den Besitz. VIII. 184. XII. 211. XVIII. 275. (S. 436). — 8) Appellationssumme in Besitzprocessen. VIII. 200. — S. ferner über possessorium ordinarium, summariissimum und Spolienklage oben Civilrecht S. 37—40.

VII. Edictalproceß.

S. oben S. 298 „Edictalladungen."

Hauptstück 9.

Von den Rechtsmitteln.

I. Berufung.

A. Zulässigkeit der Berufung im Allgemeinen. 1) Zeitpunkt, nach welchem die Zulässigkeit der Appellation zu beurtheilen ist. XII. 326. XIII. 197. — 2) Ungerechtes Interlocut. Berufung des Gegners des Verletzten. III. 111. 232. XIX. 88. — 3) Unstatthaftigkeit der Appellation (und überhaupt processualischer Rechtsmittel) gegen richterliche Bestätigung eines Vergleichs in Urtheilsform. XV. 264. — 4) Unzulässigkeit der Berufung von Seiten des Beklagten, welcher der Klage keinen Widerspruch entgegengesetzt, vielmehr mit dem Begehren des Klägers sich einverstanden erklärt hat. III. 233. — 5) Ueber Statthaftigkeit der Berufung gegen sogenannte Purificationserkenntnisse. XVIII. 75. — 6) Der Cridar ist zur Appellation gegen das Prioritätserkenntniß nicht befugt. VII. 207. — 7) Gegen ein Erkenntniß, durch welches dem schuldigen Theile eine Beschränkung der Wiederverheirathung nicht auferlegt ist, steht dem Gegner über diesen Punkt keine Berufung zu. I. 379. — 8) Zulässigkeit der Berufung, wenn nur eine Beschwerde einen appellabeln Gegenstand betrifft. IX. 227. — 9) Bei einem proceßleitenden Decret bringt die Beifügung von Entscheidungsgründen keine Appellabilität mit sich. IV. 189. — 10) Die Zulässigkeit der Beschwerde gegen eine proceßleitende Verfügung (Verwerfung eines Zeugen) hängt davon ab, ob der Oberrichter seinerseits eine Verfügung treffen kann, ohne die Materie des Rechtsstreites einer Beurtheilung zu unterziehen, und ohne durch Aeußerung seiner Ansicht über die Sache selbst der Unabhängigkeit des Unterrichters in Beurtheilung derselben zu nahe zu treten. XV. 265. — 11) Eingehen des Oberrichters in die Materialien bei unstatthaftem Rechtsmittel. IV. 190. — 12) Unzulässige Berufung. Materiell eingehende Refutationsschrift. Kostenpunkt. X. 313.

B. Berufungssumme. 1) Prüfung von Amtswegen, ob die Appellationssumme vorhanden sei. II. 343. — 2) Durch Verabredung der Parteien in Beziehung auf die Berufungssumme wird die Appellabilität nicht bewirkt. VIII. 201. — 3) In welchem Zeitpunkte muß die Berufungssumme vorhanden sein? Reduction des Streitgegenstandes durch Verzicht des Appellaten. Tod des Appellanten. XII. 326. XIII. 197. — 4) Veränderung mit dem Streitgegenstande während des Processes. Ueberbauen des streitigen Platzes. XV. 90. — 5) Nichteinrechnung des gütlich Erledigten, sowie neuer erst in jetziger Berufung aufgestellter Forderungen. VI. 98. — 6) Unzulässige Beschwerden kommen bei der Berechnung der Appellationssumme nicht in Betracht. I. 302. — 7) Gegenstand und Interesse der Beschwerde. III. 236. — 8) Nichteinrechnung der mitgeforderten Vertragszinsen. XIV. 78. — 9) Einrechnung von Früchten und Zinsen in den Betrag einer Erbmasse behufs Herstellung der Berufungssumme. III. 235. — 10) Appellabilität bei Grenzstreitigkeiten. XIX. 202. — 11) Berufungsfähigkeit des Streitgegenstandes, wenn er sich in keinen zuverlässigen Geldanschlag bringen läßt. Kirchenstuhl. XIII. 73. — 12) Rechtsstreit zwischen Miether und Vermiether, den Umfang der Verpflichtungen des Letzteren betreffend. XIII. 299. — 13) Berufungsfähigkeit bei Entschädigungsansprüchen von ungewissem Betrage. X. 111. — 14) Berufungssumme bei Schadensersatzansprüchen. Nachweis derselben. Richterliches Ermessen. III. 133. — 15) Appellabilität, wenn es sich von einem nach richterlichem Ermessen zu bestimmenden Quantum handelt. IV. 188. — 16) Appellabilität bei Forderung eines eidlichen Inventars über ein Vermögen. XIX. 203. — 17) Streit über Servituten. Abschätzung. VI. 293. — 18) Aestimatorische Injurienklage. II. 111. — 19) Berufungssumme bei alternativen Leistungen. XV. 92. — 20) Anfechtung eines Vertrages wegen laesio enormis. V. 87. — 21) Berechnung der Appellationssumme nach dem Interesse. Streit über Wiederkaufsrecht. X. 112. — 22) Ist die Statthaftigkeit der Berufung gegen ein Prioritätsurtheil von dem Bestande der Activmasse abhängig? IX. 355. XI. 107. XIII. 305. — 23) Appellationssumme bei Pfandklagen. XV. 91. XIV. 266. — 24) Berufungssumme bei Retractsklagen. XI. 315. — 25) Appellationssumme in Besitzprocessen. VIII. 200. — 26) Einwendung der Rechtswohlthat der Competenz. XIX. 204. — 27) Klagen auf Rechnungsstellung. XIII. 300. — 28) Berufungssumme in Provocationssachen. XV. 171. — 29) Berufungssumme im Arrestprocesse. XII. 328 — 30) Präparatorische Klagen. I. 301. — 31) Berufungssumme bei Zwischenklagen. XVIII. 76. 283. — 32) Berufungssumme in Bezug auf Adhäsion. III. 238. — 33) Berufungssumme im Falle der Auflegung einer Proceßkostencaution. XIII. 70. — 34) Berufungssumme nicht durch den unmittelbaren Werth des Gegenstandes der Klage, aber durch die Bedeutung des der Entscheidung unterliegenden Rechts erreicht. Geltendmachung eines dinglichen Rechts durch eine Einrede der erhobenen Schadensersatzklage gegenüber. XIII. 72. — 35) Berufungssumme bei einem Erkenntnisse über Compensation. III. 234. VI. 97. XII. 327. — 36) Berufungssumme, durch das Interesse über den zunächst streitigen Gegenstand nicht erreicht. Höheres Interesse in Betracht kommend. VII. 134. — 37) Einklagung einer die Berufungssumme nicht erreichenden Schuld gegen den angeblichen Erben. Richterliche Anerkennung der Passivlegitimation. Berufungssumme aus dem Gesichtspunkte eines Präjudizes für andere Rechtsstreitigkeiten nicht zu berechnen. XII. 216. — 38) Berufungssumme, wenn in Folge der Einrede der Theilung der Kläger, unter Vorbehalt der Nachforderung im Falle der Zahlungsunfähigkeit der Mitschuldner, seinen Anspruch auf die entsprechende Rate beschränkt hat. XIII. 71. — 39) Klagen aus einem Bannrecht, welches bestritten wird. Appellabilität mit Rücksicht auf die Gerechtigkeit selbst. XV. 171. — 40) Berechnung der Appellationssumme bei lehnherrlichen Ansprüchen. X. 110. — 41) Berufungssumme bei periodischen Leistungen. X. 109. — 42) Wiederkehrende Leistungen. Streit über Handlohn bei einer Besitzveränderung. I. 299. — 43) Klage wegen verfallener Zehnten. Bestreitung der Zehntpflicht überhaupt von Seiten des Beklagten. VIII. 334. — 44) Berufungssumme, wenn der auf Zahlung von Zinsen gerichteten Klage gegenüber die Capitalschuld bestritten ist. XIII. 298. — 45) Berufungssumme in Alimentensachen. I. 300. III. 237. — 46) Berechnung der Berufungssumme in Rechtsstreitigkeiten über Leibrenten. II. 237. — 47) Zusammenrechnen der Con- und Reconventionssumme in Bezug auf die Appellationssumme. XVII. 190. XIX. 205. — 48) Zusammenrechnung des Betrages der beiderseitigen Beschwerden. II. 342. — 49) Bildung der Appellationssumme durch Zusammenrechnen verschiedener Streitobjecte. III. 234. — 50) Zusammenrechnung bei objectiver Klagenhäufung. VIII. 199. 336. — 51) Ist bei subjectiver Klagenhäufung Zusammenrechnung der Streitgegenstände zulässig? XV. 248. Vgl. V. 65. X. 111. — 52) Vereinigung mehrerer Gläubiger im Concurse zur Bestreitung eines Vorzugsrechts. Die Appellationssumme nach den einzelnen Forderungen zu berechnen. I. 399. IV. 198. S. 319. — 53) Annahme der Berufungssumme aus Rücksicht auf das Streitinteresse nicht appellirender Streitgenossen. VI. 96. — 54) Zusammenrechnung bei getrennt verhandelten Processen gegen Streitgenossen. XI. 314. — 55) Kein Zusammenrechnen erkannter Executionsstrafen gegen Streitgenossen. VI. 99. — 56) Bescheinigung der Berufungssumme durch Eid. II. 238. — 57) Nichtigkeitsbeschwerde gegen ein oberstrichterliches Erkenntniß, welches bei fehlender Berufungssumme erlassen worden, nicht begründet. VI. 106. — 58) Nachgesuchte Restitution gegen die Annahme der Berufungssumme. XVIII. 196. — 59) Zurückweisung der Appellation wegen Mangels der Berufungssumme für den eingeklagten Theil einer Schuld. Keine Rechtskraft des früheren Erkenntnisses für eine später das ganze Recht verfolgende Klage. VIII. 335.

C. Instanzenzug und Verfahren. 1) Instanzenzug. Appellation gegen die Entscheidung eines von dem Obergerichte committirten Untergerichts an das committirende Obergericht. IX. 234. — 2) Berufungsförmlichkeiten. Reihenfolge bei Prüfung derselben. II. 240. — 3) Rechtsirrthum des Anwalts als Restitutionsgrund bei Versehen in Appellationsförmlichkeiten. VIII. 340. — 4) Versäumniß der Berufungsfrist, von dem Gegner stillschweigend nachgesehen. IX. 228. — 5) Versäumniß der Berufungsfrist. Restitution Minderjähriger von dem an der Versäumung schuldigen Vormund nachgesucht und brevi manu bewilligt. IV. 191. — 6) Ueber das Erforderniß der Angabe der Beschwerden bei Einwendung der Appellation gegen Beiurtheile, welche die Kraft des Endurtheils nicht haben. VI. 294. XIV. 188. — 7) Ausspruch des Unterrichters auf die Einlegung der Berufung. XIX. 86. — 8) Zulässigkeit einer erst in zweiter Instanz vorgenommenen Vereinigung zur Streitgenossenschaft. XIII. 198. — 9) Streitgenossenschaft selbstständig begründet durch die Gemeinsamkeit der Rechtsvertheidigung des Beklagten und des Intervenienten in zweiter Instanz. XX. 263.

D. Verzicht auf die Berufung. 1) Verzicht des Anwaltes auf die eingelegte Berufung. Widerruf von Seiten der Partei. Eidesauflage über Mißverständniß. IV. 193. — 2) Verzicht des Anwaltes auf die eingelegte Berufung. Erforderniß eines Specialmandats. IV. 269. VI. 103. — 3) Restitution der Partei gegen den Verzicht des legitimirten Anwalts auf die eingelegte Berufung. XV. 268. — 4) Berufungsverzicht eines Streitgenossen. VIII. 338. — 5) Verzicht auf eine selbstständig ergriffene Berufung kein Hinderniß für die Adhäsion. XII. 217. — 6) Zahlung zur Abwendung der Hülfsvollstreckung enthält keine Anerkennung des Urtheils. X. 119.

E. Von neuem Vorbringen in der Berufungsinstanz. 1) Beachtung eines nachträglichen Vorbringens in zweiter Instanz, wenn der Gegner, ohne Widerspruch in formeller Hinsicht, sich darauf eingelassen hat. II. 341. — 2) Beneficium novorum. Durch bloßes neues Vorbringen kann die Appellation nicht begründet werden. XI. 201. — 3) Ausschluß des beneficium novorum, wenn die neuen Thatumstände dem Appellanten nur durch eigene grobe Schuld unbekannt geblieben sind. XIX. 87. — 4) Beschränkung des beneficium novorum.

Angebrachtermaßen abgewiesene Klage. VI. 102. — 5) Zulässigkeit des Vorbringens neuer Behauptungen in Beziehung auf einen Vermuthungsbeweis. III. 130. — 6) Unstatthaftigkeit der erst in der Berufungsinstanz vorgeschützten Einrede der Theilung. XIII. 185. — 7) Deflorationsklage. Unstatthaftigkeit des erst in der Berufungsinstanz geltend gemachten Einwandes, daß die Klägerin sich früher Anderen preisgegeben habe. XV. 267.

F. Wirkungen der Berufung. Suspensiveffect. Devolutiveffect. Adhäsion. Berufungsurtheil. 1) Rechtsmittel gegen Arrest oder provisorische Verfügungen haben keinen Suspensiveffect. XII. 215. — 2) Der Unterrichter ist zur Zeugenabhörung zum ewigen Gedächtnisse befugt, auch wenn gegen seine Erkenntniß bereits Berufung eingewandt worden ist. XI. 307. — 3) Ausspruch des Unterrichters über Suspensiv- und Devolutiveffekt hindert die Berufung nicht. XIX. 86. — 4) Umfang des Devolutiveffektes der Appellation. Beschränkung auf die erhobenen Beschwerden. XIV. 80. XVIII. 79. XX. 6. — 5) Umfang des Devolutiveffectes. Eventuelle Eideszuschiebung. XX. 93. — 6) Devolutiveffect. Eventueller Klaggrund. IV. 82. — 7) Appellation gegen ein wegen mangelhafter Sachlegitimation des Klägers abweisendes Erkenntniß. Devolvirung auch der Hauptsache an den höheren Richter. VI. 100. — 8) Devolutiveffect. Aufleben der in zweiter Instanz gestellten eventuellen Beschwerde. II. 112. — 9) Berücksichtigung einer Einrede in der oberen Instanz nach Zulassung der in der unteren Instanz verworfenen Klage. VIII. 204. — 10) Restitutionsgesuch gegen ein ungünstiges Erkenntniß bei dem erkennenden Richter und zugleich Appellation an den höheren Richter. Vorzug des devolutiven Rechtsmittels. II. 113. — 11) Unzulässigkeit der Adhäsion wegen Unzulässigkeit der Appellation. II. 345. — 12) Bei Zulässigkeit der Appellation in Beziehung auf die Appellationssumme ist eine Summe für die Adhäsion nicht erforderlich. III. 238. — 13) Durch die Einwendung eines selbstständigen Rechtsmittels oder der Principaladhäsion und durch Verzicht auf selbstständig ergriffene Berufung wird die accessorische Adhäsion nicht ausgeschlossen. XII. 217. XVI. 267. — 14) Adhäsion in dritter Instanz. XIV. 80. XVIII. 79. — 15) Beschränkung der Adhäsion auf die von dem Appellanten angefochtenen oder mit diesen untrennbar zusammenhängenden Entscheidungspunkte. XVIII. 78. XIX. 284. — 16) Adhäsion bei Verschiedenheit der Beschwerdepunkte hinsichtlich desselben Beweissatzes zulässig. VIII. 203. — 17) Unstatthafte Adhäsion. Kostenpunkt. XI. 305. — 18) Umfang des oberrichterlichen Amts bei Collision zwischen älteren und neueren Proceßgesetzen im Laufe des Rechtsstreits. XV. 72. XVII. 284. Vgl. XII. 193. — 19) Umfang des oberrichterlichen Amts in Beziehung auf die Parteianträge und die Zulassung des Gehörs. II. 340. — 20) Oberrichterliches Amt bei mangelhafter Ausführung einer gegründeten Beschwerde. IV. 192. XV. 263. — 21) Cognitionsbefugniß des Obergerichts über Gerichtspolizeifragen. VIII. 209. — 22) Wirksamkeit der Appellation eines Streitgenossen für den Anderen. VI. 96. VIII. 202. IX. 230. — 23) Rechtskraft der die Appellation abweisenden Decrete. IX. 229. — 24) Verpflichtung des Oberrichters, bei Prüfung der Appellation auch den von dem Unterrichter zu Ungunsten des Appellaten verworfenen Rechtsgrund in Betracht zu ziehen, wenn der Appellat durch den unterrichterlichen Urtheilssatz nicht beschwert ist. XIV. 189. — 25) Oberrichtliches Amt bei obwaltender partieller Rechtskraft. III. 232. — 26) Unstatthaftigkeit der reformatio in pejus. Aufrechthaltung einer unbegründeten Klage bei Beruhigung des Beklagten in diesem Punkte. X. 315. — 27) Wie weit die reformatio in pejus für zulässig zu erachten. XX. 91. — 28) Reformatio in pejus. Annahme einer accessorischen Adhäsion von Amtswegen, wenn der Appellationslibell zur Gegenerklärung nicht mitgetheilt wird. Const. 39 de appellat. (7, 62). I. 303. — 29) Reformatio in pejus. Gänzliche Abweisung des in erster Instanz nur vorläufig abgewiesenen Klägers, wenn der Beklagte sich in diesem Punkte beruhigt hat. III. 239. XIII. 74. — 30) Richteramtsbefugniß, offenbar resultatlose Processe abzuschneiden. Ausübung dieser Befugniß in der Oberinstanz ist keine reformatio in pejus. XVI. 153. — 31) Obergerichtliche Befugniß, auf ein nicht verhandeltes Minder zu erkennen. V. 235. VIII. 337. — 32) Rechnungsfehler, von dem durch selbigen Benachtheiligten in höherer Instanz nicht angefochten. X. 316. — 33) Oberrichterliches Amt in Normirung des Eidessatzes. I. 377. XI. 195. XII. 98. 99. 102. XV. 88. 168. — 34) Amtspflicht des Appellationsrichters, überflüssige Eide zu beseitigen. Reformatio in pejus und ultra petitum in dieser Beziehung. II. 239. VII. 127. XII. 103. 218. XX. 92. 267. 270. — 35) Uebergehen einer vorgebrachten Replik in dem Beweis der Einrede zulassenden Erkenntnisse. Berufung des Klägers schlechthin auf Verwerfung der Einrede gerichtet. Oberrichterliches Erkenntniß auf Beweis der Replik. XIV. 190. — 36) Urtheil auf Klag- und Einredebeweis unter Nichtbeachtung einer vorgeschützten Replik. Berufungsantrag des Klägers, auf Verurtheilung des Beklagten, eventuell auf Aenderung des Einredebeweissatzes gerichtet. Darf der Oberrichter auf Beweis der Replik erkennen? XV. 93. — 37) Durch Verwerfung von Appellationsbeschwerden, in welchen Nullitäten geltend gemacht worden sind, werden die Nichtigkeitspunkte als solche zugleich erledigt. III. 241. — 38) Wiederaufhebung des eine Klage ohne vorgängiges Verfahren abweisenden Decrets durch den Oberrichter. Wirkung derselben in Beziehung auf fernere Beurtheilung der Klage. I. 381. — 39) Eingehen in die Materialien bei Verwerfung eines unstatthaften Rechtsmittels. IV. 190. — 40) Zurückweisung einer Sache an die vorige Instanz bei abändernden Erkenntnisse. I. 304. III. 231. IV. 82. 270. X. 317. XI. 202. XIV. 106 a. E. XVIII. 80. XIX. 89. — 41) Keine Verurtheilung des Appellaten in die Kosten der Berufungsinstanz. XIX. 191. — 42) Gänzliche oder theilweise Compensation der Berufungskosten. I. 380. X. 313. 318.

G. Oberberufung. 1) In wie fern ist das Drei-Instanzen-Recht bundesverfassungsgemäß gewährleistet? XIII. 297. — 2) Oberberufung bei Gleichförmigkeit zweier Erkenntnisse ausgeschlossen. Erforderniß der Conformität in der eigentlichen Entscheidung. Conformität in den Entscheidungsgründen. III. 210. — 3) Definitive Klagabweisung in erster, Abweisung wie angebracht in zweiter Instanz, keine Conformität. XIV. 79. — 4) Unzulässigkeit der Geltendmachung einer in zweiter Instanz nicht erhobenen Beschwerde in dritter Instanz. XIV. 80. XV. 93. XVIII. 79. — 5) Adhäsion der Gegenpartei in dritter Instanz. XIV. 80 a. E. und Note I. XVIII. 79. — 4) Devolutiveffect in dritter Instanz. Wiederaufleben der in zweiter Instanz außer Erwägung gebliebenen eventuellen Berufungsbitten des damaligen Appellanten. II. 112. — 5) Verwerfung der Einrede des unzuständigen Gerichtes in den Entscheidungsgründen des die Klage in der Hauptsache abweisenden, von dem Beklagten nicht angefochtenen Erkenntnisses erster Instanz. Abänderung zu Gunsten des Klägers. Geltendmachung der exceptio fori in dritter Instanz unzulässig. XVIII. 181. — 6) Vorläufige Entbindung des Beklagten in erster Instanz. Auf Berufung des Klägers Verurtheilung des Beklagten in zweiter Instanz. Definitive Abweisung des Klägers in dritter Instanz. XIII. 74. — 7) Ausdehnung der oberstrichterlichen Entscheidung auf die seit dem angefochtenen Urtheile verfallenen Leistungen. XVI. 77. — 8) Zurückweisung der Sache an das committirte Untergericht in dem Oberberufungserkenntnisse über einen in der Executionsinstanz hervorgetretenen Incidentpunkt. Oberstrichterliches Ermessen dabei. XVIII. 81.

H. Extrajudicialberufung s. unten IV. S. 363.

II. Restitution.

A. Allgemeines. 1) Restitution ist nur ausnahmsweise ungebeten zu ertheilen; Restitutionsverjährung nicht von Amtswegen zu berücksichtigen. XVIII. 56. — 2) Erforderniß einer erheblichen Verletzung. XIV. 206. — 3) Erforderniß, daß die Verletzung nicht in eigener Schuld des Verletzten ihren Grund habe. X. 268. XII. 330. — 4) Restitution wegen neuen Vorbringens nicht zu gewähren bei grober Nachlässigkeit hinsichtlich des Nichtwissens. VI. 295. XV. 175. — 5) Verspätete Benutzung der Fahrpost zur Beförderung einer Proceßschrift.

XIV. 267. — 6) Bei der allgemeinen ehelichen Gütergemeinschaft kann die Ehefrau gegen Proceßversäumnisse des Ehemanns Restitution nicht begehren. XVI. 226. — 7) Unstatthaftigkeit eines Restitutionsgesuchs gegen den Präclusivbescheid in einer Concurssache oder gegen das Locationserkenntniß nach Vertheilung der Concursmasse. VIII. 217. XI. 207. — 8) Berechnung des Anfangs des quadriennium restitutionis. Zeitpunkt des Eintritts der Läsion bei processualischen Versäumnissen. X. 320. — 9) Competenz für die Restitution. X. 319. XIX. 90. 285. — 10) Eidliche Bekräftigung des Restitutionsgrundes. VI. 298. — 11) Restitution in höherer Instanz gesucht, wenn die Sache ohnehin durch Appellation an das Obergericht devolvirt war. II. 347. — 12) Kosten der Restitutionsverhandlung. Kostencompensation ausnahmsweise erkannt. VIII. 305. — 13) Erneuerung eines verworfenen Restitutionsgesuches. XIV. 83.

B. Restitutionsgründe. a. Irrthum. 1) Entschuldbarkeit des Irrthums. I. 382. VII. 293. — 2) Rechtsirrthum als Restitutionsgrund im heutigen Rechte. XIX. 91. — 3) Gesetzunkunde eines Ausländers als Restitutionsgrund. VI. 298. — 4) Rechtsirrthum. Restitution wegen Unkenntniß eines Particulargesetzes. XI. 203. — 5) Rusticitas, fragilitas sexus. XV. 173. — 6) Rusticitas. IX. 232. Vgl. XV. 267. — 7) Rechtsunwissenheit einer Frau als Restitutionsgrund. VI. 297. — 8) Restitution wegen Zustellung eines Decrets an die rechtsunkundige Partei und nicht an den von ihr aufgestellten Anwalt. XV. 174. — 9) Unzulässigkeit der Restitution gegen Eideszurückschiebung wegen ermittelter neuer Thatsachen. Irrthum in den Beweggründen. XVI. 166.

b. Minderjährigkeit. (Fiscus. Kirche. Milde Stiftungen.) 1) Proceß zwischen der Mutter und dem außerehelichen Erzeuger eines Kindes über die der Ersteren zugesicherten Alimente für das Kind. Versäumniß der Mutter. Restitution im Interesse des Kindes. XI. 43. — 2) Restitution Minderjähriger, von dem an der Versäumung einer Berufungsfrist schuldigen Vormunde nachgesucht und von kurzer Hand bewilligt. IV. 191. — 3) Restitution Minderjähriger in Processen über selbstständig von ihnen abgeschlossene Dienstcontracte. XX. 94. — 4) Die Restitution Minderjähriger gegen gerichtliche Geständnisse von dem Beweise der Unrichtigkeit des Anerkenntnisses nicht bedingt. XVIII. 197. — 5) Anfangspunkt der Restitutionsfrist für Minderjährige. I. 270. VIII. 10. XI. 204. XIV. 191. — 6) Anfangspunkt der Restitutionsfrist für Kirchen und milde Stiftungen. III. 191. XI. 204. — 7) Restitution wegen Minderjährigkeit dem Fiscus zustehend. Anfang der Restitutionsfrist. III. 191. X. 320. XIV. 191. — 8) Geltendmachung von Nova im Wege der Restitution. Befreiung des Minderjährigen und des demselben rechtlich Gleichstehenden von der Verbindlichkeit zur Ableistung des Restitutionseides. XIII. 200.

c. Verschulden des Advocaten (Proceßprocurators) als Restitutionsgrund. 1) Umfang und Beschränkung dieses Restitutionsgrundes. XIX. 92. — 2) Restitution wegen Versehens des Anwalts. Erforderniß eigener Schuldlosigkeit. VI. 296. XII. 330. — 3) Nur wegen Versehens eines von dem Staate approbirten Sachführers wird Restitution ertheilt. III. 188. XII. 330. XIII. 201. — 4) Beschränkung der Restitution ob culpam advocati auf versäumte Proceßfristen. III. 188. IX. 232. XII. 329. Vgl. XV. 268. XIX. 92. — 5) Restitution gegen das Versäumniß einer Proceßfrist wegen Versehens eines Privatbevollmächtigten der Partei. XVIII. 284. Vgl. III. 188. — 6) Subsidiarität der Restitution wegen Versehens des Anwalts. XVII. 191. — 7) Restitution wegen Fristversäumniß. Erklärung des Sachwalters über seine Verschuldung. XVIII. 82. — 8) Rechtsirrthum des Anwalts bei Versehen in Förmlichkeiten als Restitutionsgrund. VIII. 340. — 9) Das Anführen überhäufter Advocaturgeschäfte ist zur Begründung eines Restitutionsgesuches nicht ausreichend. I. 278. — 10) Versagte Restitution gegen instructionswidrige Zurückschiebung eines deferirten Eides durch den Sachwalter. XVIII. 83. — 11) Verschulden des Rechtsbeistandes bei Abschließung eines Vergleichs kein Restitutionsgrund. XIX. 286.

C. Restitution gegen rechtskräftige Erkenntnisse. 1) Verhältniß der Restitution gegen rechtskräftige Erkenntnisse zur Appellation. I. 385. — 2) Restitution gegen ein Erkenntniß wegen Nova in Verbindung mit früheren Behelfen. I. 386. — 3) Restitution nachgesucht auf Grund von Protokollen in Adhibentacten, welche dem Restitutionsuchenden bisher unbekannt und in dem entschiedenen Processe unberücksichtigt geblieben sind. Verwerfung des Restitutionsgesuches wegen Mangels der erforderlichen Nova und wegen schuldhafter Unkenntniß. XV. 175. — 4) Restitution gegen ein die Berufung wegen Mangels der Berufungssumme zurückweisendes Erkenntniß ex capite novorum. XIII. 71 a. E. — 5) Restitution gegen einen fälschlich geschwornen Schiedseid. II. 114. — 6) Nachgesuchte Restitution gegen Annahme der Berufungssumme, nachdem bereits reformatorisch erkannt worden. XVIII. 196. Vgl. VI. 106. — 7) Keine Restitution gegen Erkenntnisse ex clausula generali. X. 113. — 8) Restitution gegen Erkenntnisse wegen Irrthums nachgesucht. X. 114. — 9) Competenz für die Restitution gegen rechtskräftige Erkenntnisse. X. 319. Vgl. II. 347. — 10) In welcher Form ist das Gesuch um Restitution gegen rechtskräftiges Urtheil anzubringen? IV. 194. — 11) Decret, durch welches ein Restitutionsgesuch ex capite novorum zugelassen wird, als proceßleitende Verfügung ohne Präjudiz fur die Entscheidung über die gesuchte Restitution. I. 381. — 12) Instanzenzug bei Restitutionsgesuchen gegen ein rechtskräftiges Urtheil. XV. 176. — 13) Gesuch um Restitution gegen ein Beweiserkenntniß. Hemmung des Laufes der Beweisfrist. XIII. 288. — 14) Suspensivwirkung des Gesuchs um Restitution gegen ein verurtheilendes Erkenntniß. VIII. 205. — 15) Cumulation der Restitution mit der Appellation. II. 113. — 16) Restitution wegen unterlassenen Antrags auf Actenversendung und dadurch herbeigeführten Verlustes einer Instanz, nach rechtskräftigem Oberappellationsgerichts-Erkenntnisse von dem Fiscus nachgesucht bei dem Richter der vorigen Instanz. XIX. 285. — 17) Restitution gegen Desertions-, Präclusiv- und Contumacialerkenntnisse nach den über Restitution gegen versäumte Fristen geltenden Grundsätzen zu beurtheilen. (Zulassung ex clausula generali.) I. 383. II. 346. V. 88. X. 117.

D. Restitution gegen versäumte Fristen. 1) Entschuldbarkeit der Versäumnisse. I. 382. (383.) — 2) Restitution gegen die Versäumung einer Frist wegen der lateinischen Sprache der Präclusionsandrohung. VIII. 339. — 3) Restitution wegen unverschuldeten Nichtempfanges einer zur Zeit der Abwesenheit insinuirten Ladung. XVII. 289. — 4) Restitution gegen den Ablauf der Beweisfrist wegen Auffindens neuer Beweismittel. VI. 105. — 5) Anwendung des Verbots weiterer Zeugenvernehmung nach eröffnetem Zeugenrotulus auch auf nachgesuchte Restitution zur Abhörung neu aufgefundener Zeugen. XV. 255. — 6) Unzulässigkeit der Restitution wegen neu aufgefundener Zeugen nach Eröffnung des Zeugenrotulus und nach einem von dem Gegner bereits geleisteten Erfüllungseide. IX. 231. — 7) Wenn im Wege der Restitution neue Beweismittel beigebracht werden, so können dagegen auch solche Beweismittel, welche für den Gegner keine Nova sind, benutzt werden. XIII. 289. — 8) Restitution im Concurse wegen Versäumung einer Beweisfrist, nach erlassenem Locationserkenntnisse ertheilt. V. 88. — 9) Beneficium novorum in der Appellationsinstanz, wenn um Wiedereinsetzung in den vorigen Stand gegen Ablauf der Beweisfrist nachgesucht worden. XI. 201. — 10) Restitutionsgesuch gegen Versäumniß des Appellationsfatale mit der nachträglich eingebrachten Berufung verbunden. Zuständigkeit des Appellationsrichters. XIV. 268. — 11) Restitution gegen Fristversäumnisse bei Pönalklagen. X. 115. — 12) Restitution gegen Präclusion in Folge von Edictalladungen in Erbschaftsangelegenheiten. X. 117. — 13) Restitution gegen Fristversäumnisse für eine Concursmasse nachgesucht. Unanwendbarkeit der restitutio minorum. V. 98. X. 116. 327. — 14) Restitutionsgesuch wegen einer durch den Anwalt verschuldeten Versäumung der Nichtigkeitsklage gegen ein Erkenntniß des obersten Gerichts. Welchem Gerichte steht die Entscheidung darüber zu? XIX. 90. — 15) Vierjährige Frist auch bei processualischen Versäumnissen. XIV. 191. —

— 16) Erforderniß, daß die versäumte processualische Handlung mit dem Restitutionsgesuche sofort nachgeholt werde. V. 89. — 17) Zulässigkeit des Nachsuchens der Restitution gegen Fristversäumniß durch den säumigen Anwalt. VI. 104.

E. Restitution gegen gerichtliche Geständnisse und Anerkennungen. 1) Restitution gegen gerichtliches Geständniß wegen Irrthums. VII. 293. — 2) Restitution gegen ein in Folge Eidesverweigerung angenommenes Geständniß, wegen Unkenntniß des Gesetzes (ex clausula generali). XV. 173. Vgl. XI. 204. — 3) Nachgesuchte Restitution gegen Annahme der zuvor nicht bestrittenen Appellationssumme nach erlassenem reformatorischen Erkenntnisse. XVIII. 196.

F. Restitution gegen Verzicht auf eingelegte Appellation. Verzicht durch den zu selbigem legitimirten Anwalt, aber gegen seine Instruction. Restitution der Partei unter der Bedingung eidlicher Erhärtung der Mandatswidrigkeit des Verzichts. XV. 268. Vgl. IV. 193.

III. Nichtigkeitsbeschwerde.

1) Nichtigkeit eines Erkenntnisses der höheren Instanz, weil bei demselben ein Richter der früheren Instanz thätig war. XVIII. 77. — 2) Perhorrescenz des Richters. Wirkung derselben auf das fernere Verfahren. Hypothetische Nichtigkeit. XVIII. 47. — 3) Nichtigkeit eines Erkenntnisses wegen mangelnder vorgängiger ordnungsmäßiger Abstimmung. IX. 233. — 4) Frauen als Procuratoren. Keine Nichtigkeit des Verfahrens. XX. 70. — 5) Mangel in der Befähigung zur Praxis bei dem Procurator kein Nichtigkeitsgrund. III. 243. — 6) Nichtigkeit wegen Abänderung in zweiter Instanz ohne Gehör des Appellaten. Wirkung einer mit der desfälligen Nichtigkeitsbeschwerde verbundenen Appellation. II. 348. — 7) Nichtigkeit einer separaten Entscheidung über die Forderung eines Concursgläubigers vor dem allgemeinen Prioritätserkenntnisse. XVI. 168. — 8) Keine Nichtigkeitsbeschwerde gegen provisorische Verfügungen. VI. 101. — 9) Nullität eines gerichtlichen Verfahrens wegen fehlerhafter Insinuation der Ladung. Erscheinen des Beklagten im Termine zur Publication des Urtheils ohne Erhebung eines Einwandes gegen die Fehlerhaftigkeit der Ladung und unterlassene Einwendung der Appellation. Ratihabitio tacita? IV. 195. — 10) Unbegründete Aberkennung der Proceßlegitimation kein Nichtigkeitsgrund. XV. 266. — 11) Auflegung des Beweises bereits erwiesener Thatsachen kein Nichtigkeitsgrund. XV. 172. — 12) Eidesleistung bei unterlassener Beiladung des Gegners nichtig. IV. 267. — 13) Urtheil auf Grund eines Eides, zu dessen Leistung der Gegner des Schwörenden nicht geladen war. XIV. 263. — 14) Nichtigkeitsbeschwerde gegen ein oberstrichterliches Erkenntniß,

weil es bei fehlender Berufungssumme erlassen worden. VI. 106. — 15) Nach rechtskräftiger Verwerfung des von einer früheren res judicata hergenommenen Einwandes oder Rechtsmittels findet eine Nichtigkeitsbeschwerde wegen Verstoßes contra rem judicatam nicht statt. VI. 107. — 16) Materielle Verstöße im Inhalt eines Erkenntnisses als defectus ex substantialibus processus aufgefaßt. Unrichtige Auffassung und mangelhafte Würdigung eines factischen Parteivorbringens kein Nichtigkeitsgrund. III. 242. — 17) Unrichtige Berufung auf das römische Recht und unpassende Anwendung eines Ausdrucks keine Rechtsverletzung und kein Nichtigkeitsgrund. III. 299. — 18) Nichtigkeit eines Urtheils, durch welches ein Rechtsmittel aus einem unrichtigen Proceßgrundsatz als nichtig verworfen wird. XII. 219. — 19) Nichtremission an die frühere Instanz in Betreff der von dieser nicht gewürdigten eventuellen Punkte keine Nichtigkeit. XI. 202 a. E. — 20) Entscheidung auf Grund unrichtiger interpretatio facti keine Nichtigkeit. XIV. 126 a. E. 131. (S. 212.) — 21) Widerklage zum Behuf einer Urtheilsanfechtung wegen wahrheitswidriger Eidesleistung. X. 321. — 22) Ein Erkenntniß, welches auf die bestritten gewesene Aechtheit einer Urkunde gebaut ist, kann nicht aus diesem Grunde als nichtig angefochten werden. VII. 135. — 23) Erkennen contra jus in thesi als Nichtigkeitsgrund. V. 90. VIII. 206. — 24) Nichtigkeit eines Erkenntnisses wegen Nichtbeachtung eines Gewohnheitsrechts. XIII. 75. — 25) Von Amtswegen erkannte Nichtigkeit. VI. 299. — 26) Keine Hemmung des Laufes der Beweisfrist durch Beschwerde wegen unheilbarer Nichtigkeit. Zu Clement. 1 de sent. et re judicata. (2, 11.) XIII. 288. — 27) Bedingungen des Suspensiveffects der Nullitätsquerel. IV. 271. — 28) Form, in welcher ein Urtheil als nichtig angefochten werden kann. Statutencollision. XI. 205. — 29) Gültigkeit eines in einem Compromisse enthaltenen Verzichts auf die Nichtigkeitsbeschwerde. VIII. 207. — 30) Verzicht auf die Nichtigkeitsbeschwerde durch Zustimmung zu einem Urtheile. XIII. 199. (Vgl. IV. 195.) — 31) Appellation und Nichtigkeitsbeschwerde über dieselben Punkte. Durch Verwerfung der Appellationsbeschwerden ist zugleich die Nichtigkeitsbeschwerde beseitigt. III. 241. — 32) Restitution wegen Versäumung der Nichtigkeitsbeschwerde gegen ein Erkenntniß des obersten Gerichts. XIX. 90. — 33) Nichtigkeitsbeschwerde gegen einen Zuschlagsbescheid wegen mangelnder Uebereinstimmung des Ausgebots mit dem Proclam. XV. 269. — 34) Anfechtung einer landesherrlich verfügten Ehescheidung als nichtig in einer Erbschaftsklage. Mangelnde Zuständigkeit zu richterlicher Aburtheilung. XI. 206.

IV. Extrajudicialberufung. Einfache Beschwerde und Remonstrationen.

1) Fälle der Extrajudicialberufung in Sachen der freiwilligen Gerichtsbarkeit. II. 241. — 2) Rechtsmittel Curatelbestellung betreffend. VIII. 208. — 3) Kein Beschwerderecht der Verwandten eines bisher Bevormundeten wider die Curatelaufhebung. XV. 229. — 4) Gegen die Verweigerung obervormundschaftlicher Genehmigung eines von dem Vormunde abgeschlossenen Contracts steht nur diesem, nicht dem Mitcontrahenten, ein extrajudicielles Rechtsmittel zu. XIX. 241. — 5) Richterliche Bestätigung eines Vergleiches in Urtheilsform. Anfechtung nur mittelst einer Rescissionsklage möglich. XV. 264. — 6) Beschwerden gegen eine Entscheidung in Streitigkeiten über Verwaltung einer Concursmasse. I. 305. — 7) Beschwerdeführung gegen Abweisung von der Gerichtsschwelle. Extrajudicialappellation des kanonischen Rechts. Beschwerde über verweigertes rechtliches Gehör nicht begründet. VI. 108. — 8) Beschwerde wegen Verwerfung eines Zeugen. XV. 265. — 9) In der Incompetenzerklärung liegt kein Grund zu einer Beschwerde über Justizverweigerung. V. 85. — 10) In welchen Fällen Beschwerde über verweigerte Justiz stattfindet. II. 242. — 11) Justizverzögerungs-Beschwerde. Begründung derselben. II. 243. — 12) Remonstration, insbesondere gegen oberstrichterliche Beschlüsse. Zulässigkeit derselben. II. 244. — 13) Remonstration und Recurs gegen Disciplinarstrafen. II. 245.

V. Recurs an die Bundesversammlung.

1) Stattfinden des Recurses an die Bundesversammlung gegen Verfügungen der Landes-Administrativbehörden. I. 387. — 2) Zur Auslegung des Art. 14 der deutschen Bundesacte und des Art. 63 der Wiener Schlußacte. XV. 74.

Hauptstück 10.

Liquidations- und Executionsinstanz.

I. Liquidationsinstanz.

1) Die sogenannte Liquidationsinstanz bei Entschädigungsansprüchen. V. 315. XIV. 269. XV. 215 a. E. — 2) Nachweisung des accessorisch verfolgten Anspruchs auf Schadensersatz in einer besonderen Liquidationsinstanz XII. 307. Vgl. XIV. 119. Note 1. — 3) Umwandlung der Klage auf Vertragserfüllung in die auf Leistung des Interesses. Vorbehalt einer Liquidationsinstanz. XVIII. 50. — 4) Verweisung der Retentionseinrede des Erbschaftsbesitzers gegen die hereditatis petitio in das Liquidationsverfahren. XII. 49. — 5) Ersatzansprüche wegen

Verwendungen auf eine vindicirte Sache. Unstatthaftigkeit eines Vorbehalts des Betrages und dessen näherer Begründung für das Liquidationsverfahren. XII. 199.

II. Executionsinstanz.

1) Zahlung zur Abwendung der Hülfsvollstreckung enthält keine Anerkennung des Urtheils. X. 119. — 2) Execution in Folge gerichtlichen Eingeständnisses. II. 351. — 3) Actio judicati nach heutigem Rechte. XVII. 192. XX. 190. — 4) Actio judicati im römischen Rechte. Das heutige Executionsgesuch keine selbstständige neue Klage. XVI. 268. — 5) Requisition der Vollziehung eines Erkenntnisses. Prüfungsrecht des requirirten Richters. I. 113. XVI. 269. — 6) Actio judicati gegen einen Inländer auf Grund eines im Auslande erlassenen Erkenntnisses angestellt. XI. 104. — 7) Vollstreckung ausländischer Erkenntnisse. VII. 263. VIII. 341. XVI. 269. — 8) Collision von Proceßgesetzen bei Vollstreckung eines fremdrichterlichen Erkenntnisses. IV. 144. — 9) Jurisdictionsvertrag zwischen zwei Staaten, durch welche die gegenseitige Vollstreckbarkeit rechtskräftiger Erkenntnisse bestimmt ist. Unbedingter Zahlungsbefehl, von einem Gerichte des einen Staats erlassen. Antrag auf Hülfsvollstreckung bei einem Gerichte des anderen Staates. Statutencollision über die Frage, ob unbedingte Zahlungsbefehle den Urtheilen gleich zu achten. XII. 220. — 10) Arrestverfügung eines ausländischen Richters gegen einen Inländer. Statutencollision über die Frage der Zuständigkeit. XV. 177. — 11) Incidentstreit in der Executionsinstanz. Verfahren. XVIII. 81. — 12) Collision polizeilicher Verfügungen mit richterlichen Erkenntnissen. I. 298. — 13) Prorogatio fori im Executionsverfahren. IX. 77. — 14) Litisreassumtion im Executionsverfahren. VI. 110. — 15) Intervention im Executionsverfahren. IX. 76. — 16) Competenzwohlthat in der Executionsinstanz geltend zu machen. I. 395. — 17) Beneficium competentiae wird nicht von Amtswegen zuerkannt. II. 248. — 18) Executionsstrafen gegen Streitgenossen. Unstatthaftigkeit des Zusammenrechnens behufs der Appellationssumme. VI. 99. — 19) Vollstreckung provisorischer Verfügungen. III. 131. — 20) Verfahren zur Beitreibung festgesetzter Kosten. I. 287. — 21) Voraussetzungen der Hülfsvollstreckung gegen den Käufer, welcher verurtheilt wurde, das Kaufgeld gegen Erfüllung der Verbindlichkeit des Käufers zu bezahlen. IV. 186. — 22) Vollstreckung eines Erkenntnisses auf Quittungsertheilung. IX. 115. — 23) Zwangsvollstreckung wegen eines Erkenntnisses auf Rückkehr eines Ehegatten. VII. 133. IX. 42. XX. 230. — 24) Richterliche Verfügung nach erfolglos angewandten Zwangsmitteln wegen böslicher Verlassung. III. 67. XVII. 55. — 25) Folge der verweigerten Urkundenedition bei der präparatorisch angestellten Editionsklage. XVIII. 274. — 26) Schuldhaft als

Executionsmittel unzulässig gegen Frauenspersonen und bei der Rechtswohlthat der Competenz. I. 297. — 27) Kein Anspruch der Gläubiger auf Befriedigung aus Alimenten des Schuldners. V. 84. — 28) Execution auf Herausgabe einer Quote an körperlich untheilbaren Erbschaftssachen. XX. 234. — 29) Ueberweisung einer Wechselforderung im Wege der Execution. XVI. 70. 140. — 30) Gerichtliche Verweisung des Gläubigers auf Forderungen seines Schuldners steht nicht der Zahlung gleich. XIII. 221. — 31) Concession zur Anlage einer Mühle an einem öffentlichen Flusse, ob Gegenstand der Hülfsvollstreckung? XVIII. 198. — 32) Ein Synagogenstand ist kein zulässiges Executionsobject. XIII. 301. — 33) Der Handlungsfonds eines Gesellschafters als Executionsobject. XIV. 82. (S. 115. 116.) — 34) Verurtheilung eines Waldeigenthümers zur Lieferung einer Quantität Holz. Executionsmodus. XIV. 270. — 35) Recht der Gläubiger eines Fiduciars, dem ein Recht auf den Pflichttheil und die Trebellianische Quart zusteht, auf Execution in den Gegenständen des Fideicommisses. III. 354. — 36) Pfändung von Sachen im Hause des Schuldners. Praesumtio Muciana. XI. 316. XIX. 155. — 37) Die Pfändung einer von dem Eigenthümer bereits verkauften Sache ist nicht bloß im Falle noch nicht beschaffter Uebergabe, sondern auch dann wirksam, wenn der Kaufpreis noch nicht bezahlt war. XII. 8. — 38) Gerichtliche Verkäufe zum Zwecke einer Theilung geben den Hypothekgläubigern kein Recht, auf diesem Wege ihre Befriedigung zu verlangen. IV. 187. — 39) Subhastation. Wie lange und wodurch kann sie von dem Schuldner abgewendet werden? Pflichten des Subhastationsrichters. Mängel an den Erfordernissen gerichtlicher Subhastation hindern den Eigenthumsübergang. XI. 118. — 40) Unförmliche Subhastation. Wiefern ist der Käufer als malae fidei possessor anzusehen? XI. 119. — 41) Erforderniß der Uebereinstimmung des Ausgebots mit der öffentlichen Bekanntmachung bei der Zwangsversteigerung. Richtigkeit des Zuschlags im gegentheiligen Falle. XV. 209. — 42) Nicht jede Verspätung in der Eröffnung des Verkaufstermins berechtigt zur Anfechtung des ertheilten Adjudicationsbescheides. XII. 110. — 43) Die Licitanten müssen in dem Bietungstermine ihre Zahlungsfähigkeit nachweisen. XII. 221. — 44) Rechtsverhältniß des Erstehers bei der Zwangsversteigerung. VI. 109. — 45) Eigenthumserwerb durch Adjudication gepfändeter und versteigerter beweglicher Sachen ohne Tradition. XIX. 17. — 46) Zwangsverkauf wegen Hypothekschuld bei einer nach Begründung des Pfandrechts constituirten Auszug- und Einsitzberechtigung. XIV. 214. — 47) Erlöschung des Pfandrechts durch öffentlichen Zwangsverkauf der Pfandsache. XVIII. 215. — 48) Heranziehung eines zwischen zwei Gläubigern streitigen Pfanderlöses zur Concursmasse. XVIII. 286. — 49) Die Ertheilung eines Moratoriums hindert nur die Execution, nicht die Durchführung des Processes. XIV. 84. — 50) Stundungsvertrag. Von der auf Gesuch um Vermittelung eines solchen zu erlassenden Vorladung der Gläubiger. VI. 300. — 51) Zulässigkeit des Manifestationseides bei fehlendem Executionsobjecte. VII. 342. XV. 178. — 52) Actio Pauliana außer dem Concurse. XVI. 171. XVIII. 86. — Execution in Wechselsachen. s. oben S. 241. B.

Hauptstück 11.

Zwischenhandlungen.

I. Zwischenhandlungen der Richter betreffend.

A. Perhorrescenz des Richters — s. oben S. 277 E.

B. Actenversendung — s. oben S. 277 F.

II. Zwischenhandlungen die Parteien betreffend.

A. Intervention, Litisdenunciation, Adcitation, nominatio auctoris — s. oben S. 282—283 H. J. K.

B. Reassumtion des Processes — s. oben S. 283 L.

III. Zwischenhandlungen das Verfahren betreffend.

A. Cautionen — s. oben S. 281.

B. Beweisführung zum ewigen Gedächtnisse — s. oben S. 310.

C. Urkundenedition, Actenadjunction — s. oben S. 330. 331.

D. Provisorische Verfügungen. 1) Anordnung eines Provisoriums. Rücksichtnahme auf den geringeren oder größeren Nachtheil der einen oder der anderen Partei. XV. 179. — 2) Verhältniß zwischen Provisorium und Hauptsache. III. 244. — 3) Verpachtung der Streitsache während des Processes. Provisorium. III. 202. — 4) Provisorische Verfügung zur Erhaltung der Integrität des Streitgegenstandes. XIX. 93. — 5) Kanonisches Verbot der Neuerungen. Berechtigung des Richters zu vorbeugenden Maßregeln. XVIII. 270. — 6) Collision von Eheprätendenten. Steht das von dem Einen erwirkte inhibitorium de non copulando der Klagstellung des Anderen und der Verurtheilung der Beklagten zur Ehelichung desselben entgegen? XII. 311 — 7) Auflage zur Sicherheitsstellung wegen zu besorgender Mißhandlung bei der Klage des Ehemannes gegen seine Ehefrau auf eheliche Folge. XVI. 54. — 8) Separation und Alimentation im Ehescheidungsverfahren. VIII. 272. XI. 156. XIII. 263. — 9) Anspruch der Ehefrau auf provisorische Trennung wegen Ehebruchs des Ehemannes. Cap. 4. X. de divortiis. XIV. 143. — 10) Provisorium wegen der Alimente in Ehescheidungs- und Ehenichtigkeitsprocessen. VIII. 271. XIII. 39. — 11) Provisorium wegen der Alimentirung der Ehefrau in dem

Gante des Ehemannes. XIV. 87. — Ueber Arrestverhängung s. oben Hauptst. 8. III. S. 348.

E. Andere Fälle. 1) Vertragserfüllung im Laufe des Processes. XVI. 149. — 2) Antrag auf Auslieferung einer mit der Klageschrift übergebenen Waarenprobe vor entschiedener Hauptsache. VIII. 172. — 3) Zulassung von Beweisen neben dem Hauptbeweisverfahren. XVII. 293. — 4) Eideszuschiebung als Bescheinigungsmittel in einem Zwischenverfahren. Verweigerung des Eides ohne Präjudiz für die Hauptsache. XVIII. 276. — 5) Wechselklage. Verurtheilung und Immission; dann Antrag auf Rückgabe des Wechsels aus den Acten. XVII. 91. — 6) Incidentstreit in der Executionsinstanz. Verfahren. XVIII. 81.

Hauptstück 12.

Von dem Concurse der Gläubiger.

I. Statutencollision.

1) Concurseröffnung. Auswärtiges Gantgericht. XIV. 194. 220. — 2) Rechtliche Wirkung der von einem ausländischen Gerichte erkannten Präclusion eines Gläubigers. Beurtheilung derselben nach den ausländischen Gesetzen. VIII. 109. — 3) Statutencollision betreffend die Priorität im Concurse. VI. 1. S. 2. XI. 4. XIII. 230. XIV. 271. — 4) Collision der Gesetze verschiedener Staaten, das Pfandrecht im Concurse betreffend. XVII. 111.

II. Universal- und Particularconcurs.

1) Concurs von einem auswärtigen Gerichte erkannt. Particularconcurs über das inländische Vermögen im Interesse der inländischen Gläubiger. XIV. 194. S. 332. — 2) Beneficium seperationis der Erbschaftsgläubiger. Insolvenz der Erbschaft; Solvenz des Erben. XV. 37. Note 1. — 3) Concurs über die innerhalb des Gerichtsbezirkes befindliche Vermögensmasse bei nicht zu ermittelndem allgemeinen Gerichtsstande des Wohnsitzes. XVII. 193.

III. Rechtliche Folgen des Concurses.

A. Rechtliche Folgen in Bezug auf den Gemeinschuldner. 1) Dispositionsunfähigkeit in Folge Concurseröffnung. Auswärtiges Gantgericht. Statutencollision. XIV. 194. — 2) Wirkung des Concursausbruches auf das Vermögen des Schuldners. VI. 113. — 3) Ausbruch des Concurses gegen Mitglieder einer Erwerbsgesellschaft. V. 91. XX. 243. — 4) Anstellung einer Klage gegen den Gemeinschuldner während des Concursprocesses. VI. 118. — 5) Von der Concurseröffnung an können keine Verzugszinsen mehr anfangen. XIII. 306. — 6) Der Lauf der Verzugszinsen wird durch den Ausbruch des Concurses nicht gehemmt. VI. 117. — 7) Befreiung von der Schuldhaft durch cessio bonorum. Voraussetzung des unverschuldeten Vermögensverfalles. XIV. 88. — 8) Durch die Eröffnung des Concurses gegen den Wechselschuldner werden der Wechselproceß und die Personalhaft ausgeschlossen. XIV. 156. Note 1. XX. 171. — 9) Hemmung der Wechselverjährung durch die Eröffnung des Concurses gegen den Wechselschuldner. XX. 177. — 10) Der Wechselacceptant zur Verfallzeit des Wechsels im Concurse. Erforderniß der Präsentation zur Zahlung (bei dem Acceptanten selbst) wie der Protestaufnahme. XIV. 56. XVII. 276. — 11) Der Domiciliat zur Verfallzeit des Wechsels im Concurse. Protesterhebung. XIV. 57. — 12) Verpflichtungsfähigkeit, insbesondere Wechselfähigkeit eines Cridars. XIV. 156. XV. 52. — 13) Befugniß und Legitimation des Cridars, Ausstände einzuklagen. III. 215. XVIII. 285. — 14) Einfluß des Concurses des Ehemannes auf das Klagrecht der Ehefrau bei allgemeiner Gütergemeinschaft. XVII. 198. — 15) Befugnisse des Cridars in Bezug auf die Verwaltung des Concurscurators. VIII. 216. — 16) Theilnahme des Gemeinschuldners an der Proceßführung des Massecurators. XVIII. 84. — 17) Dem Cridar ist in dem Streite mit den Concursgläubigern über die Frage, ob die von ihm während des Concurses erworbenen Güter zur Masse zu ziehen sind, persona standi in judicio nicht abzusprechen. VI. 114. — 18) Der Cridar ist zur Appellation gegen das Prioritätserkenntniß nicht befugt. VII. 267. — 19) Unzulässigkeit einer Vertretung von Gläubigern durch den Cridar. III. 246. — 20) Verpflichtung des Cridars zum Manifestationseide, auch wenn gegen ihn wegen Güterverschleppung eine Criminaluntersuchung angestellt worden ist. VII. 266. — 21) Geständnisse des Cridars im Concurse. XII. 222. — 22) Der Gemeinschuldner als Zeuge benannt. VII. 124 — 23) Rechtskraft der in dem Concurse gefällten Urtheile für den Cridar. I. 398. — 24) Keine Wohlthat der Competenz hinsichtlich des während des Concurses erworbenen zur Concursmasse gezogenen Vermögens. I. 149. — 25) Ueber den Anspruch des Cridars auf Alimente aus der Concursmasse. XX. 95. — 26) Wiederaufhebung des Concurses vor Erlaß des Concursproclams. XVIII. 85. — 27) Sachlegitimation des Cridars zur Einklagung von Activen nach Beendigung des Concurses. VI. 113. — 28) Der Cridar bleibt Eigenthümer der Concursmasse, bis diese unter die Gläubiger vertheilt ist. VI. 304. — 29) Activlegitimation des Cridars zur Eigenthumsklage nach Beendigung des Concurses. XVIII. 201. — 30) Unzulässige Anfechtung eigener von dem Gemeinschuldner während des Concursverfahrens eingegangener Vereinbarungen (in fraudem creditorum) nach Wiederaufhebung des Concurses. IX. 262.

B. Concursmasse. 1) Vorbehalt des Eigenthums an einem verkauften Waarenlager. Vindication der später hinzugekommenen Waaren. XIII. 308. — 2) Eisernviehvertrag. Vindication auf die neu angeschafften Stücke sich erstreckend. VII. 283. — 3) Wer ist Eigenthümer des an den Käufer tradirten Kaufgegenstandes, wenn die für den Kaufpreis bedungene Sicherheit nicht geleistet worden? XI. 120. XV. 201. — 4) Hingabe an Zahlungsstatt an den negotiorum gestor des Gläubigers. Ausbruch des Concurses über das Vermögen des Schuldners vor der Ratihabition des Gläubigers. XV. 223 — 5) Ein gerichtlich hinterlegter Erlös aus dem Verkauf eines Faustpfandes ist nicht zur Concursmasse zu ziehen. II. 355. — 6) Ein zwischen zwei Gläubigern streitiger Pfanderlös ist nicht zur Concursmasse zu ziehen. XVIII. 286. — 7) Von dem Gemeinschuldner schon vor dem Gantausbruche cedirte künftige Pachtgelder. XIII. 77. — 8) Künftige Nutznießungserträgnisse und Pensionsbezüge des Cridars. XV. 270. — 9) Sind die von dem Cridar während des Concurses erworbenen Güter zur Concursmasse zu ziehen? I. 149. VI. 112. (118.) IX. 238. X. 322. XIX. 287. — 10) Wenn von zwei Handlungsgesellschaftern Einer in Concurs geräth, so kann die Masse seinen Antheil an dem Gesellschaftsvermögen nur in einer den Werth derselben darstellenden Geldsumme erhalten. XX. 243. — 11) Betreibung eines Geschäftes von Seiten des Ehemannes auf eigenen Namen mit den unter seiner Verwaltung stehenden Geldern der Frau. Keine Verpflichtung der Concursmasse zur Cession der auf das Geschäft bezüglichen Forderungen. XI. 22. Vgl. VI. 37. — 12) Verfahren bei Herbeiziehung der zu einer Concursmasse gehörigen, im Besitze dritter Personen befindlichen Gegenstände. X. 120.

13) Adventitien im Concurse des Vaters. Uebergang des Nießbrauchs auf die Concursmasse. Alimentation der Kinder. V. 296. — 14) Verbindlichkeit der Gantmasse eines Leibzüchters zur Ausstattung der Kinder. I. 80. — 15) Streitigkeiten über die Verwaltung der Concursmasse. Entscheidung des Gerichts kraft der ihm zustehenden Oberleitung der Verwaltung. Extrajudicialbeschwerde. I. 305. — 16) Verkauf von Massegütern ohne Versteigerung. I. 400. — 17) Reassumtion des Processes durch die Fallitmasse einer Proceßpartei. XX. 185. — 18) Die restitutio minorum findet auf Concursmassen keine Anwendung. X. 116. 327. — 19) Eine Concursmasse kann das Armenrecht nicht ansprechen. II. 353.

C. Rechtliche Folgen des Concurses in Ansehung der Gläubiger:

a. in Ansehung einzelner Gläubiger. 1) Von der Concurseröffnung an können keine Verzugszinsen anfangen. X. 323. XIII. 306. — 2) Der Lauf der Verzugszinsen wird durch den Ausbruch des Concurses nicht gehemmt. VI. 117. — 3) Der Beginn des Laufes der von dem Wechselregreßpflichtigen nach Art. 50 der Wechselordnung geschuldeten Zinsen wird durch den Concurs nicht gehemmt. XX. 260. — 4) Verzinsung der in dem Concurse des Ehemannes liquidirten Dotalforderung. XVIII. 25. — 5) Wechselproceß und Wechselarrest werden durch die Eröffnung des Concurses gegen den Wechselschuldner ausgeschlossen. XIV. 156. Note 1. XX. 171. — 6) Hemmung der Wechselverjährung durch Eröffnung des Concurses. XX. 177. — 7) Anwendbarkeit der Grundsätze über Proceßverjährung auf eine in einem Concurse angemeldete Forderung. XVI. 4. — 8) Pönalclausel wegen Verlust der Kündungsfrist und wegen Zinsenerhöhung im Falle nicht pünktlicher Zinsenzahlung. Geltendmachung derselben im Concurse. XVII. 194. — 9) Protesterhebung gegen den zur Verfallzeit im Concurse befindlichen Wechselacceptanten, als Bedingung des Wechselregresses. XIV. 56. XVII. 276. — 10) Befriedigung eines Wechselgläubigers bei den über das Vermögen seiner mehreren Schuldner aus demselben Wechsel neben einander eröffneten Concursen. XVI. 71. — 11) Einfluß der Präclusion einer Forderung in dem Concurse des einen Correalschuldners auf den Anspruch gegen den anderen Correalschuldner. XX. 21. — 12) Einfluß der versäumten Anmeldung einer Forderung im Coucurse des Hauptschuldners auf den Anspruch gegen den Bürgen. VI. 41. VII. 34. (Vgl. XI. 243. XII. 240.) — 13) Einfluß der versäumten Anmeldung einer Forderung im Schuldenwesen des Hauptschuldners auf den Anspruch gegen den Bürgen bei Verzicht auf das beneficium excussionis. XVI. 112. — 14) Wird durch Anhängigkeit eines Concurses gegen den Hauptschuldner an und für sich die Einrede der Vorausklagung aufgehoben? IV. 42. VII. 314. X. 48. XII. 158. — 15) Beschränkung des dem Gläubiger, welchem wegen seiner Forderung mehrere Grundstücke von dem Schuldner solidarisch verpfändet waren, zustehenden Wahlrechts unter den zu seiner Befriedigung zu verwendenden Pfandobjecten im Concurse. XVI. 169. Vgl. VIII. 107. — 16) Aufhören des Retentionsrechts im Concurse. IV. 197. — 17) Ist der Faustpfandgläubiger zur Einlieferung des Pfandes an die Concursmasse verbunden? IV. 197 (Note 1). 273. V. 96. VIII. 212. XIII. 304. XV. 181. — 18) Rechte des Pfandgläubigers im Concurse des Schuldners aus einer ihm verpfändeten und gerichtlich deponirten Obligationsurkunde. VIII. 213. — 19) Cession zur Sicherung einer Forderung. Wirkung derselben in dem Concurse des Cedenten. XIX. 145. — 20) Eigenthumsübertragung zum Zwecke der Sicherung einer Forderung. Rechtliche Wirkung im Concurse des Schuldners. XIX. 122. — 21) Ein gerichtlich deponirter Pfanderlös eines Pfandgläubigers ist nicht an die Concursmasse einzuliefern. II. 355. XVIII. 286. — 22) Ein Auftrag zur Zahlung an einen Dritten wird durch Eröffnung des Concurses gegen den Mandanten aufgehoben. III. 321. — 23) Nach der

Präclusion im Concurse kann ein Gläubiger, welcher bisher nicht aufgetreten ist, sich die von einem Dritten angemeldete Forderung nicht mehr aneignen. XIX. 94. Vgl. VIII. 218. — 24) Succession in die Rechte des besseren Pfandgläubigers. XVI. 200. — 25) Befriedigung eines Concursgläubigers vor Erlassung des Locationserkenntnisses. VIII. 215. (XI. 319.) — 26) Anspruch der Ehefrau eines Gantmannes, deren Vermögen sich in der allgemeinen Gantmasse befindet, auf Alimente aus der Gantmasse. XIV. 87. — 27) Ein Concursprofitent als Cridar in Anspruch genommen. III. 197. — 28) Activlegitimation einzelner Gläubiger zur Proceßführung für die Gantmasse. XII. 223.

b. Rechtliche Folgen des Concurses in Ansehung der Gesammtheit der Gläubiger. — 1) Verhältniß der Gesammtheit der Gläubiger zu der Concursmasse. Keine Universalsuccession derselben in das Vermögen des Schuldners. VI. 304. XVIII. 200. — 2) Vertretung der Gläubiger durch Deputirte. Haftbarkeit der Letzteren einem auftretenden Vindicanten gegenüber. VIII. 211. — 3) Interventionsbefugniß der Concursgläubiger bei Processen des Contradictors. XVII. 197. — 4) Treffen Verluste bei Verwaltung einer Gantmasse die Gläubiger? VI. 304. — 5) Restitution der Gläubiger wegen einer von dem Massecurator versäumten Angabe ex clausula generali. V. 98. — 4) Klage auf Erfüllung des von einem Gemeinschuldner vor Ausbruch des Concurses geschlossenen Vertrages (Verkauf eines Hauses) gegen die Gläubigerschaft. V. 94. — 5) Der Commissionär, welcher von den Concursgläubigern des Committenten auf Auslieferung der für den Cridar gekauften Waare belangt wird, kann verlangen, daß die Gläubiger auch ihrerseits den Contract erfüllen. VI. 116. — 6) Die Concursgläubiger sind an die von dem Gemeinschuldner vorgenommene Verpachtung nicht gebunden. I. 390. VI. 119. 303. XIII. 77. — 7) Berechtigung der Concursgläubiger, die von dem Cridar verpachtete Sache zum Verkaufe zu bringen, auch wenn der Cridar in dem Pachtcontracte dem Verkaufsrechte entsagt hat. VI. 303. — 8) Befugniß der Gläubiger des Verpächters zur Fortsetzung des Pachtverhältnisses. XIII. 77. — 9) Die Gläubiger des in Concurs gerathenen Pächters sind zur Fortsetzung der Pacht gegen den Willen des Verpächters nicht berechtigt. I. 391. VI. 120.

D. Rechtliche Folgen des Concurses in Bezug auf die Schuldner des Cridars. 1) Auftrag zur Zahlung durch Concurseröffnung gegen den Mandanten aufgehoben. III. 321. — 2) Compensation in dem Concurse aus Contractsverhältnissen, welche vor dem Concurse begründet sind. IX. 235. — 3) Compensation im Concurse bezüglich gegenseitiger Ansprüche aus einem Pachtcontracte. IX. 236. — 4) Compensation im Concurse, insbesondere einer Pachtgeldforderung, mit der Forderung auf Vergütung des Mehrwerthes, welchen das Inventar eines dem Cridar verpachteten Guts während der Pachtzeit erlangt hat. VIII. 214. — 5) Klage der Concurscuratoren einer Lebensversicherungs-Actiengesellschaft gegen einen Actionär auf Leistung eines Nachschusses auf seine Actie. Einrede der Compensation wegen einer von dem Actionär als Versicherten eingezahlten Prämie. XIX. 139. — 6) Compensation von dem Schuldner des Cridars auf Grund einer nach Eröffnung des Concurses durch Cession erworbenen Forderung geltend gemacht. XI. 105. XIV. 220. — 7) Compensation mit einer Forderung, welche dem Schuldner eines in Schulden Verstorbenen nach dem Tode des Letzteren, aber vor concursmäßiger Behandlung des Nachlasses cedirt worden. In dieser Hinsicht bestehendes übliches Verfahren als unvernünftige Gewohnheit verworfen. X. 2. Vergl. VIII. 210. — 8) Compensation mit Forderungen, welche vor Ausbruch des Concurses dem Schuldner cedirt, aber erst nach Ausbruch des Concurses fällig geworden sind. II. 117. — 9) Compensation auf Grund einer nach der Concurseröffnung fällig gewordenen Gegenforderung. XV. 119. — 10) Compensation mit noch nicht festgestellten Anwaltsgebühren. VI. 189. — 11) Gant des Commissionärs. Rechtsverhältniß des Committenten. XIV. 231.

E. Rechtliche Folgen des Concurses in Bezug auf den Gerichtsstand. 1) Competenzstreit bei Einleitung des Gantverfahrens gegen eine Erwerbsgesellschaft. III. 374. — 2) Anziehungskraft des Concurses. Dieselbe erstreckt sich bei einem auswärts anhängigen Concurse nicht auf die vor einem einheimischen zuständigen Gerichte anhängigen Processe. I. 389. — 3) Anziehungskraft des Universalconcurses erstreckt sich nicht auf die Güter im Auslande. Forum contractus. Forum arresti. V. 310. — 4) Gerichtsstand in Lehenssachen, wenn über die Güter des Beklagten der Concurs erkannt ist. XI. 301. — 5) Bei einem vor Ausbruch des Concurses erwachsenen Prioritätsstreit bleibt dasselbe Gericht bezüglich dieses Punktes auch nachher noch zuständig. XIV. 85. — 6) Concursgericht bei nicht zu ermittelndem allgemeinen Gerichtsstande des Wohnsitzes. XVII. 193.

IV. Abwendung des Concurses.

1) Beschränkung des Zwangsnachlasses auf den Fall einer insolventen Erbschaft oder Ausdehnung auf andere (alle) Fälle der Insolvenz? X. 249. XI. 320. XVII. 195. — 2) Keine Ausdehnung des Zwanges zu Nachlaßverträgen auf die Antretung einer Erbschaft cum beneficio inventarii. V. 303. — 3) Voraussetzungen und Erfordernisse der Zwangsnachlaßverträge. I. 150. VII. 264. XVII. 195. — 4) Erforderniß einer Ladung sämmtlicher Gläubiger unter Angabe des Zweckes und Androhung des entsprechenden Rechtsnachtheiles. XI. 320. — 5) Edictalladung für Zwangsnachlässe nicht unbedingt nothwendig. Nothwendige Berufung aller bekannten Gläubiger. XVII. 195. —

6) Zwangsnachlaß im Professionstermin. In der Unterlassung vorgängiger Anzeige an die Gläubiger, daß ein Arrangement werde versucht werden, liegt kein Mangel des Verfahrens. XI. 320. — 7) Betheiligung hypothekarischer Gläubiger bei dem Zwangsnachlaßvertrage. XVII. 196. — 8) Erzwungener Nachlaß. Widerspruch eines dissentirenden Gläubigers gegen die Forderung eines die Majorität erbringenden Gläubigers. XIX. 206. — 9) Wirkung der Nachlaßverträge in Beziehung auf das Nachforderungsrecht der Gläubiger. I. 394. — 10) Regreß gegen den Bürgen bei einem erzwungenen Nachlaßvertrag. V. 265. — 11) Stundungsvertrag. Nur monitorische Ladung zulässig. Keine Bewilligung der Stundung bei dem Ausbleiben des größeren Theils der Gläubiger. VI. 300. — 12) Bedingung für den Zwang der Minderzahl bei dem Stundungsvertrage. Sicherstellung vollständiger Erfüllung der Verbindlichkeiten des Schuldners. V. 264.

V. Concurscurator.

1) Beschränktes Dispositionsrecht des Curators in dem heutigen Concurse. XVIII. 200. — 2) Rechtsverhältniß des Concurscurators hinsichtlich des Eigenthums der Concursmasse. XVIII. 201. — 3) Der Concurscurator bedarf zum Behuf der Annahme von Zahlungen nicht der Autorisation der Obercuratel. VI. 122. IX. 241. — 4) Ergänzung der unterbliebenen Wechselunterschrift des Trassanten durch den Curator seiner Concursmasse auf einem mit Accept versehenen Wechselblanquet unzulässig. XII. 65. — 5) Legitimation des Concurscurators zur Geltendmachung der Paulianischen Klage. XIX. 289. XX. 97. — 6) Fortsetzung der Interimswirthschaft durch den Concurscurator. X. 75. — 7) Eigenthum der Concursgläubiger an den Manualacten des Concurscurators. IX. 242. — 8) Restitution der Concursgläubiger ex clausula generali wegen einer von dem Massecurator versäumten Angabe. V. 98. — 9) Befugnisse des Cridars in Beziehung auf die Verwaltung des Curators. Rechnungsmonita. VIII. 216. — 9) Theilnahme des Cridars an der Proceßführung des Massecurators. XVIII. 84. — 10) Geltendmachung einer Auszugsberechtigung im Concurse. Competenztheilung zwischen dem Güterpfleger und dem Contradictor. XVIII. 98. — 11) Haftung der Curatores bonorum einer Fallitmasse dritten Personen gegenüber, mit welchen sie contrahirt haben. VI. 121. — 12) Remotion eines bestellten Concurscurators. I. 401. X. 331. — 13) Endigung der Function des Gütervertreters durch Rechtskraft des Distributionsbescheides. VI. 126. — 14) In wie fern haftet das Concursgericht für Veruntreuungen des Massecurators? I. 85.

VI. Contradictor.

1) Der Cridar kann die Bestellung eines Contradictors verlangen. XVIII. 199. — 2) Befugniß des Contradictors, Rechtsmittel zu er-

greifen. III. 252. — 3) Concurs gegen Eheleute erkannt. Spätere Sistirung des Concurses in Ansehung der Ehefrau. Beschwerdeführung dagegen von Seiten des Contradictors unstatthaft. X. 326. — 4) Competenztheilung zwischen dem Contradictor und dem Güterpfleger. XVIII. 98. — 5) Keine Befugniß des Contradictors zur Geltendmachung der Paulianischen Klage. IX. 356. XIX. 289. — 6) Stellung des Contradictors im Concurse. Assistenz- und Interventionsbefugniß der Gläubiger. XII. 224. XVII. 197. — 7) Eideszuschiebung an den Contradictor. XII. 224. — 8) Restitution für eine Concursmasse von dem Contradictor nachgesucht. X. 327. — 9) Stellung des Contradictors. Mangelnde Befugniß desselben zur Bestreitung der Priorität. VI. 123. X. 325. — 10) Unzulässigkeit der Vertretung einzelner Gläubiger in Prioritätsstreitigkeiten durch den Contradictor. XII. 331. — 11) Mangelnde Legitimation des Contradictors zur Anfechtung von Hypotheken. V. 97. — 12) Legitimation des Contradictors den Vindicanten gegenüber. XII. 226. — 13) Verpflichtung des Contradictors zur Recognition der von dem Cridar mit Kreuzen unterzeichneten Urkunden. VI. 280. — 14) Schwurpflicht des Contradictors. Diffessionseid. VIII. 325. — 15) Remotion eines Contradictors. X. 331.

VII. Separatisten und Massegläubiger.

1) Separationsrecht für persönliche Klagen (aus dem Commodat, Depositum, Mandat). VI. 115. — 2) Separationsrecht für persönliche Klagen. Zurückgabe unbezahlter, nicht auf Credit verkaufter Waaren. XVI. 270. — 3) Separationsrecht des unbezahlten Waarenabsenders hinsichtlich der bei Ausbruch des Concurses noch unterwegs befindlichen Waare. Besseres Recht des Dritten, an welchen der Fallit vor Ausbruch des Concurses das Connossement veräußert oder verpfändet hat. I. 396. (Vgl. I. 8.) — 4) Separationsrecht wegen nicht geleisteter Sicherheit für den Kaufpreis verkaufter Waaren in Anspruch genommen. XI. 120. XV. 201. — 5) Beneficium separationis der Erbschaftsgläubiger. II. 312. XII. 173. XV. 37. — 6) Absonderungsrecht der Gläubiger einer Gesellschaft an dem Gesellschaftsvermögen. VI. 302. — 7) Depositum zur Abwendung des Personalarrestes. Kein Vorzugsrecht des Gläubigers an demselben bei Ausbruch des Concurses. X. 328. — 8) Rechte der Ehefrau an dem in dem Concurse ihres Mannes ihr restituirten Receptizvermögen. XVII. 61. — 9) Papiere auf den Inhaber commodatsweise zur Verpfändung überlassen. Vertauschung der Nummern der verpfändeten Papiere bei Wiedereinlösung durch den Güterpfleger. XVI. 66. — 10) Vindication einer Heerde. VII. 283. — 11) Vindication eines Waarenlagers. XIII. 308. — 12) Vindication der in das Haus des Cridars eingemauerten Brennereigeräthe. XVII. 207. — 13) Vindication von Waaren. Beweis. V. 93. — 14) An-

meldung von Eigenthumsansprüchen im Liquidationstermin. XII. 225. — 15) Separationsrecht des Cessionars in Bezug auf eine vor der Concurseröffnung über das Vermögen des Cedenten ihm cedirte, von dem debitor cessus an die Concursmasse eingezahlte Forderung. XVI. 274. — 16) Separationsanspruch wegen des Voraus bei der Einkindschaft XI. 251.

VIII. Verfahren im Concurse.

A. Vorbereitendes Verfahren. Concurseröffnung. Ladung der Gläubiger. 1) Verfahren wegen vermutheter Ueberschuldung. Vor rechtskräftigem Concurserkenntnisse dürfen in der Detention des Schuldners befindliche, von Dritten als ihnen gehörig in Anspruch genommene Sachen nicht ausgeliefert werden. XI. 317. — 2) Concurseröffnung, nur wegen gegenwärtiger, nicht zukünftiger, und wegen actenmäßiger Forderungen zulässig. VI. 301a. — 3) Inquisitorisches Verfahren bei Eröffnung des Concurses unzulässig. VI. 301 b. — 4) Anfang des Concurses. Kritischer Zeitpunkt. Keine Zurückziehung des Zeitpunktes auf den Tod eines Ueberschuldeten. VIII. 210. Vergl. IX. 236. X. 2. — 5) Dispositionsunfähigkeit in Folge des von einem ausländischen Concursgerichte eröffneten Concurses. XIV. 194. 220. — 6) Verfahren bei Herbeiziehung der zur Masse gehörigen im Besitze Dritter befindlichen Gegenstände. X. 120. — 7) Nothwendigkeit specieller Ladung der bekannten Gläubiger. XIII. 302. — 8) Wiederaufhebung des Concursverfahrens vor Erlaß des Concursproclames. XVIII. 85.

B. Professionstermin. Liquidationsverfahren. 1) Zur Frage, welche Ansprüche in dem Professionstermine anzumelden sind. Anspruch auf Rescission einer Veräußerung. XIII. 303. — 2) Anmeldung von Eigenthumsansprüchen als Sicherungsmittel gegen Veräußerung der fraglichen Sachen. XII. 225. — 3) Anmeldung von Societätsschulden in dem Concurse eines Socius. XI 318. — 4) Zwangsnachlaß im Professionstermin. XI. 320. — 5) Liquidation einer versprochenen Dos im Concurse. Beweislast in Betreff der Zahlungsfähigkeit zur Zeit des Versprechens. I. 397. — 6) Liquidation von Forderungen aus einer Dienstmiethe. IX. 239. — 7) Anspruch auf Fortentrichtung des dem Privatdiener auf dessen Lebenszeit ausgesetzten Gehalts, nachdem der Dienstherr verstorben und über dessen Nachlaß Concurs erkannt worden, sowie auf Sicherheitsleistung wegen Auszahlung der demnächst fälligen und exigibelen Besoldungsraten. X. 330. — 8) Liquidation von Deichrechten. Verwaltungsrechtliche Fragen im Concursverfahren. VIII. 163. — 9) Ansprüche auf Alimentation der Kinder im Concurse des Vaters bei Uebergang des Nießbrauches an den Adventitien auf die Gläubiger. V. 296. — 10) Ansprüche auf vertragsmäßige Alimente im Concurse. VI. 167. X. 324. — 11) Stellung der Liquidanten im

Concurse. Liquidationen über bereits eingeklagte Forderungen. IX. 240. — 12) Verpflichtung des Ausländers zur cautio pro expensis. XII. 315. — 13) Das Concurs-Präclusiv-Erkenntniß steht Intervenienten, welche eine rechtzeitig von einem Anderen liquidirte Forderung für sich in Anspruch nehmen, nicht entgegen. VIII. 218. — 14) Nach der Präclusion im Concurse kann ein Gläubiger, der bisher nicht aufgetreten ist, sich die von einem nicht legitimirten Anderen angemeldete Forderung nicht mehr aneignen. XIX. 94. — 15) Assistenzrecht der Gläubiger in den Processen des Contradictors. Können Erstere verlangen, zur Ableistung von Eiden gelassen zu werden, welche dem Letzteren deferirt sind? XII. 224. — 16) Geständnisse des Cridars im Concurse. XII. 222. — 17) Frühere Geständnisse eines späteren Cridars. XVIII. 68. — 18) Beweiskraft der confessio geminata im Concurse. XVII. 28. — 19) Fähigkeit der Liquidanten zum Zeugnisse in dem Streite gegen andere Liquidanten. XIV. 177. — 20) Unzuständigkeit des Concursgerichts zur Entscheidung über die Richtigkeit öffentlichrechtlicher Forderungen. V. 92. — 21) Rechtskraft der Liquidationserkenntnisse gegen den Cridar. I. 398.

C. Prioritätsverfahren und Locationsurtheil. 1) Bei einem vor Ausbruch des Concurses erwachsenen Prioritätsstreit bleibt dasselbe Gericht bezüglich dieses Punktes auch nachher zuständig. XIV. 85. — 2) Mangelnde Befugniß des Contradictors zur Bestreitung der Priorität. VI. 123. X. 325. — 3) Unzulässigkeit der Vertretung von Gläubigern in Prioritätsstreitigkeiten durch den Contradictor. XII. 331. — 4) Vorzugsrechte im Concurse sind auch im Falle eines Anerkenntnisses von Amtswegen zu prüfen. XIV. 86. — 5) Statutencollision über Priorität. VI. 1. S. 2. XI. 4. XIII. 230. XIV. 271. — 6) Pfandrecht an einem Seeschiff. Statutencollision. XVII. 111. — 7) Anfangspunkt des Pfandrechts bei einer Generalhypothek. XI. 19. XIX. 219. — 8) Anfang des gesetzlichen Pfandrechts der Kinder wegen ihrer Adventitien an dem Vermögen des Vaters. XVIII. 214. — 9) Nach welchem Princip ist ein zur Sicherheit derselben Forderung mit mehreren Specialhypotheken versehener Gläubiger mit Rücksicht auf die dabei betheiligten späteren Pfandgläubiger in dem Concurse des Schuldners aus den verschiedenen Specialhypotheken zu befriedigen? VIII. 107. XVI. 169. — 10) Ueber Priorität der verschiedenen Pfandrechte s. oben „Rechtsverhältnisse des Pfandgläubigers in Concurrenz mit anderen Pfandgläubigern." S. 65—67. — 11) Vorzug der Illaten der Ehefrau. II. 264. 265. — 12) Verzicht der Ehefrau auf Pfand- und Vorzugsrechte III. 53. 54. — 13) Concursprioritat rückständiger Leibgedingsleistungen. VIII. 343. — 14) Vorzugsrecht des Liedlohns. Welchen Personen steht dasselbe zu. III. 309. XII. 257. — 15) Vorzugsrecht des Liedlohns. Anwendung auf Privatsecretäre. Begränzung durch den Tod des Dienstherrn. X. 329. — 16) Location des Erbegeldes. I. 329. XII. 51. — 17) Locirung der Proceßkosten. IX. 237. — 18) Begründete exceptio doli generalis des an sich nachstehenden Gläubigers gegen den an sich vorgehenden. XI. 31. — 19) Verwendung der der Ehefrau des Cridars im Concurse zuerkannten Dotalgelder zur Befriedigung nachstehender Gläubiger, welchen die Ehefrau des Cridars Bürgschaft geleistet hatte. XII. 112. — 20) Befriedigung eines Gläubigers vor Erlassung des Locationsurtheils. VIII. 215. — 21) Eine separate Entscheidung über die Forderung eines Concursgläubigers vor dem allgemeinen Prioritätserkenntnisse ist nichtig. XVI. 168. — 22) Berufungssumme im Concurse. Zusammenrechnen der verschiedenen Ansprüche gemeinschaftlich handelnder Gläubiger unzulässig. I. 399. IV. 198. S. 319. — 23) Ist die Statthaftigkeit einer Beschwerde über ein Prioritätsurtheil von dem Bestande der Activmasse abhängig? IX. 355. XI. 107. XIII. 305. — 24) Der Cridar ist zur Appellation gegen das Prioritätsurtheil nicht befugt. VII. 267. — 25) Wirkung eines abändernden Erkenntnisses des Berufungsgerichtes in Bezug auf die Stellung der übrigen Gläubiger. IV. 198.

D. Distribution der Masse und Beendigung des Concurses. 1) Verkauf der Massegüter. I. 400. — 2) Abschlagszahlungen im Concurse sind zunächst auf die Zinsen abzurechnen. X. 121. — 3) Befriedigung eines Concursgläubigers vor Erlassung des Locationserkenntnisses. VIII. 215. (XI. 319.) — 4) Beendigung des Concurses durch Rechtskraft des Distributionsbescheides. VI. 126. — 5) Unstatthaftigkeit der Restitution nach Vertheilung der Concursmasse. VIII. 217. (XI. 207.) — 6) Condictio sine causa eines Pfandgläubigers gegen einen Anderen, welchem zu viel ausgezahlt worden. XVII. 52. — 7) Sachlegitimation des Cridars zur Einklagung von Forderungen nach Beendigung des Concurses. Zeugniß des Concursrichters über die Beendigung des Concurses. VI. 113. — 8) Activlegitimation des Cridars zur Eigenthumsklage nach Beendigung des Concurses. XVIII. 201.

IX. Nachforderungen.

1) Einklagung von Concurs-, Professions- und Liquidationskosten gegen den ehemaligen Cridar nach beendigtem Concurse. XII. 114. — 2) Nachforderung der in dem Concurse nicht erhaltenen Zinsen. II. 246. — 3) Wegfall des Nachforderungsrechts in Folge eines Vergleichs unter den Concursgläubigern. II. 247. — 4) In wiefern wird durch Nachlaßverträge das Nachforderungsrecht ausgeschlossen? I. 394. — 5) Wiederbelangung des Schuldners nach beendigtem Concurse. Zulässigkeit eines Antrages auf sofortige Execution oder neues processualisches Verfahren? VIII. 106. XIX. 95. — 6) Bedingung und Voraussetzung des Nachforderungsrechtes. Nachweis des Vermögenserwerbes.

XII. 332. — 7) Nachforderungsrecht. Ermessen des Richters hinsichtlich der Vermögensverbesserung. XVI. 170. — 8) Unzulässigkeit des Antrages auf eine Vermögensuntersuchung zur Beseitigung der Berufung auf die Rechtswohlthat der Competenz. XX. 96. — 9) Das beneficium competentiae wird nicht von Amtswegen zuerkannt. II. 248. — 10) Voraussetzungen des beneficium competentiae. Beneficium cessionis bonorum. II. 248. VII. 265. XIV. 88. XIX. 207. — 11) Rechtswohlthat der Competenz. Zusammentreffen alter und neuer Gläubiger. III. 253. — 12) Belangung des Schuldners nach beendigtem Concurse. Verzögerliche Natur der Berufung auf die Rechtswohlthat der Competenz. VI. 127. — 13) Keine Anwendung des beneficium competentiae auf das während des Concurses erworbene zur Concursmasse gezogene Vermögen. I. 149. Vgl. VI. 112. IX. 238. XIX. 287. — 14) Belangung des Schuldners nach erkanntem, aber wegen Mangels einer Activmasse wieder aufgehobenem Concurse. Kein beneficium competentiae. XIX. 208. — 15) Klage gegen den Cridar aus Rechtsgeschäften, welche nach eröffnetem Concurse stattgefunden haben. XVI. 272. — 16) Gegen das durch Compensation geltend gemachte Nachforderungsrecht findet das beneficium competentiae keine Anwendung. XII. 111. XIX. 288. — 17) Rechtswohlthat der Competenz in der Executionsinstanz geltend zu machen. I. 395. — 18) Die Rechtswohlthat der Competenz befreit von der Schuldhaft. I. 297. — 19) Appellabilität bei Einwendung der Rechtswohlthat der Competenz. XIX. 204.

X. Actio Pauliana.

1) Factische Begründung der actio Pauliana. III. 248. — 2) Voraussetzung einer wirklichen Verkürzung der Gläubiger. III. 247. — 3) Verminderung der gesammten Vermögensmasse durch das anzufechtende Geschäft für die actio Pauliana nicht erforderlich. XIII. 78. — 4) Ist erforderlich, daß schon zur Zeit der anzufechtenden Veräußerung eine Insolvenz des Schuldners stattgefunden habe? III. 248. V. 95. — 5) Ist aus dem späteren Concurse schon auf die gleiche Vermögensunzulänglichkeit zur Zeit des angefochtenen Rechtsgeschäftes zu schließen? I. 397. XIII. 307. Vgl. III. 248. — 6) Actio Pauliana in Bezug auf die Dotirung einer Tochter. I. 393. 397. — 7) Die actio Pauliana ist nicht durch Verkauf unter dem Werthe bedingt. XII. 113. — 8) Animus fraudandi. Dolus. III. 249. IX. 356. XII. 227. — 9) Consilium fraudandi. Mitwissenschaft des Erwerbers. VII. 268. — 10) Die Bestimmung in fr. 17. § 1. quae in fraudem creditorum (42, 8) findet auch Anwendung, wenn ein Verschuldeter universas res suas unter der Form eines onerosen Geschäftes, welches für den Erwerber einen entschieden lucrativen Charakter hat, veräußert hat. XVI. 273. — 11) Vermögensabtretung mit Alimentationsvorbehalt. Oneroses oder lucratives Ge-

schäft? Beweislast. XI. 106. — 12) Actio Pauliana in Bezug auf Zahlungen. IV. 272. — 13) In wie fern findet die actio Pauliana auf verfrühete Zahlungen Anwendung? II. 253. IV. 272. 275. 276. — 14) Actio Pauliana bei der datio in solutum. III. 250. IV. 276 a. E. XII. 228. XVIII. 202. — 15) Abgenöthigte datio in solutum. Datio in solutum per gratificationem. VI. 305. — 16) Deckung andringender Gläubiger durch datio in solutum. VI. 125. — 17) Anfechtbarkeit von Zahlungen, welche durch Zwischengeschäfte (Hingabe an Zahlungsstatt und Cession) ausgeführt sind. IX. 356. S. 460. — 18) Actio Pauliana gegen Verpfändungen. I. 392. II. 352. IV. 274. IX. 356. — 19) Actio Pauliana gegen Verpfändungen. Conscientia fraudis auf Seiten des Erwerbers erforderlich, nicht auf Seiten seines Cessionars. Ueber Beweis der Benachtheiligung des Klägers. XX. 98. — 20) Actio Pauliana bei Einräumung von besseren Pfandrechten. VI. 124. — 21) Actio Pauliana gegen eingetragene Hypotheken. II. 116. — 22) Actio Pauliana gegen eingetragene Hypotheken. Einrede früher ertheilter Zusicherung der Ingrossation. XVIII. 287. — 23) Befugniß einzelner Gläubiger, sich der actio und exceptio Pauliana zu bedienen. II. 115. — 24) Legitimation des Verpfänders einer Forderung zur Anstellung der Paulianischen Klage. XV. 6. — 25) Der Contradictor ist zur Anstellung der Paulianischen Klage nicht legitimirt. IX. 356. XIX. 289. — 26) Legitimation des Concurscurators zur Anstellung der actio Pauliana. XIX. 289. XX. 97. — 27) Das durch die Paulianische Klage Erstrittene kommt nur den dieses Rechtsmittels sich bedienenden Gantgläubigern, nicht aber der Gantmasse unmittelbar zu Gute. XIX. 96. — 28) Verbindung der Paulianischen Klage mit der Nichtigkeitsklage wegen Dispositionsunfähigkeit des Verkäufers in Folge Concurseröffnung. Incompatibilität der beiden Klagen. XIV. 237. — 29) Actio Pauliana außer dem Concurse. III. 247. 251. XI. 321. XIII. 202. XV. 180. XVI. 171. XVIII. 86. — 30) Anfangspunkt der Verjährung der Paulianischen Klage. XIX. 290. 291. — 31) Verjährungsfrist bei der actio Pauliana. XVIII. 288.

Alphabetisches Register.

Die römischen Ziffern bezeichnen den Band; die arabischen die Nummern der Artikel.

wird. XIII. 192. — Executivproceß auf Grund beglaubigter Abschrift öffentlicher Urkunden. VII. 259. — Bescheinigung eines Gesuches um Erlassung eines unbedingten Mandats durch Bezugnahme auf Gerichtsacten ohne Beibringung von Abschriften der betreffenden Documente. XI. 103. — Wechselcopie. XII. 72. — Genauigkeit der Abschrift des Wechsels bei dem Wechselprotest. XI. 288. 289. XIII. 120. 175. XX. 179. — Erforderniß der wörtlichen Abschrift aller Wechsel bei einem Proteste bezüglich mehrerer Wechsel. XIII. 176. — Anfechtung eines Wechselprotestes wegen ursprünglichen Mangels der Wechselabschrift. XIII. 174. — Wechselabschrift nicht im Context der Protesturkunde. XIV. 167.

Absender: Ueber das Rechtsverhältniß zwischen dem Absender der Waare und dem Spediteur. II. 286. V. 56. 59. 60. VIII. 76. IX. 128. XV. 48. — Der Absender einer Waare ist im Zweifel nicht berechtigt, einen von dem Spediteur dem Adressaten zu viel angerechneten Speditionsverlag zu condiciren. XVII. 153. — Wer gilt der Post gegenüber als Absender und wen darf diese daher als zum Rückempfang von Briefen und Werthsachen legitimirt ansehen? VI. 60. — In wie fern haftet der Absender für die dem Schiffer zur Last fallende Verspätung einer Waarensendung? I. 205.

Absendungsort: ist dieser oder der Empfangsort als Erfüllungsort anzusehen? IV. 91.

Absicht: der Rechtsausübung bei Besitz (und Ersitzung) von Servituten. V. 255. XIV. 14. 211. XV. 108. 185. 205. XX. 210. 211. — Rechtsausübungsabsicht bei Ersitzung einer Wegegerechtigkeit Seitens einer Gemeinde. XX. 212. — Beweis der Rechtsausübungsabsicht bei Ersitzung discontinueller Servituten. XIX. 216. — Begründung des Quasibesitzes einer Servitut und Ersitzung derselben durch Absicht der Eigenthumsausübung. XVII. 14. XX. 19. — Anpreisung des Kaufobjectes in betrügerischer Absicht. XVIII. 237. — Bei Lieferungsgeschäften über Staats- und Creditpapiere ist im Mangel eines verabredeten Lieferungstages anzunehmen, daß die Absicht beider Contrahenten auf sofortige Erfüllung gerichtet sei. XVI. 65. — Beweis über die Absicht, seinen Nachbar durch einen Bau zu chikaniren. X. 222. — Novation ohne ausdrückliche Erklärung der hierauf gerichteten Absicht. VI. 175. 262. — Unverbindliche Aeußerung der Schenkungsabsicht. IX. 288. — Voraussetzung, unter welcher die Absicht der Contrahenten zum Beweise gestellt werden kann. XVI. 101. XX. 79. — Eideszuschiebung über die Absicht einer Partei bei einem Vertrage. XIV. 260. — Auslegung eines Testaments nach der Absicht des Testators. XVII. 150. XIX. 165. — Beweisauflage über die Absicht des Testators. IV. 163. V. 196. IX. 182. XVII. 163. XVIII. 59. — Beweis der Absicht des Testators gegen den klaren Wortlaut

XVI. 212. — Betheiligung an eines Andern Einzeichnung zu einem Actienunternehmen. Gesellschaft zum Kaufe oder Verkaufe. Verpflichtungen des Mandatars. X. 45. — Haftung des Principals aus der von dem Bevollmächtigten dem Käufer versprochenen Garantie für das Erträgniß verkaufter Actien. XX. 156. — Recognoscibilität gedruckter Actien und Coupons. XIV. 72.

Actiengesellschaft, Actienverein, s. oben S. 228. C.

Actienunternehmen: Betheiligung an der Einzeichnung eines Anderen zu einem solchen. Societät oder Mandat? Verpflichtungen des Mandatars. X. 45. — Zusicherung bei Einladung zur Actienzeichnung. III. 91.

Actio ad exhibendum: Begründung derselben in Bezug auf die Bezeichnung des zu Exhibirenden. IX. 38. — Ueber das Recht, seine Bienenschwärme auf fremdem Grund und Boden einzufangen. Actio ad exhibendum. VIII. 49. — Actio ad exhibendum bezüglich unbeweglicher Sachen. XVI. 48. — Actio ad exh. gegen einen Hausbesitzer, angestellt von Rechtsnachfolgern der Vorbesitzer auf Gestattung von Nachgrabungen in dem Keller nach verborgenen Baarschaften. IV. 10. — Natur der von den Klägern desfalls zu stellenden Caution IV. 11. — Unzulässigkeit der actio ad exh., die Nennung des Verfassers eines injuriösen Artikels betr. VIII. 223. — Ueber Urkundenedition s. oben S. 330. D.

Actio ad supplendam legitimam: Ist zur Begründung der Klage auf Ergänzung des Pflichttheils Darlegung des Werths der ganzen Erbschaft erforderlich? VII. 212. — Pflichttheilsergänzungsklage für einen Verschollenen. IX. 49. — Pflichttheilsergänzungsklage wegen pflichtwidriger Schenkung. IV. 137. — Der Gutsannehmer bei der deutschrechtlichen Gutsabtretung kann das nachherige auf die Gutsabtretung Bezug nehmende Testament des Abtreters wegen Verletzung der Formvorschriften über Einsetzung von Notherben nicht anfechten, hat aber unter Umständen die Pflichttheilsergänzungsklage. XI. 67. — Geschwisterliche Pflichttheilsergänzungsklage. Oeffentliche Buhldirne. Angebliche Reinigung von der infamia juris durch Rückkehr zu anständiger Lebensweise. VII. 340. — Keine Obliegenheit der Geschwister bei der Pflichttheilsergänzungsklage, ihre eigene Würdigkeit nachzuweisen. VII. 341. — Anspruch der Geschwister auf Pflichttheilsergänzung, wenn mit den unehrbaren Testamentserben ehrbare concurriren. VII. 342. — Verhältniß der actio ad supplendam legitimam zur Erbschaftsklage. XI. 64. — Verzicht auf die actio ad supplendam legitimam. Erfordernisse. III. 187.

Actio aquae pluviae arcendae: Zur aquae pluviae arcendae actio. VII. 46. — Actio aquae pluv. arc. wegen drohenden Nachtheils durch die Anlage eines neuen Werkes. Analoge Negatorienklage. VII. 47. — Actio aquae pl. arc. wegen Zuschüttung von Alters her bestehender künstlicher Gräben oder Vertiefungen. I. 68. XVII. 48. — Ueber An-

hat, wenn der Verkauf nicht erfolgt ist. V. 71. — Eine Servitut, in deren Besitz der Berechtigte sich befindet, geht durch unterlassene Anmeldung auf das Proclam über das dienende Grundstück nicht verloren. XIV. 118. — Wirkung der Edictalladung und des Ausschlußbescheides in Bezug auf Näherechtsprätendenten. VII. 111. — Ausschluß der Einreden nach der Eventualmaxime nur auf die bereits vorhandenen und dem Beklagten zur Zeit der Einlassung bekannten zu beziehen. XVII. 288. Vgl. VIII. 104. XIX. 31. — Vorbringen aller Einwände in der ersten Schrift bei Strafe des Ausschlusses, nicht auf Mängel der Klage zu beziehen, auf welche der Richter von Amtswegen zu sehen hat. V. 316. — Unwirksamkeit der Präclusion im Concurse für nicht besonders geladene bekannte Gläubiger. XIII. 302. — Ausschluß des Anspruchs auf Rescission des mit dem nunmehrigen Gemeinschuldner geschlossenen Erbleihecontracts wegen unterlassener Anmeldung im Liquidationstermine. XIII. 303. — Das Concurs-Präclusiverkenntniß steht Intervenienten, welche eine rechtzeitig von einem Anderen liquidirte Forderung für sich in Anspruch nehmen, nicht entgegen. VIII. 218. — Nach der Präclusion im Concurse kann ein Gläubiger, der bisher nicht aufgetreten ist, sich die von einem nicht legitimirten Anderen angemeldete Forderung nicht mehr aneignen. XIX. 94. — Die rechtliche Wirksamkeit der von einem ausländischen Concursgerichte erkannten Präclusion eines Gläubigers ist nach ausländischen Gesetzen zu beurtheilen. VIII. 109. — Einfluß der Präclusion im Concurse des einen Correalschuldners auf den Anspruch gegen den anderen Correalschuldner. XX. 21. — Wirkung des Ausschlusses eines Gläubigers wegen versäumter Anmeldung von der Gantmasse des Hauptschuldners auf die Verbindlichkeit des Bürgen. VI. 41. VII. 34. XVI. 112. — Unwirksamkeit eines in der Edictalladung angedrohten und in dem Präclusivbescheid ausgesprochenen Verlustes des beneficium restitutionis. VI. 268. — Restitution gegen Präclusivsentenzen. X. 117. — Restitution gegen die Präclusivsentenz nach Vertheilung der Concursmasse unstatthaft. VIII. 217. (XI. 207.)

Aussichtsgerechtsame: civiliter auszuüben. XIV. 210. — Erwerb des Quasibesitzes. XIV. 13. — Das Recht, nach des Nachbars Hofe Fenster zu haben, schließt die servitus altius non tollendi nicht in sich. II. 139. VI. 15. — Umfang der Servitutberechtigung, in des Nachbars Luftsäule aufgehende Fenster zu haben. XX. 17. — Verbindlichkeit des Hofbesitzers, die Fensteraussicht der Auszugswohnung unversperrt zu lassen. I. 326.

Aussöhnung: Verzicht auf die Ehescheidungsklage wegen Ehebruchs durch Verzeihung. Concludente Handlungen. VIII. 270. XIV. 144. — Ehescheidungsklage wegen Mißhandlungen. Zulässiges Zurückgehen auf frühere Mißhandlungen, auf welche eine Aussöhnung erfolgt ist. VIII.

Unterzeichnung eines vorher mit Accept versehenen Wechselformulars durch einen Dritten als Trassanten. XIX. 180. 181. XX. 178. — Sine obligo von dem Wechselaussteller seiner Unterschrift beigefügt. XVIII. 160. — Zur Begründung der Wechselverhaftung des Ausstellers ist Aushändigung an den Indossatar erforderlich. XII. 297. — Unstatthafte Regreßnahme gegen den Aussteller des Wechsels, auf welchem das Accept nach der Begebung von dem Inhaber durchstrichen worden. XVIII. 167. — Wechselklage des Trassanten gegen den Acceptanten. I. 218. — Wechselklage des Trassanten gegen den Acceptanten aus einem auf eigene Ordre gezogenen Wechsel. VII. 95. — Verweigerte Annahme gezogener Wechsel wegen Ueberschreitung der gebührenden Summe von Seiten des Trassanten. III. 361. — Begründung der Klage des Trassaten gegen den Wechselaussteller auf Ersatz wegen des Accepts (Revalirungsklage). I. 56. VII. 352. XIV. 105. XX. 224. — Klage auf Ersatz der Valuta eines eingelösten Waarenwechsels von Seiten des Acceptanten. Einrede des Ausstellers, daß der Kläger aus Freundschaft für einen Anderen acceptirt habe. (Freundschaftswechsel.) VIII. 289. — Der Aussteller von Commissionstratten haftet nicht dem Bezogenen für Deckung. XVI. 138. — Erforderniß für den Domicilwechsel, daß der Domicilvermerk von dem Aussteller ausgehe. VII. 231. X. 206. XV. 56. — Wechseldomicilvermerk von dem Acceptanten im Einverständnisse mit dem Aussteller herrührend. XIX. 57. — Domicilwechsel an eigene Ordre, zahlbar bei dem Aussteller. XV. 60. — Aussteller und Domiciliat eine Person. Bedarf es zur Erhaltung des Wechselrechts gegen den Aussteller der Protesterhebung? XII. 71. (vgl. dazu XV. 61. S. 106. Note 2.) — Bezeichnung des Ausstellers als Nothadresse. XV. 65. — Unächtes Giro des Ausstellers eines an eigene Ordre gezogenen Wechsels. XIX. 261. — Der Trassant kann, wenn der Wechsel wieder an ihn girirt wird und der Acceptant die Zahlung verweigert, sich nicht an seinen Giranten, sondern nur an den Acceptanten halten. VII. 348. — Einrede, daß der Wechselaussteller nur seinen Namen schreiben könne, im Wechselprocesse unzulässig. V. 220. — Zwei Aussteller eines Wechsels, Belangung des Einen; Berufung desselben auf Zahlung durch den Anderen. VII. 235. XII. 73. — Bereicherungsklage gegen den Wechselaussteller. VIII. 82. XIII. 119. — Die Bereicherungsklage gegen den Wechselaussteller ist nicht begründet, so lange die wechselrechtliche Verbindlichkeit des Acceptanten nicht erloschen ist. Der Acceptant im Concurse. XIX. 67. — Klage des Wechselinhabers gegen den Aussteller auf Rückzahlung der Valuta. V. 221. — Einwand aus Art. 83 der WO. der Klage aus einem Sicherheits- oder Gegenwechsel gegenüber. XV. 158. S. 250. — Eigener Wechsel, von dem Aussteller nicht unterschrieben, aber durch Querbeischrift acceptirt. XI. 174. Vgl. XVIII. 171. —

Dolo desinere possidere: Bedeutung dieses Ausdrucks. XV. 202. Vgl. XIII. 111 a. E. XIV. 237.

Dolus: Vertragsanfechtung wegen Betrugs aus dem Standpunkte des Zwanges für begründet erachtet. Bedrohung mit einem Schwängerungsprocesse. VIII. 27. — Betrügliche Vorspiegelung der Großjährigkeit. II. 271. — Dolose Erzeugung irriger Motive. VII. 52. — Verschweigung telegraphischer Nachricht über einen einflußreichen Umstand bei Abschluß eines Vertrages kein dolus. XI. 26. — Betrüglicher Kauf auf Credit. VIII. 41. — Anpreisung des Kaufobjectes in betrügerischer Absicht von Seiten des Verkäufers. XVIII. 237. — Täuschung über den Werth des verkauften Hauses durch falsche Angabe des Verkäufers über den Miethertrag. XVIII. 235. — Bestimmung des Interesses des von dem Verkäufer über den Werth des Kaufobjects arglistig getäuschten Käufers. XVIII. 124. — Ersatz des Interesses ohne Beschränkung auf das alterum tantum wegen dolus und culpa lata des Verkäufers. XVII. 17. — Wissenschaft des Verkäufers von dem Minderwerthe der Sache als Betrug geltend gemacht. IV. 104. — Dolose Täuschung bei dem Kaufcontract in Bezug auf den Preis. Anspruch auf Rescission oder auf Schadensersatz? II. 167. — Unwirksamkeit der Clausel „Empfang erklärt" in dem Falle wissentlichen Verkaufs schlechter Waare. II. 92. Vgl. XVI. 181. — Wissentlicher Verkauf vertragswidrig beschaffener Waaren. Beweis. II. 25. — Bei dem dolus des Verkäufers Ausschluß seiner Berufung darauf, daß der Käufer die Waare ohne weitere Untersuchung entgegengenommen habe. XIV. 130. Vgl. VII. 303. X. 148. — Wiefern kann wegen Betrugs auf Vertragsrescission geklagt werden? XI. 221. — Einrede der Ueberlistung bei dem Verkaufe von Staatspapieren. XVI. 180. — Exceptio doli des verklagten Pächters, weil der Verpächter jährliche Ueberschwemmungen des Pachtguts verschwiegen habe. XII. 150. — Bei Anfechtung eines Vertrages wegen Betruges kommt es auf die Beschaffenheit und Entschuldbarkeit des durch den Betrug bewirkten Irrthums nicht an. XIII. 86. Vgl. XIX. 26. — Replica doli gegen die exceptio non numeratae pecuniae bei der Klage aus einem cedirten simulirten Schuldschein. XIX. 26. — Einwand des Dolus gegen die Verwirkung einer Conventionalstrafe. IX. 32. — Wissentliches Abläugnen im Processe; darauf Vergleich zwischen den streitenden Theilen. Nachherige Anfechtung desselben wegen Dolus. XV. 128. — Ueber den zur actio Pauliana erforderlichen Dolus. III. 248. 249. VII. 268. IX. 356. XI. 106. XII. 227. XX. 98. — Pactum de dolo non praestando. XI. 86. 146 a. E. — Steht der allgemeine Verzicht auf alle Einwendungen gegen einen Vertrag auch der Einrede des Betruges entgegen? XIII. 136. — De dolo actio bei culpa lata nicht begründet. IX. 144. — Exceptio doli

bedarf zur Eingehung einer Ehe keiner Einwilligung seines Curators. XIII. 101. — Die Verweigerung des väterlichen Eheconsenses verwandelt die alternative Verbindlichkeit des Stuprators in eine einfache. IX. 296. XIII. 145.

Ehedesertionsklagen, s. bösliche Verlassung.

Ehefrau: Wiedereintritt einer minderjährigen Ehefrau nach Auflösung der Ehe in den Stand der Minderjährigkeit ohne Wiederaufleben der väterlichen Gewalt. XVI. 96. — Verbindlichkeit der Frau, dem Manne nach einem andern Wohnorte zu folgen. I. 237. VIII. 143. — Kann die Verpflichtung der Frau, dem Manne nach dem von ihm gewählten Wohnort zu folgen, durch Vertrag aufgehoben werden? XIII. 38. XVIII. 257. S. 407. — Verbindlichkeit der Frau, dem Manne in die von ihm gewählte Wohnung zu folgen. XVIII. 257. XX. 43. — Ist die Ehefrau verpflichtet, ihrem in einen anderen Welttheil ausgewanderten Manne zu folgen? IV. 126. — Klage des Ehemannes gegen seine Ehefrau auf eheliche Folge. Sicherheitsleistungen wegen zu besorgender Mißhandlungen. XVI. 54. — Klage gegen die Ehefrau auf Rückkehr. Einrede der Sävitien. XVI. 52. — Ueber die Pflicht der Ehefrau zu häuslichen Diensten und zur Beihülfe in dem Gewerbe des Mannes. II. 299. 300. — Recht des Ehemannes, zu verlangen, daß seine Frau ein entehrendes Gewerbe aufgebe. X. 58. — Anspruch der Ehefrau auf Alimente aus der Gantmasse ihres Mannes. XIV. 87. — Klage einer Ehefrau gegen den angeblichen außerehelichen Vater ihres Kindes. II. 186. 296. V. 176. 292. VI. 46. XVII. 50. Vgl. IV. 234. — Praesumtio Muciana. II. 302. XI. 250. 316. XIX. 155. — Nichtanwendung der praesumtio Muciana bei längerem nach dem Tode des Mannes fortgesetzten Besitze der Frau. IX. 298. — Erwerb aus Kunstarbeiten der Frau. II. 299. — Vom ehemännlichen Consense zur Verbindlichmachung der Frau. II. 192. III. 62. 179. — Darlehen von der Ehefrau mit Zustimmung des Ehemannes aufgenommen. II. 184. — Ueber Haftpflicht der Ehefrau aus einer gemeinschaftlich mit dem Manne ausgestellten Verschreibung. VII. 179. 180. XII. 272. XIII. 143. XVII. 38. — Mitverpflichtung der in Gütergemeinschaft lebenden Ehefrau aus der von ihr mit dem Manne gemeinschaftlich unterzeichneten Schuldverschreibung. IV. 46. — Intercession einer Ehefrau zum eigenen Vortheil. I. 215. — Gerichtliche Bürgschaftsleistung der Ehefrau. Anfechtung derselben wegen Zwangs durch den Ehemann zugefügt. XII. 136. — Eidliche Verbürgung der Frau für den Ehemann in einer Privaturkunde mit Afterverbürgung eines Dritten. I. 344. Vgl. XIII. 249 Note 3. — Statutencollision hinsichtlich der Frage, ob (nach Veränderung des ehelichen Wohnsitzes) die Ehefrau durch Verträge mit Dritten verpflichtet werde, welche ohne Beitritt ihres Ehemannes abgeschlossen sind. XIV. 4. — Ueber Wechselfähigkeit der Ehefrauen. VII. 226. XVIII. 154. — Nachweis der ehemännlichen Genehmigung zu der Wechselverpflichtung, zur Begründung der Klage gehörig. XVII. 88. — Ehemännliche Genehmigung durch Beischrift auf den Wechsel der Ehefrau. XI. 285. XIII. 114. 273. — Acceptation des von der Ehefrau auf den Ehemann gezogenen Wechsels. Ehemännliche Genehmigung. XVIII. 155. — Wohnungsrecht von Eheleuten, von der Frau für sich und ihre Kinder allein in Anspruch genommen. X. 266. — Eheweibliche Wirthschaftsführung. II. 300. — Verfügungsgewalt der Ehefrau bei dauernder Verhinderung des Ehemannes. XIX. 99. — Vertretung des Ehemannes durch die Ehefrau in hauswirthschaftlichen Angelegenheiten. Verkauf von Mastvieh durch die Ehefrau eines Landwirths. XIV. 98. — Die Ehefrau nicht legitimirt zur Vertretung ihres abwesenden Ehemannes. VII. 104. — Klage gegen die Ehefrau, welche über Geschäfte des Hauswesens contrahirt hat. V. 29. — Haftung der Ehefrau eines Kaufmannes für Geschäftsschulden, wenn ihrer Mitwirkung im Geschäfte eine nicht öffentlich bekannt gemachte Procura des Mannes zu Grunde liegt. XI. 158. — Proceßführung der Ehefrau eines Ausländers an einem Orte, wo der Grundsatz der ehemännlichen Curatel gilt. XV. 94. — Stillschweigender Erlaß der Zinsen eines von der Frau dem Ehemanne angeliehenen Capitals durch langjähriges Nichtfordern. XVIII. 123. — Befugniß des Ehemannes zur Einklagung eheweiblicher Forderungen. II. 301. — Keine Compensation der Forderung an den Mann gegen die Ehefrau. II. 280. — Die während der Ehe eintretende Wertherhöhung des Frauenguts kommt nach deutschrechtlichen Grundsätzen bei der Restitution desselben der Frau zu Gute. Die Rechtsparömie „Frauengut gewinnt und verliert nicht" hat nur particularrechtliche Geltung. Erstattungspflicht des Ehemannes, wenn bei aufgelöster Ehe das Eingebrachte nicht mehr in Natur vorhanden ist. XII. 166. — Anwendung der römischen Dotalprivilegien in dem Gebiete des Sachsenspiegels auf das Frauengut, auch auf das während der Ehe eingebrachte. XX. 139. — Nur das privilegirte Pfandrecht der dos, nicht die sonstigen Dotalprivilegien, werden gewohnheitsrechtlich auf das unter Verwaltung des Ehemannes stehende eingebrachte Vermögen der Ehefrau, welches die Eigenschaft der dos nicht hat, ausgedehnt. Keine Verpflichtung der Concursmasse des Ehemannes zur Cession der Ausstände des Geschäfts, welches der Mann mit Geldern der Frau in eigenem Namen betrieben hat. XI. 22. — Vorzugsrecht der Illaten der Ehefrau. II. 264. 265. — Vorzugsrecht der Illaten der Ehefrau vor dem Pfandgläubiger ex in rem versione. Voraussetzungen des Vorzugsrechts des augmentum dotis. XII. 165. — Vorzug des Pfandrechts der Frau wegen der dos vor dem des

männlichen Vormundschaft. II. 191. — Befugniß des Ehemannes zur Einklagung eheweiblicher Forderungen. II. 301. — Verzicht des Ehemannes auf das ihm zustehende Verwaltungs- und Nutznießungsrecht an dem Vermögen der Frau, insbesondere an der väterlichen oder mütterlichen Erbschaft derselben. V. 186. X. 177. — Renumeratorische Schenkungen des Ehemannes aus dem seiner Verwaltung unterliegenden Vermögen der Frau. XIV. 41. — Processualisches Beistandsrecht des Ehemannes. I. 277. — Proceßführungsrecht des Ehemannes während der Ehe über das eheliche Gesammtvermögen. VII. 329. — Befugniß des Ehemannes zur Veräußerung der von ihm in die Ehe gebrachten und der errungenen Vermögenstheile. VII. 330. XVI. 55. — Verbindlichkeit des Ehemannes, seiner Frau die Kosten des zwischen ihnen obschwebenden Rechtsstreites vorzuschießen. VIII. 308. — Keine Verbindlichkeit des Ehemannes, die seiner Ehefrau in dem Processe zwischen ihm und ihr creditirten Gerichtsgebühren abzutragen. XIX. 193. — Nichtigkeit der Verträge, durch welche der Ehemann seine gewerbliche Selbstständigkeit und seine Dotalrechte der Willkühr der Frau unterwirft. XIX. 100. — Klagrecht des Ehemannes auf Erfüllung eines Dotalversprechens. II. 188. — Berechtigung des Ehemannes, die ihm von seinem Darlehnsgläubiger zugesicherte baare Mitgift gegen seine Darlehnsschuld zu compensiren. XI. 159. — Veräußerung des fundus dotalis, von dem veräußernden Ehemanne angefochten. IX. 169. — Vindication veräußerter Dotalgrundstücke durch den veräußernden Ehemann. XIX. 237. — Restitution der dos aus dem Concurse des Ehemannes. Wegfall der bisherigen Rechte des Mannes an den Dotalgegenständen. XVII. 61. — Paraphernalgelder, zum Wiederaufbau des Wohnhauses des Ehemannes verwendet, sind nicht durch eine privilegirte Hypothek gesichert. VI. 162. — Forderungserwerb für die Frau durch den Ehemann. VI. 37. — Verfügungsrecht des Mannes bei der allgemeinen Gütergemeinschaft. I. 71. 72. 248. 351. — Grenzen der ehemännlichen Dispositionsbefugniß inter vivos auch bei allgemeiner Gütergemeinschaft. XVIII. 147. Vgl. XIX. 156. — Kann bei allgemeiner Gütergemeinschaft der Ehemann die Antretung einer der Frau angefallenen Erbschaft erzwingen? IX. 301. — Unwirksamkeit eines von der Frau im Wittwenstande ertheilten Wechselaccepts gegen ihren späteren in ehelicher Gütergemeinschaft mit ihr lebenden Ehemann. XI. 286. — Bürgschaftsverbindlichkeit eines in allgemeiner Gütergemeinschaft lebenden Ehemannes. V. 22. — Haftpflicht des Ehemannes für die auf inferirten eheweiblichen Grundstücken lastenden Auszugsleistungen. VI. 238. — Der das Bauerngut verbessernde aufgeheirathete Ehemann erwirbt dadurch keinen Geschäftsführungsanspruch gegen die Ehefrau. VII. 343. — Aufnahme des Ehemannes

Besonderheiten und Beschränkungen des Eigenthums an Grundstücken, s. oben S. 44. III. — — Eigenthum an den mit Dotalgeld angeschafften Sachen. I. 244. IV. 57. — Das im Hause des Schuldners im Executionsverfahren gepfändete Object ist im Zweifel für dessen Eigenthum zu halten. XI. 316. XIX. 155. — Eigenthum an den Pertinenzen eines Gebäudes. XVII. 207. — Bau auf fremdem Grunde. Einlösungsrecht des Eigenthümers. XIX. 124. — Eigenthum an denjenigen Gütern in dem Flurbezirk einer Gemeinde, welche nicht in dem Eigenthum Einzelner stehen. II. 259. — Beweis des Eigenthums einer Gemeinde an einem zu der Gemarkung gehörigen Grundstücke. XX. 199. — Vermuthung für das Eigenthum der Gemeinde an den in ihren Gemarkungen befindlichen unbebauten Liegenschaften. XII. 214 a. E. — Theilung des Eigenthums einer deutschrechtlichen Realgemeinde. VIII. 11. — Servituten- oder Eigenthumsbesitz? XVIII. 115. — Vermuthung für die Freiheit des Eigenthums? XV. 102 — Gemeinschaftlicher Verkauf von Sachen mehrerer Eigenthümer. Ungültigkeit in der Person Eines der Eigenthümer. I. 206. — Eigenthum als Gegenstand unvordenklicher Verjährung. VI. 144. — Eigenthumsbeweis des Confessorienklägers. II. 12. — Befugniß des Eigenthümers, über das auf seinem Grundstücke sich ansammelnde Quell- und Regenwasser zu verfügen. Verjährung dagegen. II. 8. X. 227. 261. XIX. 118. — Der Eigenthümer einer Zwangswassermühle ist ohne besonderen Rechtsgrund nicht befugt, die angrenzenden Wiesen zu überstauen. VII. 280. — Der Eigenthümer des niedriger belegenen Grundstücks hat als solcher kein Recht auf den Abfluß des Wassers. I. 5. — Entschädigungsanspruch des Eigenthümers gegen den Nutznießer während der Dauer des Nießbrauches. X. 234. — Klage des Eigenthümers nach beendigtem Nießbrauche auf Herausgabe der Sache. XVI. 10. — Verpachtung eines Grundstücks durch den Nutznießer. Tod des Nutznießers vor Ablauf der Pachtzeit. Der Eigenthümer Erbe desselben. XIV. 115. — Befugniß des Eigenthümers eines hutepflichtigen Grundstücks zu Culturveränderungen. XII. 128. XVII. 10. — Befugniß des Eigenthümers einer hutepflichtigen Wiese, diese während der Hegezeit mit dem eigenen Vieh abzuweiden. VII. 272. — Vorhut des Eigenthümers auf Grundstücken, welche einer beschränkten Koppelhut unterliegen. XII. 129. — Uebertreibung der Weide von Seiten der mithütenden Eigenthümer. I. 11. — Ausschluß des Eigenthümers von der Mithut. I. 407. — Eintreiben in bestellte hutpflichtige Ländereien bei unzulänglicher Brachhaltung des Eigenthümers. VI. 157. — Verbindlichkeit des Waldeigenthümers, dem Weideberechtigten den durch forstpolizeiliche Beschränkung des Weidegenusses erlittenen Schaden zu vergüten. I. 14. — Begründung von Verbietungsrechten gegen den Forsteigenthümer. VI. 315. — Possessorische Rechtsmittel des Eigenthümers

bei Uebergang des Eigenthums der vermietheten Sache auf einen Dritten. XVI. 108. — S. auch oben S. 46. C (Tradition).

Eigenthumsverlust: Confiscation eines turpe lucrum. XI. 155.

Eigenthumsvorbehalt: Pactum reservati dominii; aufschiebende Wirkung des Eigenthumsvorbehalts. VII. 151. — Wirksamkeit des Eigenthumsvorbehalts in Bezug auf die von dem neuen Erwerber bestellten Hypotheken. I. 188. II. 10. — Vindication des Verkäufers kraft des zur Sicherheit seiner Ansprüche aus dem Verkaufe vorbehaltenen Eigenthums. II. 10. VI. 146. 147. XII. 6. — Eigenthumsvorbehalt zur Sicherung des Kaufgeldes begründet nur ein eventuelles Recht. Steuerforderung auf Grund eines Eigenthumsvorbehalts. X. 14. — Vorbehalt des Eigenthums bei verkauften meierpflichtigen Grundstücken. Vindication gegen den dritten Besitzer. Einrede der Excussion nicht statthaft. XII. 6. — Unwirksamkeit des pactum reservati dominii in Beziehung auf die vertragsmäßige Untersagung eines bestimmten Gewerbsbetriebes in einem veräußerten Wohngewese. XX. 106. — Ungültigkeit des Eigenthumsvorbehalts bei dem Verkaufe eines Waarenlagers wegen Widerspruchs mit der Natur dieses Geschäfts. I. 319. — Vorbehalt des Eigenthums an einem verkauften Waarenlager. Vindication der später hinzugekommenen Waaren. XIII. 308. — Reservation des Eigenthums an den Früchten Seitens des Verpächters. XVII. 138. XVIII. 10. — Das Recht aus dem Eigenthumsvorbehalt ist ein untheilbares. VIII. 16. — Collision zwischen Eigenthumsvorbehalt und Dotalprivilegium. X. 237. — Arrestanlegung auf Grund eines Eigenthumsvorbehalts. XVIII. 70.

Eincassirungsmandat: Nachlässigkeit des Assignatars in Ausführung des Eincassirungsmandats. XIII. 220. — Ersatzklage gegen den Incassomandatar wegen verspäteter Protesterhebung bei einem domicilirten Wechsel. XVI. 139. — Indossament in Procura, s. oben S. 245. F.

Eingebrachtes Gut: Anwendung der römischen Dotalprivilegien auf das Frauengut in dem Gebiete des Sachsenspiegels, auch auf das während der Ehe Eingebrachte. XX. 139. — Anwendung des der dos beigelegten privilegirten Pfandrechts, nicht aber der sonstigen Dotalprivilegien, auf das von einer Ehefrau in die Ehe gebrachte unter Verwaltung des Ehemannes stehende Vermögen. XI. 22. — Vorzugsrecht der Illaten der Ehefrau. II. 264. 265. XII. 165. — Lotteriegewinn, Eingebrachtes oder Errungenschaft? X. 59. Vgl. II. 303. — Gewinn auf ein Anlehens-Loos, Illatum oder Errungenschaft? XVII. 252. — Das von den Aeltern eines Verlobten vor der Ehe beiden Verlobten angeschlagene Gut gehört nicht zur Errungenschaft, sondern zum Eingebrachten. VIII. 57. Vgl. I. 73. — Ueber Incorporation des Eingebrachten in das Bauerngut. VII. 218. XII. 52. 179. —

Contrahenten. Berechnung des Schadens mit Rücksicht auf das Interesse des Mandanten. XI. 36. XIV. 23. — Keine Entschädigungsklage des Contrahenten gegen einen Beamten wegen Ueberschreitung seiner Amtsbefugnisse bei Abschließung von Verträgen für den Staat. XII. 28. — Entschädigungsanspruch wegen des durch Betrieb einer Eisenbahn an benachbarten Gebäuden erwachsenden Schadens. XII. 124. — Entschädigungsklage wegen Entwendung gegen Anstifter, Gehülfen und Begünstiger. XVI. 114. XX. 134. — Entschädigungsansprüche bei Bewässerungsanlagen. XVII. 122. — Kein Anspruch auf Schadensersatz wegen Beschädigung der Ufer und Uferwerke durch Dampfschifffahrt. IX. 35. — Entschädigungsanspruch wegen Verletzung eines ausschließlichen Gewerbsprivilegiums durch Concurrenzgestattung. I. 311. Vgl. XVI. 186. — Ueber Entschädigungsansprüche für aufgehobene Privilegien. II. 123. — Anspruch auf Entschädigung wegen nicht erfüllten Eheversprechens. VI. 208. 209. VII. 59. XIII. 35. XVIII. 256. — Einfluß der Untheilbarkeit der Bauernhöfe auf die Entschädigungsansprüche des unschuldigen Ehegatten nach erfolgter Ehescheidung. XIV. 42. — Keine Verbindlichkeit des Lehnsherrn zur Entschädigung des Lehensmannes für die durch Acte der Landesgesetzgebung ihm erwachsenden Nachtheile. VI. 235. — Entschädigung wegen Beschädigung des Grundeigenthums durch Ausübung des Bergbauregals. X. 195. — Umfang der Schadensersatzverbindlichkeit bei dem Bergbau. XI. 153. — Schadensersatzforderung wegen Verzögerung einer Commissionsbesorgung. Beweislast. II. 96. — Entschädigungsanspruch an den Spediteur wegen unterlassener innerer Besichtigung der Waaren. IV. 77. — Entschädigungsanspruch an den Incasso-Mandatar wegen verspäteter Protesterhebung bei einem domicilirten Wechsel. XVI. 139. — Entschädigungsanspruch, wenn der nach Art. 74 der WO. wegen grober Fahrlässigkeit der Vindication Unterworfene weiter girirt hat. VII. 346. — Entschädigungsklage gegen einen Wechselnotar. XIII. 120 Note 1. — Entschädigungsklage wegen Nachdruck. Auslegung der Bundesbeschlüsse vom 19. Juni 1845 und 6. November 1856. XVIII. 103. — Versicherung einer geliehenen Sache von Seiten des Commodatars. Anspruch des Commodanten auf die Entschädigungssumme. VI. 180. — — S. auch unten: Entschädigungsklagen, Haftung, Verwendung.

Entschädigungsklagen: Zuständigkeit der Civilgerichte bei Entschädigungsklagen wegen Verletzung von Privatrechten durch Acte der Staatsgewalt. IV. 251 S. 414. — Zuständigkeit der Civilgerichte bei Entschädigungsansprüchen gegen eine Zollbehörde wegen unmöglich gewordener Herausgabe niedergelegter Waaren. XI. 96. — Gerichtliche Cognition für die Entschädigungsklage gegen einen öffentlichen Beamten wegen Verletzung von Privilegien. XVI. 143. — Zuständigkeit des Gerichts des Wohnorts bei Entschädigungsansprüchen eines angeblichen Fideicommißberechtigten. IV. 253. — Forum contractus bei Entschädigungsklagen wegen Nichterfüllung eines Vertrages. VIII. 164. — Besitzklagen im Verhältniß zu Entschädigungsklagen. I. 60. — Unzulässigkeit einer Contractsklage auf Entschädigung wegen Aufhebung eines Privilegiums. XIX. 213. — Entschädigungsanspruch wegen Leseholzgerechtigkeit nach Ausrottung des Waldes. Befugniß der Gemeinde zur Klagerhebung. XI. 124. — Legitimation des Verkäufers der auf dem Transport befindlichen Waare zur aquilischen Klage. XV. 21. — Legitimation zur Entschädigungsklage gegen den Spediteur. XIV. 23. — Legitimation zur Entschädigungsklage wegen auf die Post gegebener Sachen. VI. 60. — Voraussetzungen bei Entschädigungsklagen gegen öffentliche Diener wegen Ungebühr in Amtshandlungen. X. 51. — Begründete Entschädigungsforderungen an den Fiscus; welchen Einfluß übt die theilweise Gebietsabtretung auf selbige? VIII. 54. — Schadensersatzklage wider den Leibzüchter während der Leibzucht. XII. 288. — Maß der thatsächlichen Begründung einer Entschädigungsklage im ersten Verfahren. XVIII. 52. — Nähere Darlegung des Schadens bei der Klage auf Schadensersatz. XII. 199. 307. XIII. 283. XIV. 269. XV. 215 a. E. — Darlegung des Causalzusammenhangs bei der Schadensersatzklage. Berechnung entzogenen Gewinns. XI. 130. XII. 255. XIII. 11. 22. 214. XV. 8. 208. 209. — Schadensersatzklage. Verschulden des Beklagten. I. 338. XI. 237. XIII. 140. XIV. 35. 36. XV. 26. 221. — Schadensersatzklage wegen Dolus. Begründung der Behauptung des Dolus. XIV. 126 Note 3. — Angabe des Schadensbetrages bei der Klage wegen Evictionsleistung. V. 315. — Einklagung einer richterlich festzusetzenden Entschädigung für Defloration, Tauf- und Wochenbettskosten. XIII. 283. — Entschädigungsklage wegen Nichterfüllung eines Pachtvertrages. Richterliches Ermessen und Würderungseid. I. 144. - Entschädigungsklage gegen den Vormund wegen unzulässiger Veräußerung von Mündelgut. Rechtliche Begründung derselben. Exculpation des Vormundes. Beweislast. XIX. 163. — Richterliches Ermessen bei Entschädigungsansprüchen. II. 295 S. 379. VII. 131. IX. 111. 348. XII. 15. XIII. 29. 35. XIV. 235. — Beweisauflage über den Causalzusammenhang zwischen Verschulden und Schaden. IV. 100. — Beweisauflage über die Größe des Schadens. Clausel „oder wie viel weniger". XV. 81. — Beweislast bei der Entschädigungsklage des Mandanten gegen den Mandatar. XIX. 195. — Beweisauflage darüber, daß dem Kläger durch eine Vorrichtung des Beklagten Schaden erwachse. Eideszuschiebung über den Beweissatz unzulässig. XV. 87. — Eideszuschiebung zum Beweise der Größe eines erlittenen Schadens verworfen. IX. 104. — Zugelassene Delation des Glaubens-

tionen „oder (und) dessen Erben". IV. 65. VIII. 158. — Sind in der Berufung einer Person „oder ihrer Erben" auch die Erbeserben begriffen? VII. 66. — Deutschrechtliche Aufhebung der Eigenschaft eines suus heres. V. 37. — Das Kind ist nicht suus heres der Mutter. X. 185. — Der suus heres braucht nicht zu beweisen, daß er abstinirt habe. III. 78. VI. 230. XV. 36. Vgl. XIII. 268. — Erben auf eine bestimmte Summe eingesetzt. Jus accrescendi. VII. 335. — Der heres in re certa gilt als Universalerbe, wenn neben ihm kein Erbe ernannt ist, als Legatar, wenn Miterben vorhanden sind. III. 347. — Verhältniß des heres in re certa den Miterben und dritten Personen gegenüber. IX. 51. — Heres in re certa. Kein Abzug der falcidischen Quart. XI. 63. — Anerkennung eines später für ungültig erklärten Willens von Seiten des eingesetzten Erben; zieht dieselbe für ihn den Verlust seiner Erbansprüche aus einem in dieser Verfügung widerrufenen früheren Testamente nach sich? V. 302. — Der Testator kann dasjenige, was er seinem Erben wirklich zuwendet, den Gläubigern desselben nicht entziehen. III. 86. — Semel heres semper heres. Wirkungslosigkeit des Vorbehalts künftiger Ausschlagung. VIII. 154. — Regel, daß der Erbe facta defuncti zu präſtiren habe. XII. 172. 282. XIV. 131 S. 214. — Anfechtung eines nichtigen Geschäfts durch die Erben. VI. 8. — Wegen des Rechts eines Dritten unstatthafte Veräußerung. Der Dritte Erbe des Veräußerers. XII. 172. — Vertrag mit Festsetzungen zu Gunsten Dritter. Der Promissar Erbe des Promittenten. Der Vertragserbe braucht den nachher von dem Erblasser mit einem Dritten eingegangenen Erbvertrag nicht anzuerkennen. XIV. 131. — Verpachtung eines Grundstücks durch den Nießbraucher. Tod des Nießbrauchers vor Ablauf der Pachtzeit; der Eigenthümer Erbe desselben. XIV. 115. — Letztwillige Verfügung über die Güter des eingesetzten Erben. Wirkung unbedingten Erbschaftsantritts. II. 72. 204. III. 81. IX. 311. XI. 57. — Eine letztwillige Verfügung des Vaters über das Lehn ist für den Sohn auch dann nicht verbindlich, wenn er Allodialerbe des Vaters geworden ist. XIX. 49. — Bäuerliche Gutsabtretung an den Erben mit Leibzuchtbestellung. Uebergang der Schulden? I. 77. VIII. 280. Vgl. IV. 241. IX. 53. — Klage des Gläubigers, welcher Erbe des Schuldners geworden ist, gegen den im Besitze des Nachlasses befindlichen Nießbraucher (Ehefrau des Erblassers) auf Bezahlung der Schuld. XV. 18. — Klagen aus Besitzstörungen, welche vor der Besitznahme der Erbschaft vorgenommen sind, stehen dem Erben nicht zu. III. 348. — Kein Anspruch der Erben eines Getödteten auf Ersatz der Leichenkosten. VIII. 138. XV. 225. — Uebergang der Ansprüche wegen Defloration auf die Erben der stuprata. IX. 161. X. 52. XIII. 316. XIX. 111. — Standesklagen der Ehegatten können nicht von den Erben fortgesetzt werden. X. 265. — Klage der Erben der Ehefrau auf Herausgabe der Illaten (nach Sachsenrecht). VII. 328. — Die Klage auf Ehescheidungsstrafen geht nicht auf die Erben über. X. 57. — Uebergang des Anspruchs eines Kindes auf Ausstattung während der Leibzucht auf die Erben. XIII. 317. Vgl. II. 61. — Recht des Eigenthumserben auf den Erwerb der Erbschaft während der Leibzucht. Uebergang auf die Erben. I. 267. V. 211. — Uebergang der querela inofficiosi testamenti auf die Erben. XIX. 248. — Uebergang der Alimentationsverbindlichkeit aus der unehelichen Vaterschaft auf die Erben. XI. 42. XIX. 47. — In wie fern geht die Alimentationspflicht der Descendenten auf deren Erben über? VI. 205. — Haftung der Erben eines Verwalters für eine von diesem gemachte Capitalanlage im Falle einer Veränderung der gesetzlichen Vorschriften. IV. 93. — Haftung der Erben eines Privatstiftungsverwalters. IV. 116. — Rückgriff an die Erben eines Stiftungsverwalters wegen Verschulden bei Anlegung eines Capitals, wenn die Befriedigung in dem Concurse des Schuldners von dem Ausgange eines Processes abhängt. IV. 107. — Regreßklage gegen die Erben des Anwalts. XIV. 202. — Verpflichtung der Erben des oneratus bei einem Oralfideicommiß. Beweis des Fideicommisses gegen dieselben. V. 38. VIII. 72. — Ein Miterbe, welcher die von dem Erblasser verpfändete Sache besitzt, hat keine Einrede der Vorausklagung. VI. 317. VII. 157. — Einer von mehreren Erben im alleinigen Besitze des Kaufgegenstandes. Verpflichtung desselben zur Tradition der ganzen Sache. XVI. 18. — Unbedingte Haftung des Erben für Vermächtnisse wegen Nichterrichtung eines Inventars. III. 79. — Anspruch des Erben gegen den mit dem Nießbrauche bedachten Legatar auf Inventarisation und Leistung des Manifestationseides. IX. 137. XIII. 105. — Recht der Erben, von Dritten die Ableistung eines Manifestationseides zu verlangen. VIII. 190. XVI. 126. — — Unstatthafte Edictalcitation der Intestaterben. III. 278. XI. 258. — Unanwendbarkeit des decretum Divi Marci, wenn Miterben Erbschaftsgegenstände eigenmächtig an sich nehmen. XVI. 95. — Vertrag der Miterben, die Uebernahme der Erbschaftsschulden betreffend. Wirksamkeit zu Gunsten Dritter. VIII. 30. — Wirksamkeit der clausula heredum in der Proceßvollmacht. IX. 79. XI. 239. XII. 83. — Sachlegitimation der Erben bei Klagen gegen Erbschaftsschuldner. VII. 243. XII. 305. XX. 78. — Dem klagenden Intestaterben gegenüber muß das Dasein eines Testaments als Einrede bestimmt behauptet und erwiesen werden. IX. 314. — Beweislast bei der Einrede mehrerer Miterben. VIII. 158. IX. 316. XIV. 149. XVI. 254. — Einrede der mehreren Miterben gegen die Erbtheilungsklage. IX. 190. — Actio communi dividundo unter Miterben vor der Erbschafts-

lichen Dieners auf Gehaltszahlung. XI. 146. — Exceptio doli generalis nach Rücktritt von einem Vertrage wegen Nichterfüllung XVI. 208. — Exceptio doli wegen Bereicherung des Klägers aus einer von dem Beklagten an einen Nichtberechtigten geleisteten Zahlung. XIX. 126. — Klage auf förmliche Errichtung eines appunctuirten Contracts. Einrede des dolus darauf gestützt, daß zur Ersparung von Contractskosten nicht der wirkliche Kaufpreis in der Appunctuation genannt worden. XI. 33. — Prioritätsstreit zwischen zwei Gläubigern. Exceptio doli generalis des an sich nachgehenden Gläubigers gegen den Anderen, weil des Letzteren Cedent als richterlicher Hülfsbeamte das ihm haftende Haus des Schuldners bei der Verpfändung an den Excipienten als freies Eigenthum des Schuldners bezeichnet habe. XI. 31. — Exceptio doli generalis einer Wechselklage gegenüber. XII. 190. 296. XIII. 171. XV. 158. S. 248 u. fg. — Exceptio doli generalis gegen den klagenden Indossatar, welcher bei dem Erwerbe des Wechsels wußte, daß der Wechsel die ungültige Intercession einer Frau enthalte. XVIII. 41 a. — Replica doli wegen ungerechtfertigter Verweigerung der Documentenedition gegen die Einrede der verstrichenen vertragmäßigen Klaganstellungsfrist. XVI. 93.

Exceptio doli specialis: Ein allgemeiner Verzicht auf Einreden steht der Einrede des Betruges nicht entgegen. XIII. 136. — Exceptio doli gegen eine Contractsklage wegen Verschweigung telegraphischer Nachricht über einen einflußreichen Umstand. XI. 26. — Exceptio doli des Pächters wegen wissentlicher Verschweigung der jährlich wiederkehrenden Ueberschwemmung des Pachtguts. XII. 150. — Einrede der Ueberlistung bei dem Verkaufe von Staatspapieren. XVI. 180. — Replica doli gegen die exceptio non numeratae pecuniae bei der Klage aus einem cedirten simulirten Schuldschein. XIX. 26. — Exceptio doli specialis gegen Schuldscheine und Quittungen. V. 152.— Exceptio doli gegen eine Quittung. V. 275. — Einwand betrüglicher Auswirkung einer von dem Wechselinhaber ausgestellten Bescheinigung über den Valutaempfang (replica doli). XI. 87. — S. auch oben Dolus.

Exceptio dominii: gegen die Erbschaftsklage. XVIII. 94.

Exceptio editionis documentorum: Verlangen der Urkundenedition als Grund proceßhindernder Einrede. VIII. 324. — S. übrigens oben S. 330. D (Verbindlichkeit zur Urkundenedition).

Exceptio erroris: Die Berufung auf Irrthum ist thatsächlich zu begründen. XVII. 75. — Das interdictum de vi und das interdictum quod vi aut clam durch die Einrede des unverschuldeten Irrthums illidirt. V. 25. — Einrede des Irrthums von dem Cessionar dem auf Erfüllung klagenden Cedenten entgegengesetzt. IV. 28. — S. übrigens oben S. 28. C. und S. 87 und 88. Ziff. 18—42.

Exceptio rei venditae et traditae: gegen die Vindication des Verkäufers hinsichtlich eines Grundstücks, für dessen Eigenthumserwerb es der gerichtlichen Auflassung bedarf. XIX. 214. Vgl. X. 13. XI. 116. — Vindication eines verkauften Grundstücks, für dessen Eigenthumserwerb es der Eintragung in das Grund- und Hypothekenbuch bedarf, durch den Güterpfleger im Concurse des Verkäufers. Exceptio rei venditae et traditae. VI. 145. — Exceptio rei vend. et trad. steht der Vindication veräußerter Dotalgrundstücke durch den veräußernden Ehemann entgegen. XIX. 237. Vgl. IX. 169. — Vindication der aus dem peculium adventitium veräußerten Sachen. Exceptio rei venditae et traditae, wenn durch den Verkauf einem Veräußerungsverbot zuwider gehandelt worden. VI. 217. — Exceptio rei vend. et trad. gegen die Revocatorienklage des Stammgut-Nachfolgers. VI. 231.

Exceptio restitutionis in integrum: Verjährungsfrist für die excipiendo nachgesuchte Restitution. XI. 8. — Restitution gegen den Abschluß eines zunächst geläugneten Vertrags einredeweise beansprucht. XIII. 186.

Exceptio retentionis, s. oben S. 15. VI (Retentionsrecht).

Exceptio Senatusconsulti Macedoniani: bei einem in der Schuldurkunde enthaltenen Geständnisse des Sohnes, daß sein Vater in die Aufnahme des Darlehens gewilligt habe. Unzulässigkeit einer Entsagung der Einrede. IV. 29. — Exceptio S. C. Mac. von Jemanden vorgeschützt, welcher zur Zeit des Darlehens bereits Sachwalter war. XV. 20. — Einrede des Bürgen, wenn nach Endigung der väterlichen Gewalt der Hauptschuldner die Schuld anerkennt. IX. 290. — Replik der Verwendung des Geldes zur Bezahlung einer Schuld. XI. 229. — Beweissatz bei der Exceptio S. C. Macedoniani. XII. 339. — Einrede aus dem S. C. Macedonianum gegen eine Wechselklage. VII. 227. XV. 70. Vgl. XII. 191 S. 260. XV. 51.

Exceptio Senatusconsulti Vellejani, s. oben S. 137. W (Intercession der Frauen).

Exceptio simulationis, s. Simulation.

Exceptio solutionis: Substantiirung der Einrede der Zahlung. Nachträgliche Specialisirung im Beweisverfahren. XVI. 258. — Zur Begründung der Einrede der Zahlung ist die Zeitangabe nicht erforderlich. XVI. 151. — Ueber Begründung der Zahlungseinrede und über die Beweislast, wenn Streit darüber entsteht, auf welche von mehreren Forderungen eine geleistete Zahlung abzurechnen sei. XV. 193. — Begründung der Zahlungseinrede. Abrechnung der Zahlung zunächst auf die lästigere Schuld. X. 23. XV. 193. — Klage aus einem einzelnen Geschäft. Einrede der à conto geleisteten Zahlungen. XV. 117. — Einrede des Erben des Schuldners, daß die Schuld „durch Zahlung oder Abrechnung" getilgt sei. XII. 308. — Beweis der

willige Festsetzung einer gewissen Form für nachträgliche Anordnungen, wirkt sie auf spätere Verfügungen, welche zufolge gesetzlichen Privilegiums aller Form ermangeln konnten? VI. 52. — Recht des Hofeigenthümers (Meiers), den Hoferben unter seinen Kindern durch einfache Willenserklärung ohne Förmlichkeiten zu ernennen. I. 99. VIII. 75. XI. 70. — Form der Testamente, s. oben S. 184—186. C. a. b. c. d. — Beweis der Testamentsförmlichkeiten. I. 95 (8). XI. 256. XIV. 148. XV. 138. — Form der Codicille schreibunkundiger Personen. XVIII. 262. — Form der im Testamente bestätigten Codicille. I. 102. 358. II. 314. IX. 52. — Unterschrift der Zeugen auf dem Umschlage des Codicills. XV. 137. — Rogation der Codicillarzeugen. XIX. 244. — Form der Enterbung. XVIII. 263. — Erbverträge an keine Form gebunden. VIII. 152. XIX. 167. XX. 146. Vgl. XII. 170. — Form der Schenkung auf den Todesfall. VII. 211. 336. XV. 146. XIX. 246. XX. 235. — Form des Verfahrens durch den requirirten Richter bei Collision der Proceßgesetze. XIII. 180. — Form der Beweisartikel. V. 242. — Gehörige Angabe der zu beweisenden Thatsachen bei der Beweisantretung nicht gerade in der Form von Beweisartikeln. XVIII. 182. — Form der Zeugenvernehmung durch den requirirten Richter. XV. 159. — Ueber Erforderniß der Zuziehung von Zeugen bei Notariatsurkunden. II. 107. V. 74. VI. 76. 282. XII. 208. XIII. 249 Note 2. — Unterkreuzte Urkunden. Recognoscibilität derselben. VI. 280. VII. 244. XII. 322. — Müssen Haupteide der Juden in der Synagoge abgeleistet werden? I. 143. Vgl. XVII. 284. — Form des einem Juden zuerkannten Eides bei dem Eintritt eines neuen Gesetzes über den Judeneid. XV. 72. XVII. 284. — Form der Leistung des Eides vor einem requirirten Richter. XII. 80. 319. XIII. 66. — Formulirung des für eine Handelsgesellschaft abzuleistenden Eides. XIX. 84. — Berufungsförmlichkeiten. II. 240. — Form, in welcher ein Urtheil als nichtig angefochten werden kann. Statutencollision. XI. 205. — Ueber Form der Wechselproteste, s. oben S. 259. B.

Formular: Zusätze im Widerspruch stehend mit nicht durchstrichenen Stellen eines gedruckten Wechselformulars. XV. 154. Vgl. XIX. 293. — Wechselunterschrift auf einem noch nicht vollständig ausgefüllten Wechselformular. VII. 232. 236. 350. IX. 61. XII. 64. XIII. 274. XIV. 161. XV. 53. XVI. 238. XX. 61. — Widerrechtliche Unterzeichnung eines vorher mit dem Accept versehenen Wechselformulars durch einen Dritten als Trassanten. XIX. 180. 181. XX. 178.

Forst, Forstcultur: in Collision mit dem Weiderecht. I. 13. 182. 320. IV. 102. V. 143. VI. 314. IX. 135. — Schadloshaltung wegen forstpolizeilicher Weidebeschränkungen und für die durch ein neues Forstculturgesetz erlittenen Nachtheile. I. 14. — Umwandlung des Hütungs-

X. 35. 240. — Der Gläubiger ist nicht verpflichtet, eine ihm angebotene Zahlung auf das Capital, nicht auf die Zinsen anzunehmen. XVIII. 231. — Der Gläubiger von dem Schuldner beerbt und umgekehrt. Die Confusion kommt nicht in Betracht, wenn es sich Dritten gegenüber fragt, wie groß der Nachlaß sei. XV. 18. — Uebernahme der Schuld durch einen Andern. Der Gläubiger Erbe des ursprünglichen Schuldners, keine Confusion. X. 173. — Erforderniß der Zustimmung des Gläubigers zu einer gültigen Delegation. Kunde und Schweigen des Gläubigers in Bezug auf die Uebernahme fremder Schuld nicht ausreichend. VII. 21. — Auffassung der Cession als Wechsel der Gläubiger. Singularsuccession. XI. 227. XIII. 246 a. E. Vgl. I. 27. XI. 310. XV. 120. — Vertragsauslegung. Gläubiger oder Gesellschafter? X. 154. XIII. 248. — Ein Theilnehmer einer Handlungsgesellschaft als Gläubiger der Gesellschaft. III. 198. XII. 271. XX. 157. — Ueber Annahme der Verbürgung von Seiten des Gläubigers. X. 47. — Verbürgung gegen einen unbestimmten Gläubiger. XI. 218. — Rechte der Gläubiger in Beziehung auf das eheliche Güterrecht bei Veränderung des Wohnorts. XX. 2. — Verlust einer Forderung zur Strafe des Gläubigers wegen Verschweigung derselben bei seiner Bestellung zum Vormunde des Schuldners. X. 268. XII. 47. XIX. 101. — Letztwillige Zuwendung mit der Bestimmung, daß das Zugewandte zur Verpflegung des Bedachten dienen und für die Gläubiger desselben unangreifbar sein solle. XV. 139. — Recht der Gläubiger, den Manifestationseid von dem Erben in Beziehung auf die Inventarserrichtung zu verlangen. XVI. 265. — Zulässigkeit der Klage eines Handelsgläubigers gegen einen Gesellschafter ohne vorgängige Ausklagung des Hauses. XVIII. 99. — Anspruch der Gläubiger einer Actiengesellschaft auf Sicherstellung wegen bevorstehender Auflösung oder theilweiser Zurückzahlung des Grundcapitals. Einwand des mangelnden Interesses. XX. 160. — Bekannte Gläubiger bei Edictalladungen in Concurs- und Nachlaßsachen. IV. 155. XIII. 302. — Pfandgläubiger, s. oben S. 64. V (Rechtsverhältnisse aus der Verpfändung). — Concursgläubiger, s. oben S. 369. B (Rechtliche Folgen des Concurses in Ansehung der Gläubiger). — Massegläubiger, s. oben S. 374. VII. — S. auch oben S. 376. C (Prioritätsverfahren und Locationsurtheil).

Glaube: Streitfrage über das Erforderniß der bona fides bei der Klagenverjährung. I. 210. 403. — Erforderniß des guten Glaubens zur Verjährung, wenn diese zum Schutze eines Besitzverhältnisses gegen eine Klage geltend gemacht wird. VI. 3. VII. 4. XI. 6. 266. — Guter Glaube bei der Klagenverjährung nicht erforderlich. I. 6. XII. 245. XIII. 80. XIV. 203. XVIII. 205. — Unanwendbarkeit des Erfordernisses guten Glaubens bei der unvordenklichen Verjährung.

unterlassener causae cognitio bei Bestätigung einer Hypothek. XVII. 120. — Haftpflicht im Falle ungerechtfertigter Herausgabe eines gerichtlichen Depositum. Erfordernisse der Syndicatsklage. XIV. 140. — Haftung der Kassenbeamten für Diebstähle. III. 262. — Haftverbindlichkeit der Verwaltungsbeamten für den in ihrem Dienste verursachten Schaden. XX. 38. — Haftung des Befrachters für Auslagen des Schiffers zum Nutzen der Ladung, insbesondere für Gebühren, durch deren Zahlung die Landung von Auswanderern bedingt ist. IX. 205. — Haftung des Bürgen für die Accessionen (Zinsen). I. 213. III. 325. IV. 44. XIV. 30. — Haftverbindlichkeit des Bürgen bezüglich der Proceßkosten. III. 325. XX. 226. — Haftung des Bürgen, welcher sich als Selbstschuldner verpflichtet hat. III. 167. IV. 226. — Ueber Theilung der Haftung unter mehreren Bürgen. III. 263. VI. 43. XI. 40. XIII. 27. XIV. 234. — Verbürgung für eine Wechselschuld. Unter welchen Voraussetzungen tritt wechselmäßige Haftung ein? XVI. 242. XVIII. 170. XIX. 183. — Haftung des Cedenten für die Richtigkeit der Forderung (bei dem Verkauf von Werthpapieren). II. 32. III. 26. XVI. 204. Vgl. VII. 306. — Haftung des Cedenten wegen einer von ihm als Erben zur Erfüllung eines Vermächtnisses abgetretenen Forderung. XI. 62. — Uebernahme der Haftung für Güte einer cedirten Forderung. Wirkungen derselben. IV. 26. XIII. 20. 21. XVII. 237. — Uebernommene Haftung für die Güte einer cedirten Forderung auf eine Anzahl Jahre. V. 149. — Haftung des Concursgerichts für Veruntreuungen des Massecurators. I. 85. — Haftung des ehemaligen Cridars den im Concurse nicht befriedigten Gläubigern gegenüber, s. oben S. 377. IX. — Haftung des Curators einer Fallitmasse dritten Personen gegenüber, mit welchen er contrahirt hat. VI. 121. — Haftung des Dienstherrn wegen Nichtverhinderung der durch seine Dienstboten zugefügten Beschädigung. XVI. 220. — Wiefern ist Haftung des Dienstherrn für die Delicte der Dienstboten anzunehmen? XIV. 35. — Haftung der Dotal- und Paraphernalgüter für voreheliche Schulden der Frau. I. 241. — Ueber Haftpflicht der Ehefrau aus einer gemeinschaftlich mit ihrem Manne ausgestellten Verschreibung. IV. 46. VII. 179. 180. XII. 272. XIII. 143. XVII. 38. — Uebernahme der Haftung für Güte einer cedirten Forderung von Seiten einer Ehefrau keine Intercession. XX. 124. — Haftung der Ehefrau für Haushaltungsschulden bei der Errungenschaftsgemeinschaft. IV. 60. — Haftung der Ehefrau eines Kaufmanns für die Geschäftsschulden, wenn ihrer Mitwirkung im Geschäft eine nicht öffentlich bekannt gemachte Procura des Mannes zu Grunde liegt. XI. 158. — Haftung der Ehegatten für Schulden bei allgemeiner Gütergemeinschaft. I. 247. IV. 235 a. — Schuldhaft der

I. 66. — Haftung der Theilnehmer an einem Tumult auch für den bei Gelegenheit des Tumults durch Diebstahl verursachten Schaden. VII. 319. — Fortdauernde Haftung des Ueberweisers einer Schuld. VII. 316. — Haftung des Unmündigen ex lege Aquilia. XVIII. 247. — Haftung des Vaters aus Handlungen seines Sohnes, insbesondere für dessen Universitätsschulden. IX. 305. 306. X. 61. — Haftung des Vaters wegen Verschulden seines Sohnes. VI. 218. VII. 318. — Haftpflicht des natürlichen Vaters für die Verpflegungskosten seines in einer öffentlichen Verpflegungsanstalt untergebrachten unvermögenden Kindes. VII. 49. — Ueber Haftung des Verkäufers für Mängel der verkauften Sache und gerühmte Eigenschaften, s. oben S. 89—92. — Haftung des Verkäufers wegen Servituten, Hypotheken und Entwährung, s. oben S. 92. i. — Haftung des Verkäufers für nicht garantirten Flächeninhalt des verkauften Grundstücks. V. 278. — Keine Haftung des arglistlosen Verkäufers einer fehlerhaften Sache für die durch sie verursachten Schäden. VII. 25. — Haftung des Verkäufers unächter schädlicher Waaren. VII. 170. — Haftung des Verkaufscommissionärs bei Verkauf unter dem Limitum. X. 90. XIII. 52. XV. 46. — Haftung des Verkaufscommissionärs für Diligenz. Führung eines Diligenzbeweises. XIII. 53. XV. 45. — Haftung des Vermiethers wegen Beschädigung der Sachen des Miethers durch Einsturz der vermietheten Localitäten. I. 338. VII. 31. XVI. 214. — Haftung für die durch Brand vernichteten Sachen des Miethsmannes. IV. 34. — Umfang der Haftung des Verpfänders bei dem Verkaufe des Pfandes Seitens des Pfandgläubigers. XX. 118. — Haftung der Vormünder bei Geldanlagen. III. 72. XI. 253. XIII. 150. — Haftung des Wechselgebers aus dem Gesichtspunkte der Bereicherung. VIII. 82. — Haftbarkeit der Weinschröter. X. 41.

Halm: Gesetzliche Preisbestimmung bei dem sog. Kauf der Früchte auf dem Halm. XIV. 24.

Hammerschlagsrecht: V. 107.

Hand: muß Hand wahren. III. 6. — Gesammte Hand. I. 21. XV. 148.

Hand- und Spanndienste: Keine Verpflichtung der Gemeindeglieder zur Leistung derselben, wenn die Baukosten aus dem Kirchenvermögen oder von einer dritten Person zu bestreiten sind. X. 196. — Verpflichtung zur Leistung von Hand- und Spanndiensten für Kirche, Pfarre und Schule. XVII. 87.

Handacten: Verbindlichkeit des Mandatars zur Vorlage der in Vollzug des Mandats geführten Privatacten; exc. retentionis; Editionseid. XI. 150. — Kein Recht auf Edition der Handacten, welche bei dem Anwalte des Proceßgegners in einem gegen einen Dritten geführten

dem Anwalt Deserviten zu zahlen. III. 102. — Klagerecht des Anwalts gegen mehrere Streitgenossen wegen seiner Gebühren. IV. 258. — Noch nicht festgestellte Anwaltsgebühren als Compensationsposten im Concurse. VI. 189. — Kostenersatzberechtigung des Armenanwalts gegen die Gegenpartei mit Ausschluß der Compensation mit deren liquider Gegenforderung. XIX. 78. — Auftrag, einen Verkauf zu vermitteln. Honoraranspruch des Unterhändlers, welcher bereits von dem Käufer ein Honorar angenommen hat. XIV. 229. — Nichterklärung des Beklagten hinsichtlich der geforderten Summe bei einer Honorarforderung nach richterlichem Ermessen. I. 121. — Weiterveräußerung des Verlagsrechts von Seiten des Verfassers. Einfluß derselben auf die Honorarverbindlichkeit des ersten Verlegers. V. 308.

Honorirung, Honorirter: Letztwillige Honorirung unter der Bedingung, daß der Honorirte seine Kinder in einer bestimmten Religion erziehen lasse. XII. 277. — Legatum poenae nomine relictum. XI. 61. — Auflage an einen Honorirten, von einem ihm anderwärts in Aussicht stehenden Erbschaftsanfall keinen Gebrauch zu machen. VII. 74. — Auslegung eines letzten Willens. Nothwendige Gewißheit der Honorirung und des Honorirten. XVIII. 152. — Anwendung der Regel von Interpretation der Auflage für den Onerirten. VII. 72. — Nicht mehr onerirt als honorirt. III. 82. — Honorirung dritter Personen bei Schenkungen von Todeswegen über das ganze Vermögen als Vermächtniß zu betrachten. II. 210. — „Kinder" einer Person als Honorirte. IV. 133. IX. 183 mit Nachtrag S. 320. XIII. 103. XIV. 45. — Honorirung einer Person „und deren Erben". VIII. 158. Vgl. IV. 65. VII. 66. — Belastung eines zum Erben eingesetzten Kindes mit einem eventuellen Vermächtnisse zum Vortheile seiner Geschwister. Auslegung zu Gunsten der Kinder von Geschwistern. XIV. 45. — Honorirung der Geschwisterkinder des Testators. Anwendung auf ein nach dem Tode des Testators gebornes Geschwisterkind. XII. 174. — Vermächtniß zu Gunsten der nächsten Intestaterben, nach dem Tode des eingesetzten Erben zu entrichten. Nach welcher Zeit sind die Intestaterben zu bestimmen? XV. 88. — Honorirung eines Notherben mit einer gewissen Sache. Beschränkung auf den Pflichttheil für den Fall, daß derselbe auf Erforschung des übrigen Nachlasses bestehen würde. XI. 165.

Hülfsbücher: kaufmännische, über deren Beweiskraft. XI. 194.

Hülfsvollstreckung, s. oben S. 364. II (Executionsinstanz).

Hürdenschlag, s. Pferchrecht.

Hutrecht, s. oben S. 54. e (Weiderecht).

Hypochondrie: als Grund zur Anfechtung von Rechtsgeschäften. III. 139.

Hypothek, Hypothekenklage, s. oben S. 63—68 (Pfandrecht). — Bescheinigung eines Hypothekgläubigers in seiner Eigenschaft als richter-

dotis gegen den Ehemann, welcher die dos als Adventitiengut seiner Kinder verwaltet. XIII. 133. — Vertretung der Kinder durch den Vater. VII. 197. XII. 279. XV. 113. — Die Mutter, als Vertreterin des unehelichen Kindes. II. 55. XI. 43. XVII. 49. 50. — Verträge zwischen Vater und Kind. VII. 195. 196. IX. 44. 304. XIII. 267. XIV. 44. XV. 30. XVII. 255. XIX. 160. — Ueber Ansprüche erwachsener Kinder auf Lohn für die den Aeltern geleisteten wirthschaftlichen Dienste. I. 354. VII. 196. VIII. 59. IX. 174. XV. 135. XVII. 256. — Rechte der Kinder bei dem deutschrechtlichen Beisitz des überlebenden Ehegatten. III. 330. 338. — Abschichtungsbefugniß des überlebenden Ehegatten im Verhältnisse zu seinen Kindern. Todtheilung. VIII. 56. — Curatelbestellung für Kinder bei Lebzeiten der Mutter. IV. 129. — Befreiung von der Uebernahme der Vormundschaft wegen Daseins eigener Kinder. IX. 175. XVII. 66. — Das Kind ist nicht suus heres der Mutter. X. 185. — Erbfähigkeit incestuoser Kinder. I. 257. — Kinder des Testators auf den Nießbrauch, deren künftig zu erzielende Kinder auf die Proprietät eingesetzt. XV. 141. — Divisio parentum inter liberos. I. 78. 100. V. 32. 199. XIX. 170. — „Kinder" einer Person als Honorirte. IV. 133. IX. 183 (mit Nachtrag S. 320). XIII. 103. XIV. 45. — Zusammentreffen einer auf den Pflichttheil beschränkten Enkelin mit collationspflichtigen Kindern. VIII. 69. — Beweiskraft der Aufzeichnungen der Aeltern über die Conferenda der Kinder. X. 272. — Jüdische Aeltern sind nicht berechtigt, ihre Kinder wegen Uebertritts zum christlichen Glauben oder wegen Verheirathung mit Christen zu enterben. XI. 166. — Sind die durch nachfolgende Ehe legitimirten Kinder (Mantelkinder) nach gemeinem Lehnrechte der Succession im Lehen fähig? X. 72. Vgl. XV. 197. — Kann sich ein in der Ehe vor dem 182. Tage nach deren Eingehung gebornes Kind durch den bloßen Beweis, daß innerhalb der critischen Zeit Concubitus mit einem Dritten Statt gefunden habe, die Rechte eines unehelichen von jenem Dritten erzeugten Kindes verschaffen? VIII. 344. — Vermögensübergabe der Aeltern an ihre Kinder. Antipicirte Erbfolge. Unwiderruflichkeit. XIII. 48. — Durch die Uebergabe seines gesammten Vermögens an seine Kinder wird der Abtretende von seinen Verbindlichkeiten gegen diese befreit. XIII. 155. — Klageberechtigung der bei dem Gutsübergebungsvertrage nicht mit zugezogenen Kinder des Abtreters wegen der ihnen beigelegten Abfindung gegen den Uebernehmer. I. 78. II. 213. III. 90. — Geltendmachung des Erblosungsretracts von Seiten der Kinder des Veräußerers. XI. 78. a. 274. — Verbindlichkeit der Gantmasse eines Leibzüchters zur Ausstattung der Kinder. I. 80. — Aeltern als Zeugen in Sachen der Kinder und Kinder in Sachen der Aeltern.

darauf gestützten Einrede. XII. 309. — Geltendmachung des Verlustes einer Servitut durch non usus erst im Beweisverfahren als directer Gegenbeweis. VIII. 313. — Guter Glaube zur Erlöschung der Servitut durch non usus nicht erforderlich. VIII. 349. X. 20. — Theilweises Erlöschen der Servituten durch Nichtgebrauch. XVII. 11. XVIII. 19. 20. — Der vormalige Pächter des praedium dominans kann sich auf Erlöschung der Servitut durch non usus während der Pachtzeit nicht berufen. XIV. 213. — Ueber Erlöschen der Servituten durch non usus oder usucapio libertatis, wenn bei einer servitus rustica das praedium dominans ein urbanum ist und umgekehrt. X. 19. — Verlust einer Realservitut, insbesondere einer Wegegerechtigkeit, durch Nichtausübung. VIII. 349. — Holzgerechtsame, Erlöschung derselben durch Nichtgebrauch. I. 171. XIV. 117. — Verlust der Schäfereigerechtigkeit durch Nichtausübung seit unvordenklicher Zeit. XIX. 16. — Erlöschen Reallasten durch bloßen Nichtgebrauch? III. 3. IX. 323. XX. 154. — Forstrecht und Gegenreichniß. Erlöschung durch Verjährung. V. 6. — Erlöschung des Frohnrechts durch Nichtausübung. I. 185. II. 13. — Gutsherrliches Vorkaufsrecht. In wie fern ist selbiges der Verjährung durch Nichtgebrauch unterworfen? II. 6. 82. — Keine erlöschende Verjährung des Näherechts durch Nichtgebrauch. VIII. 283. — Kein Verlust des Braurechts durch Nichtgebrauch. IX. 70.

Nichtigkeit: der Rechtsgeschäfte, s. oben S. 30. VI. — Nichtigkeit wegen turpis causa, s. oben S. 85. d. Ziff. 1—27. — — Nichtigkeit eines Geschäfts wegen aufgehobener oder beschränkter Willensfähigkeit bei Abschluß desselben. III. 4. 140. IV. 17. XIII. 243. XVIII. 113. — Keine Nichtigkeit des Contracts bei Irrthum hinsichtlich der Zubehörungen. XX. 118. — Nichtigkeit eines Kaufes durch oder für den versteigernden Beamten (des Ankaufes eines zur Concursmasse gehörigen Hauses für den Concursrichter). XVIII. 222. — Nichtigkeit einer Zwangsversteigerung wegen Abweichung von dem Proclama. XV. 269. — Nichtigkeit des Vertrages zwischen dem Anwalt und dem mit dem Armenrecht versehenen Clienten wegen Deserviten und Auslagen. XIX. 270. — Nichtigkeit der Verträge, durch welche der Ehemann seine gewerbliche Selbstständigkeit und seine Dotalrechte der Willkühr der Frau unterwirft. XIX. 100. — Absolute Nichtigkeit der unberechtigten Veräußerung von Adventitien. XIX. 161. — Nichtigkeit gesetzwidriger Veräußerung von Mündelgut auch zu Gunsten des Käufers. XIV. 101. — Zurückforderung des zur Erfüllung eines Rechtsgeschäfts Weggegebenen bei Nichtigkeit wegen Formfehlers. II. 58. — Klage auf Nichtigkeitserklärung eines Rechtsgeschäfts. III. 307. VI. 319. 320. XVII. 208. XVIII. 113. — Die Nichtigkeit eines Geschäfts kann auch im Wege der Exception und der Replik geltend gemacht werden ohne Rücksicht

liche Genehmigung erfolgt war. VIII. 61. — Obervormundschaftliche Genehmigung nicht erforderlich bei einem Vergleiche, durch welchen der Vormund auf das Notherbenrecht seiner Pupillen verzichtet. XX. 142. — Können Schuldner von Bevormundeten ohne Dekret der Obervormundschaft den Vormündern gültig Zahlung leisten? Wirkung der Rückzahlung eines verzinslich belegten Darlehns an den Vormund ohne obervormundschaftliche Zustimmung. I. 251. XI. 53. — Befugniß des Vormundes zur Anstellung von Klagen für den Mündel ohne obervormundschaftliche Zustimmung. VII. 359. IX. 307. 332. — Ueber Erforderniß des obervormundschaftlichen Consenses in Beziehung auf die Theilung von Immobilien, welche Minderjährigen und Großjährigen gemeinschaftlich gehören. XIII. 149. XVI. 59. — Vertretung der Pupillen durch einen Protutor bei Veräußerung unbeweglicher Güter. Ratihabition der bei dem Geschäfte selbst interessirten Vormünderin-Mutter. Genehmigung der obervormundschaftlichen Behörde. XVI. 122. — Cession hypothekarischer Forderungen bedarf keiner obervormundschaftlichen Erlaubniß. Gültige Ursachen zur Ertheilung eines obervormundschaftlichen Decrets in Bezug auf Veräußerung von Immobilien. III. 344. — Ueber Erforderniß eines obervormundschaftlichen Veräußerungsdecrets bei Ausschlagung einer Erbschaft durch den Vormund. XIII. 100. XVIII. 148. — Erforderniß eines obervormundschaftlichen Veräußerungsdecrets in Beziehung auf unbewegliche Adventizgüter minderjähriger Hauskinder. III. 334. XIII. 241 a. E. — Durch mündliche oder beiläufig ertheilte stillschweigende Genehmigung der Obervormundschaft wird das decretum de alienando nicht ersetzt. XIV. 101. XVIII. 148. — Competenz und Aufgabe der Obervormundschaft bei einer Proceßführung durch mehrere Vormünder im Fall der Abgabe verschiedener Erklärungen auf einen zugeschobenen Eid. XI. 196.

Obligation, Obligationsverhältnisse: Ueber Anwendbarkeit der unvordenklichen Verjährung und über Quasibesitz bei Obligationsverhältnissen. I. 183. VII. 5. 269. XIII. 127. XVI. 5. — Ueber Gültigkeit der gegen eine unbestimmte Person übernommenen Verpflichtung. IX. 274. 275. XI. 217. 218. XX. 215. 220. — Ueber Klage auf Anerkennung eines Obligationsverhältnisses. II. 27. III. 304. 305. 306. VII. 298. VIII. 247. X. 108. XIII. 19. XIV. 5. 145. XIX. 110. XX. 7. — Klage auf Anerkennung der Nichtexistenz einer urkundlich übernommenen Verbindlichkeit. VI. 319. — Alternative Verbindlichkeit. Wechsel in der Wahl bei jährlich wiederkehrenden alternativen Verbindlichkeiten. I. 189. — Alternative Verbindlichkeit des Stuprators. I. 231. IX. 163. 296. XIII. 145. — Solidarobligationen, Correalobligationen, s. oben S. 69. I (Subjecte der Obligationen) Ziff. 6—37. — Obligationen au porteur, s. oben S. 265. V.

urtheilung und Entscheidung sein. XI. 182. — Die Privilegien Minderjähriger nicht auf alle Unmündigen im Sinne des deutschen Rechts anzuwenden. Privilegien Minderjähriger intercedirenden Frauen gegenüber. XV. 224 S. 392. — Privilegien Minderjähriger Minderjährigen gegenüber. I. 155. V. 102. — Privilegium der Minderjährigen in Bezug auf Zinsen von ihren Geldforderungen. I. 190. VII. 13. — Begünstigung der Minderjährigen und solcher Personen, welche der Vorrechte der Minderjährigen sich erfreuen, gegen die Folgen des Ungehorsams im Proceß. IV. 157. — Das privilegium personae des Cedenten geht nicht auf den Cessionar über. XII. 145. — Anwendung der römischen Dotalprivilegien auch auf das während der Ehe eingebrachte Gut in dem Gebiete des Sachsenspiegels. XX. 139. — Uebergang des privilegium dotis auf die Kinder der Ehefrau. I. 412. II. 267. — Fortdauer des privilegium dotis gegen den Ehemann, welcher die dos als Adventitiengut seiner Kinder verwaltet. XIII. 133. — Privilegien des Fiscus, s. Fiscus.

Privilegirte Pfandrechte, s. oben S. 66. c. — Vorzug der reservirten Hypothek vor späteren privilegirten Pfandrechten. XVI. 199.

Probe: Anwendung des Grundsatzes, daß bei dem Verkauf ad gustum eine Provocation auf das arbitrium boni viri nicht Statt finde, auf Dienstmiethe (Engagement eines Schauspielers). XVIII. 239. — Reclamation wegen fehlerhafter Beschaffenheit einer Waare nach Erkennung der Mängel durch die mit der Verarbeitung gemachten Proben. VIII. 39. — Kaufmännisches Retentionsrecht nicht anwendbar auf die auf Probe empfangenen Waaren. XX. 162. — Antrag auf Auslieferung einer mit der Klagschrift dem Gerichte überreichten Waarenprobe vor entschiedener Hauptsache. VIII. 172. — S. auch Handel auf Besicht, Handel nach Probe.

Proceß: Richteramtsbefugniß, offenbar resultatlose Processe abzuschneiden. Ausübung dieser Befugniß in der Oberinstanz ist keine reformatio in pejus. XVI. 153. — Vertragserfüllung während des Laufes des Processes. XVI. 149. — Erlöschen der wider eine Handlungsinnung obschwebenden Processe mit Aufhebung der Innung. XIX. 13. — Conventionalproceß. Verzicht des Vindicationsbeklagten auf die Angabe der causa remota. XII. 88 Note. — Vertragsmäßige Unterwerfung unter eine summarische Proceßart. XI. 103. — Gleichzeitige Beweisfrist für Beweis und Gegenbeweis in dem summarischen Processe. IV. 184. — Ueber den Einfluß des Criminalprocesses auf den Civilproceß, s. oben S. 319. X (Beweiskraft strafgerichtlicher Erkenntnisse).

Proceßführung: Befugniß zu solcher, s. oben S. 277. A (Gerichtsstandsfähigkeit) und unten Proceßlegitimation. — Befugniß des Ehemannes zum Beitritt bei Proceßführung der Ehefrau. I. 277. —

betreffende Proclam nicht verloren. XIV. 118. — Nothwendigkeit eines Proclams für Tilgung der Pfandrechte durch öffentlichen Zwangsverkauf der Pfandsache. XVIII. 215. — Zwangsversteigerung. Erforderniß der Uebereinstimmung des Ausgebots mit dem Proclam. XV. 269. — S. übrigens oben S. 298. B (Edictalladungen).

Procura: Haftung der Kaufmannsfrau für die Geschäftsschulden, wenn ihrer Mitwirkung im Geschäfte eine nicht öffentlich bekannt gemachte Procura des Mannes zu Grunde liegt. XI. 158. — Handelsbrauch, den Zusatz „per procura" betreffend. III. 197. — S. übrigens oben S. 226. C (Von Procuristen und Handlungsbevollmächtigten).

Procuraindossament: Die Ausstellung eines Wechsels „nicht an Ordre" steht dem Incassoindossament nicht entgegen XX. 173. — Legitimation zur Präsentation des Wechsels zur Zahlung und zur Protesterhebung Mangels Zahlung ohne Procuraindossament durch gewöhnliche Vollmacht. XIII. 165. — Indossament zur Eincassirung aber ohne Beifügung der die Procura andeutenden Worte. Wirkung desselben. VII. 349. IX. 68. XII. 190. XIX. 65. — Einrede des Indossanten gegen den Regreßanspruch des Indossatars, daß dem ordentlichen Indossament ein bloßer Auftrag zum incasso zu Grunde liege. XII. 298. — Ersatzklage wider den Incassomandatar wegen verspäteter Protesterhebung bei einem domicilirten Wechsel. XVI. 139.

Procurator: Frauen als Procuratoren; keine Nichtigkeit des Processes. XX. 70. — S. übrigens oben S. 284. A.

Procurator omnium bonorum: Besitzerwerb durch einen solchen. V. 106. VIII. 281. Vgl. II. 135. IV. 205.

Procuraturgebühren: muß die zur Zahlung der Proceßkosten verurtheilte Partei ihrem Gegner erstatten. IX. 337.

Procuristen, s. oben S. 226. C.

Prodigalität, Prodigus, s. oben S. 180. A (Vormundschaft über Wahnsinnige, Altersschwache, Verschwender). Ziff. 10—17.

Producent: Ausbleiben des Producenten in dem Productionstermin. VII. 116. — Benehmen des Proceßrichters mit ausländischen Behörden auf Antrag des Producenten ohne vorheriges Gehör des Gegners. XIV. 253. — Zeugenvernehmung und Urkundenproduction an dem entfernten Wohnorte des Producenten. Verlangen des Producten, jenen Handlungen auf Kosten des Producenten beizuwohnen. III. 289. — Production der Handelsbücher bei der Obrigkeit des Producenten. III. 120. 288. V. 323. 324.

Product: ist nicht verpflichtet, zur Beweisführung mitzuwirken. XIV. 76. — Besichtigung einer Sache des Producten. Störung im Gebrauche derselben. XII. 213. — Ausbleiben des Producten bei der Beeidigung der Zeugen. Richterliche Aufstellung eines Substituten nicht nothwendig. XV. 165. — S. auch Producent.

Lieferungszeit bedarf es nicht, den Erfüllungsverzug des entfernt wohnenden Verkäufers zu begründen. XV. 11. — Lieferungskauf von Getreide. Aufforderung zum Bezug zwei Tage vor dem Stichtage. Nichtbezug durch den Käufer. Preisdifferenzklage des Verkäufers. XV. 192. — Erforderniß der oblatio realis in Bezug auf purgatio morae. XII. 256. XVIII. 220. — Realoblation des Kaufpreises keine Voraussetzung für die actio emti. XI. 138. XII. 141. XVII. 19. Vgl. III. 201. VIII. 299. X. 39. — Realoblation der Waare keine Voraussetzung der actio venditi. XV. 14. — Wiefern liegt dem Retrahenten Realoblation ob? XI. 78. b. 274. Vgl. XII. 56.

Realrechte: Begründung von Realrechten durch Vertrag oder Verjährung. Dinglichkeit des zu constituirenden Rechts erforderlich. XI. 273. — Uebertragung dinglicher Rechte von Seiten des Fiscus oder des Regenten. Ueber Anwendbarkeit des im römischen Recht festgestellten Privilegiums. V. 108. 109. IX. 263. XIV. 207. — Ueber Pflicht zur Anmeldung dinglicher Rechte an Grundstücken bei deren öffentlichem Verkauf. VI. 151. X. 138. — Eine Servitut, in deren Besitz der Berechtigte sich befindet, geht durch unterlassene Anmeldung auf ein das dienende Grundstück betreffende Proclam nicht verloren. XIV. 118. — Ueber Einklage dinglicher Gutsgerechtsame durch den Pächter. I. 19. VI. 261. — Besitzklagen bei dinglichen Rechten erfordern keine körperliche Störung des Besitzes. XVII. 45. — Zulässigkeit der Negatorienklage zum Schutze eines dinglichen Rechts. XVII. 216. — Deutsche Realrechte s. oben S. 220. B.

Realservituten, s. oben S. 53—57 und unten Servituten.

Reassumtion des Processes, s. oben S. 283. L.

Receptizgut, Receptizvermögen: Der Erwerb oder Gewinn aus dem eheweiblichen Receptizgute fällt nicht in die eheliche Errungenschaft. VI. 48. — Die aus dem Concurse des Ehemannes restituirte dos als Receptizvermögen. XVII. 61. — Klagerecht gegen die Ehefrau, welche über Geschäfte des Hauswesens contrahirt hat, in Beziehung auf das Receptizvermögen derselben. V. 29.

Receptum: Ueber Haftung und Klage aus demselben s. oben S. 145. D.

Receptum arbitrii: Klage auf Erfüllung desselben. Rechtliche Stellung des arbiter. XVI. 46. — Ueber Stellung und Wirksamkeit des Schiedsrichters s. oben S. 272. A.

Rechnungen: Wirksamkeit der Rechnungsclausel: salvis melioribus. IX. 281. — Handelsgebräuchliche Aenderung der Beweislast in Betreff der Justification einer Rechnung als Folge längeren Schweigens des Rechnungsempfängers. VIII. 310. — Vorbehalt specieller monita gegen einen eingeklagten Rechnungsposten, dessen Bestehen im Ganzen bestritten worden. VIII. 298. — Berufung des Beklagten auf die in früherer Rechnung des Klägers angesetzten niedrigeren Preise.

zu lassen, befreit ihn nicht von der Verpflichtung baldthunlichster Untersuchung der Waare und Anzeige an den Verkäufer. XX. 165. — Beweis durch Sachverständige, s. oben S. 344. XVI. — Beweis einer Thatsache durch Sachverständige. II. 110.

Sachwalter, s. Anwalt und oben S. 284. A.

Sävitien, s. Mißhandlung.

Säumniß, s. oben S. 79—81. E. F (Von dem Verzuge des Schuldners. Von dem Empfangsverzuge des Gläubigers.) und S. 632 Mora.

Saldo: Compensation mit einem angeblich anerkannten Rechnungssaldo. IX. 145. — Uebertragung eines Saldo auf neue Rechnung keine Novation. VIII. 159. — Saldoziehung. Ist Novation anzunehmen? XII. 144. Vgl. XI. 228. — Anerkennung eines Contocorrents begründet eine neue causa debendi für den Saldo. VII. 246. XII. 17. XVI. 31. 219. — Klage aus einem mit einem Saldo beginnenden Contocorrent. XX. 72. — Keine Liquidität des Rechnungssaldo eines Contocorrents, welchem der Vorbehalt einer zu ertheilenden reinen Quittung beigefügt ist. IX. 55. — Unterbrechung der Klagenverjährung durch Feststellung eines Saldo. XVI. 92. — Verbindlichkeit der Anerkennung eines Saldo durch den Hauptschuldner für den Bürgen. XVII. 35. — Zinsen von Contocorrent-Saldos. Vierteljährige Abschlüsse. VIII. 21.

Sammtbelehnung: Erforderniß fortdauernden Verbleibens der Agnaten in der Mitbelehnung (Lehnserneuerung) für die Lehenssuccession. I. 21. — Mitbelehnte und Gesammthänder. XV. 148.

Sammtschuldner, s. oben S. 69. I (Subjecte der Obligationen).

Satisfactionsanspruch: der Geschwächten, s. oben S. 150. L.

Schaden: Damnum fatale. IV. 114. XIII. 54. — Zufälliger Schaden durch Brand in Folge Uebertretung einer Polizeivorschrift. IV. 48. — Wer trägt den Schaden bei zufälliger Verhinderung der rechtzeitigen Ausführung eines übernommenen opus? XVI. 109. — Voraussetzung für den Anspruch auf eine cautio damni infecti. IX. 35. XVI. 14. XVII. 51. — Cautio damni infecti bei der Klage gegen einen Hausbesitzer auf Gestattung von Nachgrabungen in dessen Keller nach verborgenen Baarschaften. IV. 11. — Cautio damni infecti als Bedingung des Anspruchs auf Schadensersatz. VII. 185. IX. 34. — Entschädigungsanspruch bei Bewässerungsanlagen nach den Grundsätzen der cautio damni infecti. XVII. 122. — Verfolgung des durch eine Eisenbahnanlage veranlaßten Schadens nach den Grundsätzen der cautio damni infecti. XIX. 236. — Ueber die Bedeutung der Clausel „frei von Beschädigung außer im Strandungsfall." I. 346. — Clausel „frei von Beschädigung außer im Strandungsfall." Totalschaden. Begriff der Strandung. XI. 170. 171. — Seeversicherung mit der Clausel „frei von — Procent Beschädigung." Ermitte-

Zusammenstoß zweier Schiffe auf offener See. Oertliche Grenzen der Herrschaft des Gesetzes. XIV. 197. — Uebersegelung auf offener See. Statutencollision. Klage gegen den Schiffscapitän. Forum rei sitae bei actiones in rem scriptae. IV. 54. 83. — Auftreiben eines Schiffes auf Ländereien. III. 59.

Schiffer, Schiffsführer: Verhältniß zwischen dem Schiffer und dem Rheder. Verpflichtung des Ersteren zur Ablieferung einer von dem Befrachter ihm zugesicherten besonderen Belohnung. IX. 153. — Haftung des Schiffseigenthümers (Rheders) für Verschulden des Schiffers. VI. 190. XI. 85. 294. XVIII. 248. — Vorschüsse an den Capitän eines von dem Befrachter gemietheten Schiffes. Ob Haftung der Rheder? X. 161. — Legitimation eines im Auslande sich befindenden Schiffers im Verhältnisse zu dem Rheder. XII. 292. — Dispositionsbefugniß des Schiffers im Auslande. VII. 88. — Verpflichtung des Schiffers gegen das Schiffsvolk aus dem Heuercontract. XI. 169. — Verpflichtung des Schiffsherrn aus Verschuldungen seiner Leute. XVII. 31. — Klage gegen den Schiffsführer aus dem von ihm außerhalb des Heimathhafens abgeschlossenen Frachtvertrage. XX. 253. — Ausnahme von der Pflicht des Schiffers, die festgesetzte Ladezeit abzuwarten. XII. 293. — Es ist Sache des Destinatärs, nicht des Schiffers, für die Abnahme des auf die Waaren gelegten zollamtlichen Verschlusses zu sorgen. XI. 295. — Hat der Schiffscapitän auf die Verhältnisse des Befrachters zum Versicherer Rücksicht zu nehmen? VI. 247. — Haftung des Befrachters für Auslagen des Schiffers zum Nutzen der Ladung, insbesondere für Gebühren, durch deren Zahlung die Landung transportirter Auswanderer bedingt ist. IX. 205. — In wie fern haftet der Absender für eine dem Schiffer zur Last fallende Verspätung einer Waarensendung? I. 205. — Beschädigung verschiffter Waaren. Haftung des Schiffers für den Schaden. II. 180. IV. 113. 114. VII. 310. XIII. 51. 225. — Vertragswidrige Nichtlöschung in dem angelaufenen Zwischenhafen. Berufung des Schiffers auf nothwendige Berücksichtigung anderer Theile der Ladung. XI. 84. — Anspruch des Schiffers auf Frachtgeld im Falle Verkaufs eines Theils der Güter in einem Nothhafen. XV. 183. — Verpflichtung der Ladungsinteressenten zum Beitrage bei Auslagen, welche der Schiffscapitän zur Rettung der Ladung gemacht hat. Lex Rhodia de jactu. VII. 89. — Klage aus einer Uebersegelung gegen den Schiffscapitän. IV. 54. — Haftung des Schiffers (Frachtführers) für nachzunehmende Spesen. IV. 140. — Haftung eines frachtführenden Fluß- und Canalschiffers aus einem Connossement. Regreß des Schiffers gegen den Befrachter. XV. 49. — Ladeschein in mehreren Exemplaren. Haftung des Schiffers. XX. 170. — Beweislast hinsichtlich des Verschuldens des Schiffers bei

Schuldhaft: als Executionsmittel unzulässig gegen Frauenzimmer und bei der Rechtswohlthat der Competenz. I. 297. — Ueber Abwendung der Schuldhaft durch cessio bonorum. XIV. 88.. — Wechselarrest, s. oben S. 241. B. Ziff. 1—5.

Schuldner: von dem Gläubiger beerbt. Nießbrauch eines Dritten an dem Nachlasse; Klage des Gläubigers gegen diesen. XV. 18.

Schuldschein: Mündliche Bekenntnisse über Darlehnempfang, notariell beurkundet. IV. 31. — Unwirksames Schuldbekenntniß in Protocollen zum Zweck der Erlangung des Pfandconsenses. II. 234. — Beweis durch Schuldbekenntniß des Vorbesitzers. IV. 261. — Unterschrift einer Schuldurkunde ohne Beisetzung des Geschlechtsnamens unter nahen Verwandten. IV. 172. — Schriftliches Bekenntniß einer Schuld ex causa antecedente. Welcher Beweis ist nothwendig, ein solches zu entkräften? VI. 178. — Entbehrlichkeit der expressa causa debiti antecedentis zur vollen processualischen Wirksamkeit einer die Anerkennung einer schon bestehenden Schuld enthaltenden Verschreibung. II. 326. XVII. 135. — Novation einer älteren Schuld durch Ausstellung eines Darlehnsscheines. XIII. 17. — Schuldschein über ein Darlehn ohne Numeration. V. 127. — Abrechnung als Schuldgrund. Klage aus einem Schuldschein, welcher die Worte enthält „Werth in Rechnung erhalten". II. 35. — Schuldschein über Darlehen durch Novation früherer Forderungen. Exceptio indebiti nach Ablauf von zwei Jahren. V. 274. — Abrechnungsurkunde. Gegen selbige findet die exceptio non numeratae pecuniae nicht Statt. XIV. 17. — Beweiskraft der Darlehnsschuldscheine vor Ablauf des Bienniums durch ausdrückliche spätere Anerkennung. IV. 30. — Darlehnsverschreibung neben einer früheren Schuld von gleichem Betrage. I. 335. — Bescheinigung früheren Empfangs in der Pfandverschreibung. X. 254. — Quittung über Empfang des Geldes und Verzicht auf die Einrede des nicht gezahlten Geldes in der Schuldverschreibung ohne Wirkung. V. 276. XII. 262. — Wirkung des Verzichts auf die exc. non numeratae pecuniae in einer vor Empfang des Darlehens ausgestellten Urkunde. XIX. 225. — Wiederholte Empfangsbescheinigung am Schlusse der Schuldurkunde. VI. 26. — Confessio geminata; deren Beweiskraft gegen Dritte. XVII. 28. — Klage aus einem cedirten simulirten Schuldschein. Exc. non numeratae pecuniae, Replica doli. XIX. 26. — Ueber die exc. non numeratae pecuniae bei öffentlichen Urkunden. II. 34. IV. 31. X. 38. — Zulässigkeit des Beweises (Gegenbeweises) des nicht empfangenen Geldes gegen die Schuldurkunde nach Ablauf von zwei Jahren. VI. 179. VII. 169. VIII. 250. XVI. 107. XVII. 180. XX. 125. — Condictio indebiti in Bezug auf einen Schuldschein. IV. 55. 56. — Das in fr. 25 §. 1 de probat. (22, 3) gewissen Personen hinsichtlich des Beweises eines

4. — Genügt bei letztwilligen Verfügungen zu frommen Zwecken Gewißheit des Willens oder ist Zuziehung von Zeugen erforderlich? VIII. 149. — Letztwillige Verfügungen zu frommen Zwecken bedürfen keiner Form. XIV. 240. — Bei Zuwendungen an eine pia causa kein Abzug der falcidischen Quart. XI. 63. — Rechtsverhältnisse einer Privatpensionsstiftung. Beziehungen zur Staatsgewalt. Rechte der jeweiligen Interessenten, Statute zu errichten. IX. 7. — Jahrtagsstiftungen. Aufrechthaltung derselben nach §. 65 des Reichsdeputations-Hauptschlusses von 1803. V. 48. — Jahrtagscapitalien. Klage des Bischofs auf Wiederherstellung derselben. V. 49. — Stiftungen für Seelenmessen bei aufgehobenen Klöstern. Auf selbige findet die Vorschrift in §. 65. des Reichsdeputations-Hauptschlusses keine Anwendung. VIII. 161. — Kirchliche Stiftung mit eventuellen Rechten der Familie des Stifters. Klage der Familienglieder wegen Incamerirung des Stiftungsguts. Justizsache. X. 208. — Klage auf den Genuß von Stiftungsfonds. I. 106. — Armenfonds von dem Kirchenvermögen unterschieden. Berechtigung hinsichtlich desselben. II. 131. — Stipendienstiftung. Ermessen des Administrators bei der Austheilung. Testamentsvollzug. II. 205. — Mehrere Vorsteher einer Stiftung bei ungetheilter Verwaltung. Verhältniß derselben. XVII. 259. — Zuständigkeit der Gerichte in Streitigkeiten über das Recht zur Verwaltung einer Stiftung. IV. 251 S. 413. XX. 181. — Competenz bei Streitigkeiten über Erstattung der einer Stiftung von einer anderen geleisteten Vorschüsse. IV. 251 S. 412. — Kein gesetzliches Pfandrecht der milden Stiftungen an dem Vermögen ihrer Verwalter. XII. 252. — Haftung der Erben eines Privatstiftungsverwalters. IV. 116. — Rückgriff an die Erben eines Stiftungsverwalters wegen Verschuldens bei Anlegung eines Capitals, wenn die Befriedigung in dem Concurse des Schuldners von dem Ausgange eines Processes abhängt. IV. 107. — Domicil der Stiftungen. V. 139. — Verjährungszeit bei Klagen milder Stiftungen, als Rechtsnachfolger nicht privilegirter Personen. II. 7. — Verjährung von Klagen auswärtiger milder Stiftungen (Armenanstalten). Klagen aus cedirten Forderungen. VIII. 227. — Restitution der milden Stiftungen. III. 191. — Restitution auswärtiger milder Stiftungen. I. 359. — Anfang der Restitutionsfrist für Stiftungen. XI. 204. — Eidesleistung für Stiftungen. XIII. 195.

Stiller Gesellschafter: Haftung desselben. Unterschied zwischen einem stillen und offenen Gesellschafter. II. 287. 288.

Stillicidii servitus: schließt an und für sich die servitus cloacae nicht in sich. IV. 209.

Stillschweigen, stillschweigende Willenserklärung: Androhung ewigen Stillschweigens nach Abweisung der angebrachten Klage. Anstellung einer verbesserten Klage. XVIII. 74. — Stillschweigende Unterwerfung unter ein auswärtiges Gesetz. Statutencollision über Präsentation und Protesterhebung bei Tratten und kaufmännischen Anweisungen. II. 3. — Umfang der Fälle, in welchen Einwilligung durch Stillschweigen anzunehmen ist. V. 117. — Stillschweigende Servitutenbestellung. XI. 121. XIII. 212. XX. 209. — Ueber stillschweigende Reservation einer Servitut. XI. 18. — Aufhebung des Pfandrechts durch stillschweigende Einwilligung des Gläubigers in die Veräußerung der Pfandsache. XVI. 17. — Theilnahme an einer verbotenen Trauermahlzeit als stillschweigende Anerkennung einer Verpflichtung, sich die Kosten anrechnen zu lassen, geltend gemacht. IV. 8. — Stillschweigende Herabsetzung des Zinsmaßes durch dreijährige Annahme geringerer Zinsen. VI. 164. — Stillschweigen (unterlassene Beantwortung eines Briefes) als Genehmigung unter Kaufleuten. I. 40. IV. 211. Vgl. XI. 80. XIV. 125. — Kauf durch stillschweigendes Behalten unbestellt zugesandter Waaren. VIII. 36. XIII. 218. — Stillschweigendes Uebereinkommen bei einem Lieferungsgeschäft geltend gemacht. III. 260. — Billigung des geforderten Preises für bestellte und erhaltene Waaren durch Stillschweigen. X. 255. XII. 19. Vgl. XI. 233. — Billigung der von auswärts beorderten Waare durch Stillschweigen. XIV. 126. — Stillschweigende Bedingung bei Verpachtung einer Krugwirthschaft hinsichtlich der zur Betreibung der Wirthschaft erforderlichen Concession. XVII. 238. — Zur Lehre von der relocatio tacita. IV. 218. — In der Bestellung einer gewerblichen Arbeit liegt die stillschweigende Zusicherung dafür zu leistender angemessener Bezahlung. IV. 216. — Keine stillschweigende Billigung des Baues bei einem Baucontract durch Einziehen und Bewohnen. XVIII. 34. — Mandatseingehung durch stillschweigenden Consens des Mandatars. VIII. 254. — Stillschweigende Genehmigung der von einem Vertreter contrahirten Schuld durch Zinsenzahlung. XIX. 229. — Stillschweigender Widerruf einer Vollmacht, insbesondere einer Verkaufsvollmacht. X. 158. — Brieflicher Bericht über eine Geschäftsbesorgung. Anerkennung derselben durch unterlassene Beantwortung? XI. 80. — Briefliche Mittheilung des Assignatars an den Assignaten, zum Betrage der angewiesenen Summe auf den Assignaten Tratten gezogen zu haben. Präjudicirt Unterlassung der Beantwortung? XIV. 125. — Stillschweigender Erlaß vertragsmäßiger Zinsen durch langjähriges Nichtfordern Seitens einer Ehefrau, dem Ehemanne gegenüber. Ob Schenkung? XVIII. 123. — Stillschweigende Hinnahme einer Abrechnung begründet an sich nicht den Schluß auf Anerkennung aller einzelnen Rechnungsposte. X. 252. — Stillschweigender Widerruf der Vermächtnisse durch ein zweites Testament. XVI. 132. — Stillschweigender Verzicht auf die quarta Falcidia bei abzugsfreier

Staatsverträgen. X. 33. XI. 29. — — Abschluß der Verträge (Tractaten, Versteigerung, Auslobung), s. oben S. 82. a. — Vertragsabschluß durch Briefe und Boten. III. 19. — — Vertragschließende Personen, s. oben S. 83. b. — Uebernahme vertragsmäßiger Verbindlichkeit von Seiten einer Ehefrau. III. 179. V. 29. XIV. 98. — — Gegenstand und causa der Verträge. Verträge gegen gesetzliches Verbot und gute Sitte, s. oben S. 84—86. c. d. — — Willensact und Willenserklärung bei Verträgen, s. oben S. 86—89. e. f. — Unwirksamkeit der Vertragsunterschrift in blanco. XVIII. 226. — Beweis einseitiger Contractsverbindlichkeiten durch eine von dem Promittenten ohne Erwähnung der Acceptation ausgestellte Urkunde. I. 52. — — Auslegung der Verträge, s. oben S. 89. g. — Wirkungen der Verträge, s. oben S. 95—98. l. m. n. — Zulässigkeit der Verurtheilung zur Vornahme oder Unterlassung einer Handlung, zu deren Vornahme oder Unterlassung sich der Beklagte contractlich verpflichtet hat. II. 272. — Schadensersatzforderung für bisherige Nichterfüllung des Vertrages nach erlassenem Endurtheil. VI. 165. — — Vertragsaufhebung. In wie fern wird selbige durch vertragswidriges Thun oder Lassen eines Theils bewirkt? V. 270. — Wirkungen einer Uebereinkunft wegen Wiederaufhebung eines bereits ganz oder theilweise erfüllten Contracts. X. 34. — Wiederaufhebung eines erfüllten Kaufcontracts wegen Geltendmachung des Retractsrechts von Seiten eines Dritten. XIII. 111. — Zurücknahme des verkauften Gegenstandes nicht als Erklärung des Einverständnisses über Aufhebung des Vertrages aufzufassen. II. 282. — Anerkennung des Nichtbestandes eines Vertrags als Einverständniß über Aufhebung desselben. XVIII. 130. — Rücktrittserklärung eines Contrahenten. Zur Geltendmachung derselben von Seiten des Anderen bedarf es keiner vorgängigen Acceptation. XI. 223. — Vertragsaufhebung wegen Nichterfüllung von Seiten eines Theiles. Anspruch auf Ersatz der von diesem gemachten Verwendungen aus dem Standpuncte der Geschäftsführung. Voraussetzung der Bereicherung. IX. 286. — Vertragsaufhebung durch rechtzeitige Waarenzurücksendung und Anzeige mit umgehender Post bedingt. X. 151. — Aufhebung der Miethe und der Pacht wegen Mißbrauchs und schlechter Behandlung des Gegenstandes. II. 38. XII. 265. — Einseitige Aufhebung der Dienstmiethe. V. 163. X. 42. XII. 266. XIV. 228. XVII. 239. XX. 241. — (S. übrigens auch Rücktritt.) — Einfluß der Aufhebung und Wiederherstellung des Vertrages auf die bedungene Conventionalstrafe. III. 40. — Klage auf Aufhebung von Verträgen. III. 307. VI. 320. XVII. 208. XVIII. 113. — Beweislast, wenn wegen Mangels bedungener Eigenschaften auf Wiederaufhebung des Vertrages geklagt wird. II. 26. —

Anerkennung des Nichtbestandes eines Vertrages als Verzicht auf Geltendmachung desselben aufgefaßt. XVIII. 130. — Aus kaufmännischem Gutschreiben ist an und für sich Verzicht auf eine Bedingung des Geschäfts nicht zu folgern. II. 90. — Irrthümliche Anerkennung eines Testaments enthält keinen Verzicht auf die Anfechtung. XVII. 71. 151. — Verzicht bei Auslegung der Verträge nicht zu vermuthen. XVII. 126. — Ungültigkeit des eidlich bestärkten Verzichts eines Minderjährigen auf die Rechtswohlthat der Restitution. II. 261. Vgl. XI. 209. — Eidlicher Erbverzicht Minderjähriger. XI. 209. — Eidlicher Verzicht der Ehefrau auf Pfand- und Vorzugsrechte. III. 53. — Verzicht der Ehefrau auf Pfand- und Verzugsrechte keine Intercession. III. 54. XVII. 243. — Form der eidlichen Entsagung auf die weiblichen Rechtswohlthaten. VII. 178. — Eidlicher Verzicht auf die weiblichen Rechtswohlthaten. III. 53. XIII. 249. — Unwirksamkeit des Verzichts einer Frau hinsichtlich einer nicht in einer öffentlichen Urkunde vollzogenen Intercession. XV. 224 S. 394. — Verzicht einer intercedirenden Frau auf alle Einreden und Rechtswohlthaten, ungenügend wegen seiner Allgemeinheit. XV. 224 S. 393. — Verzicht auf Anfechtbarkeit, wenn diese auf einem absolut gebietenden Gesetze beruht. VIII. 31. — Vertrag mit Festsetzungen zu Gunsten Dritter. Verzicht Seitens des Promissars. XIV. 131; XV. 214. Vgl. III. 32. — Untheilbare Verbindlichkeit. Verzicht des Berechtigten Einem der mehreren Verpflichteten gegenüber. XV. 112. — Genereller Verzicht auf Einreden. Nachherige Einrede des Betruges. XIII. 136. — Einrede der Simulation nach generellem Verzicht auf Einreden. XIV. 75. — Verzicht der Gemeindebehörde auf Rechte, welche den einzelnen Gemeindebürgern vermöge ihrer politischen Eigenschaft zustehen. IX. 125. — Verzicht auf Anfechtung wegen laesio enormis. II. 356. IV. 218 S. 344. VIII. 243. XI. 30. XV. 212. — Verzicht auf Gewährleistung enthält keine Entsagung des Einwandes wegen laesio enormis. XIX. 221. — Verzicht auf die Einrede, „daß anders niedergeschrieben als abgeschlossen sei," in einem Kaufcontract steht der mündlichen Verabredung eines Rückkaufsrechts nicht entgegen. VII. 181. — Verzicht auf die Einrede des nicht erfüllten Contracts. XI. 103. — Gültigkeit eines Verzichts auf die lex Anastasiana. XVIII. 131. — Unwirksamkeit des Verzichts auf die exceptio non numeratae pecuniae in der Schuldverschreibung. V. 276. X. 38. XII. 262. XIX. 225. — Unwirksamkeit des Verzichts auf Kündigungsrecht von Seiten eines socius bei einem auf unbestimmte Dauer eingegangenen Gesellschaftsvertrage. XVI. 45. — Einseitiger Verzicht des Hauptschuldners auf Einreden gegen die Forderung schadet dem Bürgen nicht. II. 185. — Durch Verzicht des Gläubigers auf einen ihm gegen den Hauptschuldner zustehenden Pfandrechtstitel wird der selbstschuldnerische Bürge von seiner Haftung nicht befreit. VII. 312. — Bei einer unter Verzicht auf das beneficium excussionis übernommenen Bürgschaft liegt in der Liquidation der Forderung in dem Concurse des Hauptschuldners keine Begebung des Rechts auf sofortige Belangung des Bürgen. XIX. 22 S. 43. — Einfluß der versäumten Anmeldung einer Forderung im Concurse des Hauptschuldners auf den Anspruch gegen den Bürgen bei Verzichtleistung auf das beneficium excussionis. XVI. 112. — Wirkung des generellen Verzichts auf die Rechtswohlthaten des Bürgen, insbesondere bei späterem Hinzutritt eines neuen Bürgen. XI. 40. — Wirkung der Cession der Klage an Einen der mehreren solidarisch verpflichteten Bürgen und der in dessen Person herbeigeführten Confusion bei geleistetem Verzicht auf die Einrede der Theilung. XVII. 144. — Verzicht des Ehemannes auf das ihm zustehende Recht der Verwaltung und Nutznießung an dem Vermögen seiner Frau, insbesondere an der älterlichen Erbschaft derselben. V. 186. X. 177. — Verzicht des Vaters auf Erbrechte des Kindes. VI. 228. — Ein Verzicht, durch welchen der Vormund für seine Mündel auf deren Notherbrecht verzichtet, bedarf nicht der obervormundschaftlichen Genehmigung. XX. 142. — Verzicht eines Testamentsexecutors auf Rechte der Erbmasse unwirksam. VI. 227. — Vertragsmäßiger Verzicht eines präsumtiven Erben auf die künftige Erbschaft eines Dritten. XI. 209. XX. 51. — Verzicht auf die actio ad supplendam legitimam. Erforderniße. III. 187. — Verzicht auf den Pflichttheil bei Lebzeiten des Erblassers. XX. 150. — Verzicht auf Gerechtsame des Lehenguts von Seiten des Vasallen ohne Zustimmung des Lehensherrn. Anfechtung durch den Vasallen selbst. VIII. 279. — Förmlichkeiten der Verzichtleistung auf ein Lehen. Statutencollision. XIII. 121. — Verzicht auf lehen- und grundherrliche Rechte zu dem Zwecke der Befreiung von den mit denselben verbundenen Lasten. I. 20. — Wirkung des Verzichts des Anerben auf die Nachfolge im Hofe. XVI. 234. — Verzicht auf den Retract; Auslegung einer mündlichen Aeußerung in dieser Beziehung. XII. 180. — Verzicht auf den Retract dem Verkäufer gegenüber ausgesprochen. VII. 344. XI. 76. XX. 153. — Verzicht auf rechtliches Gehör. XI. 103. — Verzicht auf in separato ausführbare Einreden gegen eine Wechselforderung durch Anerkennung der letzteren im Wechselprocesse. XIV. 187. — Verzicht auf die Einrede der Litispendenz durch Unterlassung rechtzeitiger Vorschützung. XII. 310. — Durch Verzicht des Producenten auf seinen Regreßanspruch gegen den Zeugen wird dessen Unzulässigkeit nicht beseitigt. XX. 81. — Berufungssumme. Reduction des Streitgegenstandes durch Verzicht des Appellaten. XII. 326 S. 436. XIII. 197. — Nichtangabe der Be-

Berichtigungen und Nachträge.

Berichtigungen.

S. 10 Z. 4 v. u. statt 106 lies 102.
S. 15 Z. 19 statt B lies β.
S. 19 Z. 17 zu tilgen: XI. 257.
S. 20 Z. 9 statt Endmündigung lies Entmündigung.
S. 20 Z. 8 v. u. statt 191 lies 194.
S. 23 Z. 2 nach XII. 214 hinzuzufügen: a. E.
S. 39 Z. 21 Ziff. 46 statt VIII. 136 lies VI. 136.
S. 49 Z. 17 Ziff. 10 statt 280 lies 260.
S. 51 Z. 7 statt Berührung lies Berühmung.
S. 56 Z. 17 v. u. Ziff. 9 nach „Feld" das Bindezeichen - zu tilgen.
S. 63 Z. 2 statt 145 lies 122.
S. 81 Z. 2 statt 73 lies 72. 73.
S. 87 Z. 19 Ziff. 18 statt 173 lies 273.
S. 94 Z. 23 Ziff. 25 zu tilgen: I. 46.
S. 101 Z. 8 statt 133 lies 333.
S. 107 Z. 22 statt Indossement lies Indossament.
S. 108 Z. 11 Ziff. 16 statt Theilconcession lies Theilcession.
S. 109 Z. 14 v. u. zu Ziff. 31 statt Edictionspflicht lies Editionspflicht.
S. 109 Z. 13 v. u. zu tilgen: II. 337.
S. 112 Z. 15 Ziff. 32 statt XVIII. 23 lies XVIII. 233.
S. 112 Z. 4 v. u. zu Ziff. 7 statt XIX. 25 lies XIX. 225.
S. 114 Z. 3 Ziff. 11 statt VI. 92 lies VI. 95.
S. 114 Z. 17 v. u. zu Ziff. 12 statt Grundstücksverkauf lies Grundstückskauf.

S. 118 Z. 20 statt Willensart lies Willensact.
S. 121 Z. 6 v. u. Ziff. 31 ist nach dem Worte „wird" statt des Punctes ein Fragezeichen zu setzen.
S. 122 Z. 3 statt XXII lies XVII.
S. 127 Z. 7 ist vor dem Worte „Einwand" zu setzen: 7).
S. 130 Z. 5 v. u. statt Verbindung lies Verbindlichkeit.
S. 131 Z. 18 v. u. Ziff. 11 statt Verlust lies Verlustes.
S. 145 Z. 4 zu tilgen: XVI. 113.
S. 146 Z. 16 Ziff. 11 statt 220 lies 221.
S. 147 Z. 12 statt lit. a. lies lit. b.
S. 150 Z. 20 v. u. Ziff. 6 statt der lies des.
S. 150 Z. 18 v. u. Ziff. 7 statt XI. 163 lies IX. 163.
S. 152 Z. 8 Ziff. 19 statt IV. 30 lies IV. 50.
S. 156 Z. 13 Ziff. 11 statt exoropriirten lies expropriirten.
S. 157 Z. 14 Ziff. 5 statt dessen lies deren.
S. 162 Z. 4 v. u. statt XIV. 106 lies. XIV. 104.
S. 165 Z. 21 v. u. Ziff. 35 nach V. 183 hinzuzufügen: a.
S. 165 Z. 19 v. u. Ziff. 36 nach V. 183 hinzuzufügen: b.
S. 173 Z. 9 Ziff. 11 statt adoptatio lies adoptio.
S. 176 Z. 11 v. u. statt Hauptstück III lies Hauptstück 3.
S. 178 Z. 7 statt XXII lies XVII.
S. 184 Z. 3 v. u. statt IX. 208 lies IX. 308.
S. 195 Z. 22 Ziff. 22 statt Nachlaßbesitzes lies Nachlaßbesitzers.
S. 196 Z. 7 v. u. Ziff. 10 zu tilgen: II. 200.
S. 200 Z. 6 Ziff. 21 statt Geschwistern lies Geschwisterkindern.
S. 207 Z. 9 statt XVI. 223 lies XVI. 233.
S. 213 Z. 16 v. u. Ziff. 16 statt den lies dem.
S. 220 Z. 14 v. u. Ziff. 4 statt wahren lies wehren.
S. 221 Z. 12 v. u. Ziff. 3 statt argrenzenden lies angrenzenden.
S. 222 Z. 2 v. u. statt Person lies Personen.
S. 226 Z. 1 v. u. statt 275 lies 175.
S. 235 Z. 7 v. u. statt XVIII. 53 lies XIII. 53.
S. 267 Z. 7 v. u. Ziff. 10 statt VI. 91 lies IV. 91.
S. 269 Z. 2 v. u. zu tilgen: II. 205.
S. 277 Z. 4 v. u. Ziff. 4 statt XIII. 181 lies III. 377. XV. 113.
S. 286 Z. 2 v. u. statt Klagvertrag lies Klagvortrag.
S. 290 Z. 11 Ziff. 4 statt VI. 109 lies XI. 109.
S. 292 Z. 11 Ziff. 4 statt des — — verbundenen lies das — — verbundene.
S. 294 Z. 11 v. u. Ziff. 6 statt XIV. 78 lies XVI. 78.
S. 306 Z. 5 v. u. statt IV. 360 lies IV. 160.
S. 307 Z. 12 Ziff. 42 statt X. 269 lies X. 299.

S. 313 Z. 7 v. u. Ziff. 31 statt Verkäufers lies Käufers.
S. 329 Z. 1 statt ehen lies leben.
S. 333 Z. 15 v. u. Ziff. 7 statt ein lies eine.
S. 340 Z. 8 Ziff. 4 statt II. 133 lies II. 333.
S. 342 Z. 15 Ziff. 11 statt XIII. 132 lies XIII. 232.
S. 366 Z 9 Ziff. I statt der lies den.
S. 375 Z. 4 statt XVI. 274 lies XVI. 271.
S. 376 Z. 2 v. u. ist nach dem Worte „zu" statt des Punctes ein Fragezeichen zu setzen.
S. 473 Z. 17 statt Vereinsklage lies Vorausklage.
S. 583 Z. 5 v. u. statt Havarie große lies Havariegrosse.
S. 637 ist statt dieser Zahl unrichtig 937 als Seitenzahl gesetzt.
S. 661 Z. 8 u. 9 v. u. ist das Zeichen " erst nach rei zu setzen.
S. 759 Z. 18 v. u. statt quiescirenden lies paciscirenden.
S. 762 Z. 11 statt Verzugsrechte lies Vorzugsrechte.

Nachträge.

S. 6 Z. 15 zu Ziff. 1 nachzutragen: XIII. 75.
S. 7 Z. 13 beizufügen: Beziehung einer neueren Gesetzvorschrift zu den Modificationen der älteren Regel. X. 219.
S. 7 Z. 18 zu Ziff. 3 nachzutr.: XI. 208. XII. 79. XIII. 178. 179.
S. 10 zu I. Allgemeine Rechtsregeln, s. alphab. Reg. Rechtsregeln.
S. 10 Z. 12 v. u. zu Ziff. 11 nachzutr.: VIII. 253.
S. 10 Z. 10 v. u. zu Ziff. 14 nachzutr.: XV. 275.
S. 10 zu II. Privilegien ꝛc., s. alphab. Reg. Privilegien
S. 11 zu III. Präjudicialklagen, s. alphab. Reg. Präjudicialklagen.
S. 12 Z. 4 zu Ziff. 2 nachzutr.: I. 3. IX. 116. XIV. 93.
S. 13 Z. 18 v. u. vor Ziff. 17 einzufügen: Verjährung des interdictum retin. poss. XIII. 315.
S. 14 zu E. einzufügen: Die Darlehnsklage wird durch Mahnung und durch eine von einem Dritten geleistete Abtragszahlung nicht unterbrochen. VI. 325.
S. 17 Z. 18 zu B. Restitutionsgründe, s. auch alphab. Reg. Restitution.
S. 19 Z. 15 v. u. nachzutr.: Recht der geschiedenen jüdischen Ehefrau, den Namen des Mannes fortzuführen. III. 70.

S. 23 Z. 18 v. u. zu Ziff. 48 nachzutr.: I. 372. III. 393. IX. 91.
S. 23 Z. 12 v. u. zu Ziff. 52 nachzutr.: Vgl. VIII. 187.
S. 23 zu D. Der Fiscus, s. auch alphab. Reg. Fiscus.
S. 25 zu III. Res publicae, s. auch alphab. Reg. Res publicae.
S. 30 Z. 11 zu Ziff. 5 nachzutr.: X. 7.
S. 33 Z. 12 vor Ziff. 4 einzufügen: Eidliche Bestärkung eines Vergleichs über künftige Alimente. V. 285.
S. 38 Z. 20 zu Ziff. 16 nachzutr.: V. 66.
S. 41 Z. 17 „ „ 15 „ I. 118.
S. 42 Z. 10 „ „ 23 „ XV. 40.
S. 43 Z. 3 v. u. „ „ 9 „ XII. 6.
S. 44 Z. 3 „ „ 12 „ XIII. 308.
S. 47 Z. 15 v. u. „ „ 4 „ Vgl. XIII. 256.
S. 47 Z. 8 v. u „ „ 8 „ XVII. 18.
S. 48 Z. 21 „ „ 23 „ XII. 11.
S. 51 Z. 3 v. u. „ „ 25 „ I. 122.
S. 53 Z. 17 „ „ 10 „ XIII. 211. XIV. 114.
S. 53 Z. 4 v. u. nach „ 3 „ 4) Aussichtsgerechtsame. XIV. 13. 210.
S. 54 Z. 14 nach Ziff. 9 einzufügen: Umfang der durch Verjährung erworbenen Fahrwegsgerechtigkeit. XII. 249.
S. 57 Z. 22 zu Ziff. 9 nachzutr.: Vgl. V. 296.
S. 62 Z. 15 „ „ 15 „ VIII. 93.
S. 67 Z. 9 „ „ 2 „ VI. 159.
S. 68 Z. 11 „ „ 4 „ VIII. 124.
S. 72 Z. 14 v. u. „ „ 26 „ Vgl. IV. 103 Note 2.
S. 75 Z. 7 „ „ 18 „ Vgl. IV. 100.
S. 77 Z. 4 v. u. „ „ 8 „ XIII. 227.
S. 78 Z. 14 v. u. „ „ 9 „ II. 33.
S. 80 Z. 15 „ „ 9 „ IV. 103.
S. 81 Z. 22 einzufügen: Pfandzurückforderung im Falle Empfangsverzuges des Gläubigers. VIII. 19.
S. 83 Z. 10 zu Ziff. 14 nachzutr.: III. 19.
S. 83 Z. 15 „ „ 20 „ III. 19.
S. 86 Z. 12 v. u. beizufügen: Pactum de quota litis. II. 176.
S. 92 Z. 16 zu Ziff. 20 nachzutr.: VII. 145.
S. 96 vgl. auch alphab. Reg.: Exceptio non adimpl. contr.
S. 97 Z. 7 zu Ziff. 4 nachzutr.: I. 338. VII. 31.
S. 100 Z. 2 „ „ 2 „ II. 147.
S. 100 Z. 15 v. u. zu Ziff. 20 nachzutr.: V. 152.
S. 101 zu C. (Compensation), s. auch alphab. Reg. Compensation.
S. 105 Z. 9 zu Ziff. 6 nachzutr.: XIX. 101.
S. 108 Z. 21 „ „ 3 „ I. 116.

S. 109 Z. 14 v. u. zu Ziff. 30 nachzutr.: Vgl. II. 146.
S. 113 zu d. Sctum Macedonianum, s. auch alphab. Reg. Exceptio Scti Maced.
S. 123 Z. 6 v. u. zu Ziff. 5 nachzutr.: VII. 196. VIII. 59. X. 174.
S. 128 Z. 7 v. u. zu Ziff. 5 nachzutr.: Vgl. XIV. 125.
S. 132 Z. 3 v. u. „ „ 4 „ (IV) 38.
S. 140 zu d. Einrede der Theilung, s. auch alphab. Reg. Beneficium div.
S. 141 Z. 11 v. u. zu Ziff. 15 nachzutr.: Vgl. IV. 171.
S. 143 Z. 13 v. u. „ „ 3 „ Vgl. IV. 96.
S. 144 Z. 8 „ „ 13 „ XIII. 235.
S. 144 Z. 11 „ „ 19 „ XIII. 140.
S. 151 Z. 19 zu Ziff. 1 nachzutr.: IX. 247.
S. 157 Z. 8 „ „ 8 „ X. 122.
S. 158 Z. 6 „ „ 22 „ II. 60.
S. 162 Z. 15 v. u. zu Ziff. 1 nachzutr.: X. 221.
S. 165 Z. 6 einzufügen: Vorzugsrecht der Illaten. II. 264. 265.
S. 166 Z. 3 v. u. zu Ziff. 13 nachzutr.: IV. 46.
S. 168 zu Ziff. 11—20 s. auch alphab. Reg. Längst Leib längst Gut und Portio statutaria.
S. 181 zu C. s. auch alphab. Reg. Geschlechtsvormundschaft.
S. 189 Z. 14 v. u. zu Ziff. 1 nachzutr.: VII. 332.
S. 189 Z. 11 v. u. „ „ 3 „ I. 152.
S. 192 Z. 14 v. u. „ „ 3 „ VI. 307.
S. 197 Z. 8 „ „ 18 „ IV. 39.
S. 200 Z. 18 „ „ 21 „ IX. 137.
S. 206 Z. 5 „ „ 2 „ Vgl. I. 90. III. 64.
S. 206 Z. 21 vor Ziff. 12 einzufügen: Nichtigkeit eines Testaments wegen Präterition eines unirten Stiefkindes. V. 198.
S. 219 Z. 5 v. u. zu Ziff. 25 nachzutr.: XII. 340.
S. 232 Z. 21 vor Ziff. 27 einzufügen: Gewähr sichtbarer Mängel im Großhandel. II. 22.
S. 232 Z. 20 v. u. zu Ziff. 27 nachzutr.: V. 119.
S. 232 Z. 12 v. u. „ „ 31 „ IX. 88.
S. 233 Z. 4 „ „ 39 „ IV. 103.
S. 237 Z. 15 „ „ 6 „ VII. 136.
S. 237 Z. 20 „ „ 9 „ III. 196.
S. 256 Z. 7 „ „ 28 „ VII. 228.
S. 261 Z. 3 v. u. „ „ 2 „ VII. 102.
S. 264 Z. 14 vor Ziff. 6 einzufügen: Conventionalstrafe bei einem Verlagsvertrage. X. 246. 247. 248.
S. 269 Z. 6 zu Ziff. 6 nachzutr.: VIII. 297.

S. 273 Z. 9 v. u. nachzutr.: Gerichtsstand des Wohnorts bei der Klage auf Trennung des Allods vom Lehen. X. 212.

S. 276 Z. 23 zu Ziff. 1 nachzutr.: XV. 248.

S. 276 Z. 5 v. u. nachzutr.: Exceptio fori bei dem gewillkührten Gerichtsstande befreit nicht immer von der Einlassung auf die Hauptsache. V. 227.

S. 280 Z. 22 zu Ziff. 5 nachzutr.: V. 26.

S. 281 Z. 6 vor Ziff. 4 einzufügen: Juramentum calumniae bei dem Diffessionseide. III. 125.

S. 282 Z. 20 zu Ziff. 5 nachzutr.: XV. 248.

S. 283 Z. 7 beizufügen: Gerichtsstand der Hauptintervention. VIII. 88.

S. 283 Z. 15 zu Ziff. 4 nachzutr.: XVI. 37.

S. 287 Z. 1 „ „ 2 „ I. 118.

S. 297 zu III. Weitere Verhandlung, s. alphab. Reg. Replik und Duplik.

S. 301 Z. 6 zu Ziff. 31 nachzutr.: X. 194. XII. 56.

S. 304 Z. 17 „ „ 13 „ XI. 23.

S. 304 Z. 11 v. u. zu Ziff. 9 nachzutr.: X. 297.

S. 306 Z. 11 vor Ziff. 20 einzufügen: Rechtskraft über Sachlegitimation. IX. 86.

S. 306 Z. 12 v. u. zu Ziff. 30 nachzutr.: VIII. 304.

S. 312 Z. 1 „ „ 44 „ IV. 158.

S. 318 Z. 1 v. u. „ „ 8 „ XIII. 61.

S. 324 Z. 9 „ „ 2 „ XIII. 290.

S. 324 Z. 19 v. u. „ „ 5 „ I. 310.

S. 327 Z. 3 „ „ 27 „ V. 243.

S. 327 Z. 14 v. u. „ „ 11 „ VI. 266.

S. 329 Z. 17 „ „ 56 „ Vgl. III. 214.

S. 333 Z. 13 v. u. „ „ 8 „ IV. 85.

S. 337 zu Erfüllungs- und Reinigungseid, s. auch alphab. Reg. Erfüllungseid und Richterlicher Eid.

S. 338 Z. 13 zu Ziff. 12 nachzutr.: VII. 309.

S. 344 Z. 8 „ „ 55 „ IV. 264.

S. 345 Z. 4 v. u. nachzutr.: Beweis einer Thatsache durch Sachverständige. II. 110.

S. 347 Z. 21 zu Ziff. 26 nachzutr.: VIII. 135.

S. 348 Z. 17 v. u. zu Ziff. 10 nachzutr.: VII. 301.

S. 352 Z. 13 „ „ 6 „ II. 344.

S. 352 Z. 23 „ „ 13 „ XIX. 85.

S. 361 Z. 20 v. u. „ „ 3 „ Vgl. VI. 269.

S. 363 Z. 16 vor Ziff. 7 einzufügen: Extrajudicialberufung

gegen eine auf einseitigen Antrag verfügte Actenversendung. IX. 85.

S. 365 Z. 9 vor Ziff. 44 einzufügen: Kein Recht des Meistbietenden auf Ertheilung des Zuschlages. VIII. 38.

S. 376 Z. 6 v. u. vor Ziff. 11 einzufügen: Forderung aus Bauaccord. II. 266.

S. 377 Z. 21 zu Ziff 2 nachzutr.: I. 192.

S. 700 Z. 3 v. u. einzufügen: Exceptio doli specialis gegen eine Schuldverschreibung in ihrem Verhältnisse zur exceptio non numeratae pecuniae und doli generalis. V. 152.

S. 735 Z. 19 zu Unvordenklichkeit nach III. 116 hinzuzufügen: XIII. 290.

Druck von C. R. Schurich in München.

www.ingramcontent.com/pod-product-compliance
Lightning Source LLC
LaVergne TN
LVHW092119300926
849161LV00002B/178
* 9 7 8 3 4 8 6 7 2 2 0 5 5 *